教育部人文社会科学重点研究基地重大项目
（2009JJD720019）最终成果

为了人民的幸福和尊严

中国特色社会主义社会建设的理论与实践

张云飞等◎著

人民出版社

责任编辑:刘璐淼
版式设计:边　娜
责任校对:史　伟

图书在版编目(CIP)数据

为了人民的幸福和尊严:中国特色社会主义社会建设的理论与实践/
　张云飞等 著. -北京:人民出版社,2015.10
ISBN 978－7－01－015388－9

Ⅰ.①为…　Ⅱ.①张…　Ⅲ.①中国特色社会主义-社会主义建设模式-研究
　Ⅳ.①D616

中国版本图书馆 CIP 数据核字(2015)第 244528 号

为了人民的幸福和尊严

WEILE RENMIN DE XINGFU HE ZUNYAN

——中国特色社会主义社会建设的理论与实践

张云飞等　著

人民出版社 出版发行

(100706　北京市东城区隆福寺街 99 号)

北京汇林印务有限公司印刷　新华书店经销

2015 年 10 月第 1 版　2015 年 10 月北京第 1 次印刷
开本:710 毫米×1000 毫米 1/16　印张:50.25
字数:795 千字

ISBN 978－7－01－015388－9　定价:120.00 元

邮购地址 100706　北京市东城区隆福寺街 99 号
人民东方图书销售中心　电话 (010)65250042　65289539

本书编写成员名单

学术顾问:陈良瑾(民政部)

统 稿 人:张云飞(中国人民大学)

章节撰写人员:

导　　言:张云飞

第 一 章:郗　戈(中国人民大学)

第 二 章:林　坚(第一、三节)(中国人民大学),任　铃(第二节)(江南大学)

第 三 章:沈尤佳(中国人民大学)

第 四 章:沈江平(中国人民大学)

第 五 章:袁　雷(第一节)(北京工商大学),周　鑫(第二节)(北京科技大学),陈　玲(第三节)(重庆科技学院)

第 六 章:闫海潮(天津财经大学),王向明(中国人民大学)

第 七 章:谭清华(中国人民大学)

第 八 章:刘　燕(中共中央编译局)

第 九 章:陈　崎(中国人民大学)

第 十 章:王向明,闫海潮

第十一章:袁　雷

第十二章:陈锡敏(中国人民大学)

第十三章:董　佳(中国人民大学)

第十四章:赵雪峰(北京市委社会工作委员会)

第十五章:张晓华(中国人民大学)

第十六章:张云飞

第十七章:宋友文(中国人民大学)

第十八章:袁　雷

目　　录

导　言

没有革命的理论就不会有革命的行动,同样,没有科学的社会主义社会建设的理论,也不会有正确的社会主义社会建设的实践。在长期的社会主义革命、建设、改革的实践中,我们党自觉把握和科学反思社会建设的规律、社会主义的社会建设规律、中国特色社会主义的社会建设规律,创立了中国特色社会主义的社会建设理论("中国特色社会主义社会建设理论"),从而开辟了马克思主义社会建设理论在当代中国发展的新境界,为中国特色社会主义的社会建设实践("中国特色社会主义社会建设实践")提供了科学的理论指导。只有坚持中国特色社会主义,当代中国的社会建设才能成为人民群众自我创造幸福生活和依法维护自我尊严的伟大事业。

一、中国特色社会主义社会建设的理论入场

理论是晦涩的,生活之树是长青的。中国特色社会主义社会建设理论是中国特色社会主义理论在当代中国社会建设问题上的理论在场和科学澄明,是中国特色社会主义社会建设实践的理论提升和科学阐明,是中国特色社会主义理论体系的专门构成领域。

(一) 科学解决当代中国社会建设的实际问题

不断提高构建社会主义和谐社会的能力,要求我们必须加强社会建设理论研究。目前,我国正处于发展的机遇期和矛盾的凸显期。在社会转型的过程中,以民生问题为重点的社会建设问题,已成为中国社会主义建设的难点问题、热点问题。在这种情况下,我们党高屋建瓴地提出了构建社会主

义和谐社会的战略构想。为此,特别要围绕一些具有全局性、前瞻性、战略性的重大课题,开展调查研究,加强理论分析,提供理论支撑。这样,才能有的放矢地推进社会主义和谐社会的建设和当代中国的社会建设。[①] 譬如,如何有效整合社会关系,促进社会各种力量良性互动;如何建立健全有关社会建设和社会管理的法律法规,为构建社会主义和谐社会提供有力的法制保障;如何切实维护和实现社会公平和正义,保障全体社会成员共享改革发展的成果;如何在党的领导下更好地发挥城乡基层自治组织、人民团体、社会团体、行业组织、中介组织等的积极作用,形成社会管理的整体合力;如何加强全社会的思想道德建设,进一步形成良好的社会氛围和人际关系;如何认识和把握新形势下人民内部矛盾产生的特点和规律,形成正确处理人民内部矛盾的有效机制;如何建立社会协调机制,促进社会成员和社会组织的自我管理、自我服务;如何建立健全维护公共安全的有效机制,保障广大人民群众安居乐业;如何促进物质文明、政治文明、精神文明、社会文明、生态文明的协调发展,促进社会的全面发展和全面进步,等等。[②] 当然,这些问题都属于改革发展中产生的问题,最终也只能通过改革发展的方式来加以解决。因此,我们"必须以强烈的历史使命感,最大限度集中全党全社会智慧,最大限度调动一切积极因素,敢于啃硬骨头,敢于涉险滩,以更大决心冲破思想观念的束缚、突破利益固化的藩篱,推动中国特色社会主义制度自我完善和发展"[③]。同时,如果不能从理论上科学审视和回答这些问题,就会陷入单纯的事务主义当中,抓不住问题的实质和要害,那么,不仅不能彻底而有效地

[①] 对"构建社会主义和谐社会"与"中国特色社会主义社会建设"的关系有以下理解:一是认为构建社会主义和谐社会包括中国特色社会主义社会建设,二是将构建社会主义和谐社会和中国特色社会主义社会建设视为相同的概念。这里,我们将中国特色社会主义社会建设看作是构建社会主义和谐社会的一个重要组成部分(重要任务)和有力支柱,将社会主义和谐社会看作是中国特色社会主义社会建设的制度保证或制度依托。另外,作为未来理想的社会形态的和谐社会与当下我们推动的和谐社会也存在着区别,前者是后者的发展方向,后者是走向前者的现实过程。在不加区分的时候,我们是相对于资本主义社会而言;在加以区分的时候,前者是社会形态,后者是社会状态。最后,"当代中国社会建设"(当代中国的社会建设)为中国特色社会主义社会建设的时空定位,"中国特色社会主义社会建设"为当代中国社会建设的社会历史性质,二者在实质上是一致的。

[②] 参见:《十六大以来重要文献选编》(中),中央文献出版社 2006 年版,第 718—719 页。

[③] 《中共中央关于全面深化改革若干重大问题的决定》,人民出版社 2013 年版,第 7 页。

改善民生,而且会影响到整个社会主义建设事业的发展。因此,只有从理论上科学回答这些实际问题,才能为正确处理新时期的人民内部矛盾、构建社会主义和谐社会提供科学的智力支持和价值导引。正是在科学回答构建社会主义和谐社会尤其是当代中国社会建设的重大问题的过程中,中国特色社会主义社会建设理论才得以出场。

(二) 科学回应当代中国社会建设的理论纷争

围绕着社会建设问题,理论界和学术界展开了深入、系统的研究,为推动社会建设提供了科学的决策依据和理论支撑。但是,也出现了些许不同的声音。例如,有的论者提出,随着时代主题的转换,我们要从"革命的马克思主义"转向"建设的(和谐的)马克思主义",要从"革命的社会主义"转向"和谐的(建设的)社会主义"。事实上,这是对马克思主义整体性和社会主义整体性的肢解。这在于,"破"(革命,战斗)与"立"(建设,和谐)始终是统一的无产阶级总体实践的不可分割的两个方面,革命中有建设(和谐),建设(和谐)中有革命。离开革命的建设(和谐)是不可能的,因为不消灭私有制就难以推进建设,就难以实现和谐。离开建设(和谐)的革命是难以持续的,因为没有经济基础和社会福利,就难以开展革命和斗争。当然,在社会主义条件下,革命不是要搞阶级斗争的扩大化。与革命(战斗)对立起来的"和谐的社会主义"也绝非我们追求的"社会主义和谐社会"。再如,有的论者提出,过去奉行的是"斗争哲学",今天需要的是"和谐哲学"。其实,把共产党人的哲学单纯地看作是"斗争哲学"固然是错误的,但是,也不能无原则和无条件地把共产党人的哲学单纯地看作是"和谐哲学"。事实上,对立统一规律是唯物辩证法的根本法则,矛盾的同一性和斗争性是不可分割的,和谐是对立面的相反相成而形成事物新质的过程和状态。诚如我国古代先哲所言:"夫和实生物,同则不继。以他平他谓之和,故能丰长而物归之;若以同裨同,尽乃弃矣。"①在此基础上,根据唯物辩证法的真谛,毛泽东指出:"'相反'就是说两个矛盾方面的互相排斥,或互相斗争。'相成'就

---

① 《国语·郑语》。

是说在一定条件之下两个矛盾方面互相联结起来,获得了同一性。"①因此,把和谐与斗争绝对对立起来的观点和做法是典型的形而上学。在这个意义上,我们共产党人的哲学,社会主义革命、建设和改革开放的哲学,只能也只能是辩证逻辑。最后,面对时下的社会问题尤其是民生问题,一些论者要求坚持"以社会建设为中心",要求转向"民生新政"。就其政治动机不论,这些主张似乎具有为民请命的味道。而事实上,它们否定了生产力的基础性和决定性的作用,割裂了社会建设和经济建设的辩证关系,不仅是对党的基本路线的变相怀疑和否定,而且是对历史唯物主义基本原理的背离和背叛。与此相应,一些论者脱离经济基础尤其是生产力发展水平、生产资料所有制和经济效率,脱离社会主义民主和法制的轨道,试图在社会主义条件下通过"打土豪分田地"的方式实现公平正义。这不仅割裂了公平和效率的辩证关系,而且割裂了经济基础和上层建筑的辩证关系。因此,这种方式不仅无助于解决民生问题,而且会引发新的社会问题,是一种典型的民粹主义。显然,社会建设问题不是与理论无涉的单纯的"实际"问题,同样是一个"理论"论辩的场域。这样,就需要我们立足中国特色社会主义实践,按照马克思主义的立场、观点和方法,对社会建设中的一系列重大理论问题作出实事求是的回答,走向中国特色社会主义社会建设理论。

（三）科学提升当代中国社会建设的基本经验

从巴黎公社的伟大尝试到十月社会主义革命的胜利,从苏联模式社会主义到中国特色社会主义,社会主义社会建设都在凯歌行进着,取得了丰硕的成果,积累了丰富的经验,构成了马克思主义社会建设理论的实践基础,滋养着社会主义社会建设理论。正是这个过程中,社会主义社会建设才成为人民群众自我创造幸福生活和自我维护合法尊严的伟大事业,人民群众才从物质文化生活水平的提高中切实感受到了社会主义的优越性。尤其是在建设中国特色社会主义的过程中,我们党从社会主义初级阶段的基本国情出发形成了中国特色社会主义的基本理论,在基本理论的指导下形成了党在社会主义初级阶段的基本路线（一个中心,两个基本点）;在中国特

---

① 《毛泽东选集》第一卷,人民出版社1991年版,第333页。

色社会主义实践中,基本路线被细化为基本纲领(中国特色社会主义经济、政治、文化),被凝聚和升华为"五位一体"的总体布局(中国特色社会主义经济建设、政治建设、文化建设、社会建设和生态文明建设);这样,在基本理论、基本路线、基本纲领的指引下,按照总体布局提供的战略路线图,我们建设中国特色社会主义取得了巨大成就,极大地促进了社会主义生产力的发展,极大地提高了社会主义国家的综合国力,极大地提高了人民群众的物质文化生活水平。在社会建设方面,我们着力保障和改善民生,人民生活总体上已达到小康水平。例如,从1978年到2007年,全国城镇居民人均可支配收入由343元增加到13786元,实际增长6.5倍;农民人均纯收入由134元增加到4140元,实际增长6.3倍;农村贫困人口从2.5亿减少到1400多万。在此基础上,中国特色社会主义积累了一系列的基本经验,丰富和发展了基本理论。其中,在社会建设方面的基本经验主要有:一是必须把提高效率同促进社会公平结合起来,要在经济发展的基础上由广大人民共享改革发展成果,推动社会主义和谐社会建设。实现社会公平正义是中国特色社会主义的内在要求,处理好效率和公平的关系是中国特色社会主义的重大课题。二是必须把促进改革发展同保持社会稳定结合起来,坚持改革力度、发展速度和社会可承受程度的统一,确保社会安定团结、和谐稳定。我们坚持改革是动力、发展是目的、稳定是前提,把不断改善人民生活作为处理改革发展稳定关系的重要结合点。[①] 面对实践经验,采用单纯的尊重态度,还不是真正的唯物主义,科学的态度是必须将经验上升为理论,再用发展了的理论来进一步指导实践。当然,我们也必须旗帜鲜明地反对抹杀中国特色社会主义伟大实践和中国特色社会主义基本经验的历史虚无主义。因此,为了有效地改善民生、推进社会建设,我们现在迫切需要提升中国特色社会主义的社会建设经验,将之纳入到中国特色社会主义理论体系中,上升为中国特色社会主义社会建设理论,以指导当代中国的社会建设。同时,通过总结新时期中国社会建设的经验,可以进一步明确未来社会建设的方向和重点,有效地改善民生,更好地促进社会建设。

总之,正确应对我国经济社会发展出现的新趋势新特点,妥善处理影响和

---

① 参见《十七大以来重要文献选编》(上),中央文献出版社2009年版,第803—806页。

谐社会建设的各种复杂问题和因素,不断提高构建社会主义和谐社会的能力,要求我们必须根据客观形势的发展变化,努力从理论和实践的结合上不断研究新问题、开拓新思路、提出新办法,使我们的思想观念、政策措施、工作部署、工作方式更加适应新形势新任务的要求。这样,才能为当代中国的社会建设提供科学的理论指导。中国特色社会主义社会建设理论就是这样产生和发展的。

二、中国特色社会主义社会建设的指导思想

实践基础上的理论创新是社会发展和变革的先导。中国特色社会主义社会建设理论就是在马克思主义指导下的科学的社会建设的理论自觉,中国特色社会主义社会建设就是在马克思主义指导下的科学的社会建设的实践行动。离开马克思主义社会建设理论,就不可能形成中国特色社会主义社会建设理论;没有马克思主义社会建设理论尤其是中国特色社会主义社会建设理论的科学指导,改善民生等社会建设活动就会成为维持生命的本能活动甚至是盲目的行动。当然,马克思主义社会建设理论尤其是中国特色社会主义社会建设理论也必须坚持与时俱进的理论品质,在实践的基础上不断开拓创新。

(一) 社会建设理论的科学奠基

立足于无产阶级解放和人类解放,在工人运动蓬勃发展的基础上,通过科学总结人类社会历史理论尤其是近代社会历史理论的成果,在发现唯物史观和创立剩余价值理论的过程中,马克思恩格斯创立了马克思主义社会建设理论。马克思主义社会建设理论是关于社会建设尤其是社会主义社会建设的概念、观点、原理的总和,表明的是马克思主义在社会建设尤其是社会主义社会建设问题上的立场、观点和方法,是社会建设尤其是社会主义社会建设的科学指南。

社会建设的一般问题。在理论上,马克思主义的社会系统(社会有机体)、社会需要、社会利益、社会生活、社会实践、社会主体、社会分工、社会关系、社会结构、社会矛盾、社会公平、社会发展动力、社会形态、社会解放、社会

进化以及市民社会①、普遍交往、世界历史、人的发展等理论具有一般社会建设理论的意义,构成了科学的社会建设理论的理论基础。在方法上,马克思主义的矛盾分析、社会系统分析、经济分析、阶级分析和阶层分析、社会形态分析、群众路线等方法具有一般的社会建设理论的方法论价值,构成了科学的社会建设理论的方法论。例如,针对平等问题,马克思主义不是将之简单地看作是分配问题,而是将之看作是生产资料所有制的表征和表现,旗帜鲜明地指出:"无产阶级平等要求的实际内容都是消灭阶级的要求"②。这样,不仅显示出了阶级分析方法对于研究社会建设问题的方法论意义,而且指明了实现公平正义的社会经济途径和方向。③

　　社会主义社会建设的问题。在这个层次上,马克思主义关于社会主义社会的本质特征、社会结构、矛盾体系、发展动力、发展阶段、未来趋势等理论,直接构成了马克思主义关于社会主义社会建设的理论。在进行无产阶级革命时,马克思主义就注意到了它所具有的社会主义社会建设的维度和价值。"由社会全体成员组成的共同联合体来共同地和有计划地利用生产力;把生产发展到能够满足所有人的需要的规模;结束牺牲一些人的利益来满足另一些人的需要的状况;彻底消灭阶级和阶级对立;通过消除旧的分工,通过产业教育、变换工种、所有人共同享受大家创造出来的福利,通过城乡的融合,使社会全体成员的才能得到全面发展,——这就是废除私有制的主要结果。"④显

　　① 有的论者不赞同市民社会理论,甚至认为这是一种反马克思主义和反社会主义的观点。但是,市民社会确实是马克思恩格斯理论中的一个重要范畴。在我们看来,在当代中国,要否定市民社会,那么,就要先否定市场经济。这在于,市民社会是随着市场经济要求的政企、政社、政事分离之后出现的领域,其实就是市场经济条件下的社会生活领域,即社会关系和社会交往的领域。市民社会是一种中性的力量。正如存在着资本主义市场经济和社会主义市场经济的区别一样,也存在着资本主义市民社会和社会主义市民社会的区别。社会主义市民社会即社会主义的社会生活领域,是指社会主义的社会关系和社会交往领域。正如帝国主义的武装包围、和平演变颠覆不了社会主义一样,市民社会也颠覆不了社会主义。能够颠覆社会主义的只是共产党自己,关键要看共产党是否代表先进生产力的发展要求、是否代表先进文化的前进方向、是否代表中国最广大人民的根本利益。"三个代表"重要思想已经明确地科学地回答了这一问题。
　　② 《马克思恩格斯文集》第9卷,人民出版社2009年版,第113页。
　　③ 一些西方学者提出,只有引入社会阶级和社会结构的因素才能说清楚福利资本主义的类型(参见[丹麦]考斯塔·艾斯平-安德森:《福利资本主义的三个世界》,法律出版社2003年版,第15页)。显然,将阶级分析方法引入社会建设领域,与阶级斗争扩大化无涉。在其实质上,阶级是一个经济范畴,而不是政治范畴。
　　④ 《马克思恩格斯文集》第1卷,人民出版社2009年版,第689页。

然,革命不是单纯的破坏,而是直接包含着建设的要求,最终指向的是人的福利和人的发展。在总结巴黎公社经验的过程中,马克思主义也论述了无产阶级专政条件下的社会政策和社会管理问题。在展望未来的共产主义前景时,马克思在《哥达纲领批判》中就指出,在未来社会中,在社会总产品中,应该拿出一部分,用来补偿消耗掉的生产资料的部分和扩大生产的追加部分,保障一般管理费用和学校、保健设施等用来满足共同需要的部分,用来应付不幸事故、自然灾害等后备基金或保险基金,为丧失劳动能力的人等设立基金。马克思说的未来社会是共产主义社会,即使到了那个时候,马克思认为,也还要拿出一部分资源用于社会的管理和发展。同时,马克思主义也阐述了自由劳动、自由时间对于人的全面发展的意义和价值。

社会建设的具体问题。在这个层次上,马克思主义也论及到了社会分层、社会贫困、社会稳定、社会救济、社会保险、社会保障、社会事业、社会工作、社会事务、社会政策等具体的社会建设的实务性的内容,涉及了就业、住房、教育、卫生、污染、安全等具体的民生问题。例如,针对资本主义条件下的住宅问题,马克思恩格斯不是将之简单地看作是一个社会问题,而是注重分析其背后的政治经济根源和实质。马克思指出:"最勤劳的工人阶层的饥饿痛苦和富人建立在资本主义积累基础上的粗野的或高雅的奢侈浪费之间的内在联系,只有当人们认识了经济规律时才能揭露出来。居住状况却不是这样。在这方面,任何一个公正的观察者都能看到,生产资料越是大量集中,工人就相应地越要聚集在同一个空间,因此,资本主义的积累越迅速,工人的居住状况就越悲惨。"①针对社会改良主义思想的错误,恩格斯直接写作了《论住宅问题》系列文章,强调消灭统治阶级对劳动阶级的一切剥削和压迫是消除资本主义条件下住房短缺的惟一方法。

在马克思恩格斯开辟的马克思主义社会建设理论的指导下,在领导苏联人民进行社会主义建设的过程中,列宁丰富和发展了马克思主义社会建设理论。他强调,要将革命主题和建设主题作为一个整体来把握,重视社会建设问题;在社会建设中,要将党的领导和群众动员统一起来,充分发挥人民团体的作用;要把平等的价值追求和消灭社会差别统一起来,实现社会管理的民主

---

① 《马克思恩格斯文集》第 5 卷,人民出版社 2009 年版,第 757 页。

化;要将福利保证和人的全面发展统一起来,将向公共生活过渡的共产主义作为社会建设的最终目标。①

总之,马克思主义社会建设理论是关于社会建设尤其是关于社会主义社会建设的科学的理论体系,是指导社会建设尤其是社会主义社会建设的科学的世界观和方法论。

(二) 社会建设理论的当代发展

在领导中国人民进行社会主义革命、建设、改革开放的伟大实践中,中国共产党人把马克思主义基本原理和中国实际相结合,形成和发展了中国化马克思主义的社会建设理论。中国特色社会主义社会建设理论是中国化马克思主义社会建设理论的最新成果。

中国特色社会主义社会建设理论的源头。早在新民主主义革命时期,针对旧中国造成的人民群众的水深火热的悲惨境遇,毛泽东就十分重视人民群众的物质利益和社会福利问题,要求党的工作要坚持谋利于民,从而形成了自己的社会建设思想。例如,毛泽东在1933年写成的《长冈乡调查》中曾谈到,"在许多地方的苏维埃不注意社会救济工作、许多地方的互济会只知收月费不知救济群众困难的情形下,长冈乡苏维埃与互济会的社会救济工作,是值得赞扬的。"②在他看来,一切空话都是无用的,必须给人民以看得见的物质福利,因此,他把关心群众生活看作是我们党的一个非常重要的工作方法。新中国成立后,在探索社会主义建设的艰辛过程中,毛泽东思想进一步完善和发展了自己的社会建设理论。尤其是,在《论十大关系》、《关于正确处理人民内部矛盾的问题》、《读社会主义政治经济学批注和谈话》、《在扩大的中央工作会议上的讲话》等科学文献中,毛泽东科学探讨了社会主义社会建设的规律性问题,形成了一系列科学的理论创新成果。如,社会主义社会矛盾体系的学说,正确处理人民内部矛盾的理论,协调社会主义建设中重大关系的思想,社会主义建设中的综合平衡的思想,社会主义建设的统筹兼顾的方法等。这些思想和方法直接构成了中国特色社会主义社会建设理论的理论基础。

---

① 参见张云飞:《试论列宁社会建设思想的理论特征——读〈列宁专题文集〉(论社会主义)札记》,《毛泽东邓小平理论研究》2011年第5期。
② 《毛泽东文集》第一卷,人民出版社1993年版,第311—312页。

中国特色社会主义社会建设理论的形成。在拨乱反正、开辟社会主义现代化建设新局面的过程中,我们开辟了中国特色社会主义道路,创立了中国特色社会主义理论体系,形成了中国特色社会主义制度。在中国特色社会主义理论体系中,邓小平理论、"三个代表"重要思想、科学发展观以及党的十八大以来的一些新论述是其主要的代表性的理论成果,表征的是中国特色社会主义理论不断开拓创新的历史过程;而中国特色社会主义经济建设理论、中国特色社会主义政治建设理论、中国特色社会主义文化建设理论、中国特色社会主义社会建设理论、中国特色社会主义生态文明建设理论等是其主要的构成内容,显示的是中国特色社会主义理论日益丰富和完整的科学内容。其中,中国特色社会主义社会建设理论是马克思主义社会建设理论在当代中国的创造性发展,是中国特色社会主义关于社会建设尤其是中国社会主义社会建设的观点和方法的总和,是中国特色社会主义理论体系的一个专门的领域。中国特色社会主义社会建设理论不仅是中国特色社会主义理论在社会建设问题上的具体呈现和实际运用,而且是在社会建设问题上对马克思主义理论尤其是中国特色社会主义理论的丰富发展和开拓创新。例如,邓小平理论关于作为社会主义本质要求的共同富裕的思想、"三个代表"重要思想关于促进人的全面发展是建设社会主义新社会的本质要求的论断、科学发展观关于社会和谐是中国特色社会主义本质属性的判断,都是中国特色社会主义社会建设理论的重大创新观点,构成了中国特色社会主义社会建设理论发展和实践发展的前进路标,形成了马克思主义社会建设理论和社会主义社会建设实践的时代亮点。在此基础上,中国特色社会主义理论明确提出:"关于社会主义社会建设的理论,是马克思主义理论的重要组成部分。"同时,"在革命、建设、改革的长期实践中,我们党不断探索和发展了具有中国特色的社会主义社会建设理论。"①这样,中国特色社会主义理论体系就科学地指认和明确地确认了"马克思主义社会建设理论"和"中国特色社会主义社会建设理论"的独立性和专门性,推动了马克思主义社会建设理论的科学自觉和学科定位。

中国特色社会主义社会建设理论的特征。在总体上,中国特色社会主义理论体系,坚持马克思主义的世界观和方法论,创造性地运用它们分析当今世

---

① 《十六大以来重要文献选编》(中),中央文献出版社 2006 年版,第 701、703 页。

界和中国的实际,为我们在新的时代条件下运用辩证唯物主义和历史唯物主义认识和把握社会发展规律、更好地推进我国社会主义事业作出了新的理论概括;它坚持党的最高纲领和最低纲领的统一,为我们坚持马克思主义的最终奋斗目标、根据实际制定和实施推动我国社会主义发展的科学战略提供了新的理论基础;它坚持马克思主义关于无产阶级政党必须植根于人民的政治立场,注重从人民群众的实践中吸取养分,为我们坚持马克思主义的群众观点、不断实现最广大人民的根本利益提出了新的理论要求;它坚持马克思主义与时俱进的理论品质,体现了马克思主义理论创新的巨大勇气,为我们坚持马克思主义基本原理、不断在实践中推进理论创新打开了新的理论视野。因此,在当代中国,坚持中国特色社会主义,就是坚持马克思列宁主义,就是坚持毛泽东思想。作为中国特色社会主义理论体系的重要组成部分,中国特色社会主义社会建设理论同样具有上述品质,是当代中国社会建设必须坚持的指导思想。

总之,加强当代中国的社会建设必须以马克思主义社会建设理论为指导,而中国特色社会主义社会建设理论进一步丰富和发展了马克思主义社会建设理论。

（三）社会建设理论的创新视野

马克思主义决不是脱离世界文明发展大道而故步自封的绝对真理,坚持和发展马克思主义需要"综合创新"的博大胸怀和深邃视野。同样的,在社会建设理论问题上,也必须抱有这样的科学态度,与时俱进,开拓创新。

发掘中国传统社会思想的现代价值。我国历史上产生过不少社会建设的思想资源。例如,中国传统社会之所以呈现为一种"超稳定"的结构,也得益于对社会治乱关系的深刻体认。就拿先秦时代来看,社会治乱问题是诸子百家关注的首要问题,因此,先秦诸子学说"皆起于救世之弊"[1],皆"务为治者也"[2],由此便形成了一些具有社会管理价值的思想。由于半部《论语》可治天下[3],因此,我们更应该关注儒家的社会管理思想。儒家社会管理思想的主

---

[1] 《淮南子·要略》。
[2] 《史记·太史公自序》。
[3] 参见《宋史·赵普传》。

要要点是:(1)"民贵君轻"的社会管理主体说。尽管儒家有维护君权的一面,但是,具有民本主义的取向。孟子有言:"民为贵,社稷次之,君为轻。"①荀子主张,"不与民争业,乐分施而耻积藏"②。这样,通过对君权的限制,事实上有利于民生。(2)"先富后教"的社会管理客体说。尽管老百姓是管理的对象,但是,儒家承认老百姓对物质利益追求的合理性和必然性,同时十分重视对老百姓的教化和教育,将"富"看作是"教"的基础。荀子认为,"不富无以养民情,不教无以理民性。"③所以,他主张社会管理首先应从治经界始。④ (3)"明德慎罚"的社会管理原则说。儒家把道德和法律看作是社会管理的两种主要手段,但是,更为重视德治。孔子说:"道之以政,齐之以刑,民免而无耻;道之以德,齐之以礼,有耻且格。"⑤在儒家看来,只有以德服人才能实现长治久安。(4)"济荒治乱"的社会管理内容说。儒家将济荒治乱看作是社会管理的主要内容。一方面,如果不能有效救荒,那么,就会导致社会动乱。因此,荀子认为:"岁虽凶败水旱,使百姓无冻矮之患,则是圣君贤相之事也。"⑥这样,我国古代就形成了系统的救济饥荒的政策、法令与制度——"荒政"。另一方面,保障老百姓的物质生活是治乱的根本之策。孟子主张:"民之为道也,有恒产者有恒心,无恒产者无恒心。"⑦在他看来,只有切实保障民生,才可以实现大治。最后,儒家将"大同世界"看作是一个理想世界。当然,儒家思想存在着其历史和阶级的局限性。在中国传统社会中,只有社会统治,而无社会管理,更遑论社会治理。但是,不能做到古为今用,我们仍然不能有效地坚持和发展马克思主义。因此,从孔夫子到孙中山,我们应当给以总结,承继这一份珍贵的遗产。这种科学的历史意识就是科学的创新意识的重要维度。

借鉴西方社会理论的有益思想和回应西方社会建设的挑战。严格意义上

---

① 《孟子·尽心下》。

② 《荀子·大略》。

③ 《荀子·大略》。

④ 此外,《管子·入国》要求统治者要力行"九惠之教"(九种惠民):老老、慈幼、恤孤、养疾、合独、问病、通穷、振困和接绝。这事实上涵盖了社会建设的基本领域尤其是社会工作的内容。

⑤ 《论语·为政》。

⑥ 《荀子·富国》。

⑦ 《孟子·滕文公上》。

的社会建设是随着现代社会的出现而出现的。洛克、黑格尔等人的市民社会思想，孔德、斯宾塞等人的社会有机体思想，已具有社会建设的性质，构成了马克思主义社会建设理论的思想来源。现在，在反思现代性和"晚期资本主义"的过程中，西方学界也开始出现社会建设思想。其中，哈贝马斯的"交往理论"、罗尔斯的"正义论"、莫茨的"善治"理论、贝克的"风险社会"理论、吉登斯的"第三条道路"理论以及后现代主义等思想学说就是重要标志。虽然这些思想没有指向对资本逻辑的革命批判，但是，可以成为中国特色社会主义社会建设理论的对话对象。因此，我们必须注意研究国外社会建设理论，借鉴其积极成果。同时，从学科发展的角度来看，西方学术界围绕着社会建设问题形成了一系列的学科。例如，福利经济学就是这样的学科。福利经济学家们关注的焦点在于一个团体中的个人的共同福利。这种共同福利并非指团体的物质财富，而是指由经济因素决定的团体幸福。这些学科不仅是我们研究社会建设问题的重要学术资源，而且是我们解决社会建设问题的重要的思想参考。例如，围绕着社会政策研究，西方学者特别重视多学科的研究方法。在他们看来，"社会政策的研究，特别是脱离了社会行为的某个具体领域的研究，必然会以某种方式突破学科之间的界限。如果有必要对若干实际的政策进行了解以考察其社会影响，那么就有必要接受不以单一的知识学科来界定的研究。"①在研究中国特色社会主义社会建设理论的过程中，我们同样需要多学科的视野和方法。最后，我们必须重视晚期资本主义对社会主义合法性和优越性的挑战。通过提高社会福利水平，民主社会主义、福利资本主义、"第三条道路"等资本主义福利制度为维护资本主义合法性提供了新的辩护。事实上，资本主义社会建设具有明显的二重性。两种不同性质的社会建设在现实中是并存的。新马克思主义者阿明认为："从资本主义向社会主义的长期转变表明，资本主义逻辑（例如市场、利润积累、工作等级）和反资本主义逻辑（正义和民主不是资本主义扩张的自然产物，而是人民反对资本积累的单边逻辑的斗争的自然结果）是相互冲突但共同存在的"②。这样，能否在学习资本主义社会建设经验的基础上超越和战胜资本主义，就成为对社会主义社会

---

①　[英]迈克尔·希尔:《理解社会政策》，刘升华译，商务印书馆2003年版，第23—24页。
②　[埃及]萨米尔·阿明:《全球化时代的资本主义——对当代社会的管理》，丁开杰等译，中国人民大学出版社2005年版，第115—116页。

建设甚至是整个现实社会主义的合法性和优越性的最大挑战。事实上,在社会建设问题上,我们同样需要对外开放。这种科学的对话意识就是科学的创新意识的重要维度。

正是在马克思主义的指导下,按照"综合创新"的方式,中国特色社会主义理论才开辟出了社会建设理论的新境界。当然,无产阶级实践是实现社会和谐发展的自觉力量,代表着社会和谐发展的前进方向。因此,社会建设理论创新的最为重要的源泉在于无产阶级的总体实践。这样,在社会建设理论研究中,我们必须形成以实际问题为中心的研究范式。在当代中国,这就是要立足于中国特色社会主义社会建设实践,推动社会建设理论的创新发展。

总之,只有回到马克思主义那里去,返本归真,才能科学审视、检验和解决社会建设的理论问题。马克思主义社会建设理论是我们进行社会建设不可超越的理论基础和指导思想。当然,返本归真自然包括着开拓创新的要求。

三、中国特色社会主义社会建设的系统构成

当我们展示中国特色社会主义社会建设理论这个"完成"的理论时,只能遵循从抽象到具体的辩证思维原则,将社会建设看作是一个按照自组织机制发展着的复杂的系统。

(一) 立足社会机体:当代中国社会建设的逻辑起点

在马克思社会有机体理论的基础上,中国特色社会主义理论提出了"社会主义社会是全面发展、全面进步的社会"的科学论断,为当代中国的社会建设提供了科学的理论前提。中国特色社会主义总体布局就是对社会有机体构成的具体把握和实际运用。因此,不能脱离中国特色社会主义的总体布局来推进社会建设。当代中国的社会建设即中国特色社会主义社会建设,是中国特色社会主义总体布局中的基本一环。社会建设既是总体布局的内在要求,也是总体布局的丰富扩展。因此,我们必须按照马克思主义总体性原则和总体性方法推进社会建设。在这个意义上,中国特色社会主义社会建设不是对现实问题的简单回应,而是对社会主义建设规律的自觉把握和科学拓展。社

会的全面性(社会有机体,或社会系统)构成了中国特色社会主义社会建设理论的逻辑起点。

（二）关注社会生活：当代中国社会建设的发生场域

建立和完善社会主义市场经济,是当代中国经济体制改革的目标模式。市场经济的发展,要求实现政府和市场的分离;但是,政府和市场都存在着失灵的问题。为了解决这种双重失灵,既需要社会主义的制度保证,也需要社会生活的力量介入。社会生活是基于个人物质需要而进行人际交往所形成的社会结构领域;在现代社会中,是介于政府和市场之间的第三部门。这是一个以共同利益为利益基础、以社会正义为价值取向、以自组织为组织机制的领域。社会生活也存在着失灵的可能。这样,就突出了三者互补的必要性和重要性。具体来看,由于实行改革开放和发展社会主义市场经济,我国社会经济成分、组织形式、就业方式、利益关系和分配方式日益多样化,由此形成了各种社会问题。这样,就需要加强社会建设来解决这些问题。当然,解决这些问题需要政府、市场和社会生活部门三方的协同配合和良性互动,需要在社会主义法制的框架中形成共同治理的局面。

（三）化解社会矛盾：当代中国社会建设的现实指向

社会主义社会仍然是一个充满矛盾的社会。社会主义矛盾构成了社会主义矛盾体系。从矛盾的性质来看,当代中国的社会矛盾主要是人民内部矛盾。因此,不能简单地采用阶级斗争的方式解决时下的矛盾。虽然"人民内部的矛盾不是对抗性的。但是如果处理得不适当,或者失去警觉,麻痹大意,也可能发生对抗"①。社会建设就是要引导社会主义矛盾向正向发展,防止负向矛盾的破坏性影响和颠覆性作用。在新时期,由于利益分化和固化而引发的人民内部矛盾对社会稳定和社会和谐的负面影响不容忽视。当代中国的社会建设就是要防止这些矛盾向消极方向发展。这样,就必须在人民内部矛盾理论的指导下,通过完善社会主义制度,来化解矛盾;要完善化解矛盾的工作机制,实现从领导决断机制向民主协商机制、从应急机制

---

① 《毛泽东文集》第七卷,人民出版社1999年版,第211页。

向常态机制、从单一行政控制向多元治理手段、从事后处理机制向全程化解机制的转变;要提高化解矛盾的工作水平,把党的群众工作、思政工作和社会工作有机地统一起来。

(四) 落实社会战略:当代中国社会建设的行动方案

社会建设是关系到中国特色社会主义总体布局的大事,影响和制约着"两个百年"目标甚至是整个社会主义建设目标的实现,因此,必须将之纳入到国家发展战略中统筹安排。按照"两个百年"的奋斗目标,国家发展战略尤其是未来的几个五年规划,不仅要进一步明确社会建设的基本内容、战略重点、战略步骤和实施措施,而且要明确基本公共服务均等化的要求、标准和保障。为此,必须尊重经济建设和社会建设协调发展的规律、物的增长和人的发展协调推进的规律、社会控制和社会政策协调发展的规律等社会建设规律,按照客观性、人民性、系统性、操作性、动态性的原则,遵循科学决策、民主决策、依法决策的程序,来制定和完善社会建设规划。在此基础上,我们要按照"以人为本"的要求建立和完善社会建设尤其是民生问题的指标体系,推行干部政绩考核的民生标准。为此,人民政府必须承担起自己的社会建设责任,要确保公共投入,形成完整配套的社会政策体系。

(五) 实现社会富裕:当代中国社会建设的首要目标

贫穷不是社会主义。社会主义必须建立在富裕的基础上。社会主义富裕是全面的系统的富裕。消灭贫困、实现富裕是当代中国社会建设的重点任务。在社会主义社会建设中,我们不能把社会建设简单地看作是一个各种社会阶层各得其所的问题,而必须坚持共同富裕的社会主义本质。只有在消灭贫穷、实现共同富裕的基础上,才能实现分配公平、优化阶层结构。为此,在巩固已有成果的基础上,必须将"政府主导、社会动员,立足发展、坚持开发,因地制宜、综合治理,自强不息、艰苦创业"的原则贯彻到消灭贫困、实现富裕工作的全过程和各环节。实现社会富裕是一项复杂的社会系统工程,需要综合施策,整体推进。在这个过程中,要将我国的贫困衡量标准与国际标准接轨,确保公共财政在反贫困工作上的投入,创新扶贫开发模式,坚持制度扶贫、社会扶贫、教育扶贫、科技扶贫、生态扶贫及其统一。为此,政府必须承担起消灭贫困、实现富裕的责任和使命。

（六）协调社会利益：当代中国社会建设的基本原则

人们所奋斗的一切都同利益有关。在当代中国的社会矛盾当中，社会冲突是表象，利益分化和固化是要害。化解当前的利益矛盾，不能采用阶级斗争和群众运动的方式；否则，只能导致普遍的社会混乱和激烈的社会动荡。解决当前的利益矛盾，首先必须坚持社会主义义利观。社会主义义利观，坚持个人利益与集体利益、局部利益与整体利益、眼前利益与长远利益的辩证统一，保证了人们利益实现的及时性和持续性；坚持把国家和人民的利益放在首位，同时又要充分尊重公民个人的合法利益；坚持代表中国最广大人民的根本利益。在当代中国，坚持以人为本就是要代表中国最广大人民的根本利益。在此前提下，我们要进一步拓宽利益表达的渠道，完善利益表达的制度化建设，使利益表达规范化、机制化和法制化。我们要按照制度化、法制化的要求，形成一套行之有效的矛盾调处机制。我们必须遵循公平正义的原则，将利益困难群体、利益缺失群体、利益受损群体作为利益保障机制的照顾重点。总之，协调社会利益是正确处理新时期人民内部矛盾的重要议题。

（七）整合社会关系：当代中国社会建设的具体任务

社会关系的分化是社会利益分化的表征和表现，是影响社会稳定和社会和谐的重大问题。在当代中国的社会建设中，协调工农关系、城乡关系、区域关系、民族关系、阶层关系、劳动关系、党群关系和干群关系特别重要。为了建立融洽和谐的社会主义社会关系，我们必须努力消灭统治性的社会关系，化解对立性的社会关系，优化竞争性的社会关系，构筑互助性的社会关系。为此，必须坚持全面整合与突出重点的统一、公平性和阶段性的统一、经济效益和社会效益的统一等原则，来整合社会关系。在此前提下，一方面，必须按照"五个统筹"的科学原则和统筹兼顾的根本方法，坚持协调发展，促进社会关系的结构整合。另一方面，必须不断完善中国特色社会主义的总体布局，为整合社会关系提供经济、政治、文化、社会等方面的有力制度支撑，促进社会关系的制度整合。这样，我们才能建立起和谐有序的各种社会关系，才能形成和衷共济的社会建设的合力。

（八）健全社会保障：当代中国社会建设的重要支柱

社会保障具有"调节器"、"减震器"和"推进器"的社会功能。根据当代中国的实际，我们必须建立和健全社会保险、社会救助、社会福利、慈善事业、社会优抚相衔接的社会保障体系。建立和完善社会保障体系，既要坚持保障性和公平性、强制性和选择性、社会性和自愿性、适度性和发展性、统一性和多样性的统一等基本原则，又要从社会主义初级阶段的实际出发，量力而行。为此，应该分阶段、分层次、分领域地持续推进我国社会保障体系的建设，应坚持"广覆盖、保基本、多层次、可持续"的指导方针，要加强社会保障规范化、信息化、标准化和专业化建设，要强化以法制、投入、服务、监督为重点的政府社会保障责任体系的建设。在这个过程中，我们必须借鉴国际经验，统筹兼顾。目前，要以增强公平性、适应流动性、保证可持续性为重点，全面建成覆盖城乡居民的社会保障体系，加强社会保障领域的执法和监督。

（九）发展社会事业：当代中国社会建设的支撑手段

在社会主义建设中，"社会事业涉及人民群众基本需求和普遍公共利益，公益性是其基本特征。社会事业的公益性一旦受到损害，人民群众的基本需求和权益就得不到保障，社会就会失去起码的公平和正义。"[①]因此，发展社会事业不能简单地运用市场化原则，而必须坚持社会主义方向，坚持普遍性和特殊性、事业性和产业性的统一。目前，发展社会事业的重点和难点在农村、老少边穷地区以及弱势群体。为此，公共资源尤其是公共财政中用于社会事业的开支必须向这些地区和人群倾斜，要加快社会事业的公平发展。同时，必须加快社会事业的创新发展。社会事业改革的目的是推进其创新发展。最后，政府必须承担起推动社会事业发展的责任，尤其是要加大投入的力度。这样，才能在保证社会事业持续发展的基础上，充分保障人民群众的教育、卫生、文化等方面的权益。

（十）调动社会力量：当代中国社会建设的整体合力

社会的生机和活力首先来自创造社会财富的人民群众的伟大实践。尤其

---

① 温家宝：《关于发展社会事业和改善民生的几个问题》，《求是》2010 年第 7 期。

是，"生气勃勃的创造性的社会主义是由人民群众自己创立的"①。因此，只有充分发挥广大人民群众的创造作用，凝聚中国力量，社会建设的目标才能最终实现。在坚持马克思主义群众观和党的群众路线的前提下，必须调动社会各方面的力量，形成社会建设的整体合力。为此，既要充分发挥人民政协、统一战线、人民团体的作用，也要高度重视基层自治、社会运动（扶贫运动、环境运动等）、社会组织（扶贫组织、环境组织等）的作用。后者是当代中国社会建设的薄弱环节。在这个问题上，既要防止无政府主义的倾向，也不能简单地将社会运动和社会组织看作是反政府的力量。关键是要将之纳入到依法治国的框架中，同时要加大在社会团体和社会中介组织中建立党组织的工作力度，要加强其内部治理，防范社会失灵（志愿失灵）。

（十一）　开展社会工作：当代中国社会建设的活动载体

社会工作是协助个人及其社会环境，以使其更好地相互适应的活动，是一种助人自助的崇高事业，是将制度化福利安排落到实处的渠道和载体。在当代中国，加强和创新社会工作具有十分急迫的意义。为此，必须坚持群众工作和社会工作、思想工作和社会工作、民政工作和社会工作的统一的原则，按照社会化、制度化、专业化、本土化和系统化的方向促进社会工作的创新发展，必须将加强社会工作人才队伍建设作为社会工作创新发展的战略重点，必须将社会工作制度建设作为社会工作创新发展的制度保障。同时，由于社会工作是价值、知识和技能构成的"金三角"，因此，还必须加强社会工作伦理建设。这就是要坚持社会工作的人道主义、集体主义和志愿精神等价值取向，加强社会工作者的职业道德建设，在全社会营造有利于传播和弘扬社会工作伦理的社会环境。

（十二）　维护社会稳定：当代中国社会建设的控制机制

只有有效维护社会稳定，才能为人民群众谋求幸福和维护尊严的活动提供适宜的社会前提和基础。改革、发展、稳定是关系社会主义建设的三件大事，三者存在着不可分割的内在联系，必须把改革的力度、发展的速度和社会

---

① 《列宁专题文集　论社会主义》，人民出版社 2009 年版，第 399 页。

可承受的程度统一起来,把不断改善人民生活作为处理三者关系的重要结合点。做好稳定工作,必须坚持党的领导与服务群众、事前预警与事后安抚、法律外控与道德内控、民主治理与专政权威相统一的原则。在此前提下,必须建立和健全以稳定预警机制、稳定风险评估机制、稳定应急机制、信访工作机制和治安工作机制为主要内容的中国特色的维护稳定工作的模式。同时,为了回应风险社会的挑战,要按照未雨绸缪、立体防卫,敬畏生命、以人为本,维护民族团结、促进祖国统一,维护社会秩序、加快社会发展,以及保卫世界和平、建设和谐世界的原则,建立现代的立体的全方位的国家安全体系。此外,必须按照党的十八届三中全会通过的决定,设立国家安全委员会,为国家安全提供制度保障。

(十三) 加强社会管理:当代中国社会建设的体制选择

社会管理是基于社会公平的价值而处理社会事务和提供公共服务的过程。在加强和创新社会管理的过程中,重点是:第一,建构和完善社会管理体系。我们要坚持促进人民福祉的基本要求,推动社会管理理念的创新。我们要建立健全党委领导、政府负责、社会协同、公众参与的社会管理格局,推动社会管理格局的创新。我们要按照科学化、民主化和规范化的原则,推动社会管理方式的创新。我们要抓住立法、体制和机制等环节,推动社会管理制度的创新。目前,重点是要按照党的十八届三中全会的精神,创新社会治理体制。第二,强化政府的社会管理职能。我们要强化政府的公共精神,促使政府进一步承担起社会管理和公共服务的职能。我们要按照以人为本的原则,将满足基本需求的政策、积极的就业政策、优先发展教育的政策作为社会政策的中心来抓。我们要强化社会控制的规范作用,加强政府的社会控制能力建设。

(十四) 依赖社会系统:当代中国社会建设的基本路径

社会是作为一个整体而存在和运行的,社会主义社会建设是一项复杂的社会系统工程,因此,我们必须立足中国特色社会主义的总体布局,按照社会系统工程的方式,通过社会建设与经济建设、政治建设、文化建设、生态建设以及党的建设的良性互动,促进社会建设的健康发展。在这个过程中,既要注重社会主义建设各构成领域的相互制约,也要注重各领域之间的相互促进。此外,社会建设还必须从社会有机体的高度出发,既要分别管理好各项社会事务,又要协调各项事务之间的关系和社会成员之间的关系。这里,关键是要以改善民生为导向,大力促进社会主义经济建设、政治建设、文化建设、生态文明建设的全面发展、协调发展和永续发展,尤其是要大力发展民生经济、民生文化。最后,必须坚持和完善党对社会建设的领导,提高党的社会建设的能力,加强和创新社会领域的党建工作。

（十五）　建设和谐社会:当代中国社会建设的制度保证

社会主义建设必须积极应对福利资本主义的挑战。研究福利国家有狭义和广义两种方法。"从广义的角度看,就业、工资和整个宏观经济调控等都被看作是福利国家体系的密不可分的组成部分","可以称之为'福利资本主义'(welfare capitalism)"①。社会主义和谐社会是超越福利资本主义的革命选择,为社会建设提供了制度保证。更为重要的是,构建社会主义和谐社会是社会主义自我发展和自我完善的科学选择,社会和谐是中国特色社会主义的本质属性,是提高党的执政能力和水平的必然选择。在当代中国,社会主义和谐社会是共产主义远大理想和社会主义初级阶段具体任务的高度统一的具体体现。和谐社会具有具体性、物质性、全面性和辩证性等制度特征。只有坚持这些制度规定,我们才能保证当代中国社会建设的社会主义性质。同时,我们必须按照民主法治、公平正义、诚信友爱、充满活力、安定有序、人与自然和谐相处的要求来构建和谐社会。最后,我们必须坚持资本批判和对外开放、革命主题和建设主题、经济建设和社会建设、阶段任务和总体目标的统一,处理好和谐社会建设的重大制度课题。显然,社会主义和谐社会是当代中国社会建设的制度依托。

（十六）　推动社会文明:当代中国社会建设的积极成果

文明是实践的事情,是社会的素质。社会主义文明是由物质文明、政治文

---

① ［丹麦］考斯塔·艾斯平-安德森:《福利资本主义的三个世界》,苗正民、滕玉英译,法律出版社 2003 年版,第 2 页。

明、精神文明、社会文明和生态文明等文明要素构成的复杂整体。其中,社会文明是社会建设的实践成果,是社会成员在社会生活领域中养成的社会气质或素养。资本主义社会文明的立足点是市民社会,社会主义社会文明的立足点是"人类社会或社会的人类"。一般而言,个体自由、群体自治、阶层流动、社会和谐、人类解放,是判断社会文明的标准。当代中国社会建设的经验和成就构成了当代中国的社会文明成果,在性质上属于社会主义社会文明。社会主义社会文明是社会实体文明和社会关系文明、社会结构文明和社会价值文明的统一。我们必须将社会公平作为建设社会主义社会文明的根本要求。目前,依赖总体布局推进社会建设,是其宏观路径;优化社会结构、净化社会风气,是其微观路径。社会主义社会文明是处于发展中的社会文明。只有在"自由人联合体"中,才能有真正的完全的社会文明。因此,必须将社会建设提升到社会文明的高度来建设。

(十七) 追求社会理想:当代中国社会建设的最终目标

在物质财富极其丰富、人们的精神境界极大提高的基础上实现人的自由而全面发展的共产主义社会,是马克思主义的崇高社会理想。同样,这也是社会主义社会建设的最终理想和价值目标。人的自由而全面的发展依赖社会经济的全面发展,而社会生产力和经济文化的发展水平是逐步提高的过程,因此,我们要通过大力加强社会主义各项建设事业为人的自由而全面的发展创造条件。同时,消灭"三大差别"是社会主义社会建设的重要任务,是实现共产主义理想的社会条件。在走向共产主义的过程中,实现自由劳动、建立自由人联合体、消灭三大差别和实现每个人的自由而全面的发展,是系统发生、整体推进的过程。最终,只有实现从必然王国向自由王国的飞跃,才能真正使劳动主体过上幸福的生活,才能真正维护劳动主体的尊严。共产主义社会是真正意义上的"和谐社会"。显然,人的全面性是社会的全面性的表征和"完成",构成了中国特色社会主义社会建设的逻辑终点。当然,这也是一切社会建设和社会发展的逻辑终点。

事实上,上述内容也构成了中国特色社会主义社会建设实践的总体。中国特色社会主义社会建设就是包括上述内容的社会系统工程。显然,在整体上展示中国特色社会主义社会建设理论体系的同时,我们展现的也是中国特色社会主义社会建设的总体构成和系统路径。

四、中国特色社会主义社会建设的整体特征

尽管改善民生①是当代中国社会建设的重点,但是,无论是宏观上的社会有机体还是微观上的社会生活都是作为一个系统而存在和运行的,因此,必须将中国特色社会主义社会建设作为一项系统工程来推进,统筹兼顾、多管齐下,这样,才能在实现社会治理的基础上进一步实现社会和谐与社会进步。当中国特色社会主义理论以"完成"的形态展示当代中国社会建设的总体构成时,集中体现出了整体性的特征。整体性是事物自身所具有的辩证特征。中国特色社会主义理论将整体性原则贯穿到了社会建设理论的始终。整体性最终要求社会建设必须走向人民群众的幸福生活和人的全面发展。

(一) 中国特色社会主义社会建设起点的整体性

在唯物史观看来,社会是一个由诸多对立统一的要素在社会基本矛盾的运动过程中构成的整体,即社会有机体。在社会有机体中,物质生活的生产方式制约着社会生活、政治生活和精神生活的过程;社会生活又为社会发展提供着重要的社会环境。而这一切都是在自然界提供的自然物质条件的前提下通过劳动展开的历史过程。这里,社会生活是基于个人物质需要而进行人际交往所形成的社会结构领域,是非政治、非经济的共同利益领域。在总体上,只有坚持社会的全面发展,才能保证社会系统的持续存在和永续发展。正是从此出发,中国特色社会主义理论提出了"社会主义社会是全面发展、全面进步的社会"的科学论断,要求我们全面推进社会主义建设事业。在此基础上,当我们提出构建社会主义和谐社会的战略目标、确立生态文明为全面建设小康社会奋斗目标的新要求的时候就表明,中国特色社会主义事业是由社会主义经济建设、政治建设、文化建设、社会建设、生态文明建设等方面构成的整体。

---

① "民生"一词语出《左传·宣公十二年》,所谓"民生在勤,勤则不匮。"孙中山先生的三民主义中的"民生主义",既包括实现民族复兴和国家富强的目标,也包含着关怀劳动人民生活福利的内容。我们认为,社会建设是一个分层次的整体、分阶段的过程,其内涵和内容要远远超越改善民生的问题。

最终,我们形成了"五位一体"的中国特色社会主义总体布局。这样,就在总体布局中科学地展现出了社会建设的独立性和重要性,而社会建设进一步强化了总体布局的有机性和整体性。显然,在社会发展中,"这种有机体制本身作为一个总体有自己的各种前提,而它向总体的发展过程就在于:使社会的一切要素从属于自己,或者把自己还缺乏的器官从社会中创造出来。有机体制在历史上就是这样生成为总体的。生成为这种总体是它的过程即它的发展的一个要素。"①社会有机体就是这样按照其"意志"将社会中还没有的东西"创造"出来的,不断丰富其结构、拓展其领域、完善其功能。社会建设既是在社会有机体中拓展出来的新领域、新概念,也是在社会生活领域中建构起来的新论题、新目标。因此,我们必须立足社会有机体(社会系统)尤其是中国特色社会主义总体布局来推进社会建设,而不能将之简单地归结为民生问题。

(二) 中国特色社会主义社会建设组成的整体性

改善民生只是社会建设全局中的重点环节,而社会建设自身是一个由各种因素构成的整体。从其构成来看,既有理论性因素(社会建设理论),又有实践性因素(社会建设实践);是社会建设理论和社会建设实践的统一。一方面,没有社会建设的科学的理论自觉就不会有社会建设实践的有效推进。马克思主义社会建设理论尤其是中国特色社会主义社会建设理论,就是当代中国社会建设的科学指南。另一方面,社会建设实践也不断丰富着社会建设理论。社会建设实践、社会主义社会建设实践、中国特色社会主义社会建设实践推动着马克思主义社会建设理论、中国特色社会主义社会建设理论的创新发展。显然,社会建设理论与社会建设实践是互补的。此外,社会建设既有前提性因素(社会机体,社会生活),又有目的性因素(人的发展);是社会事实和社会价值的统一。既包括实体要素(社会有机体),也包括关系要素(社会关系);是社会实体和社会关系的统一。既有过程性因素(社会建设活动),又有结果性因素(社会文明);是社会活动和社会文明的统一。从动态角度来看,社会建设是一个化解社会矛盾、实现社会富裕、协调社会利益、整合社会关系、健全社会保障、发展社会事业、调动社会力量、开展社会工作、维护社会稳定、

---

① 《马克思恩格斯全集》第 30 卷,人民出版社 1995 年版,第 237 页。

加强社会管理、促进社会和谐的过程,包含着多个环节和多个阶段。这样看来,如果舍弃其任一环节(阶段)、割裂各个环节(阶段)之间的关系,那么,社会建设都难以顺利进行。例如,如果将社会稳定从社会建设中游离出去,那么,社会稳定就会阻碍社会发展和社会进步。而没有社会稳定提供的社会环境,社会建设也难以有序进行。同时,这个整体过程中的每个环节和阶段也都是一个整体。例如,"社会管理的基本任务包括协调社会关系、规范社会行为、解决社会问题、化解社会矛盾、促进社会公正、应对社会风险、保持社会稳定等方面。"①作为社会建设二级系统的社会事业,又包括教育、卫生、文化、体育、科技等多个三级系统。具体来看,社会管理既要分别管理好各项社会事务,又要协调好各项事务之间的关系和社会成员之间的关系。总之,社会建设是一个不断完善和优化社会生活的系统过程和系统工程。

(三) 中国特色社会主义社会建设路径的整体性

面对社会主义建设事业的复杂性和系统性,我们必须按照系统思维和系统方法来推进社会主义建设。同样的,社会建设是在构建社会主义和谐社会的境遇中成为可能的,因此,我们必须立足中国特色社会主义总体布局和党的建设,来推进社会建设。第一,只有从生产力和生产关系两方面入手,大力发展民生经济,大力推进社会主义经济建设,大力发展社会主义物质文明,既要做大"蛋糕"又要分好"蛋糕",才能为社会建设提供雄厚的物质基础。第二,只有将社会生活的民主化和法制化有机统一起来,大力加强社会主义政治文明建设,我们才能为社会建设提供有力的政治保障。实现社会生活的民主化,关键是必须让社会权力回归人民群众,确保人民群众的主体地位。实现社会生活的法制化,就是要坚持依法治国方略,在社会生活领域中做到有法可依、有法必依、执法必严、违法必究。第三,只有巩固马克思主义的指导地位,坚定中国特色社会主义的共同信念,大力发展民生文化,大力培育公共精神,才能不断强化社会建设的精神支撑。发展民生文化的核心是要保障人民群众的文化权益。大力培育公共精神,就是要塑造社会价值、弘扬社会公德、引导社会心态、强化社会责任、凝聚社会共识。第四,只有大力贯彻和落实可持续发展战略,建设高度发达的生

---

① 《十七大以来重要文献选编》(下),中央文献出版社 2013 年版,第 140 页。

态文明,才能为社会建设提供良好的生态条件。为此,必须坚持走新型工业化道路,确立可持续的产业结构、发展方式和消费模式。尤其是,要强化政府的环境管理职能,强化可持续指标的规范作用,强化可持续法制的约束作用。第五,只有不断提高党的社会建设的能力,加强社会领域的党建工作,才能不断巩固社会建设的领导核心。在这个过程中,必须保持党同人民群众的血肉联系,完善社会管理的共治格局。总之,在社会建设中,必须立足中国特色社会主义总体布局,既要注重社会主义建设各构成领域的相互制约,也要注重各领域之间的相互促进,这样,才能实现整体推进和重点突破的辩证统一。

(四) 中国特色社会主义社会建设目标的整体性

人以其需要的无限性和广泛性区别于其他一切动物,促进人的全面发展是建设社会主义新社会的本质要求,因此,促进人的全面发展是社会建设的最终目标。目前,重点和难点是必须全面地切实地保障人民群众的各种权益。第一,切实保障人民群众的生存权。社会建设的重点是改善民生,改善民生的重点是满足人民群众的物质需要、保护其物质利益。同时,清洁的空气、优美的环境等自然物质方面的要求也是涉及人们生存的基本要求,因此,必须坚持走生产发展、生活富裕、生态良好的文明发展道路。第二,切实保障人民群众的发展权。文化是人类迈向自由的第一步。只有在满足人民群众尤其是弱势群体的精神性需要、保障其文化教育权益的基础上,才能切实增强他们改善生活、提升自身价值的能力。这样,才有可能为解决贫困、失业等民生问题提供可靠的人力资本支撑。第三,切实保障人民群众的享受权。共同富裕是社会主义的本质要求,因此,必须反对一切社会歧视,推动包容性发展。在建设中国特色社会主义的过程中,"要注重提高发展的包容性,把促进社会公平特别是机会公平放在更加突出的位置,增强劳动者适应市场环境变化的自我发展能力,创造使人人享有平等发展机会的条件。要加强保障和改善民生工作的制度建设,增强公平性、透明度、可持续性。"①这样,才能实现公共服务的均等化,切实保障人民群众共享改革和发展的成果。第四,切实保障人民群众的参与权。在健全党委领导、政府负责、社会协同、公众参与、法治保障的社会管理

---

① 《十七大以来重要文献选编》(下),中央文献出版社 2013 年版,第 655 页。

体制的过程中,必须保证人民群众的参与权。不能简单地将一切群体性事件都看作是动乱之源,而应该在依法治国的框架中大力发展社会运动、加强社会团体建设,这样,才能为解决社会矛盾提供合适的缓冲带。第五,切实保障人民群众的创造权。社会主义社会建设是人民群众在党的领导下以联合的方式自己建立新社会、创造幸福生活的伟大事业,因此,必须坚持尊重劳动、尊重创造的方针,让人民群众自己创造幸福生活,让人民群众自己解放自己。在这个问题上,与其赋权(empowerment),不如还权于民、放权于民。这在于,毕竟人民群众才是历史、国家、社会和自己命运的真正的主人。当然,实现人的全面发展包含着更为丰富和深刻的内容。同时,我们要在社会主义法制的框架中,坚持尊重个人合法权益与承担社会责任的统一。总之,促进人的全面发展与促进社会主义社会的全面进步是一致的。

中国特色社会主义社会建设理论之所以能够获得整体性的辩证品质,就在于始终坚持了马克思主义的崇高社会理想。"我们建设有中国特色社会主义的各项事业,我们进行的一切工作,既要着眼于人民现实的物质文化生活需要,同时又要着眼于促进人民素质的提高,也就是要努力促进人的全面发展。这是马克思主义关于建设社会主义新社会的本质要求。"①在现实中,人的全面发展的过程就是劳动主体自我创造幸福生活和维护合法尊严的实践过程。社会建设最终就是要完成这个总体的历史任务。在当代中国,只有为人民群众不断创造幸福生活、不断维护其合法权益的社会建设理论才是科学的理论,而中国特色社会主义理论就是这样的理论;只有为人民群众不断创造幸福生活和维护合法尊严的社会建设实践才是科学的实践,而中国特色社会主义实践就是这样的实践。

通过上述四者的辩证运动就使中国特色社会主义社会建设成为了一个具有内在联系的整体。唯有按照社会系统工程的方式来推进社会建设,才能使社会生活达到最优状态,从而才能保障人民群众有尊严地过上幸福生活。

五、研究中国特色社会主义社会建设的方法和价值

为了有效促进中国特色社会主义社会建设理论和实践的发展,我们必须

---

① 《江泽民文选》第三卷,人民出版社2006年版,第294页。

按照科学的方法研究中国特色社会主义社会建设问题,必须充分认识研究中国特色社会主义社会建设问题的重大意义。

(一) 研究中国特色社会主义社会建设的方法

方法是推动内容前进的一般动力。在研究中国特色社会主义社会建设的过程中,我们必须坚持马克思主义的立场、观点和方法,同时,要大胆地借鉴和吸收现代科学的方法,这样,才能推动社会建设的理论创新,进而才能促进社会建设的实践创新,最终才能使社会建设真正成为造福人民群众的伟大事业。

研究中国特色社会主义社会建设的方法论原则。我们要在马克思主义社会建设理论的指导下,在系统发掘和整理中国特色社会主义社会建设理论、系统梳理和总结改革开放以来社会建设基本经验的基础上,针对当代中国社会建设中存在的具体问题,参照国外社会建设的实践经验和理论探讨,研究按照中国特色社会主义理论进一步推进当代中国社会建设的理论方案和实践思路。为此,必须坚持以下辩证思维方法:第一,坚持逻辑和历史相统一的方法。在辩证思维看来,历史从哪里开始,思想进程也应该从哪里开始。因此,在研究社会建设问题时,坚持逻辑和历史的统一就是要做到:一是将中国特色社会主义社会建设理论放在社会建设理论一般发展史中进行考察,以确定中国特色社会主义社会建设理论对中国古代社会思想、国外社会建设理论的借鉴和超越。二是将中国特色社会主义社会建设理论放在整个马克思主义发展史中进行考察,以确定这一理论在整个马克思主义社会建设理论中的地位,说明该理论对马克思主义社会建设理论的丰富和发展。三是将中国特色社会主义社会建设理论放在马克思主义中国化的历史进程中进行考察,以确定这一理论在中国化马克思主义社会建设理论中的地位,说明该理论对中国化马克思主义的社会建设理论的丰富和发展。事实上,中国特色社会主义社会建设理论是一切社会建设理论成果在当代中国的集大成者。第二,坚持理论和实践相统一的方法。理论与实践的统一,是马克思主义的一个最基本的原则。在研究社会建设问题时,坚持理论和实践的统一就是要做到:一是要在科学地总结和概括古今中外的社会建设经验的基础上,通过科学的比较研究,古为今用,洋为中用,以为当代中国的社会建设理论的研究提供参照坐标,丰富中国特色社会主义社会建设理论的思想资源。二是要批判和吸收资本主义福利制度,尤其是要通过分析和对比民主社会主义、福利资本主义和"第三条道路"对社会主义社会建设的挑战,科学说明社会主义和谐社会对资本主义福利制度的超越,阐明中国特色社会主义社会建设理论的批判意识。三是要将当代中国的社会建设置于世界社会主义的社会建设的实践进程中加以考察,在科学总结和借鉴世界社会主义运动中的社会建设经验的基础上,通过科学的比较研究,完整准确地确定中国特色社会主义社会建设理论对世界社会主义的社会建设的贡献。四是要在科学总结中国社会主义社会建设经验尤其是新时期社会建设经验的基础上,充分说明中国特色社会主义社会建设理论的实践基础和实践价值。同时,我们要在理论研究的基础上,为促进当代中国的社会建设提供科学的社会建设的实践方案和实践路线。事实上,中国特色社会主义社会建设实践是融合一切社会建设实践及其经验为一体来解决当代中国社会建设问题的实践创新过程。在遵循以上辩证思维原则的基础上,我们还必须坚持马克思主义总体性原则和方法。马克思指出,"不论我的著作有什么缺点,它们却有一个长处,即它们是一个艺术的整体;但是要达到这一点,只有用我的方法"①。这里,"艺术的整体"即马克思主义的整体性;"方法"就是马克思所确立的科学的总体性方法,即用"总体"或"总体性"的视野来看问题的方法。总体或总体性是指事物的诸方面的相互依存、相互联系、相互影响和相互作用的不可分割性。总体性方法是用总体性视野来看问题的方法,就是要将对象和客体置于多重结构和复杂关系中来看待对象和客体,要走向辩证思维。中国特色社会主义社会建设在起点、构成、路径和目标上都具有总体性(整体性)的特征。此外,我们也要将马克思主义的矛盾分析方法、社会系统分析方法、经济分析方法、社会形态分析方法、阶级分析和阶层分析方法、群众路线工作方法等方法运用在研究社会建设问题的过程中。

研究中国特色社会主义社会建设的技术路线图。研究中国特色社会主义社会建设问题,必须将文本研究、理论研究和现实研究统一起来。为此,要采用以下技术路线:一是以文本研究为基础。在实践的基础上回归马克思主义文本,是马克思主义理论研究的重要方法,也是研究社会建设问题的重要方式。我们要在系统发掘马克思主义文本中的社会建设思想的基础上,力求展现马克

---

① 《马克思恩格斯文集》第10卷,人民出版社2009年版,第231页。

思主义社会建设理论的总体面貌;在系统发掘中国化马克思主义文献中蕴含的社会建设思想的基础上,力求展现中国化马克思主义社会建设理论的总体面貌;在系统发掘十四大以来党的重要文献中的社会建设思想的基础上,力求展现中国特色社会主义社会建设理论的总体面貌。进而,通过综合对比和系统分析,要完整地展现当代中国社会建设指导思想的理论体系,即马克思主义社会建设理论尤其是中国特色社会主义社会建设理论。二是以理论研究为核心。通过文本研究概括出的理论最终要走向实践,因此,理论研究具有承前启后的作用,构成了整个研究的核心。马克思主义并不一味地杜绝任何理论体系,而是反对杜林那样人为炮制体系以对抗科学共产主义理论体系的做法。因此,我们必须系统研究马克思主义社会建设理论、中国特色社会主义社会建设理论在整个马克思主义理论体系中的地位,研究中国特色社会主义社会建设理论在中国特色社会主义理论体系中的地位。只有这样,才能把握住马克思主义尤其是中国特色社会主义理论在社会建设问题上的立场、观点和方法,才能科学而有效地推进社会建设。三是以现实研究为归宿。文本研究、理论研究最终要走向生活和实践,因此,现实研究是一切研究的出发点和归宿点。在追求真理的过程,我们固然需要"倚天屠龙"之术,更需要"庖丁解牛"之技。在实现无产阶级解放和人类解放的过程中,我们必须将学者的品格和战士的品格统一起来。这样,就要求我们必须坚持以实际问题为中心的马克思主义研究方法。具体来看,就是要以当代中国社会建设的实际问题为中心,着眼于马克思主义社会建设理论尤其是中国特色社会主义社会建设理论的实际运用,着眼于对社会建设实际问题的理论思考,着眼于社会建设的新的尝试和新的经验。在此基础上,我们要科学地系统地分析当代中国社会建设的难点问题和症结所在,有的放矢地提出社会建设的实践方案、决策建议和工作对策。总之,"文本研究→理论研究→现实研究"构成了我们研究中国特色社会主义社会建设问题的技术路线。当然,在这个过程中,我们始终不能忘记马克思主义总体性原则和方法。

此外,我们还应运用社会系统工程的方式进行研究,力求把握中国特色社会主义社会建设的时间维(时间维表示从开始掌握社会建设规律到具体运用社会建设规律的基本过程)、逻辑维(时间维的各个阶段都是复杂的理论思维过程,因而,应该采取共同的逻辑规则)和知识维(知识维是完成时间维和逻辑维所需要的知识体系)及其统一,要将定性研究和定量研究统一起来,要将顶层设计和基层实践统一起来,进行系统设计,力求整体突破。

(二) 研究中国特色社会主义社会建设的价值

研究中国特色社会主义社会建设问题,既不是要简单地应付民生问题,也不是理想化地设计社会前景,而是具有重大的学术价值和实践意义的事业。

研究中国特色社会主义社会建设的理论价值。中国特色社会主义社会建设理论,既是对马克思主义关于社会建设尤其是社会主义社会建设理论的丰富和发展,也是对中国特色社会主义理论的丰富和发展。因此,研究中国特色社会主义社会建设问题理论意义在于:第一,有助于进一步完整地把握马克思主义理论体系、推动马克思主义社会建设理论研究。马克思主义理论是一个开放的科学的整体。马克思主义社会建设理论是马克思主义理论体系的重要组成部分。现在,将整体的马克思主义区分为"革命的马克思主义"和"建设的马克思主义"是肢解马克思主义整体性的重要形式。其实,在马克思主义理论体系中,革命主题和建设主题是不可分割的。因此,研究中国特色社会主义社会建设问题有助于完整地把握马克思主义理论体系,有助于从整体上推动马克思主义社会建设理论的研究,从而能够真正使马克思主义在社会建设问题上发挥指导作用。① 第二,有助于进一步完整地把握中国特色社会主义

---

① 是否存在马克思主义社会建设理论,马克思主义社会建设理论究竟何指,已不是一个单纯的学术讨论的话语问题,而是一个复杂的意识形态较量的政治实践问题。新马克思主义对此报阙疑的态度。阿明认为:"无论如何,马克思对资本主义的激进批判,并没有为从经济决定论的教条中解放出来的社会管理相关问题提供任何解决答案,也没有提供一剂向这个社会过渡的'万能药'。当社会运动夺取了政治权力并开始建设社会主义的时候,这些问题就暴露出来了。在当时的客观条件下,他们的计划还是含糊的。目标是什么? 建设社会主义,还是追赶发达的资本主义国家? 一些选择考虑的是如何管理过渡阶段,例如采用计划经济取代市场经济,这从根本上就是不确定的。这些选择当时是从资本主义意识形态的理性创新(用科学原理来管理社会的建设)推理出来的。正是这种理性化促使恩格斯对德国社会民主党提出了批判,他把社会民主党的纲领称为'没有资本家的资本主义'美梦。"([埃及]萨米尔·阿明:《全球化时代的资本主义——对当代社会的管理》,丁开杰等译,中国人民大学出版社2005年版,第124—125页)这样,就需要我们回归到马克思主义文本中,回归到马克思主义发展史中,回归到国际共产主义运动史中,回归到社会主义建设的总体实践中,去实事求是地回答马克思主义社会建设理论何以可能的问题。在我们看来,在整个马克思主义理论体系中,根据研究对象和研究内容的特殊性,可以划分出若干具体的研究领域。如同马克思主义社会发展理论一样,马克思主义社会建设理论就是这个理论体系中的一个具有跨学科性的具体研究领域。当然,这一领域有其实质性的和实在性的内容——社会建设问题。

理论体系、推动中国特色社会主义社会建设理论研究。在革命、建设、改革的长期实践中,我们党不断探索和发展了具有中国特色的社会主义社会建设理论。在理论形态上,尽管中国特色社会主义社会建设理论是在科学发展观的语境中提出的新概念,但是,只有完整地展示从毛泽东思想和邓小平理论、中经"三个代表"重要思想、再到科学发展观以及党的十八大以来理论创新成果探索中国特色社会主义社会建设的历史进程,我们才能完整地把握中国特色社会主义社会建设理论。因此,研究中国特色社会主义社会建设有助于从整体上把握中国特色社会主义理论体系,有助于进一步推进中国特色社会主义社会建设理论的研究。第三,有助于进一步推动马克思主义理论学科建设、拓展马克思主义理论学科研究领域。在按照哲学、政治经济学和科学社会主义进行的分门别类的马克思主义理论研究和教学体系中,难以完整地确立社会主义社会建设理论在整个马克思主义理论体系中的独立位置。事实上,马克思主义社会建设理论是横贯哲学、经济学和政治学的综合性和交叉性的研究领域。马克思主义理论一级学科的设立,为从整体上研究马克思主义社会建设理论提供了学科平台。反过来,开展马克思主义社会建设理论的研究有助于进一步推进马克思主义理论学科的建设。具体来说,"马克思主义社会建设理论"应该成为马克思主义基本原理的重要研究方向和内容,"中国特色社会主义社会建设理论"应该成为马克思主义中国化研究的重要研究方向和内容;前者主要研究马克思主义关于社会建设尤其是社会主义社会建设的基本观点和理论体系,后者主要研究马克思主义社会建设理论与中国社会建设实际相结合的过程、成就和经验;在总体上,应该把二者结合起来进行研究。因此,研究中国特色社会主义社会建设有助于进一步拓展马克思主义理论学科的研究内容,从而会进一步推动马克思主义理论学科的发展。总之,研究中国特色社会主义社会建设问题,是当下马克思主义理论研究的重要出场路径,彰显着马克思主义社会建设理论尤其是中国特色社会主义社会建设理论的科学性、现实性和指导性。

研究中国特色社会主义社会建设的实践价值。在其实质上,中国特色社会主义社会建设,是我们党对人类社会发展的规律、社会主义社会建设的规律和共产党执政的规律的认识所达到的新科学高度的集中体现。因此,研究中国特色社会主义社会建设的理论和实践具有以下实践价值:第一,有助于进一步科学把握人类社会发展的规律。在整个社会有机体的发展过程中,社会的物质要素、政治要素、精神要素、社会生活要素和生态要素处于复杂的相互联系、相互影响、相互作用和相互推动的辩证作用中,因此,只有实现经济建设、政治建设、文化建设、社会建设以及生态文明建设全面发展、协调发展、永续发展,才能保证整个社会有机体的持续存在和永续发展。现在,当我们在"社会更加和谐"的基础上提出构建社会主义和谐社会、加强社会主义社会建设的任务的时候,事实上是对社会全面发展规律、社会协调发展规律、社会永续发展规律的新的科学认识,是对马克思主义社会有机体理论的丰富和发展。因此,研究中国特色社会主义社会建设问题有助于进一步科学把握人类社会发展的规律,从社会发展的整体上解决当代中国的社会建设问题,而不是将之简化为单纯的社会治疗问题。第二,有助于进一步科学把握社会主义社会建设的规律。社会主义社会是全面发展、全面进步的社会。只有在大力加强社会主义经济建设、政治建设、文化建设和生态文明建设的同时,大力加强社会主义社会建设,才能保证社会主义的长治久安。从国际共产主义运动的经验来看,尽管社会主义在一些国家遇到的挫折和失败有着复杂的背景和原因,但是,忽视社会建设引发的社会矛盾所导致的社会混乱,是一个不容忽视的因素。在这个问题上,当我们在"社会更加和谐"的基础上提出"社会和谐是中国特色社会主义的本质属性"科学论断的时候,事实上是对社会主义建设规律的新的科学认识。因此,研究中国特色社会主义社会建设问题有助于进一步科学把握社会主义社会建设的规律,从社会主义制度的规定性上推动当代中国的社会建设,而不是将之看作是一个单纯的社会技术的操作问题。第三,有助于进一步科学把握共产党执政的规律。我们党成为执政党,是历史的必然和人民的选择。但是,党的执政地位不是与生俱来的,也不是一劳永逸的。从世界上一些执政党兴衰成败的经验教训来看,"不坚持社会主义,不改革开放,不发展经济,不改善人民生活,只能是死路一条。"①现在,当我们在坚持"代表中国最广大人民的根本利益"的基础上将"人民生活更加殷实"作为全面建设小康社会和社会主义现代化的重要目标、进而提出"以人为本"的要求时就表明,加快推进以改善民生为重点的社会建设,构建社会主义和谐社会,

---

① 《邓小平文选》第三卷,人民出版社 1993 年版,第 370 页。

是巩固党执政的社会基础,是实现党执政的历史任务的必然要求。因此,研究中国特色社会主义社会建设的理论和实践有助于进一步科学把握共产党执政的规律,从治国理政的高度来看待和处理当代中国的社会建设问题,而不是将之庸俗化为一个对民施舍的"清官"行为。总之,研究中国特色社会主义社会建设问题,将会为进一步推动当代中国的社会建设提供科学的智力支持和正确的价值导向。目前,开展中国特色社会主义社会建设的研究,就是要通过对中国特色社会主义社会建设理论的研究,来推动中国特色社会主义社会建设实践的大发展。这样,才有助于促进社会主义社会生活的优化,有助于实现人民幸福和人的全面发展。

显然,研究中国特色社会主义社会建设问题,就是要在科学的社会建设理论的指导下,着力发现和把握三大规律,这样,才能科学而有效地改善民生,才能在优化社会生活、形成真实的社会生活共同体的基础上,促进人的自由而全面的发展。

综上,只有达到对中国特色社会主义社会建设问题的科学的方法自觉、理论自觉和实践自觉,才能使人民群众自我创造幸福生活和维护合法尊严的社会主义社会建设实践更加富有成效。这是科学的社会建设理论的惟一进路,也是正确的社会建设实践的惟一出路。

第一章　坚持社会理论：当代中国
社会建设的指导思想

马克思、恩格斯、列宁等马克思主义经典作家运用历史唯物主义的立场、观点、方法，对社会主义社会建设提出了重要的思想理论，其基本原理对我们今天构建社会主义和谐社会仍然具有重大的指导意义，要加强整理和研究，并用来指导我们今天的实践。毛泽东思想、邓小平理论和"三个代表"重要思想中关于我国社会主义社会建设的理论，是我们党把马克思主义基本原理同我国具体实际紧密结合取得的重要成果，是马克思主义中国化的重要成果，我们尤其要加强学习和研究，并用来指导我们构建社会主义和谐社会的各项工作。

——胡锦涛：《加强调查研究和理论研究，着力提高构建社会主义和谐社会的本领》（2005 年 2 月 21 日），《论构建社会主义和谐社会》，中央文献出版社 2013 年版，第 71—72 页。

要深刻理解把科学发展观同马克思列宁主义、毛泽东思想、邓小平理论、"三个代表"重要思想一道确立为党的指导思想的重大意义，深入领会科学发展观的精神实质，增强贯彻落实科学发展观的自觉性和坚定性，坚定不移走科学发展之路。

——习近平：《认真学习党章　严格遵守党章》（2012 年 11 月 16 日），2012 年 11 月 20 日《人民日报》第 1 版。

在当代中国，中国特色社会主义社会建设的实践和理论具有系统发生、同步建构的关系。这是一个将马克思主义社会建设理论与当代中国社会建设具体实际相结合的过程。从当代中国社会建设的实际出发,在马克思主义社会建设理论的指导下,中国特色社会主义社会建设理论成为了马克思主义理论创新的重要成果,成为了中国特色社会主义社会建设实践的科学蓝图。今天,只有坚持以马克思主义社会建设理论为指导,不断推进社会建设理论的创新,才能增强社会建设实践的原则性、系统性、预见性和创造性。

一、中国特色社会主义社会建设理论的思想来源

关于社会主义社会建设的理论,是马克思主义理论的重要组成部分。马克思主义社会建设理论是中国特色社会主义社会建设理论的思想来源和科学基础。

(一) 马克思主义社会建设理论的科学构想

空想社会主义就曾提出过"社会和谐"的设想,但是,他们没有找到实现这种设想的经济基础和阶级动力。从实现无产阶级和人类解放的高度出发,在创立唯物史观和发现剩余价值理论的过程中,马克思恩格斯实现了社会主义从空想到科学的飞跃。在这个过程中,马克思恩格斯对社会主义的社会建设进行了科学构想,形成了一个有机的理论整体。

1.马克思恩格斯社会建设理论的一般层次

通过社会建设推动社会的全面进步,满足人的生存与发展的需要,实现人的全面发展,是马克思主义社会建设理论的核心主题,构成了马克思恩格斯社会建设理论的一般层次。

社会建设的核心主题。马克思恩格斯始终关注现实的人。在他们看来,需要是人的本性,人以其需要的无限性和广泛性区别于其他一切动物。社会性是人区别于其他动物的特性,人在社会中的需要和利益超越了人的自然需要。人的社会性体现在人的需要之中,体现在满足人的需要的各种现实条件之中。需要决定人们联系的物质性,人的需要和利益是历史发展的动力,满足需要的活动是第一个历史活动。因此,需要及其满足都具有历史性。在资本主义社会中,人的需要和利益受制于资本逻辑。在扬弃了资本统治的共产主

义条件下,人的需要和利益将得到丰富的展现和有效的实现,从而可更好地确证人的本质。"我们已经看到,在社会主义的前提下,人的需要的丰富性具有什么样的意义,从而某种新的生产方式和某种新的生产对象具有什么样的意义。人的本质力量得到新的证明,人的本质得到新的充实。"①因而,推进社会主义社会建设,核心主题就是充分满足人的需要。当然,也包括实现人的利益。总之,通过社会建设满足人的生存与发展的需要,推动社会的全面进步和人的全面发展,是马克思恩格斯社会建设理论的核心主题。

社会建设的基本领域。马克思恩格斯社会建设理论建立在"社会有机体"理论的基础上,对"社会生活"进行了明确的定位和说明,从而科学地划定了社会建设的领域。在他们看来,人类社会是一个有机体,具有复杂的结构。"人们在自己生活的社会生产中发生一定的、必然的、不以他们的意志为转移的关系,即同他们的物质生产力的一定发展阶段相适合的生产关系。这些生产关系的总和构成社会的经济结构,即有法律的和政治的上层建筑竖立其上并有一定的社会意识形态与之相适应的现实基础。物质生活的生产方式制约着整个社会生活、政治生活和精神生活的过程。不是人们的意识决定人们的存在,相反,是人们的社会存在决定人们的意识"。② 这里,在社会历史观的基本问题上,社会存在决定社会意识。在社会运行方面,社会有机体是一个由生产力和生产关系的矛盾、经济基础和上层建筑的矛盾推动的历史过程。在社会构成上,社会有机体是由物质社会、政治生活、社会生活、精神生活构成的复杂整体。当然,从社会的自然物质条件来看,社会构成中还包括生态结构。上述的"社会生活"即狭义的社会,是社会有机体的重要构件,并与其他生活(结构)之间存在着有机联系。社会生活的关键内容就是社会关系和社会交往。社会不是由单个人构成的集合,而是由基于一定的社会关系的人们在社会交往中形成的社会关系的总和构成的整体和过程。经济的社会关系和交往活动共同构成市民社会。"市民社会包括各个人在生产力发展的一定阶段上的一切物质交往。它包括该阶段的整个商业生活和工业生活","市民社会这一名称始终标志着直接从生产和交往中发展起来的社会组织"。③ 尽管资本主义

① 《马克思恩格斯文集》第1卷,人民出版社2009年版,第223页。
② 《马克思恩格斯文集》第2卷,人民出版社2009年版,第591页。着重号系引者所加。
③ 《马克思恩格斯文集》第1卷,人民出版社2009年版,第582、583页。

市民社会形成了普遍的社会关系和社会交往,但是,社会关系和社会交往对个人表现为一种异己的力量。共产主义扬弃了这种资本统治的异己关系,展现出了人与人之间直接的、明白的、合理的社会关系和社会交往。只有在这种社会关系和社会交往中,社会各方面的利益才能协调,人们的积极性、主动性、创造性才能充分发挥出来。因此,社会生活构成了社会建设的领域。社会建设是一个建构良性的社会关系、实现普遍的社会交往的过程。

社会建设的主要路径。马克思恩格斯从"社会有机体"的角度,分析了社会建设的具体路径。社会建设有其专门的领域和任务,但是,也要依赖其他领域的支持。(1)社会建设的物质基础。一方面,只有搞好经济建设,大力发展生产力,才能超越物质匮乏的状态,使物质财富得以增加,从而才能满足人民群众日益增长的物质需求。另一方面,只有变革生产关系、消灭私有制、消除三大差别,社会生活才能真正得到充分发展,社会建设才能够全面开展。(2)社会建设的政治条件。国家是阶级剥削和阶级压迫的工具。政治建设的核心是通过无产阶级专政改造国家职能,克服与扬弃阶级压迫的政治功能,健全和完善公共管理与公共服务的社会职能,为人的发展提供各项保障和服务,促进社会公平正义,从政治上保障社会建设的有序进行。(3)社会建设的精神条件。文化的发展,能够充分实现和发展人的自由个性。"个性得到自由发展,因此,并不是为了获得剩余劳动而缩减必要劳动时间,而是直接把社会必要劳动缩减到最低限度,那时,与此相适应,由于给所有的人腾出了时间和创造了手段,个人会在艺术、科学等等方面得到发展。"①个人的精神发展,既是社会建设的重要目标,也是其精神动力和文化条件。此外,尽管马克思恩格斯没有提出生态文明的概念,但是,他们把优化自然环境作为社会建设的自然条件,突出了人化自然对于人的福利的意义。显然,社会建设是一个涉及整个社会有机体的复杂的社会系统工程。

总之,马克思恩格斯社会建设理论的一般层次主要科学回答了社会建设的一般问题,为社会建设提供了科学的世界观和方法论的指导。

2. 马克思恩格斯社会建设理论的具体层次

在具体层面上,马克思恩格斯社会建设理论博大精深、丰富多样。马克思恩

---

① 《马克思恩格斯文集》第 8 卷,人民出版社 2009 年版,第 197 页。

格斯极为关注资本主义条件下的工人阶级和劳动人民的日常生活问题①，揭露了资本主义社会保障制度的局限，认为只有社会主义才能最终解决这些问题。

贫困和救济问题。无产阶级贫困化是资本主义社会中普遍存在的严重问题。马克思并没有对之进行简单的道德批评，而是科学地揭露了其经济根源，认为这是资本主义积累的绝对的一般的规律。这样，相对过剩人口的最底层就陷于需要救济的赤贫的境地。从其构成来看，撇开流浪者、罪犯和妓女，即真正的流氓无产阶级，该阶层由三类人组成：有劳动能力的人，孤儿和需要救济的贫民的子女，衰败的、流落街头的、没有劳动能力的人。为此，资本主义发明了"济贫法"。但是，"在分析需要救济的贫民的统计数字时必须指出两点。一方面，这种贫民人数的增减运动反映着工业周期各阶段的变换。另一方面，随着资本的积累，阶级斗争日益发展，从而工人的觉悟日益提高，关于需要救济的贫民实际人数的官方统计也就越来越带有欺骗性。"②由于社会救济没有触及到造成贫困的制度根源，因此，必须诉诸革命。"在现今社会中造成一切贫困和商业危机的大工业的那种特性，在另一种社会组织中正是消灭这种贫困和这些灾难性的波动的因素"，"这就完全令人信服地证明：（1）从现在起，可以把所有这些弊病完全归咎于已经不适应当前情况的社会制度；（2）通过建立新的社会制度来彻底铲除这些弊病的手段已经具备。"③当然，新社会并不能自动地解决这一问题，而需要大力发展生产力。因此，社会建设必须以经济建设为基础。④

①　针对贫困农民在林地中捡拾枯枝落叶作为燃料而被冠之以"林木盗窃"罪名加以惩罚的问题，青年马克思指出："我们为穷人要求习惯法，而且要求的不是地方性的习惯法，而是一切国家的穷人的习惯法。"（《马克思恩格斯全集》第 1 卷，人民出版社 1995 年版，第 248 页）同样，青年恩格斯表达了对处于资本主义工厂主剥削下的工人阶级和劳动人民悲惨境遇的深刻同情。他揭露出，"下层等级，特别是伍珀河谷的工厂工人，普遍处于可怕的贫困境地；梅毒和肺部疾病蔓延到难以置信的地步"。（《马克思恩格斯全集》第 2 卷，人民出版社 2005 年版，第 44 页）就此而论，对物质利益的关注就是对社会建设问题的关注。因此，社会建设不仅是马克思主义理论体系的重要内容，而且是马克思主义理论形成的重要动因。

②　《马克思恩格斯文集》第 5 卷，人民出版社 2009 年版，第 753 页。

③　《马克思恩格斯文集》第 1 卷，人民出版社 2009 年版，第 683 页。

④　关于住宅等民生问题，马克思恩格斯也都是从政治上看待的，认为资本主义根本不能解决这些问题，希望在于社会主义。例如，恩格斯指出："住宅问题，只有当社会已经得到充分改造，从而可能着手消灭在现代资本主义社会里已达到极其尖锐程度的城乡对立时，才能获得解决。"（《马克思恩格斯文集》第 3 卷，人民出版社 2009 年版，第 283 页）限于篇幅，兹不赘述。

　　保险和保障问题。为了避免社会问题引发动乱和革命,资本主义发明了社会保险等社会保障制度。针对将社会保险基金看作是资本家的新的投资的错误,通过分析资本主义剩余价值和总利润的形成,马克思认为,这是由工人创造的剩余价值提供的。"为了对偶然事故提供保险,为了保证再生产过程的必要的、同需要的发展和人口的增长相适应的累进的扩大(从资本主义观点来说叫做积累),一定量的剩余劳动是必要的。"①在这里,不论保险基金是否由保险公司作为一种单独的业务来管理,也丝毫不会改变问题的实质。这种基金是收入中既不作为收入来消费也不一定用作积累基金的唯一部分。尽管资本主义社会保障制度以一种富于迷惑性的方式不断维持着劳动力再生产和资本增殖,但是,也在一定程度上能够缓解民生之急。因此,如果把工资和剩余价值、必要劳动和剩余劳动的独特的资本主义性质去掉,那么,包括社会保险在内的社会保障事实上是为一切社会形态所共有的。因此,针对"德国工人党纲领"中"劳动所得应当不折不扣和按照平等的权利属于社会一切成员"的错误,马克思指出,应当在社会总产品中扣除以下事项:用来应付不幸事故、自然灾害等的后备基金或保险基金,用来满足共同需要的部分(如学校、保健设施等),为丧失劳动能力的人等等设立的基金(即,所谓官办济贫事业的部分)。这样,"不折不扣的劳动所得"已经不知不觉地变成"有折有扣的"了,从一个处于私人地位的生产者身上扣除的一切,又会直接或间接地用来为处于社会成员地位的这个生产者谋利益。因此,即使在未来的新社会中也应该包括这些扣除。这些扣除事实上就成为了社会建设的重要任务。

　　自治与和谐问题。针对资本主义统治造成的问题,通过总结作为社会主义从科学理论到伟大实践飞跃之标志的巴黎公社经验,在社会治理问题上,马克思恩格斯突出了人民自治和社会自治的作用。在他们看来,如若国家与社会混沌不分,那么,无所不包的国家体制就会如同蟒蛇一般盘绕和寄生在社会机体上,不但吮吸社会的力量和资源,还会阻碍社会的全面发展。只有破除国家的压制,合理划定国家与社会的界限,才能让社会回归社会。可见,巴黎"公社——这是社会把国家政权重新收回,把它从统治社会、压制社会的力量变成社会本身的充满生气的力量;这是人民群众把国家政权重新收回,他们组

---

　　① 《马克思恩格斯文集》第7卷,人民出版社2009年版,第927页。

成自己的力量去代替压迫他们的有组织的力量"①。因此,从市民社会的根基处发动无产阶级革命,消灭阶级对抗,彻底改造国家与市民社会,解放被资本统治和国家压迫的社会生活,才能实现人民对社会生活的治理——人民自治或社会自治。由此来看,过去的一切共同体都是"虚假的共同体",只有未来的新社会才是"真正的共同体"。资本主义国家就是虚假的共同体,以虚假的普遍自由和公共利益来掩饰资本逻辑。在这个共同体中,既不可能有个人的自由而全面的发展,也不可能有社会的团结与和谐。在未来新社会中,在生产力高度发展和重建个人所有制的基础上,普遍利益与特殊利益可达成一致,共同体与个人矛盾可达到高度和解,社会团结与个人自由可相互促进,因此,这个共同体是"自由人联合体",即真正的共同体。在这个共同体中,由于克服了资本关系的对立性质,扬弃了国家权力的统治功能,因而,表现为直接的、明白的、合理的人际关系。这样,才能实现社会团结和社会和谐。这在于,个人的自由发展"取决于个人间的联系,而这种个人间的联系则表现在下列三个方面,即经济前提,一切人的自由发展的必要的团结一致以及在现有生产力基础上的个人的共同生活方式"②。显然,社会建设的最终目标是建构真正的社会共同体,即通过人民自治和社会自治来实现社会团结和社会和谐的共同体。

可见,马克思恩格斯社会建设理论的具体层次主要是科学解决了社会建设的操作层面的问题,为社会建设提供了具体运行的科学经验和科学指南。

总之,马克思、恩格斯创立了科学社会主义理论,勾画了美好社会的蓝图,指明了实现美好社会理想的正确途径,从而奠定了科学的社会建设理论的理论基础。

(二) 社会主义的社会建设实践的理论提升

十月革命实现了社会主义从运动到制度的伟大飞跃。列宁的社会建设思想就是在此新条件下形成的,既继承与发展了马克思恩格斯的社会建设理论,又总结和提升了苏联社会主义建设尤其是社会建设方面的实践经验。

1. 列宁社会建设理论的制度层次

在资本主义世界体系的不平衡发展中,十月革命使社会主义真正成为了

---

① 《马克思恩格斯文集》第 3 卷,人民出版社 2009 年版,第 195 页。
② 《马克思恩格斯全集》第 3 卷,人民出版社 1960 年版,第 516 页。

现实。这样，"我们把社会主义拖进了日常生活，我们应当弄清这一点。这就是我们当前的任务，这就是我们当今时代的任务。"①作为日常生活的社会主义，也就是要使社会主义成为造福全体社会成员的建设性事业。

社会建设的制度规定。为了避免社会矛盾对自身的冲击，资本主义设计出了社会救济、社会福利、社会保障和社会慈善等社会"缓冲器"。这些措施都是虚伪的。只有小资产阶级幻想家，才会幻想用慈善机构示范的影响来"纠正"资本主义。但是，这些措施一定程度上有助于改善工人阶级和劳动人民的生活状况。因此，列宁认为，在最严酷的斗争中，无产阶级一定要把合法的斗争形式同不合法的斗争形式结合起来，应该参加受反动法律限制的保险基金会。在这个意义上，包括社会保障在内的社会建设无疑是实现向社会主义过渡的社会前提。因此，为了取得胜利，为了建立和巩固社会主义，无产阶级应当完成双重的或二位一体的任务：一是革命。这就是要用自己在反对资本的革命斗争中奋不顾身的英勇精神吸引全体被剥削劳动群众，吸引、组织和领导他们去推翻资产阶级和彻底镇压资产阶级的一切反抗。二是建设。这就是要把全体被剥削劳动群众以及小资产阶级的所有阶层引上新的经济建设的道路，引上建立新的社会联系、新的劳动纪律、新的劳动组织的道路。显然，建立新的社会联系属于社会建设的任务。在革命成功之后，只有实际解决维持社会生活的基本的和最基本的任务，才能保障向社会主义过渡。在这个过程中，"无产阶级的社会革命以生产资料和流通手段的公有制代替私有制，有计划地组织社会生产过程来保证社会全体成员的福利和全面发展，将消灭社会的阶级划分，从而解放全体被压迫的人类，因为它将消灭社会上一部分人对另一部分人的一切形式的剥削。"②这样，保障全体社会成员的福利和全面发展就成为社会建设的主要任务，就成为社会主义的内在规定和奋斗目标。可见，革命和建设是无产阶级总体性实践的两翼，社会建设是整个社会主义建设事业的内在组成部分。

社会管理的制度规定。社会管理既是社会建设的重要一环，又是社会建设的重要保障。在资本主义条件下，如同经济管理一样，尽管社会管理包含一

---

① 《列宁选集》第4卷，人民出版社1995年版，第737页。

② 《列宁专题文集　论无产阶级政党》，人民出版社2009年版，第188页。着重号系引者所加。

系列最丰富的科学成就,但是,它是资产阶级剥削的最巧妙的残酷手段。在改造资本主义管理社会事务机构的同时,更为重要的是,社会主义国家必须自觉地将社会管理作为自己的职能。"俄罗斯社会主义联邦苏维埃共和国希望同各国人民和平相处,把自己的全部力量用来进行国内建设,以便在苏维埃制度的基础上搞好生产、运输和社会管理工作,但是协约国的干涉和饥饿封锁一直阻碍着这一工作的进行。"①社会主义国家的社会管理的职能主要体现在,在保卫生产资料公有制的同时来保卫劳动的平等和产品分配的平等。在苏维埃,社会管理之所以具有社会主义性质,关键在于无产阶级将社会主义民主也运用到了社会管理上,或者说,对社会生活和社会事务的民主管理成为了社会主义民主的重要实践。由于人民群众是历史和国家的主人,因此,对于社会主义来说,重要的就是普遍吸收所有的劳动者来管理国家和社会事务。这样,"在社会主义下,'原始'民主的许多东西都必然会复活起来,因为人民群众在文明社会史上破天荒第一次站起来了,不仅独立地参加投票和选举,而且独立地参加日常管理。在社会主义下,所有的人将轮流来管理,因此很快就会习惯于不要任何人来管理。"②社会主义民主在社会管理上的运用和实践,其实就是无一例外地人人都来执行"国家职能",这样,就会促使任何国家都消亡,能够让社会回归社会自身;同时,使对于人类一切公共生活的基本规则会很快从必须遵守变成习惯于遵守。但是,在现实中,官僚主义严重妨碍了社会主义民主的发展,严重妨碍了人民主体作用的发挥。过去,官僚主义是与统治阶级的利益连在一起的;"我们这里官僚主义的经济根源是另外一种:小生产者的分散性和涣散性,他们的贫困、不开化,交通的闭塞,文盲现象的存在,缺乏农工业之间的流转,缺乏两者之间的联系和协作。这在很大程度上是国内战争的结果。"③可见,反对官僚主义不光是一个政治问题,而涉及社会生活的方方面面,这样,就必须从整体上推进社会主义建设。

　　总之,只有社会主义才能使所有劳动者过上最美好的、最幸福的生活。这样,列宁就初步科学地回答了社会主义社会建设何以可能的问题,社会主义社会管理何以可能的问题。

---

① 《列宁专题文集　论社会主义》,人民出版社 2009 年版,第 164 页。着重号系引者所加。
② 《列宁专题文集　论马克思主义》,人民出版社 2009 年版,第 287 页。
③ 《列宁专题文集　论社会主义》,人民出版社 2009 年版,第 226 页。

2.列宁社会建设理论的操作层次

在坚持社会主义性质的前提下,社会主义必须大力加强社会建设。社会建设具有十分广泛的内容和任务。在具体层面上,列宁社会建设理论主要涉及一些操作性的社会事务。

社会建设的主要任务。十月革命胜利后,俄国物质生产极其落后、人民生活困苦不堪,因而,列宁十分重视人民群众的物质利益,要求要充分保证其福利。他认为,"不能直接凭热情,而要借助于伟大革命所产生的热情,靠个人利益,靠同个人利益的结合,靠经济核算,在这个小农国家里先建立起牢固的桥梁,通过国家资本主义走向社会主义"。① 为此,必须解决好以下问题:(1)消灭贫困。在现实中,群众受剥削和群众贫困是产生违反公共生活规则的极端行动的根本社会原因。一旦这个主要原因消除,极端行动就必然开始"消亡"。为了消灭饥饿现象,必须提高农业、运输业和工业中的劳动生产率。(2)促进就业。社会主义社会应该是一个没有失业现象的社会。为此,应设立劳动介绍所来安排失业者的就业,苏维埃和工会所属的劳动力的计算和分配部门要负责为失业者安排工作。在进行这样制度设计的同时,要采用各种办法吸引劳动者参加劳动,要消灭消极怠工现象。此外,社会主义国家必须保证全体成员的劳动权利和劳动自由。(3)保证住宅。为了解决无产阶级和劳动人民的住房问题,必须根据无产阶级专政国家的命令,剥夺和占据资产阶级的住宅。同时,把属于全民的住宅租给单个家庭需要加强国家的社会管理职能。至于过渡到免费分配住宅,那是与国家的完全"消亡"联系着的。(4)实施救助。对于一时丧失劳动力在两年以内的村团成员,村团在该成员劳动力尚未恢复的这段时间内,有责任通过共耕制的办法予以帮助;对于因年老或残废而不再能自己耕种土地的农民,在丧失其土地使用权时,可向国家领取赡养费。(5)提供服务。公共食堂、托儿所和幼儿园等公共福利服务是社会主义的幼芽,必须避免成为投机、渔利、欺骗、伪造等劣迹的营利性企业,这样,公共福利服务不仅能够成为妇女解放的重要社会条件,而且能够方便人民群众的日常生活。总之,"我们在人民生活的各个方面都应当进行建设"②。只有这

① 《列宁专题文集 论社会主义》,人民出版社 2009 年版,第 247 页。
② 《列宁全集》第 37 卷,人民出版社 1986 年版,第 346 页。

样,社会主义才能真正进入日常生活。

社会管理的重要方式。社会主义是为全体社会成员造福的事业,因此,需要全社会的共同管理。由于共产党是无产阶级专政国家的领导力量,因此,在社会管理中必须坚持党的领导。同时,无产阶级专政是一个由"若干齿轮组成的复杂体系",在"发动机"和"机器"之间必须要有"传动装置"。人民团体就是这样的"传动装置"。因此,还要充分发挥人民团体在社会管理中的作用。(1)必须加强共产党的领导。人民群众的主体地位,是通过作为无产阶级先锋队的共产党来实现的。"马克思主义教育工人的党,也就是教育无产阶级的先锋队,使它能够夺取政权并引导全体人民走向社会主义,指导并组织新制度,成为所有被剥削劳动者在不要资产阶级并反对资产阶级而建设自己社会生活的事业中的导师、领导者和领袖。"[1]在社会主义建设中,党的领导主要体现科学教育群众、正确引导政策、率先投身建设上。当然,党也要加强自身建设。(2)充分发挥工会的作用。工会是联系党和人民群众的桥梁。因此,工会运动决不能墨守成规。一方面,工会必须加强与党和政府的联系,并且巩固这种联系。"另一方面,工会应当更加成为对全体劳动群众进行劳动教育和社会主义教育的机关,以便在工人先锋队的监督下把参加管理的实际经验普及到比较落后的工人中去。"[2]因此,工会应当生活在工人群众之中,了解其需要,熟悉其生活,帮助其解决困难,最终要将工人组织起来团结在党的周围,实现其使命。(3)充分发挥共青团的作用。作为学习共产主义的学校,共青团应当是一支能够支援各种工作、处处都表现出主动性和首创精神的突击队。因此,当面对卫生和食物分配等工作时,"青年团应当出来说:我们要改变这种状况,我们组织青年队经常到各家各户去,协助搞卫生工作或分配食物,正确地调配力量,有组织地为全社会的利益工作,让大家看到,劳动应该是有组织的劳动。"[3]为此,共青团应该教育团员把自己的工作和精力全部贡献给公共事业。总之,在党的领导下,在充分发挥人民群众的主体作用的基础上,以联合的方式进行社会管理,是社会主义社会管理的重要方式。

社会建设的最终目标。社会主义社会必须将资本主义旧人改造为社会主

---

① 《列宁专题文集 论无产阶级政党》,人民出版社 2009 年版,第 338 页。
② 《列宁专题文集 论无产阶级政党》,人民出版社 2009 年版,第 197 页。
③ 《列宁专题文集 论无产阶级政党》,人民出版社 2009 年版,第 292 页。

义新人，促进人的全面发展。为此，必须"消灭人与人之间的分工，教育、训练和培养出全面发展的和受到全面训练的人，即会做一切工作的人"。① 具体来看：(1)消除城乡对立。旧式分工是造成人的片面发展的重要社会原因，因此，必须努力消除三大差别尤其是工农差别。"为了消灭阶级，其次就要消灭工农之间的差别，使所有的人都成为工作者"，"要解决这个任务，只有把整个社会经济在组织上加以改造，只有从个体的、单独的小商品经济过渡到公共的大经济。这样的过渡必然是非常长久的"，"只有帮助农民大大改进以至根本改造全部农业技术，才能加速这种过渡"。② 这样，当消除了农村的落后、涣散和愚昧状态后，就可为实现人的全面发展创造社会条件。(2)大力发展教育。在一个文盲的国家里是不能建成共产主义社会的。因此，社会主义国家必须大力发展教育。为此，要采取以下措施：对未满 16 岁的男女儿童一律实行免费的义务的普通教育和综合技术教育，把教育和社会生产劳动紧密结合起来，由国家供给全体学生膳食、服装、教材和教具，加强对教师的鼓动和宣传工作，培养具有共产主义思想的新的教师骨干，吸引劳动居民积极参加教育事业，苏维埃政权从各方面帮助工人和劳动农民自学自修，开展最广泛的共产主义思想的宣传工作。只有这样，才能有效提高每一个人的科学文化水平，进而为实现人的全面发展创造文化条件。(3)大力发展经济。只有努力提高劳动生产率，才能为人的全面发展创造物质条件。为此，必须要充分发挥科技的作用。在落后的条件下，社会主义国家必须积极引进资本主义国家创造出来的文明成果。因此，社会主义建设的图式是："乐于吸取外国的好东西：苏维埃政权+普鲁士的铁路秩序+美国的技术和托拉斯组织+美国的国民教育等等等等++=总和=社会主义。"③只有通过科技移植的方式，才能提高社会主义国家的科技水平，才能提高社会主义国家的劳动生产率，进而才能为实现人的全面发展创造物质条件。总之，社会主义社会建设进程，其实就是不断创造人的发展条件，拓展人的发展手段，推进人的全面发展的历史性过程。

这样，列宁在指导新生的社会主义国家进行社会主义建设尤其是社会建设的过程中，就为具体推进社会建设提供了科学的实践经验，对于当代中国的

---

① 《列宁选集》第 4 卷，人民出版社 1995 年版，第 159 页。
② 《列宁专题文集　论社会主义》，人民出版社 2009 年版，第 159 页。
③ 《列宁专题文集　论社会主义》，人民出版社 2009 年版，第 381—382 页。

社会建设仍然具有启示价值。

总之，列宁在领导俄国十月革命和社会主义建设的过程中，就社会主义社会建设提出了一系列重要思想，进一步丰富和发展了马克思主义社会建设理论。

综上，马克思、恩格斯、列宁指明了社会主义社会建设的前进方向，马克思主义社会建设理论为中国特色社会主义社会建设理论提供了源头活水。

二、中国特色社会主义社会建设理论的科学建构

十月革命一声炮响，给中国送来了马克思主义。以马克思主义为指导，在中国共产党的领导下，我们实现了社会主义实践和制度从一国到多国的飞跃、从苏联模式的社会主义到中国特色社会主义的转变。在这个过程中，我们形成和发展了中国特色社会主义社会建设理论。

（一）社会主义革命和建设初期的社会建设理论

新中国成立后，在探索社会主义建设的艰辛过程中，我们形成了毛泽东思想关于社会主义社会建设的理论（毛泽东社会建设理论）。

1.毛泽东社会建设理论的一般层次

在探索社会主义建设规律的过程中，毛泽东对社会建设的一般问题表达了自己的看法。

社会建设的价值目标。早在革命时期，毛泽东就指出：“在我们党领导的解放区，不仅社会上的人都有人格、独立性和自由，而且在我们党的教育下，更发展了他们的人格、独立性和自由。这个问题，马克思在《共产党宣言》里讲得很清楚，他说：‘每个人的自由发展是一切人的自由发展的条件。’不能设想每个人不能发展，而社会有发展”。[①] 显然，只有在实现人的个性解放、自由和发展的前提下，才能实现人的全面发展，进而才能实现社会的全面发展。在此基础上，在社会主义建设中，毛泽东提出，“使青少年们在德育、智育、体育几

---

① 《毛泽东文集》第三卷，人民出版社1996年版，第416页。

方面都能生动活泼地主动地得到发展"①,要将张扬个性自由的"生动活泼"和"主动"作为实现人的全面发展的途径。因此,促进人的全面发展是社会建设的价值目标。

社会建设的理论基础。毛泽东思想关于社会主义社会矛盾的理论明确指出社会主义社会中仍然存在矛盾,明确了社会主义社会的基本矛盾、主要矛盾、矛盾的性质及解决途径等问题。在社会主义社会中,基本矛盾仍然是生产关系和生产力的矛盾、上层建筑和经济基础的矛盾。为此,必须大力发展生产力,同时要完善生产关系(经济基础)和上层建筑。随着社会主义改造任务的完成,社会的主要矛盾已经是人民对于建立先进的工业国的要求同落后的农业国现实之间的矛盾,已经是人民对经济文化迅速发展的需要同当前经济文化不能满足人民需要状况之间的矛盾。为此,必须掀起经济建设的高潮。就矛盾的性质来看,有两类社会矛盾,即敌我之间的矛盾和人民内部的矛盾。前者是对抗性的矛盾,需要用专政的方法解决;后者是在人民利益根本一致的基础上的矛盾,是分清是非的问题,要用民主的方法解决。社会主义社会矛盾理论,为有的放矢地解决矛盾提供了理论基础。

社会建设的主要方针。在社会主义社会中,仍然存在着各种各样的社会关系,因此,社会建设必须正确处理这些关系。处理好这些关系,就是要努力促进农业、轻工业、重工业的协调发展,区域之间的协调发展,统筹兼顾国家、集体、个人之间的利益,努力构建和谐的政党关系、民族关系、人际关系和国际环境。为此,要坚持反弹琵琶的领导方法,从矛盾的次要方面入手,刺激主要方面的发展。可见,"我们的方针是统筹兼顾、适当安排。无论粮食问题,灾荒问题,就业问题,教育问题,知识分子问题,各种爱国力量的统一战线问题,少数民族问题,以及其他各项问题,都要从对全体人民的统筹兼顾这个观点出发,就当时当地的实际可能条件,同各方面的人协商,作出各种适当的安排。"②可见,统筹兼顾、适当安排,是协调社会关系、处理社会矛盾的科学方法。

综上,毛泽东思想从社会主义建设辩证法的高度,科学回答了社会建设的

---

① 《建国以来重要文献选编》第 18 册,中央文献出版社 1998 年版,第 541 页。
② 《毛泽东文集》第七卷,人民出版社 1999 年版,第 228 页。

重大问题。

2. 毛泽东社会建设理论的具体层次

毛泽东社会建设理论涉及了社会生活中一系列具体问题，探讨就解决问题的途径。

社会建设的主要任务。为改变旧中国民不聊生的状况，毛泽东主持制定的新中国第一部宪法明确将改善群众生活、提供社会保障作为国家的重要任务：一切公民都有劳动的权利，国家通过国民经济有计划的发展，逐步扩大劳动就业，改善劳动条件和工资待遇，以保证公民享受这种权利；劳动者在年老、疾病或丧失劳动能力的时候，有获得物质帮助的权利，国家举办社会保险、社会救济和群众卫生事业，并且逐步扩大这些设施，以保证他们享受这种权利。为了充分保障劳动者的劳动权，必须高度重视就业问题，合理地调整工商业，使工厂开工，解决失业问题，并要拿出粮食解决失业工人的吃饭问题。同时，要做好失业知识分子的救济工作，有步骤地帮助其就业。同时，为了实现社会公平，国家还必须做好社会集体福利工作。"社会主义社会，不搞社会集体福利事业还成什么社会主义？"①当然，要坚持提高社会保障和社会福利水平与发展生产相适应的原则。

社会建设的历史方向。为了给予人民平等的发展权利与发展机遇，必须消灭三大差别。就消灭脑体差别来看，在普及教育、提高全民教育水平的同时，关键是要使大家成为全面发展的人。我们的教育方针，应该使受教育者在德育、智育、体育几方面都得到发展，成为有社会主义觉悟的有文化的劳动者。为此，要注意以下问题：一是从教育内容来看，至少包括德、智、体三个方面。人的全面发展最基本的要求就是这三者的发展。二是坚持政治与业务的统一，社会主义新人要坚持走"又红又专"的发展道路。三是坚持教育与生产劳动相结合，促进精神生产与物质生产的全面发展。四是从教育布局来看，人民公社要有高等学校，培养自己所需要的高级知识分子。在总体上，"教育必须为无产阶级政治服务，必须同生产劳动相结合。劳动人民要知识化，知识分子要劳动化。"②总之，只有提高全民的教育科学文化水平，才能达到消灭脑体差

---

① 《毛泽东著作专题摘编》（上），中央文献出版社 2003 年版，第 992 页。
② 《建国以来重要文献选编》第 19 册，中央文献出版社 1998 年版，第 68 页。

别的目标。

社会建设的主要目标。国家的统一、人民的团结、国内各民族的团结,是我们事业胜利的基本保证。因此,"我们的目标,是想造成一个又有集中又有民主,又有纪律又有自由,又有统一意志、又有个人心情舒畅、生动活泼,那样一种政治局面,以利于社会主义革命和社会主义建设,较易于克服困难,较快地建设我国的现代工业和现代农业,党和国家较为巩固,较为能够经受风险。"①为此,必须科学认识和正确处理两类不同性质的矛盾。在社会主义社会,由于复杂的国际和国内形势,难以避免群众闹事。"在我们的社会中,群众闹事是坏事,是我们所不赞成的。但是这种事件发生以后,又可以促使我们接受教训,克服官僚主义,教育干部和群众。从这一点上说来,坏事也可以转变成为好事。乱子有二重性。我们可以用这个观点去看待一切乱子"。② 这里,关键是要反求诸己,做好批评与自我批评,开展深入细致的思想政治教育工作,而对借机行凶犯法者必须给予必要的法律制裁。

可见,针对社会建设的现实问题,毛泽东有针对性地提出了一系列富有创建性的思想。

综上,毛泽东社会建设理论,是中国特色社会主义社会建设理论的直接理论先河。

(二) 进入改革开放新时期的社会建设理论

1978 年以后,在推进改革开放的过程中,我们形成了邓小平建设有中国特色社会主义的理论(邓小平理论)。这一理论对社会建设给予了高度关注,形成了邓小平社会建设理论。

1. 邓小平社会建设理论的一般层次

在科学回答什么是社会主义、如何建设社会主义问题的过程中,邓小平理论对社会建设的一般性问题进行了科学回答。

社会建设的根本原则。在科学反思社会主义建设经验的基础上,邓小平认为,贫穷不是社会主义,社会主义必须实现共同富裕。否则,就会引发社会

---

① 《建国以来重要文献选编》第 15 册,中央文献出版社 1997 年版,第 50 页。
② 《毛泽东文集》第七卷,人民出版社 1999 年版,第 237—238 页。

矛盾,危及社会稳定。"社会主义最大的优越性就是共同富裕,这是体现社会主义本质的一个东西。如果搞两极分化,情况就不同了,民族矛盾、区域间矛盾、阶级矛盾都会发展,相应地中央和地方的矛盾也会发展,就可能出乱子。"①当然,在社会主义初级阶段,共同富裕不等于同步富裕。为此,应允许一部分人和一部分地区通过诚实劳动和合法经营先富起来。然后,采取先富带动后富的方式,实现共同富裕。实现共同富裕是一项复杂的社会系统工程。在生产力上,必须解放和发展社会生产力,为实现共同富裕奠定雄厚的物质基础。在生产关系上,必须消灭剥削和两极分化,为实现共同富裕提供强大的制度保障。

社会建设的价值标准。在评估改革开放的成效上,判断的标准,应该主要看是否有利于发展社会主义社会的生产力,是否有利于增强社会主义国家的综合国力,是否有利于提高人民的生活水平。其中,提高人民的生活水平是判断新时期一切工作是非得失的价值标准,也是社会建设的评价标准。当然,必须用顽强的经济事实支持这个标准。据此,结合现代化的国际经验,邓小平提出了现代化的"三步走"战略。第一步,从 1981 年到 1990 年,国内生产总值翻一番,解决人民温饱问题;第二步,从 1991 年到 20 世纪末,国内生产总值再翻一番,人民生活达到小康水平;第三步,到 21 世纪中叶,人均国内生产总值达到中等发达国家水平,人民生活比较富裕,基本实现现代化。这里,现代化阶段的构想鲜明地体现了人民性标准。

社会建设的价值目标。现代化既要有高度发达的物质文明,也要有高度发达的精神文明。精神文明是社会主义的重要特征。关键是必须将社会主义事业接班人培养成为"有理想、有道德、有文化、有纪律"的社会主义"四有新人"。四有新人是人的全面发展在新阶段的具体体现和要求。为此,我们必须大力发展社会事业。社会事业的发展,不仅可以提高人们的科学文化素质,而且能够提升人们的思想道德境界,是实现人的全面发展的重要途径。大力发展社会事业,需要坚持正确的政治方向,需要国家的投入,需要社会的重视,需要自身的改革和创新。只有坚持四有新人的目标,才能有效净化社会风气,才能切实凝聚社会力量。

---

① 《邓小平文选》第三卷,人民出版社 1993 年版,第 364 页。

显然,社会建设是有中国特色社会主义事业的内在的重大的议题,直接关系着对什么是社会主义、如何建设社会主义的科学回答。

2. 邓小平社会建设理论的具体层次

在社会建设的具体问题上,邓小平理论也进行了科学设计,提出了一系列的政策选择。

社会建设的主要任务。在社会主义建设中,如果只讲牺牲精神,不讲物质利益,那就是唯心论,因此,党和政府必须代表群众利益,要看其吃穿住等问题是否解决了,基本生活是否有保障;就业问题是否解决了,是否还有待业的劳动者;中小学教育是否普及了,社会事业和公共福利是否做出了安排;人们的精神面貌是否改变了,治安秩序是否得到了有效的好转。为此,"工会组织要督促和帮助企业行政和地方行政在可能的范围内,努力改善工人的劳动条件、居住条件、饮食条件和卫生条件,同时要在工人中间积极开展各种形式的互助活动。"①在市场经济条件下,这一问题变得更为复杂了。不论怎么样,各项工作都要以是否有助于人民的富裕幸福为标准,要让人民看到实实在在的物质利益。

社会建设的重要措施。现代化建设必须坚持综合平衡,即处理好各种关系要素的比例。除了经济比例关系外,必须重视和解决经济发展与教育、科学、文化、卫生发展的比例失调。长期以来,我国教科文卫的费用太少,不成比例。因此,必须大力增加这方面的费用。同样,区域关系也有比例。为此,要采用"两个大局"的战略。由于我国发展不平衡,同步富裕是不可能的,因此,必须使沿海地区这个拥有两亿人口的广大地带较快地先发展起来,从而带动内地更好地发展,这是一个事关大局的问题。内地要顾全这个大局。发展到一定的时候,又要求沿海拿出更多力量来帮助内地发展,这也是个大局。两个大局就是区域发展方面的综合平衡。总之,"现代化建设的任务是多方面的,各个方面需要综合平衡,不能单打一。"②综合平衡就是统筹兼顾,就是协调发展。

社会建设的重要保障。稳定是保证改革和发展得以顺利进行的前提。

---

① 《邓小平文选》第二卷,人民出版社 1994 年版,第 138 页。
② 《邓小平文选》第二卷,人民出版社 1994 年版,第 250 页。

"真正要巩固安定团结，主要地当然还是要依靠积极的、根本的措施，还是要依靠发展经济、发展教育，同时也要依靠完备法制。"①（1）发展支撑。只有在快速发展的基础上切实保证其物质利益，群众才会认可现行政策，自觉维护稳定。（2）教育引导。教育既包括科学文化教育，也包括思想政治教育。只有人们学会正确处理各种利益关系，才可能正确看待个人得失，服从稳定大局。（3）法制保障。大民主不可能实现稳定，必须加强法制建设。"为了保证安定团结，建议国家机关通过适当的法律法令，规定罢工罢课事前要经过调处；游行示威事前要经过允许，指定时间地点；禁止不同单位之间、不同地区之间的串联；禁止非法组织的活动和非法刊物的印行。"②显然，法制建设是关键。只有这样，才能有效保障社会有秩序地前进。

可见，在以经济建设为中心的同时，还必须加强社会建设，否则，经济建设就不会有良好的社会环境。这也是邓小平社会建设理论的重要议题。

总之，邓小平科学阐述了建设中国特色社会主义的一系列重大理论观点，也对社会主义社会建设做出了一系列重要论断。

（三）推进社会主义市场经济阶段的社会建设理论

1992 年，我国开始建立和发展社会主义市场经济。"三个代表"重要思想科学地回答了市场经济条件下社会建设的相关问题，形成了"三个代表"社会建设理论。

1."三个代表"社会建设理论的一般层次

根据马克思社会有机体理论，社会主义社会必须成为全面发展、全面进步的社会。社会建设就是这个整体的重要一环，具有重要的战略地位。为此，必须坚持三个代表。

我们党要始终代表中国先进生产力的发展要求，就是党的一切方面和工作，必须努力符合生产力发展的规律，体现不断推动社会生产力的解放和发展的要求，尤其要体现推动先进生产力发展的要求，通过发展生产力不断提高人民群众的生活水平。对社会建设来说，其意义在于：（1）提供稳定环境。实现

---

① 《邓小平文选》第二卷，人民出版社 1994 年版，第 254—255 页。

② 《邓小平文选》第二卷，人民出版社 1994 年版，第 371 页。

社会稳定是社会建设的基本目的。生产不发展,经济实力不强,国内就稳定不了。因此,必须始终以经济建设为中心。(2)提供经济条件。目前,我国主要矛盾是人民日益增长的物质文化需要同落后的社会生产的矛盾。为此,必须大力发展经济,不断提供丰富的物质产品和良好的经济服务。(3)夯实民生基础。民生问题,其实就是充分满足人民物质文化需要的问题。只有大力发展先进生产力,才能从根本上解决民生问题。总之,代表先进生产力的发展要求,就是要通过发展生产力来保障和改善人民生活,不断加强社会建设的先进物质基础。

我们党要始终代表中国先进文化的前进方向,就是党的一切方面和工作,必须努力体现发展面向现代化、面向世界、面向未来的,民族的科学的大众的社会主义文化的要求,促进全民族综合素质的不断提高,为我国经济社会发展提供精神动力和智力支持。对社会建设来说,其意义在于:(1)提供文化动力。发展先进文化能够促进全民族综合素质的不断提高,为社会建设提供先进文化的支撑。(2)提供整合机制和价值规范。发展先进文化,能够充分发挥文化的"凝聚"作用,促进利益共同体和文化共同体的形成,为社会建设提供整合机制和价值规范。(3)丰富社会建设的文化内涵。先进文化建设坚持以科学的理论武装人、以先进的舆论引导人、以高尚的情操感染人、以优秀的作品鼓舞人,能够从精神层面保障和改善民生,丰富社会建设的文化内涵。总之,代表先进文化的前进方向,就是要通过发展先进文化来满足人民群众的文化需要,为社会建设提供先进的文化引导。

我们党要始终代表中国最广大人民的根本利益,就是党的一切方面和工作,必须坚持把人民的根本利益作为出发点和归宿,充分发挥人民群众的积极性主动性创造性,在社会不断发展进步的基础上,使人民群众不断获得各种切实利益。对社会建设来说,其意义在于:(1)明确价值方向。社会建设的核心内容就是要切实改善人民生活,实现和维护最广大人民的根本利益。(2)提供力量源泉和根本保证。在社会建设中,必须发挥广大人民群众的主体作用,充分挖掘其蕴藏的巨大潜能,这样,社会建设才能获得持久的力量源泉和强大的根本保证。(3)丰富工作内容和方法。群众工作是党的工作的重要内容,群众路线是党的工作的重要方法,因此,必须将群众工作作为社会建设的重要内容,将群众路线作为社会建设的工作方法。总之,代表中国最广大人民的根本利益,就是要将实现和维护人民群众的根本利益作为社会建设的出发点和归宿,确保社会建设的坚定的政治立场。

最后,促进人的全面发展是建设社会主义新社会的本质要求,是社会建设的最终目标。

总之,"三个代表"重要思想提出的社会建设总体框架是:以社会主义社会是全面发展和进步的社会为前提,以三个代表为支撑,以促进人的全面发展为目标。

2."三个代表"社会建设理论的具体层次

在具体层面上,针对发展市场经济中出现的各种社会问题,"三个代表"重要思想提出了一系列加强社会建设的战略思想。

切实解决民生问题。随着市场化的推进,国有企业工人下岗问题成为了社会建设的重大课题。为此,要做好以下工作:(1)保障工人基本生活费。为了保证下岗工人的正常生活,必须按时发放基本生活费。资金的筹措,采用政府、企业和社会共同承担的方式。(2)扩大就业和搞好再就业。国家必须增加就业渠道,重新安置下岗职工,为此,要引导和支持劳动密集型产业的发展,要为增加就业岗位提供良好的体制环境,要引导劳动力合理流动。(3)建立和完善社会保障体系。为了给全社会提供"安全网",必须建立和完善社会保障制度。为此,必须坚持从国情出发,量力而行;必须坚持公平与效率的结合,兼顾国家、企业和个人的利益;必须注意新旧体制的衔接,不能大起大落。在总体上,"在改善物质生活的同时,充实精神生活,美化生活环境,提高生活质量。特别要改善居住、卫生、交通和通信条件,扩大服务性消费。逐步增加公共设施和社会福利设施。提高教育和医疗保健水平。实行保障城镇困难居民基本生活的政策。国家从多方面采取措施,加大扶贫攻坚力度","基本解决农村贫困人口的温饱问题"。① 显然,提高人民生活水平是社会建设的根本目的。

努力实现社会协调。在现代化建设中,必须处理好若干带有全局性的重大关系。在社会建设中,要注意以下关系:(1)城乡关系。为了有效缩小城乡差距,必须按价值规律同农民打交道;要引导其他产业对农业的支持,逐步形

---

① 《江泽民文选》第二卷,人民出版社 2006 年版,第 27—28 页。

成以工补农、以工建农、以工带农的机制;要充分发挥乡镇企业、小城镇在协调城乡发展方面的重要作用。(2)区域关系。为了实现区域协调发展,必须不失时机地实施西部大开发战略。为此,要加快基础设施建设,切实加强生态环境保护和建设,积极调整产业结构,发展科技和教育,加快人才培养,加大改革开放力度。同时,要注意加强民族团结,巩固和发展安定团结的社会政治局面。(3)公平和效率的关系。从初级阶段的实际出发,要坚持效率优先、兼顾公平的原则,鼓励一部分地区一部分人先富起来,最终实现共同富裕。总之,只有协调好各种关系,才能实现社会和谐。

切实维护社会稳定。维护社会稳定是社会建设的重要任务。(1)改革、发展和稳定的关系。改革是动力,发展是目标,稳定是前提。关键是必须"把不断改善人民生活作为处理改革发展稳定关系的重要结合点"[①]。因此,必须站在人民群众的立场上来看待和维护稳定。(2)正确处理新时期人民内部矛盾。在新时期,不能用强迫命令尤其是处理敌我矛盾的方法来处理人民内部矛盾,要防止侵犯广大群众的合法权益;要积极运用经济、行政和法律的手段,及时妥善地处理矛盾;从根本上说,要靠发展经济和深化改革解决矛盾。(3)加强社会治安综合治理。为了保护人民群众的生命财产安全,必须严厉打击破坏社会秩序、市场秩序和危害社会安定的各种违法犯罪活动,加强社会治安综合治理。总之,只有维护社会稳定,才能切实保障人民群众的日常生活。

显然,"三个代表"重要思想也形成了具有操作性意义上的社会建设理论,从而增强了社会建设的针对性和有效性。

总之,在社会主义市场经济条件下,"三个代表"重要思想进一步丰富和发展了我们党关于社会主义社会建设的理论。

(四) 进入全面建设小康社会时期的社会建设理论

2003 年,我国胜利实现了"三步走"战略的前两步目标,但是,这种小康是总体小康,我们还必须建设一个全面小康社会。为此,我们提出了科学发展观。科学发展观第一次系统地明确了社会主义社会建设的一系列问题。

1. 科学发展观社会建设理论的一般层次

科学发展观,第一要义是发展,核心是以人为本,基本要求是全面协调可

---

① 《江泽民文选》第三卷,人民出版社 2006 年版,第 535 页。

持续,根本方法是统筹兼顾。它是指导社会建设的科学世界观和方法论。

社会建设的经济基础。科学发展观,是用来指导发展的,不能离开发展这个主题。当然,我们坚持的是科学发展。坚持科学发展对于社会建设具有重大意义。只有实现又快又好发展,我们才能更好地促进经济社会协调发展,才能形成更完善的分配关系和社会保障体系,才能创造更多就业机会,才能不断满足人民群众多方面的需求。经济发展不仅要持续快速,而且要协调健康,这是人民群众不断提高生活水平的重要保证,也是人民群众对发展前景充满信心的重要保证。因此,只有实现科学发展,才能夯实社会建设的经济基础。

社会建设的核心要旨。以人为本是科学发展观的本质和核心。坚持以人为本,就是要以实现人的全面发展为目标,从人民群众的根本利益出发谋发展、促发展,不断满足人民群众日益增长的物质文化需要,切实保障人民群众的各项权益,让发展的成果惠及全体人民。因此,社会建设,必须始终围绕以人为本的要求,从解决关系人民群众切身利益的现实问题入手,在经济发展基础上不断满足人民群众日益增长的物质文化需要。同时,必须坚持为了人民群众进行社会建设,依靠人民群众进行社会建设,社会建设的成效由人民群众评价,社会建设的成果由人民群众共享。因此,必须反对那种见物不见人的社会建设模式。

社会建设的基本要求。实现社会的全面协调可持续发展,是科学发展观的基本要求,也是社会建设的基本要求。(1)全面发展。这就是要以经济建设为中心,全面推进经济、政治、文化、社会和生态文明建设,实现社会全面进步。社会建设是全面发展的内在环节。(2)协调发展。这就是要统筹城乡发展、区域发展、经济社会发展、人与自然和谐发展、国内发展和对外开放。其中,统筹城乡协调发展,就要实现城乡公平;统筹区域发展,就要实现区域公平;统筹经济社会发展,就要将经济建设和社会建设协调起来。如果没有社会建设,只能造成畸形发展。(3)可持续发展。这就是要促进人与自然的和谐,坚持走生产发展、生活富裕、生态良好的文明发展道路,保证一代接一代地永续发展。这里,生产发展是基础,生活富裕是目标,生态良好是前提。社会和谐与生态和谐是难以分割的。总之,只有坚持全面协调可持续的要求,才能有效推进社会建设。

社会建设的根本方法。统筹兼顾是科学发展观的根本方法。其要求是,总揽全局、统筹规划,抓住中心、重点突破。这一方法也适用于社会建设。(1)总揽全局,统筹规划。以辩证的思维分析全局,就是要将社会建设纳入总布局,全面推进建设事业。以系统的方法谋划全局,就是要通过社会建设与其他建设事业的协调互动,按照社会系统工程的方式推进建设事业的发展。(2)抓住中心,重点突破。这就是要抓住主要矛盾和矛盾的主要方面,把工作的着力点真正放到解决改革发展稳定中的重要问题上,放到解决群众生产生活中的紧迫问题上,放到解决党风廉政建设问题上。显然,社会建设必须在区分轻重缓急的基础上统筹兼顾。

总之,科学发展观为社会建设指明了科学的方向。

2.科学发展观社会建设理论的具体层次

在具体层次上,立足于社会主义和谐社会,科学发展观提出要加强以民生问题为重点的社会建设,并且要求通过社会管理创新为之提供制度保障。

社会建设的战略地位。为了全面推进建设事业,必须不断完善总体布局(总布局)。总布局是着眼于总体、全局和系统而对社会主义建设进行的统筹安排,以为建设事业提供最优的系统的战略路线图。在当代中国,必须全面落实经济建设、政治建设、文化建设、社会建设、生态文明建设五位一体总体布局,促进现代化建设各方面相协调,促进生产关系与生产力、上层建筑与经济基础相协调,不断开拓生产发展、生活富裕、生态良好的文明发展道路。这里,经济建设是物质基础,政治建设是政治保障,文化建设是精神支撑,社会建设是社会条件,生态文明建设是自然条件。没有适宜的社会条件,其他建设就难以进行。

社会建设的现实重点。加强社会建设,必须以保障和改善民生为重点。为此,要多谋民生之利,多解民生之忧,解决好人民最关心最直接最现实的利益问题,在学有所教、劳有所得、病有所医、老有所养、住有所居上持续取得新进展,努力让人民过上更好生活。同时,必须看到,"实现群众的愿望,满足群众的需要,维护群众的利益,是一个动态的不断发展的过程。我们要细心体察群众愿望和利益要求的变化,使我们的政策措施更全面、更准确地反映群众利益,使我们的工作更好地、更有力地体现群众的利益。"①显然,社会建设包含

---

① 《十六大以来重要文献选编》(上),中央文献出版社 2005 年版,第 404—405 页。

着比民生问题更为广泛的内容和要求，因此，不能简单地将社会建设归结为民生问题。

社会建设的管理手段。创新社会管理是推进社会建设的重要方式。为此，要"加快构建源头治理、动态管理和应急处置相结合的社会管理机制。加强源头治理，更加注重民生和制度建设，坚持科学民主依法决策，防止和减少社会问题的产生；加强动态管理，更加注重平等沟通和协商，解决群众合法合理诉求，及时化解社会矛盾；加强应急处置，更加注重应急能力建设，有效应对和妥善处置突发公共事件，最大限度地增加和谐因素，化解消极因素，激发社会活力。"①关键是要通过强化社会服务来提高社会管理的实效。

社会建设的和谐目标。社会建设的目标就是要构建社会主义和谐社会。这是一个民主法治、公平正义、诚信友爱、充满活力、安定有序、人与自然和谐相处的社会。其实，这就是要实现社会团结。"团结就是大局，团结就是力量。首先是党的团结，全党各级组织都要加强团结，同时要加强党同各民主党派、各方面朋友的亲密合作，加强党同广大群众的紧密联系，巩固和发展全国人民的大团结。这个团结，是建立在中华民族实现全面振兴的共同利益基础之上的，是建立在建设有中国特色社会主义的共同理想基础之上的。全党同志和全国各族人民不断维护和加强这种团结，我们的事业就无往而不胜。"②只有实现社会团结，才能实现和谐社会。

总之，科学发展观为解决以民生问题为重点的社会建设提出了一系列科学政策。

显然，科学发展观第一次明确提出了社会主义社会建设的科学概念，从而使马克思主义社会建设理论成为了可能，使社会主义社会建设实践成为了自觉行动。

可见，在长期的社会主义革命、建设和改革的实践中，中国共产党始终坚持马克思列宁主义的社会建设理论，并不断探索和发展了具有中国特色的社会主义社会建设理论。

---

① 《中华人民共和国国民经济和社会发展第十二个五年规划纲要》，人民出版社 2011 年版，第 107 页。

② 《江泽民文选》第二卷，人民出版社 2006 年版，第 48 页。

三、中国特色社会主义社会建设理论的本质特征

中国特色社会主义社会建设理论,是中国特色社会主义理论体系的重要组成部分,是马克思主义社会建设理论在当代中国的丰富和发展。由于这一理论创造性地坚持和发展了马克思主义的本质特征,因此,能够科学地指导当代中国的社会建设。

(一) 坚持马克思主义最根本的理论特征

马克思主义哲学,即辩证唯物主义和历史唯物主义的世界观和方法论,是马克思主义的重要组成部分。中国特色社会主义社会建设理论丰富和发展了这一科学的世界观和方法论。

1. 坚持马克思主义世界观和方法论

在整个马克思主义理论体系中,辩证唯物主义和历史唯物主义的世界观和方法论,是马克思主义最根本的理论特征。因此,必须掌握这个科学的世界观和方法论。

历史唯物主义是马克思在科学上的第一个伟大发现,是马克思主义体系的第一个理论制高点。在马克思之前,唯物主义已经达到了相当高的水平,但是,他们在社会领域止步不前,社会历史领域成为了唯心主义的最后避难所。究其原因,就在于他们没有科学看到人民群众从事的物质生产在社会发展中的决定性作用。马克思主义"在劳动发展史中找到了理解全部社会史的锁钥"①,这样,就将唯心主义从其最后的避难所中驱逐出去了,历史唯物主义成为了科学思想中最伟大的革命成果。②

实践唯物主义是马克思主义哲学总体方法和革命特征的集中体现,是马克思主义理论和无产阶级实践相统一的形式。马克思主义不仅强调理论对实

---

① 《马克思恩格斯文集》第 4 卷,人民出版社 2009 年版,第 313 页。
② 无论是从马克思主义哲学史、马克思主义文本系统来看,还是从马克思主义哲学体系的内在逻辑来看,那种认为历史唯物主义是辩证唯物主义在社会历史领域运用的观点都是难以成立的,否定了作为马克思第一个伟大发现的历史唯物主义的原创地位和卓越贡献。历史唯物主义不只是社会历史领域的哲学,而是提供了将自然史和人类史统一起来的"历史科学"的哲学视野,也具有一般世界观和方法论的意义。

践的依赖关系,而且强调对世界要进行革命性改造。实际上,"对实践的唯物主义者即共产主义者来说,全部问题都在于使现存世界革命化,实际地反对并改变现存的事物"。① 这里,实践的唯物主义是对"实践的人道主义"的科学扬弃,同时,又强调外部自然界的优先性和客观性。因此,实践唯物主义就是辩证唯物主义历史唯物主义,就是科学共产主义,就是马克思主义理论和无产阶级实践的统一。

辩证唯物主义是人类科学知识与哲学思想长期发展的优秀成果,是马克思主义哲学科学化和体系化的重要成果。以人类实践史、科学史和哲学史的成果为依据,马克思主义科学地揭示出了自然、社会和思维发展的一般规律,既看到了物质的优先性和客观性,又看到了实践的能动性和创造性,要求坚持主观和客观、理论和实践的具体的历史的统一,从而实现了唯物论和辩证法的统一,认识论和价值论的统一,辩证法、逻辑学和认识论的统一。这事实上体现出了马克思主义哲学所具有的科学性和阶级性相统一的特征。

最后,以实践唯物主义为中介,马克思主义实现了自然观和历史观的统一,世界观和方法论的统一,从而使辩证唯物主义和历史唯物主义成为了一整块钢铁。辩证唯物主义历史唯物主义是马克思主义哲学科学体系的称谓,是马克思主义的世界观和方法论。实践唯物主义是马克思主义哲学的突出特征和政治使命。当然,离开辩证唯物主义历史唯物主义的实践唯物主义有可能成为实践本体论,我们也应该注意避免唯实践论。

因此,在长期的革命、建设和改革开放中,中国共产党人始终十分重视马克思主义哲学的学习和运用。

2. 发展马克思主义世界观和方法论

中国特色社会主义社会建设理论创造性地发展了马克思主义的世界观与方法论,能够科学地指导当代中国的社会建设。

主观和客观的统一。由于外部自然界具有客观性和优先性,因此,马克思主义要求我们必须从实际出发,坚持主观和客观的统一,坚持实事求是的思想路线。同样,"搞社会主义一定要遵循马克思主义的辩证唯物主义和历史唯

---

① 《马克思恩格斯文集》第 1 卷,人民出版社 2009 年版,第 527 页。

物主义,也就是毛泽东同志概括的实事求是,或者说一切从实际出发"①。在实事求是的基础上,中国特色社会主义理论依次突出了解放思想、与时俱进、求真务实的重要性。这样,就将党的思想路线看作是由实事求是、解放思想、与时俱进、求真务实等要素构成的整体。社会建设同样必须遵循这一思想路线,要坚持从基本国情出发,量力而行。这样,中国特色社会主义社会建设理论就坚持和发展了马克思主义的唯物论。

普遍和特殊的统一。矛盾的共性和个性的关系问题是矛盾问题的精髓。中国共产党人将马克思主义基本原理与中国具体实际相结合,创造性地提出了中国特色社会主义理论、道路和制度。在此基础上,具体问题具体分析成为马克思主义重要的方法论原则,要求人们根据事情的不同情况采取不同措施。社会建设同样如此。社会建设是一个普遍性进程,但是,我们必须在社会主义制度下推进扎根中国现实、针对中国问题、具有中国特色的社会建设实践;同时,又要吸收利用世界各国社会建设的宝贵经验与积极成果。在总体上,中国特色社会主义社会建设理论正是一种符合中国实际、具有中国气派、开辟中国道路的社会建设理论。

部分和整体的统一。世界是部分和整体的统一。因此,马克思主义不仅要求从普遍联系上看问题,而且形成了总体性方法(系统方法)。人类社会也是一个有机体,因此,必须从整体上推进社会发展。据此,中国特色社会主义理论提出:"治理国家是一个复杂的系统工程,必须统筹兼顾、多管齐下。"②按照这种思路,中国特色社会主义理论相继提出了三位一体、四位一体、五位一体的中国特色社会主义总布局,将社会主义经济建设、政治建设、文化建设、社会建设和生态文明建设看作是其中不可分割的部分。这样,就丰富和发展了马克思主义的总体性方法和社会有机体理论。

斗争和和谐的统一。矛盾的同一性和斗争性的相互作用推动事物的发展。社会建设的过程就是科学化解社会矛盾的过程。通过社会建设,能够实现和谐社会的理想和目标。但是,在克服"斗争哲学"局限性的同时,也不能将"和谐哲学"绝对化,而应该将斗争与和谐统一起来。"和谐而又不千篇一

---

① 《邓小平文选》第三卷,人民出版社 1993 年版,第 118 页。
② 《江泽民文选》第二卷,人民出版社 2006 年版,第 567 页。

律,不同而又不相互冲突。和谐以共生共长,不同以相辅相成。"①进而,中国特色社会主义理论提出,社会和谐是中国特色社会主义的本质属性。这样,就丰富和发展了唯物辩证法和马克思主义关于未来社会的科学设想。

总之,中国特色社会主义社会建设理论在当代中国创造性地丰富和发展了马克思主义的世界观与方法论。

(二) 坚持马克思主义最崇高的社会理想

实现共产主义是马克思主义最崇高的社会理想(最高纲领),但是,需要分阶段推进这一历史过程(最低纲领)。今天,在坚持人的全面发展理想的同时,中国特色社会主义理论又提出了分阶段实现现代化的战略,从而为包括社会建设在内的整个建设事业提供了新的战略依据。

1. 坚定不移地坚持共产主义理想

人类社会的发展最终要进入共产主义社会。共产主义是一个建立在物质财富极大丰富、人们精神境界极大提高基础上的人的自由而全面发展的社会。

共产主义是客观历史运动的必然结果。在社会基本矛盾的推动下,人类社会展现为一个自然历史过程。随着人类社会进入资本主义阶段,生产的社会化和生产资料私有制的矛盾成为社会的主要矛盾。由于资本主义不能解决这一矛盾,因此,必须消灭剥夺者。这样,资本主义的灭亡和共产主义的胜利都是不可避免的(两个必然性)。共产主义就是人的全面发展的社会。从历史进化来看,"人的依赖关系(起初完全是自然发生的),是最初的社会形式,在这种形式下,人的生产能力只是在狭小的范围内和孤立的地点上发展着。以物的依赖性为基础的人的独立性,是第二大形式,在这种形式下,才形成普遍的社会物质变换、全面的关系、多方面的需要以及全面的能力的体系。建立在个人全面发展和他们共同的、社会的生产能力成为从属于他们的社会财富这一基础上的自由个性,是第三个阶段。第二个阶段为第三个阶段创造条件。"②作为社会发展第三个阶段的人的全面发展的阶段,即共产主义社会。社会建设是推进人的全面发展的必要手段。由于共产主义是人类社会发展的

---

① 《江泽民文选》第三卷,人民出版社 2006 年版,第 522 页。
② 《马克思恩格斯文集》第 8 卷,人民出版社 2009 年版,第 52 页。

必然归宿,因此,全世界共产党人的最高纲领就是实现共产主义。

共产主义是消灭现存状况的历史运动。从资本主义向共产主义的过渡是异常复杂的。从社会发展来看,无论哪一个社会形态,在它所能容纳的全部生产力发挥出来之前,是决不会灭亡的;而新的更高的生产关系,在其物质存在条件在旧社会的胎胞中成熟以前,是决不会出现的(两个决不会)。巴黎公社经验表明,无产阶级不能简单地掌握现成的国家机器,并运用它来达到自己的目的。这样来看,"在资本主义社会和共产主义社会之间,有一个从前者变为后者的革命转变时期。同这个时期相适应的也有一个政治上的过渡时期,这个时期的国家只能是无产阶级的革命专政。"①无产阶级专政的国家就是社会主义。社会主义是从资本主义向共产主义发展的过渡阶段。根据这种新的科学认识以及实际斗争的需要,恩格斯指出,党的"纲领在细节上可以因环境的改变和党本身的发展而改动"②。这里的纲领主要指党在为最高纲领奋斗中每个阶段的基本纲领即最低纲领。在这个进程中,社会建设是社会主义建设的内在组成部分,同时为实现共产主义准备着社会条件。

总之,实现物质财富极大丰富、人民精神境界极大提高、每个人自由而全面发展的共产主义社会,是马克思主义最崇高的社会理想。为此,必须将雄心壮志和脚踏实地统一起来。

2. 脚踏实地去实现共产主义理想

中国特色社会主义社会建设理论坚持最高纲领和最低纲领的统一,为我们坚持共产主义目标、根据实际制定和实施推动社会建设的科学战略指明了方向。

在科学总结社会主义建设初步经验的基础上,毛泽东要求将发展阶段和发展理想统一起来。他提出:"社会主义这个阶段,又可能分为两个阶段,第一个阶段是不发达的社会主义,第二个阶段是比较发达的社会主义。后一阶段可能比前一阶段需要更长的时间。经过后一阶段,到了物质产品、精神财富都极为丰富和人们的共产主义觉悟极大提高的时候,就可以进入共产主义社会了。"③这样,不仅深化了对社会主义发展过程和阶段的认识,而且突出了社

---

① 《马克思恩格斯文集》第3卷,人民出版社2009年版,第445页。
② 《马克思恩格斯文集》第4卷,人民出版社2009年版,第318页。
③ 《毛泽东文集》第八卷,人民出版社1999年版,第116页。

会建设对于实现共产主义的重大意义。在总体上，毛泽东思想要求分阶段实现国家强大和人民进步，进而实现共产主义。

改革开放以来，邓小平理论将社会主义初级阶段实际和共产主义理想有机地统一了起来，提出了"三步走"的战略。一方面，由于生产力不发达，我们将长期处于社会主义初级阶段。这是中国的最大实际。因此，一切都要从之出发，根据这个实际来制定规划。另一方面，尽管社会主义经历了曲折，但是，仍然在不断前进，因此，世界上赞成马克思主义的人会多起来的，因为马克思主义是科学。它运用历史唯物主义揭示了人类社会发展的规律。这样，我们又不能放弃远大理想。因此，在坚持社会主义现代化道路的同时，要分阶段实现现代化。以人民福利为标准，我们要按照温饱、小康和比较富裕三个阶段来推进现代化，最终要把我国建设成为一个富强民主文明的社会主义现代化强国。

在社会主义市场经济的条件下，"三个代表"重要思想在突出人的全面发展的同时，提出了党在社会主义初级阶段的基本纲领。社会主义初级阶段就是不发达阶段。为了消灭不发达，必须大力发展中国特色社会主义经济、政治和文化。中国特色社会主义经济、政治、文化三者的统一，构成党在社会主义初级阶段的基本纲领。经过大家的共同努力，我们在 2000 年实现了总体小康的目标。在此基础上，我们要在本世纪头二十年，全面建设一个惠及十几亿人口的更高水平的小康社会，使经济更加发展、民主更加健全、科教更加进步、文化更加繁荣、社会更加和谐、人民生活更加殷实。可见，"三个代表"重要思想既鲜明地坚持了马克思主义的社会理想，又为在锲而不舍的努力中不断朝着实现这一理想前进指明了现实途径，也突出了当代中国社会发展的民生导向。

在全面建设小康社会的过程中，科学发展观坚持以人为本，进一步完善了全面小康的目标体系。一方面，以人为本的目标是实现人的全面发展。只有在物质财富极大丰富、人民精神境界极大提高的基础上，才能实现人的全面发展。这就意味着要进行长期的艰苦细致的努力。另一方面，中国特色社会主义是全面发展和全面进步的社会，全面小康是一个包括经济、政治、文化、社会和生态等目标在内的整体，必须从整体上实现现代化。只有如此，才能使我国成为经济富强、政治民主、文化繁荣、社会和谐、生态美丽的社会主义现代化国家。因此，我们要"做共产主义远大理想和中国特色社会主义共同理想的坚定信仰者"①。总之,忘记远大理想而只顾眼前就会失去方向,离开现实工作而空谈远大理想就会脱离实际。

可见,中国特色社会主义社会建设理论把党的最高纲领与最低纲领有机统一于中国特色社会主义实践中,能够科学地指导当代中国的社会建设。

(三) 坚持马克思主义最鲜明的政治立场

为绝大多数人谋利益是马克思主义最鲜明的政治立场。中国特色社会主义社会建设理论将人民群众的根本利益作为社会建设的出发点和归宿点,能够科学指导当下的社会建设。

1. 坚持代表最广大人民的根本利益

在致力于实现无产阶级和劳动人民解放的过程中,在科学回答历史创造者问题的基础上,马克思主义形成了自己的政治立场。

马克思主义政治立场的历史形成。尽管历史上政治运动和革命不断发生,也推进了社会发展。但是,这种发展充其量只是改朝换代,是某一阶级的统治由另一阶级的统治所替换。究其原因,以往的一切统治阶级对被统治阶级的人民群众来说,都只是区区少数而已。可见,过去的运动和革命都是少数人的事情。多数人即使参加了,也只是自觉地或不自觉地为了少数人的利益而行动。无产阶级登上历史舞台彻底改变了这一切。无产阶级是社会化大生产这一先进生产力的代表,除了其劳动力以外一无所有,是最大公无私的阶级,因此,为绝大多数人谋利益成为无产阶级革命的鲜明特征。"难道这不正是革命一定要获得成功的形势吗? 虽然这次革命是由少数人领导的,但这一次已经不是为了少数人的利益,而是为了多数人的真正利益而进行的革命。"②由于无产阶级是最后一个受压迫的阶级,因此,无产阶级解放也就意味着人类解放。因此,为绝大多数人谋利益是马克思主义的政治立场。

马克思主义政治立场的理论根基。由于没有科学解答社会历史观的基本问题,以往社会历史理论都有两个缺点:至多考察了人们历史活动的思想动机,只看到了帝王将相和才子佳人的"精彩"活动。其实,"如果要去探究那些

---

① 《十七大以来重要文献选编》(上),中央文献出版社 2009 年版,第 39 页。
② 《马克思恩格斯文集》第 4 卷,人民出版社 2009 年版,第 539 页。

隐藏在——自觉地或不自觉地,而且往往是不自觉地——历史人物的动机背后并且构成历史的真正的最后动力的动力,那么问题涉及的,与其说是个别人物,即使是非常杰出的人物的动机,不如说是使广大群众、使整个整个的民族,并且在每一民族中间又是使整个整个阶级行动起来的动机"。① 据此,马克思恩格斯发现了唯物史观。在唯物史观看来,物质生产是社会存在的基础和发展的动力,人民群众是社会历史的创造者。这样,唯物史观才第一次使我们能以自然史的精确性去考察群众生活的社会条件及其变更。因此,马克思主义将为绝大多数人谋利益确立为自己的政治立场。

马克思主义政治立场的现实体现。无产阶级先进政党都将代表工人阶级和劳动人民的利益作为其宗旨,都将实现大多数人的利益作为其使命。马克思恩格斯在为共产主义者同盟起草的纲领——《共产党宣言》中指出,无产阶级的运动是绝大多数人的、为绝大多数人谋利益的独立的运动。在领导俄国革命的过程中,列宁要求作为无产阶级先进部队的党要始终代表人民群众的利益。"为了为群众服务和代表他们正确地意识到的利益,先进队伍即组织必须在群众中开展自己的全部活动,毫无例外地吸收他们中间的一切优秀力量,并且要随时随地仔细客观地检查:是否同群众保持着联系,联系是否密切。这样,也只有这样,先进队伍才能教育和启发群众,代表他们的利益,教他们组织起来,使群众的全部活动沿着自觉的阶级政策的道路前进。"②显然,只有将为绝大多数人谋利益确立为其政治立场的无产阶级政党,才能成为真正的马克思主义政党。

总之,马克思主义政党的一切理论和奋斗都应致力于实现最广大人民的根本利益,这是马克思主义最鲜明的政治立场。因此,我们必须把实现最广大人民的根本利益作为社会建设的出发点和落脚点。

2. 努力实现最广大人民的根本利益

中国特色社会主义社会建设理论将代表中国最广大人民的根本利益作为社会建设的出发点和落脚点,为我们不断实现最广大人民的根本利益提出了新的政治要求。

---

① 《马克思恩格斯文集》第 4 卷,人民出版社 2009 年版,第 304 页。
② 《列宁全集》第 24 卷,人民出版社 1990 年版,第 41—42 页。

社会建设的目的。中国共产党之所以能够赢得人民群众的拥护和支持，就在于始终代表着中国最广大人民的根本利益。目前，处于社会主义初级阶段的基本国情是我国最大的实际，人民群众日益增长的物质文化需要同落后的社会生产之间的矛盾是我国的主要矛盾，为此，在坚持以经济建设为中心的同时，必须加强社会建设。如何定位社会建设的目的，直接关系着其性质和成败。对此，中国特色社会主义理论提出："群众利益无小事。和谐社会建设，要从解决人民群众最关心、最直接、最现实的利益问题入手，为群众多办好事、实事。这是坚持以人为本的必然要求，也是坚持发展为了人民、发展依靠人民、发展成果由人民共享的必然要求。"①由此，我们将民生问题作为社会建设的重点，要求为民谋利。

社会建设的主体。人民群众是历史的主体。生气勃勃的创造性的社会主义同样是由人民群众自己创立的。社会主义建设的最终力量源泉就是工农群众，就在于其自觉性、组织性和创造性。今天，"中国特色社会主义事业是前无古人的创造性事业，是亿万人民创造自己幸福生活的事业，也是异常艰巨和充满挑战的事业。"②因此，我们必须将党的群众观点和群众路线运用于社会建设。由于劳动是个人生活和社会生活的基本的、自然的条件，因此，社会建设是作为劳动主体的人民群众自我创造幸福生活的事业。领导不能以"造福者"自居。总之，加强社会建设必须依靠人民群众，充分发挥好其主体作用。

社会建设的评价。马克思主义将人民性标准作为评价社会发展的最高标准。改革开放以来，社会主义建设的突出特点在于，从一开始就是以切实改善人民生活、实现和维护最广大人民群众的利益作为出发点和落脚点；以"三个有利于"作为判断是非的标准；站在人民拥护、赞成、高兴、答应与否的立场，来考虑、谋划和处置前进中遇到的困难和问题。人民性标准的具体内容是，"我们想事情、做工作，想得对不对，做得好不好，要有一个根本的衡量程度，这就是人民拥护不拥护，人民赞成不赞成，人民高兴不高兴，人民答应不答应。"③今天，社会建设和社会管理的成效如何，关键要看人民群众的认同程度和受益程度。人民性是社会建设沿着社会主义方向不断推进的根本保证。

———————————

① 胡锦涛：《论构建社会主义和谐社会》，中央文献出版社 2013 年版，第 79 页。
② 《十六大以来重要文献选编》(中)，中央文献出版社 2006 年版，第 224 页。
③ 江泽民：《论党的建设》，中央文献出版社 2001 年版，第 193—194 页。

建设成果的享用。社会主义建设是造福于全体人民的事业,其成果理应由人民群众共享。保证这一点,是我们推进社会建设的基本价值取向。在建设中国特色社会主义的过程中,要坚持发展为了人民、发展依靠人民、发展成果由人民共享,完善保障和改善民生的制度安排,把促进就业放在发展的优先位置,加快发展教育、社会保障、医药卫生、保障性住房等各项社会事业,推进基本公共服务均等化,加大收入分配调节力度,坚定不移走共同富裕道路,努力使全体人民学有所教、劳有所得、病有所医、老有所养、住有所居。只有坚持社会建设成果由人民群众共享,才能促进共同富裕,才能保证社会公平。

显然,中国特色社会主义社会建设理论坚持了马克思主义最鲜明的政治立场,集中体现在人民性是中国特色社会主义社会建设的本质属性和要求。

(四) 坚持马克思主义最突出的理论品质

马克思主义具有与时俱进的理论品质。中国特色社会主义理论坚持与时俱进,形成和发展了中国特色社会主义社会建设理论,成为指导当代中国社会建设的科学指南。

1. 马克思主义的与时俱进的理论品质

马克思主义是随着社会实践的发展而不断发展的科学,与时俱进是马克思主义的理论品质。这是由马克思主义科学体系的本质属性(特征)决定的。

时代性特征。马克思主义反映了时代的要求,把握着时代发展的脉搏;同时,随着时代主题的转换,进行着深刻的理论创新。尽管《共产党宣言》是工人阶级的"圣经",但是,在《宣言》发表25年后,马克思恩格斯指出:"由于最近25年来大工业有了巨大发展而工人阶级的政党组织也跟着发展起来,由于首先有了二月革命的实际经验而后来尤其是有了无产阶级第一次掌握政权达两月之久的巴黎公社的实际经验,所以这个纲领现在有些地方已经过时了。"[①]同时,随着自然科学的每一个划时代发现,唯物主义也要改变形式。这一特征决定马克思主义必须坚持不断创新,不断走在时代的前列。

批判性特征。在马克思主义看来,世界上不存在任何最终的东西、绝对的东西,只有生成和灭亡的不断过程、无止境地由低级上升到高级的不断过程。

---

① 《马克思恩格斯文集》第2卷,人民出版社2009年版,第5—6页。

因此,唯物辩证法的本质是批判的、革命的。马克思主义反对任何将马克思主义固化和神化的做法,将教条主义看作是马克思主义的大敌。因此,科学的马克思主义观是,"我们决不把马克思的理论看做某种一成不变的和神圣不可侵犯的东西;恰恰相反,我们深信:它只是给一种科学奠定了基础",我们"如果不愿落后于实际生活,就应当在各方面把这门科学推向前进"。① 马克思主义的批判性,决定了马克思主义具有强大的生命力。

具体性特征。马克思主义是放之四海而皆准的科学真理。但是,当将之应用于不同的民族和国家的时候,必须把这些原理与具体情况结合起来。这在于,"极为相似的事变发生在不同的历史环境中就引起了完全不同的结果。如果把这些演变中的每一个都分别加以研究,然后再把它们加以比较,我们就会很容易地找到理解这种现象的钥匙;但是,使用一般历史哲学理论这一把万能钥匙,那是永远达不到这种目的的,这种历史哲学理论的最大长处就在于它是超历史的"。② 因此,运用马克思主义必须坚持因地制宜的原则。在中国,这就是要促进马克思主义的中国化。

开放性特征。马克思主义是一个开放的动态的科学思想体系。其一,它不仅是无产阶级争取自身解放的革命学说,而且总是从无产阶级新的实践中获得发展的动力和资源。例如,无产阶级专政的概念就是在总结巴黎公社经验的基础上提出来的。其二,它是向人类文明成果开放的思想体系,总是从其他思想体系中批判地吸取发展的思想材料。例如,人自身生产的概念是在研究和吸收文化人类学的基础上成熟的。显然,"马克思主义同'宗派主义'毫无相似之处,它绝不是离开世界文明发展大道而产生的一种故步自封、僵化不变的学说"。③ 因此,马克思主义总是能够形成新的思想、论断和理论,不断开拓自身发展的新境界。

总之,坚持一切从实际出发,理论联系实际,实事求是,在实践中检验真理和发展真理,是马克思主义最重要的理论品质。这种品质集中体现在与时俱进上。

---

① 《列宁专题文集 论马克思主义》,人民出版社 2009 年版,第 96 页。
② 《马克思恩格斯文集》第 3 卷,人民出版社 2009 年版,第 466—467 页。
③ 《列宁专题文集 论马克思主义》,人民出版社 2009 年版,第 66 页。

2. 社会主义社会建设理论的开拓创新

中国特色社会主义理论在当代中国坚持了马克思主义的理论品质，形成并发展了中国特色社会主义社会建设理论，能够科学地指导当代中国的社会建设。

创新的前提。在市场经济条件下，面对社会生活提出的新问题和新挑战，迫切需要推进社会建设理论的创新。为此，必须坚持与时俱进的思想方法。与时俱进，就是党的全部理论和工作要体现时代性，把握规律性，富于创造性。在21世纪全面建设小康社会的新阶段，在科学把握社会发展规律、社会主义建设规律和共产党执政规律的基础上，我们在理论上不断开拓创新，提出了构建社会主义和谐社会的战略构想，完善和发展了中国特色社会主义总体布局，成功地在新的历史起点上坚持和发展了中国特色社会主义。随着和谐社会战略构想的提出，社会建设成为了"五位一体"总布局中的重要一位，社会建设理论成为了中国特色社会主义理论体系的重要组成部分。

创新的源泉。人民群众的实践是理论创新的不竭源泉。坚持与时俱进，必须从人民群众的实践出发，不断将实践经验提升为理论，进而指导实践。人民群众的实践是丰富多彩的，社会建设是其重要方面，构成了社会建设理论的不竭源泉。例如，在十月革命胜利之后的困难岁月，工人阶级发明了"共产主义星期六义务劳动"。列宁将这种无偿奉献的共产主义精神看作是形成新社会的关键因素。在我国社会主义建设中，人民群众也有许多发明创造，我们必须在理论上加以总结和提升，以丰富和发展社会建设理论。总之，最广大人民改造世界、创造幸福生活的伟大实践是理论创新的动力和源泉，脱离了人民群众的实践，理论创新就会成为无源之水，就不能对人民群众产生感召力、对实践发挥指导作用。只有这样的理论创新，才能成为造福人民群众的理论。

创新的坐标。社会建设同样存在着"社会形式"和"物质内容"两个方面。前者具有特殊性，可以多种多样；后者具有普遍性，在多种社会形式中表现出显著的相似性。资本主义是现代社会的特定社会形式，现代文明成果则是现代性的普遍物质内容。随着社会形式与物质内容之间的矛盾逐步升级，特定发展形式与普遍物质内容的统一也会日趋解体，其分离成为历史必然；在与旧的社会形式脱节之后，物质内容被新的社会形式继承和接受下来，并在一种新的统一体中得到发展和丰富。这种新的社会形式就是社会主义社会。"具体说来,进入二十世纪特别是第二次世界大战以后,在资本主义制度允许的范围内,他们在税收、福利政策、企业组织结构以及加强国家对经济的干预等方面采取了不少措施,调节并在一定程度上缓解了生产资料私人占有对生产力发展的制约。"①总之,资本主义社会建设经验是社会主义社会建设的实践和理论的参照坐标。

创新的方式。社会主义社会建设理论的创新是通过"综合创新"实现的。一是要加强马克思列宁主义、毛泽东思想、邓小平理论和"三个代表"重要思想关于社会主义社会建设理论的研究,用以指导社会建设各项工作;二是要加强对我国历史上关于社会建设理论的研究,继承优良传统、吸收有益观点;三是要加强国外关于社会建设理论的研究,借鉴其积极成果。② 在当代中国,在马克思主义的指导下,在社会主义实践的基础上,我们以开放的胸襟和兼容的态度,对古今中外的社会建设思想进行科学分析、审慎选择,通过辩证综合,创造出了一种既有民族特色又有时代精神的社会建设理论——中国特色社会主义社会建设理论。

可见,中国特色社会主义社会建设理论坚持马克思主义与时俱进的理论品质,为我们不断在实践中推进社会建设理论创新打开了新的视野,是加强社会建设的科学指南。

总之,中国特色社会主义社会建设理论体现了马克思主义真精神。因此,在当代中国,坚持中国特色社会主义社会建设理论就是坚持马克思主义社会建设理论。只有坚持以这一理论为指导,才能在当代中国切实而有效地推进社会建设。

---

① 《江泽民文选》第三卷,人民出版社 2006 年版,第 79—80 页。
② 参见胡锦涛:《论构建社会主义和谐社会》,中央文献出版社 2013 年版,第 71—72 页。

第二章 立足社会机体:当代中国社会建设的逻辑起点

> 社会主义社会作为人类历史上崭新的社会形态,是以经济建设为重点的全面发展、全面进步的社会。
>
> ——江泽民:《二十年来我们党的主要历史经验》(1998 年 12 月 18 日),《江泽民文选》第二卷,人民出版社 2006 年版,第 258 页。
>
> 中国特色社会主义是全面发展、全面进步的事业。
>
> ——胡锦涛:《在纪念党的十一届三中全会召开 30 周年大会上的讲话》(2008 年 12 月 18 日),《十七大以来重要文献选编》(上),中央文献出版社 2009 年版,第 802 页。

根据马克思社会有机体理论,中国特色社会主义理论提出了"社会主义社会是全面发展、全面进步的社会"的科学论断,将社会主义社会建设看作是中国特色社会主义总体布局的重要一环,从而明确了中国特色社会主义社会建设的战略地位和建设路径。

一、社会有机体的系统构成

人类社会不是坚实的结晶体,而是一个能够变化并且经常处于变化过程中的有机体,即社会有机体或社会系统。

（一）社会有机体的发生前提

在构成社会有机体的各种生产的系统发生和交互作用的过程中,人、社会、劳动(生产)成为一个系统发生的过程。

1. 从自然生产到社会生产

社会有机体是在自然演化的过程中通过劳动而产生的世界演化的新阶段。社会生产是历史发生的过程和产物。在世界演化的过程中,"一当人开始生产自己的生活资料,即迈出由他们的肉体组织所决定的这一步的时候,人本身就开始把自己和动物区别开来。人们生产自己的生活资料,同时间接地生产着自己的物质生活本身。"①从自然生产到社会生产的发展,是劳动实践的重要飞跃,是社会有机体产生的前提条件。

2. 物质生活资料的生产

人是具有多重需要的感性存在物,而需要的满足依赖物质生产。因此,我们首先必须确定一切人类生存的第一个前提,也就是一切社会历史的第一个前提。即,人们为了能够进行社会活动,必须能够生活。为了生活,首先必须满足吃喝住穿用行等物质需要。这样,第一个历史活动就是生产满足这些物质需要的资料,即生产物质生活本身。因此,满足人的物质需要的物质资料的生产,是社会有机体产生和存在的物质基础。

3. 物质生活资料和生产资料的再生产

与动物不同,人不仅能够意识到其需要并将之表达出来,而且能够向生产提出新的要求,这样,已经得到满足的第一个需要本身、满足需要的活动和已经获得的为满足需要而用的工具,又引起了新的需要。这种新的需要的产生是第一个社会历史活动。因此,得到满足和新产生的需要推动着物质生活资料和生产资料的再生产。物质生活资料和生产资料的再生产,是人类社会得以延续和发展的基础。

4. 人自身的生产和再生产

社会是人的活动的过程和结果,保持人种的持续繁衍是社会存在和发展的前提。"根据唯物主义观点,历史中的决定性因素,归根结底是直接生活的生产和再生产。但是,生产本身又有两种。一方面是生活资料即食物、衣服、

---

① 《马克思恩格斯文集》第1卷,人民出版社2009年版,第519页。

住房以及为此所必需的工具的生产；另一方面是人自身的生产，即种的繁衍。"①人自身的生产和再生产，是社会有机体存在和发展的基础，并直接表现为自然关系和社会关系这样的双重关系。

5. 社会关系的生产和再生产

社会有机体是由人们按照一定的关系彼此结合而形成的生产和生活共同体。社会关系是指许多个人的共同活动，不管这种共同活动是在什么条件下、用什么方式和为了什么目的而进行的。可见，人们之间一开始就有一种物质联系。这种联系是由需要和生产方式决定的，和人本身有同样长久的历史；这种联系不断采取新的形式，因而就表现为社会历史。这样，社会关系的生产和再生产就成为社会有机体在生产力基础上不断演进的重要社会形式。

6. 精神生产和再生产

人不仅具有物质需要，而且具有精神需要。尽管物质生产为满足一切需要提供了物质基础，但是，精神需要的满足有其独特的方式和要求，这样，就产生了精神生产。"人们按照自己的物质生产率建立相应的社会关系，正是这些人又按照自己的社会关系创造了相应的原理、观念和范畴。"②精神生产和再生产主要指思想、观念和意识的生产以及"科学和艺术的生产"。精神生产对社会有机体的存在和发展具有重要的反作用。

7. 生态环境的生产和再生产

社会有机体不是孤立自在的，而是与自然界密切相关，持续不断地与之进行物质、能量和信息的交换。唯有如此，社会才能延续和发展。在物质生产中，自然界同劳动一样也是使用价值的源泉，而物质财富就是由使用价值构成的。这样，"劳动的自然生产力，即劳动在无机界发现的生产力，和劳动的社会生产力一样，表现为资本的生产力。"③可见，生态环境的生产和再生产是社会实现可持续发展的基本条件。④

总之，上述生产和再生产，是社会生产系统的相互联系、不可分割的方面，

---

① 《马克思恩格斯文集》第4卷，人民出版社2009年版，第15—16页。

② 《马克思恩格斯文集》第1卷，人民出版社2009年版，第603页。

③ 《马克思恩格斯全集》第26卷第Ⅲ册，人民出版社1974年版，第122页。

④ 世界历史就是自然界向人的生成过程。如果没有生态环境的生产和再生产，那么，就不会有人化自然和人工自然。

共同构成了社会有机体运行和发展的必要前提和重要基础。对于复杂的社会有机体来说，任何一种生产都必须以其他多种生产为自身发展的前提，而任何一种生产本身又是其他生产得以进行的必要条件，对其他多种生产产生影响。离开了其中任何一种生产，都不能完整地形成社会有机体，更不可能有社会有机体的有序运行和持续发展。可见，社会有机体建构的内在逻辑是："生产总体→社会总体→社会有机体"。在这个系统中，人口自身的生产和再生产、社会关系的生产和再生产这两种生产和再生产，大体上构成了社会建设的发生领域。

（二）社会有机体的复杂结构

立足于社会经济形态之上的社会有机体是总括一切社会生活的一切关系的有机运行的总体，是由多种要素构成的复杂系统，其最终目标是实现社会的全面进步和人的全面发展。

1. 支撑性要素和结构

尽管社会有机体是自然进化过程中通过劳动而发生的新质涌现，但是社会有机体一刻也离不开人口和地理环境等条件。

社会有机体的存在和运行是通过人的种的繁衍和个体的交往实现的。人口是社会存在和发展的基本条件，为此，必须保持人自身的生产和再生产。同时，社会交往是社会有机体内部构成要素之间以及其同外部环境之间的物质变换过程。人们组成社会，通过社会的力量去完成生命体实现过程不可缺少的各种功能，各种社会组织也就成为"社会器官"；而人是生活于一定的社会条件之中的，要依赖于社会形成的各种因素，不同的需要、利益、目标以及不同的认识、实践手段使人们形成具有不同的要素和结构、目的和功能的社会系统。

资源和能源、环境、生态、防灾减灾是最广义的地理环境。社会有机体就是在自然界提供的"物质平台"或"物质外壳"的基础上开始存在和演化的。从个体的角度来看，作为社会有机体的主体的人的存在和发展，必须依靠自然环境，并能动地改造自然环境。由此来看，自然成为了人的无机的身体。从群体的角度来看，社会有机体必须与周围自然环境进行物质、能量和信息的交换，实现自身的新陈代谢。通过物质资料的生产方式的连接和联结，形成了包含人（社会）、自然以及二者关系的特定的社会生态结构。从总体上来看，地理环境是社会的前提性结构，其演化图式为："作为自然物质条件的地理环境→劳动→社会存在的构成部分→物质资料的生产方式→社会的生态结构"。

在这个层次上，社会建设主要解决的是人口领域的问题，而生态文明建设尤其是生态建设主要解决的是地理环境领域的问题。但是，社会建设也必须关注人们的环境权益。

2. 实体性要素和结构

尽管社会是一个过程集合体，但这个集合体也有其内在的实体性要素和结构。

经济要素和结构。社会经济结构，即一定生产力基础上的生产关系的总和。这是一个由诸多系统构成的多层次、多因素的复合系统整体，系统中的各个要素之间相互关联、相互结合，有着特定的数量对比关系，并同社会有机体的其他结构紧密相关。同生产力发展的一定阶段相适应的生产关系的总和，主要是通过不同的生产资料所有制经济成分的比重和构成得以表现的。其中，不同生产资料所有制经济成分的比重和构成，是社会有机体最基本的经济结构，由此形成的阶级关系是阶级社会中最基本的社会关系。

政治要素和结构。同经济基础相对应，社会政治结构即法律的和政治的上层建筑，是指建立在经济结构之上的政治法律设施、政治法律制度及其相互关联的方式，包括政党、政权机关、军队、警察、法庭、监狱等实体性要素以及政权的组织形式、立法、司法、宪法和各项规章等制度性要素。不同国家和社会的政治结构有着具体的表现形式，但其政治功能和根本性质是同特定的经济结构相适应的。其中，国家政权是政治结构的核心。

文化要素和结构。文化结构即指各种社会意识形式。广义的文化结构是指文化体系内部各个要素及其组成部分之间相互联系、相互作用而形成的系统。狭义的文化结构仅指以意识形态为主要内容的观念体系结构，又称为意识形态的上层建筑，主要包括政治思想、法律思想、道德、宗教等形式。从特征上来看，包括文化特质、文化丛（集）和文化模式等方面。其中，意识形态通常是阶级社会的主流文化和核心文化。

社会要素和结构。这里的社会要素和结构指社会生活的要素和结构，即狭义的社会结构。社会结构是指一个国家或地区占有一定资源、机会的社会成员的组成方式及其关系格局,包含人口结构、家庭结构、社会组织结构、城乡结构、区域结构、就业结构、收入分配结构、社会阶层结构等若干子系统。社会结构具有复杂性、整体性、层次性、稳定性等特点。其中,社会阶层结构是社会结构的核心。

在总体上,社会有机体是上述实体性要素和结构之间的稳定性联系和一定的组织方式,是社会诸要素有机结合和协调发展的内在形式,是社会系统整体的质的外在表现。其中,经济结构是其基础结构,政治结构和文化结构是建立在经济结构基础之上的,经济结构决定着政治结构和文化结构。狭义的社会结构是在人们交往的过程中形成的区别于"私人领域"和"公共领域"的社会自主性的领域,可以称之为社会生活领域或"共同领域"。这构成了社会建设的主战场。事实上,社会建设就是完善社会自主性的过程,是强化社会生活共同体的过程。因此,在社会建设中,必须要确立狭义社会结构在社会系统中的独立地位,进而推进社会建设。当然,这并不否认、排斥由各种社会结构之间相互依赖、相互作用而形成的立体网络结构。事实上,社会建设也要关注人们的经济、政治和文化等方面的权益。

3. 渗透性要素和结构

渗透性要素和结构是指那些不能独立构成社会有机体的"器官",但却渗透于社会有机体各个组成部分之中,促进社会有机体的系统运行和协调发展的要素和结构。

科技要素和结构。科学技术能够应用于生产过程、渗透在生产力诸基本要素中而转化为实际的生产力。因此,社会劳动生产力,首先是科学的力量。不仅如此,现代科技在社会发展中发挥着越来越重要的作用,日益渗透在社会有机体的方方面面。现在,文化传播手段、社会管理手段、医疗卫生手段、社会生活方式等领域的科技化不断促使社会有机体的进化和发展。同时,克服科技的负效应已成为现代社会发展的重要问题。

教育要素和结构。社会有机体的存在以人的存在为起点和标志,通过语言实现人与人之间的社会交往,通过教育实现人的世代的社会文化"基因"的"遗传"。教育是一种复杂的社会现象,既有上层建筑的属性和功能,也有生产力的属性和功能。其所包含的教育活动、教育过程、教育结果,渗透于人们物质生活和生产以及精神生活和生产的方方面面。最为基本的是,教育权是一项基本的不可剥夺的人权。通过教育的发展,可以促进人的全面发展和社会的全面进步。

管理要素和结构。对生产过程的管理是管理的基本形态。在生产过程中,"凡是直接生产过程具有社会结合过程的形态,而不是表现为独立生产者的孤立劳动的地方,都必然会产生监督和指挥的劳动。"①此外,管理渗透于经济、行政、文化、社会乃至环境等不同的社会领域当中。在一般的意义上,管理是指管理人员对社会结构领域进行规划、组织、协调和控制,促进社会结构的构成要素的效能发挥和有机结合的行为,是由管理者、管理方法、管理行为等构成的有机系统整体。

目前,科技、教育、管理日益进入生产力系统,成为社会动力系统中的重要构成部分,推动着社会的全面进步和人的全面发展,具有重要的社会建设的意义和价值。其中,管理领域中产生的社会管理问题,是社会建设的重要领域。当然,社会建设也要关注科技发展和教育发展中的权益和公正问题。

总之,社会建设既有其独特的领域,也涉及社会有机体的方方面面,具有复杂的构成。

(三) 社会有机体的形态演化

社会有机体是在社会基本矛盾推动下的社会发展过程。社会形态是用来说明和分析社会历史演进的阶段和类型的范畴。可以根据社会有机体的方方面面在推动社会历史演进中的作用来划分社会形态。

1.从经济角度划分的社会形态

经济结构尤其是生产资料所有制是影响社会形态演进的基本因素。从生产资料所有制来看,人类社会经历了氏族、部落、部族、民族、国家等不同的发展阶段。进入阶级社会后,又经历了奴隶社会、封建社会和资本主义社会等阶段。随着资本主义矛盾的加剧和危机的来临,在生产力发展的基础上,人类将结束"史前时期",进入社会主义和共产主义。这样,原始社会、奴隶社会、封建社会、资本主义社会以及社会主义社会和共产主义社会就成为社会形态演进的基本阶段或主要类型。社会形态的演进是一个从区域性到世界性的历史

---

① 《马克思恩格斯文集》第7卷,人民出版社2009年版,第431页。

过程,大致分为前资本主义、资本主义和共产主义等阶段。在这个过程中,较小的社会有机体逐步整合成较大的社会有机体,得以保存文明成果。通过交流和融合,进一步推进了文明的发展。

2. 从人的发展角度划分的社会形态

人的发展程度直接标志着社会发展的程度。从人的发展来看,"人的依赖关系(起初完全是自然发生的),是最初的社会形式,在这种形式下,人的生产能力只是在狭小的范围内和孤立的地点上发展着。以物的依赖性为基础的人的独立性,是第二大形式,在这种形式下,才形成普遍的社会物质变换、全面的关系、多方面的需要以及全面的能力的体系。建立在个人全面发展和他们共同的、社会的生产能力成为从属于他们的社会财富这一基础上的自由个性,是第三个阶段。"①在社会形态演进的过程中,生产力和生产关系的不同发展阶段规约着人与物之间的不同关系,并以人的发展的具体特征得以体现。

3. 从技术角度划分的社会形态

通过转化为现实的生产力尤其是推动生产力的不断变革,科技不断推动社会形态的演进。由此来看,"手推磨产生的是封建主的社会,蒸汽磨产生的是工业资本家的社会。"②技术社会形态就是以生产力和技术发展水平以及与此相适应的产业结构为划分标准的社会形态,其基本的演进序列为:"渔猎社会→农业社会→工业社会→智能社会(信息社会,知识社会)"。在当代,科技对人的生产方式、生活方式、交往方式、治理方式、思维方式和价值观念等的影响和作用越来越大。

4. 从文化角度划分的社会形态

文化不仅凝聚着经济发展的成果,而且推动着经济发展的步伐。因此,文化发展程度表征着社会形态的演进。在广义上,可以将社会发展划分为蒙昧、野蛮和文明三个时期。蒙昧时代是以获取现成的天然产物为主的时期;人工产品主要是用做获取天然产物的辅助工具。野蛮时代是学会畜牧和农耕的时期,是学会靠人的活动来增加天然产物生产的方法的时期。文明时代是学会对天然产物进一步加工的时期。在狭义上,随着工业文明的发展和市场经济

---

① 《马克思恩格斯文集》第8卷,人民出版社2009年版,第52页。
② 《马克思恩格斯文集》第1卷,人民出版社2009年版,第602页。

的推进,"资产阶级,由于开拓了世界市场,使一切国家的生产和消费都成为世界性的了","物质的生产是如此,精神的生产也是如此。各民族的精神产品成了公共的财产。民族的片面性和局限性日益成为不可能,于是由许多种民族的和地方的文学形成了一种世界的文学。"①这样,"民族文学"和"世界文学"就是按照文化标志划分的社会形态。

在总体上,经济社会形态是其他社会形态的物质基础,并相应决定了其他社会形态的演进。同时,人的社会形态和文化的社会形态又在很大程度上反作用于经济的社会形态和技术的社会形态的演进。因此,社会建设不仅总是在一定的社会形态下展开的,而且要求推动社会形态的整体变革,以适应自身发展的要求。

(四) 社会有机体的辩证特点

社会有机体是立足于社会经济形态基础之上的,总括广义社会生活一切关系的有机运动的系统,具有以下辩证特点:

1. 整体性

从总体上看,人类社会是由"社会体系的各个环节"构成的,是"一切关系在其中同时存在而又互相依存的社会机体"②。即,社会有机体包含着有差别的各个要素、环节,它们之间相互联系和相互作用,共同构成一个整体。在社会实践的基础上,社会有机体包含社会生活的所有领域、一切方面,既包括一般社会结构、社会关系,又包含社会运行、社会发展。不仅如此,社会有机体的各个要素和结构也具有整体性的特征。例如,每一个社会中的生产关系都形成一个统一的整体。总之,社会有机体是一个总体,社会的一切要素从属于这个总体,整体性是社会有机体的首要特征。

2. 层次性

根据社会生活的不同方面和领域,可将社会有机体划分出不同的层次。在社会有机体中,"人们在自己生活的社会生产中发生一定的、必然的、不以他们的意志为转移的关系,即同他们的物质生产力的一定发展阶段相适合的

---

① 《马克思恩格斯文集》第2卷,人民出版社2009年版,第35页。
② 《马克思恩格斯文集》第1卷,人民出版社2009年版,第604页。

生产关系。这些生产关系的总和构成社会的经济结构,即有法律的和政治的上层建筑竖立其上并有一定的社会意识形式与之相适应的现实基础。物质生活的生产方式制约着整个社会生活、政治生活和精神生活的过程"①。可见,物质生活、政治生活、精神生活、社会生活是社会有机体的四个层次(实体要素和结构)。同时,以人类实践活动为基础和中介,作为社会有机体支撑性要素和结构的自然物质条件不断转化为人化自然,这样,"整个所谓世界历史不外是人通过人的劳动而诞生的过程,是自然界对人来说的生成过程"②。因此,可以将广义的社会结构划分为经济结构、政治结构、文化结构、社会结构(狭义)和生态结构等层次。在这种社会关系多层次、多向度地展开的过程中,形成了有层次的严密的社会系统(社会有机体)。

3. 多维性

可以从不同的角度和方面对社会有机体的结构、功能和发展阶段进行划分。在构成上,社会有机体可以分为支撑性要素和结构、实体性要素和结构以及渗透性要素和结构;在发展类型和阶段上,社会有机体可以分为经济社会形态、技术社会形态、人的社会形态以及文化社会形态;在最终目标上,社会有机体要实现社会全面进步和人的全面发展。社会进步是根源于社会基本矛盾即生产力和生产关系、经济基础和上层建筑的矛盾运动,突出表现为社会形态由低级向高级的历史演进。在这一过程中,社会有机体内部的结构和要素经历着自我否定和扬弃,在试错和探索中不断完善自身的结构和功能,并实现社会发展。

4. 协调性

社会有机体具有协同的机制和功能。协同就是指不同要素之间是同时存在的,并能够在相反相成中形成维护社会存在和社会发展的合力。在这个过程中,"对立面互相均衡,互相中和,互相抵消","两个相互矛盾方面的共存、斗争以及融合成一个新范畴,就是辩证运动"③。因此,协同即协调即和谐。一定程度的和谐是社会有机体存在和发展的前提,包括内部和谐与外部和谐。社会有机体内部关系的和谐体现在整体和谐、结构和谐与功能和谐等方面。

---

① 《马克思恩格斯文集》第2卷,人民出版社2009年版,第591页。
② 《马克思恩格斯文集》第1卷,人民出版社2009年版,第196页。
③ 《马克思恩格斯文集》第1卷,人民出版社2009年版,第601页,第605页。

一个社会有机体的外部和谐既包括它与其他社会有机体之间的协调关系，也包括它与周围环境之间的协调关系，尤其是人（社会）与自然的和谐发展。总之，社会有机体之所以具有"有机"的属性和功能，就在于它是一个和谐的机体，具有协调性。

5. 人本性

社会是由人组成的。人既是社会历史的"剧作者"和主体，又是社会历史舞台的"剧中人"和客体。人是社会有机体的主体，人的自由全面发展是社会有机体发展的主题、追求和目标。社会有机体中的一切社会关系都是由人的自主活动创造和抽象出来的。人类社会历史就是不断丰富人的规定性、生产人的全面性和发展人的自由个性的过程。社会有机体能够不断发育成长的内在机制，就在于能够满足人的需要。人的需要的全面性要求社会发展的全面性。人是在社会进步的过程中实现自身全面发展的。总之，在实现社会的全面进步中实现人的全面发展，是社会有机体发展的最终目标。

6. 拟人性

类比于生物有机体，社会也具有细胞、组织、结构、骨骼、血肉、器官，是一个有机的整体。人是其"细胞"，而由特定的关系和纽带联结起来的人群共同体，如氏族、部落、家庭、阶级、民族等，好比是其"器官"或"组织"。人的思维、语言、劳动能力是在社会环境中后天学会的，还创造出各种工具来延伸、扩大甚至代替生命体各种器官在劳动中的功能。生产方式决定并制约着全部社会生活的领域和过程，好比社会的"骨骼"，支撑着社会机体，决定着其存在和发展。全部社会有机体的"血肉"，包括一切政治的、思想的等等复杂的社会关系，都是在物质生产方式的"骨骼"基础上竖立和"生长"起来的。由于人的肉体生活和精神生活都依赖自然界，因此，自然界是人的"无机的身体"，成为社会有机体的内在的组成部分。

7. 内生性

社会之所以能够成为有机体，就在于它具有自我整合、自我扩展、自我更新、自我再生、自主调节等自组织的机制和功能。在社会有机体的自组织性的自我演化中，"这种有机体制本身作为一个总体有自己的各种前提，而它向总体的发展过程就在于：使社会的一切要素从属于自己，或者把自己还缺乏的器官从社会中创造出来。有机体制在历史上就是这样生成为总体的。生成为这种总体是它的过程即它的发展的一个要素。"①即,社会有机体的要素、层次、结构、功能,不是既定的和预成的(坚实的结晶体),而是建构的和发展的(过程的集合体)。正是凭借这种自组织机制尤其是自创生的机制,社会变得日益根深叶茂、血肉丰满,真正成为了一个有机体。

8. 动态性

社会是一个活的机体,是一个在一定生产力发展水平上的不断运动着的系统,有着自身萌芽、生长、发展的特殊规律。社会不是僵死不变的静止物,而是一个能够变化并且经常处于变化过程中的活的机体;这种变化不是各个部分孤立、分散的变化,而是社会各个组织结构相互连接的协同整体的演变。社会要素相互作用。在社会要素运动、发展中形成总体,即完整的有机运动系统,这也就是社会发展的过程。社会运动是最高级的物质运动形式,是一个动态的、辩证的、不断进步的历史过程。人的社会实践构成社会生活的活性、有机性和动态性。总之,社会是在社会运动、社会发展中形成总体的。

社会有机体的上述特征构成了宏观社会建设(广义社会建设)的一般世界观和方法论要求,同时是狭义社会建设的世界观和方法论要求。② 只有坚持对社会作社会系统(社会有机体)的理解,才能把握住社会的辩证特征。

总之,马克思的"社会有机体"概念事实上就是科学的"社会系统"概念,是关于社会系统的科学理论和科学方法,是人们认识、把握和解决一切社会问题的理论前提。

---

① 《马克思恩格斯全集》第 30 卷,人民出版社 1995 年版,第 237 页。

② 当然,对这一问题存在着不同的看法。有的论者担心,将社会比拟为有机体有可能导致将社会不平等合法化的危险。"因为不同的阶级仍然具有不平等的社会功能和不平等的社会地位。于是便导致了社会有机理论的重新出现,主张经济上不平等的相互斗争的各个阶级的社会和谐。将有机体恰当地比做人的身体,总是可以用来强调各个阶级具有平等的经济功能并具有平等的经济重要性,以便为一种现存的非经济性质的社会不平等辩护。另一方面,法西斯主义使用社会有机理论来创造一种非经济性质的社会重要性、社会地位和社会功能的平等,以便平衡各个阶级的经济不平等。"([美]彼得·德鲁克:《社会的管理》,上海财经大学出版社 2003 年版,第 39 页)显然,这种理解不是从社会系统的要素和要素、要素和整体、整体和环境的辩证关联的角度来理解社会有机体的,因此,与我们的论题不是同一个问题。况且,辩证法意义上的和谐不是矛盾的消除。从实际的社会生活来看,在不消除造成不平等的经济根源的前提下,所谓的和谐只能是一句空话。事实上,和谐有其社会制度上的前提和规定。

二、社会主义社会的全面性

从社会有机体出发，社会主义社会必须成为全面发展、全面进步的社会。在当代中国，这就是要完善中国特色社会主义总体布局，全面推进中国特色社会主义经济建设、政治建设、文化建设、社会建设和生态文明建设，以实现人的全面发展和社会的全面进步。

（一）资本主义有机社会的历史建构

资本主义社会第一次集中而鲜明地表现出了社会的有机性。正如马克思所言，"现在的社会不是坚实的结晶体，而是一个能够变化并且经常处于变化过程中的有机体"①。这里的现在（现代）社会即资本主义社会。

1.现代社会发展动力的全面性

资本主义社会是多种动力推动的结果。社会的全面发展需要诸多动力的协同推动，这些动力共同构成了社会发展的"历史合力"。（1）自然动力是基础动力。随着人与自然之间的物质变换从物料进入到能量的层次，人类社会就从传统社会进入到了现代社会。（2）社会基本矛盾是根本动力。在工业化的生产力基础上形成的资本主义生产关系以及由二者构成的矛盾，推动着人类社会从封建社会进入到了资本主义社会。（3）精神动力是支撑动力。随着以人性化、工具化和理性化为特征的现代精神的兴起，人类社会就进入到了现代性阶段。（4）政治动力是保障动力。自由、民主、平等等政治价值的弘扬以及三权分立政治制度的确立，为资本主义发展提供了政治保障。（5）科技动力是重要动力。资本主义生产方式第一次变成了一个自觉运用科技的过程，这样，科技就成为现代社会发展的重要动力。（6）阶级斗争是直接动力。在资本主义社会，整个社会日益分裂成资产阶级和无产阶级两大根本对立的阶级。从根本上说，二者之间的阶级矛盾是经济矛盾，但阶级斗争广泛存在于各个领域。现代社会的阶级斗争推动社会朝着更加公平、合理的方向发展。总之，资本主义社会是在上述诸动力形成的历史合力中，开始作为一个有机体而

---

① 《马克思恩格斯文集》第 5 卷，人民出版社 2009 年版，第 10—13 页。

存在和发展的。

2. 现代社会发展后果的全面性

资本主义促进了整个社会生活的全面变化。现代社会的发展带来了社会的整体发展。(1)经济发展后果。资本主义生产方式的确立使社会经济获得了持续而迅速的发展。诚如马克思所言,"资产阶级在它的不到一百年的阶级统治中所创造的生产力,比过去一切世代创造的全部生产力还要多,还要大。"①正是在此基础上,现代社会的其他发展才有了物质保障。(2)政治发展后果。在资本主义社会,为适应其经济发展所需的自由竞争和自由流通,必须确立相应的政治制度,尤其是资产阶级民主制度的确立,对于战胜封建主义、发展资本主义具有重要的意义,也开辟了人类政治文明的新篇章。(3)精神发展后果。现代社会确立了人道主义和理性主义的精神文化。同时,随着资本突破国界向全球的流动而使各个民族的精神成果逐渐变成公共财产,这样,"民族文学"就逐渐发展为"世界文学"。(4)社会发展后果。正是资本主义的发展,打破了封建主义的人身依附关系,私人摆脱了共同体。这样,不仅促进了政治国家和市民社会的分离,而且使生活的自主、自治成为了可能。(5)生态发展后果。资本主义工业化为人与自然的统一创造了社会历史条件。"在工业中向来就有那个很著名的'人和自然的统一',而且这种统一在每一个时代都随着工业或慢或快的发展而不断改变,就像人与自然的'斗争'促进其生产力在相应基础上的发展一样"②。这样,人与自然的关系就进入到了一个新的发展阶段。

总之,在诸多动力协同推动下所获得的全面性的发展后果,是现代社会的重要表现和内容,也是人类社会在发展过程中所取得的重要文明成果。

(二) 资本主义单面社会的总体危机

由于资本逻辑成为整个社会生活中占支配地位的逻辑,因此,资本主义社会实际上是以畸形的方式运行和发展的,最终成为一个丧失总体性的单面社会,陷入了总体危机当中。

---

① 《马克思恩格斯文集》第 2 卷,人民出版社 2009 年版,第 36 页。
② 《马克思恩格斯文集》第 1 卷,人民出版社 2009 年版,第 529 页。

1. 单面社会表现形式的多样性

资本主义社会的单面性,表现在社会生活的方方面面。择其要者,主要表现为:

单面的经济。资本主义经济的繁荣,并没有成为社会共享的财富,而且其本身是单面的。(1)对经济成果的片面追求。资本主义经济片面追求经济增长,根本没有考虑到经济发展的质量,至于社会效益和生态效益更无从谈起,将 GDP 作为社会经济发展的根本指标甚至是唯一指标。(2)社会经济发展不平衡日渐加剧。资本主义经济以追求剩余价值为轴心,根本无视无产阶级和劳动人民的利益,是一种典型的"见物不见人"的增长。在此过程中,资产者同无产者之间、发达国家同发展中国家之间的经济社会差距明显加大。(3)经济发展垄断程度迅速提高。在经历了私人垄断、行业垄断以及国家垄断之后,当代资本主义进一步发展到国际垄断。其主要标志就是跨国公司在数量、规模、范围、力量上的不断增强。此外,由资本逻辑支配的全球性经济组织成为主导全球经济的力量。在当代资本主义发展的过程中,尽管上述问题尤其是前两个问题在很大程度上得以缓解,但是,这是通过转嫁各种"危机"和加剧"不平等发展"(依附发展)而实现的。

单面的人。在资本主义社会中,单面性集中表现为人的单面性。(1)生产能力的片面化。满足资本主义生产的不断深化的社会分工使人的生产能力日益狭隘,劳动仅仅成为了谋生的手段。(2)政治参与的单一化。资本主义政治在形式上是"普世的",但实质上将无产阶级和劳动人民排斥在了政治议程之外。"今天,越来越多的人无法接近政治过程","在政治层面上,所有的重大政治决策都是由职业政治精英作出的"①。资本主义的民主事实上只是资产阶级的民主。同时,当代资本主义的政治统治不断加强,对整个社会生活的干涉日益增多。(3)社会关系的单一化。人是一切社会关系的总和,但是,在资本主义条件下,社会关系也被异化了。"通过异化劳动,人不仅生产出他对作为异己的、敌对的力量的生产对象和生产行为的关系,而且还生产出他人对他的生产和他的产品的关系,以及他对这些他人的关系"②。这样,物(商

---

① 〔希〕福托鲍洛斯:《当代多重危机与包容性民主》,李宏译,山东大学出版社 2008 年版,第 107 页。

② 《马克思恩格斯文集》第 1 卷,人民出版社 2009 年版,第 165 页。

品、货币和资本)不仅成为社会关系的中介和纽带,而且成为社会关系的要害和实质。因此,人们不可能在全面的丰富的社会关系中获得全面的丰富的个性。(4)思维方式的单一化。在资本主义条件下,形而上学占领了人的思维领域。形而上学思维方式以静止、孤立和片面为特点,割裂了一切有机联系。这样,人的个性的全面性和丰富性就丧失了。总之,资本主义条件下的人是单面人(单向度的人)。

总之,资本主义社会是一个具有单面性社会,表明资本主义社会正陷入了总体危机当中。

2. 单面社会形成原因的复杂性

资本主义生产,既不是为了生产单纯的产品(使用价值),也不是为了生产商品(具有一定交换价值的使用价值),而是为了实现资本的增值(剩余价值)。这样,就产生了资本逻辑。资本主义单面社会是作为社会支配力量的资本逻辑的表征和表现。

在生产资料所有制上,资本主义社会确立的是资本家占有生产资料的资本主义所有制。在资本主义社会,资本家占有生产资料,工人丧失了全部生产资料而一无所有,不得不靠向资本家出卖其劳动力为生,劳动力成为了商品。"即使在它的初始阶段,资本主义世界经济从来就不是商品和服务的单一市场。它曾经而且今天也还包含着阶级关系中劳动力的商品化,这种阶级关系将劳动者从对生产方式的控制中分离出来"①。由于劳动者和生产资料是分离的,这样,就决定了生产的目的是为了资本的增殖。在此基础上,资本雇佣劳动成为了资本主义社会的基本经济制度,构成了资本逻辑的经济基础和基本要义。

从人们在生产过程中形成的地位及相互关系来看,拜物教支配了一切。拜物教是物统治人的集中表现和最高形式。其中,商品拜物教是拜物教的最初形式,货币拜物教用货币的形式进一步掩盖了人与人之间的社会关系,掩盖了私人劳动的社会性质和社会关系,而资本拜物教则是拜物教的最高形式和最终形式。这样,"在资本主义的价值体系中,资本的价值高于劳动力的价值,积累的东西高于生命的活动。是资本雇佣工人,而不是工人雇佣资本。

---

① [英]安东尼·吉登斯:《现代性的后果》,田禾译,译林出版社 2011 年版,第 63 页。

'仅仅'拥有生命、技能、活力和创造力的人,必须听命于拥有资本的人。'物'的地位高于人的地位。"①可见,资本家具有控制权,最终导致了社会关系的扭曲。

在分配方式上,追求剩余价值成为主导一切的杠杆。在资本主义社会中,工人的劳动时间分为两部分。一部分用来偿还资本家所预付给他的工资,但在此之后,他必须继续工作。在这段时间内,他为资本家生产剩余价值。因此,"资本主义生产——实质上就是剩余价值的生产,就是剩余劳动的吮吸——通过延长工作日,不仅使人的劳动力由于被夺去了道德上和身体上正常的发展和活动的条件而处于萎缩状态,而且使劳动力本身未老先衰和过早死亡。它靠缩短工人的寿命,在一定期限内延长工人的生产时间"②。可见,正是在赋予资本家片面追求剩余价值合法性的过程中,降低工人工资、增加劳动者的劳动、不顾劳动者的生产条件和生活条件、无视社会责任和社会义务,成为了资产阶级的"合理"的活动。

总之,在资本主义社会中,资本逻辑这种没有差异性的"整体性"将丰富多彩的整体世界日益片面化,实际上是一种肢解"整体性"的"单面性"。

(三)社会主义全面社会的历史探索

针对资本主义单面社会和"问题总体",无产阶级在革命和建设的进程中,为建设一个全面发展的社会主义新社会进行了创造性的探索。

1. 巴黎公社革命的全面探索

成立于 1871 年的巴黎公社,虽然只存在了短短的几十天,但是世界上无产阶级夺取政权的第一次伟大尝试,进行了具有社会主义性质的实践探索。

在经济上,公社实行财产集体所有,免除人民的经济负担。对于大资本家,如各大金融公司和承包商,公社没收他们的财产。对于中小资本家,公社没收或收归他们的财产,交由工人阶级管理。公社将一切已经关闭的作坊或工厂交给工人协作社,同时给企业保留获得补偿的权利。此外,为了减轻人民的经济负担,公社废除了法国资产阶级政府将普法战争战败赔款的主要重担

---

① [美]埃里希·弗洛姆:《健全的社会》,蒋重跃等译,中国文联出版公司 1988 年版,第93 页。

② 《马克思恩格斯文集》第 5 卷,人民出版社 2009 年版,第 307 页。

转嫁到农民身上的做法。在经济组织方面,巴黎公社成立了工人协作社。

在政治上,成立公社委员会,实行民主集中制。公社首先废除了资产阶级"三权分立"的政治形式,打碎了旧的国家机器,进行了无产阶级的民主实验,建立了立法和行政统一的新的政府机构,即公社委员会。公社废除了资产阶级的官僚集中制,代之以无产阶级的民主集中制。公社各级领导机关,均由民主选举产生,统一在公社领导下工作。对公职人员实行普选制和撤换制,并规定其最高薪金。一切重大问题由公社委员会决定,由其下属委员会执行。公社委员会下设执行、军事、财政、司法、治安、劳动与交换、粮食、教育、社会服务、对外联络等十个委员会。这样,"公社体制会把靠社会供养而又阻碍社会自由发展的国家这个寄生赘瘤迄今所夺去的一切力量,归还给社会机体。"① 在此基础上,就可以保证社会的全面发展。

在文化上,颁布政教分离法令。公社十分注重文化建设。主要是,"公社在铲除了常备军和警察这两支旧政府手中的物质力量以后,便急切地着手摧毁作为压迫工具的精神力量,即'僧侣势力',方法是宣布教会与国家分离,并剥夺一切教会所占有的财产。"②为此,公社取消国家用于宗教事务的开支,剥夺教会财产变为公共财产,并将宗教教育(各种宗教象征和宗教活动)从学校中革除。

在社会方面,进行了社会建设方面的尝试。首先是实现男女平等、妇女解放。无产阶级政权的建立为妇女解放开辟了道路。一是公社发动妇女参加劳动,实现妇女在经济上的平等,并规定男女教师同酬。二是公社重视妇女教育问题,改变法国轻视女子教育的状况,通过规定女子同男子有同样受普通教育的权利,还开设一些女子职业学校,实行男女在教育上的平等。此外,公社免除了农民的"血税",还颁发了有利于中下层人民的免交房租的命令。

可见,公社实质上是工人阶级的政府。通过政治、经济、文化和社会等方面的制度变革,它成为世界上建设社会主义全面社会最早的尝试。

2. 苏联社会主义建设的全面探索

"十月革命"胜利后,苏联进行了社会主义建设的全面探索。

---

① 《马克思恩格斯文集》第3卷,人民出版社2009年版,第157页。
② 《马克思恩格斯文集》第3卷,人民出版社2009年版,第155页。

在经济上,实现社会主义工业化和农业集体化。苏维埃政权初步得到巩固后,苏联就开始了高速建设社会主义工业化和农业集体化的征程。在1925年的联共(布)第十四次党代表大会上,确立了社会主义工业化的方针,并根据当时苏联的具体国情,确定了优先发展重工业的方针。从1928年到1937年,苏联完成了第一个、第二个五年计划,重点改造了老企业、创立了新的重工业部门;由于战争迫近,第三个五年计划重点发展国防工业。1927年,联共(布)第十五次代表大会重点讨论农业问题,通过了加快农业集体化的决议,同时确定了农民自愿参加集体化的原则。之后,农业集体化和全盘集体化迅速推开。按照这一发展道路,苏联在第二次世界大战之前已成为世界上第二大工业国。

在政治上,加强和巩固苏维埃政权。十月革命胜利后,苏维埃立即采取措施建立和巩固新生的政权。全俄苏维埃代表大会是国家的最高权力机构,人民委员会是行政机构,对全俄苏维埃代表大会负责,并接受其监督,旧政府的一些机构被打破,由人民委员会的各部代替苏维埃政权颁布一系列法令,建立新型的无产阶级政权。此外,苏联还进行了建立社会主义民主的尝试。当然,"无产阶级专政,即被压迫者先锋队组织成为统治阶级来镇压压迫者,不能仅仅只是扩大民主。除了把民主制度大规模地扩大,使它第一次成为穷人的、人民的而不是富人的民主制度之外,无产阶级专政还要对压迫者、剥削者、资本家采取一系列剥夺自由的措施"[1]。这样,苏维埃政权就践行了马克思关于社会主义民主的设想。

在文化上,加强社会主义文化建设。苏联执政者自觉进行社会主义文化建设。列宁强调指出:"应当明确地认识到,只有确切地了解人类全部发展过程所创造的文化,只有对这种文化加以改造,才能建设无产阶级的文化,没有这样的认识,我们就不能完成这项任务。"[2]此外,苏联大力支持科技事业的发展,主张依靠科技进步来推动经济社会发展。为此,苏联创立了大批科研机构,培养了众多科研人才,在科技上突飞猛进。例如,1954年,苏联建立了世界上第一座核电站;1957年,苏联发射了世界上第一颗人造地球卫星。这些成就不仅极大地提升了苏联的国力,而且揭开了新科技革命的序幕。

---

[1] 《列宁专题文集 论马克思主义》,人民出版社2009年版,第259页。
[2] 《列宁专题文集 论无产阶级政党》,人民出版社2009年版,第281页。

在社会上,实行集体福利。在社会主义革命和建设中,"工人阶级要获得真正的解放,必须进行资本主义全部发展所准备起来的社会革命,即消灭生产资料私有制,把它们变为公有财产,组织由整个社会承担的社会主义的产品生产代替资本主义商品生产,以保证社会全体成员的充分福利和自由的全面发展。"①出于这样的考虑,苏联的集体福利非常普遍。例如,苏联推行全免费教育,各级各类教育都是免费的,高等学校的学生还领取助学金。从1960—1986年,苏联社会消费基金提供的教育费用增加了近4倍,即从79亿卢布增加到394亿卢布。此外,苏联的医疗、住房、通讯等方面的福利水平也较高。

在生态方面,国家保护资源。早在1921年,苏联就颁布了国土野生资源、森林资源和渔业资源管理基本法。此后,陆续颁布了一系列的环境法律法规,如土地法、水资源法、地下资源法、森林法等。即使后来在苏联模式僵化时期,"也考虑到了人类的长远利益和生存环境,留意到了目前的情况和未来的远景"②。例如,1977年1月1日起,苏联实施国家环境标准。苏联还利用计划经济的优势,对全国环境规划实行统一制定、统一管理,并由苏联国家计划委员会统一负责。在制定政策时,苏联注重资源——环境——经济的协调发展,把资源利用、科学技术、经济发展、社会发展和环境规划统一起来,并把环境规划纳入到了整个国家规划之中。

最后,注重社会主义新人的培养。苏维埃自成立之日起就非常重视国民教育事业,并着手进行全面的教育改革。苏联普及了义务初等教育,使各级学校成为世俗的、真正民主的、免费的、劳动人民能受到的教育制度。此外,苏联根据社会主义建设的需要来制定和推行相应的教育决议。例如,社会主义农业迫切要求提高农民的文化水平,为此,苏共第十六次代表大会就通过了实施普及初等义务教育的决议。为了培养社会主义建设所需的大批的技术干部,苏联及时改变不合理的教学大纲和教学方法,使教学质量得到根本改善。

总之,尽管苏联社会主义建设有过曲折和失误,但是,在推进社会主义社会的全面发展方面进行了不懈努力,并取得了显著的成效。

---

① 《列宁专题文集 论社会主义》,人民出版社2009年版,第381页。
② Robin Attfield and Katharine Dell: *Values, conflict and the environment*, Aldershot: Ashgate, 1996, p.163.

(四) 社会主义全面社会的中国探索

根据马克思社会有机体理论,早在新民主主义革命时期,毛泽东就从经济、政治和文化三个方面提出了新民主主义革命的纲领。在新中国成立之后尤其是社会主义改造任务完成之后,毛泽东将统筹兼顾作为社会主义建设的根本方针,要求培养德智体美劳全面发展的社会主义事业接班人。在此基础上,在进行社会主义全面探索的历史过程中,中国共产党人坚持把马克思主义基本原理同中国具体实际相结合,科学总结社会主义建设的经验和教训,努力促进社会主义社会的全面发展。突出标志是,提出了"社会主义社会是全面发展和全面进步社会"的科学论断,中国特色社会主义事业总体布局日臻完善。

1. "三位一体"的总体布局

改革开放之初,我们对社会主义建设总体布局的思考是与四个现代化目标紧密相连的。

1978 年 12 月,党的十一届三中全会确定把全党全国的工作重心转移到社会主义现代化建设上来,认为实现四个现代化是当前的最伟大的历史任务。"会议公报"明确指出,实现四个现代化,要求大幅度地提高生产力,也就必然要求多方面地改变同生产力发展不适应的生产关系和上层建筑,改变一切不适应的管理方式、活动方式和思想方式,因而是一场广泛、深刻的革命。在此基础上,我们提出:"我们所说的四个现代化,是实现现代化的四个主要方面,并不是说现代化事业只以这四个方面为限。我们要在改革和完善社会主义经济制度的同时,改革和完善社会主义政治制度,发展高度的社会主义民主和完备的社会主义法制。我们要在建设高度物质文明的同时,提高全民族的教育科学文化水平和健康水平,树立崇高的革命理想和革命道德风尚,发展高尚的丰富多彩的文化生活,建设高度的社会主义精神文明。这些都是我们社会主义现代化的重要目标,也是实现四个现代化的必要条件。"[①]这里,实际上是要求从经济、政治、文化三个方面来把握现代化建设的全局。

在 1986 年十二届六中全会通过的《中共中央关于社会主义精神文明建设指导方针的决议》中,第一次明确提出了"总体布局"的科学概念。"决议"指出:"我国社会主义现代化建设的总体布局是:以经济建设为中心,坚定不移

---

① 《十一届三中全会以来重要文献选读》(上),人民出版社 1987 年版,第 80—81 页。

地进行经济体制改革,坚定不移地进行政治体制改革,坚定不移地加强精神文明建设,并且使这几个方面互相配合,互相促进。"①所谓总体布局(总布局)是着眼于社会主义的总体、全局和系统而对社会主义建设的方方面面进行的统筹规划和系统安排,是社会主义建设事业的最优的系统的战略蓝图或路线图。这里,以经济建设为中心的经济体制改革、政治体制改革和精神文明建设构成了中国特色社会主义事业"三位一体"的总体布局。

在此基础上,党的十三大提出了党在社会主义初级阶段的基本路线,将建设富强(经济)民主(政治)文明(文化)的社会主义现代化强国作为我们的奋斗目标。从基本国情出发,在基本理论的指导下,我们执行基本路线取得了重大成就。因此,党的十四大进一步提出了党在社会主义初级阶段的基本纲领,从经济、政治、文化三个方面进一步丰富和发展了党的基本路线。进而,在总结建设中国特色社会主义基本经验的过程中,"三个代表"重要思想创造性地提出了"社会主义社会是全面发展、全面进步的社会"②的科学论断。这样,我们就形成了"三位一体"的总体布局。

2."四位一体"的总体布局

随着我国经济水平的不断提高,经济与社会的不协调问题日益突出,统筹经济社会协调发展成为了中国进步的必然要求和趋势。在此背景下,社会建设日益受到党和国家的高度重视,并将之纳入到了总体布局中。

2004年,《中共中央关于加强党的执政能力建设的决定》,把"不断提高构建社会主义和谐社会的能力"同"驾驭社会主义市场经济的能力"、"发展社会主义民主政治的能力"、"建设社会主义先进文化的能力"相提并论,表明我们对中国特色社会主义事业总体布局有了新的思考。2005年2月,在省部级主要领导干部提高构建社会主义和谐社会能力专题研讨班上,科学发展观第一次提出了中国特色社会主义事业"四位一体"总体布局的完整表述:"随着我国经济社会的不断发展,中国特色社会主义事业的总体布局,更加明确地由社会主义经济建设、政治建设、文化建设三位一体发展为社会主义经济建设、政治建设、文化建设、社会建设四位一体"③。在此基础上,党的十七大报告中明确提出要按照中

---

① 《十一届三中全会以来重要文献选读》(下),人民出版社1987年版,第1152—1153页。
② 《江泽民文选》第一卷,人民出版社2006年版,第571页。
③ 《十六大以来重要文献选编》(中),中央文献出版社2006年版,第696页。

国特色社会主义事业总体布局,全面推进社会主义经济建设、政治建设、文化建设、社会建设,促进现代化建设各个环节、各个方面相协调,促进生产关系与生产力、上层建筑与经济基础相协调。这样,"四位一体"的总体布局得以完全确立。

总之,将社会建设与经济建设、政治建设、文化建设相并列相联系的"四位一体"总体布局,是中国特色社会主义建设的新构架。这个新构架,使社会建设的战略地位更加凸现。在此基础上,科学发展观进一步提出了"中国特色社会主义是全面发展、全面进步的事业"①的科学论断。这样,就进一步突出了中国特色社会主义的全面性。在这里,社会建设同经济建设、政治建设、文化建设成为一个有机统一的整体。

3."五位一体"的总体布局

随着对人和自然关系的科学认识的深化,为了应对现实的生态环境压力,通过总结贯彻和落实可持续发展战略的成就和经验,党的十八大将生态文明建设纳入到了中国特色社会主义总布局中,正式提出了"五位一体"的总体布局。

2007年,党的十七大首次将"生态文明"写入党的政治报告中,将建设生态文明作为我国实现全面建设小康社会奋斗目标的新要求之一。建设生态文明,就是要基本形成节约能源资源和保护生态环境的产业结构、增长方式、消费模式。循环经济形成较大规模,可再生能源比重显著上升。主要污染物排放得到有效控制,生态环境质量明显改善。生态文明观念在全社会牢固树立。随后,在全党深入学习实践科学发展观活动动员大会暨省部级主要领导干部专题研讨班上,我们提出要"全面推进社会主义经济建设、政治建设、文化建设、社会建设以及生态文明建设,努力加快实现以人为本、全面协调可持续的科学发展"②。这样,生态文明就成为与经济建设、政治建设、文化建设和社会建设并列的重要建设内容。

党的十七大之后,我们全面推进社会主义现代化建设,尤其是十分重视社会建设和生态建设在社会主义建设中的战略地位,社会主义建设取得了新的全面的成就。在总结新经验的基础上,党的十八大明确提出:"必须更加自觉地把全面协调可持续作为深入贯彻落实科学发展观的基本要求,全面落实经

---

① 《十七大以来重要文献选编》(上),中央文献出版社2009年版,第802页。
② 《十七大以来重要文献选编》(上),中央文献出版社2009年版,第570页。

济建设、政治建设、文化建设、社会建设、生态文明建设五位一体总体布局,促进现代化建设各方面相协调,促进生产关系与生产力、上层建筑与经济基础相协调,不断开拓生产发展、生活富裕、生态良好的文明发展道路。"①至此,中国特色社会主义事业总体布局由"四位一体"发展到了"五位一体"。

随着中国特色社会主义伟大事业的不断推进,为了更全面地推进社会主义,中国特色社会主义的总体布局必须上升到"系统一体"的高度。

总之,在马克思社会有机体理论的指导下,在借鉴和吸收资本主义单面社会的经验和教训、全面总结和反思社会主义建设经验的基础上,在探索中国特色社会主义的实践过程中,中国共产党人十分注重社会主义社会的全面性,尤其是提出了体现社会有机体思想的中国特色社会主义的总体布局,从而提升了社会主义建设的系统视野。反过来,也进一步丰富和发展了马克思的社会有机体思想。

三、中国特色社会主义的全面性

立足中国特色社会主义总体布局,我们必须按照总体性原则和方法,来确立中国特色社会主义社会建设在中国特色社会主义事业中的战略地位,进而从总体上推进中国特色社会主义社会建设。

(一) 中国特色社会主义的总体构成

中国特色社会主义是由道路、理论体系、制度三位一体构成的。经过90多年的奋斗、创造、积累,党和人民必须加倍珍惜、长期坚持、不断发展的成就就是:开辟了中国特色社会主义道路,形成了中国特色社会主义理论体系,确立了中国特色社会主义制度。只有进一步增强道路自信、理论自信、制度自信,我们才能坚定不移推进中国特色社会主义社会建设。

1. 中国特色社会主义道路

中国特色社会主义道路是中国共产党对现阶段纲领的概括。把马克思主义的基本原理同中国的具体实际结合起来,要求我们必须坚持走中国特色社

---

① 胡锦涛:《坚定不移沿着中国特色社会主义道路前进 为全面建成小康社会而奋斗——在中国共产党第十八大全国代表大会上的报告》,人民出版社 2012 年版,第 9 页。

会主义道路。"中国特色社会主义道路,是实现我国社会主义现代化的必由之路,是创造人民美好生活的必由之路。中国特色社会主义道路,既坚持以经济建设为中心,又全面推进经济建设、政治建设、文化建设、社会建设、生态文明建设以及其他各方面建设;既坚持四项基本原则,又坚持改革开放;既不断解放和发展社会生产力,又逐步实现全体人民共同富裕、促进人的全面发展。"①在此基础上,我们的目标是要把我国建设成为一个富强(经济)、民主(政治)、文明(文化)、和谐(社会)、美丽(生态)的社会主义现代化强国。显然,社会和谐是中国特色社会主义道路的内在要求,坚持中国特色社会主义道路是实现社会和谐的根本保证。

2. 中国特色社会主义理论体系

中国特色社会主义理论体系,是指引我们前进的科学指南。改革开放以来,我们创造性地探索和回答了什么是马克思主义、怎样对待马克思主义,什么是社会主义、怎样建设社会主义,建设什么样的党、怎样建设党,实现什么样的发展、怎样发展等重大理论和实际问题,形成了中国特色社会主义理论体系。中国特色社会主义理论体系,是马克思主义中国化的最新理论成果,包括邓小平理论、"三个代表"重要思想、科学发展观。其中,将社会建设和生态文明建设纳入到中国特色社会主义事业中,是该理论体系对马克思社会有机体理论和社会主义建设理论的重大贡献。因此,该理论体系,不仅包括经济建设理论、政治建设理论、文化建设理论,而且包括社会建设理论和生态文明建设理论。只有在中国特色社会主义社会建设理论的指导下大力推进当代中国的社会建设,我们才能实现和谐社会的理想和目标。

3. 中国特色社会主义制度

中国特色社会主义制度,集中体现了中国特色社会主义的特点和优势,是当代中国发展进步的根本制度保障。中国特色社会主义制度,包括人民代表大会制度的根本政治制度,中国共产党领导的多党合作和政治协商制度、民族区域自治制度以及基层群众自治制度等基本政治制度,中国特色社会主义法律体系,公有制为主体、多种所有制经济共同发展的基本经济制度,以及建立

---

① 习近平:《紧紧围绕坚持和发展中国特色社会主义　学习宣传贯彻党的十八大精神》,2012 年 11 月 19 日《人民日报》第 2 版。

在这些制度基础上的经济体制、政治体制、文化体制、社会体制以及生态文明制度等各项具体制度。这一制度有利于保持党和国家活力、调动广大人民群众和社会各方面的积极性、主动性、创造性，有利于解放和发展社会生产力、推动经济社会全面发展，有利于维护和促进社会公平正义、实现全体人民共同富裕，有利于集中力量办大事、有效应对前进道路上的各种风险挑战，有利于维护民族团结、社会稳定、国家统一。

在此，中国特色社会主义道路、中国特色社会主义理论体系和中国特色社会主义制度共同构成了中国特色社会主义总体（系统），三者统一于中国特色社会主义伟大实践。这是中国特色社会主义的最鲜明特色。中国特色社会主义社会建设是这个系统的重要构成部分。不包括社会建设，这个系统就是不完整的。同时，推进社会建设又要依赖这个系统。中国特色社会主义道路是推进社会建设的实现途径，中国特色社会主义理论体系是推进社会建设的行动指南，中国特色社会主义制度是推进社会建设的根本保障。离开中国特色社会主义道路、理论体系和制度的支撑和保障，当代中国的社会建设就会迷失方向。

（二）中国特色社会主义的总体布局

建设中国特色社会主义，总依据是社会主义初级阶段，总布局是五位一体，总任务是实现社会主义现代化和中华民族伟大复兴。从总依据出发，根据总任务，我们不断完善总布局。现在，中国特色社会主义总布局已发展成为由经济建设、政治建设、文化建设、社会建设和生态文明建设构成的系统。这一总布局具有总体性和系统性的特征，是我们建设中国特色社会主义的科学的行动路线图。

1. 中国特色社会主义经济建设

中国特色社会主义经济是从中国实际出发，对中国经济发展的基本性质、基本方向、基本宗旨以及必须采取的基本经济制度、经济体制、分配方式、发展战略等问题的规定，主要包括社会主义市场经济体制、社会主义初级阶段的基本经济制度（以公有制为主体、多种所有制形式并存）、社会主义初级阶段的收入分配制度（以按劳分配为主体、多种分配方式并存）以及中国特色社会主义经济发展战略（例如，科教兴国和建设创新型国家）等。目前，我国仍然处于社会主义初级阶段，生产力发展水平还不高，物质文明还不很发达。因此，必须坚持以经济建设为中心，坚持以科学发展为主题，这样，才能筑牢国家繁荣富强、人民幸福安康、社会和谐稳定的物质基础。我们不能借口社会建设的重要性而冲淡经济建设的中心地位。只有始终坚持以经济建设为中心，我们才能真正有效地推进社会建设。

2. 中国特色社会主义政治建设

中国特色社会主义政治是从中国具体国情出发，对中国政治发展的基本性质、基本方向、基本宗旨以及必须采取的基本政治制度、政治体制等问题的规定，主要包括坚持和完善社会主义民主制度、加强社会主义法制建设以及深化各项政治体制改革。党的领导、人民当家作主、依法治国的有机统一，构成了中国特色社会主义政治的基本特征。目前，我国民主有待加强、法制有待健全，因此，只有大力发展社会主义民主政治、建设社会主义法治国家、积极稳妥地推进政治体制改革，才能增强党和国家的活力，才能调动人民群众的能动性、积极性和创造性，才能保证国家和社会的长治久安。其中，只有加强民主管理、充分发挥法治在社会管理中的作用，才能有效推动社会建设和社会管理。

3. 中国特色社会主义文化建设

中国特色社会主义文化是凝聚和激励全国各族人民的重要力量，是综合国力的重要标志，集中体现了当代中国的文化软实力。中国特色社会主义文化，就是以马克思主义为指导，以培养有理想、有道德、有文化、有纪律的社会主义新人为目的，发展面向现代化、面向世界、面向未来的，民族的科学的大众的社会主义文化。目前，我国还没有成为文化强国，因此，我们必须加强社会主义核心价值体系建设，坚持马克思主义指导思想，树立中国特色社会主义共同理想，弘扬以爱国主义为核心的民族精神和以改革创新为核心的时代精神，倡导社会主义荣辱观。这样，才能有效发挥文化满足人民群众文化需要、丰富人民群众文化生活、提高人民群众文化素质的作用。

4. 中国特色社会主义社会建设

中国特色社会主义社会建设，是社会和谐稳定的重要保证。我们要按照民主法治、公平正义、诚信友爱、充满活力、安定有序、人与自然和谐相处的总要求和共同建设、共同享有的原则，以保障和改善民生为重点，解决好人民最关心、最直接、最现实的利益问题，使发展成果更多更公平惠及全体人民，努力形成全体人民各尽其能、各得其所而又和谐相处的局面。同时，我们要正确处理改革发展稳定关系,加强和创新社会管理,加强社会治安综合治理。目前,我国正处于发展机遇期和矛盾凸显期的交叉点上,因此,只有在改善民生和创新社会管理中加强社会建设,加快建立和健全基本公共服务体系并努力促进其均等化,才能为改革开放和现代化建设提供良好的社会环境和社会条件。

5. 中国特色社会主义生态文明建设

中国特色社会主义生态文明建设是中国共产党领导人民建设社会主义生态文明的创新实践。"建设生态文明,是关系人民福祉、关乎民族未来的长远大计。面对资源约束趋紧、环境污染严重、生态系统退化的严峻形势,必须树立尊重自然、顺应自然、保护自然的生态文明理念,把生态文明建设放在突出地位,融入经济建设、政治建设、文化建设、社会建设各方面和全过程,努力建设美丽中国,实现中华民族永续发展。"[1]为此,我们必须着力推进绿色发展、循环发展、低碳发展,形成节约资源和保护环境的空间格局、产业结构、生产方式、生活方式。这样,才能为人民创造良好生产生活环境,实现中华民族永续发展,为全球生态安全作出贡献。

表 2-1 中国特色社会主义总体布局的系统构成

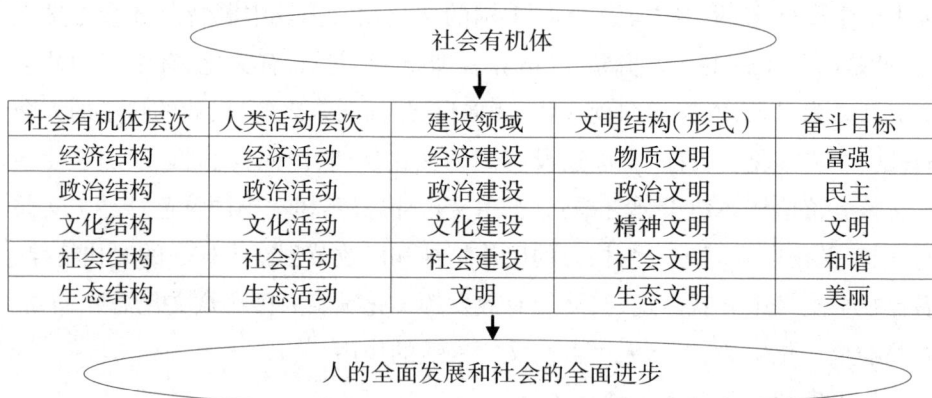

社会有机体

社会有机体层次	人类活动层次	建设领域	文明结构(形式)	奋斗目标
经济结构	经济活动	经济建设	物质文明	富强
政治结构	政治活动	政治建设	政治文明	民主
文化结构	文化活动	文化建设	精神文明	文明
社会结构	社会活动	社会建设	社会文明	和谐
生态结构	生态活动	文明	生态文明	美丽

人的全面发展和社会的全面进步

此外,无论做好哪些建设,都必须坚持党的领导。面对新形势、新任务和新挑战,党必须搞好自身建设,尤其是要提高党的领导社会建设的能力和社会管

① 胡锦涛:《坚定不移沿着中国特色社会主义道路前进 为全面建成小康社会而奋斗——在中国共产党第十八次全国代表大会上的报告》,人民出版社 2012 年版,第 39 页。

理的能力。

在总布局中，经济建设是中心，政治建设是保障，文化建设是灵魂，社会建设是条件，生态文明建设是基础。我们之所以"强调总布局，是因为中国特色社会主义是全面发展的社会主义。我们要牢牢抓好党执政兴国的第一要务，始终代表中国先进生产力的发展要求，坚持以经济建设为中心，在经济不断发展的基础上，协调推进政治建设、文化建设、社会建设、生态文明建设以及其他各方面建设。"①只有按照"五位一体"的路线图加强社会主义建设，才能形成全面发展的格局，把我国建设成为富强、民主、文明、和谐、美丽的社会主义现代化强国。显然，"五位一体"总布局是马克思社会有机体理论在当代中国的创新发展和创新实践，事实上要求将中国特色社会主义作为一项社会系统工程来建设。

（三）中国特色社会主义社会建设的总体原则

中国特色社会主义社会建设不仅是中国特色社会主义总体布局中的重要一环，而且自身也具有系统属性，这样，就要求我们必须按照总体性原则和总体性方法来推进包括社会建设在内的整个社会主义建设。② 总体性即系统性，指着眼于事物或对象的总体、全体、系统，要看到事物的诸属性、要素、方面、关系、运动之间具有不可分割的特性，它们共同构成具有特定功能的有机整体。因此，中国特色社会主义社会建设必须遵循以下原则：

1. 整体性原则

社会是一个有机的整体，即系统。一般系统论创始人贝塔朗菲指出，系统

---

① 习近平：《紧紧围绕坚持和发展中国特色社会主义 学习宣传贯彻党的十八大精神》，2012 年 11 月 19 日《人民日报》第 2 版。

② 一般系统论创始人贝塔朗菲将马克思看作是系统科学的重要的思想先驱之一。前苏联学者探讨过"管理社会主义社会的系统标准"等问题（参见［苏］B·П·库兹明：《马克思的理论和方法论中的系统性原则》，贾泽林、王炳文译，社会科学文献出版社 1988 年版）。在马克思主义哲学的指导下，在总结我国科技工作及其成就尤其是"两弹一星"的基础上，我国科学家提出了"社会系统工程"的思想，认为社会系统工程是马克思主义哲学和当代科学技术相结合的产物，是关于社会主义建设的科学。社会系统工程不仅适用于一般的社会主义建设，而且适用于具体的社会建设和社会管理（参见黄顺基等：《从工程管理到社会管理》，科学出版社 2012 年）。因此，按照马克思社会有机体理论和中国特色社会主义总体布局来审视社会建设，关键的问题是必须将"社会主义建设"（一般）、"中国特色社会主义建设"（特殊）和"中国特色社会主义社会建设"（个别）都作为社会系统工程来建设，将总体性（系统）原则和方法贯彻到上述三个层次中，并实现三者的互动。

是处于相互作用中的要素的复合体。在总体上，"不同要素之间存在着相互作用。每一个有机整体都是这样。"①因此，面对社会有机体，必须考虑各个子系统的各种结构和功能及其匹配，使社会要素相互协调、和谐发展，这样，才能实现整体发展和全面发展。因此，我们必须立足中国特色社会主义总体布局来推进中国特色社会主义社会建设，通过经济建设、政治建设、文化建设和生态建设来为社会建设提供相应的物质基础、政治保障、文化支撑和生态条件，这样，才能在加强社会建设的基础上，努力实现社会的全面进步和人的全面发展。同时，也要将社会建设看作是一个系统，从整体上推进社会建设。尽管民生问题是当代中国社会建设的重点，但是，如果将社会建设仅仅看作是民生问题，那么，不仅会割裂社会建设的整体性，而且难以从根本上推进社会建设。事实上，社会建设是一个坚持社会理论、立足社会机体、关注社会生活、化解社会矛盾、协调社会利益、落实社会战略、实现社会富裕、整合社会关系、完善社会保障、发展社会事业、调动社会力量、开展社会工作、维护社会稳定、加强社会管理、依赖社会系统、推动社会文明、促进社会和谐、追求社会理想的过程。因此，我们要通过加强社会建设，来为其他各项建设事业提供良好的社会运行环境和条件。没有社会参与、社会公正和社会和谐，其他各项建设事业都难以为继。

2. 自组织原则

社会系统是一个内生的自组织系统。自组织是指事物自身具有不断发展和完善的能力，并能够适应变化着的外部环境而自我保持和自我更新。这样，就要求我们必须"认识在'自己运动'中、自生发展中和蓬勃生活中的世界一切过程"②。社会系统是自组织系统发展的高级形式。社会系统的自组织过程可以区分为自下而上地自发形成和自上而下地自觉组织两种情况。前者指大量的个体或群体之间的不确定的、偶然的、分散的、无序的力量之间发生相互作用而形成某种共同利益和共同目标的过程。后者指人们首先认识到了某种共同利益和共同目标，然后围绕这种共同利益和共同目标而组织成一个特定的社会系统。这两种过程在社会系统的自组织中是彼此结合和相互转化的。因此，不仅当代中国的改革开放需要将"基层设计"和"顶层设

---

① 《马克思恩格斯文集》第 8 卷，人民出版社 2009 年版，第 23 页。
② 《列宁全集》第 55 卷，人民出版社 1990 年版，第 306 页。

计"统一起来，而且当代中国的社会建设也需要将二者统一起来。基层设计即自下而上的自组织过程，这就是要让社会建设成为人民群众自我创造幸福生活和自我维护尊严的过程。这是社会建设的群众路线。顶层设计即自上而下的自组织过程，这就是要为人民群众谋求幸福生活和维护尊严的活动提供制度保障和支持，也就是通过加强和创新社会管理来推动社会建设。在总体上，社会自组织的微观上的灵活性、自由度、多样性与宏观上的确定性、统一性、整体性，互为前提，互相制约，共同在自组织过程中发挥作用。

3. 开放性原则

社会是通过不断的开放而成为自组织系统的。开放性是自组织系统存在和演化的一般前提条件。结构与功能是任何一个系统的不可分割的两个方面。结构揭示了系统的内部联系和作用，功能揭示了系统的外部联系和作用。社会系统只有依靠结构才能把诸多个体组成一个整体，从而显示社会的功能。社会功能指一定的社会组织等的存在和活动对于一定社会成员或社会总体自身发展的作用、功用、影响或结果。这种作用可分为积极的功能和消极的功能两种。前者指其影响和作用有益于社会发展和社会进步，表现为一种正价值。后者表现为一种零价值或负价值。社会总体的功能与价值是社会的整体存在状态、内部结构和组织方式等在协调和组织群体与个人的活动，满足全体社会成员的各种需要，促进人的全面发展等方面发挥的积极作用。为此，必须保持社会的开放性。否则，就会出现零价值或负价值。在零价值或负价值的威胁下，社会就会出现动乱和崩溃。一个社会只有在向外部自然开放的同时，在内部向所有社会成员开放，采用"包容性发展"①的方式，才能充分发挥其正功能，实现持续的稳定和不断的进步。包容性发展，是所

---

① 2010 年 9 月，胡锦涛在第五届亚太经合组织人力资源开发部长级会议上致辞中指出："中国是包容性增长的积极倡导者，更是包容性增长的积极实践者。中国强调推动科学发展、促进社会和谐，本身就具有包容性增长的涵义。我们既强调加快转变经济发展方式、保持经济平稳较快发展，又强调坚持把发展经济与改善民生紧密结合起来，以解决人民最关心最直接最现实的利益问题为着力点，大力推进以改善民生为重点的社会建设。"（胡锦涛：《深化交流合作　实现包容性增长》，2010 年 9 月 17 日《人民日报》第 2 版）2010 年 11 月，在亚太经合组织第十八次领导人非正式会议上，胡锦涛提出，要"倡导包容性增长，增强内生动力"。2011 年 4 月，在以"包容性发展：共同议程与全新挑战"为主题的博鳌亚洲论坛上，胡锦涛发表主旨演讲，深刻阐明中国对"包容性发展"的科学认识以及在实践中所进行的努力与创新。显然，包容性发展具有直接的明确的社会建设的指向和要求，是贯彻和落实科学发展观的题中之义。

有人机会平等、成果共享的发展,各个国家和民族互利共赢、共同进步的发展,各种文明相互激荡、兼容并蓄的发展,人与自然和谐共处、良性循环的发展。在这个意义上,社会建设的过程中就是通过包容性发展而造福于所有社会成员的过程。只有这样,社会才能充满生机活力,成为一个有序的自组织系统。

4. 主体性原则

社会有机体是通过人的活动而建构起来的系统。在社会系统的自组织过程中,社会规律起着主导作用。但是,社会有机体的运行规律离不开人的各种活动尤其是生产实践活动,同样,认识、把握和利用社会规律也离不开人的活动尤其是生产实践。随着人类活动尤其生产实践的发展,社会内部诸要素在相互矛盾和不断协调中建构起了社会有机体,并且推动着社会有机体的运行和更替。"在这里,人不是在某一种规定性上再生产自己,而是生产出他的全面性;不是力求停留在某种已经变成的东西上,而是处在变易的绝对运动之中。"①这样,作为社会主体的人的全面发展就提出了社会全面发展的要求,并且成为一切社会活动的价值目标,成为社会建设的最终目标。因此,在一般的意义上,社会建设就是要以人的全面发展为主线,来促进每个历史时代作为社会历史主体的人的全面发展,理顺和协调好人的各种社会关系。在具体的意义上,中国特色社会主义社会建设必须以实现人的全面发展为目标,通过社会主义各项建设事业的总体发展不断满足人民群众日益增长的物质、政治、文化、社会和生态等方面的需要,切实保障人民群众的经济、政治、文化、社会和生态等方面的权益。总之,社会建设必须坚持以人为本,努力推进人的全面发展。

可见,只有按照上述原则来推进中国特色社会主义社会建设,才能保证社会建设的系统性和有效性。

(四) 中国特色社会主义社会建设的总体方法

作为马克思主义中国化的最新成果,科学发展观对于当代中国社会建设具有重大的指导意义。"落实科学发展观,是一项系统工程,不仅涉及经济社

---

① 《马克思恩格斯全集》第30卷,人民出版社1995年版,第480页。

会发展的方方面面,而且涉及经济活动、社会活动和自然界的复杂关系,涉及人与经济社会环境、自然环境的相互作用。这就需要我们采用系统科学的方法来分析、解决问题,从多因素、多层次、多方面入手研究经济社会发展和社会形态、自然形态的大系统。"①这一点也适用于中国特色社会主义社会建设。因此,在中国特色社会主义社会建设中,必须坚持总体性(系统)的方法。

1. 整体性方法

整体性方法,就是从总体上对社会生活的所有领域、一切方面进行考察,探讨各个要素、各个方面的相互作用,强调社会是一个有机的整体。社会构成的系统性是由社会基本矛盾的整体性决定的。从社会系统的角度来实现社会发展的全面性,主要是指生产力和生产关系、经济基础和上层建筑的各个方面,彼此互相作用、互相适应,形成整体合力,促进社会有序运行、全面发展。正如一般系统的结构不仅在质上决定系统功能的存在而且在量上决定系统功能的好坏及效率的高低一样,作为社会有机体构成要素和结构的社会基本矛盾的各个方面的关系,也决定着社会系统的正常运行和持续发展。因此,在社会建设的过程中,必须按照生产关系适应生产力发展要求的规律,在促进生产力发展的基础上来推动社会建设。假如背离经济建设中心,不仅社会建设会丧失经济基础,而且会影响到整个社会主义建设事业。同时,必须按照上层建筑适应经济基础状况的规律,在合理调整经济基础的过程中来推动社会建设。假如离开经济基础的调整而一味追求公平正义,那么,社会建设就会成为抽象的空谈。总之,社会的各种体制改革和社会制度的完善,就是通过调整社会的结构以实现社会的最佳功能。社会系统最佳结构的标准就是社会系统的诸要素充分发挥了各自的功能,并且形成了强大的合力。这种合力进一步推动着社会系统的有序运行和持续发展。

2. 层次性方法

层次性方法,是科学把握事物或客体的层级结构尤其是新质和旧质之关系的科学方法。层次性是指由相互联系的子系统组成的系统,每个子系统在结构上又是分层级的,直到达到某个基本子系统的最低层次。可见,层次性方法首先要求在把握对象和客体的过程中要科学确立其在一定系统结构中

---

① 《十六大以来重要文献选编》(中),中央文献出版社 2006 年版,第 115 页。

的地位。马克思的社会结构分析方法事实上就是一种层次性方法。因此，只有明确社会建设在社会结构中的地位和作用，才能有效推动社会建设。同时，将层次性方法运用在社会管理中就是要采用目标管理的方式。这就是要按照社会系统的各种不同的功能来分化工作目标，通过分层目标的控制来达到社会管理总目标的预期实现。更为重要的是，复杂性事物的层级结构往往是通过新质和旧质的辩证运动形式呈现出来的。这一点在社会有机体的运动中表现得更为明显。任何社会有机体都是作为自我扬弃、自我超越的过程而存在的，而高级社会有机体的形成和发展总是把原来的有机系统作为根据和前提，并使之成为从属于新有机系统的因素。社会有机体正是以这种内化和积淀的方式，从一个层次向更高层次发展。据此，"对人类生活形式的思索，从而对这些形式的科学分析，总是采取同实际发展相反的道路。这种思索是从事后开始的"①。这就是从成熟的典型的形态入手，向"后"回溯，从高级层次出发考察低级层次，进而把握整体。马克思主义以历史事实而非思维成果作为考察的原点，运用层次性方法，达到考察历史、解析现在、预见未来的效果。因此，在社会建设的过程中，我们必须立足于社会主义初级阶段的实际和社会主义社会建设的实践来推进当代中国的社会建设，而不能从公平正义的抽象理念出发来看待当代中国的社会建设。这就是要看到，社会有机体总是同一定的历史时期相联系着的。同时，社会主义社会建设必须将资本主义社会建设的成果和经验包括进来，在此基础上开始自己的创新。否则，社会主义社会建设就不可能成为一种全新的事业。总之，层次性方法是指，由于社会系统工程的构成要素具有一定的等级秩序，因此，必须要注重社会系统工程的秩序性特征。

3. 同构性方法

世界上的一切事物都具有相同的或者说是相类似的系统结构，即具有同构性。马克思将具体事物之间的这种同构性上升为哲学方法，科学地认识和总结了逻辑与历史的内在一致性，形成了同构性方法。在社会发展过程中，社会的一切要素、关系存在着同构性。只有看到这一点，才能认识社会有机体的结构和功能。这样，就突出了社会和谐的价值和意义。社会和谐的实现

---

① 《马克思恩格斯文集》第5卷，人民出版社2009年版，第93页。

程度,一方面取决于生产力的发展水平,另一方面取决于人的能力及他们之间交往的密切程度,需要借助交往排除社会运行中的种种障碍,协调各子系统之间的关系。同样,社会各子系统之间的协调,不能自发地实现,需要在更大的范围内,通过交往及时调整社会运行过程中出现的不平衡,妥善解决各种社会问题,否则,会造成整个社会的恶性循环。社会交往的变化会引起社会结构的变化。同时,社会组织在社会同构中起着重要作用。各种形式的社会组织,是复杂的社会关系的具体化,是社会生产和社会生活实施的具体形式,又是社会进行管理和控制的工具和桥梁。社会的分化同时在加强社会利益团体之间的依赖关系,意味着社会组织程度的提高,即同构性的加强。分化基础上的每一个设立单元的组织程度也会大大提高,因为相对独立的利益诉求容易形成紧密联系的纽带(同构)。组织程度的提高反过来会增强社会和谐的可能性。这在于,随着社会组织程度的提高,组织间的信息传播的成本会大大降低,并引起组织间的谈判对话成本的降低,使组织间的冲突更容易得到调节,组织间的对立容易达成妥协。总之,同构性方法,就是促进社会系统的构成要素和关系趋向和谐的方法。

4.统筹性方法

在实现同构性的过程中,如果没有高明的运筹,仍然会把本来合理的结构变得不合理,最终会导致系统的解体。反之,如果运筹得当,在优化系统结构的同时,则会产生放大效应。例如,马克思在分析资本主义生产方式时指出,许多人协作,许多力量融合为一个总的力量,这样,就产生了"新力量",这种力量和它的单个力量的总和有本质的差别。在方法论意义上,统筹性方法的一般要求是:总揽全局,统筹规划;立足当前,着眼长远;全面推进,重点突破;兼顾各方,综合平衡。在社会建设的过程中,如果社会政策和社会规范运筹得当,兼顾各方,兼容并包,各得其所,那么,就能用尽可能低的社会成本来最大限度地发挥社会资源的作用。在这个意义上,和谐社会就意味着社会运筹得当。为此,就要善于运用负反馈的方式进行社会控制和社会管理。社会系统是一种要素、结构、目的、功能都可以不断变化的自组织系统。自组织系统内部多种要素或子系统,在环境推动下发生着复杂的相互作用,形成某种反馈调节的机制。正反馈使输入的信息作用得到加强和放大,从而会使系统偏离既定的目的和方向。负反馈使输入的信息的作用得到削弱和缩小,从而使系统保持既定的目的和方向。这在于,负反馈能够使这些要素或子系统之间产生彼此协调的、合作的、集体的运动,系统被有序化、组织化、有机化,呈现出整体的功能和特性。在社会管理中,这就是要善于从社会舆论中发现问题的苗头,根据对矛盾走向的科学分析和判断,来进一步完善和调整社会政策,最终可以在优化社会政策的基础上实现社会管理的预定目标。就其一般的科学程序来看,统筹性方法包括"统一筹测(预测)——统一筹划(计划)——统筹安排(实施)——统一运筹(指挥)——统筹兼顾(掌控)"等环节。可见,统筹性方法是使各方面发展相互衔接、相互促进、良性互动、有序运行的方法。

总之,马克思总体性方法是指导中国特色社会主义社会建设的科学方法。总体性方法就是在把握对象和客体的过程中确立全局和总体的观点,将对象和客体置于多重结构和复杂关系中,避免片面性、孤立性、单一性,力求总括、全面、系统。

综上,"把社会理解为整体,以某种方式指导它的进步,这是我们无法拒绝的迫切要求和渴望。"①马克思的社会有机体理论为当代中国社会建设提供了科学的理论坐标。在这一理论的指导下,在超越资本主义单面社会、探索社会主义全面社会的过程中,中国特色社会主义理论提出了"社会主义社会是全面发展、全面进步的社会"的科学论断,最终形成了"五位一体"的中国特色社会主义的总体布局。中国社会主义社会建设是"五位一体"中的不可或缺的一环。这样,既明确了社会建设的战略地位,也提出了社会建设的最佳方案。

---

① [埃及]萨米尔·阿明:《全球化时代的资本主义——对当代社会的管理》,丁开杰等译,中国人民大学出版社 2005 年版,第 125 页。

第三章　关注社会生活：当代中国社会建设的发生场域

> 要按照社会主义市场经济的要求,转变政府职能,实现政企分开,把企业生产经营管理的权力切实交给企业;根据精简、统一、效能的原则进行机构改革,建立办事高效、运转协调、行为规范的行政管理体系,提高为人民服务水平;把综合经济部门改组为宏观调控部门,调整和减少专业经济部门,加强执法监管部门,培育和发展社会中介组织。
>
> ——江泽民:《全面建设小康社会,开创中国特色社会主义事业新局面》(1997年9月12日),《江泽民文选》第二卷,人民出版社2006年版,第31页。

> 要严格依照法定权限和程序行使权力、履行职责,依法界定政府和市场、政府和企业、政府和社会的关系,深化行政审批制度改革,推进政府管理方式创新,切实把政府职能转变到经济调节、市场监管、社会管理、公共服务上来,着力保障和改善民生。
>
> ——胡锦涛:《全面推进依法行政,弘扬社会主义法治精神》(2011年3月28日)《十七大以来重要文献选编》(下),中央文献出版社2013年版,第289页。

对于选择社会主义市场经济的当代中国来说,关注市场经济条件下的社会生活构成了社会建设的发生场域。随着市场经济的发展,要求实现政企和政社分开,这样,国家(政府)、市场(企业)和社会(社会生活)就成为社会结构的三大领域,成为社会利益的三大主体。其中,市场通过竞争方式以谋求私人利益,政府通过强制方式以维护公共利益,社会通过志愿方式以实现共同利益。由于三者均存在着"失效"的可能性,这样,就需要在三者分离的基础上实现新的互补和互动。于是,在私人利益、公共利益和共同利益形成的辩证张力中实现共同利益,进而为私人利益、公共利益和共同利益的统一提供新的社会基础,就成为社会建设的疆域。

一、市场经济的建立和完善

在当代中国,从计划经济转向市场经济有其历史必然性。市场经济能够有效实现资源的优化配置,但是,也存在着失灵或失效问题,会导致严重的社会问题,这样,不仅对政府的宏观调控提出了新的要求,而且突出了社会建设的必要性和重要性。

(一) 市场经济的探索和建立

建立和完善社会主义市场经济是当代中国经济体制改革的目标,其核心是正确认识和处理计划与市场的关系。

1. 建立和完善社会主义市场经济的必要性和重要性

由于生产不断朝着社会化生产的方向发展,任何生产者都不可能拥有生产所需要的资金、土地、原料、能源动力、机器设备等物质要素和劳动力,这样,围绕这些被笼统称为"资源"的物质要素和劳动力就产生了三个问题:为了组织生产所需要的物质要素和劳动力,从什么渠道获得? 生产的结果即作为新的物质要素的中间产品和最终产品,通过什么渠道从生产者手中置换到把它视为使用价值的消费者(包括个人消费和生产消费)的手中? 维持劳动力再生产的商品和服务,诸如教育、医疗卫生、住房等基本生存条件,对失业、失去劳动能力、超过劳动年龄的劳动力的基本给养等,从什么渠道获得? 围绕着这些问题,产生了计划和市场两种资源配置方式,也自然引出了社会保障等社会建设问题。

传统计划经济体制的弊端。在社会主义改造完成之后,借鉴苏联的经验,我国建立起了计划经济体制。它在当时发挥了积极作用。但是,随着工业化初期任务的完成，经济规模的不断扩大，经济联系的日益复杂，其弊端逐渐显露了出来。(1)在所有制上，以国有制为追求的目标，限制、排斥其他经济成分的存在和发展，从而扼制了经济活力。(2)在政企关系上，国家对企业统得过多、过死，企业成为了行政机构的附属物。(3)在分配方式上，存在着严重的平均主义现象，"大锅饭"抑制了生产者和经营者的积极性与创造性。(4)在宏观调控上，政府主要依靠计划甚至是行政命令来组织和管理经济，容易造成计划与生产的脱节。在这样的情况下，"为了有效地实现四个现代化，必须认真解决各种经济体制问题，这也是一种很大规模的很复杂的调整"①。这样，克服计划经济的弊端就显得更为迫切。

市场经济是最为有效的配置资源的方式。(1)资源配置的最优化。在市场经济中，适应供求关系的变化，以竞争作为优胜劣汰的有效方式，价值规律在经济发展中起着主导性的作用，从而使资源得到了优化配置。(2)信息传递的及时化。在市场经济中，作为资源在各个部门分配状况的一个信号，价格能够随着资源配置状况的改变及时得到反应，从而给人们提供如何配置资源的信息。(3)企业行为的自主化。面对利润最大化的要求和市场竞争的压力，企业必须不断推动管理、科技等方面的创新，降低成本，提高质量，这样，才能有所发展，不被淘汰。(4)经济关系的市场化。一切经济关系都按照市场规则得到了妥善的处理，商品市场、要素市场得到充分发展，市场体系的时空结构也日益完善。(5)经济效益的集约化。在市场经济条件下，企业配置资源的目的是为了追求盈利最大化，这就要求把各种生产要素按照最佳的配比投入到生产经营中去，这样，就能够促进降耗增效。同时，在价格机制下，生产效率高的经济主体就会获得较大发展，效率低的经济主体则会亏损甚至破产，这样，就可提高经济效益。不仅如此，市场经济也有助于社会稳定。

这样，建立和完善社会主义市场经济体制就与实现社会主义现代化成为了一个统一过程的两个不可分割的方面，是我们在社会发展过程中必须加以解决的重大问题。

2.建立和完善社会主义市场经济的过程和阶段

1978年以来，当代中国经济最主要的特征是从计划经济向市场经济的

———————————

① 《邓小平文选》第二卷，人民出版社1994年版，第161页。

转型。

计划经济为主、市场调节为辅的阶段（1978—1984）。1979年，在拨乱反正中，邓小平提出，"只有资本主义的市场经济，这肯定是不正确的。社会主义为什么不可以搞市场经济，这个不能说是资本主义。我们是计划经济为主，也结合市场经济，但这是社会主义的市场经济"①。在此基础上，1981年，在党的十一届六中全会通过的《关于建国以来党的若干历史问题的决议》中，提出了"计划经济为主、市场调节为辅"的方针。1982年，党的十二大肯定了这一提法。尽管这一提法仍然坚持计划经济体制，但它允许市场调节存在和发挥作用，为建立社会主义市场经济开辟了道路。

有计划商品经济的阶段（1984—1987年）。1984年10月，党的十二届三中全会通过的《中共中央关于经济体制改革的决定》，首次提出了"在公有制基础上有计划的商品经济"的新概念。针对我国经济模式的弊端，改革计划体制，首先要突破把计划体制同商品经济对立起来的传统观念。事实上，商品经济的充分发展是社会主义经济发展的不可逾越的阶段，是实现我国经济现代化的必要条件。在总体上，我国实行的是计划经济，即有计划的商品经济，而不是那种完全由市场调节的市场经济。这里，不再把计划经济同商品经济对立起来，是社会主义经济理论的重大突破。

社会主义商品经济的阶段（1987—1992年）。随着社会主义市场取向改革实践的进一步发展，1987年，党的十三大进一步提出了社会主义有计划商品经济的体制，应该是计划与市场内在统一的体制，计划和市场的作用范围都是覆盖全社会的，新的运行机制总体上来说应当是"国家调节市场，市场引导企业"的机制。同时，党的十三大还作出了完善市场体系的论述。1987年，邓小平再次强调，计划和市场都是方法。

社会主义市场体系的建立和完善（1992—）。1992年，针对我国经济体制改革中成就和问题并存的局面，邓小平明确指出："计划多一点还是市场多一点，不是社会主义与资本主义的本质区别。计划经济不等于社会主义，资本主义也有计划；市场经济不等于资本主义，社会主义也有市场。计划和市场都是

---

① 《邓小平文选》第二卷，人民出版社1994年版，第236页。

经济手段。"①据此，1992年，党的十四大明确把建立社会主义市场经济体制作为我国经济体制改革的目标。进而，1993年，党的十四届三中全会通过的《中共中央关于建立社会主义市场经济体制若干问题的决定》，进一步明确了建立社会主义市场经济体制的基本框架。2003年，党的十六届三中全会作出的《中共中央关于完善社会主义市场经济体制若干问题的决定》，对进一步完善社会主义市场经济体制提出了明确的目标和任务。

显然，建立和完善社会主义市场经济的过程，正确认识和处理社会主义与市场经济关系的过程，是中国特色社会主义理论的理论创新带动改革实践向前发展的过程。

总之，"我们要建立的社会主义市场经济体制，就是要使市场在社会主义国家宏观调控下对资源配置起基础性作用，使经济活动遵循价值规律的要求，适应供求关系的变化；通过价格杠杆和竞争机制的功能，把资源配置到效益较好的环节中去，并给企业以压力和动力，实现优胜劣汰；运用市场对各种经济信号反应比较灵敏的优点，促进生产和需求的及时协调。"②这样，社会主义经济就能焕发出新的生机和活力。

（二）市场经济的创新和成就

社会主义市场经济是我们在经济体制和经济理论上的大胆创新，有效地带动了我国经济社会的发展和人民群众生活水平的提高。

1. 社会主义市场经济的创新

长期以来，社会主义究竟应该采用什么样经济体制的问题并没有在根本上得到科学的解决。"社会主义市场经济"第一次科学地回答了这一问题。

在体制性层面上，将市场经济从资本主义制度中剥离了出来。在邓小平理论看来，计划和市场都是资源配置的方式，不能简单地将之与某种特定的社会制度直接等同起来。第一，不能将市场经济直接看作是资本主义独有的东西。由于商品经济在资本主义条件下获得了充分、高度的发展，因此，很多人就将市场经济看作是资本主义独有的东西；同时，由于资本主义的市场经济造

---

① 《邓小平文选》第三卷，人民出版社1993年版，第373页。

② 《江泽民文选》第一卷，人民出版社2006年版，第226—227页。

成了各种异化和危机,这样,有些人在批判资本逻辑的过程中,就将市场经济在整个社会发展中的作用也一笔抹杀。第二,不能简单地将计划经济看作是社会主义的本质要求。由于世界上第一个社会主义国家采用了完整的计划经济模式,因此,很多人就将计划经济看作是社会主义经济的本质特征;而现实中的社会主义计划经济又经历了严重的挫折,这样,有一些人在对个别社会主义国家的否定中就将计划经济的作用也说得一塌糊涂。上述观点表面上是对立的,但其实质是相同的,是在决不相容的对立中进行思维。这是社会发展问题上典型的形而上学思维方式在作怪。中国特色社会主义理论关于计划和市场关系的论述,不仅超越了他们,而且为我国经济体制改革指明了正确方向。①

在制度性层面上,将市场经济和社会主义统一了起来。在将市场经济从资本主义中剥离出来的基础上,"三个代表"重要思想指出:"我们要搞的市场经济是社会主义市场经济,社会主义这几个字不能去掉。为什么呢?因为我们是社会主义国家,政治上坚持四项基本原则,坚持共产党的领导,绝不能搞多党制;坚持实行人民代表大会制度,绝不能把西方议会民主搬到我们这里来。经济上坚持公有制为主体的多种形式的所有制结构,绝不能搞私有化;坚持按劳分配为主体的多种分配形式,通过一部分人先富起来,最终达到共同富裕。这是我们的基本制度和基本政策。我们要搞的市场经济是同我们的社会主义制度紧密联系并结合在一起的,因而具有自身的本质特征,所以我们把它叫做社会主义市场经济。"②这样,在确立市场经济一般"品格"的过程中,在方法论上必须注意以下问题:第一,在经济体制的层次上,在发展生产力、配置资源和组织经济的过程中,要认同市场经济在资本主义和社会主义两种不同社会制度中的作用都是相同的,应该确立其共性,要大力发展商品经济,大力

---

① 新马克思主义在一定程度上也看到了这一点。例如,阿明指出:"'市场'这个概念从本质上指的是竞争,而不是'资本主义','资本主义'的内涵恰恰是由私人财产垄断对竞争的限制性规定(一些人拥有财产而另一些人没有财产)。'市场'和资本主义是两个完全不同的概念。"([埃及]萨米尔·阿明:《全球化时代的资本主义——对当代社会的管理》,丁开杰等译,中国人民大学出版社2005年版,第14页)但是,他们似乎没有展开对于社会主义和市场经济关系的论述。同时,市场社会主义看到了社会主义和市场经济的相容性,他们对社会主义对于市场经济的规范性没有给予高度的重视。

② 《江泽民论有中国特色社会主义》(专题摘编),中央文献出版社2002年版,第68页。

培植市场经济机制。第二,在经济制度的层次上,要看到市场经济在资本主义和社会主义两种社会制度中的作用是不同的,应该区分其个性。要看到资本主义条件下的市场经济是一台"绞肉机",因此,必须要将它从资本主义制度中分离出来,让它作为"一般"的力量发挥作用。这样,我们就进一步在制度性上解决了社会主义制度和市场经济的结合问题。

在前苏联和东欧,采用了激进式改革,放弃了社会主义制度,结果导致了改革的失败。在当代中国,采用了渐进式改革的方式,将市场经济与社会主义统一了起来,结果赢得了改革开放的成功。

2. 社会主义市场经济的成就

自 1992 年将社会主义市场经济作为我国经济体制改革的目标模式以来,我国经济活力竞相迸发,经济建设取得重大成就,人民群众生活水平得到了大幅度的提高。①

微观经济主体活力更加增强。过去,国有企业普遍存在着低效问题。现在,大多数国企实行了股份制改革,建立了现代企业制度,完善治理结构,成为上市公司,成为自主经营、自负盈亏、自担风险的生产者和经营者,企业活力不断增强。同时,个体、私营等非公有制企业快速发展。多元化的市场主体符合社会主义初级阶段生产力发展的内在要求,一大批具有国际竞争力的企业正在茁壮成长。截止到 2012 年,有 69 家中国企业进入世界 500 强。

市场体系更加健全。过去,任何商品的价格都要由国家制定。现在,除极少数产品外,95%以上的商品和服务的价格已由市场决定。生产要素市场的构建也取得相当进展,如双向选择的企业用人制度已经建立、商业用地使用权转让实现了"招、拍、挂"、利率市场化取得重要进展、汇率弹性明显增强等。土地、资本、专利等生产要素也被允许参与收入分配。

对外开放格局更为全面。过去,我国对外贸易规模小、贸易伙伴少、贸易方式单一。在改革开放中,特别是我国加入世界贸易组织以后,开放型经济水平不断提升。30 多年来,中国已累计建立 163 个双边经贸合作机制,签订 129 个双边投资协定,签署 10 个自贸协定。目前,中国已是世界第一大贸易出口

① 参见曾培炎:《伟大的历程　辉煌的成就　宝贵的经验——写在社会主义市场经济体制改革目标确立 20 周年之际》,《求是》2012 年第 11 期。

国和第二大贸易进口国,第二大外商直接投资国和第五大资本输出国。

宏观调控体系更加完善。过去,企业的生产行为由政府决定。随着企业逐步获得独立的生产经营者地位,计划(规划)体制也由原来侧重于分钱分物、分生产指标,转为制定预期性的、不具有强制约束力的发展规划,通过实施市场准入政策、产业结构政策、财税等政策引导微观经济行为,实现发展目标;投资体制也由定盘子、分项目转为基于企业自主投资的备案制,侧重经济效益审查的审批向以环保、技术标准为主要内容的公益性审批转型。

收入分配和社保体系更加健全。从 1978 年到 2007 年,全国城镇居民人均可支配收入由 343 元增加到 13786 元。2012 年,全国城镇居民人均可支配收入 24565 元,扣除价格因素实际增长 9.6%。同时,覆盖城乡的社会保障体系建设取得突破性进展,基本养老、基本医疗、失业、工伤、生育五项社会保险制度基本建立并逐步完善,以最低生活保障为重点的城乡社会救助体系基本形成,保障覆盖范围不断扩大,保障水平稳步提高。

可见,"我们锐意推进各方面体制改革,使我国成功实现了从高度集中的计划经济体制到充满活力的社会主义市场经济体制的伟大历史转折。我们建立和完善社会主义市场,建立以家庭承包经营为基础、统分结合的农村双层经营体制,形成公有制为主体、多种所有制经济共同发展的基本经济制度,形成按劳分配为主体、多种分配方式并存的分配制度,形成在国家宏观调控下市场对资源配置发挥基础性作用的经济管理内制度。"[①]在此基础上,目前,我国国内生产总值已上升到世界第二位,按不变价格计算是 1978 年的 22 倍多,人均国内生产总值是 1978 年的 16 倍,已进入中等收入国家行列。这些成就充分展现了建立和完善社会主义市场经济体制的伟大力量。

总之,建立和完善社会主义市场经济体制,是当代中国实现跨越发展的伟大创举,是转向以经济建设为中心的体制保障。

(三) 市场经济的失灵和补救

尽管市场经济能够实现资源的优化配置,但是,也存在着自发性、盲目性、滞后性的一面。国外学者将之称为市场的"失灵"(失效),由此就提出了补救

---

① 《十七大以来重要文献选编》(上),中央文献出版社 2009 年版,第 790—791 页。

市场经济的问题。

1.市场经济的失灵

既然市场经济具有一般性的品格,那么,其失灵在任何市场经济体制中都会发生。

市场失灵是指在垄断、外部性、公共产品、信息不对称等场合或领域,市场机制丧失了有效配置资源的功能。主要表现有:(1)外部不经济性。它一般是指某个主体的活动造成其主体获利或受损,但它没有在市场价格上得到反映。外部不经济性决不仅仅等同于经济主体之间的相互关系,也不包括某些主体故意影响其他人福利的情况。在严格意义上,外部不经济性是指其含义的后一方面,即负效应。环境污染是典型的外部不经济性问题。(2)公共产品。公共产品是相对于私人产品而言的,是指私人不愿意提供或不能提供但社会需要的产品或者劳务,具有非竞争性和非排他性。一般来讲,"市场机制无法产生公共品的最优数量。在市场中,每个人为了自己而行动,因此在把所有消费者的(边际)收益之和与(边际)成本相权衡之前,对(边际)收益的关注是不足够的"。① 例如,教育尤其是基础教育就是典型的公共产品。(3)社会不公正。与社会需求相比,资源总是稀缺的,在某一个特定的时空范围内,资源和消费者也总是一个定数,当按照市场经济的法则去追求效率时,大家在起点上可能是平等的(事实上个体的情况是千差万别的),但在终点却是不平等的,这样,大部分的资源就可能集聚在少数人的手中,出现不公正。显然,市场经济不是万能的。

发展市场经济给我国带来了新的课题。在短短 30 多年的时间里,我国已经从一个平均主义盛行的国家,转变为贫富差距扩大现象严重、收入差距超过国际上中等不平等程度的国家。(1)贫困问题。按 2010 年标准,我国有贫困人口 2688 万;按 2011 年提高后的贫困标准(农村居民家庭人均纯收入 2300 元人民币/年),我国还有 1.28 亿的贫困人口。(2)群体差距。从 1978 年到 1984 年,我国基尼系数稳定在 0.16,从 1984 年开始一路攀升,2000 年达到 0.412,2010 年略高于 2000 年。尽管这方面的估算有不同结果,但是,已经超

---

① ［荷］汉斯·范登·德尔等:《民主与福利经济学》,陈刚等译,中国社会科学出版社 1999 年版,第 49 页。

过国际公认的 0.4 的警戒线是不争的事实。(3)城乡差距。2011 年,我国城乡收入差距比为 3.23∶1,是世界上城乡收入差距最大的国家之一。2012 年,我国城乡居民收入比为 3.10∶1,二者收入水平仍保持 3 倍以上的差距。(4)区域差距。从国内生产总值来看,东部人均超过 8000 美元,中西部最低的地方只有 1000 多美元。从收入来看,地域差距近 3 倍。上述问题给我国社会经济的发展带来了较为严重的冲击。(1)生产过剩与购买力不足。上述各种差距拉大的一个很自然的结果就是,穷人占人口绝大多数,其收入不足以拉动足够的内需,其生活水平无法与经济发展同步提高,最后导致经济的对外依存度过高。(2)群体性事件居高不下。近年来,全国每年发生的群体性事件多达数万起甚至十余万起。尽管引发问题的原因是具体的、多样的,但是,"不患寡而患不均"是其深层的原因。

总之,"市场也有其自身的明显弱点和局限性。例如,市场不可能自动地实现宏观经济总量的稳定和平衡;市场难以对相当一部分公共设施和消费进行调节;在某些社会效益重于经济效益的环节,市场调节不可能达到预期的社会目标;在一些垄断性行业和规模经济显著的行业,市场调节也不可能达到理想的效果。因此,这就要求我们必须发挥计划调节的优势,来弥补和抑制市场调节的这些不足和消极作用,把宏观经济的平衡搞好,以保证整个经济全面发展。在那些市场调节力所不及的若干环节中,也必须利用计划手段来配置资源。同时,还必须利用计划手段来加强社会保障和社会收入再分配的调节,防止两极分化。"① 显然,为了有效避免和纠正市场经济的失灵,不仅需要宏观调控的干涉,而且需要社会建设的介入。

2. 市场失灵的补救

面对市场经济的失灵问题,选择市场经济的国家都在一定程度上采取了补救的措施,从而确定了市场经济的边界。

在西方社会,在承认宏观调控作用的同时,建立福利国家成为了重要选项。"二战以来,福利国家已成为发达资本主义民主国家的主要和平原则。这一原则主要由以下两个方面组成:首先,风险是市场社会的典型特征,公民将遭受风险之苦并由此产生特定需要,而国家则负有为他们提供援助和支持

---

① 《江泽民文选》第一卷,人民出版社 2006 年版,第 201 页。

（不管是用钱还是用物）的明确义务，并且这种援助是作为公民的合法权利而提供的。其次，福利国家建立在承认工会作用的基础上，包括集体谈判和公共政策制定等方面的作用。福利国家这些结构性要素被认为具有限制和减少阶级冲突、不平衡不对称的劳资权力，并因而超越毁灭性阶级斗争和阶级矛盾（它们是前福利国家，或者说自由资本主义国家最为典型的特征）的作用。总而言之，在战后时期，福利国家作为社会矛盾的政治解决方式受到广泛的赞誉。"①尽管福利国家有克服市场经济的失灵、平衡社会矛盾的考量，但是，它没有从根本上解决无产阶级的利益问题，所以，其实质是改良而非革命。

　　为了建成完善的市场经济体制，有效解决由之带来的矛盾，尤其是解决发展的不全面、不均衡、不持续的问题，2003 年，党的十六届三中全会在《关于完善社会主义市场经济若干问题的决定》中提出了"五个统筹"和"五个坚持"的要求。前者是指，按照统筹城乡发展、统筹区域发展、统筹经济社会发展、统筹人与自然和谐发展、统筹国内发展和对外开放的要求，更大程度地发挥市场在资源配置中的基础性作用，增强企业活力和竞争力，健全国家宏观调控，完善政府社会管理和公共服务职能，为全面建设小康社会提供强有力的体制保障。后者是指，坚持社会主义市场经济的改革方向，注重制度建设和体制创新。坚持尊重群众的首创精神，充分发挥中央和地方两个积极性。坚持正确处理改革发展稳定的关系，有重点、有步骤地推进改革。坚持统筹兼顾，协调好改革进程中的各种利益关系。坚持以人为本，树立全面、协调、可持续的发展观，促进经济社会和人的全面发展。这样，就提出了科学发展观。在科学发展观看来，在建立和完善社会主义市场经济的过程中，只有加强社会建设，才能有效克服市场经济的弊端，促进又好又快的发展，以造福人民群众。

　　针对我国当下社会矛盾的新趋势和特点，2004 年，党的十六届四中全会提出了提高党的构建社会主义和谐社会的能力的要求。进而，我们提出了构建社会主义和谐社会的战略任务（和谐社会）。和谐社会是科学发展观在社会形态上的科学体现，是一个全体人民各尽其能、各得其所而又和谐相处的社会。"我们党明确提出构建社会主义和谐社会的重大任务，就是要求全党同

----

　　① ［德］克劳斯·奥菲：《福利国家的矛盾》，郭忠华等译，吉林人民出版社 2006 年版，第 1 页。

志在建设中国特色社会主义的伟大实践中更加自觉地加强社会主义和谐社会建设,使社会主义物质文明、政治文明、精神文明建设与和谐社会建设全面发展。这表明,随着我国经济社会的不断发展,中国特色社会主义事业的总体布局,更加明确地由社会主义经济建设、政治建设、文化建设三位一体发展为社会主义经济建设、政治建设、文化建设、社会建设四位一体。"①显然,社会建设是一项专门的建设领域。加强社会建设,不仅可以纠正市场经济的弊端,而且能够促进和谐社会的建设。

总之,在建立和完善社会主义市场经济的过程中,我们将科学发展观确立为促进又好又快发展的指导思想,将社会主义和谐社会确立为实现社会和谐的制度依托,这样,不仅为纠正市场经济失灵指明了科学方向,而且将社会建设正式地提上了社会主义建设议程。

显然,社会建设是在建立和完善社会主义市场经济的过程中明确成为当代中国社会主义建设的议程的,是一项专门的重要的建设事业。

二、政府职能的定位和转变

在社会主义市场经济条件下,在实现政企分开和政社分开的过程中,作为国家代表和主体的政府,必须将维护公共利益作为自己的责任和使命;同时,必须在社会主义民主和社会主义法制的框架下,在引导、监督企业和社会的同时,实现与企业和社会的良性互动。

(一) 政府职能的变迁和调整

随着社会经济的发展,政府应该根据生产力的发展要求和人民群众的期待,合理调整和转变自己的职能。

1. 政府职能的一般构成

随着生产关系尤其是生产资料所有制的变迁,政府职能也是不断变迁的。

政府职能的一般变迁。纵观古今中外,各国国家政权的演变过程,都不外乎存在这样两个基本阶段:(1)国家政权的夺取及其巩固阶段。在这一阶段,

---

① 《十六大以来重要文献选编》(中),中央文献出版社 2006 年版,第 696 页。

政府职能主要表现为政治功能,大多采用"暴力"手段。"这种公共权力在每一个国家里都存在。构成这种权力的,不仅有武装的人,而且还有物质的附属物,如监狱和各种强制设施,这些东西都是以前的氏族社会所没有的。在阶级对立还没有发展起来的社会和偏远的地区,这种公共权力可能极其微小,几乎是若有若无的,像有时在美利坚合众国的某些地方所看到的那样。但是,随着国内阶级对立的尖锐化,随着彼此相邻的各国的扩大和它们人口的增加,公共权力就日益加强。"①这是由这一阶段国家政权尚未稳固的特殊性所决定的。

(2)国家政权的维护及其发展阶段。随着国家政权的不断稳定和各方面情况的不断发展,政府的政治职能在其总体职能中所占的地位会逐渐削弱,而让位于经济和社会管理职能。这样,公共事务的内涵和外延就发生了巨大变化。当然,在阶级存在的情况下,国家不可能成为完全公共利益的代表。"按照哲学概念,国家是'观念的实现',或是译成了哲学语言的尘世的上帝王国,也就是永恒的真理和正义所借以实现或应当借以实现的场所。由此就产生了对国家以及一切同国家有关的事物的盲目崇拜。尤其是人们从小就习惯于认为,全社会的公共事务和公共利益只能像迄今为止那样,由国家和国家的地位优越的官吏来处理和维护,所以这种崇拜就更容易产生。人们以为,如果他们不再迷信世袭君主制而坚信民主共和制,那就已经是非常大胆地向前迈进了一步。实际上,国家无非是一个阶级镇压另一个阶级的机器,而且在这一点上民主共和国并不亚于君主国。"②只有在社会主义国家中,政府才能真正成为公共利益的代表。

在这两个阶段的重心转变的过程中,政府职能的内涵也发生了质的变化。在第一阶段里,政府为稳固新生的国家政权,不得不采取单一的行政命令性的强制管理方式来进行管理。事实上,这是一种管制(统治)。在第二阶段里,由于社会经济的不断发展,生产社会化程度的不断提高和社会分工的细化,政府用行政命令、政治统治式的直接管理已难以奏效,因此要求政府越来越多地采用经济、法律手段来进行间接的控制。在这一阶段,国家必须加强和发挥政府的横向沟通、协调和服务的功能,通过政府协调社会各方面的关系,并为整

---

① 《马克思恩格斯文集》第4卷,人民出版社2009年版,第190页。
② 《马克思恩格斯文集》第3卷,人民出版社2009年版,第111页。

个社会提供服务,使国家行政管理范围内的事项趋于合理,协调地运行和发展。不论怎么样,政府职能存在着由统治性、保卫性向管理性、服务性的转变过程,从管制转向管理。随着市场的兴起和民主的发展,单纯的管理也难以适应社会发展,要求多元社会主体参与公共事务,这样,就产生了治理。因此,"在现代国家中,国家政权作为政治上层建筑,包括立法、行政、司法和军队、警察等机关,一定的阶级、一定的政党通过掌握它们来贯彻自己的路线方针政策,进行政治统治和社会治理。"①当然,治理也有不同的形式。在治理中,才存在"善治"。

总之,"管制→管理→治理"是政府职能演变的一般轨迹,善治是参与式的治理。

2. 政府职能的现实调整

改革开放以来尤其是提出社会主义市场经济体制改革目标模式以来,我国政府并没有适时地调整和完善自己的职能,存在着"不该管的却管着"、"该管的没有管好"等问题。

与市场经济不相适应。随着市场经济的发展,要求政府必须简政放权,充分激活市场和社会的活力。但是,"我国政府机构现有的设置、职能、体制与发展社会主义市场经济的要求不相适应的问题,已十分突出。政企不分,职能重叠,机构臃肿,人浮于事,效率低下,官僚主义严重,这些问题阻碍社会生产力发展,影响党和群众的关系,也给国家和群众造成了沉重负担,已经到了非改不可的时候了。机构问题不解决,上述弊端不消除,国有企业就很难真正走向市场,社会主义市场经济体制就难以建立起来,改革开放和现代化建设就迈不开更快的步伐,我们在日益激烈的国际竞争中就难以立于不败之地。现在,进行机构改革不但势在必行,而且条件已经具备,时机已经完全成熟,必须坚定不移地搞好。"②同时,由于市场经济转轨不够彻底,法律法规不够健全,行政执法制度不够规范,监督约束机制不够有效。在利益驱动下,出现了种种明显有悖市场经济规律的行为,如,各种地方保护主义肆行。这些现象不仅阻碍了市场经济的健康发展,而且导致了严重的社会信任

---

① 《江泽民文选》第三卷,人民出版社 2006 年版,第 70 页。
② 《江泽民文选》第二卷,人民出版社 2006 年版,第 107—108 页。

危机。

政企不分。在市场经济条件下，政府的主要精力应放在保障经济秩序、实行公平竞争、维护社会公正上。现实情况是，政府管理和服务仍然停留在计划经济时代，直接插手经济事务，而且过多过细，可以说是无时不有、无处不在。在相当多的政府干部中，"管理就是审批"、"重权力轻责任"的观念根深蒂固，一旦出现问题，就要求加大审批力度，增加审批事项，甚至越俎代庖，大包大揽。同时，还存在着审批事项法律依据不充分、审批条件不公开、审批程序不健全、审批责任不明确、审批监督机制不健全、审批与收费挂钩等问题。这不仅严重干扰企业自主经营，甚至成为滋生腐败的温床。为此，"要按照政企分开的原则，把属于企业的自主权切实下放给企业，使企业真正成为自主经营、自负盈亏、自我发展、自我约束的法人和市场竞争主体；把属于市场调节的职能切实转移给市场，使市场在资源配置中更好地发挥基础性作用"。① 这样，政企分开就成为政府职能转变的一个重要环节。

政社不分。随着市场经济的发展，社会生活的独立性日益凸显。但是，受计划经济时代社会管理模式的影响，政社不分的现象在我国依然很严重。例如，成立社会团体，必须先找一个政府部门作业务主管单位，然后才能到民政部门登记注册。这一政策的初衷可能是为了规范社会团体的发展，但实际上存在很多弊端。很多社会团体变成了"二政府"，很难发挥其应有的作用。同时，很多团体找不到"婆婆"，只能半公开、半地下地活动，反而给政府监管带来诸多不便。这样，推进政社分开也成为政府职能转变的一个重要环节。

可见，在当代中国，转变政府职能有其必要性和重要性。

总之，作为上层建筑的政府（国家的代表）是适应经济基础的要求而产生的，同时要随着经济基础的变化而变化，这样，才能发挥政府的固有作用。

（二）　政府干预的领域和方式

政府职能的转变意味着政府管理权限和管理方式的改变。在当代中国，"要按照建立中国特色社会主义行政体制目标，深入推进政企分开、政资分

---

① 《江泽民论有中国特色社会主义》，中央文献出版社 2002 年版，第 317 页。

开、政事分开、政社分开,建设职能科学、结构优化、廉洁高效、人民满意的服务型政府。"①这样,建设服务型政府就成为政府职能转变的关键。

1.政府干预的主要领域

从我国实际出发,根据市场经济的规律,参照国际经验,我国明确将经济调节、市场监管、社会管理和公共服务看作是政府干预的主要领域。

经济调节。针对市场失灵,必须加强政府的宏观调控。"我国是发展中的大国,又处在经济体制转轨、产业结构升级和经济快速发展的时期,加强和改善宏观调控尤为重要。要加快健全和完善宏观调控体系,主要运用经济、法律的手段,并辅之以必要的行政手段,抑制通货膨胀,实现经济总量平衡和结构优化。经验证明,微观经济越放开,市场化的进程越快,要求宏观调控越有力和灵活有效。加强和改善宏观调控,要有必要的集中和相应的手段。"②在经济上,主要要运用财政、货币和产业等方面的政策手段。总之,政府职能的转变,首先是政府经济管理职能的转变,应运用法律和经济的方式进行经济调节。

市场监管。这是政府通过某些限制和规定保护市场机制和实现分配的方式。例如,通过对一些个别垄断企业的规模市场占有率的限制,打破垄断企业的壁垒,鼓励其他企业进入市场,保证正常的竞争。一方面,需要对垄断行业实行公共管制,通过有效的价格管制等手段,把价格限制在平均水平上,避免因过度竞争而造成企业间的自相残杀和资源浪费。另一方面,需要运用法律手段解决恶性竞争,努力完善规范垄断市场行为方面的法律法规。此外,监督和保证市场安全也是政府市场监管的重要任务。这样,在为市场经济保驾护航的同时,才能确保人民群众的生命财产安全。

社会管理。社会管理是政府干预的重要方面。一方面,对于正外部性,如发明创造、植树造林、志愿活动等,政府通过各种奖励性政策来鼓励和支持,并通过各种法规来保护。另一方面,对于负外部性,如环境污染,除少数可以让市场调节的外,大部分需要政府借助行政、财政、税收等手段来处理。譬如,明晰产权,避免巨额的交易成本;使用税收和补贴,从而强行使成本外溢者付出

---

① 胡锦涛:《坚定不移沿着中国特色社会主义道路前进 为全面建成小康社会而奋斗——在中国共产党第十八次全国代表大会上的报告》,人民出版社 2012 年版,第 28 页。
② 《江泽民文选》第一卷,人民出版社 2006 年版,第 467—468 页。

代价而减少其供给，收益外溢者得到补偿而增加其供给；实行公共管制，依靠外部强制力量来调节经济主体的行为；拍卖许可证；实行企业合并或产业重组，使外部效应内部化。在中国特色社会主义社会管理中，政府必须发挥主导性的作用。

公共服务。单靠市场机制无法有效满足公共需求，因此，就需要公共部门来决定其生产并对其使用进行监督。当然，在这个过程中，政府必须从实际出发，量力而行。目前，确保基本公共服务的均等化是政府提供公共服务的难题。为此，政府应当重构农村公共产品供给体制，缩小城乡差距，努力实现基本公共服务均等化，以体现公共产品供给的公平原则。此外，应该提高政府主导的公共产品在供给过程中的效率。为此，政府应引入各种机制，围绕政府职能定位，从制度上保障政府对社会公众负责，使政府受到更有效的监督。

在上述四者中，前二者主要属于政府的管理经济建设的职能，后二者主要属于政府管理社会建设的职能。在民生问题日益凸显的情况下，政府更应该加强后两个方面的职能。

2.政府干预的主要方式

在市场经济条件下，建设服务型政府必须彻底改变过去单纯依靠行政命令进行管理的方式，而要运用经济、法律以及必要的行政调节手段进行间接的控制。

服务手段。从内容来看，主要是提供以下服务：（1）基础设施。基础设施基本上都是非竞争性项目，却是全社会都必需的公共物品，因此，政府必需担当起补缺市场的职能。（2）信息。政府可以利用其所处的特殊地位，及时搜集、分析、整理各方面的信息，通过对发展状况的统计和发展趋势的预测向全社会提供信息服务。例如，日本企划厅的主要职能之一，就是将搜集到的国内外市场信息，提供给企业，使企业在决策过程中获得充分的市场信息支持。（3）安全。除了在宏观上捍卫国家安全外，政府必须通过对市场安全和社会稳定的监管，为全社会提供安全保障。总之，科学有效地运用服务手段是政府进行干预的重要方式。

协调手段。市场经济，并不是无政府经济，而是要求政府在宏观上调节社会总需求，弥补其自身机制的不足，调节收入分配，促进城乡和地区间的平衡发展,保证社会公平;促进结构优化,提供总供给能力,保证经济的稳定和增长。现在,政府主要是通过制定各种经济政策和措施来实现对经济社会发展的协调。这些政策主要包括产业政策、财政金融政策、货币政策、价格政策等。同时,政府还要建立与社会主义市场经济相适应的劳动人事制度、收入分配制度和税收征管制度。为此,必须科学、合理地制定政策。

控制手段。在市场经济条件下,经济交往越发展,社会分工越细化,就越需要政府通过法律、政策和规划来控制和调节各种经济纠纷和规范各种经济关系,尤其是要注重运用法律手段。第一,政府要规范市场竞争,制定反不正当竞争法以限制垄断,保护中小企业的发展,维护公平的市场竞争环境。第二,在环境保护、劳动保护、安全生产等方面,政府也要制定严格的法规,对违法者予以严厉的经济、法律制裁。第三,在经济体制方面,完善财税、土地等方面的法律法规。这些要求是建设法治政府的重要内容。

行政指导手段。政府可以利用自己掌握的权力和信息,对企业的经济活动进行指导,引导企业趋利避害。其具体方式一般有:第一,政府通过制定规划和计划进行指导,即把政府经济发展的重心、调整产业结构的要求和实现企业现代化的目标列入规划和计划之内,以规划和计划来指导和影响全国经济社会的发展。第二,政府通过预算、审计等方式对国民经济进行行政指导。政府侧重于对社会总需求、总供给的管理,可以通过财政金融机制的作用,指导国民经济中重点部分的健康发展。

总之,在社会主义市场经济条件下,政府干预实际上是一种间接干预,也就是国家依据市场经济的一般规律,运用经济、法律以及必要的行政调节手段,促进经济社会的发展。

显然,在建立和完善社会主义市场经济的过程中,政府职能的转变是一个至关重要的问题。既不能因为强调扩大市场参与主体的自主权就放弃政府的职责,又不能过分强调转型时期的特殊性而沿袭计划经济时期的管理方法而不思变革。

(三) 政府行为的失灵和补救

在提供公共物品方面,政府难以满足每一个人对公共物品的需求,而且存在着浪费和低效问题。据此,一些学者提出了政府失灵理论。政府之所以失灵或失效,有其复杂的原因。有的论者认为,由政府组织的内在缺陷及政府供给予需要的特点所决定的政府活动的高成本、低效率和分配不公平,就是政府失效。因此,与其称之为政府失灵,不如称之为"政府行为或政府组织的失灵"。

1. 政府行为的失灵

除了经济转型的原因之外,在当代中国,之所以会存在经济建设一腿长、社会建设一腿短的问题,主要是由各级政府没有很好地承担起社会建设的责任和义务造成的。

公共政策的定位问题。个人差异会导致个人对于公共物品的需求的差异。但是,政府决策往往倾向于反映"中位选民"的偏好,这样,就留下大量不满意的选民群体,从而导致了政府失灵。例如,住房消费不仅具有社会属性,而且具有政治属性。恩格斯指出:"要消除这种住房短缺,只有一个方法:消灭统治阶级对劳动阶级的一切剥削和压迫。"[①]在当代中国,解决住房问题的政治条件已经具备。但是,如果将之看作是一个经济问题尤其是货币问题,那么,住房问题就会成为一个民生问题。在地方政府和房地产商联手推动房价上涨的同时,我国一定程度上也忽视了在社会上"无足轻重"的中低收入家庭的住房需求。主要有两类问题:第一类是既不符合廉租房申请条件,又买不起经济适用房的家庭;第二类是既不符合经济适用房申请条件,又买不起商品房的家庭。这些"夹心层"就是住房问题上的边缘群体。这一问题解决不好,同样会影响社会稳定。因此,如何代表中国最广大人民的根本利益,是完善住房政策必须首先考虑的重大问题。

社会建设的投入问题。政府是公共物品的提供者,理应承担起社会建设投入的责任和义务。实际上,在政府豪华消费的同时,社会建设方面的财政投入存在着严重不足的问题。就教育的投入来看,1993 年,我国就提出国家财政性教育经费支出占 GDP 比例要达到 4% 的目标。但是,2008 年,这一比例只达到 3.48%,2009 年为 3.59%,2012 年才终于实现了 4% 的目标,但是,仍然低于 4.5% 的世界平均水平。此外,中国的人均公共教育支出为 42 美元,美国为 2684 美元,是中国的 63.9 倍。如果考虑到人口的因

---

① 《马克思恩格斯文集》第 3 卷,人民出版社 2009 年版,第 250 页。

素,以人均 GDP 来比较,中国人均公共教育支出仅为人均 GDP 收入的0.82%,而美国为 6.10%,日本为 4.28%,韩国为 3.01%,俄罗斯为 1.87%,巴西为 2.29%。这样,就要求完善公共财政政策,以公共需要为基准,改善公共财政支出的结构,保证公共财政支出重点向民生领域倾斜,加强对社会建设的投入。

社会建设的法制问题。在我国,全国人大及其常委会行使国家立法权,但法律草案可由国务院提出。现在,社会建设方面的立法滞后,使得在很多问题的处置上面临着"无法可依"的困境。例如,环境问题是影响民生的重大问题。但是,现行法律往往对公民和企业的环境保护的责任和义务强调较多,而对其环境权益重视不够。尽管我国宪法已明确写入"国家尊重和保障人权"的条款,环境权(环境权益)是人权的重要内容和基本要求,但是,在我国法律体系中却没有明确的环境权的内容。当环境事件和事故影响到人民群众的生命财产安全时,人民群众往往采用集体行动的方式来维权。但是,由于无法可依,地方政府往往将之视为群体性事件,处罚的往往是环境事件和事故的受害者,而对其肇事者和责任者放任自流。这样,只会加剧事态。目前,必须要完善收入分配、就业、社会保障、教育、医疗等方面的法律法规,加强应对突发事件、预防化解社会矛盾纠纷等方面的制度建设。

这里,我们将政府在社会建设方面的不作为或乱作为归结为政府失灵(政府组织失灵,政府行为失灵),主要是为了突出政府在社会建设上的主导地位和作用。

2. 政府失灵的补救

在转向服务型政府的过程中,必须警惕政府失灵,加强政府的社会建设的责任和义务。

在对外职能上,必须进一步推动政府从管制到管理、从管理到治理的转变。我国政府行为之所以也存在失灵,主要存在以下问题:(1)管制强大。在夺取和巩固国家政权后,政府职能应从统治性、保卫性的直接、微观的政治管制,转向服务性的、协调性的间接、宏观的管理上来。但是,管制在我国延续了很长时间,今天仍然根深蒂固。(2)管理不力。在市场经济条件下,政府的主要职能是进行宏观经济调控和加强公共基础设施建设,但是,这些该管的事情,政府未见得就管好了。(3)治理缺位。面对日益复杂的社会事务,政府不可能也不必要面面俱到。但是,受"维稳"模式影响,地方政府拒斥甚至否定社会力量参与社会事务。为此,在推动政企分开的同时,必须运用市场方式间接进行公共服务和社会管理,以提高效益。政企分开的主要目的是实现政府经济管理职能的转变,并不否认通过市场化的运作来实现公共服务和社会管理方面的资源的优化配置。此外,在推动政社分开的同时,必须委托社会力量提供公共服务和社会管理,以提高针对性。政社分开的主要目的是实现政府的社会文化管理职能的转变,并不否认社会在提供公共服务和社会管理方面的作用。总之,政府失灵主要是政府没有及时转变其对外职能造成的。实际上,政府职能的转变是政府社会经济文化管理职能的转变,特别是政府社会管理职能的转变。

在内部建设上,必须大力建设服务政府、责任政府、法治政府和廉洁政府。政府之所以失灵,在一定程度上是由于行政管理体制改革的滞后造成的。在探索中国特色社会主义行政管理体制的过程中,我们将建设服务政府、责任政府、法治政府和廉洁政府作为了行政管理体制改革的要求。(1)服务政府。这不仅仅是强调政府在提供公共服务上的责任和义务,更为重要的是,一切政府工作人员都必须时刻铭记全心全意人民服务的宗旨,牢固树立领导就是服务、管理就是服务的科学理念,在服务中实施管理,在管理中体现服务。(2)责任政府。这不仅仅是要突出政府在经济调节、市场监管、公共服务和社会管理方面的责任和义务,关键要突出对政府在公共服务和社会管理上的不作为和乱作为的问责。在公共服务和社会管理上也必须实行一票否决制,而不能仅仅将是否存在上访作为考核的重点甚至是唯一的指标。(3)法治政府。这不仅要求政府依法履行职责,而且要求将政府的管理行为纳入到法制轨道中。目前,亟须正确对待和认真做好行政应诉工作(民告官)。"行政诉讼是人民群众监督政府的一种重要形式。在行政诉讼中,政府和原告是平等的法律主体。各级政府和工作人员特别是领导干部,一定要摆正位置,尊重法律、尊重当事人、尊重并自觉履行人民法院的判决和裁定。积极引导人民群众通过法定渠道反映诉求、解决纠纷。"①这样,不仅可以纠正政府失灵,而且能够真正促进社会稳定。(4)廉洁政府。

---

① 《十七大以来重要文献选编》(中),中央文献出版社 2011 年版,第 923 页。

建设廉洁政府就是要加强政风建设和廉政建设,扎实推进惩治和预防腐败体系建设。为此,必须保证权力在阳光下运行,让人民群众真正能够监督政府及其工作。这样,建设服务政府、责任政府、法治政府和廉洁政府的过程,事实上就是政府自我纠正失灵的过程,同时能够促进政府在社会建设上发挥主导性的作用。

可见,通过政府对外职能的转变和政府自身建设的加强,内外兼修,不仅可以有效纠正政府失灵,而且能够促进社会建设。

总之,只有将"大政府"转变为"小政府、大服务",才能使政府成为"强政府",进而才能成为"好政府"。①

三、第三部门的兴起和发展

在建立和完善社会主义市场经济的过程中,随着政企分离和政社分离的推进,社会生活也发生了广泛而深刻的变化,这样,在第一部门(政府)和第二部门(企业)之外,第三部门(自主性的社会生活领域)就开始出现。第三部门有助于解决市场失灵和政府失灵。但是,它也存在着失灵的可能性。这样,只有在第三部门健康发展的条件下,当代中国的社会建设才能有序推进。

---

① 在这个问题上,一些论者认为,所谓的"小政府、大服务"就是要否定人民政府的主导地位和作用,是一种自由化的主张。其实,"要区分大政府(big government)——根据其工作人员数量和预算规模来衡量——和强政府(strong government)。在任何特定的情况下,我们可以问:是国家规模的边际增长(a marginal increase)能提高公民获得基本的社会和经济福利能力呢? 还是政府规模的减小更能有效地服务于这些目标?"([英]安东尼·吉登斯:《第三条道路及其批评》,孙相东译,中共中央党校出版社2002年版,第59页)当然,我们还要追问,"大政府"是"好政府"(good government)吗? "好政府"不仅仅是一个"善治"(good governance)的政府,更是一个"可欲"的政府(《孟子·尽心下》有曰:"可欲之谓善")。这里的"欲"就是中国最广大人民的根本利益。即,关键的问题是要看政府及其工作人员是否代表了中国最广大人民的根本利益,是否坚持了全心全意为人民服务的宗旨,是否坚持了执政为民。因此,在政府问题上,不能光看数量,必须质量优先;不能光看规模,必须效益优先;不能光自我评价,关键是要看人民群众的评价。这才是真正的历史唯物主义的观点。"三个代表"重要思想和科学发展观恰好坚持和发展了这一点。那些"小政府、大服务"的质疑者是否也是从代表中国最广大人民的根本利益的立场上来看这一问题的呢?

（一）第三部门的出现和现状

在社会有机体,始终存在着一个自主的社会生活领域,即狭义的社会。广义的社会是相对于自然而言的,狭义的社会是相对于国家而言的①。在建立和完善社会主义市场经济的过程中,推进政企分开和政社分开,必然导致自主的社会领域的明晰化和独立化,即与国家(政府)、市场(企业)相区别的第三部门的兴起和发展。

1. 第三部门的出现

在建立和完善社会主义市场经济的过程中,随着政企分离和政社分离的推进,第三部门在当代中国的兴起成为了自然而然的事情。

政企分离带来的社会变化。在计划经济时代,政府统揽了企业的一切,包括员工的生老病死等日常生活。随着市场经济的发展,这一切都发生了变化。(1)从经济成分来看,在国有经济、集体经济之外,出现了民营经济和个体经济,外国资本也进入中国,混合经济的比重在加大。(2)从组织形式来看,从原来的以国有部门为单位的集体化,迅速分化为个人为中心的原子化。"我们正在加快建立社会主义市场经济体制,企业组织形式和经营方式发生了很大变化,政企分开的方针早已明确","现在,我国的经济规模比过去大得多了,各类企业、执法监管机构、社会中介组织和其他社会服务组织都需要充实和加强力量,政府机构改革中分流出来的人员重新安排的余地比过去大得多了。"②这样,在企业之外就出现了第三部门——社会中介组织和社会服务

---

①　美国人类学家摩尔根指出,"一切政治形态都可归纳为两种基本方式","两种方式的基础有根本的区别","按时间顺序说,先出现的第一种方式以人身、以纯人身关系为基础,我们可以名之为社会","第二种方式以地域和财产为基础,我们可以名之为国家"。([美]路易斯·亨利·摩尔根:《古代社会》上册,杨东莼等译,商务印书馆1977年版,第6页)即,社会以人身和血缘为基础,国家以地域和财产为基础。随着私有制的出现,社会被国家吞噬了,但是,并没有消失。当然,社会的表现形式发生了变化。马克思在"人类学笔记"、恩格斯在《家庭、私有制和国家的起源》等著作中对此均有所论及。从社会有机体的构成来看,马克思指出:"物质生活的生产方式制约着整个社会生活、政治生活和精神生活的过程。"(《马克思恩格斯全集》第31卷,人民出版社1998年版,第412页)即,社会生活是不同于物质生活、政治生活、精神生活的专门领域,四者共同构成了社会有机体(广义社会)的主干。从其内涵来看,马克思指出:"毫不相干的个人之间的互相的和全面的依赖,构成他们的社会联系。"(《马克思恩格斯文集》第8卷,人民出版社2009年版,第51页)即,不管其形式如何,社会始终是人们交互活动的过程和产物。显然,狭义的社会即社会生活,是客观的存在。

②　《江泽民文选》第二卷,人民出版社2006年版,第110页。

组织。(3)从就业方式来看,原来,绝大多数人在国有部门就业,或是在集体经济中谋生;现在,相当一部分人在私人部门甚至非正式部门就业。(4)从福利供应来看,由原来的国有企业和集体组织提供转变为社会统筹。统筹经费主要来自私人部门为雇员交纳的经费,而私人部门为了降低雇佣成本,只能低缴,甚至欠缴或不缴。(5)从利益关系来看,留在国有部门或国家公务员体系的人群与私有部门就业的人群的利益关系发生分化,资本所有者和劳动力所有者的利益关系发生分化。这些新变化,呼吁第三部门的明晰化和独立化。

政社分离带来的社会变化。在计划经济时代,政社不分,社会事务被视为政治事务。随着市场化改革,这一点也被改变了。"比如,在计划经济体制下,国家基本上全部承担了城市居民的就业要求,农村人口也全部组织在当时那种集体经济的体制中。党员、群众基本上都在政府直接管理的部门或单位中工作,党的组织和领导主要通过从上到下组织严密的部门和单位来实施。现在,在党政事业机关和国有企业之外,出现了新的经济组织和社会活动领域。很多人在非公有制经济领域中就业,不少人自谋职业。农村实行联产承包责任制,农民和基层组织的关系也与过去不同了。市场经济的发展,使人们在就业和生产经营活动方面的流动性比过去大大增强。"① 在改革初期,政社分离的主要思路是政府向社会"甩包袱",主动退出了许多社会领域,社会建设投入严重不足,监管不力,又不允许其他社会力量的介入,结果导致民众负担沉重,引发了一系列问题。例如,由于社会保障资金监管不到位而引发的腐败问题,不仅严重干扰了民众尤其是弱势群体的日常生活,而且严重影响着人们的道路自信、理论自信和制度自信。再如,由于利益分化而加剧的社会矛盾所引发的群体性事件,已经成为严重影响社会稳定的重大问题。现在,传统政府管理模式越来越呈现出自身的缺陷,难于应付这些严峻的挑战。这样,不仅行政改革势在必行,而且社会改革也在所难免。

总之,随着市场经济的发展,在市场和国家之外,出现了一个"公益真空"地带,要求有人去做那些政府和企业不愿做、做不好、不常做的事。这样,第三

---

① 《江泽民文选》第三卷,人民出版社 2006 年版,第 16 页。

部门就顺势而起。

2. 第三部门的现状

第三部门是一个很宽泛的领域和概念①。从其组织形式来看，目前在各级民政部门正式等级注册的社会组织已超过 45 万，实际存在的社会组织可能超过 300 万。但是，第三部门也存在着发展不足的问题。

第三部门的复杂构成。简单地来讲，当代中国的第三部门主要包括社会团体、事业单位、民办非企业单位和基金会。它们都必须要有业务主管单位（政府行政部门），然后才能在民政部门正式注册。现在，这一规定有所松动。从与政府关系的来看，主要分为两类：一是自上而下的第三部门，是指由政府创建、推动成立或从政府机构转变而来的，与政府关系仍旧密切的第三部门。例如，工会、共青团、妇联等人民团体和工商联、消费者协会等半行政化的社团。其特征是：由民政部门和业务主管单位共同管理；组织的领导人由公职人员担任，享受干部待遇；经费由政府财政承担全部或部分。无论其是否履行行政职能，政府都希望其作为附属机构存在，执行政府命令并直接成为实现政府社会政策的非营利性的事业单位。二是自下而上的第三部门，是指出于共同的兴趣或一致要求而由民间自发组建的团体，包括基本民间化的社会团体，非营利性的民办非企事业单位和未登记的非营利组织。其特征是：主管机关只是名义上的，政府干涉较少；其领导人由社团自己遴选和更换，并报上级主管机关批准；经费部分来自政府拨款或是完全自筹。

---

① 从范围上来看，第三部门是指不属于第一部门（政府）和第二部门（企业）的其他所有组织、其他所有领域的集合。从内涵上来看，是以共同利益和共同社会价值为基础而处理社会事务、提供社会公共服务的社会行为和社会组织。从主体来看，西方社会一般称之为非政府组织（NGO）或非营利组织（NPO）。二者事实上是一回事。相对于政府，它强调的是非政府组织（NGO）的性质；相对于企业，它强调的是非营利组织（NPO）的性质。在当代中国，主要包括社会团体、事业单位、民办非企业单位、基金会等。在一般意义上，第三部门是不以营利为目的且具有正式的组织形式，属于非政府体系的社会组织，具有一定的自治性、志愿性、公益性或互益性。第三部门也包括社区生活和社区治理。在当代中国，作为基层民主单位的社区和作为社会治理单位的社区有所重合，但是，不完全等同。第三部门还包括社会运动和志愿活动，如义务劳动、扶贫运动、助残活动、绿化运动、环境运动、女性运动、和平运动等等。此外，慈善事业和社会工作也可划入第三部门。从与政府和企业的区别来看，通过竞争方式以谋求私人利益的行为或领域为市场，企业是其主体；通过强制方式以维护公共利益的行为或领域为国家，政府是其代表或主体；通过志愿方式以实现共同利益的行为或领域为社会，社会组织为其主体。

政府对于已经注册登记的这类组织,一般是不闻不问;对于那些未注册的团体,一旦其活动被发现,政府一般会责令其注册或者是禁止其活动。另外,还有相当一部分志愿团体为了谋求较高的合法性和获得政府的财政支持,多挂靠于政府机关。这样一来,就使得第三部门中的相当一部分团体抹上了半官半民的色彩(GOV-NGO)。这在一定程度上影响了其自治性的特征和自主性的发挥。

第三部门的现实状况。在当代中国,很多志愿活动是通过行政方式自上而下地组织的,同真正源于民间的自愿活动还有所不同。真正具有自治地位的民间组织数量少、成立时间短、组织建设尚不成熟。(1)第三部门的法律地位。据统计,目前有5.1%的第三部门在工商部门登记注册,在民政部门登记注册的有68.2%,在事业单位内部登记备案的有6.3%,有高达14%的第三部门属于其他类型。另外,还有6.4%的组织不明确。(2)第三部门的治理机制。干部来源是反映第三部门治理机制的一个重要参照物。在我国,有23.2%的第三部门主要管理干部是由组织负责人提名并经主管部门批准,由主管部门派遣和任命的有38.5%,无特别规则的有8.6%。(3)第三部门的设备与人力资源状况。有调查显示,在我国,有6.9%的第三部门没有专职人员,在1~4人之间的有33.5%,在5~9人之间的有38%,在10~39人之间的只占19.4%,40人及以上的仅有2.2%。(4)第三部门的收入状况。我国第三部门最主要的收入来源是政府拨款和补贴,居第二位的是会费收入。调查显示,仅政府提供的财政拨款、补贴和会费收入就占了第三部门收入的6%左右。有41.4%的第三部门表示当前组织面临的问题是缺乏资金。显然,在当代中国,从事实际意义上第三部门工作的社会组织还是存在的,只是还相当不健全。

可见,在当代中国,第三部门开始出现,但是,存在着发展不足的问题。

总之,在社会主义市场经济条件下,第三部门的出现有其历史必然性。社会领域的明晰化和独立化有助于增强社会生活的自主性。在这个问题上,要否认第三部门存在的合理性和独立性,首先就必须否定市场经济的经济体制改革目标模式。

(二) 第三部门的作用和成就

面对复杂多变的社会公共事务,第三部门具有市场和政府所不具有的优势。① 在经济全球化和改革开放的大浪潮下,第三部门在当代中国也发挥了独特的作用,取得了可喜的成就。

1. 弥补政府管理不足,承接政府部分公共职能

第三部门的发展对于实现政府自身职能的转变、实现政府自身的战略目标具有重要的意义和价值,是政府职能的重要补充。

第三部门在提供公共服务方面有其特殊的贡献。在市场经济条件下,政府在公共服务供给方面的高成本、慢效率、低质量、对公共产品不足或短缺回应迟钝甚至不回应等问题日益凸显。但是,这些领域又不能完全市场化。这样,就为第三部门介入公共产品和公共服务提供了合理性和合法性的依据。政府职能的转变要求政府更新其治理方式与治理理念,完成由管制型政府向服务型政府的转变,将部分原来由政府承担的微观管理和服务的职能向外转移。通过政府职能转变而让渡出的公共服务供给空间,容许社会力量的充分介入,有利于提高公共服务供给的效率和质量。例如,反贫困是政府责无旁贷的责任和使命。但是,在现有条件下,单纯依靠政府难以完全、有效地帮助贫困人口脱贫。针对贫困家庭子女的教育问题,第三部门组织捐款、免费就读、找固定资助者等措施,努力解决这些孩子上学问题,并取得了很大成效。此外,过去由政府主办的大学、医院、基础设施、市政公用服务等,如今也逐步变成由政府资助的非营利机构。这不仅减轻了政府机关承担公共服务的负担,而且扩展到了过去政府照顾不到的地域,促进了社会公平。

---

① 通过对 22 个国家的实证研究,美国学者萨拉蒙发现,22 个国家的非营利部门是一个创造 1.1 万亿美元的产业,其吸纳的就业人口是相对于各个国家最大私营企业就业总和的 6 倍。因此,他认为:"由于它们在市场和国家之外的独特地位,它们通常以较小的规模、与公民的联系性、灵活性、激发私人主动支持公共目标的能力,及其新近被重新发现的对建立'社会资本'的贡献,公民社会组织在寻求介于仅对市场信任和仅对国家信任之间的'中间道路'中的战略重要性,等等优势已经呈现出来。"([美]莱斯特·M.萨拉蒙等:《全球公民社会:非营利部门视界》,贾西津等译,社会科学文献出版社 2007 年版,第 5 页)现在,第三部门在社会建设中的作用越来越明显、越来越重要。

表 3-1 部分人民团体、社会组织实施的扶贫工程

人民团体、社会组织	扶贫工程
共青团中央	大学生志愿服务西部计划暨中国青年志愿者研究生支教团
全国妇联	母亲水窖、春蕾计划
中国残联	农村贫困残疾人危房改造项目
中国青少年基金会	希望工程
中国人口福利基金会	幸福工程
中国扶贫基金会	小额信贷、新长城自强项目、爱心包裹
中国扶贫开发协会	山西长治治水项目
中国光彩事业促进会	光彩扶贫工程

资料来源:中华人民共和国国务院新闻办公室:《中国农村扶贫开发的新进展》(2011 年 11 月 16 日),http://www.gov.cn/gzdt/2011-11/16/content_1994683.htm。

现在,第三部门已成为政府供给公共产品的信息获取和供给渠道的一个不可或缺的部分,在一些政府应做但又因为资金资源问题没有很好解决的重大项目上做出了应有的贡献。

2. 贴近民众日常生活,满足多元公共服务需求

作为对社会多元化需求的回应,第三部门能够在满足特定群体的利益要求上发挥优势,可以有效地缓解社会不同群体对政府提供公共服务的需求压力。

第三部门在满足公共需求方面的独特优势。从外部环境来看,随着我国改革开放、经济社会高速发展,社会生活领域中出现了一些新的社会问题,如贫困、下岗失业和再就业、流动人口管理、老龄化、环境保护等。这些问题解决不好,会严重影响社会稳定和社会和谐。而仅仅依靠政府和市场很难解决这些问题。这样,就需要第三部门的介入。从内部特点来看,第三部门是由公众志愿组织而形成的以公众利益为目标取向的社会行为和社会组织,具有更贴近民众的先天优势,对公众的需要更加了解,知道公众真正需要什么,并且能够视环境、视群体、视需要的具体性而选择最佳的方式供给公共产品,这样,既可以节约资源又可以解决公众的实际需求。上述两点就决定了第三部门在满足公共需求方面可以大有作为。

第三部门在满足公共需求方面的重要贡献。从我国社会组织的服务领域

来看,涉及社会生活的各个方面。下面以获得"中国社会创新奖(2012—2013)"①的项目为例,对之作一简单概述。(1)助学。为了提高乡村素质教育,上海真爱梦想公益基金会发起了"乡村素质教育公益服务体系"。这是一套互动式的成人教育课程。截至2012年8月底,全国三十个省、市(自治区)建设了626间"梦想助学",服务着约60万名乡村教师。(2)济困。针对贫困地区求学儿童的营养状况,中国社会福利基金会开展了"免费午餐"项目,倡议每天捐赠3元钱为之提供免费午餐。截至到2012年11月,已开餐学校197所,将近3万名学生受益。(3)助残。为了让盲人朋友了解电影屏幕上的内容,北京红丹丹教育文化交流中心发起了"心目影院"项目。这是将语音讲授和电影音效相结合让盲人欣赏电影的项目。截止2012年8月,讲述了450多部电影,受益者上万人次。他们还制作了550多部电影广播节目。(4)扶危。为了救助农民工尘肺病患者,中华社会救助基金会发起了"大爱清尘·寻救中国尘肺病农民兄弟大行动"。截止2012年9月,共筹款5437618.77元(包括中央财政支持150万元),救治患者370位。(5)环保。为了推动珠穆朗玛峰国家级自然保护区的自然保护和社区发展,珠峰保护区潘得巴协会②发起了"潘得巴自然保护与社区发展项目"。通过开展湿地草场保护、羊圈改造、防护林围栏建设等项目,超过100多公顷的湿地和草场得到保护。(6)救灾。针对中小型灾害救援难以到位的问题,深圳壹基金公益基金会发起了"壹基金联合救灾计划"。该项目实施以来,已经对71个中小型灾害救助进行了回应,为33580名儿童、11960名其他弱势群体提供了救助。可见,围绕着满足公共需求尤其是特殊群体的特殊需求,第三部门进行了大胆尝试和创新,取得了明显的成效。

显然,第三部门能够成为提供公共产品与服务的有效途径。通过他们的行动,同时能够净化社会风气,提升公民和社会的文明素质。

3. 促进社会理解信任,构筑稳定和谐社会环境

只有促进社会成员之间的理解和信任,才能实现社会稳定和社会和谐。

---

①　"中国社会创新奖"是一项民间奖,由中央编译局比较政治与经济研究中心、北京大学中国政府创新研究中心等学术研究机构发起,旨在发现和鼓励各类公民社会组织在解决社会问题、满足社会需求、创造社会价值、促进社会进步中的创新行为,总结并宣传推广社会创新的先进经验,促进和推动社会公平与社会善治。

②　"潘得巴"由三个藏文字母组成,意为"为民谋福利的人"。

第三部门在这方面也有独特的优势。

第三部门可增进社会容忍、社会理解和社会信任,促进社会和谐,维护社会稳定。第三部门特别是公益型民间组织为社会成员在政府机构与企业体制之外开展活动提供了组织形式,公民可以根据个人兴趣、意愿和利益自主地组织起来,创造性地从事各项社会发展活动。第三部门为各种社会成分提供了较宽松的活动空间,社会成员可以通过各种方式满足其多样性和多层次的愿望并实现其利益。这既能够起排解社会怨气、释放社会压力的作用,也使各种不同的社会群体能够依法共存相容,增进社会容忍度。更为重要的是,这些成员能够在共同价值的基础上增进理解和信任,最终会形成社会合力。不仅如此,第三部门还可以在政府、企业、社会之间架起多元的对话平台和协商机制。

最为重要的是,第三部门能够在公民与政府之间架起沟通的桥梁,成为公众表达利益诉求的通道之一。第三部门参与社会治理是通过合法渠道加以组织和安排的,能够消解政府与民众的对立,从而保证社会的稳定。改革开放前,我国政府都是直接管理单位,所有制和社会结构单一,公众利益诉求基本是通过单位表达的。随着改革开放和民主化进程的发展,利益主体呈现出多元化趋势,民众的利益诉求日益增强。但是,市场经济的发展打破了原有的单位制,"单位"仅仅是人们的工作场所,其政治色彩和社会色彩已经弱化和淡化。而发展民主政治、建设和谐社会都需要公众的声音。这样,就需要其它力量来代表公民意志,使公民对公共服务需求的表达畅通无阻。由于其特殊性,第三部门在处理政府与个人的关系方面能够发挥沟通、协调的作用,成为公民表达利益诉求和表明自身对公共服务需求的制度内渠道。这样,以第三部门为中介,推动民众和政府的对话和协商,就促进了社会的稳定、和谐。

总之,第三部门不仅不会影响社会稳定和社会和谐,而且是促进社会稳定与和谐的重要力量。在社会建设中,必须充分发挥第三部门的这一作用。

党的十七大提出,在社会建设的过程中,要"发挥社会组织在扩大群众参与、反映群众诉求方面的积极作用,增强社会自治功能。"①因此,政府要积极培养社会组织的自我管理能力,把政府现在承担却没有管理好的公共服务职能让渡给第三部门,形成政府与第三部门组织良性互动和良好合作的善治

---

① 《十七大以来重要文献选编》(上),中央文献出版社 2009 年版,第 24 页。

模式。

(三) 第三部门的失灵和补救

正如政府和市场会失灵一样,第三部门也会失灵。美国学者萨拉蒙称之为"志愿失灵"。① 也有的论者称之为"契约失灵"。在一般意义上,第三部门失灵是指,其组织行为偏离志愿性公益机制或价值取向的公共性,出现资源配置的低效,从而在满足社会多元化需求、提供公共产品和服务上,产生了功能性和效率上的缺陷。这样,也需要弥补第三部门的失灵。

1. 第三部门的失灵

我国的第三部门也遭遇到了社会的信任危机。目前,主要表现为财务不公开、项目运作信息不透明、挪用善款、存在欺诈等几个方面。在我国,造成第三部门失灵的原因颇为复杂。

第三部门失灵的内因。第三部门内部治理机制的欠缺是导致其失灵的内因。(1)内部财务危机,受潜在的营利动机驱动。作为提供公共物品的非营利机构,第三部门的日常运作主要依靠慈善捐款和志愿者的志愿行为。然而,第三部门开展非营利活动时往往会遇到"慈善不足"的问题,资金存在缺口已司空见惯。另一方面,随着第三部门越来越专业化,领薪的全职人员比例日益上升,甚至超过了志愿人员,这样,随着运行成本的上升,必然加剧财务危机,降低公共服务供给能力。在此情况下,为了应对上述危机,受到社会上巨大的利益诱惑,许多第三部门会直接从事营利性的商业活动来获取大量利润。长此以往,必然导致其性质的变质。(2)官僚主义色彩浓重,贪污腐败问题时有发生。在我国,社会组织在思想观念、组织职能、活动方式和管理体制上等方面都会过分依赖政府,行政化倾向比较严重。按照行政化的方式运营社会组

---

① 萨拉蒙认为,非营利组织有其固有的缺陷。主要表现为:(1)慈善的供给不足。公共物品供给中普遍存在搭便车的现象,慈善资金来源容易受经济波动影响,从而导致慈善供给的不足。(2)慈善的特殊主义。慈善组织的服务对象往往是社会中的特殊人群,如残疾人、儿童、外来移民等,因此,存在慈善特殊性问题。(3)家长式的作风。掌握慈善资源的人往往根据其偏好来提供慈善服务,既不征求多数人的意见,也不必对公众负责和接受监督,这样,就形成了家长式作风。(4)非营利组织的业余性。非营利组织主要强调的是志愿性,义工服务往往是业余进行的;同时,由于资金的限制,非营利组织很难聘任到专业人士;这样,就导致其业余性。非营利组织自身固有缺陷就产生了"志愿失灵"。

织,尤其是其负责人由上面指派或具有行政级别时,第三部门自然会带上官僚主义的色彩。在这个过程中,如果内部的财务制度和外部的审计制度不健全和不到位的话,就会导致腐败。在2008年汶川抗震救灾中,由于"万元帐篷"、"虚开发票"、"65%管理费"等问题,中国红十字会遭遇到了严重信任危机。之所以会出现这些问题,与第三部门活动和组织特征的特殊性有很大关系。例如,其产出和服务难以有效测量;利益相关者具有多样性,导致监督标准的多样化;服务的间接性致使监督主体和监督机制缺位;监督机制制度化不足,对第三部门的约束很大程度上依靠道德自律,缺乏法律他律。这样,势必造成对第三部门的监督困难。

第三部门失灵的外因。第三部门所处的社会环境条件都会制约、影响其正常运作,不可避免地会导致失灵。政社不分是我国第三部门发展的最大特色,也是导致第三部门失灵的重要外因。(1)政府越位。为了转变政府职能,提高行政效率,政府不得不将原来隶属于自己的某些部门或机构转型为第三部门。但是,这些部门仍旧挂靠在相应的政府职能部门之下,不同程度地形成了事实上的依附和控制关系。这样,政府对第三部门内部事务和日常业务往往会造成过多的或不适当的干预,影响其履行正常职能。(2)政府缺位。政府理应通过制度建设尤其是加强法律规范来支持第三部门的发展。尽管应然的作为很多,可事实上国家根本无法面面俱到,不能为其长足发展提供必要的社会条件,例如,不能为第三部门的自主活动提供一席之地,没有为第三部门提供规范的行为导向。同时,政府对社会组织存在的问题往往视而不见,在监督上严重缺位。(3)政府错位。在社会转型中,许多本该是政府负责的事务(例如,义务教育尤其是贫困地区的义务教育),却让第三部门去管;而许多本该是社会负责的事情(例如,社会自治),政府却大包大揽,甚至横加干涉;这样,就造成了主体错位。总之,由于政社不分现象犹存,政府包揽社会事务的问题未能从根本上得到解决,第三部门的政府性、官办性问题依然根深蒂固,这样,就导致了第三部门的失灵。因此,与其说是第三部门失灵,不如说是第一部门失灵。

总之,以上所述的第三部门自身原因及所处的社会环境条件的共同作用,使得第三部门的发展受到重重阻碍,最终导致了第三部门失灵。

2.志愿失灵的补救

矫正和补救第三部门的失灵,既需要加强第三部门的内部治理,也需要加强社会环境的法制建设,合理确定政府、企业和社会的边界及其关系。当然,由于每一个国家的国情不同,可以选择适合自己的方式。

补救志愿失灵的一般思路。针对第三部门失灵的问题,萨拉蒙提出了"委托政府"的理论:在提供公共服务时,政府负责资金支持,非营利组织负责提供服务,二者的合作可以使双方各自发挥出其优势。推而广之,这就是要重新思考和处置政府、企业和社会的关系,构筑社会建设的多元主体。(1)政府主体。政府应该完善社会政策以及相应的法律法规,创造一个公平的社会环境,提供基本的公共财政保证和必要的基本社会公共服务;加强对社会组织和社会企业①的服务和监管,引导第三部门健康发展。(2)企业主体。企业应该承担社会责任,积极参与社区发展、慈善捐助、环境保护等公益事业,发挥市场在配置社会资源中的积极作用。(3)社会主体。社会组织应该充分发挥在社会建设中的积极作用,协助政府完成相关任务,利用市场机制提高资源配置效率,大力发展社会企业。总之,只有政府、企业、社会各就其位,各司其职,互相配合,协同一致,才能形成社会建设的社会合力。

补救志愿失灵的具体思路。根据当代中国的具体实际,必须注意以下问题:(1)坚持社会主义道路。在第三部门发展的过程中,必然会遇到"市民社会"(公民社会)这一复杂的问题。尽管市民社会有助于社会交往和社会自治,但是,它也存在着内在缺陷。② 因此,在引导第三部门健康发展中,我们必须坚持社会主义道路。这不仅体现在其构成成员是社会主义国家的公民上,而且体现在他们所参与的活动是构建社会主义和谐社会的非常重要的部分。"我们要构建的社会主义和谐社会,是在中国特色社会主义道路上,中国共产党领导全体人民共同建设、共同享有的和谐社会。"③坚持社会主义道路,才能保证社会建设的社会主义性质。(2)坚持中国共产党的领导。尽管我们要坚

---

① 英国社会企业联盟对社会企业的定义是:"运用商业手段,实现社会目的"。

② 例如,倡导第三条道路的英国学者吉登斯就指出:"一个健康的公民社会可以保护个人免受过于强大的国家权力的侵害。但是,公民社会也不像某些人天真地想象的那样是自生自发的、秩序与和谐的源泉。"([英]安东尼·吉登斯:《第三条道路——社会民主主义的复兴》,孙相东译,北京大学出版社 2000 年版,第 89 页)其实,这就是第三部门的失灵。

③ 《十六大以来重要文献选编》(下),中央文献出版社 2008 年版,第 753 页。

持推进政社分开,但是,必须加强社会领域的党建工作。这样,才能保证我们党代表中国最广大人民的根本利益。为此,必须以社会领域党建工作创新推进社会服务管理创新,以社会领域党组织和党的工作全覆盖推动社会服务管理全覆盖。坚持党的领导,并不会损害第三部门的志愿性和中立性,反倒能够促进第三部门的发展。例如,在北京奥运会、残奥会期间,北京市共组织23万党员到社区党组织登记报到,累计参加平安奥运志愿服务活动160万人次。

(3)坚持依法治国。依法治国包括依法管理社会事务。"实行和坚持依法治国,就是使国家各项工作逐步走上法制化的轨道,实现国家政治生活、经济生活、社会生活的法制化、规范化;就是广大人民群众在党的领导下,依照宪法和法律的规定,通过各种途径和形式,管理国家事务,管理经济和文化事业,管理社会事务;就是逐步实现社会主义民主的制度化、法律化。"①为此,国家要从法律上确认第三部门的公益地位,明确其公益责任,保护其合法地位;要从法律上规范第三部门的行为,加强对第三部门的法律监督。第三部门必须遵纪守法,在社会主义法制框架中进行活动,依法加强内部治理。只有这样,第三部门才能健康发展。

总之,在遵循第三部门发展一般规律的基础上,坚持从国情出发,坚持正确的政治方向,第三部门才能有效矫正自身的失灵,我们才能形成一个良性的社会治理局面。

显然,只有坚持以经济建设为中心,坚持依法发展和管理的原则,培育发展和管理监督并重,建立和完善第三部门的法律法规体系、行政管理体系、社会监督体系和自律机制,我们才能逐步形成适应国家经济和社会发展要求、布局合理、结构优良、规模适度的第三部门发展的新格局,进而才能在推动社会治理的基础上,推动社会建设。

四、社会建设的领域和问题

为了不使国家(政府)和市场(企业)之间的中间地带——社会生活成为一个"真空地带",必须谋求社会生活的自治。但是,如果没有政府、企业的协

---

① 《江泽民文选》第一卷,人民出版社2006年版,第511页。

同配合,这一任务不可能完成。这样,在确定三者利益边界的同时,实现其良性互补,就成为社会建设的领域。

(一) 社会生活的利益基础

各种社会活动都是基于一定的利益基础而展开的,总是实现一定利益的活动。共同利益是社会生活的利益基础。社会建设的主要任务就是要保证共同利益的有效实现。

1. 共同利益形成的历史进程

只有通过一定的社会关系表现为利益,需要才能成为现实。利益是物(客体)对人(主体)的需要的肯定关系。共同利益是在与私人利益、公共利益分化的过程中形成的。

在史前社会,由于物质生产不发达,人的生产具有主导性地位,财产为大家所拥有,因此,没有明显的利益区分。"虽然当时的公共事务比今日多得多——家户经济是由一组家庭按照共产制共同经营的,土地是全部落的财产,仅有小小的园圃归家户经济暂时使用——,可是,丝毫没有今日这样臃肿复杂的管理机关。一切问题,都由当事人自己解决,在大多数情况下,历来的习俗就把一切调整好了。不会有贫穷困苦的人,因为共产制的家户经济和氏族都知道它们对于老年人、病人和战争残废者所负的义务。大家都是平等、自由的,包括妇女在内。"①即,公共事务包括个人事务和社会事务,公共利益包括私人利益和共同利益。

社会分工导致了利益格局的变化。随着分工的发展,产生了私人利益与共同利益的矛盾。私人利益是在个体满足其需要的过程中产生的,共同利益是在不同个体之间的交往中形成的。在私有制条件下,二者的矛盾难以调和,不同的共同利益之间的关系也往往是冲突的,于是,国家就成为了新的社会共同体。从历史上来看,"在社会发展的某个很早的阶段,产生了这样一种需要:把每天重复着的产品生产、分配和交换用一个共同规则约束起来,借以使个人服从生产和交换的共同条件。这个规则首先表现为习惯,不久便成了法律。随着法律的产生,就必然产生出以维护法律为职责的机关——公共权力,

---

① 《马克思恩格斯文集》第4卷,人民出版社2009年版,第111页。

即国家。"①由于国家掌握着公共权力,因此,不论怎么样总会代表着公共利益。公共利益是在实现全体社会成员需要的过程中产生的。由于统治阶级始终主宰着公共利益,因此,国家不过是虚幻的共同体而已。

市民社会的出现使利益分化更为明显。一方面,市民社会要求建立新的公共领域,建立资产阶级国家和新的公共权力机构;这样,资产阶级国家就成为公共利益的代表(尽管是虚幻的)。另一方面,市民生活和市民活动从何处开始,行政管理机构的权力也就在何处结束。这样,国家就从市民社会中退了出来,市民社会成为与国家平行的力量,成为一个基于私人利益不能完全依赖自我实现和国家不能自动保证实现私人利益而不得不发生的社会交往的领域,是通过非国家、非市场的自主的志愿的机制而形成的。② 这样,共同利益成为独立于私人利益和公共利益的利益,成为了社会生活的基础。共同利益就是在社会交往过程中由于私人利益之间的相互关联和相互依赖而产生的利益。由于市民社会是在资本主义发展中产生的,因此,资产阶级市民社会存在着其阶级局限性。

在一般意义上,如果每一个人依靠自己实现其私人利益,会在许多方面得不到满足。于是,人们依靠交往,从而在人与人之间产生了丰富的公共生活和共同生活,来满足人类的多样化的利益诉求。在此基础上,与私人利益相区别、高于个人利益的共同利益和公共利益就产生了。实现公共利益是国家的

---

① 《马克思恩格斯文集》第3卷,人民出版社2009年版,第322页。

② 在德语中,Bürgerliche Gesellschaft 具有"市民社会"(Civil Society,公民社会)和"资产阶级社会"的双重含义。在西方,洛克认为,市民社会大于国家;黑格尔认为,国家大于市民社会;马克思则扬弃和超越了二者。在我们看来,市民社会至少有三重含义:(1)生产关系。马克思后来用生产关系取代了市民社会,认为经济基础决定上层建筑(国家)。这样,他就克服了黑格尔的国家主义。(2)资产阶级社会。作为上层建筑的国家对经济基础具有反作用。这样,马克思在社会历史领域中就将唯物论和辩证法统一了起来,继承了黑格尔的辩证法。但是,资产阶级国家不是公共利益的代表,也不是永恒的。无产阶级革命将消灭资产阶级国家。这样,就体现了唯物辩证法的批判的革命的本性。(3)社会关系和社会交往。广义的社会关系和社会交往既包括人与自然之间的关系或交往,也包括人与人、人与社会之间的关系或交往;其内涵和外延都大于生产关系。狭义的社会关系和社会交往专指人与人、人与社会之间的关系和交往,既包括物质关系和交往,也包括精神关系和交往;既包括国内关系和交往,也包括国际关系和交往(世界历史);因此,它也不同于生产关系。生产关系只是狭义社会关系和社会交往的物质层面。由于个人不能完全满足私人利益,国家又不能为之提供切实有效的保障,这样,就促进了社会关系和社会交往。

职能,实现共同利益是社会建设的专门任务。

2.共同利益实现的具体方式

随着社会主义市场经济的发展,也促进了私人利益、共同利益、公共利益的分化,这样,如何在三者形成的辩证张力中实现共同利益,进而为三者的统一提供新的社会基础,就成为实现共同利益的具体方式,就构成了社会建设的疆域。

实现共同利益是社会主义建设的中心课题。从整个历史运动的发展来看,只有社会主义国家才能成为真正共同利益和公共利益的代表,实现私人利益、共同利益和公共利益的统一。当然,这是一个高难度的历史课题。在计划经济时代,由于政企和政社之间不存在严格的界限,因此,各种利益是混合在一起的。共同利益方面的矛盾不突出,但是,实现的程度也较低。在转向市场经济的过程中,我们实现了政企分离和政社分离,这样,整个社会利益关系就发生了重大分化。一是追求私人利益成为正大光明的行为,市场满足了这种需要;但是,也留下了许多真空地带。二是社会要求提供公共产品和公共服务的呼声不断高涨,实现公共利益进一步明确成为国家的职能;但是,国家不可能顾及到各种具体利益。三是通过社会交往来弥补个人和国家实现私人利益不足的共同利益日渐突出,尤其是不特定多数人的利益问题日渐明显。在现实中,弱势群体就是典型的不特定的多数人。例如,"国有企业下岗失业人员,为国家建设作出过贡献,理应得到国家和社会的关心和帮助。解决好他们的再就业问题,是整个就业工作的重中之重,是各级党委和政府以及全社会义不容辞的责任。如果这个问题解决不好,不仅会影响已经取得的改革成果的巩固,影响企业改革和经济结构调整工作的深入,还会影响社会的安定团结。"①这样,实现共同利益就成为社会建设的中心课题。

促进私人利益、共同利益、公共利益的互动,是社会建设的重要任务。上述三种利益,既存在着差别,也存在着关联。(1)从关系上来看,公共利益是相对于私人利益而言的;共同利益是相对于个人利益而言的。在总体上,"共同利益恰恰只存在于双方、多方以及各方的独立之中,共同利益就是自私利益

---

① 《江泽民文选》第三卷,人民出版社 2006 年版,第 507—508 页。

的交换。一般利益就是各种自私利益的一般性"。① 因此,客观上存在着私人利益、共同利益和公共利益的区分。(2)从对象上来看,私人利益指向个体,公共利益指向全体,共同利益指向多数,尤其是不特定多数人。不特定多数人是社会建设主要关注或重点关注的利益群体。(3)从利益主体来看,除了个体是私人利益的天然的主体之外,企业是私人利益的代表;谋求私人利益是市场的天职。尽管个体和企业也能够实现公共利益,但是,由于公共物品和公共服务的特殊性,只有政府才是公共利益的代表。尽管个人和企业也会关照弱势群体,但是,从社会交往的角度来看,只有社会生活共同体(社区、社会团体等)才是共同利益的代表。(4)从实现方式来看,如果说市场以竞争为手段实现私人利益,政府以强制为手段维护公共利益,那么,社会则以志愿为手段实现共同利益。当然,也不能将之绝对化。这在于,个人利益、共同利益、公共利益的差别是相对的,其差别的根源不是在思想中,而是在现实中。既然建立和完善社会主义市场经济也有其共同利益和公共利益上的考量,那么,我们就要在私人利益、公共利益和共同利益形成的辩证张力中实现共同利益。

显然,社会建设就是要保障社会交往的正常进行,在私人利益、公共利益和共同利益形成的辩证张力中实现共同利益,进而为三者的统一提供新的社会基础。

总之,发展社会主义市场经济,必须正确处理公共利益、私人利益、共同利益的关系,正确处理政府、企业和社会的关系。② 社会建设问题就这样摆在了当代中国的面前。

---

① 《马克思恩格斯全集》第30卷,人民出版社1995年版,第199页。

② 政府、市场、社会都有其固有的作用。但是,"国家可能会过分庞大和过分扩张,在这点上新自由主义者是对的。但是如果国家受限制太多,或失去其合法性,也会引发较大的社会问题。对市场也是如此。一个社会如果允许市场向其他制度中过分渗透,就会导致公共生活的失败。而一个社会若为市场提供的空间不足,则不能推动经济繁荣。同样,如果市民社会中的社群过于强大,民主和经济发展则会受到威胁。然而如果公民秩序(civic order)过于脆弱,有效的政府和经济增长也会处于风险之中。"([英]安东尼·吉登斯:《第三条道路及其批评》,中共中央党校出版社2002年版,第52页)因此,在强调政府、市场、社会的分离的同时,又要在新的利益机制的基础上,实现三者的良性互补。我们不仅要在国家宏观调控的层面上思考和解决这一问题,而且要在社会建设的层面上思考和解决这一问题。

（二）社会生活的价值取向

社会生活以社会正义为其价值取向，社会建设的过程就是实现社会正义的过程。社会正义的本质（核心）要求是让社会生活回归人民群众自身，依法切实保障人民群众的各项权益，使人民群众过上幸福而由尊严的生活。①

1. 社会正义的一般要求

社会正义不是单纯的伦理道德上的要求，而是涉及社会建设一系列环节的重大问题。

社会正义的逻辑生成。随着社会三大部门的出现，形成了不同的价值追求。（1）在市场领域，以经济效益为价值取向，追求的是利润逻辑。目前，"我们实行社会主义市场经济体制，就是因为我们深刻认识到，市场是配置资源的有效形式，有利于发挥微观主体的内在动力和活力，从而创造更多社会财富。同时，我们也深刻认识到，市场从来都不是万能的，特别是在经济发展面临重大挑战的情况下，必须发挥政府应有的宏观调控作用，克服市场缺陷。"②为此，还必须用正义约束和规范市场经济的运行。（2）在政府部门，以政治秩序为价值取向，形成的是权力逻辑。但是，"政治统治到处都是以执行某种社会职能为基础，而且政治统治只有在它执行了它的这种社会职能时才能持续下去"。③为此，政府不仅要加强公共服务和社会管理的职能，而且要用法律手段维护公平正义。（3）在社会领域，以社会正义为价值取向，奉行的是生活逻辑。社会正义指一个社会基本制度及其规则和原则的合法性和公正性，指向的是社会的稳定秩序、和谐统一及发展进步状态。对于当代中国来说，"公平正义，就是社会各方面的利益关系得到妥善协调，人民内部矛盾和其他社会矛

---

① 在严格的意义上，正义（Justice）与平等（Equity）、公平（Fairness）、公正（Impartiality）是不同的，但是，它们又具有内在的关联，属于同一序列的概念。正义最早是法律上的概念，要求个人的权利不被社会其他成员或国家所侵犯；这样，才能维护社会秩序和社会稳定。这样，就必须平等地对待所有人的权利，给予所有人平等的考虑和机会的权利。由于贫富差距问题，平等从民主法制的层面扩展到了社会领域，要求每个人拥有同等数量的商品或者享受同等水准的社会经济利益。正义的本质是公平，比值的平等相当于公平。公平要求同样的事物要同样地对待，不同的事物要不同地对待。在涉及财物、福利、责任等方面的分配上，公平要求平等、合比例、公正地对待之。公正是不论境遇如何改变，平等地对待自己和他人的态度都不能改变。为了叙述的简便，我们在同等的意义上使用上述四个概念。

② 《十七大以来重要文献选编》（下），中央文献出版社2013年版，第28页。

③ 《马克思恩格斯文集》第9卷，人民出版社2009年版，第187页。

盾得到正确处理,社会公平和正义得到切实维护和实现"。① 在总体上,只有让人民群众过上幸福而有尊严的生活,才能实现社会正义,进而才能维护社会秩序和社会稳定。显然,在当代中国,社会正义指向的是社会转型过程中的人民群众的权益的保障问题。

社会正义的内容规定。社会正义具有复杂的构成和要求。(1)社会正义就是正义的制度安排。社会正义规范一个社会的主要的经济、政治、文化、社会和生态等方面的制度安排,要求确保经济正义、政治正义、文化正义、社会生活正义和生态正义。因此,在当代中国,我们"必须坚持民主法治。加强社会主义民主政治建设,发展社会主义民主,实施依法治国基本方略,建设社会主义法治国家,树立社会主义法治理念,增强全社会法律意识,推进国家经济、政治、文化、社会生活法制化、规范化,逐步形成社会公平保障体系,促进社会公平正义。"②按照社会正义规范的经济、政治、文化、社会和生态等方面的制度,互相调和交织成一个复杂系统,决定着人们的权利、责任和利益分配。(2)社会正义就是正义的权益保障。社会正义是一个与宪法和法律以及根据法律享有的权力和利益相联系的概念。因此,在当代中国,"要从法律上、制度上、政策上努力营造公平的社会环境,从收入分配、利益调节、社会保障、公民权利保障、政府施政、执法司法等方面采取切实措施,逐步做到保证社会成员都能够接受教育,都能够进行劳动创造,都能够平等地参与市场竞争、参与社会生活,都能够依靠法律和制度来维护自己的正当权益。"③维护公民的合法权益是社会正义的核心主题,也是各种正义所共同倡导的价值准则。上述两个方面具有辩证的关系,后者是核心,前者是保障,二者共同构成了社会正义。

总之,不同于政府和市场的价值取向和运行逻辑,社会建设必须时刻防范利润逻辑和权力逻辑对生活逻辑的侵犯,必须以社会正义作为自己的价值取向和追求。

2. 社会正义的实现方式

社会正义是社会和谐的基本条件,制度建设是实现社会正义的根本保证

---

① 《十六大以来重要文献选编》(中),中央文献出版社 2006 年版,第 696 页。
② 《十六大以来重要文献选编》(下),中央文献出版社 2008 年版,第 652 页。
③ 《十六大以来重要文献选编》(中),中央文献出版社 2006 年版,第 712 页。

和选择。

坚持社会主义发展道路。公平正义始终是一定经济关系尤其是生产资料所有制情况的反映。在生产资料私有制的条件下,必然存在剥削和压迫。只有生产资料占有者剥削和压迫劳动人民的自由,而没有劳动人民反抗剥削和压迫的自由。因此,在这样的社会中,充其量只有形式上的正义,不可能有实质上的正义。"现代资本家,也像奴隶主或剥削徭役劳动的封建主一样,是靠占有他人无酬劳动发财致富的,而所有这些剥削形式彼此不同的地方只在于占有这种无酬劳动的方式有所不同罢了。这样一来,有产阶级胡说现代社会制度盛行公道、正义、权利平等、义务平等和利益普遍和谐这一类虚伪的空话,就失去了最后的立足之地,而现代资产阶级社会就像以前的各种社会一样真相大白:它也是人数不多并且仍在不断缩减的少数人剥削绝大多数人的庞大机构"。① 只有随着造成阶级差别的生产资料私有制的消灭,一切由这些差别产生的社会的和政治的不平等即不正义也将自行消失。因此,无产阶级平等正义要求的实际内容都是消灭阶级的要求。任何超出这个范围的平等要求,都必然要流于荒谬。现在,在确立生产资料公有制主体地位的情况下,社会和谐成为中国特色社会主义的本质属性。因此,只有坚持中国特色社会主义道路,才能为实现社会正义提供制度保障。

建立社会公平保障体系。只有将人民群众的各项合法权益上升到制度安排(体制结构)的高度,才能切实有效地保障人民群众的权益,实现社会正义。对于当代中国来说,必须把维护社会公平放到更加突出的位置,综合运用多种手段,依法逐步建立以权利公平、机会公平、规则公平、分配公平为主要内容的社会公平保障体系。(1)权利公平。中华人民共和国的公民具有同等的权利,不能因为出身、职业、财富等条件的差异而区别对待,大家都有追求幸福生活、维护自我尊严的权利。国家必须保护人权,促进人权事业的健康发展。(2)机会公平。必须保证所有的社会成员在起点上的平等。目前,"生活在我们伟大祖国和伟大时代的中国人民,共同享有人生出彩的机会,共同享有梦想成真的机会,共同享有同祖国和时代一起成长与进步的机会。"②这样,才能使

---

① 《马克思恩格斯文集》第3卷,人民出版社2009年版,第461页。
② 习近平:《在第十二届全国人民代表大会第一次会议上的讲话》,2013年3月18日《人民日报》第1版。

每一个人在奉献社会的同时实现自身的价值。(3)规则公平。必须坚持依法治国的方略,保证法律面前人人平等。目前,必须保证政府、市场、社会三大领域都在社会主义宪法的框架中运行,尤其是要防范利润逻辑和权力逻辑对生活逻辑的侵害。(4)分配公平。要坚持按劳分配为主体、多种分配方式并存的分配制度,提高劳动报酬在初次分配中的比重,正确处理公平和效率的关系,"初次分配和再分配都要兼顾效率和公平,再分配更加注重公平。"①只有从制度的高度去推进分配正义,去约束不正义的分配,才会形成普遍的社会正义。在此前提下,目前的重点是要切实保护人民群众的各方面的权益,尤其要把查处严重损害群众各方面权益和人身权利等方面的案件作为重点。

当然,世界上没有亘古不变的正义,更没有超时代的正义。只有准确把握社会主义初级阶段的基本国情和社会转型期的基本特征,才能有效实现社会正义。否则,一切都是空谈。

总之,在社会主义条件下,"除了'资产阶级权利'以外,没有其他准则。所以就这一点说,还需要有国家在保卫生产资料公有制的同时来保卫劳动的平等和产品分配的平等"。② 因此,在坚持社会主义的前提下,只有加紧建设对保障社会正义具有重大作用的制度,我们才能实现社会正义。

(三) 社会生活的组织机制

为了有效避免权力逻辑和利润逻辑对社会生活的侵犯所导致的社会生活的行政化和市场化,必须维护社会生活的自组织机制,按照自组织方式推进社会建设。

1. 社会生活自组织的规定

自组织是社会生活的组织机制。只有加强社会生活共同体的自我管理、自我服务、自我教育、自我监督,才能实现社会生活的充分自治。

社会生活自组织的特征。从组织进化形式来看,存在着他组织和自组织两种机制。"自组织系统是在没有外界环境的特定干预下产生其结构或功能

---

① 胡锦涛:《坚定不移沿着中国特色社会主义道路前进　为全面建成小康社会而奋斗——在中国共产党第十八次全国代表大会上的报告》,人民出版社 2012 年版,第 36 页。
② 《列宁专题文集　论社会主义》,人民出版社 2009 年版,第 35 页。

的"。① 其核心特征主要包括自适应性和开放性。社会生活也具备这样的特质。(1)自适应性。这是指通过组织对于各种内外部变化做出积极应对的一种能力。在社会生活中,让内外部的变化能够准确及时地传递给系统,让问题和矛盾体现出来,充分发挥群众的监督作用,就可实现自适应性。此外,各个自组织机体能够根据实际问题对组织结构和工作流程等作出相应的调整;然后,通过不断的反馈机制,加深这种调整。在这样循环往复的基础上,就能促进社会生活自适应能力的提高。(2)开放性。只有保持开放,才能形成耗散结构,这样,才能有自组织行为并形成复杂系统。耗散结构是系统处于非平衡条件下,由于与外界保持着物质变换而形成的一种稳定的结构。社会生活是向社会全体成员开放的,而不问其具体境遇,这样,才能在包容中充满了生机和活力。同时,只有向外开放,才能将外部资源援入到社会生活中,转化为社会建设的有效资源。当然,开放是对等的。在一切为我所用的同时,社会生活共同体的信息也要被外界所知,如财务状况和组织管理情况等,这样,有利于发挥外界的监督作用,进而提高自己的自律水平。社会生活所具有的自组织特征,要求必须充分实现社会自治。

社会生活自组织的依据。社会自治是马克思主义理论的重要内容。(1)人民自治。作为社会历史创造者的人民群众是国家的主人,自治是人民群众当家作主的最直接形式。巴黎公社不同于以往一切政权的更替,不是为了改朝换代,而是无产阶级和他们代表的人民群众组织起来,把剥削阶级篡取的权力收归自己所有,表明了"通过人民自己实现的人民管理制的发展方向"②。人民自治不仅是实现遏制权力腐败、实现人民对权力有效监督的基础,而且是人民群众自我管理社会事务的有效方式。(2)社会组织自治。以往的国家是凌驾于社会之上的。巴黎公社要做的就是彻底粉碎旧的阶级统治的凶恶机器,把国家篡取的公共权利归还给社会,用人民群众组成的组织去代替国家,

---

① [德]H·哈肯:《高等协同学》,郭治安译,科学出版社1989年版,前言第ⅲ页。

② 《马克思恩格斯全集》第17卷,人民出版社1963年版,第366页。新版《法兰西内战》中文版将之翻译为"走向属于人民、由人民掌权的政府的趋势"(《马克思恩格斯文集》第3卷,人民出版社2009年版,第163页)。其原文为"the tendency of a government of the people by the people"(Karl Marx:The Civil War in France, *Marx & Engels Collected Works*:Volume 22, p.339.)由于《法兰西内战》原文为英文,"government"除了有"政府"的含义外,也具有direction、control、rule、managmentd等含义,结合马克思一贯的思想主张,我们认为,《法兰西内战》原来的中文译文为妥。

把所有的职务变成真正工人的职务,从而把公社组织自身变成自治的主体。按照上述思路,除了加强基层民主政权建设之外,在按照统筹兼顾方针建设社会主义中,我们也提出:"许多人,许多事,可以由社会团体想办法,可以由群众直接想办法,他们是能够想出很多好的办法来的。而这也就包括在统筹兼顾、适当安排的方针之内,我们应当指导社会团体和各地群众这样做。"①这样,才能充分调动各种力量积极参与社会主义建设。因此,加强社会自治,更能够体现无产阶级专政的本来面貌,更能够体现出人民群众当家作主的权利,更能够有效促进社会治理。

总之,社会生活不需要外部力量的强制性干预,通过自身就可以实现自我管理、自我教育、自我服务、自我约束,进而就能够实现社会生活的有序化。

2.社会生活自组织的实现

实现社会生活自组织机制是一项复杂的社会系统工程,涉及组织机制、规范机制和支撑机制等方面和环节。

实现社会生活自组织的组织力量。城乡社区是社会生活共同体的重要单位。在当代中国,"在城乡按居民居住地区设立的居民委员会、村民委员会,是具有中国特色的基层群众性自治组织。它们作为人民群众自我教育、自我管理、自我服务的组织,办理公共事务和公益事业,调解民间纠纷,协助维护社会治安。"②为此,社区工作要注意两个问题:(1)调动社区群众参与。社区居民是社区最广泛的群众基础,也是社区建设的可持续资源。因此,要引导和鼓励居民群众走出封闭的小家庭,参与社区建设和分享,在创建中丰富精神生活和社会生活,在活动中增进邻里间的感情,在体验中愉悦身心。(2)调动社区单位参与。社区单位有其资源优势和人才优势,既是社区建设的重要力量,也是社区建设的受益者。可以通过社区建设领导小组、社区建设工作委员会、社区党建联席会议等形式,动员他们参与社区的共建共享。还可以加大政策和法规调整的力度,形成制度化的激励和约束机制,激励和约束社区单位无偿或低偿向社区居民开放活动设施等。政府也要积极协调辖区内单位,最优化地整合、利用现有资源设施,以满足社区居民的需求。在此基础上,我们才能

---

① 《毛泽东文集》第七卷,人民出版社1999年版,第228页。
② 《彭真文选》,人民出版社1991年版,第477页。

"把城乡社区建设成为管理有序、服务完善、文明祥和的社会生活共同体"。①这样，社区才能真正成为社区居民大家共同生活的家园。

实现社会生活自组织的规范约束。社会生活是以法律、契约为媒介进行治理的。其中，乡规民约（村规民约）是社会治理的重要方式。② 在当代中国，在社会主义民主法制的基础上，也将之作为村民自治的重要方式。例如，我们在 1996 年曾提出："建立村规民约，发挥农民群众自我教育、自我管理的积极性，逐步实现村级规范化、民主化管理。"③乡（村）规民约是基层民主和基层治理的重要实践。（1）从其根据来看，尽管也有传统文化和习俗的影响，但是，国家的法律法规是主要依据。乡（村）规民约是国家法律法规转化为民众自觉意识和行为的重要中介。现在，社会主义新农村建设的"生产发展、生活宽裕、乡风文明、村容整洁、管理民主"的方针，也往往会成为制定乡（村）规民约的重要依据。（2）从其制定方式来看，尽管也有党政部门和干部的指导，但是，一般是通过发动群众、经过充分的民主讨论制定的。乡（村）规民约反映了村民的共同利益和共同价值，因此，社会认同度较高。（3）从其内容来看，涉及家庭、邻里、生产、公益、救助、治安、村容、环境等一系列内容。例如，在救助方面，要求"孤鳏寡弱，大家助济；贫贱勿欺，丰歉相携；一方有难，八方相助"。作为村民共同遵守的准则，乡（村）规民约有助于树立良好的村风。（4）从其实施方式来看，有的地方创造了乡规民约评议会的方式。其成员一般由"三老"（退休老干部、老教师、德高望重的老人）和各方代表组成，并经村民选举产生。由于其身份与村民平等、威信较高、公道正派，因此，在化解矛盾、调解纠纷、说服教育等方面发挥了重要作用，推进了乡村治理。现在，我们应将之推广到其他社会生活共同体中，使以社会主义法律为依据的、通过民主协商而形成的契约伦理成为社会治理的规范和方式，促进社会自治。

实现社会生活自组织的精神支撑。公共精神是社区成员在公共生活领域

① 《十七大以来重要文献选编》（上），中央文献出版社 2009 年版，第 23 页。
② 北宋神宗熙宁九年（公元 1076 年），陕西蓝田吕氏兄弟四人提出了《吕氏乡约》，其内容包括"德业相劝、过失相规、礼俗相交、患难相恤"四项。这是我国最早的成文的乡规民约，对传统乡村治理模式具有重大影响。在当代西方，哈贝马斯提出了商谈伦理学。在他看来，在社会交往中，在平等的基础上，通过商谈，可以确立具有普遍意义的道德规范。事实上，这是一种契约伦理，是社会治理的一种重要理路。
③ 《十四大以来重要文献选编》（中），人民出版社 1997 年版，第 1663 页。

中应该具备的基本精神。简单地说,其本质是公民的公共责任意识在思想和行为上的体现。目前,社区成员的公共精神还十分淡薄。事实上,生活在同一共同体中的居民,在住宅维护、卫生治安、社会服务、社区绿化、环境保护等方面有着共同的利益诉求,因此,必须有意识地培养和强化共同体成员的公共精神,要以社会生活的共同需求和共同利益为纽带,促进大家积极参与社区公共事务,关心社区公益事业,自觉地维护社区公共秩序,形成"我为人人、人人为我"的良好社会氛围。为此,必须加强公共精神教育。此外,公共精神又要以平等精神为前提。无论人们的具体境遇如何,在社区中的身份都是居民,大家对社区公共事务都有平等的权利与义务。社区公共事务理应由居民群众在平等协商的基础上自我处理和解决。在社区中,不仅居民和居民之间的关系是平等的,即便是居民自治组织和政府部门之间也不是行政隶属关系,而是一种平等的协商对话关系。

一般来讲,实现社会生活的自组织,要以社会生活共同体为依托和力量,以法律和契约为媒介和约束,以公共精神和平等精神为支撑和导向。

总之,"在城乡社区治理、基层公共事务和公益事业中实行群众自我管理、自我服务、自我教育、自我监督,是人民依法直接行使民主权利的重要方式。"①舍此,社会就会失去活力。显然,社会生活的自组织能够更好完善其社会职责和功能机制,是建立成熟的健康的社会生活共同体的社会基础。这个意义上,社会建设是人民群众自主管理社会事务和自主创造幸福生活的过程。

综上,在当代中国,社会建设是随着社会主义市场经济的发展而明确地成为社会主义建设的专门领域和专门任务的。

---

① 胡锦涛:《坚定不移沿着中国特色社会主义道路前进 为全面建成小康社会而奋斗——在中国共产党第十八次全国代表大会上的报告》,人民出版社 2012 年版,第 27 页。

第四章　化解社会矛盾:当代中国 社会建设的现实指向

在深化改革的进程中,出现了大量新的人民内部矛盾和社会矛盾,如果不能妥善地及时化解,一旦被坏人利用,使之激化,也可能形成新的动乱的起因。对这个问题,党和国家的高层领导和全党同志绝不能掉以轻心,要保持高度警觉,进一步做好各个方面的工作。

——江泽民:《通报中央政治局常委"三讲"情况的讲话》(2000 年 1 月 20 日),《江泽民文选》第二卷,人民出版社 2006 年版,第 553 页。

社会矛盾运动是推动社会发展的基本力量。我们要遵循社会发展规律,主动正视矛盾,妥善处理人民内部矛盾和其他社会矛盾,不断为减少和化解矛盾培植物质基础、增强精神力量、完善政策措施、强化制度保障,最大限度激发社会活力,最大限度增加和谐因素,最大限度减少不和谐因素。

——胡锦涛:《在庆祝中国共产党成立 90 周年大会上的讲话》(2011 年 7 月 1 日),《十七大以来重要文献选编》(下),中央文献出版社 2013 年版,第 449 页。

今天,当代中国已进入改革"深水区",社会构成和利益格局发生着深刻而显著的变化,新旧体制转换带来的巨大震动和摩擦,不可避免地衍生出新的问题和矛盾,有的甚至比较突出和尖锐。就此而论,当代中国也进入矛盾"凸显期"。从其性质来看,这些矛盾属于人民内部矛盾。人民内部矛盾对社会稳定和社会和谐的负面影响不容忽视。社会建设的迫切任务就是要科学化解矛盾、引导矛盾朝正向发展。

一、社会主义社会矛盾的复杂特征

社会主义社会也存在并且充满着各种矛盾。这些矛盾构成了一个体系。在这个体系中,各种矛盾的性质、特征、地位和作用不同,决定了其解决方式也不同。在一定条件下,各种矛盾存在着相互转化的可能。因此,科学认识社会主义社会矛盾的性质和特征,是搞好社会主义建设的重大任务。

(一) 社会主义社会矛盾的构成

在社会主义条件下,对抗消失了,但是,矛盾仍然存在。当然,矛盾的表现和类型都发生了重大的变化。

1. 社会主义社会矛盾的层次

社会主义社会是一个由多种类型的矛盾组成的庞大的复杂的结构体系。由于其地位、作用不同,这些矛盾在这一体系中处于不同的层次。(1)基本矛盾。处于第一层次的是社会主义社会的基本矛盾,即生产力与生产关系、经济基础与上层建筑之间的矛盾。"我们现在遇到的矛盾和问题很多,而且错综复杂、相互交织,但归根到底,是要正确认识和妥善处理新的历史条件下解放和发展社会生产力与调整完善生产关系,根据经济基础的发展自觉改革和完善上层建筑中不相适应部分的问题。"①整个社会主义社会,就是在不断解决社会基本矛盾的过程中前进的。所以,社会主义社会的基本矛盾构成了社会主义社会发展的基本动力。(2)主要矛盾。处于第二层次的是社会主义社会的主要矛盾。随着社会主义改造任务的完成,人民群众日益增长的物质文化需要同落后的社会生产之间的矛盾,成为社会主义社会的主要矛盾。现在,"我国经济、政治、文化和社会生活各方面存在着种种矛盾,阶级矛盾由于国际国内因素还将在一定范围内长期存在,但社会的主要矛盾是人民日益增长的物质文化需要同落后的社会生产之间的矛盾,这个主要矛盾贯穿我国社会

---

① 《江泽民文选》第三卷,人民出版社 2006 年版,第 26 页。

主义初级阶段的整个过程和社会生活的各个方面。"①这一矛盾决定着社会主义的发展方向和内容。这样,解放和发展生产力就成为社会主义的根本任务。(3)具体矛盾。处于第三个层次的是各种具体的社会矛盾,表现在全部社会生活的方方面面。目前,"必须清醒地看到,我们工作中还有不少困难和问题。农民和城镇部分居民收入增长缓慢,失业人员增多,有些群众的生活还很困难;收入分配关系尚未理顺;市场经济秩序有待继续整顿和规范;有些地方社会治安状况不好;一些党员领导干部的形式主义、官僚主义作风和弄虚作假、铺张浪费行为相当严重,有些腐败现象仍然突出;党的领导方式和执政方式与新形势新任务的要求还不完全适应,有的党组织软弱涣散。我们必须高度重视存在的问题,继续采取有力措施加以解决。"②在目前的社会转型过程中,各种矛盾交织在一起,形成了"矛盾群"。在这个矛盾体系中,主要矛盾居于主导的和中介的地位。它是在基本矛盾的基础上产生的并受之制约,同时又规约和影响着其他各种具体的矛盾。

2. 社会主义社会矛盾的类型

可以将社会主义社会的矛盾划分为对抗性矛盾和非对抗性矛盾、敌我矛盾和人民内部矛盾两种类型。(1)两种类型矛盾的区分。在社会主义改造任务完成之后,敌我矛盾在一定程度上依然存在,甚至会激化。这种矛盾具有对抗的性质。但是,毕竟阶级斗争已不是主要矛盾,大量的矛盾属于人民内部矛盾。在社会主义条件下,由于一系列复杂的原因,人民内部矛盾不仅存在而且大量涌现,如城乡矛盾、工农矛盾、区域矛盾、党群矛盾、干群矛盾等。人民内部矛盾是在人民利益根本一致基础上的矛盾,因此,属于非对抗性的矛盾。在总体上,两类矛盾映现的是对抗性矛盾与非对抗性矛盾的区别。但是,"许多人对于敌我之间的和人民内部的这两类性质不同的矛盾分辨不清,容易混淆在一起。应该承认,这两类矛盾有时是容易混淆的。我们在过去工作中也曾经混淆过。在肃清反革命分子的工作中,错误地把好人当坏人,这种情形,从前有过,现在也还有。我们的错误没有扩大化,是由于我们在政策中规定了必

---

① 《江泽民文选》第二卷,人民出版社2006年版,第15页。
② 《江泽民文选》第三卷,人民出版社2006年版,第531页。

须分清敌我,错了就要平反。"①总之,虽然存在两类矛盾,但大量地、突出地表现为人民内部矛盾。看不到这一点,就会犯"左"的错误。(2)两种类型矛盾的转化。在一定条件下,各种矛盾之间是可以相互转化的。这种转化具有双重的影响。在社会主义条件下,"人民内部矛盾可能转化为敌我矛盾,如果双方采取的态度和政策不适当的话。可能不转化为敌我矛盾,而能始终当作人民内部矛盾,予以彻底的解决,如果我们能够把这种矛盾及时适当地加以解决的话。"②如果人民内部矛盾转化为敌我矛盾,必然会对社会主义社会产生危害。因此,对于党和政府来讲,必须采取正确的方针和方法处理人民内部矛盾,关键是不能采取激化矛盾的态度和方法,而应该去积极寻找矛盾的源头,将矛盾消灭在萌芽状态中。对于人民群众来说,必须在社会主义法律的框架中表达自己的利益诉求,不能受制于人。同时,敌我矛盾也有可能转化为人民内部矛盾。通过不断展现社会主义优越性,切实提高人们的物质文化生活水平,开展深入细致的思想政治工作,敌我矛盾就可以转化为人民内部矛盾。这样,就会加强社会主义社会的向心力和凝聚力。总之,必须科学界定、正确区分和正确处理两类不同性质的矛盾,切实防范和有效化解矛盾转化所带来的负面效应,引导矛盾向非对抗性方向发展,向有益于社会主义的方向发展。

显然,在社会主义社会,矛盾客观地存在于社会主义的各个方面、各个层次,并且相互联系、相互交织、相互影响。

(二) 社会主义社会矛盾的成因

只有科学认识社会主义社会矛盾的成因,才能正确处理社会主义社会矛盾,最终才能推动社会主义社会不断向前发展。

1. 社会主义社会矛盾的体制性成因

社会主义社会矛盾有其体制性的原因。在计划经济体制下,生产关系与生产力既有相适应的一面,也有不相适应的一面。由于只强调社会主义公有制的优越性,按照计划经济体制去安排生产,而没有看到企业有发展的相对独立性和生产力发展的高速性的一面,因此,生产关系与生产力的矛盾、上层建

---

① 《毛泽东文集》第七卷,人民出版社1999年版,第212—213页。
② 《建国以来重要文献选编》第12册,中央文献出版社1997年版,第526页。

筑与经济基础的矛盾同样存在于社会主义社会。从当代中国的生产力来看，一方面比较落后，存在着与先进的社会主义生产关系的矛盾；另一方面，生产力发展迅速，在一定时期内超出生产关系所能适应的程度。这样，就导致了生产关系不适合生产力、上层建筑不适合经济基础的情况时有发生。其他矛盾都是由之引发的或者受之左右。在社会主义条件下，这种不适应是总体适应中的局部不适应，因此，不能通过革命解决矛盾，而必须采用改革的方式。"改革的一个核心问题，就是要从根本上改变束缚生产力发展的原有经济体制，建立充满生机与活力的新经济体制。我们过去长期实行的是高度集中的计划经济体制，这种经济体制曾经起过重要作用。但是由于这种经济体制存在权力过分集中的弊端，存在忽视甚至排斥商品经济、忽视甚至排斥市场作用的弊端等等，越来越不适应现代化生产发展的要求，束缚生产力的发展，以致往往把整个经济搞死，使其失去生机与活力。所以，对这种高度集中的计划经济体制进行根本性的改革势在必行，否则就不可能实现我国的现代化。"①体制问题属于生产关系范畴，理顺体制也就意味着完善生产关系。但是，我们目前的体制改革存在着不到位的问题。一方面，计划经济体制的影响仍然根深蒂固，市场化的程度还远远不够；目前的很多问题是由垄断造成的。另一方面，在推进经济体制改革的过程中，其他方面体制的改革没有相应跟进；目前的很多问题是由于改革的不全面造成的。因此，在坚持改革的社会主义方向的前提下，我们必须加大市场化的力度，同时推进其他方面的体制改革。

2. 社会主义社会矛盾的过程性成因

社会主义社会矛盾是在发展过程中产生的矛盾。由于资本主义发展的不平衡性，社会主义革命首先在经济文化落后的国家取得成功。但是，新政权不可能建立在落后生产力的基础上。这样，发展（从不发达转向发达）成为伴随社会主义始终的主要任务。在当代中国，社会主义初级阶段就是从落后的农业国向先进的工业国转变的过程。为此，必须将发展作为党执政兴国的第一要务。没有发展，矛盾的解决就无从谈起。但是，在发展过程中，旧的矛盾解决了，新的矛盾又会出现。在社会主义建设初期，在形式上采用平均主义分配政策的同时，我们在经济发展方面实际上采用的是梯度开发战略，按照先工业

---

① 《十三大以来重要文献选编》（下），人民出版社 1993 年版，第 2064—2065 页。

后农业、先重工业后轻工业以及先沿海后内地、先城市后农村的顺序推进发展。这种战略抓住了主要矛盾和矛盾的主要方面，取得了重要的成就。但是，也必然会引发城乡、地区、行业等方面的差距。改革开放后，我们采用了让一部分地区和一部分人先富起来的战略。同时，为了促进生产力的发展，我们将社会主义市场经济作为体制改革的目标模式。随着改革的推进，社会主体也日趋多元化，不同地区、企业、群体和个人都成为相对独立的利益主体。但是，其依赖的经济关系存在差异，资源占有存在差异，加上国家政策倾斜和市场竞争等因素，导致在城乡、地区、行业、阶层和个体等方面的利益差距不断扩大，结果导致社会矛盾不断出现甚至还会激化。因此，必须清醒地看到，"当前我国发展呈现出一系列新的阶段性特征。我国生产力水平总体上还不高，自主创新能力还不强，长期形成的结构性矛盾和粗放型增长方式尚未根本改变，影响发展的体制机制障碍依然存在，城乡贫困人口和低收入人口还有相当数量，农业基础薄弱、农村发展滞后的局面尚未改变，缩小城乡、区域发展差距和促进经济社会协调发展任务艰巨，社会建设和管理面临诸多新课题，党和国家工作中还存在缺点和不足，人民群众还有不少不满意的地方。在前进道路上，我们还会遇到这样那样的困难和风险"。① 可见，发展过程中产生的矛盾的严重性，丝毫不亚于发展不足或发展滞后造成的矛盾。为此，在代表中国最广大人民根本利益的前提下，我们必须坚持走科学发展之路。

3. 社会主义社会矛盾的结构性成因

社会主义社会矛盾的出现和存在有其结构性的根源。社会结构是一个社会构成的基本框架。在新中国成立后相当长的一段时期内，由于国际因素的制约，我国在发展过程中主要突出阶级结构、政府组织、区域结构、城市等结构要素，导致在较长时期内国内矛盾被政治化，生产力和生产关系之间的矛盾往往被其他因素所掩盖，人民群众日益增长的物质文化生活需要同落后的社会生产之间的矛盾往往被阶级矛盾所遮蔽。这样，即使是严格意义上的社会建设问题和社会管理问题，也往往被看作是政治问题。改革开放后，社会结构和利益关系发生了新的变化，旧体制的逐步废除与新体制的逐步建立适应了生产力发展的要求。但是，由于改革措施不配套和政策法规不完善，政治体制改

---

① 《十七大以来重要文献选编》（上），中央文献出版社2009年版，第810页。

革的相对滞后，新旧体制并存、交叉和碰撞，结果导致了新的问题。在这个过程中，"由于社会经济成分、组织形式、就业方式、利益关系和分配方式日益多样化，人们思想活动的独立性、选择性、多变性、差异性明显增加；市场经济活动存在的弱点及其带来的消极影响，反映到人们的思想意识和人与人关系上来，容易诱发自由主义、分散主义和拜金主义、享乐主义、利己主义；人民内部矛盾的内容和表现形式也出现了许多新的情况"①。这样，上述各种因素就成为了新时期人民内部矛盾产生的结构性根源。应当看到，在市场化改革中，发生利益分化和由此引发各种利益矛盾是必然的，比之过去平均主义更具有社会公平的意义。但是，也不能忽视这些矛盾。因此，我们不能否定社会主义市场经济的改革方向，同时，要加大社会结构调整和优化的力度。

总之，社会主义社会存在矛盾的原因是复杂的、多样的。只有准确把握住这些原因，才能有的放矢地解决矛盾。

（三）社会主义社会矛盾的性质

在社会主义社会里，从总体上说，矛盾性质的基本特点就在于其非对抗性。

1. 规定社会主义社会矛盾性质的经济条件

社会主义社会的矛盾的非对抗性，更为重要的是由社会主义经济制度决定的。在不同的社会制度中，社会基本矛盾的根本性质和表现形式是大为不同的。这在于，生产资料所有制决定着生产关系的性质，决定着人们之间的利害关系，决定着社会制度的性质，因而，也就决定着社会矛盾的性质。资本主义私有制与社会化大生产在本质上是相抵触的，限制了社会化大生产的发展，而资本主义的私有制是不可能自我否定的。同时，"只要外在化的主要形式即私有制仍然存在，利益就必然是单个利益，利益的统治必然表现为财产的统治"。② 在这种情况下，资本主义社会的矛盾必然具有对抗的性质。在社会主义革命中，一直都强调所有制问题是无产阶级革命运动的基本问题，将公有制作为社会主义的经济基础。社会主义公有制在本质上与社会化大生产相一

---

① 《江泽民文选》第三卷，人民出版社 2006 年版，第 81—82 页。
② 《马克思恩格斯文集》第 1 卷，人民出版社 2009 年版，第 94 页。

致,能够促进社会化大生产的发展。同时,只有在公有制的条件下,才能消除一少部分人凭借占有生产资料而剥削和压迫绝大多数人的不合理的现象,才为保证人们根本利益的一致提供了经济基础和保障。显然,"只有确保公有制经济的主体地位,才能防止两极分化,实现共同富裕。"①因此,社会主义社会的矛盾具有非对抗性。目前,占绝对优势的公有制经济已经成为我国社会主义生产关系的基础,已经消除了阶级剥削和压迫的经济基础,因此,当代中国的社会矛盾属于非对抗性的矛盾。

2. 规定社会主义社会矛盾性质的政治保证

社会主义社会的矛盾的非对抗性,也是由无产阶级专政的社会主义国家的性质决定的。在这个问题上,"以往国家的特征是什么呢? 社会为了维护共同的利益,最初通过简单的分工建立了一些特殊的机关。但是,随着时间的推移,这些机关——为首的是国家政权——为了追求自己的特殊利益,从社会的公仆变成了社会的主人。这样的例子不但在世袭君主国内可以看到,而且在民主共和国内也同样可以看到。"②在这种情况下,由于人们的利益是根本对立的,因此,社会矛盾必然具有对抗性。在无产阶级专政的条件下,由于消灭了私有制并促进了社会化大生产的发展,从而使不同阶级的继续存在成为时代的错误;工人阶级和劳动人民成为了国家、社会和自己命运的主人,依法直接行使民主权利;同时,对危害人民群众利益的敌人实施严厉的专政。可见,"社会主义制度保证人民当家作主,坚持公有制为主体,解放和发展生产力,消灭剥削制度,消除两极分化,推动物质文明和精神文明协调发展,最终实现全体人民共同富裕。"③由于无产阶级专政的社会主义国家为实现根本利益的一致提供了政治保障,因此,其矛盾是非对抗性矛盾。根据我国具体实际,我们在政治上实行人民民主专政。人民民主专政即无产阶级专政。在此政治框架中,作为领导力量的中国共产党代表着中国最广大人民的根本利益,我们的人民政府是真正代表人民利益的、为人民服务的政府,国家维护和保护人民群众的合法利益,这样,人民群众的根本利益就实现了一致。就此而论,当代中国的社会矛盾具有非对抗的性质。

---

① 《江泽民文选》第一卷,人民出版社 2006 年版,第 468 页。
② 《马克思恩格斯文集》第 3 卷,人民出版社 2009 年版,第 110 页。
③ 《江泽民文选》第三卷,人民出版社 2006 年版,第 217 页。

3. 规定社会主义社会矛盾性质的文化因素

社会主义社会矛盾之所以具有非对抗性，还是由马克思主义在社会主义国家中的指导地位决定的。(1)致力于无产阶级和劳动人民的解放是马克思主义重大的政治使命。最大多数人的利益是最紧要和最具有绝对性意义的因素，最重要的是必须首先考虑并满足最大多数人的利益要求。这是无产阶级运动同过去一切运动的本质区别。"过去的一切运动都是少数人的，或者为少数人谋利益的运动。无产阶级的运动是绝大多数人的，为绝大多数人谋利益的独立的运动。"①马克思主义是无产阶级和劳动人民的代言者。在代表和捍卫人民群众利益的同时，马克思主义也向他们说明：你们除了参加无产阶级革命运动以外，别无生路，因为只有这个运动才能维护和实现你们的利益。(2)致力于实现最广大人民群众的根本利益是马克思主义鲜明的政治立场。在社会历史观上，社会历史的客观性问题和创造性问题是辩证地联系在一起的。如果只考察人们历史活动的思想动机，那么，就不可能摸到社会发展的客观规律，就根本不可能看到人民群众的历史创造作用。这样，就会滑向唯心史观，即英雄史观。一旦看到物质生产是人类社会的存在基础和发展动力，那么，就会发现社会发展的客观规律，就会确认作为物质生产主体的人民群众的历史主体地位。这样，就会走向唯物史观，即群众史观。显然，"相信谁、依靠谁、为了谁，是否始终站在最广大人民的立场上，是区分唯物史观和唯心史观的分水岭，也是判断马克思主义政党的试金石。"②因此，坚持群众观点，致力于实现最广大人民群众的根本利益，是马克思主义最鲜明的政治立场。在当代中国，我们始终把实现和维护最广大人民的根本利益作为党和政府全部工作的根本依据，从而保证了人们根本利益的一致。因此，我们面对的矛盾是非对抗性的矛盾。

4. 规定社会主义社会矛盾性质的社会基础

社会主义社会的矛盾的非对抗性，当然是由社会主义条件下的人际社会关系决定的。社会主义社会的敌我矛盾和人民内部矛盾是性质完全不同的两类矛盾。为了正确地认识这一点，应该首先弄清楚什么是人民，什么是敌人。

---

① 《马克思恩格斯文集》第2卷，人民出版社2009年版，第42页。
② 《十六大以来重要文献选编》（上），中央文献出版社2005年版，第369页。

人民和敌人都是历史的、具体的和发展的概念,反映了人际社会关系的历史性、具体性和动态性。在社会主义社会,剥削阶级被消灭了,人民成为了国家的主人,这样,一切赞成、拥护和参加社会主义建设事业的阶级、阶层和社会集团,都属于人民的范围;一切反抗社会主义革命和敌视、破坏社会主义建设的社会势力和社会集团,都是人民的敌人。"改革开放以来,我国的社会阶层构成发生了新的变化,出现了民营科技企业的创业人员和技术人员、受聘于外资企业的管理技术人员、个体户、私营企业主、中介组织的从业人员、自由职业人员等社会阶层。而且,许多人在不同所有制、不同行业、不同地域之间流动频繁,人们的职业、身份经常变动。这种变化还会继续下去。在党的路线方针政策指引下,这些新的社会阶层中的广大人员,通过诚实劳动和工作,通过合法经营,为发展社会主义社会的生产力和其他事业作出了贡献。他们与工人、农民、知识分子、干部和解放军指战员团结在一起,他们也是有中国特色社会主义事业的建设者。"①就此而论,我国现在社会生活中的绝大多数成员都属于人民。这种情况就决定了我国目前的社会矛盾主要是人民内部矛盾,具有非对抗的性质。

总之,在社会主义社会制度框架内,以公有制为基础的经济制度为人们根本利益的实现提供了经济基础,以人民民主专政为基本政治运作模式的政治制度保证人民能够民主践行自身的权利,马克思主义能够在思想上为人们根本利益的实现提供指导思想,新型的人际社会关系有助于实现利益整合,因此,社会主义社会矛盾是非对抗性的矛盾。

(四)社会主义社会矛盾的克服

社会主义社会矛盾本质上是非对抗矛盾,必须在社会主义制度框架之内加以解决。

1. 解决社会主义社会矛盾的改革路径

改革是解决社会主义社会基本矛盾问题的根本出路。社会主义社会基本矛盾的非对抗性表明,社会主义社会矛盾能够在社会主义自我发展和自我完善中加以克服。在社会主义社会,生产力与生产关系、经济基础与上层建筑是

---

① 《江泽民文选》第三卷,人民出版社 2006 年版,第 286 页。

基本适合的，但是，也存在某些不适合的方面。为了克服社会主义基本矛盾，必须改革不适合生产力、经济基础的生产关系和上层建筑的方面，而非诉诸革命。因此，在社会主义基本制度确立以后，还要从根本上改变束缚生产力发展的各种体制，建立起充满生机和活力的社会主义体制。我们进行改革开放，目的就是要解放和发展社会生产力，实现国家现代化，让中国人民富裕起来，实现中华民族的伟大复兴；就是要推动我国社会主义制度自我完善和发展，赋予社会主义新的生机活力，建设和发展中国特色社会主义；就是要在引领当代中国发展进步中加强和改进党的建设，保持和发展党的先进性，确保党始终走在时代前列。在改革开放中，我们取得了举世瞩目的新的伟大成就。同时，我们也要高度警惕和有效化解在改革中出现的新的矛盾和问题。由于涉及利益关系的调整，会触及到一些社会成员的切身利益，因此，在改革中出现的矛盾的严重性丝毫不亚于改革前的矛盾。这样，就要求我们要正确处理改革、发展和稳定的关系，着重解决好改革中群众关心的突出问题，防止局部问题扩大为全局问题，防止矛盾激化。关键是，必须把不断改善人民生活作为处理三者关系的重要结合点。我们要看到，"人民群众是社会主义现代化事业的最终决定力量，把人民群众的利益实现好、维护好、发展好，这是正确处理改革、发展、稳定关系的结合点，是保证经济持续增长的动力所必须的，也是维护社会稳定、巩固党的执政基础所必须的。"①当然，我们也要坚决反对既得利益。但是，不能由此怀疑和否定改革。总之，坚持改革创新，坚持社会主义市场经济的改革方向，是解决社会主义社会基本矛盾的正确途径。

2. 解决社会主义社会矛盾的发展路径

社会主义社会主要矛盾决定了解放和发展生产力是解决社会主义矛盾的基本路径。随着社会主义改造任务的完成，人民群众日益增长的物质文化需要同落后的社会生产之间的矛盾成为了社会主义社会的主要矛盾。这是社会基本矛盾在社会主义初级阶段的直接的和集中的表现，要求将解放和发展生产力作为社会主义的根本任务。在唯物史观看来，生产力的发展在社会发展中具有决定性的作用。这在于，物质生活领域是整个人类生活的最基本的领域，只有解放和发展生产力才能解决这一领域的问题，进而才能为解决其他领

---

① 《江泽民论有中国特色社会主义》（专题摘编），中央文献出版社 2002 年版，第 217 页。

域的问题和矛盾提供相应的物质基础。因此,当无产阶级上升为统治阶级之后,必须尽可能快地增加生产力的总量,也就是要夯实社会主义的物质基础。目前,认识和解决社会主义社会的主要矛盾,就是要采取一切有利于生产力发展的政策和措施,坚持以经济建设为中心,推动生产力的发展,坚持用发展的办法解决矛盾和问题。同时,在发展中也会出现新的矛盾和问题,其严重性丝毫不亚于发展之前的矛盾和问题。例如,各种利益分化问题就是如此。这些矛盾和问题处理不好,更会阻碍生产力的发展。但是,不能用停止发展、否定经济建设中心地位的做法来解决问题。发展中产生的问题,只能在进一步发展中加以解决。以往那种把社会主义制度加群众运动当作万能武器,离开经济建设进行阶级斗争的观念和做法,是违背马克思主义基本原理的,不能也不可能从根本上解决社会主义社会矛盾。相反,可能会加剧矛盾,使非对抗性矛盾向对抗性方向发展,使对抗性矛盾成为破坏社会主义的力量。因此,在坚持发展的同时,还必须善于发展。总之,"只有牢牢抓住这个主要矛盾和工作中心,才能清醒地观察和把握社会矛盾的全局,有效地促进各种社会矛盾的解决。发展是硬道理,中国解决所有问题的关键在于依靠自己的发展。"①坚持以经济建设为中心,是对社会主义主要矛盾分析后得出的最重要结论,是解决中国当代一切问题和矛盾的关键。

3. 解决社会主义社会矛盾的协调路径

解决社会主义社会的矛盾是一项复杂的社会系统工程,协调方式是解决社会矛盾的主要办法。一方面,这是由社会主义社会矛盾的系统性决定的。社会主义社会矛盾是由诸多矛盾因素构成的有机整体,每一种矛盾在社会有机体中都作为特定问题和动力存在,对社会发展产生着不同的影响和发挥着不同的作用;同时,它们又相互联系、相互制约和相互影响。因此,任何一种矛盾的解决都依赖于整个矛盾系统的消解,而整个矛盾系统的消解又离不开各种具体矛盾的克服。例如,通过发展的办法来解决社会主义社会的主要矛盾,离不开通过改革的办法来解决社会主义社会的基本矛盾,因为只有理顺生产关系才能有效促进生产力的发展。同时,通过改革的办法来解决社会主义社会的基本矛盾,是为了配合和支持通过发展的办法来解决社会主义社会的主

① 《江泽民文选》第二卷,人民出版社 2006 年版,第 15—16 页。

要矛盾,因为只有促进生产力发展的改革才有意义和价值。这样,协调方式就成为解决社会主义社会矛盾的主要办法。另一方面,这是由社会主义社会矛盾的结构性失衡的特点决定的。各种具体的社会矛盾,是社会主义基本矛盾和主要矛盾在社会生活不同领域的具体表现。它们一般不再表现为阶级矛盾,往往表现为根本利益一致基础上的人民内部矛盾。同时,这些具体矛盾之间也存在着盘根错节的关系,单兵突进往往不可能奏效,只能通过统筹兼顾的办法加以解决。统筹兼顾即协调。这种协调既包括社会结构要素的协调发展,尤其是经济发展和社会发展的协调;也包括人民内部各种群体之间的关系协调,不同区域之间的协调;还包括经济发展与人口资源环境之间的协调。目前,我们的重点是,要统筹城乡协调发展,统筹区域协调发展,统筹经济社会协调发展,统筹人与自然和谐发展,统筹对内改革和对外开放。在总体上,"对于各种社会矛盾,要区分不同情况,通过改革和发展,通过加强思想政治工作,通过综合运用法律、经济、行政、教育等各种手段,妥善加以解决。"①其实,用协调方式解决社会矛盾,就是要用系统方式解决问题。

总之,社会主义社会矛盾的非对抗性特征决定了必须依靠改革、依靠发展、通过协调的方式来处理和解决社会主义社会矛盾。

由上可知,社会主义社会的矛盾,既具有一般社会矛盾的特征,又具有其特殊性,因此,如何科学认识和正确处理社会主义社会的矛盾,就成为社会主义建设的重大课题。社会主义社会建设更是要直接面对社会主义矛盾系统。

二、当代中国社会矛盾的严峻挑战

处于社会转型期的当代中国,同样面临着一个矛盾凸显期。2013 年《中国社会蓝皮书》指出,近年来,每年因各种社会矛盾而发生的群体性事件多达数万起甚至十余万起。据全国总工会统计,仅 2012 年 1—8 月,全国共发生围绕工资纠纷的规模在百人以上的集体停工事件 120 多起,发生在 19 个省、规模在 30 人以上的 270 多起。这样,如何正确认识、分析当代中国社会矛盾并进一步有效化解这些矛盾,就成为当代中国社会建设的新课题。

---

① 《江泽民文选》第二卷,人民出版社 2006 年版,第 415 页。

（一）当代中国社会矛盾的表现

当代中国的社会矛盾具有复杂的表现形式，呈现出复杂性的面貌。

1.发展不足和分配不公的并存

实现财富增长最大化和分配公平化两个原则的统一，是衡量社会和谐与进步的基本标准。当代中国在这两个方面都存在着严重问题。（1）发展不足。在我国，之所以会存在大量的、甚至有些很突出的矛盾，最根本的原因就是经济发展落后。目前，虽然中国 GDP 已跃居世界第二，但是，从人均国民总收入来看，中国在参加排序的 215 个国家和地区中仅位列第 120 位。① 不仅远远落后发达国家，而且与周边的国家和地区也没有可比性。同时，我国仍然存在着大量的贫困人口。即使在未来二三十年里，从人均 GDP 来考察，中国也不可能进入高收入国家的行列。目前我国的一切社会矛盾都是由此产生的。（2）分配不公。当前，我国的人均 GDP 已经达到 6100 美元，然而居民收入差距扩大的势头并未扭转。2012 年中国基尼系数为 0.474（国家统计局数据），贫富差距严峻，收入分配改革任务艰巨。同时，这种差距又牵涉到各种社会关系。未来，扭转收入差距不断扩大的任务仍然艰巨。此外，由于腐败问题的隐蔽性及其查处的复杂性，可能会进一步制约分配正义。总之，发展不足和分配不公的并存，已成为危害社会发展的重要问题，是当代中国社会矛盾的主要表现之一。

2.权益意识增强与政治诉求不畅的矛盾

政治利益是经济利益在政治上的映射，主要表现为利益主体对政治权力的要求和对政治权利的需要上。（1）权益意识的觉醒。随着民主化和法治化的发展，人民群众的权益意识尤其是维权意识不断增强。一是集中体现在像"秋菊打官司"那样的直接利害冲突引发的讨说法上，是当自身合法权益受到危害时的一种自觉的维权行为。二是体现在无直接利益关系的社会冲突的参与和监督上，除了极少数人别有用心外，这在很大程度上是公民意识觉醒的体现。三是体现在对国家政治生活尤其是基层民主的参与和监督上，人民群众迫切要求进一步实现当家作主的权利。（2）政治诉求的不畅。我国目前解决

---

① 中华人民共和国国家统计局编：《国际统计年鉴——2012》，中国统计出版社 2012 年版，第 1 页。

社会矛盾的主要渠道仍然是依靠行政方法。一旦法律途径受阻，矛盾就会转移给党和政府。这样，人治与法治并存，权大于法、言大于法、关系大于法、人情大于法的现象在现实中就司空见惯，群众的政治利益诉求无法得到合理的表达。在现实中，政治领域的矛盾主要表现为官僚主义、政治腐败和司法不公等因素导致的党群矛盾、干群矛盾和警民矛盾上。当然，也存在着极少数敌视和破坏社会主义制度势力的推波助澜的行为。总之，广大利益主体政治参与愿望的增强与参与渠道的匮乏，是当代中国社会的政治领域矛盾的主要症结所在。

3. 文化发展滞后和文化发展不公的矛盾

文化权益是人民群众的基本权益，而教育权尤为重要。在当代中国，人民群众文化需要与文化发展滞后和文化发展不公的矛盾，是人民内部矛盾在文化领域的主要表现和症结。（1）文化发展滞后。由于投入不足，我国的文化发展仍然严重滞后于人民群众的文化需要。例如，从2008年公共教育经费支出占国内生产总值的比重来看（单位为%），世界平均水平为4.45，高收入国家为5.37，中等收入国家为4.34，而中国只为3.34。① 这样，上学难、上学贵就成为重要的民生问题。（2）文化发展不公。仍然以教育为例来看，目前，教育在中国不但没有能够有效缩小社会差距和不平等，反而因自身的差距和不平等进一步加大了整个社会的差距和不平等。目前，随着教育资源向发达地区、城市、优质学校的进一步的回流、集中，普通孩子、农村孩子读书难的问题日益凸显。其中，择校费越涨越高，"涨得比房价还快"。在北京市的一项调查显示，"小升初"的择校费平均为8.7万元，远远高出北京市目前的年平均工资收入。此外，由于当代中国处于社会转型期，各种价值观念共存，各种文化相互激荡，构成了文化领域的复杂局面。这一问题在对主流文化构成挑战的同时，也会影响社会主义文化的发展，从而会制约人民群众文化权益的实现。

4. 公共需求上升和公共产品供给不足的矛盾

在社会生活领域，目前的人民内部矛盾主要表现为，人民群众对公共产品

---

① 中华人民共和国国家统计局编：《国际统计年鉴——2012》，中国统计出版社2012年版，第362页。

和准公共产品需求的不断增长与公共产品和准公共产品供给相对不足的矛盾上。(1)公共需求的上升。在经济短缺时代，人们的需要主要集中在个人的衣食住行等基本的日常生存需要上。随着经济发展和社会进步，在人民群众物质文化生活水平日益提高的同时，人们的公共需求也越来越高。公共需求就是人们对公共产品的需求。公共需求的上升，既可以成为社会经济发展的新增长点，也可能成为社会经济发展的新制约点。(2)公共产品供给的不足。现在，虽然告别了短缺经济，但人们还是普遍感受到公共产品的供应不足和分配不公。拿2009年的医疗发展来看，在医疗支出占国内生产总值的比重(单位为%)上，世界平均水平为10.04，高收入国家为11.84，中等收入国家为5.60，低收入国家为5.13，中国为4.57；在人均医疗支出上(单位为美元)，世界平均水平为863.58，高收入国家为4456.81，中等收入国家为189.07，低收入国家为24.94，中国为177.15。① 在前一个指标上，我国竟然低于世界低收入国家。在后一个指标上，我国低于中等收入国家，低于世界平均水平。显然，在当代中国，公共产品供给与人民群众的需求之间存在着冲突和矛盾，是经济社会不协调发展的表现。

5.高速增长和生态代价的矛盾

改革开放以来，我国在保持经济高速增长的同时，也造成了一系列严重的生态环境问题，由此引发了一系列社会矛盾。(1)环境事件和环境事故频繁发生。现在，人口持续增长、资源和能源日渐短缺、环境污染日益加剧、生态失衡日趋加重、天灾人祸司空见惯已成为当代中国的现实。之所以如此，就在于在市场逐利本性的驱使下，一些地方和部门盲目崇拜GDP的增长，权力向资本不断低头，听任粗放型的经济增长方式蔓延，漠视环境污染和生态破坏。这些问题不仅严重威胁到人民群众的日常生活，而且严重制约着社会经济的可持续发展。例如，2005—2012年，先后发生的松花江污染事故、大连海岸油污染事故、福建汀江污染事件、广西龙江镉污染事件等，至今仍然未被追究环境公共利益的损失赔偿。(2)环境信访和群体性事件层出不穷。由于公权力在环境监管方面存在着严重的失职和渎职行为，人民群众往往会采取维权自救

---

① 中华人民共和国国家统计局编：《国际统计年鉴——2012》，中国统计出版社2012年版，第367页。

的行为。自 1996 年来以来，全国环境群体性事件一直保持年均 29% 的增速。之所以如此，就在于通过正常的法律途径难以有效解决问题。"十一五"期间，全国环境信访 30 多万件，行政复议 2614 件，而相比之下，行政诉讼只有 980 件，刑事诉讼只有 30 件。环保官司难打是造成环境信访和群体性事件居高不下的主要成因之一。可见，生态环境问题已经成为可持续领域中的主要矛盾。

虽然当代中国的社会矛盾较为严重，但是，就其性质来看，仍然属于人民内部矛盾。"虽然人民内部矛盾是在全体人民根本利益一致基础上的矛盾，但必须高度重视，下大气力做好工作。"[①]否则，将会严重威胁社会公正、社会稳定、社会和谐。

（二）当代中国社会矛盾的成因

在社会转型时期，由于各种原因，社会矛盾不可避免地会经常地以各种不同形式大量地表现出来，使社会转型期成为了矛盾多发期和凸显期。

1. 经济体制的深刻变革

随着市场化改革的不断推进，也使我们正面临着并将长期面对一些亟待解决的突出矛盾和问题。（1）在所有制结构方面，以公有制为主体的多种经济成分格局的形成，意味着社会资源占有关系由集中转向分散，利益主体由一元转向多元。例如，"在发展社会主义市场经济的广泛而深刻的变革中，国有企业改革和发展，都面临着一些亟待解决的深层次矛盾和问题：一些企业经营机制不活，生产经营面临困境，经济效益下降，负债率过高，富余人员较多，社会负担沉重，部分职工生活比较困难。"[②]假如在企业改制中存在着经营层侵吞国有资产、工人再就业和社会保障不到位等问题，那么，自然会产生下岗工人与企业收购者、企业经营层甚至是与国家和社会的矛盾。（2）在分配制度方面，按劳分配为主体、多种分配方式并存局面的出现，促进了分配方式的多样化，也会引发贫富差距问题。例如，生产要素参与分配获得远远高于劳动贡献参与分配获得，垄断行业尤其是其管理层的高收入与其社会责任的不到位

---

① 胡锦涛：《论构建社会主义和谐社会》，中央文献出版社 2013 年版，第 200 页。
② 《江泽民文选》第二卷，人民出版社 2006 年版，第 378 页。

形成了鲜明的对比,由于收入秩序混乱而产生的灰色收入和黑色收入屡禁不止。贫富差距拉大难免会激化矛盾。从总体上来看,我国发展面临的一些深层次矛盾和问题,有的属于传统计划经济体制遗留下来、至今尚未得到根本解决的问题,有的属于社会主义市场经济发展过程中体制机制建设滞后造成的或由新情况新问题带来的矛盾。这样,就要求我们在进一步深化改革的同时,必须加强社会建设。

2. 社会结构的剧烈变动

受市场化改革的影响,当代中国的社会结构发生了巨大变化。以社会阶层结构为例,随着社会主义改造任务的完成,资产阶级和地主阶级等剥削阶级已经被消灭,工人、农民、知识分子、干部和军人是最基本的社会阶层。但是,"改革开放以来,我国的社会阶层构成发生了新的变化,出现了民营科技企业的创业人员和技术人员、受聘于外资企业的管理技术人员、个体户、私营企业主、中介组织的从业人员、自由职业人员等社会阶层。"①事实上,阶层结构的具体变化更为复杂。② 有两个特殊阶层值得关注。 是新社会阶层。它主要由非公有制经济人士和自由择业的知识分子组成。根据中央统战部 2007 年的估算,新社会阶层人数约有 5000 万,加上在相关行业的所有从业人员,总人数约 1.5 亿,他们掌握或管理着 10 万亿元左右资本,使用着全国半数以上的技术专利,并直接或间接贡献着全国近 1/3 的税收,每年吸纳着半数以上新增就业人员。二是农民工阶层。这是指具有农业户口但在城市从事非农业劳动的工人。根据国家统计局发布的《2012 年国民经济和社会发展统计公报》,全国农民工总量为 26261 万人,比上年增长 3.9%。其中,外出农民工 16336 万人,增长 3.0%;本地农民工 9925 万人,增长 5.4%。上述两个阶层的人数大体

---

① 《江泽民文选》第三卷,人民出版社 2006 年版,第 286 页。

② 我国一些社会学工作者,以职业分类为基础,按照组织资源、经济资源、文化资源等方面的占有状况,根据调查数据,将我国目前的社会阶层划分为十个阶层:国家与社会管理者阶层,经理人员,私营企业主阶层,专业技术人员阶层,办事人员阶层,个体工商户阶层,商业服务人员,产业工人阶层,农业劳动者阶层,城乡的失业者和半失业者。(参见陆学艺主编:《当代中国社会阶层研究报告》,社会科学文献出版社 2002 年)对此,政界和学界有不同的意见。例如,有的论者认为,十大阶层的划分掩盖了事实上存在着的劳资矛盾。也有的论者担心,这样的划分容易造成社会分裂,在不同阶层之间会引发争斗。不管怎样,当代中国的阶层分化及其复杂化已经成为客观存在的事实。我们不能回避这一点。

相当,但是,在政策和法律方面,国家对于前者的支持和保护的力度显然要远远大于后者。例如,只是从十一届全国人大开始,才有了农民工的代表。当时,全国三地共选举出 3 名农民工代表。但是,与 2 亿多的农民工总数相比,这几乎不成比例。在十二届全国人大代表中,来自一线的工人、农民代表 401名,占代表总数的 13.42%,提高了 5.18 个百分点,其中农民工代表数量大幅增加。但是,农民工代表具体人数,未向社会公布。在这个过程中,一旦政府监管不到位或者官商勾结,那么,必然形成资本对劳动剥夺,劳资矛盾不可避免。例如,富士康工人连续"跳楼"事件、农民工尘肺病救治无望而不得已进行"开胸验肺"的事件等,就是典型的案例。可见,"在社会主义市场经济条件下,企业追求合法的经济利益,是经济发展的活力和动力所在,但也会出现一些企业过分重视自身利益、忽视外部影响和社会责任的现象。"①为此,必须在国家政策和法律的调控下,将资本逻辑严格限制在经济领域,防范其向其他领域入侵。这样,才能实现阶层和谐。

3. 利益格局的分化明显

目前,利益关系错综复杂,利益格局明显分化。主要原因有:(1)社会经济成分和经济利益多样化。随着所有制成分的多样化,私有制成为难以回避的事实。经济成分不同,利益诉求自然也不同。这样,就可能引发矛盾。例如,会使劳资矛盾死灰复燃。(2)社会生活方式多样化。在市场经济迅速发展和生活水平不断提高的情况下,生活方式也越来越多样化。这有助于形成有效的市场需求。但是,一些错误的或者不文明、不健康的生活方式也会出现。这样,严重危害他人和社会利益的现象就会增多。(3)社会组织形式多样化。目前,除了人民团体之外,在经济领域中,出现了各种中介组织、咨询组织和行业管理组织等;在社会领域,出现了各种社会团体、基金会等。这些新出现的组织具有重要的经济社会功能,但是,也存在着失效的可能。此外,各种非法组织甚至是反社会、反人类的组织也有所抬头,成为影响社会稳定的重要因素。(4)就业岗位和就业方式多样化。改革开放以来,实行了在国家统筹规划和指导下劳动部门介绍就业、自愿组织就业和自谋职业相结合的方针,在各种非国有经济中就业的职工逐步增多,还有大批个体经营者和流动劳动

---

① 《十六大以来重要文献选编》(下),中央文献出版社 2008 年版,第 808 页。

大军。这样,就形成了多样化的分配方式,收入差距开始拉大。可见,"随着'四个多样化'的出现,在人民群众根本利益一致的同时,也产生了社会不同阶层、不同方面群众之间的利益差异,而且不少利益关系和矛盾交织在一起,错综复杂"。① 有资料表明,当前我国城乡居民收入比达到 3.3 倍;行业之间职工工资最高的与最低的相差 15 倍左右;上市国企高管比一线职工的收入高 18 倍左右,国有企业高管比社会平均工资高 128 倍。

4. 思想观念的错综变化

在市场经济条件下,个体利益主体与普遍利益价值的冲突,在思想观念上表现也尤为突出。作为主流意识形态的马克思主义、作为中国本土文化的传统文化、作为外来文化的西方文化,处于错综复杂的关系中。特别是,由于社会制度不同带来的意识形态理念的冲突,会对现实生活产生重大影响。同时,在对外开放和发展社会主义市场经济的历史条件下,一些人受拜金主义、享乐主义、极端个人主义等腐朽思想的影响,经不起考验,甚至蜕化变质,堕入腐败和犯罪的泥坑,极大地影响着公众对党和政府的公信力。显然,"由于我国还处在社会主义初级阶段,又处于由计划经济体制向市场经济体制转变的时期,生产力发展水平、科技文化水平还不高,法制和各方面的具体制度还不完善,再加上我国历史上几千年封建社会的残余思想仍然存在,对外开放也容易使国外资本主义的腐朽思想文化和生活方式乘隙而入,而西方敌对势力又一直在加紧对我国实施西化、分化的政治战略,千方百计拉拢腐蚀我们内部一些意志薄弱的干部。"②此外,在社会经济发生巨大变化的同时,人们的心理结构也呈现出差异性、多样性、复杂性和失调性的特点。遇到矛盾和问题时,上述思想观念要素会产生推波助澜的作用。

总之,在转型期,社会矛盾生成的原因错综庞杂,呈现出了与以往不同的特点和情况。

(三) 当代中国社会矛盾的特点

德国社会学家贝克指出,全世界现在正生活在一个与传统的现代化完全

① 《十五大以来重要文献选编》(下),人民出版社 2003 年版,第 2545 页。
② 《江泽民文选》第三卷,人民出版社 2006 年版,第 175—176 页。

不同的"风险社会"之中。风险社会有两大特征：一是具有不断扩散的人为不确定性逻辑；二是导致了现有社会结构、制度以及关系向更加复杂、偶然和分裂状态转变。毫无疑问，当代中国的社会矛盾也具备了这两个特征。但是，比之更为复杂。

1. 发生原因的权益性

利益矛盾是一切社会矛盾产生、存在、发展、激化和解决的物质经济根源。现在，社会发展必然会促使人民群众高度关注自身利益尤其是物质利益。在社会主义初级阶段，由于生产力还无法满足人民群众日益增长的物质文化生活需要，而在分配政策和社会保障方面存在着这样或那样的问题，人民群众的利益在现实中往往让位于整体利益甚至被无端侵害。因此，在主体权益意识高度觉醒的情况下，一旦遇有侵害人民群众权益的行为，矛盾常常以直接冲突的形式表现出来，使得人民内部的利益矛盾格外突出和尖锐。

2. 参与主体的多元性

人民内部矛盾说到底就是人民内部之间的人际关系的矛盾。新时期人民内部矛盾事件参与人员的成分越来越复杂，除了失地农民、下岗工人、拆迁户等弱势群体外，参与主体也涉及在职工人、退休人员等其他社会阶层。近年来，一些教师、机关工作人员、企业经营者和退伍转业军人也开始出现在其中，还有少数党员干部和法律工作者也直接参与。这样，参与主体就呈现出了多元性的态势，从而加剧了事态和矛盾。

3. 问题领域的广泛性

转型期的社会矛盾波及范围大，牵涉问题多。有诸如工资分配等经济领域的物质利益问题，有政治领域的民主权益的诉求问题，有思想文化教育领域的权益维护和公平诉求的问题，有社会领域的自治要求，有环境领域的权益维护和对环境的关注问题。总之，在新时期，人民群众对社会、国家、政府的关注和要求越来越高，越来越明显。

4. 动员发生的智能性

当代中国社会已步入了全球化和信息化的进程，高科技媒介技术已渗入普通百姓的日常生活中。大众传媒在丰富人民群众的业余生活之外，还前所未有地提高了公民利益表达的普遍性，完善并丰富了人民的诉求渠道。特别是随着手机、网络、微博、飞信、微信等新兴媒介相继出现，为人民提供了利益诉求、政治表达的最迅速、最广泛、最丰富的渠道。特别是近几年在网络上引起广泛影响的事件,如孙志刚事件、宝马撞人案、躲猫猫、"表哥"、"房姐"及江西宜黄拆迁自焚事件,使新时期社会矛盾的聚焦和发散具有了智能性的特点。

5. 形成过程的突发性

现在,人民内部矛盾往往以某种外部偶然事件为诱因,在人们缺乏心理准备的情况下突然爆发,极易给人们造成一种出乎意料的感觉。但是,偶然之中蕴含有必然。任何突发性群体事件的爆发,都有其发生的必然原因。尤其近些年来,干群矛盾突出,少数领导干部为政不廉、以权谋私、贪污受贿、吃喝玩乐,严重伤害了人民群众的情感,破坏了党和政府的形象。据不完全统计,2012 年中国公款消费达 3000 亿元。这样,就易使广大群众对少数领导干部失去信任,进而产生强烈不满。一见有事,就会火上加油,引发出突发性群体事件。

6. 行动规模的群体性

在市场经济条件下,社会阶层分化明显,群际矛盾比较明朗。社会转型期不少矛盾都存在于利益群体的冲突之中,因此,一旦出现利益矛盾,矛盾个体往往会为共同的利益集聚起来,使社会个体矛盾演变为群体矛盾。同时,当下一些社会热点、难点问题,往往由于利益的相关性,会获得社会舆论的广泛支持,能够形成社会矛盾群体化的心理基础。在共同利益的驱动下,不同利益群体特别是利益受损群体,会形成较强的凝聚力,从而会迅速集结以致扩大,形成强大的声势且彼此呼应,行动规模凸显群体性。

7. 表现形式的复杂性

由于现阶段矛盾解决机制的滞后性,导致利益主体对自身利益诉求的表现形式上也各不相同。既有诉诸对话、协商、契约等非对抗性途径来处理矛盾;也存在大量的对抗性途径,如,集体上访、越级上访、集中闹事、围攻政府等非理性、非法手段。一些利益主体为了达到自己的利益诉求甚至不合法要求,甚至会勾结境外敌对势力和国内非法团体进行破坏活动。随着当代中国社会矛盾的复杂化,人们处理这些矛盾的方式也越来越多样化、复合化,各种方式混杂,呈现出了严峻的复杂性。

8. 冲突介入的间接性

现在的社会矛盾在很大程度上属于无直接利害冲突的矛盾。随着社会发展节奏加快,贫富分化明显,人们生活压力和精神压力显著增加,任何一个事件、一个问题都有可能成为压倒群众的最后"稻草"。这样，很多利益主体普遍带有不满情绪，导致矛盾主体的自控能力减弱，挤压的种种不满情绪很容易在同一群体内部交叉感染。在矛盾发生时，受从众心理和法不责众的心态的影响，往往导致与事件本身并没有直接利害关系的主体主动参与群体性事件，从而使事件呈现出一种冲突介入的间接性。

9. 矛盾后果的严重性

在现实生活中，两类不同性质的矛盾交错在一起，形成了复杂的社会矛盾局面。一定范围内的阶级斗争同人民内部的非阶级斗争性质的矛盾，一定数量的敌我矛盾同大量表现出来的人民内部矛盾，不占主导地位的对抗性矛盾同占主导地位的对抗性矛盾，往往交织在一起，难解难分。因此，利益主体往往采取破坏性行为，如消极罢工、示威游行，乃至同政府发生大规模的冲突，都有极大的破坏性。人民内部矛盾可以引起人民内部更广泛的社会冲突，这种社会冲突同社会主义初级阶段的阶级斗争、敌我矛盾交叉在一起、交织在一起，再加上领导者决策失误、处理武断，就会使矛盾进一步激化、白热化，最后会酿成社会冲突和社会动乱，严重破坏社会主义社会的正常秩序，危害社会主义的政局稳定和经济发展。

总之，新时期的中国处于社会转轨、思想激烈碰撞、利益不断分化、主体诉求多样化以及外来影响不断深化的矛盾多发期和凸显期，人民内部矛盾呈现出了复杂的特征。

（四）当代中国社会矛盾的挑战

新时期人民内部矛盾在社会领域的各个方面都提出了挑战，成为影响社会稳定和社会和谐的重大问题。

1. 社会矛盾在经济领域的影响

当代中国的社会矛盾在很大程度上是由经济原因引起的，因此，其影响首当其冲的在经济领域表现出来。由于转轨期双重体制并存的特点，市场经济体制还不完善，法制规范还不健全，配套措施还不完善，政府对经济的微观控制逐渐失效而宏观上间接控制机制还没有完全确立生效，收入差距拉大，最后形成了分配不公的问题。这样，在民众中不仅容易形成"仇富"的社会心理，而且在穷人和富人之间极易诱发社会冲突。根据中国人民大学社会学系2003 年在全国城市范围内进行的抽样调查，仅次于官民矛盾，社会上穷人与富人(包括有财产的人与无财产的人)实际上是第二对最易发生冲突的群体。[①] 由于一部分先富起来的人没有担当回报意识,或者其财路来历不明,在担心"杀富济贫"现象发生的情况下,往往会选择资本外流的逃避方式。[②] 据专业人士分析,转移非法所得、实现化公为私、转移个人财产,是我国资本外流的主要原因。这样,必然会严重威胁国家的经济安全。

2. 社会矛盾在政治领域的影响

新时期社会矛盾在政治领域的挑战日益凸显。在社会转型期,民众对政府意见较大,转而走向与政府对抗,使利益矛盾具有了政治色彩。究其原因,除了利益主体自身的诉求得不到正常解决外,地方政府和干部本身难咎其责。例如,土地征用和城市拆迁导致财产浪费、损失甚至人身伤害、伤亡,但是,地方政府和干部在这个问题上要么不作为要么胡作为,成为引发群体性事件的导火索。在利益诉求中,由于法律和上访等常规方式已不能有效解决矛盾和问题,而一些地方政府部门和个别干部在处理相关矛盾时态度粗暴、方法简单,漠视百姓利益,这样,只能进一步激化矛盾和加剧事态。在大的政治背景方面,由于民主政治建设及法制监督机制等方面尚未形成与市场经济相适应的完备体系,腐败现象十分严重。因此,一旦发生矛盾,矛盾主体往往将怨气全撒到政府头上,在重复上访无果后,往往会通过暴力制造新闻舆论压力,赢得舆论支持,或者利用境外媒体,以外压内,招致外来指责甚至干预,矛盾博弈政治化趋势明显。在一定程度上,这已威胁到了国家的政治安全。可见,转型期一个简单的问题往往会演变为复杂的政治问题,矛盾个体往往不直接要求解决自身问题,而将问题与转型期的政府腐败、人权保障等政治问题挂钩,企图制造较大的政治影响逼迫政府就范,矛盾冲突往往呈现出政治化倾向。

3. 社会矛盾在文化领域的影响

社会矛盾不仅会在文化领域中表现出来,甚至会对主流意识形态造成一

---

① 参见郑杭生等主编:《中国人民大学中国社会发展研究报告 2005——走向更加和谐的社会》,中国人民大学出版社 2005 年版,第 135 页。此调查的结果显示,3.3% 的人认为,"有财产的人与无财产的人之间"最容易发生冲突;16.9% 的人认为,"穷人与富人之间"最容易发生冲突。事实上,二者可以相加。相加之后的比例位列第二位。

② 2011 年以来,中国官方就再没有发布过资本出入情况的报告。但是,境外研究机构发布研究报告称,截至 2012 年 9 月份 12 个月内,约 2250 亿美元的资金流出中国,相当于 2011 年中国经济产值的 3% 左右。其中,境外置业成为资本外流的主阵地。尽管其中存在着言过其实甚至是别有用心的问题,但是,资本外流造成的国家经济安全令人堪忧。

定冲击。一方面，社会转型逐渐改变了原有思想文化赖以存在的经济、政治、社会基础，引起了思想文化和意识形态的交锋或冲突，出现了"众神狂欢"、"多种异质文化"并存的新情况。人民内部矛盾在文化领域一般表现为科学与非科学、健康与非健康、传统与现代、中国与外国之间的矛盾。另一方面，面对社会问题和社会矛盾，一些地方政府和干部或者难以摆脱"左"的思想的束缚，或者以稳定高于一切为借口，保护和偏袒资本和权力，对于普通群众尤其是弱势群体的利益诉求无动于衷，在政治上无限上纲上线，甚至不惜采用非法和暴力手段。在上述情况形成鲜明反差的背景下，一旦遇到社会矛盾处理不力，或者处理的方式和结果与民众的期待存在较大的距离，那么，在直接行为上就会加剧社会矛盾甚至会引发社会冲突，在思想观念上就会动摇人们对马克思主义的信仰、对社会主义的信念、对改革开放和现代化建设的信心、对党和政府的信任。于是，各种非主流的思想文化和意识形态就会乘虚而入，抢夺阵地，抢夺受众。这样，这些非主流的思想文化和意识形态就会肢解社会团结、社会稳定、社会和谐的思想文化基础，严重威胁国家的文化安全。

4. 社会矛盾在社会领域的影响

社会矛盾本身是直接影响社会团结、社会稳定和社会和谐的重大因素。目前，社会矛盾所引发的群体性事件总体上属于人民内部矛盾，但也存在要求的合理性与反映形式的违法性相交织的问题，同时还存在违法犯罪和敌对势力插手利用的问题。在这种情况下，必然会增加维护社会稳定的成本，在加重国家财政负担的同时（最终会以某种方式影响到民生支出），也会瓦解社会认同、肢解社会团结。在社会上和国际上曾一度传言，中国目前的"维稳"成本已经超过了国防开支。① 尽管这当中存在言过其实甚至别有用心的情况，但

---

① 2009年，我国公共安全方面的财政支出增加了16%，而2010年8.9%的增幅已超过国防开支增幅，总金额亦逼近后者，高达5140亿元人民币。据财新网记者查阅2010年全国财政支出决算表，在公共安全开支下，分别为武装警察、公安、法院、司法、缉私警察及其他六部分。当年，公共安全支出总计5517.70亿元，其中，公安经费开支2816.31亿元，占比最高。2012年，国防预算为6702.74亿元，公共安全支出预算为7017.63亿元。但是，不能由此认定中国维稳经费已超过国防经费。这在于，除了社会治安之外，公共安全涵盖公共卫生、公共交通、建筑安全等诸多领域。因此，不能将之一概称为维稳经费。在这个问题上，我们不能混淆不同的概念，更不能由此断定当代中国社会已陷入动乱、当代中国政府已成为专制政府。但是，公安经费在公共安全经费中所占比例最高的问题，必须引起我们的高度重视。

是,客观上既反映了目前社会矛盾造成的社会安全方面的沉重代价,也反映了目前维护社会稳定工作模式的不可持续性。显然,当前我国社会矛盾呈现出复杂、多变、领域多、牵涉面广、显性化等特点,从而导致矛盾的对抗性和危险性增加,矛盾的解决难度增加。如果处理不当,局部问题可能会转化为全局问题,非对抗性矛盾可能会转变为对抗性矛盾,群体性事件容易演变成社会抗争,引发大规模的社会冲突,最终导致社会分裂。

5.社会矛盾在生态领域的影响

社会矛盾也会影响到人与自然的关系,甚至会加剧生态环境恶化。主要问题有:(1)社会矛盾加剧生态环境恶化。例如,贫困和环境的恶性循环本来是一个自然问题,但是,在社会矛盾复杂化的情况下,会演变成为社会问题。现在,随着城乡、工农和区域等方面差距的进一步拉大,出于生存和攀比等原因,贫困地区往往会进行粗放式开发,这样,就加剧了生态恶化。同时,为了逃避环境管制,在盈利动机的驱使下,沿海发达地区的重污染企业纷纷向中西部贫困地区转移;为了致富,贫困地区不得不成为了藏污纳垢之地;这样,就在贫困地区造成或加重了环境污染。可见,社会矛盾诱发和加剧贫困地区环境问题的过程,其实就是破坏贫困地区可持续发展的过程。(2)社会矛盾诱发环境群体性事件。除了预防性事件之外,大部分环境群体性事件往往是由社会矛盾引发的。或者是,地方政府和干部漠视广大人民的意愿,忽视其利益诉求,未经过严格的环境影响评估就仓促上马开发项目,引发人民群众的强烈不满,最后引发群体性抗争。或者是,包庇和纵容环境污染的肇事者,官商勾结,而对污染受害者的诉求束之高阁,甚至不惜打压,致使一些本来能够化解的环境纠纷难以解决或无法解决,这样,在官方和受害者、资方和受害者的关系日趋紧张的情况下,必然会演变为群体性事件。显然,这些问题已危及到了国家的生态安全。同时,一旦处理这类问题的方式不当,或者外部势力对此加以渲染甚至是妖魔化,就可能加剧社会不和谐,甚至会威胁到社会的稳定和安全。

尽管目前的社会矛盾是摆在我们面前的一个重大的现实挑战,但是,挑战与机遇并存。只要我们高度重视和科学化解社会矛盾,那么,我们就能化挑战为机遇。

总之,当代中国,是一个充满生机的社会,也是一个矛盾错综复杂、问题层出不穷的社会。关键是我们必须将社会矛盾控制在社会安全的范围内,加以科学化解,这样,才能保持社会稳定,进而才能实现社会和谐。

三、当代中国社会矛盾的科学化解

判定一个社会稳定与否,不是看其有无社会矛盾和利益冲突,而是看这个社会是否具备完善的社会机制能够将矛盾和冲突控制在"有序"范围内。在当代中国,面对日益复杂的社会矛盾,关键是要有效地协调各方面利益关系,健全社会矛盾调节机制,科学化解社会矛盾。

（一）坚持化解矛盾的科学理念

科学认识社会矛盾是科学化解社会矛盾的前提,而科学认识社会矛盾必须坚持科学思想和科学方法。

1. 化解社会矛盾的价值取向

科学化解社会矛盾,必须坚持以人为本的价值取向,坚持代表中国最广大人民的根本利益。当代中国的社会矛盾,在很大程度上是由见物不见人的价值取向造成的,尤其是由忽视困难群众和弱势群体的切身利益造成的。随着市场经济的发展,资本力量已深入到社会生活的方方面面,由之引发的利益冲突已成为引发社会矛盾的主因之一。同时,由于政治体制改革滞后,权力的负面效应也发挥到了极致,成为引发社会矛盾的另一主因。在这种情况下,如果官商勾结,必然会加剧社会矛盾。因此,按照以人为本的原则来科学化解社会矛盾,关键是不偏袒、包庇和纵容资本和权力,而要坚持以困难群众和弱势群体为本。坚持以困难群众和弱势群体为本,就是要把工作重心放在改善其弱势处境上,保障其基本生活,维护其基本权益,尊重其人格尊严。否则,社会稳定和社会和谐都无从谈起。对此,中国特色社会主义理论高屋建瓴地提出了包容性发展(包容性增长)的科学理念:"要注重提高发展的包容性,把促进社会公平特别是机会公平放在更加突出的位置,增强劳动者适应市场环境变化的自我发展能力,创造使人人享有平等发展机会的条件。要加强保障和改善民生工作的制度建设,增强公平性、透明度、可持续性。"[①]为此,在鼓励一部分

① 《十七大以来重要文献选编》(下),中央文献出版社2013年版,第655页。

人和一部分地区通过诚实劳动和合法经营先富起来的前提下,国家政策必须坚持利益共享的原则。这样,才能真正落实以人为本的价值取向,才能有效调节和科学化解社会矛盾。

2. 化解社会矛盾的科学理论

从世界观和方法论的角度来看,毛泽东关于正确处理人民内部矛盾的理论,对于我们正确处理当下的社会矛盾仍然具有指导意义。

处理当下的社会矛盾,必须坚持正确的政治方向。这就是要在加强社会主义建设的过程中正确化解社会矛盾。为此,必须反对两种错误倾向:(1)用阶级斗争的方式解决当下社会矛盾。在社会矛盾日益复杂的情况下,如果一些问题处理不及时、不恰当的话,很有可能向对抗性的方向转化,因此,一些人认为,应该用阶级斗争的方法来处理这些矛盾。实际上,目前的矛盾仍然属于人民内部矛盾,是可以经过社会主义制度本身加以解决的。如果用阶级斗争的方法处理当下的社会矛盾,只能加剧社会矛盾并导致社会分裂。(2)用新自由主义的方式解决当下的社会矛盾。面对社会矛盾日益严重的态势,有的人认为这是市场化不彻底造成的,试图用完全私有化的方法解决社会矛盾。在这个问题上,"党的十五大提出要积极探索能够进一步解放生产力的公有制实现形式,允许搞股份制和股份合作制,国外有些人就以为中国要搞私有化了,而我们有的同志也产生了类似的错误认识,结果在一些地方的工作中出现了某些偏差。"①事实上,私有化只能使矛盾向对抗性的方向发展,因为丧失生产资料的人必然被占有生产资料的人奴役。② 总之,我们既不能走老路,也不能走邪路,而必须通过完善社会主义制度来解决社会矛盾。

处理当下的社会矛盾,必须坚持讲政治的原则。正确处理人民内部矛盾仍然是我国当前的政治生活的主题,因此,必须讲政治。目前,"当然绝不是离开经济建设这个中心去讲政治,我们要讲的是马克思主义的政治,是坚持和保障改革开放和现代化建设的政治,是维护人民群众根本利益的政治。"③其

---

① 《江泽民文选》第二卷,人民出版社 2006 年版,第 363 页。

② 市场经济不仅存在失灵问题,而且无助于解决社会建设问题。一些西方学者就清醒地指出:"假如自由与平等不相容,他们将放弃自由。假如自由与安全不相容,他们将选择安全。是否自由成了一个次要的问题,因为可得到的自由无助于驱逐魔鬼。"([美]彼得·德鲁克:《社会的管理》,徐大建译,上海财经大学出版社 2003 年版,第 32 页)

③ 《江泽民文选》第二卷,人民出版社 2006 年版,第 114 页。

要害是能否代表中国最广大人民的根本利益。为此，我们必须避免两种错误：
（1）将群体性事件政治化。在当代中国，群体性事件是人民群众利益诉求没
有得到有效解决的产物，属于人民群众自力救济的事件。因此，我们不能动辄
对之上纲上线，将之看作是政治问题。事实上，群体性事件是对官僚主义的反
动，往往是由于我们不讲政治造成的。（2）将消极腐败问题非政治化。在当
代中国，"官僚主义现象是我们党和国家政治生活中广泛存在的一个大问
题。"①因此，我们不能将腐败问题看作是一个单纯的经济问题，而必须从政治
的高度看待和处理这一问题。这在于，腐败分子早已走到党和人民的对立面
去了。否则，就会使人民群众丧失对党和政府的信任。总之，面对群体性事件
和消极腐败等社会热点问题，我们必须科学认识和正确处理两类不同性质的
矛盾。

总之，只有坚持人民内部矛盾理论，科学认识和正确处理新时期的敌我矛
盾和人民内部矛盾，才能科学化解社会矛盾。

3.化解社会矛盾的科学方法

科学化解社会矛盾，必须坚持党的群众路线的工作方法，坚持从群众中
来，到群众中去。人民群众是历史的缔造者。水可载舟，亦可覆舟。中国共产
党执政的社会基础是工人阶级和广大人民群众。只有紧紧依靠人民群众，团
结一切可以团结的力量，调动一切可以调动的积极因素，才能使党的执政的社
会基础牢不可破。因此，"所谓正确处理人民内部矛盾问题，就是我党从来经
常说的走群众路线的问题"。② 密切联系群众是我们党的最大政治优势，脱离
群众是我们党执政后的最大危险。坚持党的群众路线，坚持以人民群众的利
益为出发点，是正确处理人民内部矛盾的根本原则和方法。当代中国社会矛
盾主要体现为人民内部矛盾，是根本利益一致基础上的非对抗性矛盾。矛盾
还是必须依靠人民群众来解决，而依靠人民群众就必须确保他们在经济政治
上的主体地位，最大限度地发挥其参政议政的能力，以民主法治的方式来处理
当代中国社会矛盾。市场经济条件下的贫富分化，利益垄断集团对经济的控
制，在一定程度上影响着广大人民群众政治诉求的实现。因此，坚持党的群众

---

① 《邓小平文选》第二卷，人民出版社 1994 年版，第 327 页。
② 《建国以来重要文献选编》第 10 册，中央文献出版社 1994 年版，第 488 页。

路线尤为重要。我们要相信推动改革、发展和稳定的力量在人民群众之中,相信只有人民群众才是有效解决基本矛盾和主要矛盾及其主要表现形式——人民内部矛盾的真正力量。坚持党的群众路线,不仅是我们正确处理党群关系、干群关系的科学方法,而且是我们正确处理社会矛盾的科学方法。

总之,在市场经济条件下,怎样正确处理社会主义的社会矛盾,是一门复杂的科学,必须认真研究,关键是必须坚持以马克思主义尤其是以中国特色社会主义理论为指导。

(二) 强化化解矛盾的制度保障

用制度建设来保障化解社会矛盾工作的顺利进行,是化解工作科学化、规范化的必然选择。这在于,"制度问题更带有根本性、全局性、稳定性和长期性。"①在当代中国,用制度保障推动社会矛盾的化解,也是加强和创新社会管理的重大任务。

1. 坚持社会主义的共同富裕的本质规定

强化科学化解社会矛盾的制度保障,首先必须坚持共同富裕。在克服平均主义弊端的过程中,我们采用了允许一部分人、一部分地区先富起来的战略,极大地促进了中国经济的增长和人民生活水平的提高。但是,由于思想认识的局限及当时社会历史条件的制约,我们并没有提出、也没有组织制定出一整套明晰的、可操作的、有一定时间进度安排的以实现"先富带动后富,实现共同富裕"这个"特色"理论的实践目标的方案、办法或者路径来。现在,随着社会主义市场经济的深化,利益分化非常明显,特别是由于市场经济固有的缺陷和计划经济体制下残留下来的诸多弊端导致利益竞争环境机会不够平等、不够合理、不够公平的情况,已人为地造成了两极分化的"葫芦型"的社会成员结构。由于居于当代中国社会矛盾主导地位的是人民内部矛盾,而人民内部的利益矛盾又是人民内部其他诸多矛盾产生的总根源,因此,科学认识和正确处理好人民内部的利益矛盾,是正确处理人民内部矛盾的关键。由于当代中国社会发展已基本跨越了"允许一部分人、一部分地区先富起来"的阶段,因此,当务之急就是在坚持以经济建设为中心的基础上如何实现共同富裕。

---

① 《江泽民文选》第三卷,人民出版社 2006 年版,第 29 页。

"实现共同富裕是社会主义的根本原则和本质特征，绝不能动摇。"①因此，建立以按劳分配方式为主和多种分配方式并存的分配制度，将激励性、效率性、保障性的分配方式有机结合起来，建立和完善社会保障制度，就成为目前实现共同富裕的科学选择。只有这样，才能科学化解社会矛盾。

2. 坚持社会主义国家的无产阶级专政的性质

为了切实保障广大人民群众的利益，必须坚持社会主义制度，必须坚持无产阶级专政。社会形态和基本国情决定着社会运行的具体体制。据此，我国实行工人阶级领导的、以工农联盟为基础的人民民主专政的国体。人民民主专政实质上就是无产阶级专政，是对人民实行民主和对敌人实行专政的统一，具有民主主体和民主权利的广泛性，具有物质、制度和法律的坚实保障。坚持无产阶级专政，既是处理当代中国社会的对抗性矛盾的方法，也是维护广大人民群众利益的根本政治制度保障。（1）必须采用专政的方法来对待敌对势力以维持人民民主政权。即使在阶级矛盾已不是社会主要矛盾的情况下，对威胁国家安全和祖国统一的各种敌对势力，对破坏民族团结和社会秩序的各种敌意势力，对侵害人民群众利益的贪污腐败分子和扰乱社会治安的破坏分子，仍然需要动用专政的力量。否则，不仅难以解决社会矛盾，而且会危及到人民群众的生命财产安全和国家的长治久安。（2）必须采用民主的法治的方法来解决人民内部矛盾以维护国家长治久安的社会基础。对于人民群众表达利益诉求的行为，既不能采取漠视甚至打压的办法，也不能采用听之任之的态度，而必须引导人民群众依法表达自己的利益诉求。为此，我们必须促进社会主义民主的制度化、法律化和程序化。这是当下人民民主专政的重要职能。在这个问题上，"东欧剧变、苏联解体，最深刻的教训是：放弃了社会主义道路，放弃了无产阶级专政，放弃了共产党的领导地位，放弃了马克思列宁主义，结果使得已经相当严重的经济、政治、社会、民族矛盾进一步激化，最终酿成了制度剧变、国家解体的历史悲剧。"②总之，在现实中，我们必须正确区分人民内部矛盾和敌我矛盾的非对抗性和对抗性，分别采取民主与专政的方法来科学处理这些矛盾。

① 《江泽民文选》第一卷，人民出版社2006年版，第466页。
② 《江泽民文选》第三卷，人民出版社2006年版，第230页。

3. 坚持马克思主义在社会主义建设中的指导地位

从科学化解社会矛盾的制度保障来看,既要有物质保障,也要有思想保障。在当代中国,必须在马克思主义的指导下化解社会矛盾。在马克思主义看来,矛盾无时不有、无处不在,在社会主义条件下仍然存在着矛盾。针对布哈林的错误,列宁认为,"对抗和矛盾完全不是一回事。在社会主义下,对抗将会消失,矛盾仍将存在。"①在此,列宁区分了矛盾和对抗的本质差别,鲜明地指出了社会主义社会的矛盾同以往社会形态中的矛盾的差别;在此基础上,他富有远见地意识到社会主义国家政治生活的主要内容会发生变化,斗争的中心将从阶级斗争"转向经济方面的政治"②。这就为我们研究和解决社会主义矛盾提供了科学的指导原则和路径。在我国进入全面建设社会主义社会以后,以毛泽东为代表的中国共产党人创造性地运用对立统一规律提出,社会主义社会仍然存在着生产力与生产关系的矛盾、上层建筑和经济基础的矛盾;这是社会主义社会的基本矛盾。随着社会主义改造任务的完成,人民群众日益增长的物质文化需要同落后生产的矛盾,成为社会主义社会的主要矛盾。从矛盾的性质来看,社会主义社会客观存在着敌我矛盾和人民内部矛盾两类不同性质的矛盾,但是,主要的是人民内部矛盾。这样,毛泽东就为我们开辟了一条正确分析和处理社会主义国家内部矛盾的新的科学的理论思路。从矛盾的构成和解决方式来看,马克思主义认为,矛盾是对立统一的过程,是斗争与和谐的辩证统一。以斗争促和谐,才能实现真正的和谐。在社会主义社会生活中,社会和谐是通过对人民实行民主和对敌人实行斗争实现的。总之,在当代中国,把马克思主义作为解决社会矛盾的科学指南,就是要运用马克思主义的立场、观点、方法来研究和解决我国现实的社会矛盾。

4. 坚持中国共产党在社会主义建设中的领导地位

强化科学化解社会矛盾的制度保障,还必须坚持中国共产党的领导。中国共产党是全国人民进行社会主义建设的坚强领导核心。党的这种核心地位,是在长期的革命、建设和改革开放的伟大实践中形成的。事实表明,"中国由共产党领导,中国的社会主义现代化建设事业由共产党领导,这个原则是

---

① 《列宁全集》第60卷,人民出版社1990年版,第281—282页。
② 《列宁专题文集 论社会主义》,人民出版社2009年版,第177页。

不能动摇的；动摇了中国就要倒退到分裂和混乱，就不可能实现现代化"。①
当前，我国社会正处于社会矛盾和社会冲突逐渐尖锐的时期，能否协调社会各
阶层的利益，能否有效整合社会资源，能否切实实现社会团结，是关系社会稳
定和社会和谐的大事。只有中国共产党才能承担起这一历史重任。这在于，
第一，从其宗旨和优良传统来看，全心全意为人民服务是中国共产党的宗旨，
密切联系群众是中国共产党的优良传统，因此，只有中国共产党才能真正维护
和实现最广大人民的根本利益。第二，从其性质来看，中国共产党不仅是中国
工人阶级的先锋队，而且是中华民族的先锋队，因此，只有中国共产党才能有
效实现社会整合尤其是利益整合。第三，从其执政能力建设来看，在执政兴国
的过程中，中国共产党明确将提高构建社会主义和谐社会的能力作为加强党
的执政能力的重大课题，因此，只有中国共产党才能胜任领导当代中国的社会
管理的任务。显然，中国共产党的领导，为构建社会主义和谐社会提供了最根
本的政治保证。

　　总之，转型期中国社会矛盾，最终只能在制度化的空间内加以解决，关键
取决于我们能否坚持中国特色社会主义制度。

（三）　完善化解矛盾的工作机制

　　灵活、有效的社会矛盾化解工作机制是应对复杂局面、提高化解和处理社
会矛盾能力的有力保障。工作机制是工作程序、规则的有机联系和有效运转
的方式。长期以来，在化解各类社会矛盾尤其是处理人民内部矛盾的过程中，
我们已经形成了预警机制、防控机制、信访机制、应急机制以及社会矛盾化解
的考核、监督和追究机制等在内的一套比较完整的工作机制。面对我国社会
矛盾的新趋势和新特点，在继承和发扬已有工作机制的基础上，我们也要深入
探索、健全、完善和创新社会矛盾的化解工作机制。

　　1. 从领导决断机制向民主协商机制的转变

　　过去，我们只是将民主作为作风问题来看待，而没有将之上升到制度的高
度来建设。因此，在一边发展"大民主"的同时，一边惯于用领导决断的方式
处置社会矛盾。尽管这种方式在短期内能够将问题有效地压制下去，但是，不

① 《邓小平文选》第二卷，人民出版社 1994 年版，第 267—268 页。

能从根本上解决问题。面对当下社会矛盾的新态势,迫切要求我们从领导决断机制转向民主协商机制。用民主协商的方式解决社会矛盾,是社会主义协商民主在社会建设上的具体实践。"社会主义协商民主是我国人民民主的重要形式。要完善协商民主制度和工作机制,推进协商民主广泛、多层、制度化发展。"①现在,随着市场经济的发展和行政体制的改革,社会主义民主的发展更为广泛和普遍。同时,社会阶层分化引发的利益主体的多样化,也使矛盾冲突呈现出多样化的态势。面对这种新的情况,如何吸收和扩大化解社会矛盾的主体,成为科学化解社会矛盾的重要选项。作为中国特色社会主义事业的领导者,中国共产党不仅有责任和有义务扩大化解社会矛盾的队伍,而且要有魄力和有能力去团结和领导化解社会矛盾的队伍。为此,要充分发挥人民代表大会的监督作用,充分发挥人民政府的主导作用,充分发挥人民政协和民主党派的参与和监督的作用,充分发挥人民团体和社会团体的参与作用,虚心听取和采纳人民群众的意见和建议,集思广益,民主协商,科学化解社会矛盾。目前,由于社区是基层民主的基本单位,是利益主体的最直接的聚集区,因此,必须发挥好社区的自治功能。通过社区自治,能够将矛盾控制在萌芽和基层,能够降低矛盾解决成本。因此,通过社区来控制、调节和解决社会矛盾,是科学化解社会矛盾的一个基本思路。总之,在化解社会矛盾上,建立和完善民主协商的机制,就是要在党的领导下,通过利益各方的面对面的协商,找到利益冲突的根源,继而就解决矛盾冲突达成共识,最终共同合力化解社会矛盾。

2. 从应急机制向常态机制的转变

现在,在化解社会矛盾的过程中,我们一般动用的是应急机制。应急机制就是为应付突发性事件和群体性事件而采取的一些应急性的措施安排和制度。它能够在一定程度上及时而有效地处理问题、化解矛盾。但是,从实际情况来看,这种机制只能扬汤止沸,而不能釜底抽薪。这在于,尽管大多数突发性事件和群体性事件的爆发都带有一定程度的偶然性、不可预测性和突发性,但是,其"导火索"和"催化剂"都与我们现行经济体制和行政体制中的诸多弊端有着千丝万缕的联系。而现行的应急工作机制往往想方设法隐瞒问题,掩

---

① 胡锦涛:《坚定不移沿着中国特色社会主义道路前进　为全面建成小康社会而奋斗——在中国共产党第十八次全国代表大会上的报告》,人民出版社 2012 年版,第 26 页。

盖矛盾,事后又不认真总结经验教训和严肃处理责任者,往往导致矛盾的化解流于表面。因此,化解社会矛盾必须建立常态工作机制。为此,"我们要深刻认识和准确把握新形势下人民内部矛盾的特点和规律,坚持科学民主决策,发挥党和政府主导的维护群众权益机制的作用,建立健全正确处理人民内部矛盾的工作机制,深入开展矛盾纠纷排查化解工作,注重从源头上减少人民内部矛盾的发生,积极预防和妥善处置群体性事件。"①具体来看,(1)要从源头上有效避免矛盾的发生和激化。在坚持科学决策、民主决策和依法决策的同时,要建立和完善维护群众利益的机制;此外,要整合各种力量,坚持排查矛盾和调处工作同步进行,及时发现问题并且妥善解决。(2)要紧密追踪矛盾的进展并将其保持在可控制的范围内。当矛盾发生以后,在科学分析研判矛盾的基础上,要实行人民调解、行政调解、司法调解的联动和互补;通过增强工作合力,防止非对抗性矛盾向对抗性方向发展,防止对抗性矛盾向破坏性方向发展。(3)要妥善处置矛盾发生后引起的各种社会后果。当事态控制住以后,不能简单地以处罚事件的带头人而草草收场,而应该严格追究导致事件的责任人;同时,要认真总结经验教训,举一反三,防微杜渐。在总体上,当然需要将应急机制和常态机制结合起来。

3.从单一行政控制向多元治理手段的转变

在计划经济时代,行政控制手段基本上是唯一的矛盾控制手段。这种机制符合计划经济时期的单一所有制、两阶级一阶层的社会结构。事实上,社会是一个复杂的整体。在其内在矛盾的推动下,社会发展越来越精细化、复杂化。这样,任何一个问题的出现和处理都会牵涉到诸多领域、诸多关系。因此,绝对的唯一的正确方案已不复存在。现在,"我们已越来越怀疑任何社会问题都有'一个正确的答案'。错误的答案是肯定存在的。但我们现在知道,社会状况、社会行为、社会问题太复杂了,乃至不可能只有一个'正确的答案'。如果它们真的能够得到解决,它们也总会有几个解决办法,而且没有一个是完全正确的"。② 除了答案的非唯一性之外,处理问题的手段和方式也出现了多元化的态势。事实上,无论在哪种社会形态下,国家都是把矛盾冲突保

---

① 胡锦涛:《论构建社会主义和谐社会》,中央文献出版社2013年版,第157—158页。
② [美]彼得·德鲁克:《社会的管理》,徐大建译,上海财经大学出版社2003年版,第179页。

持在"有序"范围内的主要力量。但这种保持有序的方式和手段具有多样性,在宏观上包括经济的、政治的、文化的、社会的、生态的等手段,在微观上既有民主的手段也有专政的手段,既有德治的方式也有法治的方式。当代中国社会正处于市场经济的发展时期,利益诉求多元化,自然要求治理方式的多元化。因此,"要切实健全社会舆情汇集和分析机制,完善矛盾纠纷排查调处工作制度,实现人民调解、行政调解、司法调解有机结合,综合适用法律、政策、经济、行政等手段和教育、协商、疏导等办法,认真排查化解由损害群众利益问题引发的矛盾纠纷,把矛盾化解在基层、解决在萌芽状态。"①面对社会矛盾的新态势,我们要运用经济、行政、法律、道德等综合手段来调节和化解社会矛盾问题,由刚性的、一元社会治理向民主的、软性的、多元治理手段转变,以制度化手段维护社会公正。

4. 从事后处理机制向全程化解机制的转变

在相当长的一段时期内部,我国处理社会矛盾的方式常常是事前捂盖子,事后大张旗鼓"表功绩",对事不对人,责任主体不分,往往造成责任主体尤其是政府官员没有危机意识、责任担当,甚至瞒报、少报、不报问题,给党和政府的形象抹黑,伤害人民群众的感情,带来了恶劣的社会影响。为了有效克服上述机制的弊端,妥善解决社会矛盾,当代中国社会矛盾的化解调节越来越需要进行全程监控,从矛盾的发生、监督、调解和克服等全过程进行管控,并根据具体情况及时调整管控的手段和方式。一套完整的社会矛盾调节化解处理流程,包括以下环节:(1)事前预警。在社会矛盾初露端倪时,必须及时察觉,采取措施,果断处理。事前预警目的是"使用少量钱预防,而不是花大量钱治疗"②。实践证明,随着社会矛盾特别是突发性事件和群体性事件频繁爆发和日益加剧,事前预警的重要性愈来愈明显。(2)事中协调。当矛盾不可避免爆发时,事中协调就显得不可或缺。事中协调是一项复杂的系统工程,其中既有沟通和调解,也有宣传和教育。在这个过程中,要充分利用信访机制的沟通功效,把问题和矛盾解决在基层,化解在萌芽,克服"大闹大解决、小闹小解决、不闹不解决"所带来的负面效应,畅通诉求渠道,依法及时合理地处理群

---

① 《十七大以来重要文献选编》(下),中央文献出版社 2013 年版,第 107 页。

② [美]戴维·奥斯本、特德·盖布勒:《改革政府——企业精神如何改革着公营部门》,周敦仁等译,上海译文出版社 1996 年版,第 205 页。

众反映的问题,引导群众以理性的合法的形式表达利益要求。(3)事后处理。主要是要依法处理事件责任方,不徇私枉法。对参与事件的人民群众,绝不能秋后算账。当然,事后的监督机制也非常重要。当前一些受处理的事故责任官员频频复出的问题,必须引起我们的高度警觉,应当从制度、法律层面予以制止、追究。

社会矛盾是一个复杂的系统,以上化解矛盾的工作机制是基本的常用的机制,在实际工作中,还必须辅以其他方法和措施才能有效解决矛盾。

事实上,机制就是有机联系、运转协调的工作系统和制度。因此,不能离开制度建设来完善工作机制,而应该将二者结合起来。

(四) 提高化解矛盾的工作水平

化解社会矛盾的成效如何,在很大程度上取决于各级党政部门和党政干部的工作水平。当下,提高化解社会矛盾的工作水平,是有效化解社会矛盾的重要选择。

1. 加强党的作风建设

作风代表党风,影响和决定着工作水平。目前,社会矛盾的出现和加剧与各级领导部门和干部的作风有很大的关系。理论联系实际,密切联系群众,批评与自我批评是党的优良作风。在社会矛盾凸显期,"要以立党为公、执政为民为根本目的,发扬党的优良传统和作风,按照中央提出的'八个坚持、八个反对'①,一靠教育,二靠制度,正确开展批评与自我批评,着力解决党的思想作风、学风、工作作风、领导作风和干部生活作风方面的突出问题,特别是要防止和克服形式主义、官僚主义。"②化解社会矛盾工作水平的高低好坏取决于对党的优良作风的认可和实践程度。(1)坚持理论联系实际。在化解社会矛

---

① 2001 年 9 月,针对目前党的作风建设中存在的比较突出和严重的问题,党的十五届六中全会审议通过的《中共中央关于加强和改进党的作风建设的决定》提出了"八个坚持,八个反对"的纠正措施:(1)坚持解放思想、实事求是,反对因循守旧、不思进取;(2)坚持理论联系实际,反对照搬照抄、本本主义;(3)坚持密切联系群众,反对形式主义、官僚主义;(4)坚持民主集中制,反对独断专行、软弱涣散;(5)坚持党的纪律,反对自由主义;(5)坚持清正廉洁,反对以权谋私;(6)坚持艰苦奋斗,反对享乐主义;(7)坚持任人唯贤,反对用人上的不正之风。"八个坚持,八个反对"是对党的三大作风的继承和发展。

② 《江泽民文选》第三卷,人民出版社 2006 年版,第 572—573 页。

盾的过程中,我们必须认真掌握马克思主义理论,掌握正确认识和分析问题的立场、观点、方法,这样,才能透过现象抓住本质。在运用科学理论时,必须一切从世情、国情、党情、社情、民意出发,不生搬硬套,要将政策的原则性与工作方式方法的灵活性结合起来,找到最适合的化解路径、手段和方法。(2)坚持密切联系群众。化解社会矛盾的出发点和落脚点都是为了广大人民群众。共产党人的一切言论行动,必须以合乎最广大人民群众的最大利益为最高标准。只要我们信任人民,和人民打成一片,坚决地相信人民群众的创造力是无穷无尽的,依靠人民群众的智慧和力量,那么,任何矛盾和问题都可迎刃而解,我们的工作就能无坚不摧。(3)开展批评与自我批评。共产党只有正视自身存在的问题和不足,虚心听取群众的意见,不断纠正自己的失误和错误,才能更好地承担起执政兴国的重任,才能真正实现社会团结、社会稳定和社会和谐。总之,加强作风建设,是切实提高化解社会矛盾的工作水平的前提。

2. 提高领导决策水平

在急功近利动机的刺激下,违反决策的科学化、民主化和法治化的原则,匆忙上马一些能够创造政绩的工程,根本不考虑工程对人民群众正常的生产和生活的影响,对人民群众的正常诉求置之不理,是导致群体性事件的重要原因。这也反映出各级党政部门和党政干部的决策水平亟待提高。(1)坚持科学决策。决策必须建立在科学认识客观规律和基本事实的基础上,同时要经过科学的论证,要听取各方面专家的意见。同时,各项决策的出台,必须充分考虑当地的自然地理和社会人文情况,不能造成自然遗产和文化遗产的破坏。忽视这一点恰好是引发群体性事件的重要原因。(2)坚持民主决策。科学决策是一个科学认识的过程(实践,认识,再实践,再认识),也是一个遵循党的群众路线的过程(从群众中来,到群众中去),因此,决策必须建立在充分听取人民群众意见的基础上。尤其是,决策不能侵害人民群众的合法权益。即使出于不得已的原因要让人民群众做出牺牲,也要进行深入细致的思想政治工作。在这个问题上,"凡是涉及群众切身利益的决策都要充分听取群众意见,凡是损害群众利益的做法都要坚决防止和纠正。"①事实上,决策违背群众的

---

① 胡锦涛:《坚定不移沿着中国特色社会主义道路前进 为全面建成小康社会而奋斗——在中国共产党第十八次全国代表大会上的报告》,人民出版社 2012 年版,第 29 页。

意愿、侵害群众的权益，是引发群体性事件的深层原因。（3）坚持依法决策。决策必须遵循中国特色社会主义法律体系，不能直接触犯中国特色社会主义法律体系，尤其是不能触犯法律赋予人民群众的各项权益。同时，必须确保决策权、执行权、监督权既相互制约又相互协调。人民群众对决策的监督不到位，是引发群体性事件的重要原因。在此基础上，我们还必须健全决策机制和程序，建立健全决策问责和纠错制度。这样，才能有效防范和化解社会矛盾。

3. 提高社会管理水平

社会利益分化和社会矛盾加剧不一定都会导致群体性事件，群体性事件的出现往往与社会管理的滞后有很大的关系。因此，在提高党的构建社会主义和谐社会的能力和水平的过程中，还必须提高党和政府的社会管理的能力和水平。随着改革开放进入"深水区"，各级党政部门和党政干部面临的社会问题变得越来越复杂、尖锐，牵涉面越来越广，对处理问题的要求也越来越高。这样，这就要求各级党政部门和党政干部必须坚持实事求是、解放思想、与时俱进、求真务实的思想路线，努力提高社会管理的科学化水平。为此，一是必须坚持一切从实际出发，围绕一些具有全局性、前瞻性、战略性的重大课题，深入实际，开展调查研究，做到信息及时准确有效，加强理论分析，为决策提供第一手的实际资料，为社会管理的科学化奠定事实基础。二是必须坚持一切从群众出发，深入基层，深入群众，察民情、知民情、解民情、体民情，充分考虑民情的特殊性，将政策和民情有机结合，为社会管理的科学化奠定群众基础。三是必须坚持从中国特色社会主义法律体系出发，熟悉和把握国家政策和相关法律法规，不断充实自己的法律知识，依法办事，提高依法执政的能力和水平，提升面对紧急、突发情况的依法应变意识和能力，为社会管理的科学化奠定法律基础。在此基础上，各级党政部门和党政干部必须抛弃过去高高在上的姿态，切实提高政策理论水平、社会管理能力和应对风险问题的能力，将社会问题与政治问题相剥离，采取柔性方法处理社会矛盾，遵循法治轨道化解社会矛盾。这样，社会矛盾的化解才能实现质的飞跃。

4. 提高群众工作水平

当代中国社会矛盾的主体是广大人民群众，因此，我们工作的出发点和落脚点都必须以群众利益为优先，时刻把群众利益和冷暖放在首位。事实上，"构建社会主义和谐社会的大量工作同党的群众工作有密切联系，要求我们把联系群众、宣传群众、组织群众、服务群众、团结群众的工作做得更好。"①这样,群众工作的水平如何,就直接影响着化解社会矛盾工作的成效。目前,做好群众工作,关键是要坚持以下原则:(1)自省性原则。自省性原则要求我们对群众工作的得与失不断进行反思,以批判建构的眼光来审视群众工作,为下一步群众工作的开展提供借鉴和积累经验教训。这也是批评与自我批评优良作风的具体展开。(2)预防性原则。群众工作,必须预防在先,疏导在前,及时解决矛盾,努力把矛盾解决在基层,解决在萌芽状态,防止矛盾激化。同时,要有远见,事先考虑到问题的严重性、复杂性以及解决方案的多样性等等。预防性也是预警机制的重要一环。预防性原则的确立和执行,有赖于预防工作的针对性。(3)规范性原则。开展群众工作,必须做到有法可依、有法必依、执法必严、违法必究,严格按照法律规章制度、政策办事,切实维护广大群众的切身利益。这一原则既是对执法者的约束,在一定程度上也要求人民群众要依法理性表达自身利益诉求。唯有群众工作双方都做到规范,这项工作才能有效合法展开。(4)理性化原则。理性化要求执政党和执法者不因情感变化而改变群众工作的态度和方法,群众也不能因情感而采取非理性的方式来表达自己的利益诉求。总之,提高化解社会矛盾的工作水平,必须努力提高群众工作的能力和水平,而这与群众工作过程中所遵循的原则紧密相关。

总之,工作水平既体现各级党政部门和党政干部的理论水平、政策水平、工作能力和工作方法,也充分考验他们对世情、国情、党情、社情、民情的熟知程度、判断程度、运用程度,是自身素质和水平与外部危机处理、应变能力的综合表现。因此,提高化解社会矛盾的工作水平,是科学化解社会矛盾的重要选择。

在改革进入"深水区"的情况下,面对社会矛盾多发期和凸显期,"我们要敢于正视风险,正确对待风险,以积极的态度防范风险。"②只有积极主动地去化解社会矛盾,调节社会冲突,我们才能真正维护社会稳定,实现社会和谐。

---

① 《十六大以来重要文献选编》(中),中央文献出版社2006年版,第717页。
② 《江泽民文选》第一卷,人民出版社2006年版,第539页。

第五章　落实社会战略:当代中国
社会建设的行动方案

　　凡涉及广大人民群众切身利益的政策性问题,都必须十分审慎。在社会主义条件下,人民群众的根本利益是一致的,但不同的阶级和阶层也有不同的具体利益。我们在制定和执行政策时,一定要反复调查,充分论证,统筹兼顾,正确处理国家、集体、个人三者利益的关系,既体现长远的根本的利益,又照顾当前的利益;既考虑国家整体利益,也关心群众的现实要求。

　　——江泽民:《为把党建设成更加坚强的工人阶级先锋队而斗争》(1989 年 12 月 29 日),《江泽民文选》第一卷,人民出版社 2006 年版,第99 页。

　　各级党委和政府要把思想统一到中央精神上来,把构建社会主义和谐社会作为一项重大任务,纳入经济社会发展总体规划,列入重要议事日程,建立有效的领导机制和工作机制。

　　——胡锦涛:《在省部级主要领导干部提高构建社会主义和谐社会能力专题研讨班上的讲话》(2005 年 2 月 19 日),《十六大以来重要文献选编》(中),中央文献出版社 2006 年版,第 717 页。

　　只有将社会建设上升到国家发展战略的高度,才能有效推动社会建设。因此,明确制定社会建设规划的战略意义,完善社会建设规划的基本内容,推进社会建设规划的贯彻落实,既是当代中国社会建设的重要内容,也是当代中国社会建设的重大任务。

一、制定国家社会建设规划的战略意义

凡事预则立,不预则废。在社会建设的实践中,制定一个科学系统完备的社会建设规划,对保证社会建设的科学性、系统性、预见性和有效性具有重要的战略意义。

(一) 制定社会建设规划的战略考量

社会建设是中国特色社会主义总体布局的有机组成部分。将社会建设规划上升到国家发展战略的高度,对于完善当代中国发展战略的总体目标具有重要的价值。

1. 制定和完善社会建设规划是加强社会建设的需要

社会建设在中国特色社会主义总体布局中具有独立而重要的地位,必须将社会建设上升到国家发展战略的高度进行谋划和安排,这样,才能保证社会建设成为国家意志和国家行动。新中国成立后,随着经济社会的不断发展,我国对社会建设重要性的认识也不断提高,凸显了社会建设在中国特色社会主义总体布局中日渐重要的地位。在这个过程中,我们将社会建设上升到国家发展战略的高度,制定和完善了各级各类社会建设规划。2006 年,我国"十一五规划纲要"明确指出:"立足以人为本推动发展,把提高人民生活水平作为根本出发点和落脚点,促使发展由偏重于增加物质财富向更加注重促进人的全面发展和经济社会的协调发展转变"。① 进而,"十一五规划纲要"专列"推进社会主义和谐社会建设"一篇,从全面做好人口工作、提高人民生活水平、提高人民健康水平、加强公共安全建设和完善社会管理体制等方面对社会建设进行了统一安排。在此基础上,"十二五规划纲要"进一步将"改善民生,建立健全基本公共服务体系"、"标本兼治,加强和创新社会管理"分别作为独立的一篇,对"十二五"期间的社会建设和社会管理作了整体谋划和统筹安排。

---

① 《中华人民共和国国民经济和社会发展第十一个五年规划纲要》,人民出版社 2006 年版,第10—11 页。

进而,党的十八大报告将"在改善民生和创新社会管理中加强社会建设"作为独立的一章。总之,社会建设规划是开展社会建设的行动指南和实践蓝图。只有制定、完善、贯彻和落实好各级各类社会建设规划,才能保证社会建设取得良好的效果。

2. 制定和完善社会建设规划是完善发展规划的需要

作为一条经线,社会建设的原则和要求必须贯穿于各种规划之中。不包括社会建设任务的发展规划是不完整的。现阶段,我国的发展规划体系从层级上可以分为国家级规划、省级规划、县市级规划;按类型可以分为总体规划、专项规划、区域规划、主体功能区规划等。就后者来看,总体规划,即国民经济和社会发展总体规划,一般以五年规划的形式出现,是以国民经济和社会发展各领域为对象编制的规划,是根据中央部署而制定的整个经济和社会发展的纲领性规划。专项规划,是以国民经济和社会发展的某一特定领域为对象编制的规划,是总体规划在专门领域的延伸和细化,如教育规划、科技规划、文化规划、卫生规划等。区域规划,是总体规划和主体功能区规划在特定国土空间的延伸和细化,如京津冀地区的区域规划、长江三角洲地区的区域规划、珠江三角洲地区的区域规划等。主体功能区规划,是以国土空间为对象编制的战略性、基础性、约束性的空间规划,是其他各类规划在空间开发和布局方面的基本依据。由于社会建设能够为国民经济和社会发展提供相应的社会运行条件和环境,因此,无论是总体规划,还是专项规划、区域规划、主体功能区规划,都必须包含全面而系统的社会建设方面的内容和要求。就此而论,社会建设规划,与其他规划不是并列的关系,而是贯穿和渗透于其他规划始终的规划,是不能脱离其他规划而又单独存在的专门规划。总之,只有将社会建设原则和要求贯穿于各个层次和各个方面的规划中,形成一个科学、系统、完备的发展规划体系,才能有效推动我国经济社会的科学发展。

概言之,社会建设规划在我国经济社会发展和整个发展规划体系中占有十分重要的地位,对于完善我国发展战略的总体目标具有重要作用和价值。

（二）制定社会建设规划的战略坐标

社会建设规划的制定是一个科学的过程,只有坚持尊重现实、尊重规律,以开放包容的视野制定规划,社会建设规划才能成为社会建设的科学的行动指南。

1. 坚持走科学发展之路

科学发展观是中国特色社会主义理论体系的最新成果,是中国共产党集体智慧的结晶,是指导党和国家全部工作的强大思想武器,是制定和完善社会建设规划的科学指南。(1)坚持以人为本。必须更加自觉地把以人为本作为制定和完善社会建设规划的核心立场,始终把实现好、维护好、发展好最广大人民根本利益作为社会建设规划的出发点和落脚点,尊重人民首创精神,保障人民各项权益,不断在实现发展成果由人民共享、促进人的全面发展上取得新成效。(2)坚持全面协调可持续发展。必须更加自觉地把全面协调可持续作为制定和完善社会建设规划的基本要求,在全面落实经济建设、政治建设、文化建设、社会建设、生态文明建设五位一体总体布局中加强社会建设、创新社会管理,促进社会建设与其他各项建设相协调,大力构建社会主义和谐社会。(3)坚持统筹兼顾。必须更加自觉地把统筹兼顾作为制定和完善社会建设规划的根本方法,坚持一切从实际出发,正确认识和妥善处理关系到和谐社会建设的重大关系,统筹各方面利益关系,充分调动各方面积极性,努力形成全体人民各尽其能、各得其所而又和谐相处的局面。因此,只有以科学发展观为指导,坚持走科学发展之路,才能保证社会建设规划的科学性。

2. 提升中国的规划经验

制定社会建设规划,必须从社会发展理论和社会建设理论的高度来提升我国规划工作的基本经验。从 1953 年开始到目前,我国已制定和实施了十二个五年计划或规划,不仅极大地促进了生产力发展、综合国力和人民生活水平的提高,也积累了丰富的规划工作经验。从 1953 年开始的"一五"计划到 1980 年结束的"五五"计划,都称为"国民经济发展计划"。从 1981 年的"六五"计划到 2005 年结束的"十五"计划,则从"国民经济发展计划"改为"国民经济和社会发展计划",开始注重社会计划,增加了社会发展和社会建设的内容。2006 年,从"十一五"开始,将"国民经济和社会发展计划"改为"国民经济和社会发展规划"。这里,从制定"计划"到制定"规划"、从强调"国民经济"到强调"国民经济和社会发展",具有重要的战略意义。一方面,反映了我国经济体制从计划经济向社会主义市场经济的转变和发展,反映了政府宏观管理的思路和方法的转变;另一方面,反映了我国不断重视经济社会全面协调发展的规律和要求，反映了我们统筹经济社会协调发展的意志和决心。目前，社会建设已经成为我国发展规划的专门的独立的领域。这样，就进一步彰显了社会建设规划在整个国家发展规划中的战略地位，因此，我们必须将社会建设的内容和要求进一步融入到各级各类的发展规划中，并要制定和完善专门的独立的社会建设规划。

3. 借鉴国外的指标经验

即使在完全的市场经济条件下，也不能排斥、否认计划和规划在发展中的重要地位。其中，"社会科学家一直试图推出量化的方式来测度社会福利，他们用各种手段来努力把握这一概念。其中一个手段便是对衡量社会状况的关键统计数据或指标加以比较。这些统计数据之所以被称为指标，是因为它们能在某种程度上'指出'不同社区和社会的社会状况。通常使用的指标有失业率、婴儿死亡率、犯罪率、识字率以及与人均寿命、入学率、贫困和其他社会状况相关联的统计数据。犯罪、失业、贫困率高，其他类似问题严重，就表明社会福利水平低。相反，一个社区的失业、贫困与犯罪率低，人均寿命与识字率高，就说明这个社区享有较高水平的社会福利。"①例如，由联合国开发计划署在《1990 年人文发展报告》中提出的人类发展指数，由预期寿命、成人识字率和人均 GDP 的对数三个指标构成，分别反映了人的长寿水平、知识水平和生活水平。从 2009 到 2011 年，按照人类发展指数，中国的排名分别是第 92、89和 101 位，在各成员国中处于中等偏下的位置。因此，我们必须借鉴国外十分重视生活质量指数、社会指标、人类发展指数、可持续发展指标等方面的经验，并将其纳入到发展规划中去，推动我国的科学发展，推动我国的社会建设。

总之，只有坚持科学发展，积极提升我国规划工作的基本经验，并借鉴国外发展指数方面的成功做法，我国社会建设规划的制定才能取得事半功倍的效果。

（三）制定社会建设规划的战略原则

制定社会建设规划必须坚持科学的战略原则，要用辩证思维统率战略思

---

① ［美］詹姆斯·米奇利:《社会发展:社会福利视角下的发展观》，苗正民译，格致出版社、上海人民出版社 2009 年版，第 15 页。

维,要从战略思维的高度来进行总体谋划和统筹安排。

1. 制定社会建设规划的客观性原则

坚持一切从实际出发,理论联系实际,在实践中检验真理和发展真理,是我们党的思想路线。因此,制定社会建设规划必须坚持客观性原则,即坚持一切从实际出发。坚持一切从实际出发,就是要坚持从社会主义初级阶段这个最大的实际出发,立足这一基本国情,来制定社会建设规划。改革开放至今,我国经济社会发展取得的所有成就,都是我们坚持一切从实际出发,坚定不移地贯彻和落实社会主义初级阶段理论和党在社会主义初级阶段基本路线的结果。目前,虽然我国经济总量已居世界第二位,但是,"我国仍处于并将长期处于社会主义初级阶段的基本国情没有变,人民日益增长的物质文化需要同落后的社会生产之间的矛盾这一社会主要矛盾没有变,我国是世界上最大的发展中国家的国际地位没有变"①。因此,在制定社会建设规划过程中,只有坚持从社会主义初级阶段的基本国情出发,认清我国现阶段人口多、底子薄、生产力发展水平较低且不平衡的实际,才能有的放矢,抓住要害和薄弱环节,才能保证我国社会建设规划的科学性。同时,社会建设规划必须要服从和服务于经济建设规划。在此基础上,要统筹经济建设规划和社会建设规划,增强国家发展战略和规划的整体合力。

2. 制定社会建设规划的人民性原则

全心全意为人民服务是我们党的宗旨,实现和维护人民群众的根本利益是我们党的整个理论和实践的出发点和落脚点。人民性原则是我们一切理论和实际工作必须坚持的价值原则。因此,制定社会建设规划必须"把提高人民生活水平作为根本出发点,继续推进改革开放和现代化建设。我们的目标是,到本世纪中叶,基本实现现代化,建成富强民主文明的社会主义现代化国家,实现中华民族的伟大复兴"②。为此,必须将解决民生问题作为社会建设的重点。民生问题,尤其是教育、医疗、就业、社会保障等问题是与人民群众切身利益联系最为密切的问题,也是现阶段十分突出的社会问题,只有将之上升到国家发展战略和规划的高度来统筹考虑才能得到有效解决。同时,在我国

---

① 《十七大以来重要文献选编》(下),中央文献出版社 2013 年版,第 445 页。
② 《江泽民文选》第三卷,人民出版社 2006 年版,第 308 页。

人口众多的现实国情面前,在制定社会发展规划的过程中,既要考虑国民经济社会发展的总量情况,也要考虑人均情况,要将改革发展取得的成果落实到每一个人民群众身上,让人民群众成为改革发展的最大受益者。总之,只有从广大人民群众根本利益出发,以解决民生问题为重点,大力推进社会建设,以此作为制定社会建设规划的根本价值取向,才能保证社会建设成为造福人民群众的伟大事业。

3. 制定社会建设规划的系统性原则

任何事物都是由部分和整体的辩证关系构成的系统,认识和把握事物必须坚持系统性原则。在当代中国,"落实科学发展观,是一项系统工程","这就需要我们采用系统科学的方法来分析、解决问题,从多因素、多层次、多方面入手研究经济社会发展和社会形态、自然形态的大系统"。[①] 因此,在制定社会建设规划中,必须注意以下问题:一方面,中国特色社会主义总体布局是由经济建设、政治建设、文化建设、社会建设和生态文明建设组成的一个有机整体,因此,制定社会建设规划必须在这个总体框架中来进行,要充分考虑其他建设对社会建设的制约和影响。这样,才能在各项建设的相互联系、互相合作中将社会建设不断推向前进。另一方面,民生问题是社会建设的极其重要的构成方面,但是,社会建设还包括推动社会参与、实现社会公平、维护社会稳定、加强社会管理、构建和谐社会等一系列的复杂内容。这些方面的辩证作用使社会建设自身成为一项系统工程。因此,社会建设规划必须考虑到,只有在与其他社会建设事业的互动和联动中,才能有效解决民生问题。总之,只有将社会建设看作是一个社会系统工程,进行系统设计和整体推进,才能保证社会建设规划的完满性。

表 5-1 "十二五"时期人民生活指标

指标	2010 年	2015 年	年均增长(%)	属性
城镇居民人均可支配收入(元)	19109	>26810	>7	预期性
农村居民人均纯收入(元)	5919	>8310	>7	预期性
城镇登记失业率(%)	4.1	<5		预期性

---

① 《十六大以来重要文献选编》(中),中央文献出版社 2006 年版,第 115 页。

续表

指标	2010 年	2015 年	年均增长（%）	属性
城镇新增就业人数（万人）			4500	预期性
城镇参加基本养老保险人数（亿人）	2.57	3.57	1	约束性
城乡三项基本医疗保险参保率（%）			3	约束性
城镇保障性安居工程建设（万套）			3600	约束性
人均预期寿命（岁）	73.5	74.5	1	预期性

资料来源:《中华人民共和国国民经济和社会发展第十二个五年规划纲要》,人民出版社 2011 年版,第 11 页。

4. 制定社会建设规划的操作性原则

为了保证规划工作取得预期效果,必须坚持可操作性原则。例如,"小康社会这个概念,具有中国特色,可以赋予丰富的内涵,易于为广大群众理解,有利于动员全国各族人民、包括港澳同胞、台湾同胞和海外侨胞,共同为中华民族的发展壮大贡献力量。提出全面建设小康社会,也同邓小平同志关于集中力量把自己的事情办好的战略思想相一致。"①同样的,为了保证社会建设规划取得实效,必须坚持可操作性的原则,保证规划具有较强的针对性、可及性和可控性。为此,必须提出具有相对可操作性的社会建设指标,既不能超越国情,也不能落后国力。例如,"十二五规划纲要"提出的人民生活指标就体现了可操作性的原则。在其他规划中也应贯彻这一原则。这样,才能保证社会建设规划取得实效。

5. 制定社会建设规划的动态性原则

任何事物都由于其内在矛盾而处于永恒的发展当中,认识和把握事物必须坚持动态性的原则。社会建设同样是一个动态的过程和开放的系统,因此,制定社会建设规划必须坚持动态性的原则。具体而言,随着经济社会的不断发展,人民群众的需求是不断增长的,民生问题也在不断升级和换代,因此,在制定社会建设规划时,既需要稳扎稳打、逐步推进,也需要留有余地、描绘愿景。正是在以"温饱"、"小康"和"比较富裕"为主要阶段的"三步走"战略的基础上,我们才形成了新"三步走"的战略,明确了"两个一百年"的奋斗目标。

———————————

① 《江泽民文选》第三卷,人民出版社 2006 年版,第 415 页。

为此，应该随着社会经济的发展而具体地突出每个阶段社会建设的具体要求，不断提高民生问题的标准，要从一个更为宏观的、开放的视角来看待民生问题。总之，"只要我们胸怀理想、坚定信念，不动摇、不懈怠、不折腾，顽强奋斗、艰苦奋斗、不懈奋斗，就一定能在中国共产党成立一百年时全面建成小康社会，就一定能在新中国成立一百年时建成富强民主文明和谐的社会主义现代化国家。"①只有这样，我们才能将社会建设不断提高到新的水平和发展阶段，才能有效地满足人民群众日益增长的物质文化需要。

总之，在制定社会建设规划过程中，我们必须坚持用辩证思维统领社会建设的战略思维，这样，才能确保社会建设规划的科学性和有效性。

（四）制定社会建设规划的一般程序

制定社会建设规划的过程，是一个科学认识和科学决策的过程，因此，必须"坚持科学决策、民主决策、依法决策，健全决策机制和程序，发挥思想库作用，建立健全决策问责和纠错制度。"②这样，坚持科学决策、民主决策和依法决策就成为制定社会建设规划必须遵循的一般程序。

1. 制定社会建设规划的科学决策程序

科学决策是指决策者遵循客观规律、凭借科学思维、运用科学手段进行决策的方式，是制定规划必须遵循的一般程序。制定社会建设规划也要遵循科学决策的程序。（1）制定社会建设规划的科学依据。制定社会建设规划必须坚持马克思主义思想路线，坚持从我国社会主义初级阶段的基本国情出发，遵循社会建设的一般规律，并在实践基础上深化对社会主义社会建设规律和中国特色社会主义社会建设规律的认识和把握。这样，才能有效避免规划决策的随意性和失误，保证规划的科学性。（2）制定社会建设规划的科学程序。在宏观上，制定社会建设规划必须遵循马克思主义认识论，不断将"实践——认识——再实践——再认识……"的认识总图式贯穿到决策过程中，并在实践中不断检验和发展规划决策的科学性。在微观上，社会建设规划主要包括

① 胡锦涛：《坚定不移沿着中国特色社会主义道路前进 为全面建成小康社会而奋斗——在中国共产党第十八次全国代表大会上的报告》，人民出版社 2012 年版，第 16 页。
② 胡锦涛：《坚定不移沿着中国特色社会主义道路前进 为全面建成小康社会而奋斗——在中国共产党第十八次全国代表大会上的报告》，人民出版社 2012 年版，第 29 页。

准备、研制、完成和实施等阶段。为此,必须遵循系统科学方法,按照"霍尔结构"来制定和完善社会建设规划①,这样,才能进一步增强规划的科学性。(3)制定社会建设规划的科学方法。在制定社会建设规划的不同阶段,对应着不同的科学问题和内容,因此,要有的放矢地运用科学方法。在准备阶段,主要要运用调查方法、矛盾分析方法和预测方法,搜集大量的社会建设规划的信息,进而要准确反映社会舆情、矛盾态势和民主现状等情况,为社会建设规划的制定打下坚实的基础。在研制阶段,主要要采用价值分析、系统分析、科学论证、方案优选和计算仿真等手段和方法,对调查阶段所搜集的信息进行科学的加工和汇总,进而能科学反映社会建设的各个系统要素及其相互关系,调整、优化社会建设的方案。在完成和实施阶段,要引入可靠性分析、可行性分析和风险评估等手段和方法,将社会建设规划落实到实处。从总体上来看,制定社会建设规划的上述环节是相互联系、不可分割的,共同构成了一个完整的系统的科学决策程序。总之,科学决策是制定社会建设规划的基础。只有坚持科学决策,社会建设规划的制定和实施才能有科学的前提和保障,并最终取得良好的效果。

2. 制定社会建设规划的民主决策程序

制定社会建设规划必须坚持民主决策,遵循一定的民主决策程序。民主决策就是要把马克思主义认识论和群众观统一起来,运用于决策中。"凡属正确的领导,必须是从群众中来,到群众中去。这就是说,将群众的意见(分散的无系统的意见)集中起来(经过研究,化为集中的系统的意见),又到群众中去做宣传解释,化为群众的意见,使群众坚持下去,见之于行动,并在群众行动中考验这些意见是否正确。然后再从群众中集中起来,再到群众中坚持下去。如此无限循环,一次比一次地更正确、更生动、更丰富。这就是马克思主义的认识论"②。为此,必须将民主决策原则贯穿于制定社会建设规划的全过程。(1)准备阶段的民主决策。我们必须坚持马克思主义的政治立场,要以群

---

① 系统科学方法是一种数学化、形式化、程式化和定型化程度很高的科学方法。只有按照一定的操作规则运用这种方法,才能充分发挥其功效。其中,在国外影响较大的是美国学者霍尔于 1969 年提出的"三维结构"法。通过对系统工程的一般阶段、运行步骤和知识范围的考察,霍尔以时间、逻辑和知识作为坐标,提出了一个运用系统方法的框架结构——"霍尔结构"。

② 《毛泽东选集》第三卷,人民出版社 1991 年版,第 899 页。

众的需要和利益、群众的意愿和呼声、群众的认识和实践为根本出发点,必须始终坚持代表中国最广大人民群众的根本利益。这样,才能保证规划的人民性。(2)研制过程的民主决策。在宏观上,我们要坚持领导决策、部门承担、专家论证、群众参与的原则;在微观上,我们要在集思广益的基础上坚持领导班子和专业部门的民主集中制。在此过程中,一方面,要进一步发挥广大人民群众在制定社会建设规划中的作用,积极组织和动员人民群众通过信件、电话、邮件、互联网论坛等方式积极建言献策,真正体现"规划是老百姓自己的事"的理念。同时,要进一步完善社会建设规划的社会公示、群众听证和群众评议等制度,充分发挥人民群众的批评建议权,并在此过程中不断完善社会建设规划的可靠性和可行性研究。另一方面,要进一步发挥和完善人民团体、社会团体和专家学者在制定社会建设规划中的建议、咨询和评估作用,充分发挥其人才、组织和专业等方面的优势,为制定和完善社会建设规划提供宝贵的智力支持。(3)完成和实施过程的民主决策。我们要体现社会建设规划由人民群众实施、由人民群众评判和由人民群众完善的原则,最终要使规划真正造福人民群众。同时,要进一步发挥人民群众的批评和监督权利,建立健全群众对社会建设规范的反馈机制、纠错机制和完善机制,从而在实践中不断丰富和完善社会建设规划。总之,民主决策是制定社会建设规划的核心,不仅有利于扩大公众参与社会建设规划的制定,还有利于凝聚社会共识,最终保障社会建设规划的顺利开展和完成。

3. 制定社会建设规划的依法决策程序

只有实现决策的法制化才能保证决策的科学化和民主化。在建设社会主义法治国家的过程中,"干部依法决策、依法行政是依法治国的重要环节。"①依法决策就是指各级政府机关及其工作人员要将宪法和法律法规作为决策的依据和规范。制定社会建设规划必须坚持依法决策的程序。这也是依法治国、建立社会主义法治国家的重要要求和基本体现。具体而言,在制定社会建设规划的过程中,要严格按照社会主义宪法和法律进行规划的调研、编制、发布和落实,坚持和保证决策依据的合法性、决策过程的合法性、决策权限的合法性、决策纠错的合法性和决策制度的合法性。(1)决策依据的合法性。这就是要在宪法和相关法律法规的框架内开展社会建设规划,坚持有法可依、有法必依的原则;

---

① 《江泽民文选》第一卷,人民出版社 2006 年版,第 512 页。

要坚持和贯彻执法必严、违法必究的原则,对于违背宪法和法律法规的规定而开展的社会建设规划要坚决予以废止。(2)决策过程和决策权限的合法性。这就是要坚持各级政府和相关部门制定的社会建设规划,应由各级人民政府报同级人民代表大会审议批准,并由各级人民代表大会发布。各级政府不能越权,要坚决贯彻和执行同级人民代表大会关于社会建设规划的相关决议,并在实施过程中接受后者的质询和监督。(3)决策纠错的合法性。这就是指在开展社会建设的过程中,如果社会建设规划的一些具体内容不适应实践的发展或者在指导实践的过程中出现了偏差,就需要建立和健全相应的纠错机制,开展纠错工作。在此过程中,要充分尊重人民群众的意见和建议。如果大部分人民群众认为相应的社会建设规划出现了偏差和失误,就必须对之进行重新评估、完善和修正,并由各级人民政府重新报同级人民代表大会审议和发布。(4)决策制度的合法性。这就是指在实践中要建立和健全包括决策公示制度、决策听证制度、决策咨询制度、决策评估制度和决策问责制度等在内的一整套完善的决策制度,并通过相关的法律法规将之固定下来,做到有法可依。总之,决策法制化是制定社会建设规划的法律保障。只有坚持依法决策,才能保证社会建设在法制化的轨道内有序运行,进而最终取得良好的成果。

总之,在制定社会建设规划的过程中,科学决策是基础,民主决策是核心,依法决策是保障。只有遵循社会建设规划的科学决策、民主决策和依法决策的程序,我们才能编制出科学、系统、完备的社会建设规划,才能最终有效地指导社会建设的实践和行动。

(五) 发挥社会建设规划的战略作用

社会建设规划在开展社会建设过程中具有重要的规范和指导的作用,因此,我们必须从战略上高度重视社会建设规划工作。

1. 科学预测社会建设走向的作用

规划不仅是建立在预测的基础上的,而且自身具有预测的作用。这在于,"社会规划首先是一幅社会图景,一种认识社会关系的方法。"[①]具体来看,社

---

① [埃及]萨米尔·阿明:《全球化时代的资本主义——对当代社会的管理》,丁开杰等译,中国人民大学出版社 2005 年版,第 115 页。

会建设规划就是为指导社会建设顺利而有效的开展而制定的规划,因此,科学预测社会建设的走向是社会建设规划的一个重要职能。我国社会建设规划是立足于社会主义初级阶段的基本国情,在科学研究和分析经济社会发展的现状和前景的基础上制定的,可以科学预测当代中国社会建设在一定时期的发展走向,为社会建设提供一个有效的、切实可行的目标。同时,只有能够科学预测社会建设的走向,科学把握社会建设的内在规律,才能制定出科学完善的社会建设规划,并用之指导社会建设实践。因此,制定社会建设规划与科学预测社会建设走向是紧密相关的,必须在实践中将二者有机统一起来。在未来的征程中,我们同样必须运用好社会建设规划的预测作用,这样,不仅可以防患于未然,而且能够增强社会建设规划的预测性和有效性。

2. 正确执行社会建设决策的作用

社会建设决策是开展社会建设的具体方针政策,也是社会建设规划的具体运用和实际操作。制定科学系统完备的社会建设规划对于正确执行社会建设决策具有重要的作用。具体而言,科学系统完备的社会建设规划是制定社会建设决策的重要前提和基本依据,也是社会建设决策能否顺利实施和完成的先决条件和重要保障。同时,社会建设决策更要以实践为基础,要随着实践的发展而不断发展。社会建设规划往往是指导较长一个时期的社会建设的蓝图,在一定程度上是静态的,而社会建设决策则是在实际工作中不断丰富和完善的,具有较强的灵活性和动态性。因此,在用社会建设规划指导社会建设决策的过程中,也要考虑到两者的内在张力,实现二者的统一。在社会建设任务日益繁重的情况下,只有制定出科学系统完备的社会建设规划,我们才能正确执行社会建设决策,提高社会建设决策的能力和水平。

3. 科学管理社会事务的作用

社会管理是实现社会事务的组织化和促进社会事务最优化的活动,既是社会建设的组成部分和要素,又是社会建设的手段和动力。只有在调查研究的基础上,科学、合理地反映社会事务的要求和走向,并用规划的形式将之表达出来,统筹兼顾,才能实现社会事务的组织化和最优化。就其一般内容来说,社会管理包括维护社会稳定、实现社会公平和推动社会参与等内容。第一,只有正确处理改革、发展和稳定的关系,将提高人民群众的生活水平作为三者的结合点,用规划的形式将之确定下来,才能有效降低社会不稳定因素,促进社会稳定。第二,只有正确处理公平和效率的关系,完善激励机制,促进机会公平、过程公平和结果公平的统一,用规划的形式将之确定下来,才能有效减少社会排斥,实现社会公平。第三,只有正确处理党委领导、政府负责、社会协同、公众参与、法治保障的关系,注重发挥人民群众在社会建设中的能动性、积极性和创造性,构筑社会建设的社会合力,用规划的形式将之确定下来,才能形成广泛的社会动员,推动社会参与。总之,在加强和创新社会管理的过程中,我们必须高度重视社会建设的规划作用。

4. 防范社会风险的作用

社会建设规划也具有防范和化解社会风险的作用。改革开放至今,在经济快速发展的过程中,一些深层次的社会矛盾也逐渐浮出水面,造成了一定的社会风险。这样,"想要既从理论上又从实践上有效地摆脱这样一种困难,其出路可能既不在于考察'危机',也不在于考察'危机管理',而是把'危机管理的危机'作为常量,换句话说,也就是系统地预测和分析国家在维持稳定的活动中所存在的不足和局限。"①社会建设规划可以对这种不足和局限进行科学预测和分析。通过制定社会建设规划来设定反贫困、教育、医疗、就业、社会保障等方面的发展目标及其措施,并用来指导社会建设,可以有效防范和化解社会风险。在社会矛盾态势没有得到有效遏制的情况下,只有从规划的高度提出解决社会矛盾的切实措施,科学预测社会风险的走向和症结,才能有效防范社会风险,增强社会安全。可见,社会建设规划在防范和化解社会风险方面具有重要的作用。

5. 凝聚社会共识的作用

社会建设规划的编制、审批和监督的过程,是一个将马克思主义认识论与群众观统一起来的过程,这样,社会建设规划就可以有效地凝聚社会共识,形成共同奋斗的政策基础。从编制"十五"计划开始,我们不断加强规划过程中的公众参与和专家论证制度,积极发动广大人民群众建言献策,取得了良好的效果。最终的规划也是在综合并采纳了广大人民群众意见和建议基础上制定和实施的,充分体现了党和政府充分尊重人民群众的主体地位,拜人民群众为

①　[德]克劳斯·奥菲:《福利国家的矛盾》,郭忠华等译,吉林人民出版社 2006 年版,第45 页。

师的鲜明的价值取向和坚定的政治立场。同时，社会建设规划的实施和监督
过程也是一个充分发挥人民群众能动作用的过程，是党的群众路线的生动实
践。此外，由于社会建设规划明确了社会建设的目标和任务、政策和措施，提
供了社会建设的"共同纲领"，这样，可以有效整合社会不同意见，有助于和衷
共济、齐心协力。总之，社会建设规划的制定和实施不仅有利于凝聚社会共
识，还有利于充分发挥人民群众的能动性、积极性和创造性，进而形成强大的
社会合力，使社会建设能够取得事半功倍的效果。

6. 促进科学发展的作用

规划具有指导发展的作用。一般而言，"统一性发展规划途径要求政府
的经济与社会规划精心达成和谐。统一性途径使经济增长与社会进步并重，
要求社会经济与社会规划者共同致力于人口福祉的改善。"①具体到当代中国
来看，制定和完善社会建设规划是贯彻落实科学发展的重要举措。第一，在社
会建设规划中明确民生目标和指标，集中体现了社会建设为了人民、社会建设
依靠人民、社会建设成果由人民共享、社会建设成效由人民测量的要求，是以
人为本原则的具体实践。第二，在社会建设规划中遵循经济社会协调发展规
律，有助于统筹经济发展与社会建设；将社会建设纳入到中国特色社会主义总
体布局中，有助于将社会建设与经济建设、政治建设、文化建设与生态文明建
设紧密联系起来，相互促进，共同发展；这样，才能保证中国特色社会主义各项
建设事业的全面、协调、可持续发展。第三，在社会建设规划中，系统考虑各种
利益关系和整体推进社会建设，是统筹兼顾方法的具体运用。总之，制定社会
建设规划并将之纳入到国家整体发展战略的规划中，是贯彻落实科学发展观
的具体举措。而一个科学系统完备的社会建设规划，能够有效推动科学发展。

总之，社会建设规划具有十分重要的战略作用，而这些作用的发挥需要我
们在实践中不断探索和总结，并在实践中将社会建设规划工作不断推向前进。

二、积极完善社会建设规划的基本内容

制定社会建设规划是一项复杂的系统工程，需要对社会建设的相关要素

---

① ［美］詹姆斯·米奇利：《社会发展：社会福利视角下的发展观》，苗正民译，格致出版社、
上海人民出版社 2009 年版，第 148 页。

和关系进行统筹安排,这样,才能为社会建设实践指明奋斗的方向和具体的路径。

(一) 当代中国社会建设的战略依据

战略依据是制定规划的客观基础。具体到社会建设来说,这就是要将制约社会建设的各种要素和规律作为制定社会建设规划的基础。

1. 认识和把握社会建设的制约要素

在制定和完善社会建设规划时,首先必须科学认识和正确把握社会建设的制约要素,这样,才能保证社会建设规划有的放矢,事半功倍。

明确社会建设的总目标。根据现代化建设"三步走"的发展战略,党的十六大规定了全面建设小康社会的总目标,要求在本世纪头二十年,集中力量,全面建设惠及十几亿人口的更高水平的小康社会,使经济更加发展、民主更加健全、科教更加进步、文化更加繁荣、社会更加和谐、人民生活更加殷实。党的十七大报告进一步从经济、政治、文化、社会和生态五个方面提出了全面建设小康社会的新要求。其中,社会建设的目标是:加快发展社会事业,全面改善人民生活。党的十八大根据我国经济社会发展实际,在十六大、十七大确立的全面建设小康社会目标的基础上,提出了确保到二○二○年实现全面建成小康社会宏伟目标的新要求。其中,社会建设的目标是:人民生活水平全面提高。从"建设"小康到"建成"小康,标志着我们在建设中国特色社会主义和实现社会主义现代化建设的过程中,目标更为明确、信心更为坚定、步骤更为紧凑。事实上,全面建成小康的目标就是中国特色社会主义现代化的目标。由于社会建设既是全面建成小康社会之事业的保障,又是全面建成为小康社会之目标的构成,因此,我们必须紧紧围绕全面建成小康社会的总目标,制定和完善社会建设规划。这样,才能保证社会建设规划的战略性、总体性和系统性。

体现社会建设的总要求。社会管理既是社会建设的构成要素,又是社会建设的体制保障。目前,加强和创新社会管理,必须"牢牢把握最大限度激发社会活力、最大限度增加和谐因素、最大限度减少不和谐因素的总要求,以解决影响社会和谐稳定突出问题为突破口"①。这也应成为社会建设的总要求。

---

① 《十七大以来重要文献选编》(下),中央文献出版社 2013 年版,第 149 页。

一是必须大力贯彻和落实"尊重劳动、尊重知识、尊重人才、尊重创造"的方针,团结一切可以团结的力量,制定和完善劳动、知识、技术、管理、资本等要素平等参与分配的政策原则。这样,才能激发社会活力。二是必须大力贯彻和落实作为社会主义和谐社会之要求和特征的公平正义的理念,完善促进公平正义的政策安排,促进人与人的和谐、人与社会的和谐、人与自然的和谐。这样,才能增加和谐因素。三是必须大力贯彻和落实正确处理人民内部矛盾的理论,注重解决影响社会和谐的突出问题以及影响人民群众切身利益的关键问题。这样,才能减少不和谐要素。只有坚持上述总要求,才能保证社会建设规划的现实性、针对性和有效性。

顺应社会建设的新期待。社会建设是劳动主体自我创造幸福生活的过程。对于社会主义社会建设来说更是如此。"只有社会主义才可能广泛推行和真正支配根据科学原则进行的产品的社会生产和分配,以便使所有劳动者过最美好的、最幸福的生活。只有社会主义才能实现这一点。"①虽然我们在现实中遇到了诸多困难,但是,经过新中国六十多年的社会主义建设尤其是三十多年的改革开放,我们在改善民生方面取得了重大成就。在这种情况下,人民群众对于美好生活提出了新的期待。同时,由于人民群众日益增长的物质文化需要同落后社会生产之间的矛盾,仍然是我国社会的主要矛盾。因此,在制定和完善社会建设规划时,我们必须顺应广大人民过上更好生活的新期待,将为人民群众谋利益、谋幸福作为社会建设的出发点和落脚点,将改善民生作为社会建设及其规划的主线和主旨,大力提升基本公共服务和社会服务的能力和水平。从长远来看,当代中国的社会建设是立足于促进人的全面发展的全面的建设事业。可见,只有顺应广大人民过上更好生活的新期待,才能保证社会建设规划的人民性、先进性和政治性。

总之,只有科学认识和正确把握制约社会建设的重要要素,我们才能明确社会建设的总目标、总要求和新期待。

2.认识和把握社会建设的客观规律

在制定和完善社会建设规划时,最为关键的是要科学认识和正确把握社会建设的规律,这样,才能避免社会建设规划的盲目性和随意性。

---

① 《列宁选集》第3卷,人民出版社1995年版,第546页。

经济建设和社会建设协调发展的规律。尽管经济建设、政治建设、文化建设、社会建设、生态文明建设构成了一个复杂系统,但是,最为关键的是要科学认识和正确把握经济建设和社会建设的辩证关系。一方面,经济建设是社会建设的基础。社会建设需要以经济建设为中心,促进社会的全面进步。否则,社会发展就没有持久的经济基础和物质保障,社会建设也就无从谈起。另一方面,社会建设是经济建设的目的。如果没有社会建设的良性运行,经济发展就会失去动力,经济建设也难以为继。经济建设的成果最终要落实到全体社会成员身上。就此而论,经济建设和社会建设协调发展的规律(经济社会协调发展规律)是社会建设的基本规律。因此,"各地区各部门都要把促进经济社会协调发展摆到更加突出的位置,在发展规划中加以体现,在工作部署中加以落实,不断提高各级干部促进经济社会协调发展的自觉性主动性。要加强对涉及经济社会协调发展的一些重大问题的研究,制定科学的解决方案,逐步加以实施。"①总之,经济建设和社会建设协调发展的规律,是社会发展的基本规律,更是社会主义社会建设必须遵循的重要规律。

物的增长和人的发展协调推进的规律。社会发展和社会建设,不是无主体的单纯的物质过程。在通过经济建设促进社会建设的过程中,尤其是要正确把握物的增长和人的发展的关系。一方面,物的增长是推动人的发展的基础和保障;没有物的增长,就不可能有人的发展。另一方面,人的发展是促进物的增长的动力和目标;没有人的发展,物的增长就丧失了意义和价值。在总体上,"推进人的全面发展,同推进经济、文化的发展和改善人民物质文化生活,是互为前提和基础的。人越全面发展,社会的物质文化财富就会创造得越多,人民的生活就越能得到改善,而物质文化条件越充分,又越能推进人的全面发展。社会生产力和经济文化的发展水平是逐步提高、永无止境的历史过程,人的全面发展程度也是逐步提高、永无止境的历史过程。这两个历史过程应相互结合、相互促进地向前发展。"②可见,物的增长和人的发展协调推进的规律是社会建设的基本规律。因此,在制定和完善社会建设规划时,在坚持以经济建设为中心的同时,必须明确,不断提高人民群众的综合素质,努力促进

---

① 《十六大以来重要文献选编》(上),中央文献出版社 2005 年版,第 397 页。
② 《江泽民文选》第三卷,人民出版社 2006 年版,第 295 页。

人的全面发展,是推动经济社会协调发展的重要保证和价值目标。

社会控制和社会政策协调发展的规律。[①]　在社会建设中,政府发挥着主导的作用。这主要是通过社会控制和社会政策两种机制实现的。前者是指通过强制力量对社会成员进行控制从而维护社会稳定的过程。后者主要是指影响社会福利的国家政策行为。二者是相辅相成的。一方面,如果不将社会政策引入社会控制中,那么,社会稳定只能在表面上实现。另一方面,社会福利也不能超越社会控制范围,否则,单纯的福利诉求容易引发社会稳定问题。在这个问题上,"社会民主战略的诱人之处在于社会政策也会导致权力动员。通过彻底消除贫困、失业和完全对工资的依赖,福利国家增强了政治能力,减弱了那种阻碍着劳动者在政治上团结起来的社会分裂现象"[②]。这样,社会控制和社会政策协调发展的规律,就成为了社会建设的基本规律。因此,在制定和完善社会建设规划的过程中,在强调稳定是硬任务同时,必须提出将"硬控制"(社会控制)和"软控制"(社会政策)统一起来的政策安排,软硬兼施。

总之,社会建设也是有规律可循的。只有切实遵循社会建设的客观规律,才能保证社会建设规划科学性和有效性。

(二) 当代中国社会建设的战略目标

战略目标是发展规划需要完成的任务的集合。只有从规划的高度明确当代中国社会建设的实际目标,才能够有步骤有重点地推进社会建设。

1. 实现发展目标的价值转换

价值目标体现了社会发展的本质与任务。当代中国的社会建设本质的体现与任务的实现,需要实现社会发展目标的价值转换。

国富民强的起点目标。国富而民富、国强而民强,是很多国家发展的一般经验,对于近代中国来说尤为如此。中华民族从衰落走向复兴所依靠的发展路线,必然是首先实现国家的独立、繁荣与富强;在此基础上,人民才可能获得稳定和富裕的生活。只有实现国家的富强与稳定,才能为人民实现个人价值、

---

① 参见张云飞:《社会管理准则初探》,《中国人民大学学报》2011 年第 6 期,第 136—142 页。

② [丹麦]考斯塔·艾斯平-安德森:《福利资本主义的三个世界》,苗正民、滕玉英译,法律出版社 2003 年版,第 10—11 页。

创造美好生活提供强大的支持、开放的空间,人民创造财富的主体作用才能够充分发挥出来。因此,近代中国的历史命运决定了很长一段时间内中华民族所追求的首要目标与任务就是国家的富强。否则,便没有人民的幸福安康。

民富国强的目标转换。经历了六十多年的社会主义建设和三十多年的改革开放,我国经济实现了飞速发展。但是,却存在着民富落后于国富的现象。这同很多原因相关,例如,过去很多年,以 GDP 为导向的经济发展模式忽略了民生,经济结构的不合理客观上制约了经济收益的均衡化,等等。事实上,"实现人民的富裕幸福,是我们建设社会主义的根本目的。"①只有人民共享发展成果,享受富裕生活,社会主义的优越性才能得到彻底的体现,社会主义社会才能够获得稳定的基础和持续繁荣的根本保障。单是国强,而民不富,整个社会便难以维系持久健康的运行。因此,必须促进社会发展目标向民富国强的目标转换。

国民同富同强的战略目标。国家的繁荣富强与人民的幸福安康关系紧密,互联互动。随着我国社会建设指导思想和发展目标的不断完善,社会发展的目标和重心在以人为本理念的科学引导下,开始不断向民众转移和倾斜。"十二五"规划当中蕴含着对于人民利益的尊重和重视,强调要"顺应各族人民过上更好生活新期待"以及"更加注重保障和改善民生"。这显示了更为追求国民同富、同强的发展目标。"民富国强,众安道泰"②。只有搞好民生,使人民共享社会建设的发展成果,国家才能繁荣昌盛。因此,推进当代中国社会建设必须要实现这种发展目标的转换,使国民同富同强,使两种发展相得益彰。

总之,只有依次实现和提升社会建设的战略目标,才能将社会建设事业不断推向前进,不断造福人民群众。

2. 明确社会建设的具体目标

作为一项系统工程,当代中国的社会建设是由一系列目标予以支撑的。

社会矛盾更加减少。当前,我国人民内部矛盾多发,类型较为多样。因此,当前社会建设的首要目标之一就是促进社会矛盾更加减少。为此,既要致

---

① 《江泽民文选》第三卷,人民出版社 2006 年版,第 287 页。
② [汉]赵晔:《吴越春秋·勾践归国外传》。

力于解决人民群众日益增长的物质文化需要同落后的社会生产力之间的主要矛盾，努力满足人民群众在基本生计方面的基本需求；又要教育引导群众正确认识当前国情和社会矛盾，以合法和理性的形式表达利益诉求，维护合法权益。

社会利益更加实现。面对利益分化和利益固化并存的问题，必须着力解决好人民群众最关心的利益问题。为此，必须正确把握最广大人民群众的根本利益、现阶段群众的共同利益与不同群体的特殊利益的关系，完善利益协调机制，兼顾并正确处理各方面的利益关系。为此，要在获得广大人民群众理解和支持的基础上出台相关政策。

社会富裕更加提高。社会财富的增长是改善民生、加强社会建设的物质基础，是人民共享发展成果的物质来源。因此，必须加大反贫困的力度，既要加大解决农村贫困的力度，也要高度重视城市贫困问题，这样，才能提高社会富裕程度，不断满足人民群众的物质文化需求和其他各方面的发展需要，使人民群众共享社会建设的成果。

社会关系更加合理。在当前社会形势下，做好群众工作，既要促进形成和谐的家庭关系、邻里关系、群体关系，也要促进形成和谐的工农关系、城乡关系、区域关系、阶层关系、劳动关系、党群关系和干群关系。促进社会关系的和谐，必须完善社会矛盾调节机制以及公众利益保障机制。

社会保障更加有力。社会保障是社会发展成果对于公众生活的改善和保障程度的表征。当前，社会保障更多地以下述领域为重点：基本养老，基本医疗，工伤、失业、生育保险，最低生活保障。这些领域都是与人民群众利益攸关的关键领域。因此，在我国社会建设的目标系统中，建立和健全完善的社会保障体系应成为重中之重。

社会事业更加发展。当代中国的社会建设以保障和改善民生为重点，这就要求必须加快社会事业的发展步伐，推进基本公共服务均等化，形成覆盖面广、设施较为完善的公共服务体系。为此，必须推动科学、教育、文化、卫生、体育等事业的创新发展和公平发展，从而使公众享有较好的社会保障和公共服务，进而增强人民的幸福感。

社会力量更加活跃。社会建设和社会管理不是政府一家之事，而需要社会力量的积极参与。因此，我国社会建设的目标之一就是激发社会力量的积极性、主动性和创造性,使社会组织的创造力得以发挥。为此,必须增强各类社会组织的社会责任感,建立长效服务机制,增加公众参与的机会与途径,使整个社会充满创新和参与的活力。

社会工作更加完善。社会工作主要以各类困难群体为对象,其主要功能在于解决社会问题,发挥预防、治疗、发展与完善的作用,帮助那些处于不利地位的个人、群体或社区解决各类难题,完善和发展其活动与功能。社会工作的价值在于对事主的尊重,认为困难群体在获得帮助的同时,都能获得良好的发展。此外,一定要充分发挥社会工作者的作用。

社会安全更加稳固。加强社会安全,必须不断加强和创新社会安全体系。在应急管理领域,要推动建立健全各项应急管理体制机制,提高对社会风险的管理能力;在安全生产管理领域,要加强各项法律法规建设,完善安全生产监督机制;在社会治安管理领域,要最大限度地减少消极因素、增加积极因素,维护社会安定与国家安全;在食品药品安全管理领域,要完善相关监督和制约机制,维护公众生命财产安全。

社会管理更加科学。促进社会管理的科学化,既是社会发展的需要,也是实现以人为本的需要。良好的社会管理体制,既体现在其出发点和落脚点的人本性上,也体现在其管理方式和方法的科学性上。为此,必须促进科技创新成果在社会管理与社会服务中的运用,促进社会组织管理体系的规范化、完整化,使社会服务体系更为完善和发展。

社会环境更加文明。社会建设要努力促进营造良好的社会环境。通过加强社会主义核心价值体系建设与思想道德建设,不断提高全民族的文明素质,形成文明有礼、道德高尚、尊重科学的社会风尚以及环境优美的社会氛围。同时,必须加强对于人民群众的积极引导,注重促进不同民族、不同宗教信仰的群众之间和谐相处,塑造稳定、和谐的社会环境。

社会和谐更加实现。当前,我国以改善民生为重点的社会建设,就是为了在发展的同时促进社会和谐,最大限度地激发社会的创造力,最大限度地减少不和谐因素、增加和谐因素。这不仅是社会建设的目标,而且是社会建设的基础和保障。没有社会和谐,社会建设难以为继;社会建设搞好了,社会和谐的程度才能不断上升。

唯有实现这些目标和要求,才能真正使社会建设的成果惠及人民。

3.展望中国发展的美好愿景

中国特色社会主义事业是不断发展、不断前进的事业。未来中国,应该具有经济更加发展、民主更加健全、科技更加进步、文化更加繁荣、社会更加和谐、人民生活更加殷实、生态更加美丽的发展愿景。这也是未来中国经济社会发展与人的发展所致力实现的战略目标。

我国未来发展的美好愿景,需要以社会建设为保障。社会建设是中国特色社会主义事业总体布局的重要组成部分,是一项系统工程。社会建设意义重大,事关人民群众的切身利益,紧系国家的长治久安;社会建设涉及面广,与经济建设、政治建设、文化建设以及生态文明建设等方面具有紧密的联系;社会建设影响深远,对于党和国家事业的发展以及全面建成小康社会宏伟目标都具有重要的战略意义。可以说,社会建设是中国特色社会主义事业持续健康发展的基本保障。因此,未来中国发展的美好愿景,离不开社会建设的支撑。

当代中国的社会建设也会对世界经济发展和人类文明进步作出重要贡献。当代中国社会建设是中国特色社会主义事业的一部分,是着眼于满足人民群众物质文化需要以及提高人民素质的事业,是努力促进社会的全面发展和进步的事业,是努力实现人的全面发展的事业。这既是马克思主义关于建设社会主义新社会的本质要求,也是走向人类社会最高发展阶段——共产主义社会所必经的发展阶段。因此,推动社会建设,促进人的发展和社会进步,既有利于中国自身的发展,也有利于促进世界文明的进步。

总之,只有明确社会建设在实现中国未来愿景中的地位,才能切实有效地推动社会建设,从而使社会主义社会进一步成为全面发展和全面进步的社会。

（三）当代中国社会建设的战略重点

在当代中国,必须将改善民生作为社会建设的重点。民生就是人民的生活,包括社会的生存、国民的生计、群众的生命等。① 因此,只有在社会建设规划中明确改善民生这一重点,层层推进,社会建设事业才能取得关键性突破。

1.改善民生的战略地位

在当代中国,民生主要指人民群众的生存权和发展权及其实现和保障的

---

① 参见《孙中山选集》,人民出版社 1981 年版,第 802 页。

基本情况。只有在不断改善民生中,才能切实而有效推进社会建设。

改善民生体现了人的主体地位。人的发展同社会发展和进步息息相关。"一切社会的发展和进步,都取决于人的发展和进步,取决于人的尊严的维护和价值的发挥。"①当然,这个人是具体的历史的人,以其需要的全面性、广泛性和深刻性而区别于动物。所以,改善民生始终是社会建设的追求。在社会主义条件下更应如此。目前,人民群众日益增长的物质文化需要同落后的社会生产之间的矛盾仍然是我国社会的主要矛盾,因此,社会建设必须以改善民生为重点,为有效满足人民群众的生存需要、发展需要和享受需要作出政策安排,使人民群众真正共享改革发展的成果,这样,才能有效调动人民群众的能动性、积极性和创造性,最终才能促进人的全面发展。

改善民生有利于保持社会稳定。民生状况是社会利益的均等化程度的反映和表征,对社会稳定有着直接而重大的影响。如果民生问题长期得不到改善,那么,就会诱发其他社会问题甚至是社会动乱。而"人民生活水平逐步提高,社会稳定就有了更牢固的基础。"②因此,我们必须把提高人民生活水平作为社会主义建设各项事业的出发点和落脚点,把不断改善人民生活作为处理改革发展稳定关系的重要结合点和突破点,切实保障和大力改善民生,妥善处理利益分化和利益固化带来的社会矛盾,这样,才能有效避免社会分裂和社会动荡,在社会稳定中推进改革发展,通过改革发展促进社会稳定,最终实现国家的长治久安。

改善民生有利于激发创造活力。只有在一个充满创造活力的社会中,才能有效促进社会进步和人的发展。社会的创造活力最终取决于人民群众的创造力。人民群众的创造活力是人力资本投资的结果,依赖于其物质生活水平和精神生活水平的提高,依赖于经济发展和社会进步。只有切实改善民生,不断满足人民群众日益增长的物质文化需要,加大人力资源开发和人力资本投资的力度、广度和深度,才能有效激发社会活力,提升人民群众的创造力,提升国家的竞争力,这样,社会建设才能成为人民群众共建、共享的事业。

改善民生体现了社会主义的本质。在社会主义条件下,改善民生不仅仅

① 《江泽民文选》第二卷,人民出版社 2006 年版,第 56 页。
② 《江泽民文选》第二卷,人民出版社 2006 年版,第 441 页。

是让老百姓吃饱饭的问题，而是包含了更为广泛和深厚的内容，是实现共同富裕的应有之义。贫穷不是社会主义，两极分化也不是社会主义，这样，"逐步缩小地区之间的发展差距，实现全国经济社会协调发展，最终达到全体人民共同富裕，是社会主义的本质要求"①。因此，将改善民生作为社会建设的重点，就是为了在改革发展的过程中消灭剥削和两极分化，让改革发展造福所有社会成员，实现共同富裕。显然，将改善民生作为当代中国社会建设的重点，是对社会主义本质的最好解读和最好实践。

总之，将改善民生作为当前社会建设的重点，体现了社会发展与当前人民期待的双重需要。因此，必须在社会建设规划中明确这一点。

2. 改善民生的具体任务

目前，以改善民生为重点的社会建设主要包括就业、教育、收入分配、社会保障、医疗和社会管理等六大领域的任务。

优先发展教育，建设人力资源强国。教育是改善民生的重要领域。考虑到我国的实际情况，"我们制订教育规划应该与国家的劳动计划结合起来，切实考虑劳动就业发展的需要。"②为此，必须在更新教育观念、提高教育发展水平、优化不同阶段教育结构以及加大教育投入、促进教育资源均等化方面予以整体谋划和系统规划，并提出切实的对策。只有搞好教育，才能为改善人民群众生活奠定长久发展的基石。

实施扩大就业的发展战略，促进以创业带动就业。稳定的就业形势对于改善民生来说十分重要。因此，"在研究经济社会发展规划时，要把就业问题作为重要内容统筹考虑。"③为此，必须从我国是人口大国的实际出发，建构完善的就业政策、培养成熟的自主创业模式、促进城乡劳动者平等就业以及稳定高校大学生就业市场；同时，要适度、有序地促进劳动力的对外转移。这样，在促进就业市场积极健康发展的基础上，才能实现人民群众的劳动权。

深化收入分配制度改革，增加城乡居民收入。在社会主义初级阶段，必须坚持按劳分配为主体、多种分配方式并存的分配制度。在促进劳动、知识、技术、管理、资本等多种要素按贡献参与分配的同时，在社会建设规划中，必须对

---

① 《江泽民文选》第二卷，人民出版社 2006 年版，第 340 页。
② 《邓小平文选》第二卷，人民出版社 1994 年版，第 108 页。
③ 《江泽民文选》第三卷，人民出版社 2006 年版，第 510 页。

妥善平衡效率与公平的关系、积极调控基尼系数、有效缩小贫富差距、促进整个社会的收入机制合理有序作出系统安排。这样,才能让一切活力竞相迸发,才能理顺社会关系。

加快建立覆盖城乡居民的社会保障体系,保障人民基本生活。完善的社会保障体系关系人民群众的切身利益。在"十二五"期间,我国社会保障事业发展的主要目标是:"社会保障制度基本完备,体系比较健全,覆盖范围进一步扩大,保障水平稳步提高,历史遗留问题基本得到解决,为全面建设小康社会提供水平适度、持续稳定的社会保障网"①。只有在规划中明确社会保障的目标和任务,才能为保障人民群众的基本生活提供制度保证。

建立基本医疗卫生制度,提高全民健康水平。建立与经济社会发展水平相符合的医疗卫生制度,是改善民生的重要方面。为此,在社会建设规划中,必须明确政府提供基本医疗卫生服务的范围和措施,必须明确提升政府责任与社会参与度的要求,提出促进医疗资源地区均衡性的方案,加强公共医疗卫生的公益性,等等。只有这样,才能为公众提供基本的健康保障,促进人的全面发展。

完善社会管理,维护社会安定团结。稳定是改善民生的前提,改善民生是稳定的支柱。因此,必须将加强和创新社会管理水平的内容和要求纳入到改善民生的目标系统中,从国家规划的高度进行安排。目前,必须"正确处理人民内部矛盾,建立健全党和政府主导的维护群众权益机制,完善信访制度,完善人民调解、行政调解、司法调解联动的工作体系,畅通和规范群众诉求表达、利益协调、权益保障渠道。"②这样,才能促进社会安定团结。

总之,改善民生的任务,是衡量民生建设的重要尺度,直接影响着社会建设的速度和质量,因此,在社会建设规划中必须明确上述领域的目标、任务、指标和措施。

3. 改善民生的长远任务

随着经济发展和社会进步,社会建设规划还必须科学规定改善民生的长远任务。

---

① 《十七大以来重要文献选编》(下),中央文献出版社 2013 年版,第 990 页。
② 胡锦涛:《坚定不移沿着中国特色社会主义道路前进 为全面建成小康社会而奋斗——在中国共产党第十八次全国代表大会上的报告》,人民出版社 2012 年版,第 38 页。

学教其教。从根本上来看,教育是实现人的全面发展的根本途径。"为改变一般人的本性,使它获得一定劳动部门的技能和技巧,成为发达的和专门的劳动力,就要有一定的教育或训练"①。因此,在教育问题上,必须实现从学有所教到学教其教的提升。即,要顺应人的发展规律和教育发展规律,促进教育事业和受教育者的全面发展,最终要使教育真正成为造福人民群众的事业。

业就其就。就业直接关系着人的发展。在未来社会中,"生产劳动给每一个人提供全面发展和表现自己的全部能力即体能和智能的机会,这样,生产劳动就不再是奴役人的手段,而成了解放人的手段"②。因此,在就业问题上,在保证就业政策灵活、就业模式广泛、就业群体平等、就业环境和谐的前提下,从长远来看,就业政策不应针对具体问题而设定,而必须更多地同人的发展需要相联系,从而使就业成为实现人的全面发展的途径。

劳得其得。分配关系着人的切身利益,是由生产资料所有制决定的。在未来社会中,"才能完全超出资产阶级权利的狭隘眼界,社会才能在自己的旗帜上写上:各尽所能,按需分配"!③ 虽然我国目前还不具备实现共同富裕的条件,但是,我们始终不能忘记这一远大目标。目前,为了平衡效率与公平两者之间的关系,必须改革收入分配制度,促进共同富裕。在此基础上,必须建立经济增长和收入增长之间的联动机制,更为注重公平。在未来,必须实现劳得其得的目标,实现公平和效率的统一。

病医其医。人人享有基本卫生保健服务,人民群众健康素质不断提高,是人民生活质量改善的重要标志,是全面建成小康社会、实现社会主义现代化建设的重要目标。因此,在改善和提高人民群众健康素质的基础上,医疗卫生事业必须从被动服务转向主动保障,实现从病有所医到病医其医的转变。即,在保证医疗卫生事业的公共服务性质的基础上,随着国家经济实力的增强,医疗卫生事业必须成为促进人的全面发展的事业。

老养其养。渴望健康长寿是人类的普遍追求,养老、尊老是社会建设的"普世"议题。我国自古就有追求"老吾老,以及人之老"④之理想的传统。社

---

① 《马克思恩格斯文集》第5卷,人民出版社2009年版,第200页。
② 《马克思恩格斯文集》第9卷,人民出版社2009年版,第311页。
③ 《马克思恩格斯文集》第3卷,人民出版社2009年版,第436页。
④ 《孟子·梁惠王上》。

会主义更应实现老有所养的目标。在此基础上,我们要进一步满足人民群众老养其养的需要。为此,必须建立一种更为完备的社会保障体系,促进养老事业和老龄工作与人民群众的长寿和善终的需求相适应,最终实现"老有所终"①的目标。

住居其居。中国古代就有"安得广厦千万间"的追问。在当代中国,在实现住有所居目标的基础上,我们要着眼长远,把"安居"和"乐业"、"恒产"和"恒心"统一起来。当然,"住宅问题,只有当社会已经得到充分改造,从而可能着手消灭在现代资本主义社会里已达到极其尖锐程度的城乡对立时,才能获得解决。"②因此,在社会主义条件下,为了充分保障人民群众的居住权,必须向住居其居的目标前进。

总之,在社会建设中,我们一定要不断满足人民群众日益增长的基本需要,一定要顺应社会发展的规律,与时俱进地推进改善民生的工作。

(四) 当代中国社会建设的战略步骤

战略步骤是落实战略目标和任务的时间安排。在社会建设中,必须结合现代化建设的"三步走"、"新三步走"的总体步骤和改善民生的战略任务,将社会建设纳入到国家的发展规划当中,在不同的发展阶段明确不同的社会建设目标。具体来讲,从"十二五"开始到新中国成立以来的一百年之前,可分为三个阶段来推进我国的社会建设。

1. 第一阶段(2011—2021 年)的社会建设目标

从 2011 年到 2021 年,是我国"十二五"和"十三五"时期,是实现"新三步走"战略的第二步时期。我们的目标是,"到建党一百年时,国内生产总值比二〇一〇年再翻一番,基本完成工业化,建成经济更加发展、民主更加健全、科教更加进步、文化更加繁荣、社会更加和谐、人民生活更加殷实的小康社会"③。根据当前我国经济社会的发展现状,在这一阶段,我国社会建设必须完成以下任务:

确立基本公共服务范围,做好基本生存服务。可以将基本公共服务的范围分为两个层次:一是基本生存服务,主要涉及基本生存保障、基本就业保障、基本

---

① 《礼记·礼运》。
② 《马克思恩格斯文集》第 3 卷,人民出版社 2009 年版,第 283 页。
③ 《江泽民文选》第三卷,人民出版社 2006 年版,第 413—414 页。

养老保障、基本生活保障等方面的公共服务。二是基本发展服务，主要涉及满足基本尊严和发展能力的需要，需要政府和社会为每一个人提供基本的教育、卫生、科技、文化等方面的服务。先生存后发展。根据我国目前的实际能力和发展水平，在这一阶段，主要是确立基本生存服务的范围和指标，明确相应的社会资源的配置方案，为妥善实施基本公共服务做好工作。在这一阶段，不能将资源更多地配置于基本发展服务方面；否则，既会超越国情，又会舍本逐末。

合理调节收入分配，将基尼系数控制在警戒线以下。收入秩序失范和贫富差距拉大是我国社会建设面临的突出问题和严峻挑战。2012 年，我国的基尼系数为 0.474。这就意味着，调节收入分配、稳定基尼系数水平，已成为目前社会建设的迫切任务。当前，既不能任贫富差距过大、基尼系数过高，否则，会背离社会主义本质；也不能马上缩小贫富差距、降低基尼系数，否则，会重新回到平均主义的老路上去。因此，必须将基尼系数严格控制在 0.45 的警戒线水平以下。围绕这一约束性指标，必须加大收入秩序的整治力度，促进基本公共服务的均等化和公平化。

均衡配置社会资源，努力促进社会公平。只有加大社会资源公平配置的力度，促进社会资源的均衡分配，才有可能健康有序地促进社会建设。为此，必须加强公共财政体系建设，将重点向民生领域倾斜。例如，必须确保实现教育投入占公共财政投入 4% 的目标，进而要努力达到发展中国家的平均水平。同时，必须加大财政转移支付的力度，重点向老少边穷地区倾斜，将城乡差距、区域差距控制在现有水平，力争缩小差距；为此，要提出相应的约束性指标。在此基础上，国家要提高劳动所得、知识所得、技术所得和管理所得的比重，降低资本所得的比重，这样，才能有效促进社会公平。

总之，"到二〇二〇年全面建设小康社会目标实现之时，我们这个历史悠久的文明古国和发展中社会主义大国，将成为工业化基本实现、综合国力显著增强、国内市场总体规模位居世界前列的国家，成为人民富裕程度普遍提高、生活质量明显改善、生态环境良好的国家，成为人民享有更加充分民主权利、具有更高文明素质和精神追求的国家，成为各方面制度更加完善、社会更加充满活力而又安定团结的国家"[①]。这同时意味着，我国社会主义社会建设的第

---

① 《十七大以来重要文献选编》（上），中央文献出版社 2009 年版，第 16 页。

一个阶段性目标的实现。

2. 第二阶段(2022—2032 年)的社会建设目标

我国社会建设的第二个战略阶段,是建党百年之后的下一个十年(2022—2032 年)。这是我国"十四五"和"十五五"时期。在这一阶段,按照阶段性发展战略,新的社会建设发展规划必须包括以下内容和要求:

扩大基本生存服务,提供基本发展服务。基本公共服务除了满足公众基本生存的能力和需要之外,还要满足其进一步发展的需要,即向全社会的每一个人提供教育、卫生(健康)、科学、文化等发展需求方面的服务。随着经济社会发展水平的不断提高,在基本满足全体人民生存需求的基础上,要进一步加大对基本发展服务的投入力度,促进教育、卫生、科学、文化等事业的创新发展和公平发展,从而使基本生存服务和基本发展服务相得益彰,共同促进人民的生存和发展需要的满足,共同促进社会建设水平的提升。

优化收入分配秩序,将基尼系数控制在相对合理的水平。在这一阶段,必须努力将基尼系数控制在 0.4 以内,争取达到 0.3。这样,才可形成收入相对合理的局面。同时,必须努力优化收入分配秩序,不断减少低收入群体的数量,扩大中等收入人群的比例。这样,才能提升民众的社会认同感和自我认同感,促进社会稳定性,提升社会安全度。

完善基本公共服务的机制和体制,突现公共服务的公平化、均等化与可及化。要建立有效的公共服务体制和机制,形成惠及全体中国人民的公共服务体系,进而逐步实现基本公共服务的均等化。这在于,当代中国社会建设的重点就是改善民生,而改善民生的根本就是要惠及大众。因此,在这一阶段,必须致力于促进实现公共服务的公平化、均等化与可及化。例如,必须使教育投入占公共财政投入的比例达到世界平均水平。

总之,在 2022—2032 年的这十年间,社会建设既要有发展的稳定性,也要有发展的超越性,这样,才能为第三阶段的建设做好准备。可以说,这是承上启下的关键十年。

3. 第三阶段(2032—2049 年)的社会建设目标

从 2032 年到 2049 年,是我国"十六五"、"十七五"和"十八五"时期。在以往奋斗的基础上,这是我国实现现代化"三步走"发展战略的"比较富裕"的阶段。我们的目标是,"到建国一百年时,基本实现现代化,进入中等发达国家行列,把我国建成富强民主文明的社会主义现代化国家"①。与之相应,社会领域也要实现现代化。为此,在未来的社会建设规划中,必须明确以下奋斗目标和主要任务:

建立以提供基本发展服务为导向的基本公共服务体系。在这一阶段,我国开始进入中等发达国家的行列。因此,在保证基本生存服务的基础上,要进一步提升人民群众的生存质量和生存水平,进而,必须进一步扩大在发展服务领域的投入,建立和健全与经济社会发展水平和人的全面发展相匹配和相适应的发展服务体系,进一步扩大基本发展服务的范围,建立和健全以基本发展服务为导向的基本公共服务体系。为此,在使我国经济发展水平达到中等发达国家水平的同时,必须确保我国的教育、卫生、科技、文化等社会事业以及社会保障事业也达到中等发达国家的水平。

将基尼系数维持在比较公正的范围内,确保劳动所得、知识所得、技术所得、管理所得的持续平稳增长。在这一阶段,在实现经济现代化的基础上,要进一步稳定和巩固基尼系数的调控成果,必须将基尼系数降低到0.3以下,争取达到0.2的水平,使我国的收入分配进入到0.2—0.3之间的比较公正的区间。同时,必须按照社会主义本质进一步完善收入分配政策,健全劳动、知识、技术、管理等生产要素平等参与分配的制度,实现效率与公平的良性互动,保证人民群众群众收入的稳定增长和生活水平的不断提高,藏富于民,使我国的收入分配也进入到中等发达国家的行列。

实现经济社会协调发展,全面提升社会建设和社会发展水平。在坚持以经济建设为中心的基础上,促进人的全面发展和社会的全面进步才是社会主义各项建设事业的最终目的所在。只有搞好以民生建设为重点的社会建设,实现好、维护好最广大人民的根本利益,提高人民群众的生活水平,提升人民群众的发展能力,才能不断促进经济社会快速发展,最终实现从生存型社会向发展型社会的转变,最终为过渡到享受型社会奠定经济社会等方面的基础。例如,在这一阶段,必须确保我国教育投入占公共财政投入的比例也达到中等发达国家的水平。最后,要保证社会建设真正成为人民群众自己创造幸福生活的伟大事业。

---

① 《江泽民文选》第三卷,人民出版社2006年版,第414页。

可见,到新中国成立一百周年时,我国要基本上实现现代化,社会建设和社会发展也要达到现代化的水平。到那时,我国将成为一个经济富强、政治民主、文化繁荣、社会和谐、生态美丽的社会主义现代化强国。

(五) 当代中国社会建设的战略细化

社会建设是一个既有时间跨度、又有空间跨度的复杂整体,因此,需要从不同侧面予以推进。总体来看,实施社会建设的战略举措,可以从这样几种角度或途径予以谋划:

1. 制定国家中长期社会建设规划

社会建设是关系到广大人民群众长远利益的大事,必须坚持因时制宜的原则,做出长远谋划和安排。为此,在以往经验的基础上,中央政府应责成主要职能部门来研究和编写"国家中长期社会建设纲要(2011—2049)",以便分阶段、有步骤地完成社会建设的总体任务。在坚持党的基本路线的前提下,我们要立足中国特色社会主义总体布局,将社会建设和社会发展作为社会主义现代化的重要组成部分,按照"三步走"和"新三步走"战略,对新中国成立一百周年之前的社会建设做出统一谋划和统筹安排。关键是,要做出预警性、预测性的研究。社会建设规划不仅要能够针对当前社会现状制定出应对策略,更要根据对未来的预测进行积极谋划,针对潜在的挑战制定出引导发展的规划,这样,才能使社会建设更加具有指导性和规划性,使社会建设事业更具有整体性和持续性。

2. 制定专项社会建设规划

由于社会建设是一个包括诸多要素的复杂整体,因此,必须坚持因事制宜的原则,分门别类地制定专项社会建设规划。所谓专项社会建设规划,就是从民生建设的主要任务出发,分门别类地予以规划。一是在公共就业领域,要通过完善基本公共服务来提升人口素质,促进人的职业能力的提高。在此基础上,政府部门要实施积极的就业政策,努力增加就业机会;构建和谐劳动关系,创造就业平台;普及职业培训,提升就业质量。二是在公共教育领域,要坚持贯彻科教兴国战略和人才强国战略,注重教育资源的均等化、教育体系的现代化以及教育手段的科技化,促使教育资源向不发达地区倾斜,促进全民共享教育资源和成果,努力建设人力资源强国。三是在收入分配领域,坚持和完善按劳分配为主体、多种分配方式并存的分配制度;兼顾效率和公平,再分配更加注重公平；着力调节收入差距，降低基尼系数，维护公平正义。四是在社会保障领域，要建立和健全与经济社会发展水平相符合的社会保障体制机制；加快推进覆盖城乡居民的社会保障体系建设；扩大社会保障范围，提升社会保障标准。五是在公共医疗领域，要加强公共卫生服务体系建设，扩大国家基本医疗服务项目；健全覆盖城乡居民的基本医疗保障体系，不断提高医疗保障标准。六是在社会管理领域，要不断建立健全党委领导、政府负责、社会协同、公众参与、法治保障的社会管理体制，维护社会稳定，促进社会和谐。总之，专项社会建设规划是一种横向社会建设规划，相对于纵向规划更为灵活，可以随时根据经济社会发展需求予以调整、充实和完善。

3. 制定区域社会建设规划

我国地区间、城乡间经济社会发展水平具有不平衡的特点，因此，必须坚持因地制宜的原则，有针对性地制定区域社会建设规划。一是从城乡关系来看，应重点研究农村地区的社会建设问题，不仅要统筹城乡协调发展，而且要明确城市支持乡村社会建设的责任和任务，确保乡村的社会建设迎头赶上城市的社会建设。二是从区域关系来看，应重点研究老少边穷地区的社会建设问题，不仅要统筹区域协调发展，而且要明确发达地区支持落后地区社会建设的责任和任务，确保落后地区的社会建设迎头赶上发达地区的社会建设。三是从国家政策的角度来看，社会建设各项指标应适当向较不发达地区和广大农村地区倾斜，要保证不发达地区和农村地区的基本公共服务的均等化，保证这类地区居民共享改革发展成果。这样，才能确保社会建设成为维护公平正义的事业。

总之，只有坚持具体问题具体分析的科学方法和原则，从不同角度、不同层次来谋划社会建设，社会建设才能取得预期的效果，真正成为造福人民群众的伟大事业。

可见，在建设中国特色社会主义和实现社会主义现代化的过程中，只有持续不断地推进社会建设规划，以此推动社会建设，我们才能在保证人民幸福的基础上，使社会主义的中国巍然屹立于世界先进民族之林！

三、大力推进社会建设规划的贯彻落实

在社会建设规划的制定、贯彻和落实的过程中，政府和干部负有责无旁贷的责任和使命。只有明确这一点,才能为贯彻和落实社会建设规划提供制度保障。

(一) 明确人民政府的社会建设责任

政府在国家政治生活和社会生活居于核心位置,是社会建设的主导力量。在贯彻和落实社会建设规划的过程中,各级政府及其部门必须按照"为人民服务"的宗旨和"以人为本"的理念,担负起更大的责任,组织和推动社会建设规划的贯彻和落实。

1. 承担社会职能,提供公共服务

当前,我国经济建设取得了重大成就,但是,在社会生活中仍然存在着诸多矛盾和问题,如收入差距扩大、教育不公平、社会保障体系不完善、城乡和区域发展不平衡等等。这不仅表明人民群众的基本需求还没有得到有效的满足,更重要的是暴露出了市场力量的有限性和局限性。为此,迫切要求政府以社会建设主导者的角色,把保障和改善民生作为政府公共服务的主要任务,逐步建立和完善符合国情、比较完整、覆盖城乡、可持续的基本公共服务体系。"从我国情况看,基本公共服务主要包括公共就业服务、基本养老、义务教育、基本医疗卫生、保障性住房、公共文化、基本环境质量以及公共安全等服务类别,旨在保障全体公民特别是低收入群众生存发展的基本需求,这是公共服务中最基础、最重要的部分,公益性较强,政府担负着义不容辞的主体责任。"[1]如果不能有效满足社会公众的基本需求,将会威胁到社会的稳定与和谐,违背公平正义的原则。因此,政府应在"以人为本"理念的指导下,在充分了解社会公众需求的基础上,把关涉全体人民生存和发展的民生问题纳入到政府责任之中,尤其是要在和社会公众需求和利益密切相关的重要领域中承担起责任。

2. 转变政府职能,建设服务政府

在社会建设中,确立政府的主导者地位,并不是要政府要包揽一切公共服务的生产和供给,而是要在把保障和改善民生作为政府职责的前提下,促使政府转变职能,建设服务型政府。政府的职能是服务而不是"掌舵",更不是控

---

[1] 《十七大以来重要文献选编》(下),中央文献出版社 2013 年版,第 669—670 页。

制和统治。在当代中国,我们"要按照建立中国特色社会主义行政体制目标,深入推进政企分开、政资分开、政事分开、政社分开,建设职能科学、结构优化、廉洁高效、人民满意的服务型政府。"①作为服务型政府,在转变自身职能的过程中,政府要力争不越位、不缺位、不错位,正确处理国家、市场和社会的关系,明确各自发挥作用的边界和着力点,使三者各司其职、各行其道,相辅相成、相得益彰。目前,在国家财力还有限的情况下,政府应优先提供与民生相关的基本公共服务,"非基本"方面能由市场和社会提供的,应该切实交给市场和社会,发挥其补充作用,使广大人民群众在多样化的服务格局中能够最大限度地得到基本的保障。因此,政府必须明确基本公共服务的范围和标准,保障基本公共服务的支出,强化基本公共服务的绩效考核。

3. 推动体制创新,提高保障能力

社会建设规划的贯彻和落实涉及政府行政、国家治理方式等诸多方面,必须要有相应的体制保障,提高政府的保障能力。当务之急是,必须建立和健全基本公共服务体系,推进基本公共服务均等化。一般而言,为了保证人们生存和发展最基本条件的均等,基本公共服务均等化是指政府要为全体社会成员提供基本的、与经济社会发展水平相适应的、能够体现公平正义原则的大致均等的公共产品和服务。这样,才能克服基本公共服务中存在的城乡、区域、群体等方面的非均衡、不协调的弊端。为此,必须完善公共财政体系。关键是,必须"深化预算制度改革,强化预算管理和监督,健全中央和地方财力与事权相匹配的体制,加快形成统一规范透明的财政转移支付制度,提高一般性转移支付规模和比例,加大公共服务领域投入。"②这样,就要求政府的财政体制向公共财政体制转变,对财政支出结构要进行重大调整,要大幅度提高民生领域的公共服务投入,形成稳定的增长机制。同时,必须完善一般性转移支付增长机制,重点增加对老少边穷地区的转移支付,合理确定转移项目。此外,要合理划分中央和地方事权,明确其对不同类型公共产品和公共服务的供给责任。

总之,只有明确政府的社会责任,建立和完善服务型政府,建立公共服务体制,推进基本公共服务的均等化,政府才能在社会建设中发挥主导作用。

---

① 胡锦涛:《坚定不移沿着中国特色社会主义道路前进 为全面建成小康社会而奋斗——在中国共产党第十八次全国代表大会上的报告》,人民出版社 2012 年版,第 28 页。

② 《十七大以来重要文献选编》(上),中央文献出版社 2009 年版,第 20 页。

（二）建立衡量民生问题的指标体系

社会发展是一个整体的进步过程。"现在,国际上形成了一个越来越明确的共识,就是发展不仅要看经济增长指标,还要看人文指标、资源指标、环境指标。"①在社会建设方面,如果没有一套完善、系统的民生指标体系,就无法准确地反映民生问题的现状,有效地监测民生问题的解决和改善的程度。因此,建立一套具有中国特色的民生指标体系,不仅成为社会建设规划的重要内容,而且成为各级政府履行社会管理职能的重要举措。

1. 建立民生指标体系的主要原则

与制定一般的社会建设规划不同,建立民生指标体系有其特殊性。因此,必须坚持以下原则:(1)科学性。这就是要从民生的基本内涵出发,全面、系统、准确地反映我国民生问题和改善民生的任务,兼顾政府、社会和公众的民生需求,科学地设置层次结构和各项指标。为此,指标的选取、定义和计算方法必须要有科学依据,能够比较准确地表达改善民生的主题。(2)系统性。民生问题是一个不可分割的有机整体,因此,在制定民生指标体系时要看到,一方面,改善民生是社会建设的重点,是社会建设总体目标的要求,因此,不能脱离这个整体来建立民生指标体系。另一方面,要注重改善民生任务各方面的有机联系,保证各项指标在时间和空间上的一致性,设置能够反映民生各个领域的核心指标。(3)全面性。民生问题关乎人民群众的基本需求,包括基本生存需要和基本发展需要两个方面。为此,民生指标体系既要反映其物质层面,又要反映其精神层面;既要反映其客观方面,也要反映其主观方面。(4)简洁性。改善民生涉及内容较多,是一个复杂的问题集,因此,要从目的性出发,抓住主要问题和问题的主要方面设置指标,要用尽量少的指标反映尽量多的问题,不能面面俱到。(5)可操作性。建立民生指标体系的基本目的,就是为社会建设规划提供定量依据。因此,民生指标体系必须具有可操作性强的特点,要尽量利用现有统计资料,如行业统计、部门统计和综合统计资料,以便收集;同时,要尽量选择独立性较强的指标,尽可能简单实用,便于计算分析和比较。当然,制定民生指标体系也要坚持动态性的原则。

2. 完善民生指标体系的内容构成

民生指标是一个系统。按照民生指标体系的构建原则,结合民生的基本

---

① 《江泽民文选》第三卷,人民出版社 2006 年版,第 462 页。

内涵和当前比较突出的民生问题,民生指标体系应主要包括以下内容:(1)反贫困指标。反贫困是社会建设的重要责任和艰巨任务,是消除社会不公平的重要举措。为此,反贫困指标要反映人民群众的基本生存状况,以保障人们获取和享有正常生活的能力。(2)收入分配指标。收入分配直接反映社会的公平程度与权益的实现程度。为此,收入分配指标必须确定居民收入、劳动报酬增长和生活水平提高指标,确保人民群众共享改革发展的成果,使群众收入增长与经济增长、劳动报酬增长与企业收入增长同步,逐步缩小贫富差距、区域差距和城乡差距,实现共同富裕。(3)就业与社会保障指标。就业是获得收入的基本保证,也是实现自我价值的重要途径。为此,要确定就业率、失业率与就业质量指标。同时,社会保障关系到维护人民群众的切身利益,因此,要通过国民收入再分配实现收入转移,加快建立覆盖城乡居民的社会保障体系,扩大社会保障的覆盖面,提高社会保障的水平。(4)文化教育指标。文化权益和教育权益是人民群众的基本权益,为此,要加大财政对文化教育的投入,加强文化教育的创新发展和公平发展。在制定民生指标体系时,既要反映国家的总体投入,也要反映投入的人均水平;既要反映国家文化教育发展的总体情况,也要反映人民群众的收益情况。(5)医疗健康指标。健康权是一项基本的人权,居民健康指标已成为衡量社会经济发展水平的重要指标。为此,要建设覆盖城乡居民的公共卫生服务体系、医疗服务体系、医疗保障体系,为群众提供安全、有效、方便、价廉的医疗卫生服务,提高人民群众的健康水平。在民生指标中,对之必须要有全面的反映。(6)住房交通指标。住房交通是对基本生存权利的保障,事关人民群众的切身利益和发展要求。为此,要加大对廉租房、经济适用房的公共投入,解决低收入人群的住房困难。同时,要大力发展公共交通,改善人民群众的出行环境。因此,必须要设置相关的指标。(7)社会安全指标。社会安全关系到人民群众的安居乐业,关系到经济社会的安全稳定发展。为此,要确定提高食品药品安全、降低各类案件发案率和意外死亡率指标,减少社会矛盾和冲突,维护社会稳定,提高人民群众的社会安全感。(8)生态环境指标。生态环境问题事实上也是一个社会问题,直接影响着民生。为此,政府要加大环境治理的投入,不断扩大绿色空间,改善城乡人居环境,遏制生态环境总体恶化趋势。因此,在民生指标中必须包括生态环境指标。(9)主观感受指标。民生的保障和改善,不能只看客观指标,人民群众的主观感受是一个重要的衡量标准。因此,要确定城乡居民的幸福感以及对居住环境、政府公共服务的满意度指标,使社会建设规划落到实处。在上述指标中,前八者为客观指标,最后一条为主观指标。

3. 推动民生指标体系的实际运用

我们必须坚持以人为本、执政为民的发展理念,推动民生指标体系的实际运用,要始终以切实维护人民群众的权益为中心。(1)约束性指标与预期性指标的统一。在社会建设的规划中,应确立相应的民生约束性指标与预期性指标。预期性指标,是预计和期望达到的指标,主要通过引导市场主体行为来实现;约束性指标,是必须实现的目标,主要通过依法加强管理和提供服务来实现。约束性指标就是在预期性指标基础上,强化了政府必须履行的职责,是政府必须完成、必须实现的指标。根据以上 9 个方面的内容,在构建民生指标体系中要明确指标的属性,确定政府的职责,更好地体现社会建设规划的科学性。(2)指标的确定性和发展性的统一。随着经济社会的发展,不同时期民生问题的关注点也会发生变化,呈现出新特点;相应地,民生建设指标必须反映这些新变化。为此,在设计指标体系时,既要反映现有民生问题的特点,突出重点,体现确定性;又要把握未来民生问题的发展态势,动态调整,具有预见性。所以,在设计民生指标体系时,在现有指标基础上,要不断发展开拓性指标,并对发生变化的现有指标进行动态调整。如,在反贫困指标中,要增加万人贫困人口;在收入分配指标中,要新增城乡居民人均收入比;在就业与社保指标中,要新增城镇养老保险覆盖率和农村养老保险覆盖率;在文化教育指标中,要新增高中升学率;在医疗健康指标中,要新增平均预期寿命;在社会安全指标中,要新增万人治安案件发案数、亿元 GDP 安全事故死亡率;在生态环境指标中,要新增人均公共绿地面积;等等。(3)指标的定性分配和定量分配(权重)的统一。由于各个指标的计量单位不一致,因此,首先要进行无量纲化处理。然后,要确立权重的设定方法。其中,要突出社会建设指标在整个国家发展指标体系的权重,突出民生问题在整个社会建设指标体系中的权重,科学确定和衡量各个民生指标体系的权重。在权重的确定中,主要采用德尔菲法和层次分析法,通过多轮次征询、归纳、修改专家的意见,对各个指标明确地赋予评价性权数。同时,也要鼓励公众参与这些选定的权数的讨论,共同确立指标权重的公认区间。在此基础上,要科学地计算指标体系的权重,在实践中不断完善民生指标体系。

表 5-2 民生指标体系

一级指标	二级指标	三级指标	属性	数据来源
民生综合指数	反贫困指标	万人贫困人口	约束性	统计局
		贫困地区国家反贫困人均投入	约束性	统计局
		人均每日蛋白质摄入量	预期性	统计局
		人均每月用水量、电量、气量	预期性	房管局
		恩格尔系数	预期性	统计局
	收入分配指标	基尼系数	约束性	统计局
		城镇居民人均可支配收入	预期性	统计局
		农村居民人均纯收入	预期性	统计局
		人均收入增长率	预期性	统计局
		居民消费支出	约束性	统计局
		城乡居民人均收入比	预期性	统计局
	就业与社保指标	城镇登记失业率	约束性	统计局
		应届大中专毕业生就业比例	预期性	人社部门
		农村劳动力转移就业人数	预期性	人社部门
		城镇养老保险覆盖率	约束性	人社部门
		农村养老保险覆盖率	约束性	人社部门
		城镇医疗保险覆盖率	约束性	人社部门
		新型农村合作医疗覆盖率	约束性	人社部门
		人均社会保障经费	预期性	民政部门
	文化教育指标	有线电视入户率	预期性	广电局
		互联网宽带接入用户普及率	预期性	信息产业部门
		人均公共图书馆馆藏图书	预期性	文化部门
		人均财政文化经费支出	约束性	文化部门
		平均受教育年限	预期性	教育部门
		九年义务教育完成率	约束性	教育部门
		初中升学率	预期性	教育部门
		高中升学率	预期性	教育部门
		大学升学率	预期性	教育部门
		人均财政教育经费支出	约束性	教育部门
	医疗健康指标	每千人医生数	约束性	卫生计生部门
		每千人拥有卫生机构床位数	预期性	卫生计生部门
		平均预期寿命	预期性	统计局
		新生儿死亡率	预期性	卫生计生部门
		人均医疗卫生经费支出	约束性	卫生计生部门
	住房交通指标	人均住房面积	预期性	统计局
		人均廉租房竣工面积	约束性	住建部门
		人均经济适用房竣工面积	预期性	住建部门
		人均拥有道路面积	预期性	交通部门
		每万人拥有公交车辆	预期性	交通部门

续表

一级 指标	二级 指标	三级指标	属性	数据来源
	社会安全 指标	万人刑事案件立案数 万人治安案件发案数 亿元 GDP 安全事故死亡率 每万辆机动车死亡人数 食品药品安全抽样合格率 群体性事件发生率 上访案件有效结案率	预期性 约束性 约束性 预期性 预期性 预期性 预期性	公安部门 公安部门 安监局 公安计生部门 卫生计生部门 公安和统计部门 信访局
	生态环境 指标	人均公共绿地面积 达到 I、II 级空气质量天数 主要饮用水源水质达标率 污水排放合格率 生活垃圾无害化处理率	预期性 约束性 约束性 约束性 约束性	林业部门 环保部门 环保部门 环保部门 城建部门
	主观感受 指标	居民幸福感指数 政府公共服务满意度	预期性 预期性	社会调查 社会调查

总之,在贯彻和落实社会建设规划的过程中,只有建立和完善民生指标体系,我们才能客观而有效地衡量和评价社会建设的实际进程和成效,切实推动社会建设。

(三) 建立稳定均衡的公共投入机制

贯彻落实以保障和改善民生为重点的社会建设规划,实现健全基本公共服务体系和公共服务均等化的目标,必须要以公共财政投入为保障。改革开放三十多年来,虽然国家财政收入大幅增加,但对与社会公众基本需求密切相关的义务教育、公共卫生、社会保障等民生方面的公共投入明显不足,城乡间、地区间、人群间基本公共服务水平差距较大。因此,在明确政府是社会建设所需公共资源的投入主体的基础上,政府必须在完善公共财政体系、建立稳定均衡的公共投入机制方面进行不懈的努力。

1. 建立和完善公共投入的保障机制

各级政府要按照构建和谐社会的要求,坚持以人为本,优化财政支出结构,加大民生方面的公共投入,确保用于民生福利的公共支出增长大于财政收入的增长幅度,争取"十二五"期间用于民生福利的财政性资金不低于财政支出的30％,逐步完善符合国情、比较完整、覆盖城乡、可持续的基本公共服务体系,从而确保社会建设规划的贯彻落实。而从当前公共投入的具体投向上看,在财政收入以两位数递增的情况下,公共财政投入却向行政运行、城市建设和经济建设方面不适当倾斜,从而导致改善民生方面的公共投入严重不足。因此,应推进公共服务型、节约型政府的建设,大力降低行政运行成本。政府要逐步退出应由市场配置的竞争性经营领域,优化财政支出结构,进一步扩大公共财政覆盖社会建设领域的范围,逐步加大公共财政对改善民生的投入,这样,才能加大基本公共服务体系的保障力度。总之,优化财政支出结构,加大公共投入的力度,是公共投入的保障机制。

2.建立和完善公共投入的约束机制

政府应根据人民群众的基本需求以及公共产品和公共服务的性质,坚持公益性原则,大幅度提高优先保障领域的财政投入。教育、医疗卫生、社会保障等事关民生方面的基本需求,直接关系着民众利益和福祉,直接关系着公平正义,因此,应将之确立为公共财政预算安排的优先领域。为此,要通过进一步建立健全义务教育经费保障机制,实现全国城乡免费义务教育;要完善政府医疗卫生投入机制,全面实行并不断完善新型农村合作医疗制度;要扩大社会保障基金规模,加快覆盖城乡居民的社会保障体系建设,减轻群众在教育、医疗卫生、养老、住房等方面的支出负担。此外,与民生相关的公共服务体系还包括农村劳动力培训、促进就业、减少贫困、计划生育、防灾减灾、公共安全、公共文化、基础科学与前沿技术以及社会公益性技术研究、农业科技推广、能源和重要矿产资源地质勘查、污染防治、生态保护、资源管理和国家安全等。因此,也要将之放在重要位置,并要加大投入力度。

3.建立和完善公共投入的长效机制

长期的不平衡战略导致基本公共服务配置和享有上存在着严重的失衡和不平等问题,因而,应在优化财政支出结构、不断加大对公共服务领域投入的基础上,合理地配置社会资源,向重点领域、地区和人群倾斜。为此,一是要正确处理效率和公平的关系,切实以"更加注重公平"的理念为指导,向新农村建设、老少边穷地区、基层和困难群众倾斜,让民众平等享受基本公共服务。二是明确中央和地方政府的职责划分,健全事权与财权相匹配的财政税收体制,调整和规范财政收入分配的办法,调动各级政府的积极性,提高公共部门的效率和公共服务的质量。三是加大转移支付力度,加强对贫困地区的扶持,尤其要加大农村地区基础教育、医疗卫生、民生文化和社会保障等方面的支出比重,让不同地区都能达到全国最低标准。总之,必须把城乡、区域、人群之间的基本公共服务的均等化作为公共投入的主要目标,这样,才能真正解决民生问题,形成保障和改善民生的长效公共投入机制。

4. 建立和完善公共投入的问责机制

行政问责是对政府行为进行内部监督和责任追究的一种制度安排。按照"权责统一,用权监督,侵权赔偿"的原则,我国积极推行行政问责制,取得了较大的成效。但是,在公共投入的问责方面,仍然存在较为严重的问题。为此,一是对公共财政在改善民生方面的投入上要实现规范化、制度化和法制化,明确各级政府在改善和保障民生方面的责任,进而纳入行政问责体系。二是推进财政信息公开,积极推进"三公"经费和行政经费支出情况公开,提高预算的透明度。三是检查公共投入是否满足了公众的基本需求,把人民群众对政府公共服务的满意度作为政府绩效考核的重要标准,促使政府改变公共服务方式。四是扩大公众在公共投入问责体系中的知情权、参与权和监督权。总之,建立和健全公共投入的问责机制,不仅能够对政府的行为起到约束和引导作用,而且有利于提高基本公共服务的效率和质量。

可见,优化财政支出结构、优先公共服务领域、促进基本公共服务均等化、建立健全公共投入问责机制,是促进政府贯彻和落实社会建设规划的机制保障。

(四) 推行干部政绩考核的民生标准

贯彻和落实社会建设规划,关键在于干部政绩考核标准的完善。干部政绩考核的评价标准,是各级干部工作的"指挥棒",对于干部树立什么样的发展观和政绩观,具有重要的导向作用。因此,必须树立与科学发展观相符合的科学政绩观,把保障和改善民生作为考核干部政绩的主要标准,来推进社会建设规划的贯彻和落实。

1. 树立与科学发展观相符合的科学政绩观

各级领导干部能否积极而有效地贯彻和落实社会建设规划,关键在于能否树立科学政绩观。在当代中国,判断政绩的根本尺度就是看是否符合科学发展观的要求。（1）坚持以人为本。以人为本是科学发展观的本质要求，党的一切工作必须以最广大人民群众的根本利益为最高标准。因此，"树立正确的政绩观，说到底就是要忠实实践党的宗旨，真正做到权为民所用、情为民所系、利为民所谋。"①据此，科学政绩观要求各级干部要坚持为民树政绩，把满足人民群众的基本需求和实现人民群众的利益作为追求政绩的根本目的，切实解决人民群众最关心、最直接、最现实的利益问题。（2）坚持全面、协调、可持续的发展。长期以来，片面的发展观导致了片面的政绩观，GDP 或 GNP 成为了评价干部政绩的主要的甚至是唯一的指标。事实上，科学的发展是全面、协调、可持续的发展。因此，对干部政绩的考核，不仅要看一个地区的经济总量，而且要看社会的全面进步，经济社会的协调发展，社会事业的发展，人民生活水平的提高，公共服务能力的加强，生态环境质量的改善，等等。因而，按照全面、协调、可持续发展的要求去评价干部政绩，必然会促进干部高度重视社会建设，切实保障和改善民生。（3）坚持统筹兼顾。统筹兼顾是科学发展的实现途径。我们要促进社会和谐，必须更加自觉地运用统筹兼顾的根本方法，正确反映和兼顾不同方面的利益要求。为此，各级领导干部在工作中必须要处理好经济发展与社会发展、城市发展与乡村发展、梯度开发与区域协调、先富与后富的关系，处理好经济增长同人口资源环境的关系，处理好物质文明建设同政治文明、精神文明、社会文明、生态文明等建设的关系，处理好各种利益关系。这就要求把推进基本公共服务均等化作为考核干部政绩的主要内容。总之，"我们要用全面的、实践的、群众的观点看待政绩。"②关键是，必须把树立和落实科学发展观与坚持正确的政绩观（科学政绩观）紧密结合起来。

2. 完善改善民生的政绩考核的内容和指标

按照与科学发展观相应的科学政绩观来考核干部，关键是要着力解决现实中屡禁不止的"形象工程"、"政绩工程"以及不作为、乱作为等问题。目前，"各级领导干部都要按照科学发展观和正确的政绩观的要求来谋划和领导发展工作，不仅要重视经济增长指标，而且要重视人文指标、资源指标、环境指标和社会发展指标，坚持把经济增长指标同人文、资源、环境和社会发展指标有

---

① 《十六大以来重要文献选编》（上），中央文献出版社 2005 年版，第 510 页。

② 《十六大以来重要文献选编》（上），中央文献出版社 2005 年版，第 774 页。

机地结合起来。"①其中,按照改善民生的标准考核干部的政绩,就是要把民生的改善和保障作为政绩考核的核心,以强化各级干部推动社会建设尤其是改善民生的责任和义务。首先,在继续实行计划生育和环境保护一票否决制的同时,要将解决人民群众的就业难、工资低、上学难、上学贵、看病难、看病贵、住房难、买房贵、养老难、养老贵等民生问题的情况作为考核干部政绩的主要内容,采用社会建设一票否决制。采用社会建设一票否决制,主要是要考察干部改善和保障民生的实际成效,考察其履行全心全意人民服务宗旨的成效。其次,将公共服务作为一个重要指标纳入干部政绩考核尤其是地方政府干部政绩考核中,以基本公共服务均等化实现的程度作为重要的考核标准,重点是考察一个地区公共投入的倾斜情况和人均情况。例如,在考察一个地区干部的政绩时,不仅要看教育投入是否随着经济的发展逐年递增,而且要看人均教育经费是否逐年递增,要看其他教育资源是否公平配置。再次,在社会管理问题上,不单纯地采用稳定一票否决制,不以群体性事件和信访事件的多少来论英雄,而应重点考察干部处置这些事件的工作能力、业务水平和社会后果。其中,必须对暴力征地、暴力拆迁、暴力改制、暴力维稳的责任者尤其是包庇和纵容无端侵害人民群众利益的肇事者的干部,实行一票否决制;关键是,必须将保障人民群众的生命财产安全作为考核干部的基本依据。最后,把公众对基本公共服务的满意度作为重要的考核指标。政府提供的公共服务是否满足了广大人民群众的基本需求,是否得到了广大人民群众的基本认可,是否真正改善和保障了民生,社会公众的主观感受和满意度才是最终的衡量标准。因此,干部政绩考核的内容理应包括社会公众对公共服务的满意度。在考核中,必须把干部推动民生改善的情况突出出来。

3. 完善改善民生的政绩考核的办法和措施

按照民生标准考核干部政绩,需要不断完善民生政绩考核的办法和措施。关键是,必须坚持以下原则:(1)动态性原则。民生问题不是静止不动的,改善民生不是一劳永逸的,因此,考核民生政绩必须坚持动态性原则,因时制宜。为此,随着经济社会发展和民生问题的变化,必须动态地调整民生政绩考核标准,逐步加大民生指标在干部政绩考核中的比重。这样,才能有效地满足人民

---

① 《十六大以来重要文献选编》(上),中央文献出版社 2005 年版,第 859 页。

群众日益增长的物质文化需求。（2）具体性原则。中国地大人多，各地区、各部门的情况千差万别，因此，考核民生政绩必须坚持具体性原则，因地制宜。为此，在确立约束性考核标准的同时，必须摒弃"一刀切"的考核办法，要具体问题具体分析。必须根据领导干部所在地区和工作部门的具体情况，分别设置不同的民生考核评价指标和权重比例。尤其是，对条件艰苦地区和部门的干部的考核，一定要着眼于保护其工作的积极性。（3）社会性原则。改善民生是全社会的事情，因此，对干部的民生政绩考核不能只局限在政府内部进行，而要坚持社会性原则，注重社会评价。为此，应邀请人大代表、政协委员、党外人士、社会团体和群众代表、服务对象参与评价，要逐步引入有专业能力的第三方来评估公众对基本公共服务和干部的认可度和满意度。这样，才能促使干部充分履行公务员的职能，切实维护公共利益和共同利益。（4）实效性原则。考核的目的是奖勤罚懒，激励干部的责任心和使命感，因此，考核民生政绩必须坚持实效性原则，要注重干部的成长。为此，必须把民生政绩考核的结果作为党政领导班子和领导干部选拔任用、培训教育、奖励惩戒的重要依据。为此，必须"规范干部任用提名制度，完善体现科学发展观和正确政绩观要求的干部考核评价体系，完善公开选拔、竞争上岗、差额选举办法。"[1]目前，在改善民生政绩的考核上，必须有效地避免走形式、走过场的问题，对弄虚作假者必须严惩不贷。只有这样，才能充分发挥考核的作用。

总之，树立科学的政绩观、推行对干部民生政绩的考核，有助于贯彻和落实科学发展观，有助于各级政府及其部门大力贯彻和落实社会建设规划。

（五）　发挥社会政策的协调配套作用

推进社会建设规划的贯彻和落实，还必须从制定和完善社会政策着手，充分发挥社会政策的引导作用。一般而言，"社会政策可以定义为'影响福利的政策行为'。虽然非国家机构也可以有'政策'，但'社会政策'这个一般性的表达方式主要是用来界定与公民福利有关的国家所起的作用。"[2]社会政策是推进社会建设的基本工具，在贯彻和落实社会建设规划中具有十分重要的

---

①　《十七大以来重要文献选编》（上），中央文献出版社2009年版，第40页。

②　[英]迈克尔·希尔：《理解社会政策》，刘升华译，商务印书馆2003年版，第11页。

作用。

1. 坚持社会政策的价值导向

长期以来,追求效率的经济政策压制了追求公平的社会政策的成长空间,致使我们无力应对"市场失灵"所引发的民生问题,因此,我们必须高度重视社会政策的作用。一般来讲,社会政策具有以下作用:在经济上,社会政策具有促进经济整体发展的生产功能,能够带动经济的持续增长。在政治上,社会政策具有促进政治认同的作用,能够避免国家分裂和政治动乱。在文化上,社会政策具有促进文化认同的作用,有助于凝聚社会共识。在社会上,社会政策具有促进社会和谐的作用,有助于加强社会团结。在总体上,"社会服务政策的根本目的是满足人们的基本生活需要、减轻或解除人们疾病的痛苦,这实际上代表和符合了所有公民的共同利益。"①因此,社会政策成为各种类型国家履行社会职能甚至是政治职能普遍采用的工具。鉴此,在当代中国的社会建设中,我们必须坚持以人为本的价值理念,始终代表中国最广大人民的根本利益,一定要坚持把最广大人民的根本利益作为制定、贯彻和落实包括社会政策在内的整个国家政策的基本着眼点,正确反映和兼顾不同地区、不同部门、不同方面群众的利益。在促进经济社会发展的同时,必须把维护社会公平放到更加突出的位置。我们要通过不断完善反贫困、收入分配、就业、社会保障、教育、医疗、住房、文化、科技和环保等各个方面的社会政策,来形成完整配套的社会政策体系,构筑推动社会建设的整体政策合力。这样,我们才能切实改善民生,大幅度提升人民群众的幸福感。因此,在贯彻和落实社会建设规划的过程中,我们必须充分发挥社会政策的引导作用。

2. 形成社会政策的配套措施

社会政策只是国家政策系统的一个子系统,因此,必须充分重视其他政策对社会政策的制约和影响,要形成社会政策的配套措施。目前,必须"统筹协调政策目标和政策手段,搞好财政政策、货币政策、产业政策、区域政策、社会政策和政绩考核间的配合,防止国家政策部门化。"②具体来看,在财政政策方

---

① [英]贝弗里奇:《贝弗里奇报告——社会保险和相关服务》,华迎放、汤晓莉、耿树艳译,中国劳动社会保障出版社 2008 年版,第 163 页。

② 《中华人民共和国国民经济和社会发展第十一个五年规划纲要》,人民出版社 2006 年版,第 80 页。

面,必须完善立法、明确事权、改革税制、稳定税负、透明预算、提高效率,建立现代财政制度,建立和完善公共财政体系,加大对老少边穷地区的财政转移支付,切实发挥财政政策在保障社会公平中的作用。在货币政策方面,必须综合运用各种货币政策工具,适度增加货币供应,优化供应结构,充分发挥货币政策在稳定物价、促进就业方面的作用,以维护社会稳定;要建立和完善社会保险制度,尤其是要建立巨灾保险,充分发挥金融对社会建设的支持作用。在产业政策方面,必须将发展民生经济作为产业发展的重点,将提升社会总福利作为产业发展的价值目标和方向,大力优化产业结构;要将推动新型工业化道路作为产业发展的突破口,在实现工业化和信息化深度融合的同时,通过发展劳动力密集型产业来切实解决就业问题。在区域政策方面,必须将实现共同富裕作为重点,切实推动区域协调发展,加大从教育、卫生、文化、科技等方面对老少边穷地区的支持力度;必须根据国土空间布局和主体功能区的要求,推动老少边穷地区的特色发展和跨越发展。在政绩考核方面,必须树立与科学发展观相应的正确政绩观,将改善民生作为地方政府和干部考核的重要内容,推动实行社会建设方面的一票否决制。这样,才能形成政策合力,发挥社会政策在贯彻和落实社会建设规划中的作用。

　　3. 构建社会政策的多元主体

　　制定社会政策是为满足公民需求和增进社会福利而采取的公共行动,需要全社会的参与和支持。在这个问题上,"国家不只是拥有'政策'的惟一机构,而且社会福利也取决于国家行为以外的因素。福利还依赖于我们自身的行为,我们的工作机会,我们从家庭和朋友那里得到的支持以及一些非国家机构(教堂,慈善机构,社区组织,工会,等等)的行为"①。因此,建立健全社会政策体系,必须构建多元责任主体,明确各自的角色和作用。首先,政府是构建社会政策体系的责任主体,应发挥主导作用。政府责任主要体现在科学地制定政策、有效地实施政策、提供财力保障等方面。作为人民政府,我国各级政府及其部门在这方面必须发挥主导作用。其次,充分调动社会组织的资源和力量,依托社会组织,发挥社会组织的基础作用,使社会组织承担起社会政策参与和实施者、政策咨询者和社会服务提供者的角色。在当前人民群众对

---

　　① ［英］迈克尔·希尔:《理解社会政策》,刘升华译,商务印书馆2003年版,第19页。

各类社会政策及社会服务的需求逐渐增加的背景下,应大力培育和发展社会组织,提升社会组织的能力,发挥社会组织在完善社会政策、促进社会建设中的积极作用。最后,公民个人要以主体的身份积极参与到社会政策的制定、执行和评估中去。公民不仅是社会政策和社会福利的受惠者,也是构建社会政策的主体。因此,既应引导个体认识到社会政策的制定与其切身利益密切相关,公民参与社会政策制定对维护自身合法权利极其重要;又要切实保障公民在社会政策制定和实施中的知情权、参与权、表达权、监督权,充分调动公民个人参与的能动性、积极性和创造性。这样,才能形成社会合力,推动社会政策的不断完善和社会整体福利的不断提高。

可见,在确立社会政策框架的前提下,对不同层面社会政策以及同一社会政策实施过程中的不同问题必须进行评估整合,形成协调配套的社会政策体系,才能切实提高社会政策的实施效果,使之更好地发挥促进社会公平、推进社会建设的作用。

总之,科学系统完备的社会建设规划制定出来以后,必须抓好贯彻和落实的工作。关键是,要形成一套抓贯彻和落实的有效制度和机制。在这个过程中,各级政府和干部必须勇于担当,在贯彻和落实社会建设规划方面发挥好主导作用。

综上,只有制定科学、系统、完备的社会建设规划,并加以切实的贯彻和落实,才能为社会建设提供科学的路线图,才能有效地推进社会建设。

第六章　实现社会富裕:当代中国社会建设的首要目标

实现人民的富裕幸福,是我们建设社会主义的根本目的。

——江泽民:《在庆祝中国共产党成立八十周年大会上的讲话》(2001年7月1日),《江泽民文选》第三卷,人民出版社2006年版,第287页。

消除贫困、改善民生、实现共同富裕,是社会主义的本质要求,是改革开放和社会主义现代化建设的重大任务,是全党全国各族人民始终不渝的奋斗目标。

——胡锦涛:《坚决打好新一轮扶贫开发攻坚战》(2011年11月29日),《十七大以来重要文献选编》(下),中央文献出版社2013年版,第634页。

　　实现社会富裕,既是构建社会主义和谐社会的基础条件,也是构建社会主义和谐社会的根本任务。社会富裕具有两个重要特征:一是社会性。富裕不仅是从社会财富的总量或人均占有量上达到了高度水平,更要在不同的社会阶层、不同区域、不同行业之间真正实现普惠性富裕。二是可测性。富裕必须与人的需要的全面性和广泛性相应,符合某种既定的社会标准,与一定的社会发展阶段相适应并有相应的制度或机制作为保障。实现社会富裕的核心是实现共同富裕。当然,实现共同富裕是一个历史过程,是一项复杂的社会系统工程。

一、实现社会富裕的战略意义

实现共同富裕是社会主义本质的内在要求。对于处于社会转型期和矛盾凸显期的当代中国来说,必须将实现社会富裕作为社会建设的首要目标。

(一) 实现社会富裕的全面要求

社会富裕是一种全面、系统的富裕。这在于,"人以其需要的无限性和广泛性区别于其他一切动物"。[①] 正是以人的需要的无限性和广泛性为内在动力,人类社会才从远古走到今天,从洪荒走向文明,创造了如此丰富的财富。同样,我们追求的富裕必须是全面的富裕。

1. 物质产品的富裕

社会富裕首先是物质产品的富裕。物质需要是人的第一位的需要,物质生活是人的第一位的生活,物质生产活动是人的第一位的实践活动。在社会发展史上,"人们为了能够'创造历史',必须能够生活。但是为了生活,首先就需要吃喝住穿以及其他一些东西。因此第一个历史活动就是生产满足这些需要的资料,即生产物质生活本身,而且,这是人们从几千年前直到今天单是为了维持生活就必须每日每时从事的历史活动,是一切历史的基本条件"。[②] 只有首先满足了吃穿住行等物质需要,人们才可能从事其他活动,因此,实现社会富裕,首先要做到物质财富或物质产品的较大丰富。同样,我国消灭贫困,首先是一个不断提高生产力水平,创造更多物质财富的过程。在强调贫穷不是社会主义的基础上,我们将"温饱"、"小康"和"比较富裕"作为现代化建设的"三步走"战略,就鲜明地体现了这一点。

2. 精神产品的富裕

追求精神生活是人类独有的特质。在满足物质需要的同时,个体对精神生活的追求是人类生活最重要的组成部分。精神文化的进步,积淀为精神财富或精神产品的丰富,在满足人们精神需要的同时,能够有效地引导人们正确

---

① 《马克思恩格斯全集》第 49 卷,人民出版社 1982 年版,第 130 页。
② 《马克思恩格斯文集》第 1 卷,人民出版社 2009 年版,第 531 页。

对待财富,最后为促进人的全面发展和社会的全面进步提供持久的精神动力。"人类社会发展的历史证明,一个民族,物质上不能贫困,精神上也不能贫困,只有物质和精神都富有,才能成为一个有强大生命力和凝聚力的民族。"①物质富裕和精神富裕相辅相成。如果只有物质富裕,没有精神富裕,人们将道德沦丧,不择手段地追求物质享受、掠夺大自然,将导致整个社会失序。因此,在建设中国特色社会主义的过程中,我们不仅要有高度发达的物质文明,而且要有高度发达的精神文明。只有两个文明全搞好,才能促进人的全面发展,才是真正的合格的社会主义。

3. 公共产品的富裕

公共服务是政府的重要职能。人们既有个体需要和社会需要,也有公共需要。公共需要指满足社会公共利益的需要,诸如社会秩序和国家安全等。它具有不可分割性,难以分摊给个人和企业,只能由政府承担。公共需要是社会总需求的一部分,等同于政府需求。为了满足公共需要,公共服务成为政府的责无旁贷的责任和使命。在最终结果上,尽管公共需求转化为公共产品与私人产品两类产品,但是,政府需求的绝大部分都转化为公共产品。公共产品是指具有非竞争性、非排他性、不能依靠市场力量实现有效配置的产品。现在,人们对政府提供公共服务的要求也越来越高,希望享有更高水平的公共服务,诸如食品安全、公共交通、教育均等化、社会保障、医疗卫生、保障性住房、城乡一体化建设等。这些重要指标同样是评价社会富裕不可或缺的重要内容。因此,在建设中国特色社会主义的过程中,必须把加快发展面向民生的公益性社会服务作为社会建设的基本目标。

4. 生态产品的富裕

良好生态环境是人和社会持续发展的根本基础。人的物质生活和精神生活,都依赖自然界;自然界提供了人类需要的一切,是人的无机的身体。从反面来看,在贫困和环境之间存在着一种恶性循环的关系。因此,可以把生态系统服务提供的产品称为生态产品。生态系统服务是指,人类所需要的一切资源归根结底都来源于自然生态系统。在具体意义上,生态产品是指自然生态系统在维系生态安全、保障生态调节功能、提供良好人居环境等方面提供的服

---

① 《江泽民论有中国特色社会主义》(专题摘编),中央文献出版社 2002 年版,第 382 页。

务。生态服务和生态产品,既是广义经济活动和经济产品的组成部分,也是广义公共服务和公共产品的组成部分。究其实质,它们是通过作为人类特定活动的生态文明建设活动体现出来的,具有明显的人化自然的属性和功能。在生态产品匮乏的情况下,不可能有物质财富的富裕和物质产品的丰富。因此,生态产品的丰富是社会富裕的一个重要方面。在此基础上,根据我国生态环境恶化的情况,党的十八大提出了"增强生态产品生产能力"要求①。显然,生态良好是生活富裕的题中之义。

5. 人的权益的富裕

归根结底,社会富裕是人的富裕,是人的需要和利益的全面满足,集中体现为人的权益的全面保障上。对于人的发展来讲,"民主、自由和人权的一个根本问题,是人在社会上的生存权和发展权,也就是人能否真正掌握自己命运的权利。而人类对自己命运的掌握又是同人类自身的生存、发展和完善紧密相连的,这包括政治、经济、文化、教育等诸多方面。在一个国家里,实现民主、自由和人权的根本途径是社会的进步、稳定和经济的发展。"②只有形成人的全面发展与社会全面进步的和谐统一、相互促进的局面,从各个层次、各个领域充分保障人民群众的生存权、发展权和享受权,以及经济、政治、文化、社会和生态等权益,提高国民的综合素质和幸福水平,才谈得上真正的社会富裕。因此,我们要坚持保障人民权益与促进人的全面发展的一致性。

总之,社会富裕是一个全面的立体的概念。在当代中国,我们实现的社会富裕必须是全面的富裕。不全面的富裕同样不是社会主义。

(二) 实现社会富裕的政治意义

努力消灭贫困、实现社会富裕,不单纯是一个生活领域的问题,而具有重大的政治意义。

1. 实现社会富裕是实现社会主义本质的必然要求

将实现社会富裕作为社会建设的首要任务,是由社会主义本质决定的。其直接目的就是要消灭贫困。(1)从历史原因来看,两种社会制度条件下的

---

① 胡锦涛:《坚定不移沿着中国特色社会主义道路前进 为全面建成小康社会而奋斗——在中国共产党第十八次全国代表大会上的报告》,人民出版社 2012 年版,第 40 页。

② 《江泽民论有中国特色社会主义》(专题摘编),中央文献出版社 2002 年版,第 322 页。

贫困具有根本不同的性质。在资本主义条件下,无产阶级贫困化是资本主义积累的一般规律的体现。在社会主义条件下,贫困问题是旧社会遗留的历史问题,同时也是由生产力不发达造成的。因此,"我们搞社会主义,是要解放和发展生产力,消灭剥削和贫穷,最终实现全体人民共同富裕。贫穷不是社会主义。一部分人富起来、一部分人长期贫困,也不是社会主义。鼓励一部分地区、一部分人先富起来,先富带动和帮助未富,最终实现共同富裕,是我们既定的政策。"①因此,通过发展生产力消灭贫困、实现社会富裕,是社会主义的内在使命和根本任务。只有这样,才能夯实社会主义的物质基础。(2)从现实表现来看,两种社会制度条件下的贫困具有纷繁复杂的形式。为了避免资本主义的分崩离析,在向外转嫁危机的同时,通过调整国内社会政策,资本主义国家有效地降解了绝对贫困的危害,并且通过社会生产力的发展,明显地提高了整体生活水平。"目前,从经济、科技发展和物质文化生活水平来看,发达资本主义国家比我们这样的发展中社会主义国家要高得多。这也是客观存在,我们不承认、不正视也不行。"②因此,社会主义要最终战胜资本主义,其优越性的根本体现,就是最终要在生产力发展的基础上消灭贫困、消灭两极分化、实现共同富裕。总之,社会主义本质要求我们要将消灭贫困、实现社会富裕,作为社会主义建设的根本任务。否则,就体现不出社会主义制度的优越性,就会动摇大家建设中国特色社会主义的信心。

2. 实现社会富裕是实现共产党人宗旨的必然要求

将实现社会富裕作为社会建设的首要任务,是由共产党的宗旨决定的。"我们党的根本宗旨是全心全意为人民服务。各级领导干部必须始终想人民之所想,急人民之所急。当前,农村贫困群众最盼望、最着急的就是吃饱穿暖,进而过上比较富裕的日子。帮助贫困群众实现这个愿望,是党的为人民服务宗旨的最实际的体现。"③(1)从历史来看,能否有效战胜贫困、消除两极分化直接决定着共产党执政的成败得失。十月革命胜利后,意大利共产党的创始人葛兰西就曾致信给俄共中央,提醒当时已成为执政党的俄共注意,在剥削阶级统治下,贫富悬殊始终是一个无法克服的历史现象,人类从来没有实现过真

---

① 《江泽民文选》第一卷,人民出版社 2006 年版,第 548—549 页。
② 《江泽民文选》第三卷,人民出版社 2006 年版,第 79 页。
③ 《十五大以来重要文献选编》(中),人民出版社 2001 年版,第 849 页。

正的社会公平。现在,历史把这一重大考验提到了执政的无产阶级政党面前。事实上,俄罗斯(苏联)共产党一直十分重视消灭贫困,并且取得了巨大成就。但是,在其后期执政中,忘记了全心全意人民服务的宗旨,在党政干部中出现了高薪阶层①,而人民群众的生活水平长期维持在一个固定水平上,没有显著地提高。不能不说,这是导致苏联共产党丧失政权的重要原因。面对前车之鉴,必须警钟长鸣。(2)从现实来看,能否有效消灭贫困、实现共同富裕直接关系着共产党执政的合法性。经过新中国六十多年尤其是改革开放的三十多年的发展,中国社会面临的最大挑战已从主要消灭贫困、谋求经济发展,转变为在谋求经济发展的同时怎样实现分配公平,让发展的成果惠及全体人民。对于这一挑战的严重性,"三个代表"重要思想指出,中国共产党必须把发展作为党执政兴国的第一要务,把促进人民的共同富裕作为党一切工作的出发点和落脚点。这是保持和发展党的先进性的根本标准。但必须看到,现在能否解决好社会财富的公平分配,解决好经济迅速发展后的社会共同富裕的问题,是党在执政条件下实现上述庄严承诺面临的巨大考验,是能否赢得民心的关键。历史和现实都表明,一个执政党不能赢得最广大群众的支持,必然垮台。总之,实现社会富裕,是作为执政党的共产党必须承担的历史使命和历史责任,是共产党人根本宗旨的具体体现。

3. 实现社会富裕是推进中国人权发展的必然要求

将实现社会富裕作为社会建设的首要任务,是由发展我国人权事业、开展人权领域国际政治斗争的需要决定的。人权是人的权利的最一般形式,但是,"人权本身就是特权,而私有制就是垄断"②。人权具有明显的阶级性和政治性。然而,在现实的资本主义和社会主义的较量中,一些敌对势力往往将人权绝对化、一般化和理想化,侈谈民主、自由、平等,而不问人的基本的生存状况和发展问题,以此来攻击社会主义制度和共产党领导。事实上,尊重和保障人权是中国共产党和社会主义中国的坚强意志和有力行动。一方面,人权是历史的产物。它的充分实现,是同每个国家的经济文化水平相联系的逐渐发展

---

① 二十世纪六十年代,毛泽东在"读社会主义政治经济学批注和谈话"就指出,在苏联社会里出现的高薪阶层是有危险性的。根据他的指示,中国人民大学于1964年成立了马克思列宁主义发展史研究所,研究苏联的高薪阶层问题。

② 《马克思恩格斯全集》第3卷,人民出版社1960年版,第229页。

的过程。谈中国的人权,不能离开旧中国一穷二白的历史基础,不能离开中国仍然处于社会主义初级阶段的基本国情,不能离开中国有 13 亿多人口的实际。另一方面,发展是解决中国所有问题的关键,也是推动中国人权事业发展的根本。不首先解决人民的温饱问题,其他一切权利都难以实现。因此,实现和保障广大人民群众的生存权和发展权,是我们维护人权最基础、最首要的工作。据此,多年来,我们坚持以经济建设为中心,大力推进反贫困工作,实现了温饱和小康的目标。显然,"组织扶贫开发,解决几亿人的温饱问题,说明我们党和国家高度重视推进中国人民的人权事业,为保障人民的生存权和发展权这一最基本、最重要的人权,进行了锲而不舍的努力。扶贫开发取得的成就,不仅是对世界人权事业的重要贡献,也为我们开展国际人权斗争、反对西方反华势力干涉我国内政创造了有利条件"[1]。显然,实现社会富裕,才能切实推进中国人权事业的发展,在国际政治斗争中赢得主动权。

总之,我们必须从政治的高度来看待消灭贫困、实现社会富裕的问题,并将之落实到社会建设的具体工作中。

(三) 实现社会富裕的社会意义

努力消灭贫困、实现社会富裕,不单纯是一个经济领域的问题,而具有重大的社会意义。

1. 实现社会富裕是全面建设小康社会目标的必然要求

将实现社会富裕作为社会建设的首要任务,是由全面建设小康社会和全面建成小康社会的奋斗目标决定的。在"三步走"战略的基础上,党的十六大提出,本世纪头 20 年要建成惠及十几亿人口的小康社会。相对于总体小康,全面小康必须是更高水平的、更为全面的、更为均衡的小康。进而,党的十八大提出了到 2020 年实现全面建成小康社会的宏伟目标。其中,社会建设的目标是:"人民生活水平全面提高。基本公共服务均等化总体实现。全民受教育程度和创新人才培养水平明显提高,进入人才强国和人力资源强国行列,教育现代化基本实现。就业更加充分。收入分配差距缩小,中等收入群体持续扩大,扶贫对象大幅减少。社会保障全民覆盖,人人享有基本医疗卫生服务,

---

① 《江泽民文选》第三卷,人民出版社 2006 年版,第 248 页。

住房保障体系基本形成,社会和谐稳定。"①由于我国是一个发展中的大国,幅员辽阔,人口众多,发展的不平衡是一个长期存在的问题。在东部发达地区,我国的城市建设已接近或甚至达到发达国家的水平。但是,在中西部地区尤其是农村地区,仍然有不少贫困地区和贫困人口。这样看来,"实现全面建设小康社会宏伟目标,最艰巨最繁重的任务在农村,更在贫困地区。没有贫困地区的全面小康,就没有全国的全面小康;没有贫困地区的和谐稳定,就没有全国的和谐稳定。我们要通过深入推进扶贫开发,确保贫困地区如期实现全面建设小康社会目标,确保贫困地区和谐稳定。"②总之,建设和建成全面小康社会的目标,是实现中华民族伟大复兴中国梦的重大创举,是中国 21 世纪中叶发展的最坚定的目标。努力消除贫穷,实现社会富裕,是实现这一目标的必然要求。

2. 实现社会富裕是维护改革发展稳定大局的必然要求

将实现社会富裕作为社会建设的首要任务,是由维护改革发展稳定大局尤其是维护社会稳定的要求决定的。改革、发展和稳定是关系现代化全局的三件大事。实现好、维护好和发展好人民群众的利益是正确处理三者关系的结合点。贫困和稳定之间存在着一种复杂关联。(1)贫困和稳定的一般关系。在人类历史上,贫困尤其是两极分化往往是导致社会动乱的根源,动乱则会进一步加剧贫困和社会分裂。"历史的经验证明,贫困往往成为一个国家、一个地区政治动荡和社会不稳定的重要根源。如果不能逐步消除贫困,一个国家就难以长期保持社会稳定;没有稳定,根本谈不上经济和社会发展。"③同样,颜色革命、茉莉花革命等无不与之存在着密切的关联。在私有制社会中,这种动乱具有革命的意义。但是,在社会主义社会中出现这种问题,只能影响社会稳定。因此,要维护社会稳定,关键是必须消灭贫困、实现社会富裕。(2)贫困和稳定的具体关系。在当代中国,贫困地区尤其是集中连片特殊困难地区多数位于民族地区和边疆地区。这些地区的发展程度直接关系民族团结、民族地区和边疆地区的社会稳定。"如果这些贫困地区特别是民族地区

---

① 胡锦涛:《坚定不移沿着中国特色社会主义道路前进 为全面建成小康社会而奋斗——在中国共产党第十八次全国代表大会上的报告》,人民出版社 2012 年版,第 18 页。

② 《十七大以来重要文献选编》(下),中央文献出版社 2013 年版,第 637 页。

③ 《十五大以来重要文献选编》(中),人民出版社 2001 年版,第 847 页。

和边疆地区的贫困问题长期得不到解决,势必影响民族团结、边疆巩固,也会影响整个社会的稳定。在这个问题上,我们要有忧患意识。所以,加快贫困地区发展步伐,不仅是一个经济问题,而且是关系到国家长治久安的政治问题,是治国安邦的一件大事。"①此外,我国不少贫困地区是革命老区。老区人民为建立新中国做出了巨大贡献和牺牲。现在,新中国已经成立六十多年了,改革开放已经三十多年了,但是,革命老区的群众仍然没有彻底摆脱贫困。面对这种情况,我们必须反躬自省,否则,我们有愧于人民群众。总之,努力消灭贫困、实现社会富裕,是关系到社会稳定的头等大事。

3. 实现社会富裕是实现社会主义和谐社会的必然要求

将实现社会富裕作为社会建设的首要任务,是由构建社会主义和谐社会的要求决定的。在社会生活中,和谐的本质,就是使社会各方面的利益关系得到妥善协调,人民内部矛盾和其他社会矛盾得到恰当处理,社会公平和正义得到切实实现。而当前影响社会和谐的主要问题,很大程度上表现为社会主义共同富裕的理论目标与现实社会贫富分化的日趋严重产生的强烈反差。(1)贫困问题对社会和谐的影响。现在,我国已实现了总体小康的目标,但是,仍然存在着相当广的贫困地区和相当大的贫困人口。同时,也存在着市场化改革带来的城市下岗工人等特殊人群的城市贫困问题。事实表明,"越是贫困的地方,越容易积累矛盾。因为群众生活过得不好,心中有怨气,心情不舒畅。如果干部作风再有问题,一些矛盾处理不妥当,干群关系紧张,就可能引发事端。"②因此,消灭贫困、实现富裕是实现和谐社会的基础工程。(2)中等收入水平对社会和谐的影响。当前,我国人均 GDP 已超过 4000 美元。按照世界银行的通用标准,我国已经跻身中等收入国家行列。国际经验表明,人均GDP 在 3000 美元—10000 美元的阶段,既是中等收入国家向中等发达国家迈进的机遇期,也是矛盾突发的敏感期。突出的问题是,在人均水平提高的繁荣表象下,掩盖着两极分化的真相。在这一阶段,如果较好地解决了贫困加剧和分配公平的问题,那么,就向共同富裕迈出了关键一步。反之,就有可能陷入"中等收入陷阱",严重影响社会和谐。这样,消灭贫困、实现社会富裕,就成

---

① 《江泽民文选》第一卷,人民出版社 2006 年版,第 550 页。
② 《十五大以来重要文献选编》(中),人民出版社 2001 年版,第 851 页。

为实现经济社会协调的基础工程。(3)两极分化对社会和谐的影响。随着我国经济实力的不断增强,人民群众追求更加幸福生活的愿望也日益增长,但是,由于两极分化较为严重,分配问题已成为影响社会和谐的主要因素。如果对之听之任之,那么,就会成为破坏和谐社会的力量。总之,在当下,努力消除贫困和促进共同富裕,已经成为更加紧迫的现实要求,也是促进社会和谐的首要前提。

要之,努力消灭贫困、实现社会富裕,是实现我国社会发展奋斗目标、维护社会稳定、构建和谐社会的战略举措。

(四) 实现社会富裕的历史过程

实现社会富裕,本质上就是实现共同富裕。这自然是一个逐步实现的动态过程,而不能超越一定历史阶段的发展水平。这样,就要求我们既不能对贫困加剧和两极分化放任自流,也不能在实现社会富裕尤其是共同富裕上急于求成,而应稳扎稳打,逐步推进。

1. 社会富裕的实现程度取决于社会生产的发展水平

生产力发展的过程性决定了社会富裕实现的过程性。贫困加剧和两极分化都是由物质匮乏造成的,而物质匮乏是生产力不够发展的一种表征和表现,这样,发展生产力就成为实现社会富裕的决定性力量。生产力本身是一个历史发展过程。(1)生产力过程性的微观机制。构成要素的过程性是影响生产力过程性的变量。从劳动对象来看,自然界提供了劳动对象,但是,自然本质的暴露有一个过程,进入生产流程的自然有一个过程,人们对自然的利用程度有一个过程。从劳动资料来看,劳动工具是劳动资料的重要标尺。劳动工具的进步是随着科技进步和创新而不断发明创造的过程,而科技进步和创新是在大量积累基础上的新质涌现。从劳动主体来看,人的体力和智力在提高劳动平均熟练程度上具有决定性意义,二者的提高取决于后天的训练和学习,而训练和学习是一个过程。在上述三者的共同影响下,加上其他条件的制约,使生产力的发展成为一个历史过程。这样,物质产品的丰富就成为一个历史过程,社会富裕的实现就成为一个过程。(2)生产力过程性的宏观体现。从科技进步来看,自然工具、手工工具、机器体系、智能工具是划分生产力发展水平的关键标尺。与之相应,人类社会大体上经历了渔猎社会、农业社会、工业社会和智能社会等发展阶段。撇开自然资源稀缺性和生产资料私有制等因素,大体说来,物质产品是随着上述进化序列而逐步丰富的过程。这样,就决定了消灭贫困、实现富裕是一个历史过程。从当代中国生产力发展的实际情况来看,农业产业化的任务还没有完成,工业化仍然处于中期发展阶段,信息化有了一定程度的发展。这种时空交替的复杂局面就决定了当代中国的生产力具有落后和先进并存的特点,不可能为一下子实现共同富裕提供相应的物质支撑,而需要随着生产力的发展逐步推进。总之,面对生产力发展的过程性,只有促使我国生产力不断跃上新的台阶,我们才能逐步实现社会富裕尤其是共同富裕。

2.社会富裕的实现程度取决于生产关系的完善程度

生产关系完善的过程性决定了社会富裕实现的过程性。贫困加剧和两极分化也深受物质产品和社会财富的分配方式的影响,而分配方式总是受生产资料所有制的制约,这样,生产关系就成为影响社会富裕的关键变量。无论是在哪一种社会形态下,生产关系的完善都具有过程性。社会主义亦然。(1)从其历史来看,社会主义是从旧社会脱胎而来的。随着社会主义改造任务的完成,虽然旧的生产关系被消灭了,但是,其要素和影响不可能一下子彻底消除,而总是以这种或那种方式对社会主义生产关系产生着实际影响。在生产力落后的情况下,面对这样的生产关系历史,共同富裕不可能被摆在首要的位置。(2)从其现实来看,社会主义市场经济是社会主义经济体制改革的目标模式。随着所有制成分的多样化,分配方式自然也会多样化。在实施按劳分配的同时,出现了按生产要素分配方式的情况,这样,就带来了利益关系的多样化,自然会造成社会成员之间的收入差距的拉大。因此,共同富裕难以成为分配政策的中心议题。(3)从其国际环境来看,社会主义经济建设必须采取对外开放的战略。在世界资本主义体系中,对外开放有助于社会主义生产力的跨越式发展,但是,资本主义生产关系尤其是分配方式也会在一定程度渗入到社会主义国家中,这样,新自由主义经济政策的影响也在所难免,效率自然会摆在优于公平的位置。(4)从其走向来看,共同富裕是未来社会发展的目标。过去一切生产关系的目标都是少数人的富裕,只有在未来社会,"生产将以所有的人富裕为目的"[①]。由于涉及一系列复杂的利益关系,因此,整个生

_____

① 《马克思恩格斯文集》第8卷,人民出版社2009年版,第200页。

产关系的变革是一个漫长的社会进化过程。其实,生产关系的完善始终是一个未知的必然王国,需要人类在探索中不断推进。这样,就要求我们要依照生产关系的现实情况推进社会富裕,而不能盲目冒进。

3. 社会富裕的实现程度取决于阶段任务的完成步骤

发展阶段的过程性决定了社会富裕实现的过程性。在一个国家或地区发展的不同阶段,发展面临的主要任务会呈现出阶段性变化。(1)需要及其满足程度的阶段性。需要是发展的原动力,存在着生存需要、发展需要和享受需要的区分,由此,形成了生存资料、发展资料和享受资料的区分。从历史发展来看,需要的满足是按照生存、发展和享受的次序推进的,人类的社会活动依次经历了为生存而战、为发展而战、为享受而战等几个发展阶段。在基本的生存需要没有得到有效满足的情况下,发展和享受难以提上议事日程。① (2)富裕内涵扩展的阶段性。富裕内涵是随着生产力的发展而逐步扩展的过程。从物质产品的富裕到精神产品的富裕,再到公共产品的富裕和生态产品的富裕,最后到人的权益的富裕,构成了富裕概念扩展的一般程式。这种动态的历史过程将随着经济社会的协调发展而更加深化。这也提示我们,实现社会富裕必然是一个动态的不断发展的历史过程。(3)发展目标实现的阶段性。根据我国实际,我们把温饱、小康和比较富裕确立发展的三个阶段。在发展初期,解决人们的温饱问题,满足人们的基本物质生活需求,是当务之急。随着温饱问题得到解决,人们对精神文化需求和全面发展的需求才越来越迫切,这样,就需要进一步向小康和富裕的目标迈进。过去,我们不顾生产力发展水平和阶段,盲目追求同等富裕,结果导致了同等贫困。因此,"不要离开现实和超越阶段采取一些'左'的办法,这样是搞不成社会主义的"②。这样看来,共同富裕不是同步富裕和同等富裕。总之,社会富裕的实现,既不可能一蹴而就,更不可能一劳永逸。

可见,社会富裕的实现是一个动态的历史过程,我们不能孤立用某一阶层、某一量化指标来衡量社会富裕。

要之,在建设社会主义和谐社会的进程中,社会富裕是指通过大力发展生

---

① 当然,不能对之做马斯洛式的解释。事实上,各种需要是同时存在的,在物质需要没有满足的情况下,穷人也存在着精神需要。

② 《邓小平文选》第二卷,人民出版社 1994 年版,第 312 页。

产力和积极的社会建设,逐渐消除贫穷,在追求社会公平正义的基础上,极大地提高整个社会系统的富裕程度并最大限度地争取实现社会人群最广泛的共同富裕。这是社会建设的首要任务和目标。

二、实现社会富裕的现实课题

贫穷不是社会主义,两极分化也不是社会主义。在当代中国,努力消除贫困、实现社会富裕显得尤为迫切,必须将之作为社会建设的首要任务。因此,我们必须始终保持清醒头脑,坚定地逐步推进社会富裕。

(一) 实现社会富裕的现实挑战

新中国成立六十多年来尤其是改革开放三十多年来,我国发展取得了举世公认的成就。但是,发展中的问题仍然比较突出,成为影响社会稳定与社会和谐的重要因素。因此,实现社会富裕必须勇敢地直面当代中国的社会问题。

1. 实现社会富裕的现实问题

在当代中国,贫困人口较多,就业压力较大,两极分化较重,仍然是最大的社会问题,严重地影响到了人民群众的日常生活,有些问题已触及到了社会公正的底线。

贫困问题。改革开放以来,我国加大了反贫困的力度,取得了巨大的成效。1978 年,全国农村贫困人口有 2.5 亿人。到 2010 年底,按 1274 元的扶贫标准计算,全国贫困人口下降到 2688 万人,并且率先实现了联合国千年发展目标中贫困人口减半的目标。2011 年,中央决定将农民人均纯收入 2300 元(2010 年不变价)作为新的国家扶贫标准。按照这一新标准,全国贫困人口为1.28 亿人,占农村总人口的 13.4%,占全国总人口近 1/10。显然,这一数值仍然较大。从国际贫困率的比较来看,2010 年,在日均收入不足 1.25 美元的贫困人口比重(单位:%)上,中国为 3.2,巴西为 3.6,印度为 7.5;在日均收入不足 2 美元的贫困人口比重上,中国为 10.1,巴西为 5.4,印度为 24.5。① 在前

---

① 中华人民共和国国家统计局编:《国际统计年鉴——2013》,中国统计出版社 2013 年版,第 244 页。

一指标上,中国低于其他两个金砖国家;但是,在后一指标上,中国远远高于巴西。这说明,中国的减贫压力仍然较大。

就业问题。近年来,国家实施了积极的就业政策,但是,由于企业转制导致的下岗和失业人数以及每年新增加的就业人口较多,加大了我国的就业压力。2012年,年末城镇登记失业人数为917万人,城镇登记失业率为4.1%。由于国际社会同期正处于金融危机发生期间,因此,我国城镇登记失业率低于一般国际水平。

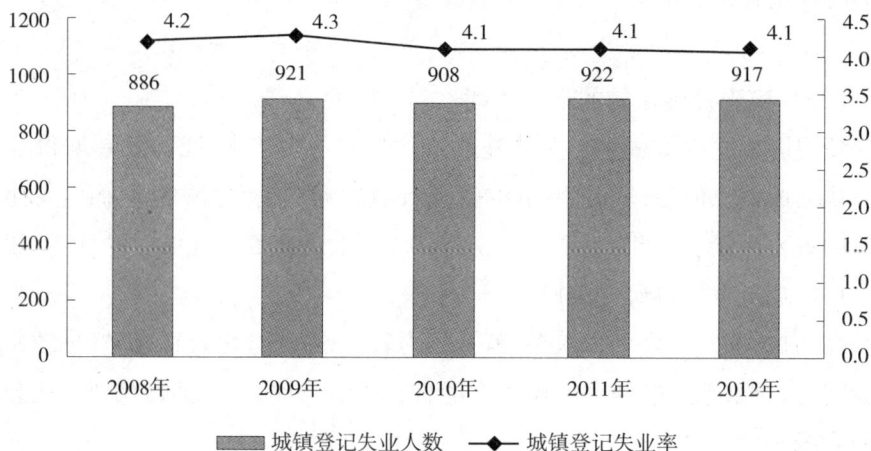

图6-1 2008—2012年城镇登记失业人数及登记失业率 单位:万人,%

资料来源:中华人民共和国人力资源和社会保障部:《2012年度人力资源和社会保障事业发展统计公报》,http://www.mohrss.gov.cn/SYrlzyhshbzb/dongtaixinwen/shizhengyaowen/201305/t20130528_103939.htm/

两极分化。衡量一个社会贫富差距的重要指标是基尼系数。按照国际通常标准,基尼系数在0.3以下为公正状态,在0.3~0.4之间为正常状态,超过0.4为警戒状态,达到0.6则属于危险状态。改革开放以来,在实现经济增长的同时,我国贫富差距也在逐步拉大。根据国家统计局的数据,自2000年开始,我国的基尼系数已越过0.4的警戒线,并逐年上升,2004年达到0.465。此后,国家统计局不再公布我国的基尼系数。2012年,国家统计局公布的我国基尼系数为0.474。根据各方面的综合研究,一般认为我国现在的基尼系数还有升高的趋势,甚至可能达到0.5左右。这意味着,中国社会的贫富差距已突破了合理的限度,不同人群收入的差距进一步加大。

在当代中国,这些问题严重影响着社会富裕的实现进程,严重影响人民群众的日常生活,必须引起我们的高度注意,并且采取切实的措施加以有效解决。

2. 现实社会问题的严峻挑战

撇开其他问题不论,仅拿两极分化来看,不但与社会主义本质不相符合,严重影响党的执政能力和执政目标的实现,而且会严重威胁和损害我国正常的社会生活。

两极分化会严重影响社会参与。社会建设是涉及全社会的共同事业,需要广泛的社会参与。但是,两极分化迫使贫困者将主要精力投放在维持基本的生计上,政府也将之作为扶贫工作的重点,这样,就会使贫困者容易丧失机会上的平等,被排斥在竞争的范围之外,从而会严重影响社会参与。因此,我们必须切实保障各方面困难群众的基本生活,逐步做到保证社会成员都能够接受教育,进行劳动创造,平等地参与市场竞争和社会生活,依靠法律和制度来维护自己的正当权益。在严格意义上,贫穷和排斥是不同的。贫穷是指与他人在程度上的差异,排斥是指不能分享大多数人拥有的机会。当然,贫穷是导致排斥的重要原因。

两极分化会严重影响社会公平。社会公平正义是中国特色社会主义的本质属性。共同富裕是其集中体现。但是,两极分化损害了社会制度的权威,严重影响了社会主义制度的优越性。其实,"社会主义的目的就是要全国人民共同富裕,不是两极分化。如果我们的政策导致两极分化,我们就失败了;如果产生了什么新的资产阶级,那我们就真是走了邪路了。"①因此,从更深层次看,社会主义国家必须努力消除贫困、实现社会富裕。这是社会主义价值观在社会实践中的根本体现。如果这个问题解决不好,出现理论表述与现实表现的巨大反差和鲜明对比,那么,就会从根本上动摇社会主义制度的合法性。

两极分化会严重影响社会稳定。实现社会稳定是社会建设的基本追求。但是,两极分化会从根本上动摇了稳定。"必须看到,贫富差距扩大不仅是个经济问题,也是个政治问题。一些发展中国家的经验证明,社会成员之间、地区之间贫富差距过大,就会引发民族矛盾、地区矛盾、阶级矛盾以及中央和地

---

① 《邓小平文选》第三卷,人民出版社 1993 年版,第 110—111 页。

方的矛盾,就会出大乱子。因此,收入分配差距和地区差距扩大的问题,必须引起我们高度重视。"①现在,我国每年的刑事案件大约在四百多万起的规模,治安案件高达六百多万起,群体性事件频繁发生。事实上,这些问题的根源都与贫富差距扩大有一定关系。因此,我们必须从维护社会稳定的高度来看待和处理贫富差距问题。

两极分化会严重影响社会和谐。社会和谐在很大程度上取决于阶层和谐。目前,我国社会阶层结构已一定程度地呈现为"金字塔形":少数上层富人占据社会财富总量的分量(比例)过高;生活比较富裕的中间(中产)阶层人数较少,占有社会财富总量的分量较低;生活贫穷的下层阶层人数占社会总人口的大多数,而其占有社会财富总量的分量很低甚至只占极少一部分。如果将之固化,那么,必然会造成社会阶层之间的敌视,难以实现社会和谐。国际经验表明,"橄榄型"(两头小,中间大)社会结构是一种最有利于社会和谐的均衡合理的结构。这在于,它表征着社会总体财富的分配相对公平,大多数人过着殷实体面富裕的中间阶层生活。因此,我们必须将优化阶层结构作为社会建设的重要任务。

总之,缩小贫富差距,实现社会富裕,不但要着力控制两极分化的趋势,更要着力解决其形成机制和原因方面的不公平、不合理因素,建立和健全一整套公平合理的脱贫致富机制。

(二) 制约社会富裕的历史障碍

中国的贫困问题和两极分化,首先是由特定的历史传统造成的,尤其是由社会主义初级阶段的实际造成的。因此,认识和解决上述问题,不能脱离中国发展的阶段性特征。

1. 发展阶段性特征的总体情况

除了社会制度因素外,贫困是一个国家发展情况的表征。从总的发展阶段来看,我国仍处于并将长期处于社会主义初级阶段。这既是造成我国贫困问题的总根源,也是制约社会富裕实现程度的历史障碍。

中国的社会主义是在旧中国一穷二白的基础上起步的。1840 年鸦片战争

---

① 《江泽民文选》第一卷,人民出版社 2006 年版,第 543 页。

之后,中国陷入了落后挨打的境地,沦落为半封建半殖民地的社会。受帝国主义、封建主义和官僚资本主义三座大山的压迫,中国人民长期民不聊生,饿殍遍野。1950 年,我国人均国民生产总值约为 36 美元。在此情况下,加上人口众多、人均资源相对短缺、地区发展不平衡等国情,使中国的发展举步维艰。在艰辛探索社会主义的过程中,由于指导思想的一时失误和发展战略的短时冒进,我们在脱贫致富方面多走了一些弯路。1980 年,我国人均国民生产总值为 250 美元。基于这种实际,在改革开放中,党的十三大提出了我国处于社会主义初级阶段的科学判断,提出了党在社会主义初级阶段的基本路线。我们讲一切从实际出发,最大的实际就是我国现在处于并将长时期处于社会主义初级阶段。

　　社会主义的初级阶段就是不发达阶段。社会主义初级阶段,是逐步摆脱不发达状态,基本实现社会主义现代化的历史阶段;是由农业人口占很大比重、主要依靠手工劳动的农业国,逐步转变为非农业人口占多数、包含现代农业和现代服务业的工业化国家的历史阶段;是由自然经济半自然经济占很大比重,逐步转变为经济市场化程度较高的历史阶段;是由文盲半文盲人口占很大比重、科技教育文化落后,逐步转变为科技教育文化比较发达的历史阶段;是由贫困人口占很大比重、人民生活水平比较低,逐步转变为全体人民比较富裕的历史阶段;是由地区经济文化很不平衡,通过有先有后的发展,逐步缩小差距的历史阶段;是通过改革和探索,建立和完善比较成熟的充满活力的社会主义市场经济体制、民主政治体制和其他方面体制的历史阶段;是广大人民牢固树立建设有中国特色社会主义共同理想,自强不息,锐意进取,艰苦奋斗,勤俭建国,在建设物质文明的同时努力建设精神文明的历史阶段;是逐步缩小同世界先进水平的差距,在社会主义基础上实现中华民族伟大复兴的历史阶段。这样的历史进程,至少需要一百年时间。因此,必须坚持党的基本路线一百年不动摇。

　　改革开放三十多年来,尽管我们取得了巨大成就,但是,从人均水平来看,仍然处于初级阶段。可见,"我国仍处于并将长期处于社会主义初级阶段的基本国情没有变,人民日益增长的物质文化需要同落后的社会生产之间的矛盾这一社会主要矛盾没有变,我国是世界上最大的发展中国家的国际地位没有变"①。这是对我国国情的清醒定位,廓清了我国发展的方向,也为推进我

---

① 《十七大以来重要文献选编》(下),中央文献出版社 2013 年版,第 445 页。

国的社会富裕提供了科学的世界观和方法论。

2. 发展阶段性特征的具体情况

社会主义初级阶段就是不发达的阶段,即发展不足是我们面临的主要问题。同时,由于受机械发展观的影响,也存在着发展不良的问题,面临着一系列迫切需要解决的重大问题。

人均水平需要提高。尽管我国经济总量大,但是,人均国民总收入在世界的位置比较靠后。2009 年,我国人均国民总收入为 3650 美元,仅相当于世界平均水平的 41.8%,在世界银行统计的 213 个国家和地区中居第 125 位。2011 年,我国的人均国民总收入为 4940 美元,而世界平均水平为 9491 美元,在所统计的 214 各国家和地区中位列 114 位。同时,劳动生产率同发达国家相比还有很大差距。从每个就业者创造的国内生产总值(单位:美元)来看,2000 年,我国为 5855 美元,世界平均水平为 13942 美元;2010 年,我国为 12593 美元,世界平均水平为 17997 美元;我国的水平仅相当于美国的 5.409%,日本的 3.557%,俄罗斯的 1.449%。

经济结构需要优化。在经济总量快速增长的同时,我国也存在着经济结构有待优化的问题。(1)产业结构不够合理。我国第二产业比重较高,第三产业发展相对滞后。2010 年,我国第三产业占 GDP 的比重为 43.0%,而中等收入国家、高收入国家已分别超过 50% 和 70%。(2)需求结构不够协调。表现在投资率偏高,消费率偏低。2009 年,我国投资率为 47.7%,消费率为 48.0%,消费率不仅远低于发达国家 70% 左右的水平,也低于一些"金砖国家"(巴西为 83.6%,印度为 69.6%)。(3)就业结构层次较低。2009 年,我国三次产业就业人口在总就业人口中所占比重分别为 38.1%、27.8% 和 34.1%。第一产业所占比重过高,第二产业比重仅相当于美国工业化初期即 1870—1910 年水平,第三产业比重则大大低于发达国家 60%—80% 的水平。(4)城镇化水平偏低。2009 年,我国城镇人口占总人口的比重为 46.6%,不仅低于高收入国家 70% 以上的水平,也低于世界 50.3% 的平均水平。

经济发展质量需要改善。尽管我国经济增长数量较大,但是,经济质量存在着诸多问题。(1)增长效益较低。2009 年,我国 GDP 占世界的 8.6%,却消耗了世界 46.9% 的煤炭和 10.4% 的石油。同年,美国 GDP 占世界的 24.3%,两种资源消费量占世界比为 15.2% 和 21.7%;日本 GDP 占世界的 8.7%,两种资源消费量占世界比为 3.3% 和 5.1%。(2)企业竞争力较弱。我国被称为"世界工厂",但核心技术主要依赖进口,企业自主创新能力不强。德国、日本、韩国在经济腾飞的过程中,迅速成长起大众、索尼、三星等世界名牌,但我国在成为制造业大国后却依然缺乏享誉全球的"中国名牌"。虽然 2010 年《财富》发布的世界 500 强企业名单中上榜的中国企业已经达到 54 家,但多为能源、金融、电信等国有垄断企业。(3)科技教育水平仍有差距。2010 年,我国研究与开发经费支出(R&D)占 GDP 的比重为 1.75%,明显低于发达国家 2% 以上的水平。长期以来,我国公共教育支出占 GDP 的比重一直没有达到我国《教育法》规定的 4%,低于 4.5% 的世界平均水平,而发达国家一般超过 5%。

以上数据清楚地表明了目前我国社会发展的阶段性特征。虽然我国整体上已成为世界经济大国,但尚不是经济强国,这是造成我们国家相对落后、人民相对贫困的根本原因。

显然,我国总体上仍然处于社会主义初级阶段,仍然不具备彻底消灭贫困、实现共同富裕的经济基础。因此,实现社会富裕是解决我国各种社会矛盾的关键,我们必须抓紧抓好。

(三) 制约社会富裕的现实障碍

从现实原因来看,当代中国的贫困问题、就业问题和分配问题与整个社会的转型存在着密切的关系,是社会转型造成的矛盾和问题在民生层面的集中体现。

1. 社会结构的总体转型

从新中国成立到改革开放前,中国社会基本上是一个总体社会。1978 年以后,我国社会结构经历着空前广泛的变革,带来了一系列新的社会问题和社会矛盾。

从农业社会向工业社会的转变。实现工业化仍然是我国发展的艰巨任务。从农业社会向工业社会的转变,带来的一个突出问题是流动人口大增。其基本生计使贫困问题更为复杂。就其自身来说,由于文化水平低,流动人口会面临就业无着或者就业困难等问题;即使实现就业,由于大多数人从事低端工作,工资待遇水平较低;加上相应的制度安排不合理,工资拖欠、劳动保护不力、社会保障缺乏等问题,时有发生。就其家庭来说,出现了大量留守家庭,在出现疾病的情况下,或者在老者愈老、幼者尚幼的情况下,会增加其贫困程度;对于随农民工进城的家庭来说,又存在着子女上学贵、上学难等问题,加上城市物价的影响,客观上会增加其生活成本。

从计划经济向市场经济的转变。从计划经济转向市场经济,是我国经济体制改革的目标和方向。但是,市场经济的失灵也会加重贫困问题。在宏观上,当国家宏观政策倾向于效率时,对于竞争力较弱的农业和农村来说,就会丧失很多资源和机会,难以为脱贫致富争取到必要的资金、技术和人才。这样,不仅难以扭转贫困的局面,而且会加剧贫富分化。在微观上,当国家分配政策允许生产要素参与分配时,处于强势地位的资本方和经营层的回报和收益会远远高于处于弱势地位的工人和农民的收入和报酬。这样,收入悬殊势必会拉大贫富差距。毋庸讳言,市场化所具有的马太效应,是加剧两极分化的重要原因。

从封闭社会向开放社会的转变。新时期最鲜明的特点是改革开放。改革开放的目的就是要实现国家强大、民族复兴和人民富裕。但是,对外开放也带来了其他问题。在所有制结构上,出现了外国资本控制的企业,或者是混合经济中的外国资本;在就业结构上,除了外方的资本方、管理层之外,也出现了受聘于外资企业的管理、技术和劳务人员;在分配方式上,情况更为多样和复杂。在这样的时空交错的复杂局面中,回报和收益按照"资本→管理→技术→劳动"的顺序严重递减。同时,一些企业不履行社会责任,禁止工人组织工会,使工人不能有效维护劳动权益,进一步固化了收入悬殊的格局。

此外,"在对外开放和发展社会主义市场经济的历史条件下,一些人受拜金主义、享乐主义、极端个人主义等腐朽思想的影响,经不起考验,甚至蜕化变质,堕入腐败和犯罪的泥坑。"[1]其中,由走私贩私带来的暴利,进一步扭曲了收入分配格局,扰乱了社会秩序。

总之,我国社会总体上正处于社会转型的过程中,但是,在社会结构方面仍存在一些突出问题,特别是收入分配结构不合理。这是影响民生问题的重要的现实因素。

---

① 《江泽民文选》第二卷,人民出版社 2006 年版,第 179 页。

2.社会结构的具体变迁

在微观上,我国社会结构变迁主要表现在人口、家庭、就业、城乡和阶层等方面。根据中国社会科学院 2010 年发布的《当代中国社会结构》,我国社会结构严重滞后于经济结构。

人口结构。实行计划生育政策以来,我们用不到 30 年的时间,完成了向出生率和死亡率均较低的人口再生产类型的转变,走完了发达国家上百年才走完的道路。即使如此,我国人口总量仍然位居世界第一,不仅加重了就业压力,而且加重了社会负担。同时,这也意味着人口年龄结构的转变,老龄化程度不断加深。2011 年,我国 65 岁以上人口占比为 7.70%,达到了世界 7.70%的平均水平。这种未富先老的现象,将给我国的社会保障带来巨大的挑战,也会加重民生问题。

家庭结构。由于计划生育政策的实行,我国家庭规模小型化的速度加快。同时,受一系列因素的影响,"空巢家庭"、"单身家庭"日渐增多。在社会保障制度不健全的情况下,一旦遇到不测事件,这些家庭就易成为贫困人口。尤其是"失独家庭"是实行计划生育过程中出现的新问题。目前,我国大约有 100万个"失独家庭",且每年新增 7.6 万个"失独家庭"。在年老体衰、工资福利难以保障的情况下,"失独家庭"老人最容易成为贫困人口。

就业结构。改革开放以前,城乡居民主要在国家统一安排下在国有和集体单位就业。随着社会主义市场经济体制的发展,就业形式越来越多样化,人们在国有和集体单位就业的越来越少,非公有制单位就业人口逐渐增多。就业结构的多样性自然带来分配方式的多样化。地区、行业、人群之间收入悬殊,成为造成两极分化的重要原因。同时,大学生就业、下岗职工再就业、农民工就业竞争激烈化,并且薪酬水平不高。

城乡结构。改革开放以来,我国城镇化的速度加快。1978 年,我国城镇化率只有 17.92%;2009 年,提高到了 46.6%。2013 年,将达到 52.3%。现在,我国城镇化率已接近中等收入国家的平均水平。同时,东中西部地区城镇化水平差异很大,东部地区已经进入城市化实现阶段,而西部地区刚刚进入城市化发展阶段。此外,农民和农民工尚未真正城镇化,大部分农民工不能平等地享受与城市居民相同的低保、子女教育、住房等社会福利,难以真正融入城市。

阶层结构。当前,以职业为基础的新的阶层结构分化机制逐渐代替以政治身份、户籍身份等为依据的分化机制,阶层结构出现了多元化的趋势。这一趋势也带来了新的问题。一方面,阶层边界开始形成。不仅存在着有形的富人区和穷人区的区隔,而且形成了无形的"我们"与"他们"的区别。另一方面,阶层流动降低。随着阶层门槛的加高,近年来著名高校中农民子女就读率逐年下降,并且同校毕业的学生中,农村和下岗职工的后代就业相对困难。在一定程度上,已呈现出"穷二代"和"富二代"、"民二代"和"官二代"等阶层固化和对立的苗头。这些问题不仅会加剧两极分化,而且会引发社会分裂。

改革开放以来,我国发生了前所未有的社会结构的巨大变迁。这种变迁既为实现社会富裕提供了条件,又带来诸多矛盾和问题,影响到了进一步推进社会富裕的历史进程。

总之,我国的贫困问题、就业问题和分配问题,与社会转型中的体制不完善、机制不健全有很大关系,因此,我们不能动摇改革开放的决心,而应通过深化改革来实现社会富裕。

(四) 实现社会富裕的基本经验

为了有效解决贫困问题、就业问题和分配问题,切实保障民生,我们进行了艰苦努力和不懈拼搏,现在,取得了举世公认的成就,积累了丰富的经验。

1. 实现社会富裕的主要成就

新中国成立尤其是改革开放以来,我们有力推进了实现社会富裕的历史进程。

实现社会富裕的一般成就。在新中国前三十年发展的基础上,改革开放以来,在我国经济建设取得巨大成就的基础上,人民群众普遍受惠。(1)经济成就。从1978年到2007年,我国国内生产总值(GNP)由3645亿元增长到24.95万亿元,年均实际增长9.8%,是同期世界水平的3倍多。2007年,我国经济总量上升为世界第4位。2010年,我国GNP为59305亿美元,经济总量上升至世界第2位。2012年,初步核算,GNP为519322亿元,按可比价格计算,比上年增长7.8%。(2)民生成就。从1978年到2007年,全国城镇居民人均可支配收入由343元增加到13786元,实际增长6.5倍;农民人均纯收入由134元增加到4140元,实际增长6.3倍。2010年,我国城镇居民全年人均可支配收入 19109 元,农村居民人均纯收入 5919 元。2012 年,城镇居民人均总收入 26959 元,农村居民人均纯收入 7917 元。可见,随着我国经济实力的增强,为脱贫致富打下了较为坚实的经济基础。

实现社会富裕的具体成就。我们始终把保障人民的生存权、发展权放在首位,有效推进了社会富裕。以减贫为例来看,主要成就是:(1)提高扶贫标准。根据经济社会发展水平的提高和物价指数的变化,将全国农村扶贫标准从 2000 年的 865 元逐步提高到 2010 年的 1274 元。以此标准衡量的农村贫困人口数量,从 2000 年底的 9422 万人减少到 2010 年底的 2688 万人;农村贫困人口占农村人口的比重从 2000 年的 10.2% 下降到 2010 年的 2.8%。2011年,国家又将农民人均纯收入 2300 元(2010 年不变价格)作为新的标准,全国扶贫对象覆盖人口 1.22 亿人,占农村户籍人口的 12.7%。按照这一标准,2012 年末农村贫困人口为 9899 万人,比上年末减少 2339 万人。(2)加大扶贫投入。2001—2011 年,国家逐步加大对扶贫的财政投入,从 2001 年的127.5 亿元增加到 2010 年的 349.3 亿元,年均增长 11.9%,十年累计投入2043.8 亿元。其中,中央财政安排的扶贫资金投入,从 100.02 亿元增加到222.7 亿元,年均增长 9.3%,十年累计投入 1440.4 亿元。2012 年,中央财政综合扶贫投入 2996 亿元,比 2011 年增长 31.9%。显然,我国的扶贫事业取得了巨大成就,不仅有效保障了困难群体的生活,而且为推动全球减贫事业发展做出了重大贡献。

总之,经过新中国六十多年尤其是改革开放三十多年来的奋斗,中国人民已稳定走上了奔向富裕安康的幸福道路。

2. 实现社会富裕的基本经验

新中国成立尤其是改革开放以来,我们在实现社会富裕方面积累了较为丰富的经验。

实现社会富裕的一般经验。针对过去平均主义的弊端,改革开放伊始,我们采取了非均衡战略,鼓励一部分地区和一部分人先富起来。但是,这一政策在实施中也遇到了公平问题的挑战。因此,1992 年,十四大报告提出,在分配制度上,以按劳分配为主体,其他分配方式为补充,兼顾效率与公平。随着社会主义市场经济目标模式的提出,1993 年,十四届三中全会提出,建立以按劳分配为主体,效率优先、兼顾公平的收入分配制度。2002 年,十六大报告仍然坚持上述提法,但要求再分配注重公平。随着民生问题日益凸显,为了促进经济社会的协调发展,2007 年,十七大报告强调,初次分配和再分配都要处理好效率和公平的关系,再分配更加注重公平,要把提高效率同促进社会公平结合起来。上述对效率和公平关系的辩证认识过程,事实上反应出了我国分配政策的改革轨迹。现在,我们终于认识到,"实现社会公平正义是中国特色社会主义的内在要求,处理好效率和公平的关系是中国特色社会主义的重大课题。讲求效率才能增添活力,注重公平才能促进和谐,坚持效率和公平有机结合才能更好体现社会主义的本质。"①可见,把提高效率同促进社会公平结合起来,实现在经济发展的基础上由广大人民共享改革发展成果,是我们建设中国特色社会主义的基本经验之一,也是我们实现社会富裕的总体经验。

实现社会富裕的具体经验。在上述总原则的指导下,我们在涉及社会富裕各个领域也积累了大量经验。其中,我们在反贫困方面已形成了中国特色扶贫开发道路。1994 年,国务院制定和发布"八七扶贫攻坚计划":对当时全国农村 8000 万贫困人口的温饱问题,力争用 7 年左右的时间(从 1994 年到 2000 年)基本解决。为此,提出要实现从救济式扶贫向开发式扶贫的转变。2001 年,这一计划基本完成。"通过扶贫开发,我们积累了使贫困地区群众摆脱贫困、走向富裕的重要经验,主要是:政府主导、社会动员,立足发展、坚持开发,因地制宜、综合治理,自强不息、艰苦创业。"②在此基础上,我们又开始实施《中国农村扶贫开发纲要(2001—2010 年)》。经过十年的努力,"我们成功走出了一条中国特色扶贫开发道路。我们坚持依靠发展解决贫困问题,把加快发展作为促进减贫的根本举措;坚持以人为本,把改善贫困地区群众生产生活条件和提高贫困人口生活水平作为扶贫开发的中心任务;坚持党委领导、政府主导,把强有力的组织领导作为实现减贫的重要保证;坚持开发式扶贫,把增强贫困地区和贫困人口自我发展能力作为实现脱贫致富的主要途径;坚持广泛动员社会力量,把定点扶贫、东西部扶贫协作、其他社会力量参与扶贫作为推进扶贫开发的有效模式;坚持尊重贫困地区群众主体地位,把激发群众自力更生、艰苦奋斗精神和主动性、创造性作为扶贫开发的内在活力;坚持学习

---

① 《十七大以来重要文献选编》(上),中央文献出版社 2009 年版,第 803—804 页。
② 《江泽民文选》第三卷,人民出版社 2006 年版,第 248 页。

和借鉴国外经验,把开展国际交流合作作为扶贫开发工作的重要补充"①。按照这一道路,我们制定了《中国农村扶贫开发纲要(2011—2020年)》,开始了反贫困的新征程。

显然,我们在推进社会富裕方面进行的探索,为进一步实现社会富裕提供了经验。

总之,尽管我国在贫困、就业、分配等方面仍然存在着诸多问题,但是,我们已经找到了解决问题的原则和方法,这些原则和方法成为推进我国社会富裕的宝贵财富。

三、实现社会富裕的基本路径

实现社会富裕是一个渐进的历史过程,也是一项复杂的系统工程。我们必须紧密结合我国的具体实际,有针对性地开展工作,既要坚定不移地把实现社会富裕作为现阶段社会建设的首要目标,又要客观分析我们面临的主要挑战和困难,积极推进实现共同富裕的历史进程。

(一)实现社会富裕的发展路径

发展是硬道理,是解决一切问题的关键。实现社会富裕同样离不开发展。只有坚持科学发展,才能夯实社会富裕的经济基础,有效解决贫困问题、就业问题和分配问题。目前,重点是要将实现社会富裕的任务融入到产业结构的调整和发展方式的转变中。

1.优化面向社会富裕的产业结构

根据我国劳动力资源丰富的优势和就业压力大的实际,必须将劳动密集型产业作为发展的重点。劳动密集型产业同样可以实现集约发展。以1960—1978年为例,采用劳动资源密集型的东南亚国家人均GNP平均增长4.68%,而采用物质资源密集型的拉美国家人均GNP平均增长率只有3.86%。一般来讲,劳动密集型产业具有就业门槛低、就业容量大等优势,能够有效缓解贫困压力和就业压力,为缩小贫富差距创造条件。目前,需要特别

---

① 《十七大以来重要文献选编》(下),中央文献出版社2013年版,第635页。

关注的是:(1)自然保护产业。我国贫困地区绝大多数分布在自然生态环境十分恶劣的地区,贫困和环境的恶性循环十分明显,"因此,贫困地区大搞农田基本建设,大搞种树种草、治水改土,不仅是脱贫的根本大计,也是关系中下游地区经济可持续发展的大事,是关系子孙后代生存和发展的大事。"①推而广之,必须将发展自然保护产业作为脱贫致富的重点。自然保护产业主要包括资源业、绿化业、保护业(如自然保护区)和生态工程等。国家应通过以工代赈的方式,组织贫困地区的农民发展自然保护产业,这样,可以取得生产发展、生活富裕和生态良好的三重效果。例如,通过发展沙产业,种植沙棘、开发沙棘饮料、运用沙棘造纸,开展沙漠旅游,内蒙古带动上百万农牧民增收致富,也有效治理了生态环境。(2)社会产业。社会产业既包括社会企业,也包括非政府组织或非营利组织,既可有效满足公众的社会服务需要(如,护理、陪月、陪诊等),又可为竞争力稍逊的困难群体创造就业机会(如,农民工、下岗工人、待业青年、残障人士等)。1995 年,通过对 22 个国家的非营利部门的实证研究发现,它是一个创造了 1.1 万亿美元的产业,占这些国家 GNP 的4.6%;它雇佣了近 1900 万个全职工作人员,相当于全部非农就业的 5%,全部服务业就业的 10%,全部公共部门就业的 27%。② 与一般企业不同,社会企业有其明确的社会和(或)环境目标,如创造就业机会,培训或提供本地服务;与一般非营利组织不同,它具有明确的企业导向,直接参与为市场生产产品或提供服务。简言之,按照企业原则运行的第三部门团体即为社会企业。在社会服务需要上升和劳动力就业不足的情况下,政府应通过购买社会企业服务和减免税的方式,大力推进社会企业的发展。推而广之,应将社会工作也包括进来。这样,可以有效缓解贫困、就业和分配等方面的压力。总之,"劳动密集型产业多在内地兴办,既有利于经济特区和沿海地区加快产业结构升级换代,又有利于带动内地经济发展,有利于减少内地劳动力盲目流动,有利于缩小地区之间的发展差距,一举数得啊!"③当然,坚持走新型工业化道路,大力发展服务业尤其是现代服务业,是发展劳动密集型产业的一般性选择。

---

① 《江泽民文选》第一卷,人民出版社 2006 年版,第 553 页。

② 参见[美]莱斯特·M.萨拉蒙等:《全球公民社会:非营利部门视界》,贾西津等译,社会科学文献出版社 2007 年版,第 8 页。

③ 《江泽民文选》第一卷,人民出版社 2006 年版,第 376—377 页。

2. 确立面向社会富裕的发展方式

根据我国劳动力资源丰富的优势和就业压力大的实际，应将提升人力资本实力作为转变发展方式的重心。一方面，这是转变发展方式的内在需求。人力资本是对人力资源进行投资的结果。在发展中，人力资本投资回报率远远高于其他资本。据世界银行专家的研究，增加教育投资，使劳动者受教育的平均时间增加一年，GDP 就会增加 9%。另一方面，这是推进社会富裕的迫切需要。尽管贫困、失业和两极分化有其制度成因，但是，也与困难群体自身发展能力不足有很大关系。① 而这种能力是通过学习获得的。"十二五"期间，我国的扶贫开发工作将坚持以下方针：更加注重转变发展方式，增强贫困地区可持续发展能力；更加注重人力资源开发，提高贫困人口综合素质；等等。其实，这二者是统一的，也适用于就业工作和分配工作。为此，要做好以下工作：一是要加强职业培训。从事后补救的角度来看，国家应该将扶持困难群体的重心从物质帮扶转向教育帮扶，要大力开展技能培训、转岗培训、创业能力培训，形成有利于待业者和劳动者学习成才的引导机制、培训机制、评价机制、激励机制。国家可通过购买社会职业培训的方式，加大对困难群体的人力资本投资。在这方面，我们已推出了面向贫困家庭劳动力培训的"雨露计划"，取得了较好的成效。据 2011 年 11 月 16 日发布的《中国农村扶贫开发的新进展》披露，接受培训的劳动力比没有接受培训的劳动力月工资可提高 300 至 400 元人民币。劳动力培训在帮助贫困地区劳动力实现就业和增加收入的同时，也使他们学到新技术，接触新观念，开阔了视野，增强了信心。二是要加强职前教育。从事前发展的角度来看，国家应该通过财政转移的方式加大对中西部农村贫困地区的教育投入，加大对城市贫困家庭子女和农民工子女教育的支持力度，全面推广"两免一补"（指的是在农村义务教育阶段，免教科书费、免杂费、补助寄宿生生活费）的经验，将之扩大到农村教育的其他阶段和城市贫困家庭子女和农民工子女。目前，《中国农村扶贫开发纲要（2011—2020 年）》已提出了以下政策安排：对农村贫困家庭未继续升学的应届初、高中毕业生参加劳动预备制培训，给予一定的生活费补贴；对农村贫困家庭新成

---

① 在贫困的成因上，国际学界有"能力贫困"一说。它是指人们获取生活资料的能力的不足，即挣钱能力的缺乏。

长劳动力接受中等职业教育给予生活费、交通费等特殊补贴。现在,应将之落到实处。总之,"我们国家,国力的强弱,经济发展后劲的大小,越来越取决于劳动者的素质,取决于知识分子的数量和质量。一个十亿人口的大国,教育搞上去了,人才资源的巨大优势是任何国家比不了的。有了人才优势,再加上先进的社会主义制度,我们的目标就有把握达到。"①显然,提升人力资本实力是转变发展方式的关键选择,是实现社会富裕的最终希望。

总之,按照中国特色社会主义理论的要求,我们必须把发展生产力作为党执政兴国的第一要务。这就要坚持以经济建设为中心,通过大力发展生产力,为消除贫困、解决就业、消除两极分化提供雄厚的物质基础。而只有坚持以人为本尤其是困难群众为本,才能在生产力发展的同时,真正做到让发展的成果惠及全体人民。

(二) 实现社会富裕的改革路径

我国发展进程中出现的社会问题在很大程度上是由体制僵化造成的。因此,我们必须高扬共同富裕的社会主义旗帜,坚持改革的社会主义方向,稳步、协调、持续地推进各项改革,真正使改革发展的成果惠及全体人民。

1. 坚持一切权利属于人民

许多社会问题尤其是民生问题,都是人民群众尤其是困难群体的权利没有得到有效保护导致的不良后果。因此,国际学界十分重视赋权(empowerment)的问题。例如,在贫困问题上,有的论者认为,权利的缺失,使得处于贫困状态的人们很难拥有脱离贫困的机会,而贫困又使得这些人们更加难以获得本应拥有的权利。因此,"判断社会权利的显著标准,应当是它在多大程度上允许人们依靠纯粹市场力量之外的力量去改善其生活水准。"②从唯物史观的高度来看,人民群众是一切权利的主体。事实上,改革开放的过程,就是人民群众权利不断扩大和地位不断提升的过程,是所有社会成员实现平等国民待遇的过程。《中华人民共和国宪法》明确规定:中华人民共和国的一切权力属于人民;中华人民共和国公民在法律面前一律平等;国家尊重和保障人权。

---

① 《邓小平文选》第三卷,人民出版社 1993 年版,第 120 页。
② [丹麦]考斯塔·艾斯平-安德森:《福利资本主义的三个世界》,苗正民、滕玉英译,法律出版社 2003 年版,第 4 页。

但是,在现实中,我们并没有切实有效地保护人民群众尤其是困难群体的各项权利。因此,在推进社会主义政治体制改革的过程中,我们应按照权利和义务相统一、效率与公平相兼顾、改革与过渡相衔接的原则,逐步建立起符合新经济体制的、覆盖全体公民的、多层次的权利体系,从而从根本上解决贫困问题、失业问题和两极分化问题。只有切实尊重和保护公民的教育权、就业权和劳动权等各项基本权利,保障全体公民享有基本公共服务的平等权利和均等机会,才能为实现社会富裕提供政治法律支持。

2. 坚持公有制的主体地位

有什么样的生产资料所有制,就有什么样的分配方式。在资本主义条件下,生产资料归资本家所有,工人阶级除了劳动力以外一无所有。资本家对剩余价值的追求,导致了无产阶级的贫困化。相反,"以生产资料公有制为基础的社会主义生产关系,能够从根本上克服资本主义生产方式中生产资料私人占有同生产社会化的基本矛盾,保证生产、流通、分配置于社会的自觉调节和控制下,实现经济有计划按比例地合理发展和社会成员共同富裕。"①显然,只有确保公有制的主体地位,才能确保以按劳分配为主的分配方式;才可能在初次分配中实现公平,进而才能走向共同富裕。为此,在国有企业改革中,必须确保国有资产的保值和增值,切实防止国有资产的流失,防止工人失业和两极分化。除了正常纳税外,国家必须合理分配国有企业的利润,界定清楚利润用于民生和社会的份额。在农村,要根据生产力发展的新情况和改革开放三十多年的新经验,探索发展多种形式的合作制,稳步壮大集体经济。经验表明,"集体经济是公有制经济的重要组成部分,对实现共同富裕具有重要作用。"②对于贫困地区来说,尤为重要。同时,要从法律上进一步明确土地和资源的产权,防止土地和资源的流失以及由此造成的贫困、就业无着甚至是两极分化,确保群众共享土地和资源的收益。总之,只有确保公有制经济的主体地位,才能防止两极分化,实现共同富裕。

3. 大力深化分配制度改革

由于目前的贫富差距日益凸显,因此,必须深化分配制度改革。深化分配

① 《江泽民文选》第一卷,人民出版社 2006 年版,第 153 页。
② 《江泽民文选》第三卷,人民出版社 2006 年版,第 548 页。

制度改革的基本原则是："要坚持和完善按劳分配为主体、多种分配方式并存的分配制度,健全劳动、资本、技术、管理等生产要素按贡献参与分配的制度,初次分配和再分配都要处理好效率和公平的关系,再分配更加注重公平。"①(1)初次分配改革。重点是要提高劳动参与分配的能力,要根据经济发展水平逐步提高扶贫标准、最低生活保障水平和最低工资标准。建立企业职工工资正常增长机制和支付保障机制。在垄断行业中,必须逐步引入竞争机制,促进垄断行业用工体制市场化,使垄断部门与竞争部门的收入差距通过劳动力市场竞争机制得以消除。此外,要防范资本对劳动的侵犯。在此基础上,政府应创造条件让更多群众拥有财产性收入。(2)再分配改革。必须进一步转变政府职能,强化公共政策调节,重点是要增加公共服务支出,加强中央财政对中西部农村地区尤其是贫困地区的财政转移支付。要完善税收体系,减低个人所得税的征收额度,尤其是降低中低收入阶层的纳税份额;对高收入者,积极探索开征财产税、遗产税和赠与税。此外,应从顶层设计的高度,全方位地规划和完善各项制度,更要以创新的勇气和智慧提出切实解决贫富差距的可行政策。尤其是,必须严厉取缔非法收入,切实防范财产转移和外逃。总之,只有实现分配公平,才能推动社会富裕。

4. 建立全民共享型福利制度

社会福利制度是实现社会富裕的政策选择。在广义上,控制社会问题、满足需求和增进机会三者以复杂的方式共同满足人们的基本要求所达成的福祉状态,称为社会福利。尽管可通过多种方式保障社会福利,但是,政治体制在实现福利最大化中具有举足轻重的作用。在社会主义的中国,必须坚持以人为本,大力构建全民共享型的社会福利制度。(1)确保社会福利的公平性。通过公平的制度设计,福利制度必须确保每一个公民都能维持正常生活并享有适当的公共服务。一般来讲,"只有当最差的处境得到改善时,社会福利才会增长。"②为此,必须扩大福利制度的覆盖面,不仅要惠及农村居民、城市农民工、下岗职工和暂时未就业的大学生等困难群体,而且要扩展到中小企业雇员、自主就业人员和个体工商户等中国特色社会主义事业的建设者和参与者,

---

① 《十七大以来重要文献选编》(上),中央文献出版社 2009 年版,第 30 页。
② [荷]汉斯·范登·德尔等:《民主与福利经济学》,陈刚等译,中国社会科学出版社 1999年版,第 33 页。

最后,应该实现社会全覆盖。(2)确保社会福利的持续性。国家必须确保对社会福利的财政投入,确保对困难群体的转移性支出,更多地将投入向民生领域和公共领域倾斜;同时,随着物价指数、收入水平与财政收入的提高,要适时调整社会福利投入。在此基础上,国家要"逐步增加公共设施和社会福利设施"①。只有这样,才能解除困难群体的后顾之忧,有效解决民生问题,保证全体人民共享改革发展的成果。

总之,改革是决定中国命运的关键选择,解决贫困问题、就业问题和分配问题也得依赖改革。通过深化改革能够激活实现社会富裕的内在动力。当然,改革必须坚持社会主义方向。

(三) 实现社会富裕的社会路径

我国目前面临的社会问题尤其是民生问题与整个社会结构的转型和嬗变有着复杂的关联,因此,优化社会结构、强化社会生活是实现社会富裕的社会路径。

1. 坚持城乡协调发展

目前,我国城乡二元经济结构还没有改变,贫困人口还为数不少,农村仍然有大量的剩余劳动力需要转移出来,因此,必须坚持统筹城乡协调发展。一是必须大力推进中国特色农业现代化,加快发展现代农业,加强农村第二产业和第三产业的发展,实现种养加的统一、农工商的统一,增强农业综合生产能力,这样,才能持续增加农民的收入。二是必须大力推进中国特色城镇化,大力发展中小城市和农村集镇,统筹生产空间、生活空间和生态空间,这样,才能有效吸纳农村剩余劳动力,缓解城市就业压力,防止劳动力盲目流动。三是必须大力推进农村改革,依法保障农民土地承包经营权、宅基地使用权和集体收益分配权,切实提高农民在土地增值收益中的比例,有效解决各种非法侵占农民土地的行为,必须谨慎对待土地换社保、土地换户口等做法。这样,才能确保土地真正成为农民最根本和最后的安全防护线,使之进退自如。四是必须大力推进城乡一体化,更加注重基本公共服务均等化,进一步落实农民的国民待遇问题,推进城乡教育均衡发展,健全覆盖城乡居民的社会保障体系。这

---

① 《江泽民文选》第二卷,人民出版社 2006 年版,第 27 页。

样,才能有效缩小贫富差距。总之,统筹城乡协调发展,必须"加快完善城乡发展一体化体制机制,着力在城乡规划、基础设施、公共服务等方面推进一体化,促进城乡要素平等交换和公共资源均衡配置,形成以工促农、以城带乡、工农互惠、城乡一体的新型工农、城乡关系。"①显然,统筹城乡协调发展是实现社会富裕的重要选择。

2. 坚持区域协调发展

地区发展不平衡,是导致贫困问题、就业无着、贫富差距的重要原因,因此,必须按照"两个大局"的战略思想,统筹区域协调发展。(1)继续实施区域发展总体战略。在已实现总体小康目标的情况下,必须从梯度开发的区域发展战略转向协调发展的区域战略,实施区域发展总体战略,坚持推进西部大开发,振兴东北地区等老工业基地,促进中部地区崛起,鼓励东部地区加快发展,形成东中西互动、优势互补、相互促进、共同发展的新格局。(2)继续加强东中西部扶贫协作。按照优势互补、互惠互利、长期合作、共同发展的原则,进一步加强发达地区对口支援贫困地区的工作,继续开展多层次、多渠道、多形式的合作。其中,要从人力、物力、财力的扶助上转向教育、文化和卫生的帮扶上,通过帮助贫困地区提升人力资本实力,增强其自我发展能力。(3)加大对落后地区的财政投入。由于中西部地区尤其是贫困地区自我造血能力较弱,因此,中央财政必须加大对中西部的投入力度。"通过规范的财政转移支付促进地区经济协调发展,实施西部大开发战略,对于保持和发展边疆民族地区安定团结的大好局面,对于为全国经济发展提供更丰富的资源和更广阔的市场,对于最终实现全体人民共同富裕,都是十分必要的。"②为此,必须把对贫困地区的投入尤其是基础设施和公共事业的投入作为国家公共财政投入的重点。(4)推进基本公共服务一体化。缩小区域发展差距,必须注重实现区域基本公共服务均等化,制定全国统一的区域基本公共服务均等化的范围和标准体系;同时,要创新基本公共服务的供给方式,引导公共服务资源要素跨区域合理流动。总之,统筹区域协调发展,是缩小东西部之间发展差距的重要选择,是实现社会富裕的重要举措。

---

① 胡锦涛:《坚定不移沿着中国特色社会主义道路前进 为全面建成小康社会而奋斗——在中国共产党第十八次全国代表大会上的报告》,人民出版社 2012 年版,第 23—24 页。
② 《江泽民文选》第二卷,人民出版社 2006 年版,第 511 页。

3.坚持优化社会阶层结构

我国阶层关系呈现出的"金字塔形"结构,是两极分化的重要原因和表征。因此,实现社会富裕的关键是必须"逐步形成中等收入者占多数的'橄榄型'分配格局"①。(1)壮大中产阶层。到2009年,我国城市中等收入阶层已达2.3亿人,占城市人口的37%左右。但是,与现代社会所要求的45%的规模仍有不小差距。当前,除了继续加速发展外,壮大中产阶层的措施之一是开放社会上层占据的过多资源,扩大中产阶层的发展空间,同时要减轻其负担。如,提高个人收入所得税起征点,加强民生领域的宏观调控,高度警惕使中产阶层成为调整贫富差距的替罪羊。(2)缩小社会中下阶层。中下阶层主要包括农业劳动者和无业失业半失业者,其富裕状况直接影响到社会富裕的实现。为此,要建立合理的收入分配体制,逐步提高居民收入在国民收入分配中的比重,提高劳动报酬在初次分配中的比重,加大财政、税收在收入初次分配和再分配中的调节作用,促进就业市场的公开度和透明度,逐步形成低收入阶层向中高收入阶层转化机制。特别是,必须坚持包容性发展,通过法制限制社会排斥,向中下阶层的子女开放个人成长的机会和空间。(3)整合阶层利益关系。由于利益分化造成了阶层分化,因此,"处理好新形势下的我国社会各阶层关系,很重要的一条就是要妥善处理社会各阶层的利益关系。"②为此,要形成中下社会阶层与社会上层流动的合理机制,防止社会上层对中下层利益的侵犯;从发展和保持社会活力的角度出发,社会制度与社会政策应当保障社会各阶层的合理利益,保证所有社会成员都有公平的发展起点。总之,防止阶层分化造成的利益失衡和社会断裂,是优化阶层关系的要害,有利于实现社会富裕的目标。

4.调整和完善社会政策

当下的社会问题都与政策设计缺陷有一定关系,因此,必须将调整和完善社会政策作为实现社会富裕的重要选择。(1)脱贫政策。坚持开发式扶贫,要更为重视贫困人口的人力资本开发,加强贫困地区的教育、文化、卫生等事业的投入;坚持制度性扶贫,要更为注重政策和制度的系统设计,按照中国特

---

① 《十七大以来重要文献选编》(中),中央文献出版社2011年版,第485页。
② 《十六大以来重要文献选编》(下),中央文献出版社2008年版,第559页。

色社会主义总布局来推进反贫困制度的创新;坚持社会参与型扶贫,要将政府、市场、社会各自的优势结合起来,要将国内力量和国际力量结合起来;坚持扶持贫困人口,要贯彻统筹城乡协调发展的原则,将农村贫困人口和城市贫困人口统筹考虑,从整体上推进反贫困任务的完成。(2)就业政策。正确处理就业、生活和发展的关系,确保人民群众的劳动权和就业权,将之作为人的全面发展的内在要求;在就业和就学的关系上,确保人民群众的教育权,通过提升人力资本实力,全面提高劳动者的就业能力、创业能力和适应职业变化的能力;在就业和创业的关系上,要充分考虑创业的条件和难度,通过大力发展劳动密集型经济和新型工业化来增加就业岗位;在正式就业和非正式就业的关系上,以正式就业为主,同时,应通过完善社会保障制度的方式,鼓励在社会领域(非政府组织,社会服务,社会工作)中就业。(3)分配政策。在增长和分配的关系上,既要做大蛋糕、又要分好蛋糕,必须把分配公平建立在经济持续增长上;在效率和公平的关系上,初次分配和再分配都要处理好效率和公平的关系,再分配更加注重公平;在劳动和要素的关系上,"在生产和分配两个环节都要正确把握资本、技术、劳动之间相互替代和依存的特点"①,确立劳动、资本、技术和管理等生产要素按贡献参与分配的原则,平等保护一切贡献,尤其是要提高劳动参与分配的能力;在国富和民富的关系上,要让利于民、藏富于民、造福于民。总之,完善社会政策可以为实现社会富裕提供政策支持。

综上,优化社会结构、强化社会生活,能够为实现社会富裕建立一个宽松稳定持续的社会环境,为实现共同富裕提供持久动力。

(四) 实现社会富裕的政府责任

社会富裕是一个综合性概念,单纯凭借市场和社会的力量无法实现社会富裕。只有通过转变政府职能,构建以服务为导向的政府运行方式,才能实现社会富裕。

1. 政府主导是实现社会富裕的关键

我们国家的性质与党的宗旨决定了实现社会富裕要靠政府主导。我国是社会主义国家,追求社会公平正义和实现社会富裕是社会主义的基本目标和

---

① 《十七大以来重要文献选编》(上),中央文献出版社 2009 年版,第 79 页。

核心价值。同时，全心全意为人民服务是党的宗旨，党奋斗的最终目的就是为了实现共同富裕。我们的政府是党领导下的社会主义国家的人民政府。因此，"人民政府要为人民办实事"①。在实现社会富裕的过程中，我国已经取得了令世人瞩目的成果。但是，由于我国长期实行社会二元体制结构，导致城乡、工农、区域、人群之间在许多权益上存在着事实上的不平等，尤其是收入分配不公平导致的社会贫富差距扩大，已成为影响社会主义本质和党的宗旨的重大问题。解决这些由体制性因素所带来的问题，只能由政府主导来完成，因为市场只能解决经济活动中资源配置的效率问题，社会只能解决交往领域中的问题。这样，涉及影响社会富裕实现的权力公平、机会公平、规则公平、分配公平等为主要内容的社会公平保障体系的建设，只能由政府主导来实现。显然，人民政府在促进和实现社会富裕方面具有责无旁贷的责任和使命。

2. 强化政府宏观规划能力是发挥政府主导功能的重要内容

改革开放是一场新的伟大革命，没有任何先例可循，只能"摸着石头过河"。这样，在改革中出现一些问题，如贫困加剧、下岗失业、两极分化等，都是在所难免的。经过三十多年的改革，现在要解决这些问题，就不能再"摸着石头过河"了，而必须从"顶层设计"的高度，按照"系统设计"的原则，强化政府宏观规划能力。例如，在就业方面，"既要立足当前，明确工作重点，采取有效措施，集中人力、物力、财力，打好攻坚战，又要着眼长远，把就业再就业工作作为一项长期战略任务，制定中长期规划和政策，打好持久战。"②进一步来讲，要从系统、全面的视角出发，审视社会主义社会建设中涉及的各个方面、各个层次和各个要素之间的关系，实现全面协调可持续发展。顶层设计既要解决政府与市场、政府与社会、中央和地方、国内与国外的关系问题，又要解决好长远利益与眼前利益、全局利益与局部利益、集体利益和个人利益的关系。在这个过程中，尤其是要设计好先富与后福的关系。总之，顶层设计就是要着重解决一切工作中总体性、根本性和长期性问题，加强最关键、最根本、最基础、最重要的制度性变革，从而为国家富强、民族复兴、人民幸福提供科学、系统和持续的制度保障，确保让人民群众共享改革发展的成果，实现社会富裕。

---

① 《江泽民文选》第一卷，人民出版社 2006 年版，第 12 页。
② 《江泽民文选》第三卷，人民出版社 2006 年版，第 512 页。

3. 提升政府制度创新能力是发挥政府主导功能的主要方向

由于制度更具有根本性和稳定性,因此,实现社会富裕,必须要有相应的制度支撑。"我们既要立足当前、着力解决影响社会和谐的突出矛盾和问题,又要着眼长远、在制度建设和创新上多下功夫。"①这里的制度主要是指正式的制度,因此,政府是其建设和创新的主体。同时,这些制度涉及的不是某些社会领域的问题,而是关系到人民群众的幸福和尊严的根本问题,因此,不能由某一(些)部门主导,而必须由中央人民政府主导和负责。在这个过程中,政府应秉持以人为本的理念,按照坚持和完善中国特色社会主义制度的总体要求,从顶层设计的高度,运用系统设计的方法,构建系统完备、科学规范、运行有效的制度体系,使各方面制度更加成熟和更加定型。其中,要将完善和创新与贫困、就业、分配等民生问题有关的制度作为重点。"当前,特别要抓好社会保障资金的落实和养老金的发放,做到制度建设到位、资金到账、保障到人。"②此外,要从完善和创新城乡用地管理制度、税收财政制度、户籍管理制度等方面,为实现社会富裕提供制度支撑和保障。在总体上,我们要通过整体性的制度建设和创新为社会富裕奠定制度基础。

4. 建设服务型政府是发挥政府主导功能的关键

政府主导并非政府管治和决定一切。主导的内涵是统领全局、引导全局、推动全局,其本质是服务。因此,在解决贫困问题、就业问题和分配问题等民生问题的过程中,政府必须将社会管理和社会服务统一起来,"在服务中实施管理,在管理中体现服务"③。在计划经济体制时期,政府主要扮演着社会管理者的角色,享有对社会一切领域中的绝对话语权和控制权。但是,在市场经济条件下,这种管理方式难免会遏制个人和社会的积极性,不利于实现社会富裕。因此,发挥政府主导功能就必须实现政府职能和观念的重大转变,即从管制型政府转变为服务型政府。这在于,实现社会富裕是人民政府为人民的根本体现。促进社会富裕的过程就是政府为人民服务的过程。服务型政府的基本含义和要求是:其根本理念就是要代表最广大人民群众的根本利益,权为民所用,情为民所系,利为民所谋;其行为准则就是依法治国,依法管理经济、政

---

① 《十六大以来重要文献选编》(下),中央文献出版社 2008 年版,第 677 页。
② 《江泽民文选》第二卷,人民出版社 2006 年版,第 442 页。
③ 《十六大以来重要文献选编》(下),中央文献出版社 2008 年版,第 662 页。

治、文化、社会、生态等方面的事务;其运行方式就是政务公开,让权力在阳光下运行,让人民监督政府;其问责机制就是责任政府,做到执法有保障、有权必有责、违法受追究、侵权须赔偿;其绩效功能就是有效政府,能够在现有条件下极大地满足人民群众的需要。可见,只有充分体现出政府的服务本质,才能有效实现社会富裕。

要而言之,政府主导是实现社会富裕的关键。在实现社会富裕方面,政府必须承担起自己的责任和使命。

总之,平均主义不是社会主义,两极分化也不是社会主义。只有在生产力发展的基础上,实现共同富裕,才是真正的社会主义。因此,我们必须始终坚持将实现社会富裕作为社会建设的首要目标,这样,其他一切民生问题就可迎刃而解。

第七章　协调社会利益：当代中国
社会建设的基本原则

> 要正确认识和处理各种利益关系,把个人利益与集体利益、局部利益与整体利益、当前利益与长远利益正确地统一和结合起来,努力形成把国家和人民的利益放在首位而又充分尊重公民个人合法利益的社会主义义利观。
>
> ——江泽民:《在中央思想政治工作会议上的讲话》(2000 年 6 月 28 日),《江泽民文选》第三卷,人民出版社 2006 年版,第 92 页。
>
> 群众利益无小事。凡是涉及群众的切身利益和实际困难的事情,再小也要竭尽全力去办。
>
> ——胡锦涛:《在"三个代表"重要思想理论研讨会上的讲话》(2003 年 7 月 1 日),《十六大以来重要文献选编》(上),中央文献出版社 2005 年版,第 372 页。

随着市场经济的建立和发展,利益问题也越来越凸显。利益问题以及对各种利益矛盾的处理,已经成为影响我国社会稳定和社会和谐的重要因素。因此,加强社会主义社会建设,就必须坚持代表中国最广大人民的根本利益,发挥社会主义义利观的导向作用,建立和完善协调社会利益的工作机制。

一、社会进步的利益基础和机制

利益问题贯穿于人类社会发展的始终，对利益的追求和实现是推动人类社会前进和发展的重要动力。"人们为之奋斗的一切，都同他们的利益有关"①。就其实质来说，社会进步的过程也就是一个实现利益、利益协调和利益和谐的过程。

（一）利益产生的条件及其主要类型

一般而言，利益是一定的客观对象在满足主体需要时，在需要主体之间进行分配时所形成的具有一定社会性质的社会关系的总和。利益具有明显的社会性。

1. 利益产生的条件

利益的产生需要一定的条件，是一系列条件的综合产物。

需要是利益产生的自然基础。生物有机体需要不断地进行新陈代谢以维持自身的存在和发展，这就依赖于外部环境提供的物质、能量和信息。这种内部的匮乏和外部的依赖之间形成的张力就构成了需要。人类是从动物进化而来的，人的生理需要是构成人的物质需要的基础。但是，人以其需要的无限性和广泛性区别于其他一切动物。这样，人类在满足生存的物质需要过程中又会产生和形成其他的需要。一个需要被满足了，另一些新的需要又会产生和形成。"已经得到满足的第一个需要本身、满足需要的活动和已经获得的为满足需要而用的工具又引起新的需要"②。而这种新的需要的产生就是第一个历史活动。在这个过程中，这些需要构成了各种各样的利益诉求，是形成利益的自然基础。

社会实践和社会关系是构成利益的社会基础。人的需要与动物的需要具有本质区别，只有在社会关系中通过社会实践才能得到满足和实现。尽管每个人都有其需要和私人利益，但是，单凭自己的力量难以满足需要和实现利

---

① 《马克思恩格斯全集》第1卷，人民出版社1995年版，第187页。
② 《马克思恩格斯文集》第1卷，人民出版社2009年版，第531页。

益,这样,就需要人们的联合,即社会关系。"把他们连接起来的惟一纽带是自然的必然性,是需要和私人利益,是对他们的财产和他们的利己的人身的保护。"①在这个过程中,人的需要同时被社会化,成为一种社会化的需要。即使是生理需要,也已很大程度上受制于社会实践和社会关系,而不是像其他动物那样只是一种纯粹的本能。这样,需要的主体与需要的客体之间存在的矛盾,更多地还是由人与人(社会)的关系造成的。即,社会实践和社会关系导致了利益的出现和形成。

利益意识是利益形成的主观条件。人的需要与动物需要的另外一个区别是,"这些需要是反映在头脑中,是进入意识的"②,人的需要是一种被意识到的需要。这样,就产生了利益意识。利益意识是指利益主体对自身利益的认识。没有利益主体对自身需要及其对象的自觉意识和认识,利益只能具有潜在的形式,而不可能具有现实性。利益的主体是人,但不能反过来说,凡是人都是利益主体。一般来说,只有对自身利益有所认识,并自觉地去追求和实现自身利益的人,才是真正的利益主体。利益意识是现实利益不可缺少的一部分。马克思主义非常强调无产阶级阶级意识。无产阶级阶级意识内在地、自然地包含有对无产阶级阶级利益的明确认识。因此,利益意识也是阶级社会形成各种阶级以及阶级意识的重要内容。

总之,利益体现的是一种社会关系。就其实质来说,利益是由生产物质生产资料活动创造出来的各种物质条件。在人类实践推动的社会发展过程中,"每一既定社会的经济关系首先表现为利益。"③反过来,利益的实现又推动着实践发展和社会进步。

2. 利益的主要类型

利益是一个庞大而复杂的体系,是由不同性质、特点、功能、类别的利益构成的有机集合体。对利益进行合理分类对于科学揭示利益问题以及协调利益至关重要。

按照其客观内容,可以将利益划分为物质利益和精神利益或经济利益和文化利益等。这是人们划分利益的惯用方式。例如,在讲到工会的职责时,列

---

① 《马克思恩格斯全集》第 3 卷,人民出版社 2002 年版,第 185 页。
② 《马克思恩格斯文集》第 9 卷,人民出版社 2009 年版,第 557 页。
③ 《马克思恩格斯文集》第 3 卷,人民出版社 2009 年版,第 320 页。

宁指出:"这是因为'结合'这个概念的意思就是说,存在着各种不同的事物,还需要把它们结合起来;'结合'这个概念含有这样的意思,就是要善于利用国家政权的措施,来保护联合起来的全体无产阶级的物质利益和精神利益,使它不受这个国家政权的侵犯。"①这就表明,尽管物质利益是基础,但是,精神利益同样重要。进而,按照人的需要及其满足活动的内容,可以将利益划分为物质利益、政治利益、文化利益、社会利益和生态利益等。

按照其主体差别,可以将利益划分出个人利益、群体利益、社会整体利益。在此基础上,还可以划分出家庭利益、企业利益、单位利益、地区利益、阶层利益、阶级利益、民族利益、国家利益、全人类利益等。在更微观的层面上,甚至还可以划分出某个具体主体的利益,例如,在资本主义社会中,存在着无产阶级利益和资产阶级利益的区分。这就说明,"不同的阶级有着截然不同的利益"②,利益具有鲜明的阶级性。在一般意义上,存在着农民阶级利益、工人阶级利益、中产阶级利益、知识分子利益等区分。这是阶层利益分化的表征。协调各阶层的利益关系是目前社会建设需要重点解决的问题。

按照其层次,一般可以将利益划分为一般利益和个别利益、普遍利益和特殊利益。再复杂一点,可以将之划分为个别利益、特殊利益、普遍利益三个层次,或者是私人利益、共同利益、公共利益三个方面。国家就是在处理这些具有层次性的利益矛盾的过程中产生的。"正是由于特殊利益和共同利益之间的这种矛盾,共同利益才采取国家这种与实际的单个利益和全体利益相脱离的独立形式,同时采取虚幻的共同体的形式"。③ 在市场经济条件下,一般来讲,国家是公共利益的代表(所有人的利益),市场是私人利益的代表(个别人的利益),社会是共同利益的代表(不特定多数人的利益)。由剥削阶级支配的国家,不可能成为公共需要和公共利益的代表。只有在真实的共同体中,各个层次的利益才能得到统一,公共需要和公共利益才能真正地彻底地成为可能和现实。

此外,按照利益的实现范围,可以划分出局部利益和整体利益;按照利益实现的时间,可以划分出眼前利益和长远利益;按照利益的重要程度,可以划

---

① 《列宁选集》第 4 卷,人民出版社 1995 年版,第 374 页。
② 《列宁全集》第 15 卷,人民出版社 1988 年版,第 293 页。
③ 《马克思恩格斯文集》第 1 卷,人民出版社 2009 年版,第 536 页。

分出具体利益和根本利益。尽管其不尽一致,但是,这些划分有所重合。一般来讲,整体利益、长远利益和根本利益属于同一序列,而局部利益、眼前利益、具体利益属于同一序列。最后,按照利益实现与否,可以划分出现在利益和将来利益或现实利益和理想利益等。

对最一般的利益形式和类别进行归纳概括,并针对其不同特点进行利益协调,是处理利益矛盾和利益冲突的基础。

总之,利益既是客观存在的,也是不断发展的,存在于人们生活的方方面面以及各个发展阶段。利益在本质上属于社会关系范畴。

(二) 利益分化的轨迹、基础和后果

利益受制于一定的社会关系特别是生产关系,以及在此关系基础上形成的阶级关系,也受制于人们对这种利益的认识以及认识的发展。随着这些因素的变化,必然造成利益分化。

1. 利益分化的一般轨迹

利益在推动社会进步的同时,自身经历了一个复杂的分化过程。在人类社会早期,由于物质生产不发达,因此,生产资料归公共所有,人们共同劳动、共同生产,对其产品共同分配,人们之间的社会关系还没有发生分化,个人从属于整个氏族共同体,个人利益、共同利益、公共利益之间以及个人利益与个人利益之间都没有出现分化。后来,随着生产力的发展,人类社会开始出现剩余产品。对剩余产品的分配形成了个体对特定产品的占有关系,以及基于这种占有关系发展出个体对物品占有的观念。这种占有首先是对共同分配的剩余产品的占有,然后是对住房等普通生活资料的占有和对菜园等的占有,最后到了一定程度才逐渐出现了占有土地。在长期占有以及独占某种物品的基础上,不仅出现了私人利益和私有观念,而且出现了私有制。在私有制的条件下,利益的分化必然会形成利益群体,即基于共同的社会关系,特别是共同的生产关系而形成相同或相近的利益要求的群体。"其中每个集团都有好多新的共同的利益,这种利益在氏族或胞族内是没有存在的余地的,因而就需要创设新的公职来处理这种利益"①。在此基础上,就产生了国家。国家是阶级利益和阶级矛盾不可

---

① 《马克思恩格斯文集》第4卷,人民出版社2009年版,第131页。

调和的产物。阶级利益就是一种基于共同的生产关系和地位而形成的拥有共同利益的群体或集团的利益。在这个过程中,"个人利益总是违反个人的意志而发展为阶级利益,发展为共同利益"①,这样,阶级利益就成为阶级关系的本质。围绕着阶级利益形成了各种阶级关系。一个阶级在社会中能够凭借其经济上的统治地位而获得最大化的阶级利益,那么,就成为统治阶级。其他阶级则成为被统治阶级。国家的本质就是维护剥削阶级的统治利益。

2. 利益分化的经济基础

社会关系分化尤其是生产关系分化,是形成利益分化的经济基础。随着生产力的发展,出现了社会分工。最早的分工是基于性别等自然基础的分工,但是,后来出现的分工将人们的活动固化,成为统治人的一种力量。这样,就导致了生产关系的分化:一部分人占有和支配生产资料,而另一部分人则除了自身劳动之外一无所有。这样,就产生了私有制。生产资料的私人占有,既是社会分工的产物,又进一步推动了社会分工。"分工和私有制是相等的表达方式,对同一件事情,一个是就活动而言,另一个是就活动的产品而言"②。在实质上,生产资料私有制与社会分工是一致的。在分工的同时还出现了分配,而且是劳动及其产品的不平等分配。从根源上看,生产资料的私人占有关系决定了产品的分配方式。即,那些生产资料的占有者往往获得更多的财富及其支配权,而生产资料的丧失者必然处于被奴役的地位。显然,生产资料私有制是导致社会财富不平等分配的经济基础。这种对生产资料的不同关系,即生产资料私有制是形成利益分化的基础。这样,"随着分工的发展也产生了单个人的利益或单个家庭的利益与所有互相交往的个人的共同利益之间的矛盾;而且这种共同利益不是仅仅作为一种'普遍的东西'存在于观念之中,而首先是作为彼此有了分工的个人之间的相互依存关系存在于现实之中"。③可见,社会分工、生产资料私有制以及由此产生的财富分配都会使社会关系出现分化甚至是分裂,最终在客观上导致了利益的分化。除此之外,利益认识的差异也是强化利益分化的重要原因。"像远古时代人似的对任何普遍利益和精神需求漠然处之,处在还没有社会、还没有生活、没有意识、没有活动的社会

---

① 《马克思恩格斯全集》第3卷,人民出版社1960年版,第273页。
② 《马克思恩格斯文集》第1卷,人民出版社2009年版,第536页。
③ 《马克思恩格斯文集》第1卷,人民出版社2009年版,第536页。

幼年时期。这种状况事实上是封建主义以及中世纪缺乏思想性的状况的继续,只有在出现了现代封建主义、社会分裂为有产者和无产者之后,这种状况才得以克服"。① 即,基于欲望、动机、兴趣、情感、信念、信仰、理想等因素,人们对于不同的社会关系或者是对于同一社会关系总会产生不同的认识。这种不同认识也会导致利益认识上的差异,最终会强化利益分化。

3. 利益分化的结果

利益分化导致了一系列的后果。按照其分化程度,主要包括三个环节:(1)利益差别。利益差别根源于人们需要的差别,是人们需要的差别在社会关系上的体现。只有存在一定的利益差别,才能形成不同的利益主体,从而在利益主体之间构成一定的利益关系。因此,利益差别是一种正常现象。没有利益差别,也就没有利益关系。当然,在现实中,利益差别在很大程度上是由于分配方式造成的。由于每个劳动者在体力、智力等方面存在着差别,因此,即使按劳分配本身也会造成利益差别。市场经济会人为地拉大这种差别。适度的利益差别有助于形成社会活力,但是,利益差别超过一定的限度则会导致利益矛盾和利益冲突。(2)利益矛盾。在利益差别进一步拉大的情况下,在不同的利益之间就会产生矛盾。"国家是建筑在社会生活和私人生活之间的矛盾上,建筑在普遍利益和私人利益之间的矛盾上的。"②这样,在具体意义上,利益矛盾主要是指不同利益主体之间的矛盾。在阶级社会中,这种矛盾表现为阶级矛盾。阶级矛盾实质上是一种经济利益的矛盾。在现实的社会主义社会中,不同分配方式的并存,在激励效率的同时,也会造成利益矛盾。(3)利益冲突。利益冲突是利益矛盾的对抗性形式,即利益主体之间的利益矛盾难以实现调和,这样,就会产生利益冲突或利益斗争。随着剥削者和被剥削者之间利益冲突的加剧,必然导致阶级斗争。例如,"正在进行斗争的无产阶级的政党,即社会民主党,领导无产阶级各种形式的阶级斗争,向全体被剥削劳动群众揭示剥削者的利益同被剥削者的利益之间的不可调和的对立,向他们阐明行将到来的社会革命的历史意义和必要条件"③。阶级斗争实质上是一种围绕经济利益的斗争。在社会主义条件下,如果任由利益矛盾发展,那么,

---

① 《马克思恩格斯文集》第1卷,人民出版社2009年版,第97页。
② 《马克思恩格斯全集》第3卷,人民出版社2002年版,第386页。
③ 《列宁全集》第6卷,人民出版社1986年版,第233页。

也存在着发生利益冲突甚至是利益斗争的可能性。这里，利益差别是引发利益矛盾和冲突的基础和前提。利益矛盾和冲突都是人们在追求和实现利益过程中形成的，是利益差别拉大的反映和结果。

就其实质而言，利益分化是利益在不同利益主体之间的占有和分配的分化。这样，缩小利益差别，防止利益矛盾激化，防止利益冲突引发的利益斗争，就成为利益协调的基本任务。

（三）利益协调的主要方式及其选择

为了避免利益分化引发社会分裂和崩溃，必须对利益进行切实而有效的协调。但是，在私有制条件下，这种协调根本不可能实现利益和谐。只有在未来的共产主义社会，才能在有效协调利益关系的基础上，真正实现利益和谐。

1. 利益分化的社会性质

尽管利益分化在任何一种社会形态中都是客观存在的，也是难以避免的，但是，在不同的社会形态中，利益分化具有不同的表现形式和社会性质。在私有制社会里，由于极少数人占有生产资料，绝大多数人丧失了生产资料，由此形成的生产关系具有对立的性质，在此基础上产生的社会关系也是对抗的。因此，基于这样的生产关系和社会关系的利益关系必然是对立的关系，在此基础上产生的利益矛盾自然具有对抗性。"只要外在化的主要形式即私有制仍然存在，利益就必然是单个利益，利益的统治必然表现为财产的统治"①。由于生产资料所有者的利益建立在对生产资料丧失者利益的剥削和压迫的基础上，因此，这种具有对抗性的利益矛盾集中体现为阶级矛盾。从其本质来看，不同阶级之间的利益矛盾、利益冲突是对立的、不可调和的。在阶级斗争条件不成熟的情况下，不同阶级之间的利益能够"和平"共处。当然，这种非对抗是对抗中的非对抗。在资本主义条件下，工人阶级第一次作为自为的阶级力量出现，要求维护其阶级利益。"大工业把大批互不相识的人们聚集在一个地方。竞争使他们的利益分裂。但是维护工资这一对付老板的共同利益，使他们在一个共同的思想（反抗、组织同盟）下联合起来。"②在此基础上，无产

---

① 《马克思恩格斯文集》第1卷，人民出版社2009年版，第94页。
② 《马克思恩格斯文集》第1卷，人民出版社2009年版，第653—654页。

阶级的阶级意识日益觉醒,他们不仅要求实现自己的经济利益,而且要求消灭私有制,建立无产阶级自己的政权。随着生产资料私有制的消灭,诞生了无产阶级专政的社会主义国家。在社会主义条件下,由于实行生产资料公有制和按劳分配,因此,人们之间的利益关系在根本上是一致的。反之,"动摇了生产资料公有制,就动摇了社会主义的经济基础,必将损害全体人民的根本利益,也就谈不上社会主义了。"①当然,由于社会主义生产力不发达,社会主义生产关系的完善有一个历史过程,因此,在现实的社会主义条件下仍然存在着利益差别,甚至存在着利益矛盾和冲突。"在社会主义条件下,人民群众的根本利益是一致的,但不同的阶级和阶层也有不同的具体利益。"②但是,这种利益分化、矛盾和冲突,属于非对抗中的分化、矛盾和冲突。总之,私有制社会中的利益分化具有对抗的性质,社会主义国家中的利益分化具有非对抗的性质。

2. 利益协调的主要手段

由于利益分化具有不同的性质,因此,需要采用不同的方式(手段)进行协调。主要手段有:(1)革命和改革。在利益分化具有对抗性的情况下,由于既得利益者(集团)都不会轻易地放弃其既得利益,而困难群体和弱势群体的利益又得不到应有的保障,那么,只能采用革命和改革的方式实现利益协调。革命和改革是通过变革和调整生产关系和上层建筑来缩小利益差距、化解利益矛盾、防范利益冲突的方式。革命一般是新生产关系取代旧生产关系的过程。通过摧毁既得利益赖以存在的经济基础,向被剥削者和被压迫者释放和让渡利益,革命能够实现利益协调。无产阶级革命就是通过消灭资本主义生产关系而实现无产阶级利益的过程。"阶级斗争在继续,我们的任务就是要使一切利益都服从这个斗争。"③因此,革命同样具有建设意义,具有社会建设的价值。新的生产关系的确立总有一个历史过程,也存在着不适应生产力发展的问题,因而,利益分化在新生产关系条件下也是在所难免的。针对这种情况,就需要通过改革来实现利益协调。改革是通过对生产关系和上层建筑的部分调整和变革而协调利益的方式。对当代中国而言,"我们是社会主义国家,要从我国国情和维护广大人民群众的根本利益出发,自觉进行调整和改

---

① 《江泽民文选》第一卷,人民出版社 2006 年版,第 153 页。
② 《江泽民文选》第一卷,人民出版社 2006 年版,第 99 页。
③ 《列宁专题文集 论无产阶级政党》,人民出版社 2009 年版,第 287 页。

革,以利把社会主义制度的优越性充分发挥出来。"①改革就是通过调整利益关系实现利益协调的过程。由于改革涉及利益的局部性变革,因此,改革也是革命。当然,革命和改革在影响范围、激烈程度、表现形式等方面存在着重要区别。(2)对话和协商。在利益分化还没有达到对抗性的情况下,或者在革命条件尚不具备的情况下,对话和协商是实现利益协调的重要选项。在无产阶级革命中,争取社会权益的斗争就属于这种方式。例如,在俄国革命中,"假使布尔什维克当时没有在最严酷的斗争中坚持一定要把合法的斗争形式同不合法的斗争形式结合起来,坚持一定要参加最反动的议会以及其他一些受反动法律限制的机构(如保险基金会等),那么他们就决不可能在 1908—1914 年间保住(更不用说巩固、发展和加强)无产阶级革命政党的坚强核心。"②尽管这种方式属于改良的范畴,但是,对于维护无产阶级利益仍然是十分必要的。在社会主义条件下,由于人民的根本利益是一致的,因此,除了在制度上推进改革外,对话和协商是协调利益的重要选项。为了使之取得应有的成效,必须将对话和协商纳入到社会主义法制框架中。对待工资协商、劳动争议调处等问题,莫不如此。另外,对于利益意识的分歧和差异,更应该采用这种方式。这就是要本着求同存异、互利互惠等原则,通过对话和协商以达成利益共识,为最终实现利益协调提供思想认识上的支撑。当然,在具体过程中,可以运用经济的、政治的、法律的、行政的、道德的等手段来进行利益协调。究竟采取哪一种利益协调方式,最终取决于利益分化的性质等。总之,不同的利益分化具有不同的性质,因此,需要采取不同的方式进行利益协调。

在人类历史上,尽管国家的出现主要是为了维护统治阶级的利益,但是,也存在着利益协调的考量和功能。"为了使这些对立面,这些经济利益互相冲突的阶级,不致在无谓的斗争中把自己和社会消灭,就需要有一种表面上凌驾于社会之上的力量,这种力量应当缓和冲突,把冲突保持在'秩序'的范围以内"③。其实,这就是国家的社会管理的职能。只有在无产阶级专政的社会主义国家中,才能真正开始实现利益协调的历史进程。目前我们进行的社会

---

① 《江泽民文选》第二卷,人民出版社 2006 年版,第 107 页。
② 《列宁选集》第 4 卷,人民出版社 1995 年版,第 146 页。
③ 《马克思恩格斯文集》第 4 卷,人民出版社 2009 年版,第 189 页。

主义社会建设就是通过利益协调实现社会和谐的过程。当然,只有在未来的共产主义社会,才能在利益协调的基础上真正实现利益和谐。

综上,利益尤其是利益协调是实现社会进步的原动力。只有在真正实现利益协调的基础上,才能真正构建起社会主义和谐社会。

二、当代中国协调社会利益的新课题

改革开放以来,我国经历了一个利益分化的过程。分化是必要的,也有其合理性。不过,利益分化过大则对社会稳定和社会和谐会造成严重威胁。因此,必须将利益协调作为当代中国社会建设的重大课题。

(一) 当代中国利益分化的复杂因素

改革开放尤其是发展社会主义市场经济以来,我国发生了巨大而深刻的变化。在增加社会活力的同时,这种变化也导致了利益分化,引发了一系列的利益矛盾和冲突。

1. 社会主义市场经济改革导致的利益分化

改革开放三十多年来,在经济体制上,我们经历了由计划经济向市场经济的转变。发展社会主义市场经济,就是要改变单一的公有制形式和按劳分配形式,鼓励和发展多种所有制形式,允许各种生产要素参与分配,调动一切积极因素,解放和发展生产力。这样,社会经济成分、组织形式、就业方式、利益关系和分配关系就发生了重要变化,逐渐呈现出多样化的趋势。原来的"两个阶级一个阶层"的社会格局被打破,一些新的社会阶层得以出现。一些诸如民营科技企业的创业人员和技术人员、受聘于外资企业的管理技术人员、个体户、私营企业主等人员逐渐形成新的阶层。这些人在不同所有制、不同行业、不同地域之间流动频繁。人们的职业、身份、就职单位经常变动。在此基础上,就大大加剧了社会利益的分化。"由于劳动性质、就业方式、收入分配等条件的变化,不同地区、不同部门、不同职业、不同方面的群众的具体利益又会有这样那样的差别"[①]。这些差别就构成了利益分化的基础。

---

① 《江泽民文选》第三卷,人民出版社 2006 年版,第 17 页。

2. 改革不到位和不彻底导致的利益分化

改革的实质是通过对生产关系的调整和上层建筑的变革来解放和发展生产力。因此，我们的改革是全方面和全方位的，不仅包括经济、政治、文化、社会等各个领域的改革，而且包括对一些不适应生产力发展需要的体制机制的变革。在这次全面而深刻的变革中，我们坚持使改革的力度、发展的速度同社会可承受的程度结合起来，实现了改革发展稳定三者相互协调、相互促进的局面，确保了生产发展、生活水平提高、社会稳定和国家长治久安。但与此同时，我们的改革也存在着不到位、不彻底的情况，甚至存在着改革失效的问题。这些情况和问题不但扰乱了市场经济秩序，而且还导致利益出现严重分化。譬如，当前存在的一些垄断行业的畸形高收入，极大地加剧了行业收入和个人收入之间的差距，导致了社会利益的分化。如果不能通过深化改革来及时遏制利益分化，那么，它们又会反过来形成"既得利益"和"既得利益集团"，对进一步改革形成更强大的阻碍，从而加剧利益分化和利益矛盾。

3. 政府职能转换不到位和缺位导致的利益分化

当我们由计划经济向市场经济转型时，必然要求政府的职能也要转变，以适应市场经济发展的需要。随着市场经济的发展，既需要政府退出一些具体的社会经济事务管理，转变社会经济事务管理方式；又要求政府为市场经济发展提供良好秩序，对市场失灵提供补救。不能否认，随着社会主义市场经济目标的确立，以转换政府职能为核心的政府机构改革一直都在进行，政府在加强社会保障和调节收入分配等市场失效的领域扮演着更加积极的角色。但是，在现实中，政府职能转换并不到位，政府机构改革还远没有达到市场经济发展所需要的程度，一些因为政府职能转换不到位引起的社会利益分化是客观存在的。由于政府手中的权力、资源仍然过于集中和庞大，致使权力寻租、贪污腐败屡禁不止。这一直都是造成利益分化的重要原因。与此同时，面对市场失效或强资本逻辑，政府还缺乏相应的作为或者说政府处于一种缺位的状态。这种缺位导致劳动者在与资本的博弈中处于不利的地步，最后形成财富在劳动和资本双方分配中的不公平格局。

4. 不平衡发展战略形成的利益分化

在相当长的时期内，我国实行的都是不平衡发展战略。这种战略集中体现在三个方面：从城乡关系来说，城市、工业要比农村、农业发展得更快和更好;从地域发展来说,东部沿海地区要比中西部地区发展得更快和更好;从群际关系来说,一部分人通过诚实劳动和合法经营先富了起来,一部分人的生存状况没有得到明显的改善,甚至出现了恶化的情况。应该说,实施这种战略,是符合经济发展不平衡和事物波浪式前进的规律的。只有实施这种战略,才能从根本上打破困扰我们多年、挫伤人们积极性的平均主义,充分调动和发挥广大劳动者的积极性、主动性、创造性。但是,这种战略发展到一定程度,其负面效应就会表现出来。当前,存在于城乡之间、地区之间和个人之间的利益分化的趋势,很大程度上就是这种战略导致的结果。如果不平衡不能得到有效遏制的话,那么,就会危及到社会稳定和社会和谐。

5."弱势心理"蔓延渲染的利益分化

"弱势心理"是社会情绪的一种表达,是指在与他人的交往和比较中产生出来的一种弱者心态。产生这一心理的原因有很多,例如,经济上长期处于收入和消费水平低下的状态,就业中遭受不公平对待或者容易失业,缺乏社会保障,社会关系上长期被排斥在外,缺乏社会尊重,政治上个人权利和权益无法得到保障,等等。这些问题都会使人们产生一种弱者心态,即一种不公平感和受挫折感。弱势心理本身并不直接产生利益分化或者利益对立,但是,可以通过加剧利益意识上的分歧,或者激化人们关于利益分化的情感来使得利益分化问题凸显。《人民日报》曾经报道,由于当前存在着各种不公平、不正义现象,使得广大民众都有一种弱势心理。一些诸如白领、私营企业主、大学教授等本来不属于弱势群体的人也纷纷感觉自己是弱者,有一种不公平感和受挫感。这种心理反过来又扭曲了人们对于一些正常的利益分化的认识和态度,最后使"仇富仇官"现象层出不穷。①

总之,形成当前我国利益分化的因素非常复杂,不能一概而论,需要具体问题具体分析。

(二) 当代中国利益分化的表现形式

在当代中国,利益分化已成为客观事实,而且还有进一步扩大的趋势。当前,我国利益分化主要表现为以下几种形式:

---

① 曲哲涵:《谁是弱势群体》,2010 年 11 月 11 日《人民日报》第 17 版。

1. 城乡之间的利益分化

城乡利益分化有其复杂的原因和表现。从历史上来看,城乡分工就导致了城乡的巨大反差。"城市本身表明了人口、生产工具、资本、享乐和需求的集中;而在乡村里所看到的却是完全相反的情况:孤立和分散。"①这一历史对现实仍然有巨大的影响。从现实来看,新中国成立后,通过一系列制度安排而在城乡之间人为构建起了城乡隔离的二元社会结构。这一社会结构形成的主要原因在于中国工业化优先发展战略与高强度的积累模式。户籍制的"屏蔽作用"、统购统销制度带来的工农产品的"剪刀差"、面向城市人口的劳动就业和福利保障制度等一系列的制度设计上的不公平,导致了社会对农民的"整体性排斥"效应。改革开放之后,这一结构有所松动,例如,农村人口大量涌入城市,一些农村人口被纳入到统一的社会保障体制之中。但是,城乡二元结构的弱化和消除仍是一个长期过程。现在,城乡居民在各方面仍然存在较大的差距。例如,在经济上,城乡之间仍然坚持不等价交换。农村长期实行统购派购粮食和农产品制度,通过剪刀差强制农民给国家作贡献;20 世纪 90 年代以来,通过低价征用土地,地方政府积累了大量资金,而农民做出了牺牲;用农民工的形式,长期廉价使用农村劳动力,而资方大发横财,等等。在社会上,城乡实行非普惠制待遇。教育、医疗、文化、社会保障等公共产品,在提供的方式、内容、数量、质量等方面,对城市和农村居民都是有差别的。这些都造成了城乡之间的严重利益分化,甚至是利益对立。

2. 区域之间的利益分化

我国地域辽阔,由于历史、地理位置以及经济基础和国家政策等原因,各地发展水平差异很大。改革开放以来,特别是实施西部大开发、振兴东北地区等老工业基地、促进中部地区崛起、鼓励东部地区率先发展的区域发展总体战略以来,各地发展水平有了很大提高,人民生活也有了很大改善,但是,区域发展不协调、发展差距拉大的趋势仍未根本改变。东中西部地区在发展水平、经济总量和区域收入上都存在较大差距。以 2005 年东中西部地区生产总值为例来看,东部地区生产总值最高的广东省是 22366.54 亿,比中部地区四省之和(山西、江西、安徽、湖南四省共计 20122.74 亿元)还高,比西部地区 10 个

---

① 《马克思恩格斯全集》第 3 卷,人民出版社 1960 年版,第 57 页。

省、自治区、直辖市之和(重庆、贵州、云南、西藏、陕西、甘肃、青海、宁夏、新疆、内蒙古十个地区共计 22032.45 亿)也要高。中部四省相当于西部 10 个省、自治区、直辖市的生产总值之和。① 2010 年,从各地区国内生产总值占全国的比重(单位:%)来看,东部地区为 53.1,中部地区为 19.7,西部地区为 18.6,东北地区为 8.6。东部地区超过了其他地区的总和。② 这种生产总值上的差距,必然会带来各地区发展水平、公共服务水平、人民收入水平等方面的差异。这种区域差异是客观存在的,也是造成当前大城市病、地区保护主义、区域无序开发等各种问题的根源。

3. 群体之间的利益分化

在克服平均主义局限的过程中,当前我国社会群体之间也出现了利益分化。主要体现在两个方面:一方面,就社会整体而言,"改革开放以来,我国的社会阶层构成发生了新的变化,出现了民营科技企业的创业人员和技术人员、受聘于外资企业的管理技术人员、个体户、私营企业主、中介组织的从业人员、自由职业人员等社会阶层。而且,许多人在不同所有制、不同行业、不同地域之间流动频繁,人们的职业、身份经常变动。这种变化还会继续下去。"③这样,在催生出一些新的社会阶层的同时,改变了各社会阶层在经济社会发展中的地位和相互关系,形成了不同的利益群体。例如,2010 年,城镇单位在岗职工工资最高的行业与最低的行业年平均工资之比为 4.196:1,其中最高的金融业年平均工资为 70146 元,工资最低的农林牧渔业年平均工资仅为 16717 元,绝对工资差距达到 53429 元。④ 另一方面,就同一利益群体而言,虽然在社会结构中处于同一的经济社会地位,但不同的地区、部门却存在收入上的巨大差距。以 2005 年教育行业城镇单位平均收入为例来看,收入最高的北京是 36447 元,收入最低的贵州只有 13957 元,相差 2 倍多。同属于金融业,2005 年平均收入最高的证券业是 56418 元,收入最低的保险业是 27104 元,也相差 2 倍多。⑤ 2010 年,从教育行业城镇单位平均收入来看,北京为 65150 元,贵

① 《中国统计年鉴 2006》,中国统计出版社 2006 年版,第 64 页。
② 《中国统计年鉴 2011》,中国统计出版社 2011 年版,第 19 页。
③ 《江泽民文选》第三卷,人民出版社 2006 年版,第 286 页。
④ 《中国统计年鉴 2011》,中国统计出版社 2011 年版,第 129 页。
⑤ 《中国统计年鉴 2006》,中国统计出版社 2006 年版,第 166、163 页。

州为 30466 元，仍然相差 2 倍多。① 这种收入上的巨大差距，又使得同一社会阶层内部也出现了不同利益主体的分化。

4.利益意识彰显、利益观念多元化

改革开放以来，人们的利益意识和利益观念也发生了根本变化。由改革开放前的耻于言利到改革开放后主张追求正当的利益，人们的利益意识越来越得到彰显。这种利益意识随着法治观念的普及以及依法治国战略的实施，也越来越体现为各种权利意识、权益意识。对各种权利、权益的主张和维护，已成为人们生活中重要议题。利益意识的彰显和利益观念的多元化，有利于社会主义市场经济的建立和发展。但是，我们也要看到，"由于社会经济成分、组织形式、就业方式、利益关系和分配方式日益多样化，人们思想活动的独立性、选择性、多变性、差异性明显增加；市场经济活动存在的弱点及其带来的消极影响，反映到人们的思想意识和人与人关系上来，容易诱发自由主义、分散主义和拜金主义、享乐主义、利己主义；人民内部矛盾的内容和表现形式也出现了许多新的情况"②。在这个过程中，由于传统社会秩序和社会道德被瓦解，而新的适应于社会主义市场经济需要的社会秩序和社会道德又没有完全建立起来，于是，一些自私自利思想和逐利行为也随着利益意识的彰显和利益多元化得到了蔓延。一些人只讲个人利益，不讲集体利益、社会利益；一些人只看到自己的权利，而看不到他人的权益，看不到权益之外其他的东西。这种思想观念上的变化无疑加剧了利益之间的分化，构成了人们利益矛盾和冲突的重要原因和表现。

总之，在当代中国，"改革已经并最终必将给人们带来实惠，但改革不能也不可能同时给每个人带来同等的利益，有时还会在利益问题上产生一些难以避免的矛盾。"③因此，我们必须透过这些社会矛盾现象看到其利益分化的本质。

（三）当代中国利益分化的主要特点

改革的本质就是不同社会群体之间的利益分配和利益关系的再调整过

---

① 《中国统计年鉴 2011》，中国统计出版社 2011 年版，第 132 页。
② 《江泽民文选》第三卷，人民出版社 2006 年版，第 81—82 页。
③ 《江泽民文选》第一卷，人民出版社 2006 年版，第 39 页。

程,因此,利益分化在改革的一定阶段总是难以避免的。在当前,我国的利益分化呈现出一些新特点。

1. 社会财富向资本要素倾斜

市场化以来,我们采用了按劳分配和按生产要素分配相结合的分配方式。按生产要素参与分配的分配方式,在促进经济发展的同时,也使财富集中于资本手中,加剧了贫富分化。生产要素是指进行物质生产所必需的一切要素及其环境条件。它一般包括两大类:一是各种物质生产条件,如土地等自然资源以及原材料等;二是人的劳动,包括人们在生产过程中提供的活劳动、技术、信息、管理、资本等。长期以来,我们对生产要素在生产过程中所起到的重要作用认识不足,对于是否允许这些生产要素参与分配也存在疑问。在市场化改革的过程中,党的十五大报告明确提出:"把按劳分配和按生产要素分配结合起来,坚持效率优先、兼顾公平,有利于优化资源配置,促进经济发展,保持社会稳定。"①应该说,允许生产要素参与分配,对于解放和发展生产力具有重要的作用。但是,在允许和鼓励生产要素参与分配的同时,其作用也被放大。它们获得的收入与它们在生产中的贡献并不完全对等,有时候甚至严重不符合。据报道,我国资本要素收入比重从 1978 年的 37.34% 上升到 2006 年的 45.23%。其中 2004 年变化最明显,资本收入比重由 2003 年的 39.93%一下子就跃升为 2004 年的 44.35%,劳动收入比重则由 2003 年的 46.16%迅速下降到 2004 年的 41.55%。② 这一升一降集中体现了社会财富过于向资本要素倾斜甚至是集中的客观事实,使得社会财富越来越集中在少数人手中。由于生产要素的作用被放大,这样,致使资本要素收入比重越来越大,企业管理层的收入畸高,房地产成为暴利行业,社会贫富分化加剧。

2. 社会阶层凝固化现象严重

改革开放以来,中国的阶层结构出现了重大变化。在改革开放初期,阶层之间的流动率比较高。通过上大学、参军等方式,农村贫寒子弟、城市困难家庭子弟都能够改变自己的命运。只要勤奋学习和辛勤劳动,肯钻研和能吃苦,贫穷的人也能够致富。当时一大批农村子弟通过高考改变了自己的命运,一

---

① 《江泽民文选》第二卷,人民出版社 2006 年版,第 22 页。
② 参见白重恩:《劳动收入比重为什么下降》,2008 年 7 月 29 日《中国财经报》第 7 版。

些干部、农村家庭出身的人通过"下海"也发财致富。因此，在这段时间内，中国富裕阶层发展比较迅速，原先经济地位低下者跻身于富裕阶层者的比例也较高。但是，自90年代中期以后，阶层之间的界限越来越明显。一方面，社会各个阶层都开始形成一些作为本阶层所特有的生活方式和价值观念。例如，近几年来，随着住房价格的快速上涨，因房地产价格的巨大差异造成的阶层区隔正在形成，城市中形成了一些高档社区、高档物业小区。在这里，房屋的价格和物业管理的价格都十分昂贵，与社会边缘群体聚集的地方，形成了鲜明的对比。从消费上看，不同的消费档次开始进一步拉大，从富有者消费的极高档次的商品和服务，直到专为社会边缘群体服务的小商店、小理发、小诊所等，各个档次等级次序分明。另一方面，不同阶层之间流动减少，特别是以往那种通过高考和参军等形式来改变自身命运的机会逐渐减少。随着近几年高校大规模的扩招，读大学已经不是很难的问题，但大学毕业后找工作却成为一道阻碍社会流动的新门槛。现在，父辈的资源、家庭的财富等因素都严重打击着大学生改变自身命运的努力，各种潜规则盛行。同时，新的经济地位低下者进入富裕阶层的比例明显下降，资本、权力等因素阻碍着人们通过知识、劳动等来改变自身经济地位的努力，富有的阶层准入的条件比以前更严格了。这样，不仅阻碍了社会阶层的正常流动和更新，而且抑制了社会发展的活力与动力。

3. 个人利益碎片化特征明显

改革开放以来，我国阶层利益多元化与"碎片化"同时并存。一是从宏观视角来看，社会呈现出不同的利益群体，阶层利益出现多元化态势。包括公务员、事业单位工作人员、国有企业员工等在内的所谓体制内人员与整个现行体制紧密相关，形成了共同的利益群体。反之，那些体制外的人员由于无法享受体制带来的各种利益，也在客观上形成了一定的共同利益。二是从个体来说，户籍、地域、身份、职业等因素往往又影响到每个个体的具体利益，使得每个个体与其所处社会阶层利益发生分化，个人利益呈现出碎片化的特点。特别是，户籍、地域的差异与阶层差异交织在一起，形成了利益碎片化的特点。改革以后，虽然允许农民进城，但是户籍管理并没有放松，甚至在一些地区和一段时间还有所加强。例如，北京市目前将户籍管理与购买保障房、汽车等日常生活品直接挂钩，实际上强化了户籍制度。因此，在同一阶层的内部，往往因为户籍的差别而形成利益差别。另外，地域的差别也日益凸显。虽然同为农民，一些大城市郊区的农民,其收入往往是小城市郊区农民收入的几倍、十几倍。近几年来,随着城市化的发展和房地产价格的飙升,农民土地因为征用而获得的补偿更是相差几十倍、几百倍。一些诸如北京、上海等大城市的农民,往往因为土地征用而获得数百万、数千万甚至数亿的补偿,摇身一变成为新的富豪阶层。而一些欠发达地区的征地农民的补偿则很低。这也反映了中国不同区域的农民存在巨大差别的事实。个人利益碎片化的特点集中体现了我国利益分化的复杂性,使得那些即使由于处于同一社会关系网和同一社会地位而形成的同一阶层的不同个体之间,也存在着利益的重大差别。这样,这些个体就很难形成一个统一的具有鲜明特点和共同利益的阶层意识和阶层价值。

总之,进入新世纪之后,我国的利益分化从总体上呈现出幅度加大、速度加快、影响加深的特点,已经成为影响社会稳定和社会和谐的重大问题。

由于目前利益分化越来越成为影响我国社会公正、社会稳定、社会和谐的主要瓶颈和重要因素。因此,如何有效阻止利益分化的加剧、切实实现社会利益的协调,已成为当代中国社会建设不得不面对的重大课题。

三、当代中国协调社会利益的科学理念

由于利益意识(认识)是影响利益关系的重要因素,因此,通过引导人们树立正确的利益意识是实现利益协调的重要方式。利益意识(认识)是人们对利益情况和利益关系的主观感知。利益意识的系统化便形成了利益观。利益观是人们对待利益的立场、观点、态度、方法的总和。利益观的核心是义利观。义利问题,就是道义和利益的关系问题。在利益问题上如何实现正义,是义利观的基本问题。其实,这就是如何协调利益的问题。因此,树立科学合理的义利观,必然有助于形成科学合理的利益观和利益意识,从而能够为协调利益提供智力支持和价值导引。在当代中国,这就是要树立社会主义义利观。

(一) 树立社会主义义利观的战略意义
在当代中国,树立社会主义义利观是实现利益协调的科学基础和价值规范。

1. 坚持马克思主义义利观的需要

在批判以往义利观的基础上，在发现唯物史观的过程中，马克思主义形成了"义利并重、唯义是从"的价值观。

"重义轻利、贵义贱利"的义利观。中国传统义利观尤其是儒家义利观是其代表。在先秦时期，"义利之辩"本无统一的意见，既有主张"重义轻利"、"先义后利"的，也有主张"重利轻义"、"先利后义"的，还有主张"义就是利"、"义利不分"的。但是，自从汉代董仲舒提出"正其谊（义）不谋其利，明其道不计其功"①以来，儒家"重义轻利"的主张就成为中国传统社会占主导地位的义利观。到了宋明理学时期，由于宣扬"存天理灭人欲"，更是将之发展到了极端。尽管这种义利观有助于提升人的道德境界，但是，不能有效实现利益协调，甚至还会阻止社会进步。

"见利忘义、唯利是图"的义利观。资本主义义利观是其典型。在资本主义社会中，资本支配一切，追求剩余价值是一切价值的轴心。这样，"人们所关心的只是使资产阶级的野蛮的利欲蒙上一种伪善的文明的形式，使厂主由于这项法律的限制不再干出太露骨的卑鄙勾当，以便他们有更多的骗人理由来吹嘘他们的虚伪的人道主义——事情不过如此而已。"②在对内剥削的同时，资本主义还大肆对外扩张。这样，这种义利观就导致生物法则盛行（弱肉强食）和个人主义泛滥。它或许能够推动经济发展，但是，造成了严重的社会不义。

"义利并重、唯义是从"的义利观。这是马克思主义义利观的基本主张。一方面，思想离开利益会出丑，道德必须建立在正确理解的利益的基础上。"既然正确理解的利益是全部道德的原则，那就必须使人们的私人利益符合于人类的利益。"③所谓正确理解的利益，一是必须看到利益的物质性，二是必须正确处理私人利益和人类利益的关系。另一方面，社会发展必须要有道义追求，当然，这要以消灭私有制为前提。"真正的自由和真正的平等只有在公社制度下才可能实现；要向他们表明，这样的制度是正义所要求的"④这里

---

① 《汉书·董仲舒传》。
② 《马克思恩格斯全集》第 2 卷，人民出版社 1957 年版，第 459 页。
③ 《马克思恩格斯文集》第 1 卷，人民出版社 2009 年版，第 335 页。
④ 《马克思恩格斯全集》第 3 卷，人民出版社 2002 年版，第 482 页。

的正义就是要代表大多数人的利益。可见,马克思主义正确地回答了道义和利益的关系。

在当代中国,在坚持以经济建设为中心的同时,如何促进物质文明和精神文明的共同发展,是社会主义建设的重大课题。马克思主义义利观为解决这一问题提供了科学的指南。

2. 引导市场经济健康发展的需要

社会主义市场经济是一种特殊的市场经济,要求构建与之相应的义利观。

社会主义市场经济具有市场经济的共性。对利益的追求,特别是对经济利益的追求是促进生产力发展的原动力。没有人们对利益的追求,人类就不可能发展出高度发达的商品经济,即市场经济。这样,就难以实现工业化。因此,社会主义市场经济也十分重视个人的正当利益,强调对正当的个人利益的保护,鼓励人们追求各种各样的合法利益。但是,我们过去对此重视不够。现在,我们意识到:"革命精神是非常宝贵的,没有革命精神就没有革命行动。但是,革命是在物质利益的基础上产生的,如果只讲牺牲精神,不讲物质利益,那就是唯心论。"①在这个意义上,与极"左"主张不同,社会主义市场经济并不否认包括物质利益在内的各种利益,而且鼓励人们坚持追求和实现正当的个人利益。

社会主义市场经济又具有个性。尽管市场经济有助于资源的优化配置,"同时也要看到市场有其自身的弱点和消极方面,必须加强和改善国家对经济的宏观调控。我们要大力发展全国的统一市场,进一步扩大市场的作用,并依据客观规律的要求,运用好经济政策、经济法规、计划指导和必要的行政管理,引导市场健康发展。"②因此,社会主义市场经济要取得成功,必须把社会主义市场经济同社会主义基本制度有机结合起来。这就决定了社会主义市场经济具有其个性。因此,社会主义市场经济绝不允许见利忘义,唯利是图,也不允许损公肥私,大饱私囊。社会主义市场经济要求把义和利统一起来,既坚持追求和实现正当的个人利益,又要求个人利益服从集体利益,实现个人利益与集体利益的统一。

---

① 《邓小平文选》第二卷,人民出版社 1994 年版,第 146 页。
② 《江泽民文选》第一卷,人民出版社 2006 年版,第 227 页。

显然,社会主义市场经济的发展,要求我们在马克思主义义利观的指导下,在新的条件下大力发展社会主义义利观。

3. 开辟社会主义义利观的新境界

在社会主义市场经济条件下,坚持马克思主义义利观,必须大力构建社会主义义利观。

社会主义义利观是马克思主义义利观的新发展。为了切实而有效地实现利益协调,在马克思主义义利观的指导下,根据发展社会主义市场经济过程中出现的利益问题,我们提出了建立和发展社会主义义利观的要求:"要正确认识和处理各种利益关系,把个人利益与集体利益、局部利益与整体利益、当前利益与长远利益正确地统一和结合起来,努力形成把国家和人民的利益放在首位而又充分尊重公民个人合法利益的社会主义义利观。"[①]社会主义义利观既坚持了唯物史观的基本原理,要求将道义和利益统一起来;又充分考虑到了发展社会主义市场经济的实际,要求用社会主义之"义"约束和规范市场经济之"利",用市场经济之"利"支撑社会主义之"义"。因此,这种义利观是指引和规范社会主义市场经济发展的价值导向,是有效实现利益协调的指导思想,是社会主义核心价值体系的重要组成部分。

必须旗帜鲜明地坚持社会主义义利观。坚持社会主义义利观,必须反对两种错误倾向:一是"重义轻利、贵义贱利"的义利观。一些人从这种义利观出发来看当前发展社会主义市场经济的现实,不但反对见利忘义、唯利是图,更反对人们追求和实现物质利益,甚至否定社会主义市场经济。这些人往往停留在抽象的道德口号上,在鼓吹他人要"重义轻利"之时,却不忘中饱私囊。这事实上是中国历史上"道学家"的死灰复燃。二是"见利忘义、唯利是图"的义利观。从这种义利观出发,一些人认为,社会主义市场经济就应鼓励个人利益的最大化。他们往往打着保护个人利益、要求个人自由的口号,却置他人利益、集体利益、国家利益不顾;只看到自己利益的正当性,不承认他人利益、集体利益、国家利益的正当性;只要求无条件地实现和保障自己的利益,而不尊重和保护他人利益、集体利益、国家利益。一切自由化分子奉行的都是这种义利观。但在实质上,上述二者殊途同归,都割裂了义和利的关系,都没有考虑

---

① 《江泽民文选》第三卷,人民出版社 2006 年版,第 92 页。

人民群众的根本利益,都不符合社会主义市场经济发展的需要。因此,树立与社会主义市场经济相适应的社会主义义利观显得十分必要和迫切。

总之,社会主义义利观是当代中国的马克思主义义利观,是试图重新塑造适合社会主义市场经济发展需要的义利观,是与现代中国社会发展相适应的义利观。

综上,社会主义义利观对于调整和规范人们利益行为和利益关系具有重要的现实意义,是实现利益协调的科学指南。

(二) 明确社会主义义利观的基本内容

社会主义义利观是一个完整体系,存在着基本要求、核心要求和最高要求三个层次。

1. 社会主义义利观的基本要求

个人利益与集体利益、局部利益与整体利益、眼前利益与长远利益,是最基本的利益关系。在社会主义条件下,应该也必须将之统一起来。这是社会主义义利观的基本要求。

社会是个体和群体的统一,因此,个体利益和集体利益的关系是首先遇到的利益关系。个人利益就是个人在社会发展中所需要的各种利益的总和,能够直接满足和实现个人某种需要,与个人的生存和发展紧密相关。它与局部利益、眼前利益具有一定程度的重合。这在于,后二者也与个人需要具有直接相关性。局部利益是某些人或地区或部门的利益。眼前利益是在当下急需实现的利益。虽然集体利益、整体利益、长远利益也是现实的、客观的利益形式,但是,它们要么需要通过个人利益相互综合而形成(集体利益),要么需要超越狭隘的直接的个人利益才能得到认识和实现(整体利益),或者需要通过一定的时间发展才能得以呈现(长远利益),因此,它们与个人利益没有直接相关性。也正因为如此,在现实中,个人利益、局部利益和眼前利益也就更容易为人们所认同和追求。特别是当社会生产力不发达,社会分工还处于自然和自发的状态时,它们更容易形成矛盾。当然,从人类整体的长远的发展来看,需要将个人利益与集体利益、局部利益与整体利益、眼前利益与长远利益统一起来。

由于社会主义社会开始成为真实的共同体,因此,能够把各种利益统一起来。首先，集体利益、整体利益、长远利益成为实现个人利益、局部利益、眼前利益的前提和保障。因此，个人利益必须服从集体利益，局部利益必须服从整体利益，眼前利益必须服从长远利益。"如果相反，违反集体利益而追求个人利益，违反整体利益而追求局部利益，违反长远利益而追求暂时利益，那么，结果势必两头都受损失。"①因此，我们必须反对利己主义、享乐主义和极端个人主义。即使在社会主义市场经济条件下也应如此。但是，这决不是说可以不注意个人利益、局部利益、暂时利益。"这些在法律和政策规定范围内的个人利益和工作职权是正当的。"②因此，社会主义依法保护合理的个人利益、局部利益、眼前利益。如果我们只讲集体利益、整体利益、长远利益而不积极地实现个人利益、局部利益、眼前利益，那么，对大多数人是行不通的，长期上也难以为继。归根结底，在社会主义社会中，个人利益和集体利益、局部利益和整体利益、暂时利益和长远利益是统一的。

总之，社会主义义利观兼顾了个人利益与集体利益、局部利益与整体利益、眼前利益与长远利益，能够把它们辩证统一起来，保证了人们利益实现的及时性和持续性。

2. 社会主义义利观的核心要求

在社会主义社会中，我们坚持把国家和人民的利益放在首位，同时又充分尊重公民个人的合法利益。这是社会主义义利观的核心要求。

政治职能是国家的第一位职能。随着私有制的出现，国家成为剥削阶级用来实现和维护其利益的工具，因此，国家的利益实质上就是剥削阶级的利益。这一点对于所有国家都是一样的。但是，由于统治阶级的不同，国家的利益存在着根本的区别。由于实行生产资料私有制，过去的一切国家都是剥削阶级的代言者和维护者，因此，国家的利益只是剥削阶级的利益，而不可能是人民的利益。在生产资料公有制的基础上，在实行无产阶级专政的社会主义国家，以无产阶级为核心的广大人民群众成为国家的主人，因此，国家成为广大人民群众根本利益的代表，国家的利益就是人民群众的根本利益。这样，"社会主义道德建设最重要的是要抓住为人民服务这个核心，在全社会坚持

---

① 《邓小平文选》第二卷，人民出版社 1994 年版，第 175—176 页。
② 《江泽民文选》第三卷，人民出版社 2006 年版，第 182 页。

倡导为人民服务的精神,倡导社会主义的集体主义精神,倡导个人利益服从国家利益、局部利益服从整体利益、眼前利益服从长远利益"①。显然,我们坚持把国家利益放在首位,也就是坚持把人民群众的利益放在首位。

人民群众是历史的创造者,但是,人民是一个具体的历史的概念。在前资本主义社会,王公贵族是社会的统治阶级,只存在臣民而不存在人民,因此,王公贵族利益是第一位的;在资本主义社会,资产阶级是统治阶级,只存在公民(市民)而不存在人民,因此,资产阶级利益是第一位的;在社会主义社会,无产阶级和劳动人民真正成为了国家、社会和自己命运的主人,因此,人民群众利益是第一位的。当代中国是中国共产党领导的人民民主专政的社会主义国家,本质上是人民当家作主,人民利益自然成为第一位的利益。因此,"我们必须始终把人民利益放在第一位,把实现好、维护好、发展好最广大人民根本利益作为一切工作的出发点和落脚点,做到权为民所用、情为民所系、利为民所谋,使我们的工作获得最广泛最可靠最牢固的群众基础和力量源泉。"②由于人民的利益和国家的利益从本质上说是一致的,这样,坚持把人民的利益放在首位,必然要求把国家的利益也要置于首位。

人民是一个政治概念,公民是一个法律术语。公民更加凸显的是人民群众依据法律规定享有的各项权利和义务。在资本主义条件下,尽管宪法和法律保护公民的人权,但是,保护资产阶级的既得利益是其核心和要害。在社会主义条件下,宪法和法律明确规定人民群众是国家的主人,因此,尊重公民个人的合法利益也就是尊重宪法和法律赋予人民的各项权益和利益。因此,"发展社会主义民主,必须与加强社会主义法制结合起来,坚持依法治国的基本方略,促进社会主义民主的制度化、法律化,有法必依、执法必严、违法必究,同时把依法治国与以德治国结合起来,以保障国家各项工作都有秩序地进行,保障良好的经济和社会秩序,保障广大人民群众的公民权利和合法权益。"③由于宪法和法律是将公民个人合法利益与国家利益统一起来的纽带,因此,只有尊重宪法和法律赋予公民的权益和利益,我们才能做到既把国家和人民的利益放在首位,同时又充分尊重公民个人的合法利益。

---

① 《江泽民文选》第一卷,人民出版社 2006 年版,第 579—580 页。
② 《十七大以来重要文献选编》(下),中央文献出版社 2013 年版,第 441 页。
③ 《江泽民文选》第三卷,人民出版社 2006 年版,第 221—222 页。

目前，我们亟须防范以国家的利益、人民的利益之名侵害公民个人合法利益的现象的发生。事实上，这是造成一切群体性事件的重要原因。只有宪法和法律才是判断何谓国家的利益、何谓人民的利益的根本依据，也是判断公民个人利益是否合法的根本依据。

3. 社会主义义利观的最高要求

在价值取向和目标上，社会主义义利观是代表最广大人民的根本利益的义利观。在当代中国，这就是要代表中国最广大人民的根本利益。这是社会主义义利观的最高要求。

任何义利观都要表现出一定的价值取向和追求，并凝结为一定的价值目标。作为社会主义核心价值体系的重要组成部分，社会主义义利观也包含有明确的价值取向和追求，并以实现一定的价值目标为指导原则。在任何历史时期，人民总是指在人数上占多数的集团和群体。把人民的利益放在首位，必然要求把大多数人的利益放在首位。这就是人民群众根本利益。因此，根据无产阶级革命运动的特征，根据社会主义的本质和社会主义国家的性质，社会主义义利观坚持代表最广大人民的根本利益，以最广大人民的根本利益为价值取向和追求，并以实现好、维护好、发展好最广大人民的根本利益为价值目标。所以，"在任何时候任何情况下，我们的一切工作和言行都要以是否符合最广大人民的根本利益为最高衡量标准"。① 这是社会主义义利观的本质体现，也是社会主义义利观与其他义利观的根本区别。在当代中国，代表中国最广大人民的根本利益，就鲜明地体现了科学义利观的最高要求。

代表最广大人民的根本利益有其丰富的内涵和要求。在当代中国，坚持代表中国最广大人民的根本利益包含两层意思：（1）利益的广泛性。我们坚持的不是个别人的利益，也不是少数人的利益，甚至还不是简单多数人的利益，而是最广大人民的利益。最广大人民的利益与国家的利益、人民的利益具有一致性，都体现了利益的广泛性。（2）利益的根本性。我们坚持的并不是最广大人民的眼前利益、局部利益，或者这些利益之和，而是最广大人民的根本利益。最广大人民的根本利益与集体利益、整体利益、长远利益具有一致性，都体现了利益的根本性。可见，社会主义义利观是把利益的广泛性和根本

---

① 《江泽民文选》第二卷，人民出版社 2006 年版，第 577 页。

性统一起来的义利观。因此,"维护好、实现好、发展好最广大人民的根本利益,是我们一切工作的根本出发点和落脚点,也是我们做好改革发展稳定各项工作的重要保证。"①在当代中国,实现国家富强、民族复兴、人民幸福的中国梦,就是中国最广大人民的根本利益在当下的要求和体现。最终,在物质产品极其丰富、人们的精神境界极大提高的基础上实现人的自由而全面的发展,就是最广大人民的根本利益的未来要求和体现。

总之,我们必须从维护最广大人民根本利益的价值高度来协调利益。这样,才能避免私有制社会中利益协调的欺骗性和虚伪性,才能保证利益协调真正成为造福人民群众的事业。

综上,社会主义义利观是一个科学的理论体系。因此,只有在它的指导下,我们才能切实而有效地实现利益协调,才能切实而有效地推动社会建设。

(三)发挥社会主义义利观的导向作用

如何看待和处理义利关系,是衡量一个人思想道德素质和行为的重要指标。因此,必须发挥社会主义义利观的教育导向作用,使之内化为人们的思想道德素质,转化为人们的行为方式,这样,才能促进社会利益的协调。

1. 发挥社会主义义利观教育导向作用的意义

社会主义市场经济本质上仍然是竞争经济,以承认、实现和保护个人利益、局部利益和眼前利益为前提,并且鼓励人们通过正当的途径参与竞争来获取合法的个人利益、局部利益和眼前利益。这样,在社会主义市场经济竞争中,必然会产生各种各样的个人与个人、个人与集体、个人与社会之间的利益矛盾,导致拜金主义、享乐主义和极端个人主义盛行。这些思潮都是个人利益和欲望无限膨胀的产物和表征。它们否认他人利益、社会利益和国家利益,进而在其现实行为上严重地损害他人利益、社会利益和国家利益,是极端不义的思想和行为。在对外开放和发展社会主义市场经济的历史条件下,一些人尤其是党政干部不注重自身的思想道德修养,受拜金主义、享乐主义、极端个人主义等腐朽思想的影响,经不起考验,甚至蜕化变质,堕入腐败和犯罪的泥坑。这不仅败坏了社会风气,而且加剧了利益分化,甚至成为引发利益矛盾和利益

---

① 《十六大以来重要文献选编》(上),中央文献出版社2005年版,第404页。

冲突的导火索。这样,"如何充分发挥市场机制的积极作用,同时有效地防止拜金主义、享乐主义、极端个人主义的滋长蔓延,帮助人们树立社会主义的理想、信念和道德风尚,这是一个重大的历史课题。"①因此,必须加强社会主义义利观的教育导向作用。正确而有效地发挥社会主义义利观的教育导向作用,有利于人们正确对待和处理义利关系,鼓励人们通过诚实劳动和合法经营获取正当利益。同时,有利于提倡为人民服务和集体主义的精神,有利于提倡尊重人、关心人、热爱集体、热心公益、扶贫济困、为人民为社会多做好事的社会主义道德规范,最终能够引导人们对人民、社会、国家负责,正确处理个人、集体和国家之间的利益关系。

2. 发挥社会主义义利观教育导向作用的原则

发挥社会主义义利观的教育导向作用,要坚持从实际出发,区分层次,着眼多数,鼓励先进,循序渐进。在当代中国,根据人们对义利态度和义利价值偏好的程度及其行为的表现和后果,大致可分为以下几个层次:(1)见利忘义,损人利己。这是典型的不道德的义利观。在社会主义制度下,这部分群体在整个社会成员只占极少数的比例,但是,其危害极大。例如,一少部分党政干部在人民利益、国家利益、集体利益和个人利益之间,更多地偏向于自己的个人利益,甚至热衷于追逐不应该属于自己的不合理的、非法的个人私利,并不惜利用自己的地位、职权、影响去竭力维护和扩大这种私利。对于这些人,要通过社会舆论的谴责对其进行道德监督和约束。如果其行为违反党内纪律和社会主义法律,还要通过党内纪律处分和法律处理对其进行强制约束。当然,加强社会主义义利观教育才能从思想源头上解决问题。(2)见利思义,合理利己。这是符合现实状况的义利观。绝大多数社会成员属于这个群体。这些人以"不损人"为其行为准则。他们一般具有正确的义利评判标准,对不用做出巨大个人牺牲就可以履行的义的原则和要求,还是能够尽己所能,力求做到。当然,这类人的价值选择是不固定的,容易受到各种各样因素的影响和制约,特别是当面对义利取舍时,往往会摇摆不定、左顾右盼,有时甚至会做出舍义取利的选择,堕落为见利忘义、损人利己者。由于这类人具有一般的公共道德,对自身行为有一定的要求和约束,但其道德信仰并不稳定和坚定,所以,需

---

① 《江泽民文选》第一卷,人民出版社 2006 年版,第 496—497 页。

要对这类人进行社会主义义利观的教育,引导他们提升思想道德境界。(3)先义后利,先公后私。这是最高的或理想的义利观。处于这一层次的人有高尚的道德意识和行为,能够自觉遵守社会道德规则,在追求和实现个人利益时能够自觉地把他人利益、集体利益、国家利益置于个人利益之前。当个人利益与这些利益发生矛盾和冲突时,能够自觉地维护他人利益、集体利益、国家利益。共产党人理应属于这个层次。"为了实现人民群众的根本利益,团结和带领群众奋斗不息,永远是我们共产党人的崇高职责,也是我们党同一切剥削阶级政党的根本区别之一。"①这部分人是社会主义义利观的坚定实践者。全社会都应该弘扬这种精神。当然,还有相当部分的共产党员尤其是负有领导责任的共产党员没有成为社会主义义利观的坚定践行者。因此,必须加强对这些人进行社会主义义利观的教育。

3. 发挥社会主义义利观教育导向作用的重点

发挥社会主义义利观的教育导向作用,要注意突出领导干部的带头示范作用。中国传统文化中有"以吏为师"的习惯,官吏不但负有管理社会、保一方平安的职责,而且还有"教化子民"的职责。在这个过程中,身教胜于言教。虽然这一传统在经历了一系列社会变革之后已大大弱化,但是,由于共产党是执政党,党员和干部是矛盾的主要方面,因此,"上行下效"、"上梁不正下梁歪"的效应依然存在。目前,那种理论上是一套、实践上又是另一套,宣传上是一套、实际中又是另一套的做法,极大地败坏了社会风气,严重地损害了党和政府在人民群众中的形象和威信。因此,对于领导干部进行社会主义义利观的教育,不但要比一般群众要求更高、更严,而且还要将其道德素质、道德表现作为考核的重要内容和重要依据,坚持德才兼备,以德为先。其中,"我们还要特别警惕人们所说的'既得利益'问题。我们党公开声明,党除了工人阶级和最广大人民的利益,没有自己特殊的利益","我们党是中国工人阶级的先锋队,是全心全意为人民服务的,绝不允许搞剥削阶级政党及其统治集团所追求的那种既得利益,也绝不能成为那样的既得利益集团。如果走到了那一步,我们党就必然要失败。"②历史事实说明,不少剥削阶级的政党或政治集团

① 《十四大以来重要文献选编》(中),人民出版社1997年版,第1088页。
② 《江泽民文选》第三卷,人民出版社2006年版,第183页,第184页。

在执政以后，利用手中掌握的权力攫取本阶级、本集团和执政官员个人的私利，并极力维护和不断扩大这种私利，结果形成了一个欺压人民、侵害人民利益的既得利益集团。正因为这样，他们终究要受到历史审判。因此，共产党人特别是党员领导干部应该以社会主义义利观的第三层次要求和约束自己，坚持全心全意人民服务。可见，要发挥社会主义义利观的教育导向作用，必须注意发挥领导干部的带头示范作用。

总之，发挥社会主义义利观的教育导向作用，就是要把"精神力量"转化为"物质力量"。这样，社会主义义利观才能起到其应该起到的作用。

显然，在建设中国特色社会主义的进程中，全国人民的根本利益是一致的，各种具体的利益关系和内部矛盾可以在这个基础上进行调节。但是，没有社会主义义利观的正确导引，这种协调不可能彻底而有效地完成。

四、当代中国协调社会利益的工作机制

由于作为制度体现的工作机制具有稳定性、权威性和有效性，因此，协调社会利益还必须构建一套科学而合理的工作机制。具体来看，"要切实健全党和政府主导的维护群众权益机制，健全群众利益协调机制、诉求表达机制、矛盾调处机制、权益保障机制，全面落实领导干部定期接待群众制度，完善党政领导干部和党代表、人大代表、政协委员联系群众制度，健全信访工作责任制。"①从其过程来看，协调利益的工作机制包括利益表达机制（协调前）、矛盾调处机制（协调中）、权益保障机制（协调后）三个方面。②只有建立和健全利益协调工作机制，才能避免利益矛盾演变成利益冲突，以保障社会稳定、社会安全和社会和谐。

（一）建立和完善利益表达机制

利益表达是利益协调的前提。这指的是利益主体通过一定的途径将其利益诉求表达出来而告知于人的过程。但是，表达出来的利益却不一定是合理、

---

① 《十七大以来重要文献选编》（下），中央文献出版社2013年版，第107页。

② 可以说，整个社会建设就是利益协调的过程。由于利益协调机制在其他章节已有所论及，兹不赘述。

合法和合乎道德的。这样,就要进一步完善法律和制度,在给予利益表达以充分保障的同时,要通过制度设计抑制那些不合理、不合法、不合道德的利益诉求。利益表达机制是各种利益表达形式的制度化、法制化的过程和结果,是利益主体反映和表达其利益诉求的各种制度安排,具有发现问题、传递信息、实现反馈、预防冲突的作用。

1. 建立和完善利益表达机制的原则

利益协调总是指对表达出来的利益诉求进行协调,那种潜在的利益或者没有获得表达的利益难以进行协调。为此,必须按照以下原则建立和完善利益表达机制:(1)多样化。按照社会主义民主政治的要求,尊重宪法赋予人民群众的言论自由以及申诉、控告或者检举等权利。利益诉求主体必须是多样化的,应该涵盖一切人群。在现实中,由于利益受损群体要比其他利益群体特别是既得利益群体,表达利益更加困难,渠道更加不畅,方式更加单一,后果更为无效,因此,目前的重点是保障失地农民、城镇下岗职工、城镇拆迁户、就业困难人员、污染事故的受害者、冤假错案的苦主等利益受损群体的诉求表达权利。当然,也应该包括潜在利益受损者的表达。在此前提下,利益表达应该既包括公民个人的利益表达,也包括企业、集体、组织的利益表达,甚至是一些既得利益群体的表达。从内容来看,应该涵盖经济、政治、文化、社会、生态等方方面面的利益诉求。(2)包容性。利益表达应该允许各种不同利益得到有效的反映,公权部门及其工作人员对表达出来的不同利益诉求应该有所包容,而不应该置之不理,片面地维护既得利益者的利益,或者是在维护社会稳定的名义下对之进行压制和扼杀。当然,对于不合理、不合法和不合道德的利益诉求,要进行积极的干预和正确的引导,但是,不能因为其不合理、不合法和不合道德,就禁止表达,因噎废食。对于那些合理、合法和合乎社会道德的利益诉求,必须保障其诉求,并尽力为实现这些利益诉求创造条件。即使是对于错误的、非法的和不道德的利益诉求,也要分析其诉求背后的深层原因和问题。(3)客观性。利益诉求必须秉持实事求是的原则,客观忠实地反映利益主体的真实需求、真实意志和真实状况。对于受损群体来说,必须实事求是地进行诉求表达,在法制框架内反应和表达诉求,不人为地夸大情况,不从私利出发扭曲和歪曲事实,更不应该以利益受损为由而寻事、滋事和闹事。对于既得利益者尤其是引发群体性事件的责任者来说,不能掩盖事情的真相,更不能动用黑恶势力打压利益受损群体和真相的披露者。对于公权部门及其工作人员来说，必须以事实为基础、以法律为准绳，虚心听取利益诉求，秉公处理利益矛盾和冲突，既不纵容闹事者，也不包庇肇事者。对于无直接利害关系的第三方来说，必须遵守法律，恪守社会道德，既不听信和传播谣言，更不能制造谣言，扰乱社会秩序。只有这样，才能为利益协调提供真实的情况，才能保证利益协调取得实效。

2. 建立和完善利益表达机制的内容

新中国成立以来，我们已经建立起一整套利益表达诉求机制，它以人民代表大会制度为核心，包括政党制度、政治协商会议、人民信访制度及城乡基层群众自治制度等。这些制度为人民群众的利益诉求表达提供了基本的制度环境，我们应该积极发挥其应有的作用。最为重要的是，我国宪法明确规定，人民行使国家权力的机关是全国人民代表大会和地方各级人民代表大会。因此，广大人民群众的利益诉求可以通过人民代表在人民代表大会上提出来。从法律角度说，人民代表大会应该是最广大人民群众表达利益诉求的主要渠道。目前，大量利益诉求之所以难以得到有效表达，重要原因之一就是人民代表大会制度没有充分、有效地发挥其应有的功能。因此，今后必须将人民代表大会及其常设机构确立为人民群众利益表达的主要渠道。一是在宪法中必须进一步明确规定人民群众的利益表达渠道，完善相关的法律，充分保障人民群众的利益表达权利。二是应该尽可能扩展人民代表的代表性、广泛性和群众性，建立人民代表专职制度，使之真正成为民意代表，接受人民投诉，承担起利益表达功能。三是在依法保护人民群众各项权益的过程中，"我们要依法公正对待人民群众的诉求，努力让人民群众在每一个司法案件中都能感受到公平正义，决不能让不公正的审判伤害人民群众感情、损害人民群众权益。"[1]为此，要加强对宪法实施情况的监督检查，坚决纠正违宪违法行为。此外，要充分发挥其他政治制度和政治组织在充分反映群众诉求方面的作用。进而，还必须有效发挥社会化的利益表达方式的作用。既要充分发挥社会团体、行业协会等各种非政府组织的作用，也要充分发挥新闻界、律师界的作用。例如，

---

① 习近平：《在首都各界纪念现行宪法公布施行30周年大会上的讲话》，2012年12月5日《人民日报》第2版。

新闻媒体要把体现党的主张和反映人民心声统一起来,重视对社会热点问题的正面引导,积极开展舆论监督,依法为人民群众提供利益表达平台。在表达方式上,要充分利用新媒体来表达人们的利益诉求,如开办书记(党委)电子信箱、市长(政府)微博等。在总体上,我们"要建立健全诉求表达机制,发挥人大、政协、人民团体、行业协会以及大众传媒等的社会利益表达功能,完善公共决策社会公示制度、公众听证制度、专家咨询论证制度,完善信访工作机制,落实领导干部接访、下访、回访、联系群众制度、畅通网络公众参与渠道,引导群众理性合法表达利益诉求。"①总之,我们要进一步拓宽利益表达的渠道,完善利益表达的制度化建设,使利益表达规范化、机制化和法制化。

可见,建立和完善利益表达机制对于实现利益协调具有重要的战略意义。我们一定要引导群众以理性合法的形式表达利益诉求,及时解决利益矛盾,自觉维护安定团结的局面。

(二) 建立和完善矛盾调处机制

当利益表达实现以后,就需要对之进行协调,开展矛盾调处工作。因此,我们"要建立健全社会矛盾调节机制,建立调处化解矛盾纠纷综合平台,完善人民调解、行政调解、司法调解联动的工作体系,加强社会矛盾排查化解工作,建立健全矛盾纠纷预警机制,依法按政策解决群众反映的问题。"②矛盾调处机制是使各种社会利益关系尤其是各种利益主体关系实现协调的各种制度安排。

1. 建立和完善矛盾调处机制的原则

由于矛盾调处涉及利益关系的调整,因此,建立和完善矛盾调处机制需要遵循科学的原则。(1)坚持把改善人民生活作为正确处理改革发展稳定关系的结合点。当前社会利益逐渐呈现多元化态势,多种多样的利益需求层出不穷,人们之间存在各种各样的利益矛盾和冲突。协调这些利益矛盾和冲突千头万绪,需要抓住关键和要害,因此,必须把改善人民的生活作为建立和完善矛盾调处机制的首要原则。这是由物质生活在社会中的基础地位决定的。只

---

① 《十七大以来重要文献选编》(下),中央文献出版社 2013 年版,第 151 页。
② 《十七大以来重要文献选编》(下),中央文献出版社 2013 年版,第 151 页。

有人民的生活水平有了切实的提高和改善,人们之间的各种利益矛盾和冲突才有了协调的前提和保障。(2)坚持正确把握最广大人民的根本利益、现阶段群众的共同利益和不同群众的特殊利益的关系。矛盾调处不能为了协调而协调,也不能为了一时的协调而牺牲以后的发展,更不能为了一部分群体的利益而牺牲另一部分群体的利益。矛盾调处机制必须把最广大人民的根本利益置于首位,坚持统筹兼顾,把共同利益与特殊利益统一起来,将各个矛盾群体的诉求协调起来,实现共同发展。在当前,需要着力构建一些能够有效解决社会热点问题的矛盾调处机制,使之在着力解决土地征收征用、城市建设拆迁、环境保护、企业重组改制和破产、涉法涉诉中群众反映强烈的问题上有所成效,坚决纠正损害群众利益的行为。(3)注意发挥社会主义民主制度的优越性,健全民主制度,丰富民主形式,拓宽民主渠道,发挥广大群众的创造性和积极性。我国的改革属于政府主导型改革。在改革开放初期,这种改革模式在推动我国改革中发挥了重大的作用,具有一定积极意义。但是,随着改革的深入,社会利益的分化,这种政府主导型改革也呈现出越来越多的弊端:政府本身在社会转型和发展中形成了一定的既得利益,构成了利益矛盾的一方;同时,由于政府主导,许多利益相关方被排斥在改革之外,无法表达其利益诉求。这种新情况、新变化使得矛盾调处越来越缺乏主动性、创造性和积极性,而且由于缺乏所有利益相关方的在场,还容易导致新的矛盾。这就要求矛盾调处必须注意发挥社会主义民主制度的优越性,坚持人民当家作主,发挥人民群众自身和社会团体在矛盾调处中的作用。(4)以协调利益分配为突破口,加快建立健全公正合理的利益分配机制,着力解决收入差距拉大、两极分化的问题。在当前,如何调节收入差距和遏制两极分化已成为矛盾调处中最迫切的任务。要按照公平正义的原则,充分考虑和兼顾不同地区、行业、阶层、群体的利益,充分考虑社会各方面的承受能力,既要发挥市场的激励作用,也要发挥政府的调节作用,同时还要广泛吸收社会团体参与发展慈善事业,最终形成公正合理的利益分配机制。尤其是,要建立党和政府主导的维护群众权益的机制。

2.建立和完善矛盾调处机制的内容

建立和完善矛盾调处机制是一项复杂的社会系统工程。目前,主要的努力方向是:(1)预防为主。现在,利益协调之所以难以奏效,就在于缺乏应有的源头防范治理机制,属于事后的被动应付。因此,"要加强社会矛盾源头治理,健全社会稳定风险评估机制,全面建立重大工程项目建设和重大政策制定的社会稳定风险评估机制,以容易引发社会矛盾的领域为重点,及时发现各种苗头性、倾向性、潜在性问题,最大限度把矛盾纠纷解决在基层、化解在萌芽状态。"①此外,还需要健全社会舆情汇集和分析机制。这样,才能防患于未然。(2)综合施策。现在,矛盾调处之所以难以完全取得预期的效果,与其手段单一尤其是采取单纯的行政命令有很大关系,因此,我们必须综合运用各种手段,在发挥其合力的同时,实现利益协调。一是经济调处。这一机制主要是运用所有制调整、分配方式改革、各种经济政策、杠杆等手段,来调处和保证各方面的利益得到满足。经济制度和经济体制从客观上规定了各方面利益分配的基本关系,使社会利益体系保持在大体相对稳定和平衡的状态中。但在微观层面,需要运用多种多样的经济手段来调处利益关系。当前,分配制度的改革是关键。二是政治调处。这主要是利用国家的职能、政治制度及其各类政治手段进行调处。通过政治制度尤其是借助国家政权,调处利益关系和利益矛盾,维持一定的社会秩序,使社会得以向前发展,而不是在尖锐的利益对立中分裂甚至是动荡,是调处利益关系的最有力的工具。因此,必须积极稳妥地推进政治体制改革,有效落实人民群众当家作主的权利。三是法律调处。通过规范人们的权利和义务并由国家进行确认和保护,是法律调处的主要特征。法律制度对利益关系有着十分重要的调处作用。法律主要是对人民内部不同利益主体之间的利益关系进行确认和调处。因此,必须加大司法改革力度,引导人们利用法律进行诉求表达,进行矛盾调处。四是道德调处。道德对利益关系进行调处具有源远流长的历史。当前,发挥道德调处机制的作用主要就是要发挥社会主义义利观在调处人们利益关系上的作用,坚持义利关系的辩证统一。总之,我们必须综合运用各种手段以及教育、协商、疏导等办法,要把矛盾化解在基层,解决在萌芽状态。(3)完善程序。矛盾调处不力也与调处程序不完善有很大的关系。现在,要从矛盾纠纷受理(听取诉求表达)、矛盾纠纷登记(接受诉求表达)、矛盾纠纷梳理(分析诉求表达)、矛盾纠纷调解(响应诉求表达)、矛盾纠纷调处督查督办(落实诉求表达)、矛盾纠纷反馈(完善

---

① 《十七大以来重要文献选编》(下),中央文献出版社2013年版,第151页。

诉求表达）等环节完善矛盾调处程序。最后，矛盾调处需要根据利益类型和利益特点，具体问题具体分析。

总之，矛盾调处能够避免利益矛盾和利益冲突的冲击，维护社会稳定，实现社会和谐。为此，矛盾调处必须加强制度化、法制化建设，形成一套行之有效的矛盾调处机制。

（三）建立和完善利益保障机制

矛盾调处并不意味着利益矛盾的完全解决。因此，必须建立和完善利益保障机制，从源头上防范利益分化引发矛盾和冲突。利益保障机制是对那些由于各种原因而无法及时有效地进行利益协调和矛盾调处而形成的各种利益主体进行的社会保障方面的制度安排。建立与经济发展水平相适应的利益保障机制，是社会稳定和国家长治久安的重要保证。

1. 建立和完善利益保障机制的原则

建立利益保障机制必须遵循公平正义的原则。在利益保障中，"要切实维护和实现社会公平和正义，依法逐步建立以权利公平、机会公平、规则公平、分配公平为主要内容的社会公平保障体系，逐步做到保证社会成员都能够接受教育，都能够进行劳动创造，都能够平等地参与市场竞争、参与社会生活，都能够依靠法律和制度来维护自己的正当权益。"[1]具体来看，遵循的原则有：（1）权利公平。权利公平是一切公平的基础和前提。一切公民在法律面前都是平等的，大家共同拥有经济、政治、文化、社会、生态等方面的权利。国家必须平等地尊重和保护宪法赋予一切公民的平等权利。在利益分化加剧的背景下，必须充分保障失地农民的土地承包经营权、下岗工人的劳动权、待业青年的就业权、弱势群体子女的教育权、污染受害者的环境权等。为此，在完善社会主义法律尤其是宪法的过程中，必须充分赋权于民。（2）机会公平。机会不平等是最大的不平等。当下，由于户籍、地域、阶层等因素造成的教育机会不平等最为人诟病。因此，"教育公平的关键是机会公平，基本要求是保障公民依法享有受教育的权利，重点是促进义务教育均衡发展和扶持困难群众，根

---

① 胡锦涛：《论构建社会主义和谐社会》，中央文献出版社 2013 年版，第 76 页。

本措施是合理配置教育资源。"①目前,为了避免社会分裂和动荡,必须用制度手段防范阶层固化带来的不平等的代际传递("官二代"与"民二代","富二代"和"穷二代"),确保每一个公民在竞争起点上是公平的。(3)规则公平。规则公平要求在满足需要和实现利益的时候要将法律规则和道德规则统一起来,其实质是依法治国理念和以德治国理念的高度的有机的统一。对于通过违法手段获得的利益,必须依法严厉打击和取缔;对于虽然不违法但不符合社会道德规范而获得的利益,要禁止,在必要的时候还要进行干预和规范。利益保障机制应该重点保障那些既合乎法律原则且合乎道德原则而获得的利益。为此,必须将公正性原则贯穿和渗透在制度创新中。(4)分配公平。合理的收入分配制度是社会公平的重要体现。坚持分配公平,并不是要否定先富带后富的政策,更不是要复辟平均主义,而是要打破既得利益集团不劳而获的既得利益,防范资本逻辑和权力逻辑对劳动者和创造者的权利的侵害。为此,必须坚持效率与公平的统一,既要反对平均主义,又要防止收入悬殊,使改革发展成果更多更公平地惠及全体人民,保证朝着共同富裕的方向稳步前进。

2. 建立和完善利益保障机制的内容

为了体现公平正义,利益保障机制的重点是要对社会发展过程中由于各种原因形成的利益困难群体、利益缺失群体、利益受损群体进行保护和救助。(1)弱势群体基本利益保障机制。人们的基本利益是指人们为了生存和发展所必需的最基本的物质需要。保障人们的基本利益,主要是要从制度上、法律上对于那些在社会发展过程中形成的生存和发展的困难群体提供基本的权益保障,维护其基本的生存和发展的能力和条件。在我国改革开放中,一些失地而无保障的农民、国有企业的下岗职工、城镇失业人员、农村进城务工人员等就属于这一类利益保障的对象。保障其基本利益,不仅保障了其生存权,而且保障了人之为人的尊严。这是确保祛除不平等社会利益依附关系、维护利益主体自主性的基础。当然,人们的基本利益并不是固定不变的,因此,必须根据经济发展水平,逐步提高基本利益保障标准。(2)利益缺失救助机制。在社会生活中,当人们依靠自身能力无法维持基本生活或者因为遇到天灾人祸而导致特殊困难时,国家和社会应对其进行专门救助。利益缺失救助机制就

---

① 《十七大以来重要文献选编》(中),中央文献出版社 2011 年版,第 882 页。

是这方面的制度安排。当前,建立和健全利益这一机制的重点是:建立健全临时救助制度,帮助群众解决突发性、暂时性的困难;完善城市生活无着流浪乞讨人员救助制度,特别要加强对流浪未成年人的救助;完善教育救助制度,切实保障利益缺失群体子女的教育权,促进教育公平;完善城乡医疗救助制度,研究探索医疗救助制度与城镇居民基本医疗保险制度相衔接的有效形式;进一步加强救灾减灾工作,要把灾害救助摆到社会救助工作的重要位置。(3)利益受损补偿机制。由于不平衡因素的影响,在社会发展中总会出现部分对象的利益受损的情况。对于这些对象,国家必须根据实际财力进行适当的补偿。利益受损补偿机制就是这方面的制度安排。例如,长期以来,由于我国实行不平衡发展战略,农村支持城市的发展,结果农民成为利益受损群体;中西部地区支持东部地区的发展,结果中西部地区成为利益受损者。利益受损,既包括绝对受损,也包括相对受损。前者是指,利益受到了其他利益的损害;后者是指,不同的利益群体因为受益的程度不一样,付出与收获的不一致而形成的利益受损。对于这些利益受损群体,必须建立健全相应的机制进行利益保障。为此,政府必须加快公共财政体制改革,使公共财政支出在保障发展效率的前提下,增加包括基本的生存所需、基础教育、医疗卫生、扩大就业等民生项目的社会支出,加快探索建立包括税收、公共财政转移支付、行政补偿、购买公共产品等多种保障手段,建立健全各种利益保障机制。

总之,利益保障机制是保障合法利益,调动人们生产积极性和创造性,保障社会稳定,促进社会利益和谐的最后一道"阀门",在整个利益协调系统中具有重要的地位。

要之,利益协调是推动社会进步的原动力。面对利益分化,我们必须坚持正确的利益导向原则,坚持把个人利益与集体利益、局部利益与整体利益、当前利益与长远利益正确地统一和结合起来,努力形成把国家和人民的利益放在首位而又充分尊重公民个人合法利益的利益格局,坚持代表中国最广大人民的根本利益。这既是利益协调的基本原则,也是当代中国社会建设的基本原则。

第八章　整合社会关系：当代中国社会建设的具体任务

在推进社会主义现代化建设的过程中，必须处理好各种关系，特别是若干带有全局性的重大关系。正确处理这些重大关系要贯彻一个总的思想，就是以邓小平建设有中国特色社会主义理论和党的基本路线为指导，针对社会主义市场经济条件下搞现代化建设所遇到的涉及全局的新矛盾新问题，明确我们应该坚持的原则。目的是在总结历史经验的基础上，努力把握客观规律，统一全党认识，团结全国各族人民，调动一切积极因素，加快社会主义现代化建设。

——江泽民：《正确处理社会主义现代化建设中的若干重大关系》（1995 年 9 月 28 日），《江泽民文选》第一卷，人民出版社 2006 年版，第460 页。

促进政党关系、民族关系、宗教关系、阶层关系、海内外同胞关系的和谐，对于增进团结、凝聚力量具有不可替代的作用。

——胡锦涛：《高举中国特色社会主义伟大旗帜，为夺取全面建设小康社会新胜利而奋斗》（2007 年 10 月 15 日），《十七大以来重要文献选编》（上），中央文献出版社 2009 年版，第 24 页。

历史证明，先进、和谐的社会关系是社会稳定发展的重要组织力量，落后、脆弱的社会关系是导致社会动荡、停滞甚至倒退的关键所在。在当代中国，整合社会关系既是社会建设的具体任务，也是维系社会稳定的重要纽带。

一、整合社会关系的战略意义

构建和谐的社会关系是人类永恒的夙愿。在当代中国，整合社会关系是构建和谐社会的重要条件和基本内容，具有重要的战略意义。

（一）社会关系形成的客观基础

人的本质在其现实性上是一切社会关系的总和。在一般意义上，"社会关系的含义在这里是指许多个人的共同活动，不管这种共同活动是在什么条件下、用什么方式和为了什么目的而进行的"。[①]　其中，生产关系是人们在改造自然的过程中形成的社会关系，生产力决定生产关系并进而决定全部社会关系。

1. 社会关系形成的自然基础

无论是对自然的改造，还是人类自身的生产都渗透着双重属性，人类每一步前进都是自然关系与社会关系共同作用的成果。其中，从世界进化的序列来看，自然关系是社会关系建构的必要条件和基础，社会关系是自然关系的延伸和超越；社会关系是自然关系发展的产物，自然关系为社会关系的缔结提供客观基础。从本质上说，人类的自然关系是社会关系的重要表现形式，社会关系是人类质的规定性，人与人之间的和谐交往将通过人与自然之间的良性交互得以反馈，相反，"人同自身以及同自然界的任何自我异化，都表现在他使自身、使自然界跟另一些与他不同的人所发生的关系上。"[②]另外，人与自然的关系往往受制于社会关系，可以说是社会关系界定了自然关系的内容和性质。"只有在这些社会联系和社会关系的范围内，才会有他们对自然界的影响，才会有生产"[③]。人与人之间通过交往活动建立了社会关系，社会关系也塑造了人类。各种社会关系相互交织，错综复杂而又排列有序，构成社会关系的复杂系统。其中，占统治地位的社会关系的总和即为该时代的经济基础，各种社会关系都可以从生产关系的角度得以说明。

---

① 《马克思恩格斯文集》第1卷，人民出版社2009年版，第532页。
② 《马克思恩格斯文集》第1卷，人民出版社2009年版，第165页。
③ 《马克思恩格斯文集》第1卷，人民出版社2009年版，第724页。

2. 社会关系形成的生产基础

社会关系不是从来就有的,是人类为了实现生产的目的而建立起来的联系。为了满足人们的物质的和精神的需要,人们不得不开展生产;人们为了开展生产,不得不集结,建立各种各样的联系。这在于,单个人的力量是极其有限的,难以保证生产的进行。建立什么样的联系,怎样建立联系,在什么条件下建立联系,直接关乎生产的发生以及生产的有效性。例如,"人们是在一定的生产关系中制造呢绒、麻布和丝织品的","这些一定的社会关系同麻布、亚麻等一样,也是人们生产出来的"①。人类社会生产至少包括三种基本形式:物质生产、精神生产和人类自身的生产。这三种生产形式相互影响、相互作用,共同推动了社会的进步。物质生产的发达为社会关系的形成和发展创造了物质基础和经济条件,精神生产为社会关系的形成和发展提供了精神动力,而人类自身的生产不但增加了人口的绝对数量,也丰富了社会关系的结构形式。从本质意义上说,生产力是社会生产的物质内容,生产关系是社会生产的社会形式,社会关系既是人类劳动的产物,又是劳动进行的必要形式。一句话,社会关系就是处于一定社会中的人与人之间的关系,人们因生产而缔结,因生产而协作,社会关系的成熟程度取决于社会实践的发展程度。生产力和社会关系相互作用、矛盾运动,是主导人类社会发展的最基本规律。

3. 社会关系形成的分工基础

如果说物质生产是社会关系发生的动力和源泉,那么,社会分工就是社会关系存在和发展的必要条件。这主要体现在:(1)社会分工是社会活动的基本组织形式,是社会关系的定位轴。"分工的各个不同发展阶段,同时也就是所有制的各种不同形式。这就是说,分工的每一个阶段还决定个人在劳动材料、劳动工具和劳动产品方面的相互关系。"②社会分工意味着生产资料的不同归属和主体在劳动过程中的不同地位。劳动、产品、资本分裂于不同的群体,改变了劳动和占有的同一性,共同体的利益分化,个人之间、群体之间产生了对立和统一,交往成为社会发展的必要条件,这些都是社会关系的表现形式。(2)社会分工也是一种协作生产力,是一切社会关系产生的历史前提。

---

① 《马克思恩格斯文集》第 1 卷,人民出版社 2009 年版,第 602 页。
② 《马克思恩格斯文集》第 1 卷,人民出版社 2009 年版,第 521 页。

社会分工标志着人们改造自然的能力，通过建立各种联系推动各种生产要素在社会生产中发挥切实作用。分工协作超越了个体能力的局限性，推动了人类文明的发展。在原始社会，生产力水平低下，狩猎中的分工将渴求生存的人们联系在一起，以此增强生存技能，提高存活的可能性。随着农业、手工业、商业三次社会分工的依次展开，社会关系日益扩展，直到今日，社会分工越来越专业化、精细化，进而推动了社会关系的普遍化。

如上所述，社会关系是一种客观关系，社会关系的发生有其客观基础。当然，其中的动力机制是相当繁复的。

（二）社会关系系统的结构层次

随着人类实践活动日益深入和扩展，历史地形成了复杂多样的、多种层次的社会关系。社会关系已经形成一个庞杂的体系，覆盖相当广泛的范围，渗透多个层次领域。

按照不同的划分标准，可以将社会关系划归于不同的类别。按照所有制关系划分，社会关系先后经历了原始朴素社会关系、奴隶性质社会关系、封建性质社会关系、资本主义性质的社会关系以及社会主义性质的社会关系。未来，将形成共产主义性质的社会关系。按照作为社会主体的人的发展阶段和程度，社会关系的演变则经历了人对人的依赖阶段、人对物的依赖阶段以及人的全面发展开启阶段的社会关系。按照社会关系建立的纽带，可以分为血缘关系、地缘关系和业缘关系。按照关系的密切程度，又可以分为直接关系和间接关系。按照关系的领域划分，又分为经济关系、政治关系、文化关系、社会生活或社会交往关系、生态关系。按照关系主体不同，可将社会关系分为人际关系、组织关系、国家关系、民族关系、中央和地方的关系等。当然本章所涉及的社会关系主要是指不同群体或不同利益集团在社会交往过程中形成的关系，区别于个体的人际关系，是群体的交往关系。按照职业性质和职能，可分为干群关系、警民关系、劳资关系、师生关系、医患关系，等等。在阶级社会中，按照关系性质，可分为对抗关系和非对抗关系；对抗性质的社会关系主要是指在各个社会形态的两大基本阶级之间的关系，斗争焦点主要围绕物质利益进行；非对抗性质的社会关系主要是指各阶级内部的关系，如奴隶主阶级内部的关系、无产阶级与农民阶级的关系等，这些都是建立在根本利益一致基础上的社会关系,因此,属于非对抗性质的社会关系,可以通过调整、改革、发展而非阶级斗争的方法予以解决。按照联结的方式,可分为虚拟关系和现实关系。虚拟关系主要是依托现代网络技术支撑的平台,在虚拟版块中通过通信、聊天、灌水、投票、消费形成的群聚性网络互动关系。虚拟关系与现实关系一样也需要一定的场所、一定的人群、相应的组织、相应的文化背景等。只是虚拟关系打破了时空的限制,给参与者提供了一个更广阔、更自由的空间。当然,就其实质来看,虚拟关系是现实关系的写照。

总之,从不同的角度,用不同的分类方法,可以有多种不同的社会关系。整个社会是各种社会关系交织而成的整体,每一个人、每一个群体都被交织在复杂的社会关系的网络之中。

(三) 社会关系演变的历史轨迹

无论是个别社会关系还是整个社会关系系统,都是具体的、历史的,是随着社会实践的发展而演变的。每一次演变的过程都是残酷的,但其最终结局都促进了社会关系的和谐发展。

1. 建立在人的依赖性基础上的社会关系

在狩猎和农耕时代,由于受社会条件限制,人类交往活动的时间和空间都相当狭小,社会关系往往以血缘、宗法为基础。这个时期,"家庭起初是唯一的社会关系"①。家庭是社会的细胞,所有的社会关系都是在家庭的基础上衍生出来。原始的社会关系是以家庭关系为核心的。这种社会关系既是公平和睦的,也充满了野蛮与懵懂。此时营造社会关系旨在维系人的生存和生育。虽然社会关系突出了人的本质,但是,面对自然关系时,社会关系表现更多的是依赖和被动。随着生产力的发展和人口的增多,交往的需要和能力都有所扩展,同时,人类对家庭的依赖会逐渐减少。以阶级和私有制的产生为契机,社会关系的连接纽带进一步规范化,然而这种规范是以牺牲劳动人民的独立、自由和幸福为代价的,因此,奴隶性质、封建性质的社会关系的鲜明特征是统治性和服从性。质言之,前资本主义社会关系是建立"人的依赖性"基础之上的。

---

① 《马克思恩格斯文集》第 1 卷,人民出版社 2009 年版,第 532 页。

2. 建立在物的依赖性基础上的社会关系

资本主义生产力的巨大进步开拓了人类文明的新篇章，为建构新型社会关系提供了坚实的物质基础。就其实质来看，"资本不是一笔货币，而是一定的社会关系"①。资本主义的社会关系以物（商品、货币和资本）为中介，资本将劳动者束缚在资本家的工厂里，劳动者的劳动意愿、劳动的具体过程、劳动过程中的关系都是以"被"字形式存在的，即使生产车间之外的流通领域的社会关系也是在商品、货币和资本的操纵下进行的。即，在资本主义条件下，人与人的关系表现为人与物的关系或物与物的关系。新航路的开辟打破了五大洲地理上的隔阂，机器大工业取代工场手工业带来了生产力的突飞猛进，资本的扩张性将商品原料产地和消费市场拓展到全世界。资本主义扩大了生产规模，提高了生产效率，推动了科学技术的飞跃，为人类社会交往积累了物质财富，从交通工具到通讯设施改变了人类的活动范围，超越了时空的限制，为拓宽人类的交往领域创造了可能性。"各个相互影响的活动范围在这个发展进程中越是扩大，各民族的原始封闭状态由于日益完善的生产方式、交往以及因交往而自然形成的不同民族之间的分工消灭得越是彻底，历史也就越是成为世界历史。"②资本主义的社会分工将不同国家和地区的人们都纳入到资本主义体系中，形成了普遍性的世界交往，建立了全面的、多层次的社会关系体系。尽管经历了原始积累的血腥和无情，资本主义性质的社会关系汲取了以往社会关系的精华，仍不失为人类社会的一大进步。

3. 建立在向人的全面发展努力基础上的社会关系

社会主义性质的社会关系是在资本主义的基础上建立起来的全新的社会关系。从经济方面来说，建立了以公有制为主体的所有制结构，实行了按劳分配为主体的分配制度，逐渐消灭了剥削和异化之根源，使个体获得对生产资料的平等支配权力，从而建立起了扶贫济困、团结互助、平等友爱、融洽和谐的社会关系。当然，"建立新的劳动纪律，建立人与人之间社会联系的新形式，创立吸引人们参加劳动的新方式和新方法——这是一项需要许多年甚至几十年才能完成的工作。"③在政治条件方面，建立人民当家作主的根本政治制度，实

①　《列宁专题文集　论社会主义》，人民出版社 2009 年版，第 89 页。
②　《马克思恩格斯文集》第 1 卷，人民出版社 2009 年版，第 540—541 页。
③　《列宁选集》第 4 卷，人民出版社 1995 年版，第 131 页。

行民主选举、民主决策、民主管理、民主监督,以广大人民的根本利益为出发点和归宿,使人民的意志上升为国家的意志,从而创造出了"又有集中又有民主,又有纪律又有自由,又有统一意志、又有个人心情舒畅、生动活泼,那样一种政治局面"。① 在个人发展方面,在社会主义社会的条件下,人类逐渐摆脱实物世界的驱使和奴役,对象化的存在也是确定人的主体性,人——物的关系真正被扶正。此时,推动社会前进的仍然是一种群体的力量,但是在此合力中,人们出于自愿——人们的情感皆源自内心,个体创造性得到自由伸展和充分发挥,人的存在即是一种自觉地为我存在,也是一种世界历史的存在。这是个人发展的最新阶段,在这种社会关系中,个体不再受地域、种族、性别等因素的限制,人类在普遍的、开放的社会关系中开始感受的是自在和自由。

当然,社会主义性质的社会关系仍然不是最理想的社会关系。在共产主义条件下,随着物质财富丰富和人们精神境界的提高,人的自由而全面的发展将必然成为可能。只有在那时,才会形成真正明白而合理的社会关系。

(四) 社会关系整合的进步意义

整合社会关系是指协调和调整社会关系,使得各方面利益的归属和职责定位实现最优化的配置,促使不同的社会群体实现社会团结进而结合成为人类社会生活共同体的过程。社会历史条件的变迁是社会关系整合的现实要求。整合社会关系的目的在于遵循社会历史变迁规律的条件下,有意识有目的地促进社会关系的优化,使整个社会有机体和谐运转。社会关系的整合无论对个体还是整个社会的有效运转都具有重要的意义。

1. 整合社会关系是促进个体发展的必然选择

整合社会关系可以为个体发展创设良好的社会环境。单独的个体不是人,人的本质是社会关系的总和。尽管群居动物也会建立群体关系,但是,此群体关系应属畜群关系,而非社会关系。社会关系本身就是人类个体的存在,整合社会关系最直接的效应就是确证个体的主体性、独立性、自觉性和社会性。自然关系是遗传的、先赋性元素,它的转变需要漫长的自然进化过程。而社会关系势必通过后天培养建立和巩固,个体的道德修养、知识结构、自我认

---

① 《毛泽东文集》第八卷,人民出版社 1999 年版,第 293 页。

知、实践技巧等能力都可在社会关系的架构中得到完善。同时，个体的充分发展，主体意识的充分觉醒对社会关系的建构也有积极影响。从某种意义来说，社会关系整合是个体主体性成熟的标志。个体融于社会之中，会发生利益和思想的碰撞，在自我淘汰、自我选择中达到社会关系的良性整合，这样，可以引导个体成长的方向，为个体创造更合理的机会，为个体发展奠定相应的社会基础。

2. 整合社会关系是化解社会冲突的必然选择

整合社会关系可以实现社会关系的协调性、丰富性和全面性，保证社会有机体的稳定性、统一性和有序性。由于利益基础不同，可将社会关系区分为对抗性社会关系和非对抗性社会关系。前者往往存在于根本利益存在分歧的群体之间，后者是根本利益一致基础上的群体关系。但是，非对抗性社会关系也存在利益冲突。一句话，无论对抗性的社会关系还是非对抗性的社会关系都存在利益之争，只是解决的方法不同而已。人们的一切行动都可追溯到利益的诉求，整合社会关系就意味着在群体之间进行利益协调，给每个群体以充分发展的空间和可能，促进各个群体之间良性沟通，取长补短，避免不必要的分歧和冲突。这样，可以最大限度地节省社会有机体运行的交往成本，减少在社会重建中的不稳定因素，给予各角色以合理的定位，保障各个环节的运转顺畅，在沟通合作中达到动态平衡，为社会发展创造稳定的环境。

3. 整合社会关系是促进社会交往的必然选择

整合社会关系可以促进交往的普遍化和合理化，进而能够促进和谐社会的建立。从交往的对象来看，可将人的交往划分为人与个体的交往（个体交往）、人与社会的交往（社会交往，狭义）、人与自然的交往（生态交往）。在此基础上，就形成了三种主要的社会关系：人与个体的关系（个体关系）、人与社会的关系（社会关系，狭义）、人与自然的关系（生态关系）。从其结构来看，和谐社会主要体现为人与个体的和谐（个体和谐）、人与社会的和谐（社会和谐，狭义）、人与自然的和谐（生态和谐）。通过整合个体关系，能够促进个体交往的合理化和有序化，这样，就有助于个体和谐的实现；通过整合社会关系，能够促进社会交往的合理化和有序化，这样，就有助于社会和谐的实现；通过整合生态关系，能够促进生态交往的合理化和有序化，这样，就有助于生态和谐的实现。事实上，个体交往、社会交往、生态交往三者往往是缠绕在一起的，个体关系、社会关系、生态关系是互动的,个体和谐、社会和谐、生态和谐是统一的。在总体上,整合社会关系能使交往(行为)、关系(构成)、和谐(结果)统一起来,这样,就有助于推动和谐社会的建立。

总之,整合社会关系是一种社会主体主动为之的选择,是群体适应社会的过程,也是社会自我完善的过程,因此,整合社会关系具有历史进步的意义,是社会建设的重大议题和基本任务。

二、当代中国整合社会关系的新课题

在当代中国,社会关系的分化已成为影响社会稳定、社会和谐的重大问题,因此,整合社会关系既刻不容缓,又充满荆棘挑战,必须走出一条创新之路。

(一) 我国社会关系变迁的历史

任何一种社会结构的形成都是以现有的社会关系为基础的,"决定于在他们以前已经存在、不是由他们创立而是由前一代人创立的社会形式"①。中国社会关系历经传统社会关系的初始建构、计划经济时代社会关系的延续、市场经济的双重影响,从而形成了当今复杂的结构局面。

1. 传统社会关系的遗存

中国传统的社会关系网络是以血缘、亲缘、地缘为联系纽带,以传统伦理道德为规范的金字塔式社会体制。在这种社会关系框架中,一方面,特权等级思想深重,官官相护,正所谓,一人得道鸡犬升天,一人遭殃祸及六亲。另一方面,以邻为壑,嫁祸于人,保护主义盛行。传统性质的社会关系成就了中华民族几千年的辉煌,也造就了中华民族的百年耻辱和迷茫。因此,民族资产阶级、知识分子以及多少志士仁人高举民主、自由的旗帜,试图将传统的伦理纲常全部埋葬在历史尘埃中。然而,这种传统社会关系虽几经摧毁和革除,生命力犹存,披上了现代化的外衣,不时干扰着社会进步的行程。

2. 计划经济时代社会关系的延续

20 世纪中叶,中国共产党以马克思主义为旗帜,带领广大人民解放了中

---

① 《马克思恩格斯文集》第 10 卷,人民出版社 2009 年版,第 43 页。

国,实现了中华民族的自决、独立和自由。"打土豪、分田地",实现穷人当家作主,取缔等级秩序,中华大地顿时焕发勃勃生机,社会主义新型社会关系破土而出。这种新型社会关系以生产资料公有制为经济基础,以无产阶级专政为政治条件,以集体主义为价值取向,突出了新型社会关系的平等性或公平性,从而有效地凝聚了社会力量,空前地实现了社会团结,快速地推动了社会进步。后来,随着计划经济体制的僵化和思想认识的偏差,行政力量甚至是阶级斗争成为整合社会关系的唯一力量,社会关系被严重政治化,这样,就限制了社会活力,甚至出现了人人自危的不正常现象。

3. 市场经济条件下社会关系的嬗变

改革开放以来,多样化的经济成分催生了多元化的社会关系。在经济结构和经济利益的重组的基础上,社会关系的整合回归其本来之貌。在突出同志式的社会主义新型关系的基础上,基于经济利益之社会关系开始占据主导地位,人与人之间的利益联系更为紧密,从而使社会团结成为一种有机团结。但是,由于市场经济存在着盲目性、自发性和滞后性,如果一味将市场逻辑引向社会关系,那么,随着市场原则的泛化,必然催生拜金主义、个人主义、利己主义等思想,造成社会关系的片面化、单向化甚至金钱化。这样,如何在市场经济的条件下按照经济利益整合社会关系,避免社会关系分化带来的社会裂缝,就成为当代中国社会建设的重大课题。

总之,我国社会关系的历史性变迁前后相继,左右相接,构筑了当今的复杂、多样的社会关系样态。

（二）我国社会关系分化的现实

当下,我国的所有制结构、组织形式、分配方式、价值理念、思维方式呈多样化的趋势,这样,就导致了社会关系的分化。这种分化既有其合理性,也有现实的负面影响。

1. 我国社会关系分化的表现

基于资源占有的差异以及利益取向的区别,社会关系分化具体表现为下述几个方面:

工农差距、城乡差距。人均可支配收入是衡量城乡收入差距的直观标准,根据国家统计局的数据,从 1978 年至 2012 年,我国城镇居民收入由 316.0 元上升为 24565 元,农村居民收入由 133.6 元上升为 7917 元,城乡居民收入整体大幅度增长,但是,城乡收入差距悬殊并日益扩大,而且幅度很大。除此之外,社会公共服务资源在城乡之间的配置也是极不均衡的。如果再考虑教育、医疗、退休金、最低生活保障制度、养老保险、劳动保护、休假、日常生活福利、福利设施等方面的差异,那么,城乡差距无异于天壤之别。这一问题涉及人数最多,覆盖范围最广,历史根源最深,涵盖问题最复杂,已成为全面建成小康社会的最大制约因素。当然,这一问题与中国的社会历史现实很多因素相关。

区域差距、地方差距。改革开放以来,中国区域发展格局发生重大演变,总体趋势是东、中、西部地区差距较大而且呈现出不断强化的态势。差距程度可以参照经济总量、经济发展速度、人均 GDP 等经济发展指标来衡量。具体以天津、贵州为例来看,1978 年,天津市的经济总量为 82.65 亿元,人均 GDP 为 1133 元;2012 年天津市 GDP 为 12885.18 亿元,同比增长 13.8%,人均 GDP 为 95094 元;1978 年,贵州 GDP 总量为 46.62 亿元,人均 GDP 为 175 元;2012 年贵州 GDP 总量为 6802 亿元,同比增长 13.6%,人均 19608 元。可见,1978 年天津市的经济发展总量为贵州的 1.77 倍,而 2012 年天津市的经济发展总量为贵州省的 1.89 倍。总之,无论从经济增长的绝对值还是从经济发展的速度来看,区域、地方差距都是非常悬殊的。如果任由此种差异持续,则必然产生区域之间的隔阂和对立。

阶层差距、劳资矛盾。阶层分化主要体现在家庭收入差距、行业差距以及劳动报酬与非劳动报酬的收入差距等方面。据北京大学中国社会科学调查中心(2013 年 7 月)发布的"中国家庭追踪调查"数据显示,2012 年收入最低的 5% 的家庭收入累计占所有家庭总收入 0.1%,而收入最高的 5% 家庭的收入却占所有家庭总收入的 23.4%,是前者的 234 倍。根据 2010 年国家统计局公布的数据,中国证券业的工资水平比职工平均工资高 6 倍左右,收入最高和最低行业的差距达 11 倍,而根据 2011 年人力资源和社会保障部工资研究所发布的最新数据,这一差距又扩大到 15 倍。据《广州日报》(2010 年 3 月 4 日)报道,我国居民收入占国民总收入的比重正在逐年下降,劳动者报酬占 GDP 比例从 1995 年的 51.4% 下降到 2007 年的 39.7%,居民收入占 GDP 的比例从 1992 年的 68.6% 下降到 2007 年的 52.3%,低于同期发达国家水平。在此背景下,阶层分化、劳资纠纷已成为影响社会稳定的主要因素。

党群矛盾、干群矛盾。随着利益格局的调整，党群、干群之间的矛盾表现形式更加复杂多样。由之引发的群体事件也呈多发态势。据司法部门统计，当前全国上访案件中70%—80%是由党群干群矛盾激化所引起的。群体性事件呈现的特点主要有：规模扩大、参与人数增多；主体多元化、组织化程度也明显提高；维权内容涉及范围广泛，经济、政治、环境等各方面都有波及。典型案例有：2008年6月28日的贵州省瓮安事件，2008年7月的云南孟连事件，2008年9月湖南吉首市非法集资事件，2010年安徽马鞍山万人集体抗暴，2010年的云南昭通大规模抗暴，2011年广东乌坎事件等。总之，由党群、干群关系引发的各种冲突日益升温，必须予以高度重视。

综上，我国社会关系分化形式复杂，状况严重，必须进行全面分析，并要及时妥善处理。

2. 我国社会关系分化的原因

我国社会关系的分化是由多种因素造成的。择其要者，不外乎以下几个方面：

所有制成分的多样化。在社会主义初级阶段，实行公有制为主体，多种所有制经济共同发展的经济制度，是与我国现阶段的国情相适应的。在这种经济制度条件下，公有制企业与个体、私营、外资企业在市场经济中的竞争地位应是平等的，但是，由于历史、现实等多种因素影响，不同所有制成分在竞争的起点、过程、机会等方面着实存在较大差异，这必然导致不同的主体在占有生产资料方面居于不同的地位。多种所有制结构意味着人们对生产资料的所有、占有、支配、使用过程中形成多种经济关系。在不同所有制企业中，劳资双方对生产资料的权限不同，带来的社会地位和社会收益也存在巨大差异，如不加以正确引导，势必引起社会结构的分化。

就业方式的多样化。经济体制的转型促进了社会分工的专业化、细致化，由此带来了社会关系的复杂化和碎片化。与社会分工的专业化发展相适应，我国的就业方式也由政府包分配、包就业，改变为自谋职业、双向选择就业。这样，组织形式的多元化，就业方式的多样化，就产生了社会关系的多样化。社会关系分化的实质就是社会资源占有的不平衡，阶层关系的实质则是利益诉求的多样化。现阶段的阶层往往是围绕职业地位，并综合考虑经济基础、社会声望、教育程度、知识水平、个人能力和信息网络等因素而分化的。不同的就业方式影响具体的职业定位、选择和发展,从而产生不同的社会利益关系取向,形成不同的关系层次。

分配方式的多样化。由所有制结构的多样化必然产生分配方式的多样化。我国现阶段实行按劳分配为主体,多种要素共同参与分配的分配结构。一方面,由于公有制企业实行独立的经济核算,劳动者的实际收入与企业的经济效益是直接挂钩的,而且不同的劳动者向社会提供的劳动质量和数量也是存在区别的,所以,即使在公有制企业下,不同的分配主体的实际收入也是存在很大差距的,尤其是一些垄断企业的职工在社会分配中明显处于优势地位。另一方面,由于采用多种分配方式并存的政策,分配标准份额缺乏统一标准,加上劳资之间的地位往往是不平等的,这样,在收入形式和收入来源更加多样化的同时,个人收入差距进一步扩大。在这种分配格局下,社会关系方面必然出现阶层的分化。

货币关系的泛化。在市场经济条件下,货币的功能很容易被过度强化,社会关系也就会出现资本化和物性化的倾向,由此就会导致整个社会关系的疏离和分化。在一般意义上,"商品是天生的平等派和昔尼克派"[1]。当然,这里的自由平等是以社会关系的疏离与分化为代价的。货币本身是商品经济发展的阶段性媒介,却一不小心承载了过多的社会功能,人们对货币的崇拜淹没了货币的存在意义。如果支撑商品、货币、资本的社会关系更多是以利益为导向的供求和消费关系,那么,买卖超越流通,跨过经济,就会统领一切。在市场经济条件下,追求货币成为社会关系建构和整合的主要动因,对货币的占有量成为划分社会关系层次的主要依据。这样,社会关系被物化,就取代了人与人之间应有的和谐、互助、友爱的关系。

竞争关系的泛化。市场经济体制建立的基础是高度发达的商品经济,其最基本的特征在于资源商品化、经济关系货币化、市场价格自由化和经济系统开放化。在市场经济条件下,生产者、消费者以及其他主体都是平等、自由的,同样也是独立、分散的。基于所有权、物权的不同归属,以及利益取向的经济动因,使得生产、分配、交换、消费的目的局限为排他性的占有和收益,而非共享。这样,受限于短期的、个体的、具体的商业关系定位,异质主体之间的竞争

---

① 《马克思恩格斯文集》第5卷,人民出版社2009年版,第104页。

关系往往大于合作的关系，并将经济领域的竞争关系扩散到其他领域。这种竞争关系进一步促进了社会关系的分化。

总之，在当今社会历史条件下，社会关系的分化是有现实土壤的。如果不能加以及时恰当处理，势必干扰整个社会发展的正常进程。

（三）我国社会关系分化的影响

社会关系的分化，尽管是共同利益扩大基础上的具体利益之间的矛盾，但是，已经危及到了中国特色社会主义的全局。

1. 社会关系分化的经济影响

社会关系的分化，使得原有的统一的、平均的、整体性的社会关系被打破，中央与地方之间、城乡之间、地域之间、个体之间在利益需求、利益获取途径方面呈多元化态势，利益格局出现复杂化，利益矛盾、冲突逐步公开化，从而会影响中国特色社会主义经济的全面协调可持续发展。具体而言，群体之间、个体之间收入差距逐步扩大，各种经济资源迅速向少数上层群体集结，造成广大人民群众的有效需求不足，这不利于社会生产过程在生产、分配、交换、消费等各个环节之间的正常循环，会影响社会主义经济的长期稳定发展。同时，物质利益的严重分化，即经济发展过程中竞争关系的泛化，竞争关系大于合作关系，容易滋生既得利益集团、地方保护主义，会影响经济资源的合理配置，从而产生重复性建设、趋同化发展等各种经济问题，最终会增加经济成本。此外，不同主体在社会收入分配中地位严重失衡，劳动者处于弱势地位，严重影响劳动者的劳动积极性和创造性的充分发挥，从而会影响经济效率的提高，对经济增长能产生负面影响。

2. 社会关系分化的政治影响

社会关系的分化对党的执政能力和政府的管理能力提出了新的挑战和要求。1956 年以后，党和政府的执政基础主要是工人、农民和知识分子。改革开放后，随着社会结构的转型，新的社会阶层不断涌现，由此带来了政治意识、政治态度、政治利益乃至政治身份的新变化，这就要求执政党不断提高驾驭全局、统筹利益关系、妥善处理社会矛盾的能力，进而来巩固并扩大党和政府的执政基础。但是，在社会关系分化中，由于利益关系的调整也带来了党员干部的内部分化。有一些党员干部禁不住诱惑，利用公共权力，钻体制的空隙，中饱私囊。这就要求党和政府必须提高防腐拒变和抵御风险的能力,切实提高党和政府的公信力。在经济政治体制变迁过程中,党的历史方位发生了根本性变化,但是很多党员干部没有正视历史条件的差异,仍然延续过去大包大揽的模式,采取直接的行政命令做法,没有做到公开、公正、公平,从而加深了社会矛盾,损伤了人民的感情。这就要求党和政府必须加强自我约束,提高发展民主政治、加强社会管理、做好群众工作的能力和水平。

3. 社会关系分化的文化影响

在改革开放前,人们在精神文化领域以共产主义理想为崇高目标,以集体主义精神为根本原则,褒扬高尚的道德情操,奉行诚信友爱的职业素养,提倡积极向上的生活状态和互帮互助的交往规则。然而,社会关系的分化,使得人们将经济利益最大化的追求延伸到文化领域,削弱了文化发展的公益性目标,扭曲了文化的社会功能。在这种情况下,是非美丑的界定皆仰仗经济效益的多少,长此以往必然形成庸俗化、低俗化的社会氛围。同时,社会关系的分化带来了社会价值理念和思维方式的多元化,出现了理论、制度和道路等方面的不自信,言必称希腊。目前,主流价值观不断遭到非议和背弃,真善美与假丑恶的界限逐渐模糊,道德底线不断遭到挑战,似乎一切都可以理解,一切都可以接受。如不加以科学引导,必然会致使人们由内在焦虑演变成共同的精神危机。

4. 社会关系分化的社会影响

社会关系的分化增加了社会运行的成本。改革开放以来,分化的群体利益关系升级为经济社会发展的不平衡,在既得利益群体与弱势群体之间形成沟壑,社会公共服务的缺失进一步形成了经济地位的差异,工农、城乡、区域、民族、阶层、干群之间的对立情绪日益明显。日益多样化的价值观念、道德习惯产生了群体之间的疏离和不信任,压抑的情绪没有有效的表达渠道和解决路径很容易演化为矛盾和冲突,这样,就会威胁社会稳定,削弱公民生活的安全感和幸福感。同时,小问题转变成大矛盾,不但增加了解决问题、消除矛盾的难度,而且增加了社会成本,造成社会资源的巨大浪费,甚至威胁经济发展的成果。与之相对的是,基于民主政治的发展,公民民主意识不断增强,公民参政意识、维权意识大幅度提高。这样,在一增一减之间,就进一步加剧了社会关系的分化。概括而言,利益关系的分化导致社会关系的分化,社会关系分化激发了群体之间的对立，对立升级为矛盾，演变成冲突，从而增加了社会运行成本，反过来又加深了社会分化，形成恶性循环。

总之，社会关系分化产生的影响是广泛的、消极的。如果放任自流，必然会威胁整个社会的稳定与和谐。

（四）我国社会关系整合的原则

当前，整合社会关系必须避免重蹈"阶级斗争为纲"的覆辙，而必须坚持"三个代表"。即，必须用最先进的生产力为整合社会关系奠定经济基础，用最先进文化引领整合社会关系的前进方向，把最广大人民的利益作为处理一切社会关系的首要原则。具体来看，我们在处理社会关系时应坚持以下原则：

1. 坚持全面整合与突出重点的统一

社会关系是随着人类的社会活动展开的，人类的社会活动涵盖了政治、经济、文化、社会生活、生态等多个方面，由此建立的社会关系也是相当广泛并且多样的。各个领域的社会关系不是彼此孤立的，而是相互影响、相互作用的，牵一发而动全身。社会关系的构成是多样的，社会关系的发展具有不平衡性，所以，在社会关系的整合过程中要形成相应的联动机制，对其他领域的社会关系应给予充分关注。同时，不同的社会关系在社会发展中的地位是不一样的，人类的第一个历史活动是生产活动，所以，我们必须"从社会生活的各种领域中划分出经济领域，从一切社会关系中划分出生产关系，即决定其余一切关系的基本的原始的关系"[1]。由于生产关系是其他一切社会关系的基础，其他领域的社会关系都是在生产关系的基础上形成和发展的，所以，任何社会关系的整合都要坚持稳定其生产关系的优先性。对于当代中国来说，这就是要坚持和完善社会主义生产关系。在允许其他所有制成分和分配方式存在的同时，我们必须坚持公有制在所有制中的主体地位，必须坚持同志式关系在劳动关系中的主体地位，必须坚持按劳分配在分配方式中的主体地位。唯此，才可在保证社会关系的社会主义性质的基础上有效整合社会关系。

2. 坚持公平性和阶段性的统一

整合社会关系就是将各种价值要素在各阶层之间以及各阶层内部进行重

---

① 《列宁专题文集　论辩证唯物主义和历史唯物主义》，人民出版社 2009 年版，第 158—159 页。

新分配的过程。利益、机会、财富、资源等所有价值因素的分配都要遵守公平的原则,除非不公平分配符合所有社会成员的要求。现阶段的价值要素分配手段,既有市场机制,也有旧的利益格局的痕迹。因此,整合社会关系,必须消除身份壁垒,弥合群体差距,确认劳动平等的职业认同理念。如果一个社会的利益分配过程过于依赖家庭背景、阶层身份以及既有的资本、生产资料等因素,那么,社会成员的差距必然会日益扩大,最终会威胁社会的安全稳定。为此,在利益分配的过程中必须强化公平理念。但是,公平不等于绝对平均。公平是一个历史性概念,在不同时期具有不同的内涵和要求。在当代中国,必须从社会主义初级阶段的实际出发,将公平和效率统一起来,赋予每个成员以公平的发展机会,消除身份、职业和地域壁垒,坚持职业的开放性、流动性和公平性,促进各阶层之间的合理流动与和谐共处。在社会主义初级阶段,只有坚守公平,促进各阶层共同的价值认同,才能达到各阶层合作共赢。因此,"必须尊重劳动、尊重知识、尊重人才、尊重创造,这要作为党和国家的一项重大方针在全社会认真贯彻。"①总之,只有全面兼顾和实现各阶层的利益,进一步建立和完善相关政策,才能使社会各阶层共享改革发展的成果。

3. 坚持经济效益和社会效益的统一

从根本上来说,只有大力发展生产力,丰富社会物质财富,才能有效整合社会关系。这在于,"随着新生产力的获得,人们改变自己的生产方式,随着生产方式即谋生的方式的改变,人们也就会改变自己的一切社会关系。"②因此,只有坚持以经济建设为中心,不断提高经济效益,才能为群体利益公平分配创造更多的价值空间,更能为整合社会关系奠定坚实的物质基础。强调经济建设、经济效益的重要性,并不意味着经济利益的唯一性,还必须坚持社会效益的原则。这在于,任何规律的作用范围都是有限的,交换的价值原则也不是放之四海而皆准的真理。将商品货币关系泛化,在精神领域将导致信仰的缺失、精神空虚,滋生假、丑、恶等不文明行为;在社会生活领域将产生人情冷漠、信任危机,激发社会矛盾;在政治领域将放弃以民为本的思想,必然产生权钱交易、暗箱操作,导致社会公平、正义的缺失。因此,我们不能把人类社会所

① 《江泽民文选》第三卷,人民出版社2006年版,第540页。
② 《马克思恩格斯文集》第1卷,人民出版社2009年版,第602页。

有的物品、行为乃至所有的关系都放在天平上用金钱去衡量，否则，我们的代价将是收获金钱而丢失全世界。这样，就必须从维护社会稳定、社会公平和社会和谐的高度，按照代表中国最广大人民根本利益的要求，去整合社会关系。一句话，在整合社会关系的过程中，经济效益与社会效益，如鸟之两翼，车之两轮，缺一不可。

总之，为了建立融洽和谐的社会主义社会关系，我们必须努力消灭统治性的社会关系，化解对立性的社会关系，优化竞争性的社会关系，构筑互助性的社会关系。

三、当代中国社会关系的结构整合

社会关系通过社会结构的形式存在，社会关系的结构性协调是整合社会关系的最基本任务。在当代中国，协调工农关系、城乡关系、区域关系、民族关系、阶层关系、劳动关系、党群关系和干群关系是社会建设的最迫切、最重要社会任务。

（一）促进工农、城乡关系的协调发展

统筹工农关系、城乡关系也就是处理好9亿农民和4亿城市居民的关系。

1. 工农、城乡协调发展的战略依据

工农关系、城乡关系是社会主义现代化建设中的重大关系，具有基础性、战略性的意义。

完善市场经济的客观要求。为了促进社会主义市场经济有序、健康发展，必须建立统一、开放的大市场。如果放任城乡经济社会发展严重分化，那么，市场经济的后续发展必然愈见乏力。农业是市场经济发展的原料来源。现有农业发展速度落后于市场经济的发展速度，所以不能为市场经济的发展提供高品质、多样化、充足的生产原料，限制了市场经济的发展。同时，只有不断促进农村经济的发展，才能将大批的农村人口解放出来，这样，才能为市场经济的发展提供稳定的劳动力来源。农民占全国总人口大多数，孕育着巨大的消费潜力，因此，只有统筹城乡发展，切实提高农民的收入水平，才能提高农民的购买力，进而为市场经济发展提供驱动力。最后，土地是市场经济发展的重要

元素,广大的农村地域辽阔,只有合理规划城市用地、商业用地、农业耕地的比例,才能为市场经济的发展提供充分的空间。

解决中国问题的内在要求。解决中国问题必须首先了解中国国情。中国是一个农业大国,中国问题的实质是农民问题。中国共产党人历来重视"三农"问题,并在此基础上形成了具有中国特色的指导思想,领导人民从一个胜利走向另一个胜利。在革命时期,因为坚持走农村包围城市的道路,所以取得了新民主主义的胜利;改革是第二次革命,也是从农村开始发动的。今天,"没有农村的全面进步,就不可能有我国社会的全面进步;没有农村的稳定,就不可能有我国整个社会的稳定;没有农民的小康,就不可能有全国人民的小康;没有农业的现代化,就不可能有整个国民经济的现代化"。① 因此,全面建成小康社会、实现中华民族的伟大复兴,也必须坚持统筹城乡协调发展,保证农民和市民具有现实的平等地位,建设社会主义新农村,提高农业的综合生产能力,增强第一产业本身的竞争力。

构建和谐社会的必然要求。由于历史的积欠,现实环境的影响,农业、农村、农民与工业、城市、市民在经济社会中处于不同的地位。农民增收缓慢,城乡差距过大,农村的教育、科学、文化、卫生、环境等各种社会事业严重落后,农民的政治、经济、文化、社会、生态等各种权益没有得到有效保障。农民长期处于弱势地位,农村汇集了各种矛盾冲突,农业发展严重滞后于现代化的进程,"三农"问题成为构建和谐社会的主要障碍。目前,现有城乡发展状况,已经严重影响了农民的生产积极性,降低了农民的幸福指数,引起农民对社会的不满,激发各种社会问题的产生。因此,切实解决"三农"问题,统筹城乡发展,是构建和谐社会的重要任务。

总之,缩小工农差别,统筹城乡协调发展,是关系现代化全局的大事。

2. 工农、城乡协调发展的主要路径

缩小工农差距,统筹城乡发展,需要综合治理,多管齐下。

坚持和完善党在农村的各项政策。保证党在农村基本政策的稳定性和连续性是促进农村经济社会发展的制度保障。稳定政策的关键在于坚持家庭联产承包责任制,实行最严格的耕地保护制度,允许土地承包权合理流转,这样,

---

① 《江泽民文选》第一卷,人民出版社 2006 年版,第 259 页。

既可以确保农民经营土地的安全感和稳定感，又可以合理调配农村生产资料，提高农业生产效率。另外，要扎实推进社会主义新农村建设，巩固农村税费改革的积极成果，完善农村行政管理体制和公共财政制度；要逐步推动农村金融体制的改革和创新，加强农村金融监管，适度放松农村金融市场准入制度，采用灵活多样的形式，发展农村信贷业务、保险业务，为解决"三农问题"提供充足的信贷支持；要完善农村社会保障体系建设，推动医疗卫生、住房等社会救助体系的稳定发展，提高最低生活保障水平，增强农民幸福感。

坚持科教兴农。科学技术是第一生产力。促进农村科教事业的充分发展，是解决"三农"问题的根本路径。农业的现代化就是农业的科技化。为此，必须加强对农业科技的研发与推广，广泛建立多层次的农业科技示范基地，开展各种形式的农村技术服务，充实农业科研基础和科研力量，开发农业新产品，促进农业生产方式由粗放型向集约型转变，提高农业综合生产能力和竞争力。农民是新农村建设的主体，因此，要千方百计提高农民素质，坚持教育优先，全面落实"两免一补"政策，加强对农村劳动力的全面培训，促进农民发展，培育新型农民。同时，要坚持"双百"方针和"二为"方向，建设农村文化队伍，全面丰富文化形式，为新农村建设提供精神动力和智力支持。

持续加大对"三农"的投入。由于农业生产不仅要接受自然地理环境的考验，而且面临市场经济竞争的风险，生产周期长，收入弹性小，因此，农业是天生弱质的产业。由政府对农业提供财政补贴，是世界各国尤其是发达国家比较普遍的做法。参照发达国家的成功经验，我们要坚持工业反哺农业、城市支持农村和多予、少取、放活的方针。为此，要加大全国财政对于"三农"事业的支出，并确保投入增长的幅度、速度和持续性，形成稳定、长效的增长机制。然而，加大对"三农"事业的投入不是简单数量的增加，统筹城乡关系的关键在于改善投入的结构，加强投入的产出和投入的远期效应，给农村发展提供长远的发展余地。具体来说，必须加强对农业、农村基础设施、基本公共服务体系、农产品流通体系、科技研发和应用等方面建设的资金投入，促使"三农"资金得到有效利用，真正达到支农效果。

稳妥推进中国特色城镇化。所谓城镇化是指由农业为主的传统乡村社会向以工业和服务业为主的现代城市社会逐渐转变的历史过程。所谓特色，既要有中国特色，又要发挥地方优势。在当代中国，统筹城乡关系的前提是提高农村生产力,增强城镇吸纳能力,转移农村剩余劳动力,提高城镇居民人口比重,从而提高人民生活水平。在工业化、现代化、城市化、市场化交叠进行的大趋势下,优化城市结构必须走中国特色的城镇化道路,大力挖掘中小城镇潜力,形成城镇集群效应。同时,要发展特色的支柱产业,着眼未来,既要发挥大城市的辐射作用,也要避免城镇规划的趋同性,合理规划,科学定位。另外,中小城镇是大城市与农村之间的重要桥梁,因而,必须实现中小城镇与农村的有效链接,搭建城乡产业链,促进城乡乃至整个国民经济的协调发展。

总之,"发展农业,要稳定和完善党在农村的各项基本政策,进一步深化农村改革,多方增加农业投入,发挥科教兴农作用。"①在此基础上,我们促进城乡一体化发展,加强城乡经济、政治、文化、社会、生态一体化互动,统筹城乡关系协调发展。这样,既可以保证国民经济健康发展,也有利于构建社会和谐的良好局面。

(二) 促进区域、民族关系的协调发展

区域是一个空间概念,是基于地理、经济和行政等指标而划分出具有一定范围的连续而不分离的单位。在当代中国,不发达地区又往往是少数民族集聚相对集中的地区。由于自然和历史等因素的影响,不同区域的经济发展往往具有不平衡性,但是,如果任之发展下去,将会威胁到民族团结和国家安全。因此,统筹区域协调发展、建构和谐的民族关系,是我国社会主义现代化建设的重大发展战略。

1. 区域、民族关系协调发展的战略依据

改革开放初期,我国主要采用的是梯度开发战略。虽然这种不均衡的发展战略在短期内可以集中力量,取得突破性的进步,但是,必然产生不均等的发展结果。如今,我国经济社会取得了举世瞩目的成就,积累了较雄厚的国家实力,这样,促进区域关系、民族关系的协调发展不仅具有必然性,而且更有可能性。

促进区域关系、民族关系的协调发展,是完善市场经济体制的客观要求。完善市场经济体制,充分发挥市场的决定作用,需要建立平等有序、开放竞争、

---

① 《江泽民文选》第一卷,人民出版社 2006 年版,第 465 页。

公平法治的交易环境，这样，才能保证资源的有效配置。目前，区域发展结构失序，东部膨胀，西部落后，中部边缘化，东北老化衰退，商品不能顺畅流通，整个社会再生产运转有所失灵，这势必会影响社会主义市场经济向纵深发展。目前，中部、西部、东北地区跨越了约868.3万平方公里的领土，约占全国比重90.4%，拥有全国63.2%的人口，拥有丰富的自然资源和巨大的消费潜力。依靠投资拉动经济增长针对性强、见效快，但是，不具有可持续性。历史证明，健康的经济增长应主要依靠消费经济拉动。启动不发达地区消费市场对国民经济增长具有深远影响。但是，由于收入水平低，社会公共服务不完善，限制了不发达区域居民尤其是少数民族兄弟的消费信心。另外，中西部地区资源蕴藏丰富，受技术落后、资金匮乏、交通不便等因素影响，部分资源不能充分利用，部分资源开采不当造成浪费。与之相反，东部地区虽然拥有相对雄厚的资金和技术，却因为后备资源不足影响经济的进一步发展。区域经济发展不平衡，形成条块分割，又诱发了地方保护主义、重复建设等区域经济失序现象。因此，为了促进市场经济健康发展，必须促进区域关系、民族关系的协调发展。

促进区域关系、民族关系的协调发展，是构建和谐社会的必然要求。构建和谐社会要求建立地区之间、民族之间的和谐关系。新中国成立以来，我国一直实行民族区域自治政策，倡导宗教信仰自由，奉行民族平等、民族团结、各民族共同繁荣的方针政策，因而，广大的中西部、东北地区发生了翻天覆地的变化。但是，少数民族分裂分子和国外反华势力相勾结，披着民族和宗教的外衣，为了满足一己私欲，利用一切机会煽动不满情绪，给国家、人民的生命财产造成巨大损失，严重威胁国家和社会的稳定，如拉萨"3·14动乱"、新疆"7·5事件"等。事实上，国内外敌对势力对中国民族、宗教政策的攻击是无中生有、苍白无力的。当然，民族问题错综复杂，牵扯历史、现实、自然等多方面因素，分解在中央与地方、地方与地方的政治、经济、文化、社会、生态关系之中。近年来，在西部地区，民族极端行为频发，主要是受世界民族主义浪潮的影响，也与少数国家搞地缘政治相关，同时也说明我们国家仍然存在滋生民族分裂行为的土壤。根据历史经验，"维护民族地区稳定，很重要的一条就是要不断加快这些地区的经济发展和社会进步。经济发展了，社会进步了，各民族共同富裕了，就会进一步巩固和发展平等、团结、互助的社会主义民族关系，大大增强整个中华民族的凝聚力。保持民族地区稳定和巩固祖国边防，也就具有了更加强大的物质基础和思想政治基础。"①可见,促进区域关系、民族关系的协调发展,有助于增强民族凝聚力,是构建和谐社会的必然要求。

促进区域关系、民族关系的协调发展,是中国特色社会主义理论的重要组成部分。每个区域都是由经济、社会、资源和环境构成的空间系统。在区域内部,社会生产对个人、家庭、企业进行自觉或不自觉的分工,形成协作的力量,从而不断提高劳动生产率,促进生产规模不断扩大,人际关系得到较全面的发展。同时,社会分工的专业化也开始挑战区域的局限。社会有机体发展的最高形态就是社会分工的科学化、合理化、自由化,超越职业、地域、民族,这样,整个世界将成为一个有机整体。因此,毛泽东在《论十大关系》中指出,要正确处理沿海和内地工业、中央和地方、汉族和少数民族的关系;邓小平提出了"两个大局"的设想;江泽民提出了西部大开发战略;胡锦涛提出了统筹区域协调发展的思想。可见,促进区域关系、民族关系的协调发展,"逐步缩小地区之间的发展差距,实现全国经济社会协调发展,最终达到全体人民共同富裕,是社会主义的本质要求,也是关系我国跨世纪发展全局的一个重大问题。"②只有促进区域关系、民族关系的协调发展,才能把中国特色社会主义事业不断推向前进。

总之,促进区域关系、民族关系的协调发展的目的是,将整个国家作为一个统一的有机体,在差距适度的情况下,充分发挥各区域的优势,促进人力、物力、财力、信息在各个区域之间的合理流动,尤其是向少数民族地区流动,从而促使整个国家健康有序发展。

2. 区域、民族关系协调发展的主要路径

基于四大区域的空间结构,按照共同富裕的原则,促进区域关系、民族关系的协调发展,就是要正确处理东部和西部、沿海和内地、中心和周边、汉族和少数民族的关系。为此,必须充分调动各方面积极性,立足全国一盘棋,建设共建、共享的和谐社会。

坚持发展的统一性和特色性相统一的原则。在遵循国家整体发展战略的前提下,促进区域关系、民族关系的协调发展,不是为了消除区域发展和民族

---

① 《江泽民文选》第二卷,人民出版社 2006 年版,第 344 页。
② 《江泽民文选》第二卷,人民出版社 2006 年版,第 340 页。

发展的多样性,而是要推进各区域和各民族的有机合作。因此,"各地区要根据资源环境承载能力和发展潜力,按照优化开发、重点开发、限制开发和禁止开发的不同要求,明确不同区域的功能定位,并制定相应的政策和评价指标,逐步形成各具特色的区域发展格局。"①换言之,每个区域必须结合自身的历史基础、人文习俗、资源环境等具体现实条件,发挥自身比较优势,形成特色产业,实现优势互补。为此,各个区域必须进行科学规划,明确区域功能定位,突出区域特色和民族特色,加强合作,取长补短,建设完整的产业链条和优势的产业集群,建立区域之间的关联互动,形成合理的布局。为了优化区域分工,同时必须建立统一开放的大市场,允许人、财、物的自由而有序的流动,充分开发不发达地区尤其是少数民族地区的消费潜力,合理配置社会资源,完善法律法规,依法打击各种地方保护主义,规范市场秩序,促进生产要素自由流动,以整体化的力量推动区域经济协调发展,促进各民族的共同发展和共同繁荣。

坚持发展的权利和义务相统一的原则。改革开放前,我国提出了东部率先发展的战略,国家利用计划经济的优势以极强的力度将资源调配到东部地区,要求其他地区服从这个大局;为此,包括少数民族地区在内的其他地区作出了重大牺牲。三十多年后的今天,国家的政治经济形势发生了根本性变化,国家提出实施西部大开发,重振东北重工业基地,促进中部崛起,因此,东部地区也应该服从这个大局,为区域协调发展和实现共同富裕作出应有的贡献。基于生存发展权优先的原则,国家有义务为中西部地区尤其是少数民族地区创设公平良好的发展环境。发达地区必须大力支持和积极配合国家的这一战略举措。中西部地区尤其是少数民族地区发展水平低、发展任务重,必须建立发达地区与落后地区的互惠互利机制,东部地区要加强对其他地区的人才、资金、技术和设备等方面的支持。缩小区域差距、民族差距,关键是中央政策,因此,必须保证中央对不发达地区尤其是少数民族地区支持的长期性、稳定性。随着市场经济体制的完善,中央财力有所下降,所以必须加快进行财税、金融和管理体制改革,加强政府有效干预,加大对不发达地区尤其是少数民族地区的科、教、文、卫事业的投入。同时,不发达区域尤其是少数民族地区也应充分发挥主体优势,优化产业结构,提高综合实力,将外在刺激转变成内在生长力、

---

① 《十六大以来重要文献选编》(中),中央文献出版社 2006 年版,第 1071 页。

竞争力。

坚持经济与社会协调发展原则。推动区域关系、民族关系的健康发展需要综合施策。统领区域发展的全局,促进民族关系的协调发展,必须坚持用发展的办法解决前进中遇到的问题。目前,我国大部分地区经济发展并没有踏入可持续的轨道,各种社会问题欠账积累,影响了经济的后续发展。东部地区在加速产业结构优化升级,不发达区域在承接东部地区转移的产业时,必须坚持有所甄别,有所放弃,而不能一概地奉行拿来主义,更不能藏污纳垢。其中,必须立足当前,着眼未来,提高全民的环境保护意识,加强环保监管力度,坚决禁止东部地区高污染高消耗产业的梯度转移,坚持资源开发与环境保护同时并举,完善生态文明建设的长效机制。为此,不发达地区尤其少数民族地区必须转变经济发展方式,提高技术创新与转化吸收能力,提高社会公共服务水平,改善民生,加大扶贫开发力度,促进教育、医疗、社会保障设施的配套建设,加快公益服务事业发展,推动地域之间公共服务均等化。此外,要把维护不发达地区尤其是少数民族地区的社会稳定放在极其重要的位置。维护少数民族地区的社会稳定,关键是要把少数民族地区发展起来。"如果这些贫困地区特别是民族地区和边疆地区的贫困问题长期得不到解决,势必影响民族团结、边疆巩固,也会影响整个社会的稳定。"[1]只有坚持共同富裕的原则,积极消除民族地区的贫困问题,让少数民族兄弟优先享受改革发展的成果,才能从根本上切断制造民族地区动乱的根源。对于由宗教因素和民族因素引发的影响社会稳定的突发性事件和群体性事件,必须按照讲原则、讲法制、讲政策、讲策略的要求,采取教育、疏导、化解的办法,及时妥善加以处理和解决,特别是要通过法制教育帮助各族群众学会运用法律来维护合法权益,做知法守法的公民。对于宗教极端势力、民族分裂势力、国际恐怖活动以及其他各种跨国犯罪活动,必须运用无产阶级专政的力量加以严肃解决。动员无产阶级专政的力量来维护国家的统一、民族的团结,是促进各民族共建、共享的必要之举,是正义的事业。

总体来说,只有促进区域关系、民族关系的协调发展,才能巩固国家的统一、民族的团结和社会的稳定与和谐。

---

① 《江泽民文选》第一卷,人民出版社2006年版,第550页。

（三）促进阶层、劳动关系的协调发展

在当代中国,阶层之间、劳资之间的利益分歧日益扩大,人民群众的不满情绪不断累积,已酿成一系列矛盾冲突。这些矛盾和冲突已成为我国经济发展和社会稳定的重大隐患。因此,妥善处理阶层关系、劳动关系是建设中国特色社会主义不容回避的现实问题。

1. 促进阶层关系、劳动关系协调发展的战略依据

在社会主义中国,促进阶层关系、劳动关系协调发展,不仅是一个重大的社会问题,而且是一个严肃的政治问题。

促进市场经济健康发展的必然要求。市场经济是契约经济,劳资之间是市场交换条件下最根本的供求关系。劳资、阶层关系的协调稳定是发挥市场经济决定作用、促进市场经济有序运转的社会条件。发展社会主义市场经济的目的是实现共同富裕,促进劳资两利、利益共享,"让一切劳动、知识、技术、管理、资本的活力竞相迸发,让一切创造社会财富的源泉充分涌流,让发展成果更多更公平惠及全体人民"[1]。我国正处于经济体制转型阶段,利益结构日趋清晰,利益主体更加多元化,利益诉求更加多样化,其中劳资关系是社会利益关系复杂性的集中体现。发展社会主义市场经济,既要尊重生产资料所有者的支配权,确保其合理盈利,又要维护广大劳动者的生存和发展权利,确保其正常生活和工作。因此,在阶层之间、劳资之间必须形成共同的生活准则、核心的价值理念和合理的利益分配原则,建立劳资之间的利益平衡机制,这样,才能保证社会再生产的连续性和持续性。

坚持马克思主义政治立场的必然要求。马克思主义认为,资本主义条件下的劳动关系是雇佣与被雇佣、剥削与被剥削的关系,属于阶级对抗范畴。社会主义是共产主义的前夜,发展和谐的劳动关系是建设中国特色社会主义的题中之义,实现最广大人民群众的根本利益是马克思主义最鲜明的政治立场。但是,在当前国民收入分配方面,出现劳资倒挂现象。资本所有者在收益分配中占有绝对优势,并由此产生了巨大的连带效应,形成潜在的系列得利;而廉价的劳动者由于经济上的弱势地位,进而影响了他们在教育、医疗、文化等资源方面的合法权利。这样,劳资双方的不同地位进一步加剧了贫富分化,拉大

---

[1]　《中共中央关于全面深化改革若干重大问题的决定》,人民出版社 2013 年版,第 3 页。

了中国社会阶层的分化，进而会危及到共产党执政的阶级基础。因此，我们必须立足于马克思主义的政治立场，坚持代表中国最广大人民的根本利益，大力促进阶层关系、劳动关系协调发展。

构建和谐社会的必然要求。社会主义和谐社会是一个全体人民各尽其能、各得其所、和谐相处的社会。而劳动关系、阶层关系是最基本的社会关系之一，构建和谐的阶层关系、劳动关系是建设社会主义和谐社会的重要条件和重大任务。在我国，协调阶层关系、劳资关系的总原则是，"不论是体力劳动还是脑力劳动，不论是简单劳动还是复杂劳动，一切为我国社会主义现代化建设作出贡献的劳动，都是光荣的，都应该得到承认和尊重。"①只有这样，才能真正建立起和谐社会。反之，如果任阶层差距任意拉大，那么，轻则会造成社会分裂，重则会造成社会冲突；如果任劳资矛盾任意发展，甚至包庇纵容资本对劳动者合法权益的侵害，那么就会动摇政权的阶级基础。同时，简单地消除现有的阶层关系和劳动关系，又与现实国情和阶段任务严重不符。因此，协调阶层关系、劳资关系，化解各种矛盾冲突，营造和谐的社会关系，是利国利民之策，也是构建和谐社会的重要内容。

总之，我们必须从社会和政治相统一的高度来看待和处理阶层关系和劳资关系。

2. 促进阶层关系、劳动关系协调发展的主要选择

促进阶层关系、劳动关系协调发展的前提是优化社会结构，即通过不同阶层、劳方资方之间的合理而有序的利益博弈来维系社会关系的平衡。

促进阶层关系协调发展。统筹阶层关系可以从以下几个方面入手：（1）深化收入分配制度改革，降低基尼系数。必须千方百计扩大劳动在初次分配中的比重，提高工资收入水平，使发展的成果真正普惠于民，做到藏富于民。在再次分配中，要更加注重公平，中低收入者在人口数量方面占有绝对的优势，而高收入者在财富掌控方面占有主导地位，深化收入分配制度改革，可以通过国家税收、银行信贷、社会保障制度等手段让财富向中低收入者倾斜，同时避免高收入阶层将财富向国外转移。在第三次分配中，充分发挥社会的力量，鼓励捐赠，完善公益机制。当前我国的富人阶层是新生的社会力量，尚缺

---

① 《江泽民文选》第三卷，人民出版社2006年版，第540页。

乏回馈社会意识，一些"官二代"和"富二代"的不良行为激发了人民群众对官员和富人的仇视。因此，必须通过征收遗产税、奢侈品税等措施，来鼓励官员和富人做慈善事业。(2)完善各阶层利益诉求机制，畅通民意诉求渠道。经过几十年的积累，我们已经建立了人民代表大会制度、多党合作政治协商制度、民族区域自治制度、基层群众自治制度、信访制度等利益表达平台，但是民意的集中与表达机制还存在不平衡状态，与广大民众的诉求仍有很大差距。在完善现有表达渠道的基础上，应开拓各种新形式的表达渠道，为民众创造更多的利益表达机会。为此，可以充分利用网络等新兴媒体，调动民间组织的力量，促进政府权责人员与普通民众的有效而广泛的沟通，实现人民反映、司法调查、行政调查的有机结合。更为重要的是，必须进一步完善人民代表选举制度，根据阶层关系的变化分配代表份额，保障每个阶层尤其是中下阶层和弱势群体的表达权利。通过建立独立的第三方机构和舆情分析机制，汇集各方民意，作为决策的依据，及时处理民生问题。(3)促进各阶层的有效沟通，树立阶层共赢理念，营造和谐的社会氛围。新中国成立以来实行平均主义的分配理念，各职业群体的资产和收入差距是比较小的；改革开放后，坚持效率优先、兼顾公平，产生了很多新的社会阶层，出现了富人与穷人的悬殊差异。因此，除了原有的两大主体阶级外，所有的社会阶层都处于成长期，而且原有的工人、农民阶级内部结构也发生了巨大变化，所以现有的阶层关系是崭新的，还很不成熟，存在相互的误解和偏见。为了拆除阶层之间的隔阂，就必须建立阶层间的互动机制。通过报纸、期刊、广播媒体展现不同阶层的生活状态、利益诉求、精神境界，促进各阶层相互了解，相互沟通。为此，要发挥工会、团委、妇联以及各种非政府组织的作用，促进各阶层的群体对话与交流，建立互相尊重、互相理解的阶层关系。利用博客、论坛、微博等新兴网络载体，建立长期稳定的沟通机制，给每个群体以平等的、充分的表达机会。更为重要的是，国家必须建立防止阶层分化、固化和对立化的体制和机制。

促进劳动关系协调发展。促进劳动关系协调发展的具体策略为：(1)明晰国家机关职责，完善劳动关系协调机制。立法机关应加强立法，全面实行劳动合同制度和工资集体协商制度，为建立新型劳动关系提供法律依据，促进劳动关系的平衡发展；司法机关要严格执法，深入贯彻《劳动法》、《劳动合同法》等劳动法律的精神，严格执行国家劳动标准，加强劳动保护，维护劳动者特别是农民工的合法权益,对劳动争议的处理要坚持公正、公开、高效的原则;政府要加强宏观调控,规范政策导向,建立多层次、多方面的奖惩机制,制定合理的收入分配政策,完善社会保障制度,积极引导、促进就业,保证用工的规范性、合法性、合理性;建立并完善政府监察机构,承担劳动监察、劳动仲裁、劳动信访等劳动监察职能,丰富劳动监督的形式和手段,切实保障劳动监督的有效性。(2)企业要提高责任意识,发挥主导作用。企业是经济活动的细胞,对劳动关系的建立具有直接关联性。企业和劳动者作为平等的经济主体在收入分配方面也应有同样的法律地位,企业应严格执行国家的劳动政策法规,与职工定期签订公平、合法的劳动合同。企业应当建立工资共决制度,与劳动者共同协商工资数额,并建立最低工资制度,使得劳动者的价值得到最合理体现。企业应当完善劳动条件和设施,为劳动者创设安全、卫生、和谐的劳动环境。企业应当提高对劳动者的培训力度,不断提高劳动者素质,打造强硬的人才队伍。企业应当加强企业管理,推进企务公开,发挥工会组织的协调作用,规范企业与职工的沟通渠道和表达机制,实现企业管理的公开化、透明化,落实职工的知情权、参与权、表达权和监督权,以建立和谐的劳动关系。(3)明确劳动者的主体地位,增强劳动者的主人翁意识、竞争意识和维权意识。个人的全面发展是与社会提供的机会相适应的,对于弱势群体和贫困人员而言,要自立自强,主动参与到这个过程当中,为自己创造机会。这就要求,劳动者要树立竞争意识,积极探索,勇于创新,不断提高劳动技能,增强劳动的自主性。另外,劳动者还要全面了解关于劳动的政策法规,正确认识个体的权利与义务,善于利用工会等组织,采用集体谈判的方式来争取自身在劳动报酬、劳动安全、劳动休息、劳动环境等劳动方面的权益。当正当权益被侵犯时,要勇于、善于利用法律、工会等渠道来捍卫自身的合法权益。在这个过程中,"工会要在切实维护职工群众利益的同时,引导广大职工群众积极为推动企业发展献计出力,努力实现企业发展和维护职工群众利益互利双赢,促进劳动关系和谐,促进社会和谐稳定"[1]。关键是,必须坚持工人阶级和劳动人民的主体地位。

总之,只有深化经济政治体制改革,以法律法规的形式明确各方利益和职责,关照弱势群体的地位状况,促进阶层之间、劳资双方的力量平衡、利益均

---

[1] 胡锦涛:《论构建社会主义和谐社会》,中央文献出版社 2013 年版,第 168 页。

衡，才能促进阶层关系、劳资关系的协调发展。

（四）促进党群、干群关系的协调发展

党群矛盾、干群矛盾是新时期人民内部矛盾的重要表现形式。如果不能有效解决上述矛盾，就会导致严重的社会和政治的后果，因此，必须将协调党群关系、干群关系作为协调社会关系的重要任务。

1. 促进党群关系、干群关系协调发展的战略依据

中国共产党是当今中国的执政党，是社会主义事业的领导核心，是中国社会生活的决定性力量。而各级各类干部是完成党的使命的重要承担者，是人民公仆。人民群众是党的力量源泉，是党的执政基础。因此，促进党群关系、干群关系的协调发展是建构和谐社会关系的关键所在。

坚持群众史观和群众路线的必然要求。历史唯物主义认为，人民群众是历史的创造者，是社会发展的主体力量。中国共产党人对人民群众的历史地位向来具有深刻认识。在此基础上，我们党形成从群众中来、到群众中去的群众路线。历史事实表明，"群众是我们力量的源泉，群众路线和群众观点是我们的传家宝。"①因此，中国共产党必须始终代表中国先进生产力的发展要求，代表中国先进文化的前进方向，代表中国最广大人民的根本利益。人民群众的拥护和支持，是党执政最牢固的政治基础和最深厚的力量源泉。建党九十多年的历史实践证明，中国革命、建设、改革能够立足于不败之地的根本在于植根于人民。党最大的政治优势就是密切联系群众，党执政后最大的危险是脱离人民群众，党的性质和宗旨是中国共产党与其他政党相区别的主要标志。坚持尊重群众的首创精神，必须把实现好、维护好、发展好最广大人民根本利益作为一切工作的出发点和落脚点。

巩固党的执政地位，提高党的执政能力的必然要求。党的执政地位不是与生俱来的，更不可能是一劳永逸的。最为重要的是，"以人为本、执政为民是我们党的性质和全心全意为人民服务根本宗旨的集中体现，是指引、评价、检验我们党一切执政活动的最高标准。"②十七届四中全会进一步就党的建设

① 《邓小平文选》第二卷，人民出版社 1994 年版，第 368 页。
② 《十七大以来重要文献选编》（下），中央文献出版社 2013 年版，第 441 页。

若干重大问题做了专门研究和部署,逐步形成了以"全面推进党的建设新的伟大工程"为主体,以执政能力建设和先进性建设为主线,以党的建设若干重大问题为重点的党建工作新思路。这表明我们党主动适应世情、国情和党情的新变化,实现党的"四个转变"达到了新的历史水平。在新形势下巩固党的执政地位,提高党的执政能力,必须认真研究群众生活的新需求、群众工作的新特点。为此,必须坚持理论联系实际,不断推陈出新,实现科学领导与规范管理相统一,切实解决群众关注的现实问题。这样,才能保证我们党的执政地位。

构建和谐社会的必然要求。从根本上看党群关系、干群关系是和谐的,然而,随着党的历史方位发生的深刻变化,以及受市场经济负面因素的影响和传统心理的作祟,党群关系、干群关系也出现了一些不和谐因素。中国共产党作为党和国家方针政策的主要制定者和执行者,必须要对此负主要责任,认真进行自我批评,严于律己,宽以待人。尤其值得警惕的是,一部分干部经不起物质利益的诱惑,贪污受贿,以权谋私,任人唯亲,道德沦丧,完全违背了党的性质和宗旨,致使一部分群众对党和政府丧失了信心。与此同时,随着生产方式的发展,人民群众的民主意识却日益提高,参政意识增强,对党政工作的公开、公正、合法性提出更高的要求。现代科技的飞速发展与广泛应用也为群众参政议政提供了更多的便利条件。可是,由于体制、机制的不健全,尚未健全行之有效的表达渠道和表达机制,很多群众的正当权益没有得到切实维护,民众的不满情绪有所增加,这些都是造成当前党群关系紧张的原因。如果处置不当,势必对国民经济社会生活产生消极影响。党群关系、干群关系不会自发由无序转化为有序,因此,如何构建和谐的党群、干群关系,是构建和谐社会的重大任务。

总之,促进党群关系、干群关系协调发展,不仅是我国政治生活的重大主题,而且是我国社会生活的重大主题。

2. 促进党群关系、干群关系协调发展的主要选择

目前,我们必须将促进党群关系、干群关系协调发展纳入到社会建设和党的建设中,从保持马克思主义政党先进性的高度来促进社会建设。

加强党的思想建设。抓好党性教育,提高党员的思想道德素质,是保持党员先进性,改善党群关系、干群关系的灵魂所在。促进党群关系、干群关系协

调发展，必须将党的思想建设放在首位。党的思想建设是一个系统工程。为此，必须用马克思列宁主义、毛泽东思想和中国特色社会主义理论武装全党，坚决抵制西方资本主义意识形态的侵蚀，清除封建主义的残渣余孽，提高党员同志对中国特色社会主义前途的自信心，对共产主义信仰的忠诚度；必须开展经常性的批评与自我批评，"照镜子、正衣冠、洗洗澡、治治病"，坚持真理，修正错误；必须加强对各层次党员进行党的基本理论、基本路线、基本纲领和基本经验的教育，保证思想上政治上的高度一致性，保障党的基本路线的贯彻执行；必须坚持解放思想、实事求是的思想路线，提高党员队伍的思想统一性。

加强党的组织建设。党的组织建设主要包括民主集中制建设、党的基层组织建设、干部队伍建设和党员队伍建设等内容。促进党群关系、干群关系协调发展，必须始终把加强党的组织建设摆在突出位置。其一，要充分发挥基层党组织团结群众、服务社会、促进和谐的作用，明确基层党组织与权力机关、政府组织的职责划分，不能以党代政。为此，必须转变工作方式，丰富服务内容，创新活动载体，使党组织扎根基层，融于人民群众之中。其二，要探索党代表常任制和委员会制度建设，促进党代表与群众的联系常态化、制度化，发扬党内民主，完善党代表的提案、质询、监督权利。其三，要规范党员干部的选拔和任命程序，坚持公开、公平、公正的原则，本着德才兼备的标准选贤与能，完善党员干部考核评价体系，制定科学、全面、细致的考核标准，形成良性激励机制。

加强党的作风建设。党的作风建设涵盖了思想作风、学风、工作作风、生活作风等多项内容。在长期的革命、建设和改革实践中，我们党形成和发展了自己的优良作风。毛泽东同志将其概括为理论与实践相结合的作风，和人民群众紧密地联系在一起的作风、批评与自我批评的作风。党的作风是党的性质、宗旨、路线的根本体现，关系党的形象和生死存亡，促进党群关系、干群关系协调发展必须对党的作风建设给予充分重视。首先，要坚持立党为公、执政为民。"领导干部把群众的安危冷暖时刻放在心上，同群众打成一片，为群众排忧解难，许多问题就容易解决，任何困难都能够克服。"①因此，要以最广大人民群众的根本利益为立足点和行动准则，认真细致地做好群众工作，切实解

---

① 《江泽民文选》第二卷，人民出版社 2006 年版，第 146 页。

决群众最关心、最直接、最现实的利益问题。其次,要响应党中央号召,弘扬求真务实的精神,集中解决形式主义、官僚主义、享乐主义和奢靡之风"四风"问题。最后,要加强教育实践,锤炼领导干部的意志,牢固树立谦虚谨慎、艰苦奋斗、不骄不躁的优良作风。在总体上,党员和干部必须树立正确的利益观、正确的政绩观。

加强党的廉政建设。党的廉政建设是新时期党的一项重要政治任务。走中国特色的反腐之路,是保持党的先进性和纯洁性的重要手段。"如果不这样认识和提出问题,如果听任各种不正之风侵蚀党的肌体、恶化党群关系和干群关系,那就难免出现杜牧所说的'亦使后人而复哀后人也'的局面。"①首先,坚持反腐倡廉,要树立正确的权力观。树立正确的权力观必须认清权力来源,树立公仆意识,防止权力滥用。坚持权为民所用、情为民所系、利为民所谋。为此,必须开展党风党纪教育,提倡勤俭节约,注重党性培养,弘扬浩然正气。其次,要健全反腐败法律制度,坚持党要管党、从严治党的方针,严厉打击各种贪腐之风。为此,要将反腐倡廉纳入到社会主义法治建设轨道中。再次,要加强对党员干部的监督,建立权力运行约束机制,综合采用党内监督、行政监督、网络监督、法律监督、信访监督、群众监督等多种方式和手段,形成全方位监督体系。最后,还可以探索推行一些新制度,采取防止腐败新举措,如官员财产申报制度、党内基层选举制度、干部选拔制度、网络反腐倡廉制度等等。

总之,中国共产党必须以开放的包容的姿态处理党与人民群众的关系,在人民群众的监督中完善自己,在与人民群众沟通交流中提高自己,为构建和谐社会创建必要的环境和机制。

四、当代中国社会关系的制度整合

社会关系的整合离不开制度的整合。制度是人类社会中存在的各种行为规范和约束条件的总称,是具有普遍价值的、比较稳定的、有一定强制性的和规范性的整合手段。目前,构建和谐的社会关系,必须在经济、政治、文化、社会等各个领域做出正确的制度决策,要从制度要素的建设转向制度体系的

---

① 《江泽民文选》第三卷,人民出版社 2006 年版,第 324 页。

建设。

（一）整合社会关系的经济选择

协调经济利益关系是整合社会关系的基础和实质。这在于,"每一个社会的经济关系首先是作为利益表现出来。"①因此,从经济制度上整合社会关系,成为整合社会关系的首要制度选择。

1. 大力促进社会主义先进生产力的发展

生产力的高度发展是进行社会关系整合的最终决定力量。"社会要和谐,首先要发展。社会和谐在很大程度上取决于社会生产力的发展水平,取决于发展的协调性。"②因此,整合社会关系,必须正确处理经济增长与经济发展的关系,千方百计提高先进生产力。

以科技创新为着力点,促进产业协调发展。科技创新直接关系着产业的升级换代。因此,必须努力抢占未来产业发展的制高点。为此,要潜心进行核心技术、关键技术、前瞻性技术的研发,重视人才培养,培育创造性思维和主动精神,激发人的创造性和潜力。要有效整合人才、科技、资本等创新要素,促进学科链、创新链与产业链的无缝对接,推动科学技术的研发、应用、消化、吸收再创新,打造自主品牌。同时,要用科学技术改造传统产业,促进传统产业的跨越式发展;培育发展高新技术产业,促进产业结构优化升级;发展战略性新兴产业,建构主导产业和支柱产业,形成特色产业、优势产业;大力发展现代服务业,为产业协调发展提供配套的生产、生活服务,促进产业的合理布局,发挥产业群集聚效应。

加快转变经济发展方式,促进人与资源、环境协调发展。加快转变经济发展方式,是针对中国经济发展阶段、环境资源的具体状况以及世界经济发展趋势而提出的重要战略举措。这主要是指改变过去片面依靠投资、生产规模、发展速度、能源消耗等要素拉动经济增长的模式,转而依靠科技和教育、资源节约、环境效益、质量和效益为核心的发展方式。具体而言,必须制定法律法规,建立完整规范的经济质量评价体系,完善经济和环境监督机制;要正确处理经

---

① 《马克思恩格斯全集》第 18 卷,人民出版社 1964 年版,第 307 页。
② 《十六大以来重要文献选编》(下),中央文献出版社 2008 年版,第 652 页。

济发展与资源能源利用、环境保护的关系，严格责任目标考核，健全激励和约束机制；以节能减排为重点，提高能源和资源的利用率；大力发展循环经济，促进经济结构优化；全民总动员，倡导文明、绿色、安全的消费理念和低碳生活方式。

总之，大力发展先进生产力，是经济社会进步的根本选择，也是妥善处理各方面利益关系的根本保障。

2. 坚持和完善社会主义市场经济体制

经济体制是建构社会关系的体制保障，是整合社会关系需要考虑的重要经济抉择。

深化经济体制改革，为协调社会关系创设经济体制。改革是巩固社会发展成果的根本措施。只有不断全面深化经济体制改革，才能正确发挥其对国民经济社会的牵引作用。为此，要通过金融体制改革、财税体制改革、分配制度改革，进行宏观调控，建立公平的竞争环境，为协调社会关系创设有利条件。在制定改革措施时，要统筹兼顾，从源头治理，以民生为重点，以结构调整为主线，化解冲突，体现民意。全面统筹各项改革，必须努力实现宏观经济改革和微观经济改革相协调，经济领域改革和社会领域改革相协调，城市改革和农村改革相协调，经济体制改革和政治体制改革相协调。

建立统一开放、竞争有序的市场体系，为协调社会关系创设和谐的经济环境。"建设统一开放、竞争有序的市场体系，是使市场在资源配置中起决定性作用的基础。"[①]为此，要充分利用现代信息技术，建立完善的市场流通体系，实现城乡、区域、国内外的有效对接，反对各种形式的地方保护主义和小团体主义；要积极转变政府职能，提高政府机关的公共服务能力和水平，进而建立完善有力的宏观调控体系；要大力扶持农产品市场体系，推动农业产业化经营，真正提高农民在农产品中的收益比例；要完善社会保障制度，推动社会事业的改革和发展，为广大人民群众消除各种后顾之忧，提高居民消费力；要建立和完善现代企业制度，适度放宽市场准入门槛，引入竞争机制，规范市场主体日常行为，形成良好的市场基础和信用秩序；要健全社会信用体系，完善法律法规建设，充分发挥道德调控功能，建立政府、企业、个人信用档案，完善诚

---

① 《中共中央关于全面深化改革若干重大问题的决定》，人民出版社 2013 年版，第 11 页。

信监督与失信惩戒机制。

总之，只有推动市场经济体制改革，才能够为协调社会关系创设经济条件。

3. 坚持和完善中国特色社会主义基本经济制度

基本经济制度主要包括生产资料所有制结构和分配制度两个方面，是经济制度中的核心要素。中国特色社会主义经济制度又是中国社会主义制度中的最重要组成部分。因此，整合社会关系必须从以下两个方面着手：

在多种所有制结构中，坚持和完善公有制经济的主体地位。公有制经济代表国民经济的发展方向，代表最广大人民的最根本利益诉求。确保人民群众在生产资料占有方面的平等关系，是社会主义与资本主义相区别的根本特征。只有不断巩固公有制的主体地位，才能充分发挥社会主义的优越性，为构建和谐社会关系奠定坚实的物质基础。坚持公有制的主体地位，既要有量的优势，也要有质的提高。因此，要坚持公有制经济在整个国民经济体系中的比重，坚持公有资产在社会总资产中的优势；要优化公有制经济的内部结构，推动先进科学技术的研发和应用，提高生产要素的配置效率，发挥公有制经济的引领作用；要坚持国有经济的主导地位，坚持国有经济控制国民经济命脉，保证其在关键领域和特殊行业中支配地位，不断提高国有经济的控制力；要积极发展混合所有制经济，完善现代企业制度、国有资产管理体制，提高公有制经济的整体实力，不断提高公有制的活力和效率。

在多种分配方式中，坚持和完善按劳分配的主体地位。按劳分配是社会主义的分配原则，是与社会主义初级阶段的生产力发展水平相适应的。只有坚持按劳分配的主体地位，才能充分体现分配的公平性。我们要"着重保护劳动所得，努力实现劳动报酬增长和劳动生产率提高同步，提高劳动报酬在初次分配中的比重。"[①]因此，不仅要在公有制经济中，坚持贯彻按劳分配的原则，在非公有制经济中也要体现按劳分配的精神。在公有制经济中，一方面，在权衡客观条件的基础上，按个体劳动者的劳动贡献分配劳动成果，实现"同工同酬"，既反对平均主义又反对差距过于悬殊。另一方面，改革工资制度，建立客观劳动成果评价体系，合理均衡科技、信息、管理与劳动要素之间的分

---

① 《中共中央关于全面深化改革若干重大问题的决定》，人民出版社 2013 年版，第 45 页。

配比例关系,增加劳动的分配权能。在非公有制企业中,必须提高劳动要素在收入中的比重,既要鼓励资本在创造财富中发挥作用,又要防止资本支配劳动。在全社会范围内,必须深化分配制度改革,完善分配结构和具体的按劳分配方式,通过税收和财政转移支付等形式实现公共服务均等化。

总之,中国特色社会主义基本经济制度决定我国的社会性质,必须坚持和完善公有制、按劳分配的主体地位,这样,才能为全面整合社会关系提供根本保障。

4.坚持和完善共同富裕的经济发展战略

共同富裕是社会主义的本质,因此,整合社会关系,必须坚持和完善共同富裕的经济发展战略,促进地区经济、民族经济协调发展,进而推动整个社会主义现代化的进程。

坚持和完善民族区域自治制度,促进少数民族地区经济社会协调发展。在指导思想方面,必须深入贯彻科学发展观的重大战略指导思想,稳定民族区域自治政策,提高党和政府对民族问题的重视程度,建立促进民族团结的长效机制。在经济政策方面,要利用财政政策、税收政策,加大对少数民族地区的资金投入,设立少数民族发展资金、少数民族教育专项资金和民族工作经费,改善少数民族地区基础设施,为少数民族地区发展创造强有力的保障。在教育文化方面,要把教育摆在优先发展的战略地位,通过义务教育、帮扶教育等措施大力提高少数民族地区教育技术水平;尊重少数民族的风俗习惯和宗教信仰,加强对历史文物和文化遗产的保护,形成具有民族特色发展战略;努力改善少数民族地区的医疗卫生状况,支持和组织少数民族群众开展各项体育运动,增强体质。对于少数民族地区来说,要坚持内源式发展和跨越式发展的统一。"如内蒙古自治区,那里有广大的草原,人口又不多,今后发展起来很可能走进前列,那里有不少汉人。观察少数民族地区主要是看那个地区能不能发展起来。如果在那里的汉人多一点,有利于当地民族经济的发展,这不是坏事。看待这样的问题要着重于实质,而不在于形式。"①只有坚持和完善民族区域制度,坚持和完善平等、团结、互助、和谐的社会主义民族关系,才能使少数民族地区在追赶现代化的潮流中实现跨越式发展,甚至走在国家发展的

---

① 《邓小平文选》第三卷,人民出版社 1993 年版,第 247 页。

前列。

以四大板块为载体，促进区域经济协调发展。根据《国民经济和社会发展第十二个五年规划纲要》的精神，要推进新一轮西部大开发，全面振兴东北地区等老工业基地，大力促进中部地区崛起，积极支持东部地区率先发展，加大对革命老区、民族地区、边疆地区和贫困地区扶持力度。促进区域经济协调发展，必须切实落实相关区域发展政策，比如通过制定相关法律法规将区域协调发展政策法制化，在中央、中西部等地区设立区域发展管理机构为区域协调发展提供行政平台，根据中西部地区的自然条件和优势进行区域功能定位，通过直接财政投入或引进外资为落后地区提供资金支持，利用政策导向引导人才、技术、信息、资本向中西部等落后地区流动，为弱势地区的跨越式发展提供相应的支持。

总之，共同富裕的发展战略富有针对性、系统性、综合性，涉及了经济社会的各个领域、各个方面，尤其对于那些处于弱势地位的群体、民族、地区具有重大的战略意义。

综上，经济要素是影响社会关系健康发展的根源所在，只有实现经济的全面发展，促进发展的协调性，才能为协调社会关系提供持久动力。

（二）整合社会关系的政治选择

政治制度是协调社会关系的最重要保障。政治制度对社会关系整合作用是通过合理地界定各种政治机构的功能与作用实现的，比如政党、政府、人民和社会组织。因此，在整合社会关系中，必须充分发挥他们的作用。

1. 发挥政党的整合作用

政党是一定阶级、阶层在政治上的最积极代表。无论是执政党还是非执政党，都具有社会整合的基本功能。社会整合是政党谋取政治利益的手段之一。在当代中国，中国共产党是执政党，是主要的决策者，引领着社会主义建设的方向。但是，党的权力来源于人民，党只是人民群众的代言人，是人民群众普遍利益的最高代表。因此，中国共产党要充分发挥基层党组织作用，深入群众，了解群众疾苦和诉求，征求民意表达，分析民意走向，制定符合人民群众根本利益和社会发展趋势的纲领性文件，引导社会价值观的走向，提高党进行社会关系整合的能力，充分表达和实现各种不同群体的利益要求。同时，各民主党派是参政党,要与执政党通力合作,充分发挥人才荟萃、智力密集、联系广泛的独特优势,加强与所联系阶层、群体的联系,广泛征集社情民意,凝聚人心,汇集民力,还要加强对执政党的民主监督。最后,要发挥人民政协和其他政治团体的职能,推动政治民主化,实现广泛社会团结,在此基础上,来推进社会关系的有效整合。

2. 发挥政府的整合作用

国家是人民意志的体现,政府的权力来源于民众。各种行政力量必须坚持人民性和公共性,并保证自己的价值观和管理目标具有人民性和公共性。在保证政府的权威的同时,要合理地划定权力的边界。"权力导致腐败,绝对权力导致绝对腐败。"①因此,必须通过法律法规规范、规划国家的职能权限范围,形成制度化模式,保证社会的相对独立性,使其拥有充分的自主活动空间。为此,要实现政务公开、公正、透明,强化宏观管理职能,加强政策导向,弱化微观管理职能,用公共性政府、服务型政府取代全能性政府。此外,还要明确公共服务内涵,创新教育、医疗卫生、文化、社会保障管理体制改革,统一城乡、区域、民族地区的公共服务标准,全面提升公共服务均等化水平。另外,要赋予民众更多的权利,不断弱化行政力量的权力意识。如果说生产力发展是个性自由的物质基础,那么"社会关系实际上决定着一个人能够发展到什么程度"②。总之,只有推动政社分离,扩展公共生活的空间,才能构建起和谐的社会关系。

3. 发挥政策的整合作用

通过公平政策的制定和实施,对权力、资源、产品、服务、地位、机会进行公平分配,能够实现社会利益的协调和社会关系的整合。政策制定的目标是追求公平与效率的统一,尤其是更加注重公平。政策制定的主体直接影响权力分配。"在许多国家,负责经济发展的组织与负责社会服务政策与项目的机构没有保持持续的接触,更不用说密切的工作关系了。反过来说,成功地采纳了社会发展途径的国家都能保证经济发展与社会服务机构的密切合作。"③因此,为了使政策充分反映每个阶层、每个群体的真实而合理的利益诉求,必须

① [英]阿克顿:《自由与权力》,侯健、范亚峰译,商务印书馆2001年版,第342页。
② 《马克思恩格斯全集》第3卷,人民出版社1960年版,第295页。
③ [美]詹姆斯·米奇利:《社会发展:社会福利视角下的发展观》,苗正民译,格致出版社、上海人民出版社2009年版,第180页。

反映最广大人民的根本利益,充分尊重每个群体的正当利益,并适度向弱势群体、少数民族、农民、农民工、中西部地区倾斜;必须赋予他们以合法、有效的参与渠道。同时,必须采用各种措施激发全社会的潜力和活力,反对既得利益集团及其固化,重塑群体利益关系,形成共同的价值目标。在这个过程中,政策的实施必须充分贯彻人民性原则和公共性精神,保证政策的稳定性和连续性,提高政策执行力。最后,要形成完整的政策调整机制,创新政策执行机制,增强政策的针对性、灵活性、有效性。

4.发挥法律的整合作用

法律是统治阶级意志的体现,由国家强制力保证实施,以维护有利于统治阶级利益的社会关系和社会秩序为主要目的。因此,法律是整合社会关系的最根本、最有效措施之一。目前,我国公民正经历着由"身份"向"契约"以及由"契约"到"身份"的双向转变过程。从"身份"到"契约"的转变是指,从过去依靠血缘、亲缘的人身依附关系来分配权利与义务到依靠契约来决定相互之间的权责关系。这就需要通过法律制定、法律执行等法律运行环节规范劳资关系、借贷关系、租赁关系等各种合同关系,创造和谐的法治环境。从"契约"到"身份"的转变是指,由法律主体的社会地位来决定实际的权利义务关系。因此,要继续完善《残疾人保障法》、《妇女权益保障法》、《未成年人保护法》与《老年人权益保障法》等特殊群体的法律法规;同时,针对农民、农民工、城市低收入者、贫困大学生等弱势群体,要研究制定专门法律。为此,要通过法律援助、司法救济等措施为弱势群体开通绿色通道,保障弱势群体的合法权利。在这个过程中,必须通过开展各种形式的法律宣传活动,普及法律知识,提高法律素养,提高弱势群体自我维权能力。另外,要利用法律手段加强社会治安综合治理,严厉打击各种刑事犯罪活动以及黑恶势力团伙,增强民众对公安、司法部门的信任度,为整合社会关系创造和谐的社会环境。

从本质上说,政治是经济的集中表现,政治的核心问题是国家政权问题,因此,政治整合是社会关系整合的根本手段。

（三）整合社会关系的文化选择

文化制度属于上层建筑的范畴。文化交往本身是社会关系的重要组成部分,文化认同和整合、价值认同和整合是整合社会关系的重要手段,是运用文化和价值规约各种社会关系主体的言行进而实现社会关系整合的方式。

1. 发挥社会主义核心价值体系在社会关系中的整合作用

核心价值体系是指在一个社会的多样价值体系中,居于主导、支配地位,反映现实生活和社会发展内在要求以及统治阶级根本利益的基本价值体系。核心价值体系属于社会意识范畴,是社会意识的本质体现,决定着社会意识的性质和方向。社会主义核心价值体系是发展社会主义先进文化的根本,对当代中国社会发展最有决定性意义的意识形态内容就是核心价值体系的基本内容。为了要发挥社会主义核心价值体系在社会关系中的整合作用,要从以下几方面着手:第一,要坚持马克思主义的指导地位,不断在实践基础上丰富和发展马克思主义,推动马克思主义的时代化、中国化、大众化。第二,要尊重世界文明发展的一般规律,在尊重个体需要的基础上,坚持合目的性和合规律性的统一,价值原则和科学原则的统一,坚持人与自然的和谐统一,并以此作为社会价值的共识。第三,要大力弘扬民族精神和时代精神,坚定民族文化信仰,提高民族的文化软实力和道德竞争力,树立高度的文化自觉和文化自信;同时,要坚持改革创新,全面推动理论创新、科技创新、制度创新和文化创新。第四,要培育公共精神,坚持采用灌输与渗透性相结合的策略,探索公民教育的低龄化、系统化、全面化,促进公民对自我身份的自我觉解,使公民充分认识自身的权利、义务、责任。在全社会形成"我为人人,人人为我"的良好社会风尚。第五,要推动文化创新,使公民的文化潜力得到充分挖掘,文化诉求得到充分实现,创造才能得到充分发挥,创造成果得到充分应用。简而言之,通过发展社会主义先进文化,规范民众行为,提高明辨是非的能力,尽快建构一个能够正确反映社会发展规律,代表广大人民根本利益的,能够为整个社会所认同的价值体系,是整合社会关系的重要途径。

2. 发挥思想政治工作在社会关系整合中的作用

思想政治工作是中国共产党的优良传统和政治优势,也是深入贯彻"三个代表"重要思想和科学发展观的必然要求。"对于各种社会矛盾,要区分不同情况,通过改革和发展,通过加强思想政治工作,通过综合运用法律、经济、行政、教育等各种手段,妥善加以解决。"①思想政治工作的功效在于通过构筑

———————

① 《江泽民文选》第二卷,人民出版社 2006 年版,第 415 页。

共同的思想基础,形成坚强的身份认同,在多元中追求一体,形成科学的评判标准,增强文化凝聚力,从而构建和谐的社会环境。加强思想政治工作的根本路径在于深入了解思想政治工作的特点,研究思想政治工作规律,明确思想政治工作的职责和功能,巩固和提高思想政治工作的地位和作用。为此,必须坚持教育群众和服务群众的统一,在解决实际问题中解决思想问题,从而为整合社会关系提供思想基础。此外,要发挥思想政治工作的独特功效,关键是坚持与时俱进,适应时代发展变化的主流趋势,观念突破传统思维定势,方法超越传统定式。具体而言,就是利用说服、磋商、求同存异的方法协调工农、城乡、阶层、区域、民族以及强弱群体之间的矛盾冲突,不断研究新情况,解决新问题。最后,发挥思想政治工作的优势,寻找不同群体之间的思想联系,必须利用民众的从众心理,大力宣传积极向上的主流文化,巩固健康的民族心理建设,培养自由、民主、团结、积极向上的精神状态。

3. 发挥文化教化功能在社会关系整合中的作用

文化具有教化功能,对人的思想、品格、道德起感召和影响作用,往往通过潜移默化的形式规范人的处事原则和行为方式。正确发挥文化的教化功能,必须加强廉政文化、权力文化、诚信文化、民本文化的教育。一是要教育党员和干部要严守官德,保持政治操守,利用广告、网络、电视、书籍、歌曲等各种艺术形式和文化产品,在学校、企业、社区等所有公共场所宣传廉政理念,引导党员和干部正确看待人民与权力的关系,正确认识人民的地位和作用,大力弘扬积极向上政绩观,在全社会营造清廉之风。二是加强公民道德建设,弘扬民德,开展各种形式的创新争优活动,树立典型模范的榜样作用,采用宣传、教化、引导、治理等多种手段,建立个人信用制度,规范失信惩戒机制,发挥媒体的监督作用,培育诚实守信的文明之风。三是完善民族品格,塑造民族精神,充分汲取传统文化资源,通过整合思想体系、价值理念来形成社会共同认同的道德信仰,积淀而成共同的心理素质、民族品格和民族精神,增强民族自信心、自豪感,增强民族精神的凝聚力,树立文化自觉意识,这样,才能为整合社会关系提供民族心理基础。一句话,只有利用文化提高公民的精神层面素养,才能在全社会形成生动活泼、团结友爱、与人为善的社会关系。

总之,加强文化建设是提高全民族整体素质的重要途径,在整合社会关系中具有稳定性、长效性的作用,必须予以充分重视。

（四）整合社会关系的社会选择

国家制度的根基来源于社会。"只有建立起与社会主义经济、政治、文化体制相适应的社会体制,才能形成与社会主义经济、政治、文化秩序相协调的社会秩序。"①因此,整合社会关系还依赖于社会治理。

1.发挥善治在社会关系整合中的作用

实行善治是整合社会关系的社会体制选择,善治的本质特征是政府与公民以及各种社会力量对公共生活的合作治理。在传统计划经济体制中,管理权主要属于党政机关。而善治的理念是在管理层次上进行模式调整,因此,应扩大管理主体的内涵和外延。在当代中国,这就是要"坚持系统治理,加强党委领导,发挥政府主导作用,鼓励和支持社会各方面参与,实现政府治理和社会自我调节、居民自治良性互动"②。善治的宗旨是通过管理体制的改革,使公共利益最大化。善治的管理方式,是通过协商讨论,使公众的利益都有表达的机会,并得到切实贯彻和治理之道。可见,善治是民主化进程的必然结果,是民众共同的诉求和期望。在善治条件下,公民的需求将被置于首位,公民的知情权、话语权将得到充分维护,社会将为公众充分获取生活环境信息提供便利条件;公众的生存权和发展权将获得保障,不同个人或群体的信息、意见将得到有效整合,这样,在公民之间、群体之间建构平等的关系才能够成为可能。在善治条件下,一元、强制、命令式的管理模式逐渐被取缔,多元、民主、协商式的管理模式将居主导地位。这样,在权力与职责之间建立牵制机制,加强管理部门与被管理者之间的互动,有利于弥补权威部门在管理上的不足,提高政府、公民的责任意识,从而提高社会管理效能,规范社会秩序。总之,通过善治,完善公共服务体系,为政府、企业、公民、群体之间沟通搭建平台,这样,就会引导全社会建立真诚的合作关系。

2.发挥社会规范在社会关系整合中的作用

社会生活是从国家、家庭分离出来的非政治的公共领域,主要依靠民间自治组织、社会风俗习惯、道德评判标准和社会舆论来约束彼此之间的关系。这些行为准则统称为社会规范。在权力统筹范围内,有严格的行政机构和相关制度来维护国家的权威性;而在社会领域,相关组织、机构以及规范都不具有

---

① 《十六大以来重要文献选编》(中),中央文献出版社 2006 年版,第 713 页。
② 《中共中央关于全面深化改革若干重大问题的决定》,人民出版社 2013 年版,第 49 页。

相应的强制力。在私人领域,社会关系等于人情关系,"爱有差等",对规则的贯彻具有主观随意性;而在社会领域,共同体是开放的,价值评判面前人人平等。社会规范的宗旨在于维护公共利益和共同利益,维持社会秩序。社会规范可以作为评价和规范个体、群体行为的社会价值标准。每个社会都有其特定的社会规范,社会成员将其作为规范自己行为的准则,这样,就能树立正确的是非观,规范自身言行。所以,社会规范可以限制超越规范行为,鼓励有秩序行为的出现,弥补法律法规的漏洞,树立完善的价值规范,引导社会成员的行为,统一社会成员的行动,维持一定的社会秩序,实现有效的社会控制,保证社会的稳定有序。为此,在社会领域中,致力于公共生活的改善和公共秩序的建设应成为最终价值取向,这就需要社会成员养成公共意识,提高对公共领域的认识,反对个人主义,形成责任意识、诚信意识,要心中有社会,心中有大家;要培养公共习惯,提高行为的自觉性,奉行"己所不欲,勿施于人"的准则,文明说话,文明做事;要恪守公共道德,提高自身修养,秉持社会公正和社会良知;要珍惜公共资源,爱护公共设施,履行公共义务,形成积极向上,和睦融洽的社会共同体。唯此,才能为整合社会关系提供规范准则。

3. 发挥社会组织在社会关系整合中的作用。

社会组织(团体)是除政府和企业之外的社会主体。社会组织的成熟不仅丰富了社会管理的主体,也说明了公民自治意识的觉醒,与此相适应,很多管理事务的职能也开始向这些组织转移,这对于社会关系的整合具有至关重要的作用。第一,社会组织可以承担协调职能,协调各类社会纠纷。随着市场经济的发展,社会体制的变迁,各种矛盾冲突日益增多,不可能所有纠纷都对簿公堂。一些专业的社会组织可以设立专门评议机构,深入调查研究,摆事实讲道理,按照事情是非曲直明断纠纷,消弭当事人之间的冲突,维护社会成员的合法权益。第二,社会组织通过制定行业章程规则,抑制欺诈、霸权等不正当行为的滋生。一些不法个体为谋取非法利益游走于法律边缘,严重危害社会信用体系,而通过社会组织制定行业规则,可以惩恶扬善,制止此类行为。第三,发挥"中介"作用,充当政府与民众的桥梁。在当代中国的社会生活中,我们要"正确处理政府和社会关系,加快实施政社分开,推进社会组织明确权责、依法自治、发挥作用。"①。

---

① 《中共中央关于全面深化改革若干重大问题的决定》,人民出版社 2013 年版,第 50 页。

同时,社会组织给政府与民众交流创造多样的平台,能够促进政府职能转变,推动民主政治的发展。第四,直接参加公益活动,扩大公益供给。社会组织能够通过实践活动,宣扬志愿精神,救助弱势群体,促进公民社会的成熟,培养公民的正义品质和主体意识,提供更优质的公共服务产品。显然,社会组织发挥作用的过程就是一个整合社会关系的过程。

因此,从社会层面上讲,为了有效整合社会关系,要培养公民的积极性、自主性,塑造合格的公民主体;要促进政社分开,规范社会组织的结社及管理体制,引导社会组织承担教育、环保、医疗等公益性职能。这样,政府、公民、社会组织各司其职,分工协作,才可能为整合社会关系提供社会治理上的保证。

综上所述,只有不断完善中国特色社会主义的总体布局,为整合社会关系提供经济、政治、文化、社会等方面的有力制度支撑,充分发挥政府、民众、社会组织的力量,协调社会成员之间的利益关系,激发全社会的潜能和活力,才能促进工农、城乡、区域、民族、劳动、阶层、党群、干群关系的协调发展,最终才能营造和谐、健康、积极向上的社会氛围。

第九章 健全社会保障：当代中国 社会建设的重要支柱

切实搞好社会保障体系建设，这既是加快结构调整、深化经济改革的迫切要求，也是维护社会稳定、实现国家长治久安的客观需要。关键是要下决心通过调整财政支出结构等办法，多渠道地筹集社会保障资金。同时，要健全社会保障体系和改革社会保障基金管理体制，建立有中国特色的社会保障制度。

——江泽民：《通报中央政治局常委"三讲"情况的讲话》（2000 年 1 月 20 日），《江泽民文选》第二卷，人民出版社 2006 年版，第 564 页。

加快完善社会保障体系，有利于扩大国内需求、促进经济发展，有利于保障人民基本生活、促进社会和谐稳定。

——胡锦涛：《加快建立覆盖城乡居民的社会保障体系》（2009 年 5 月 22 日），《论构建社会主义和谐社会》，中央文献出版社 2013 年版，第 177 页。

社会保障是社会建设的重要支柱，其本质是在维护社会公平的基础上维护社会稳定。社会保障在社会建设中的支柱地位，已被百余年来世界各国的实践所证实。目前，世界上有 160 多个国家建立了不同类型、不同模式的社会保障制度，在各国的经济社会发展中都发挥着不可或缺的作用。我国在新中国成立初期即创建了社会保障制度，并随着经济社会的发展而不断加以调整和完善。当前，面对战略机遇期和矛盾多发期的现实，我们必须健全社会保障体系。这是当代中国社会建设的重要课题。①

一、健全社会保障体系的战略依据

作为一个专门术语,"社会保障"(social security)最早出现于美国国会在 1935 年通过的《社会保障法案》中。1941 年美英两国发表了《大西洋宪章》,两次使用了"社会保障"的概念。1944 年,国际劳工组织举行的第 26 届国际劳工大会发表了《费城宣言》,接受并使用了"社会保障"概念。二战结束之后,国际劳工组织于 1952 年在日内瓦举行了第 35 届国际劳工大会,会议通过了著名的第 102 号公约即《社会保障最低标准公约》,从此以后,社会保障一词开始被国际社会广泛使用。就其含义来看,社会保障,是指国家和社会通过立法手段对国民收入进行分配和再分配,对社会成员尤其是生活有特殊困难的人们的基本生活权利(基本生计)进行保障的社会安全措施。健全社会保障体系具有重大的战略意义。

(一) 社会保障的历史进程

社会保障制度首创于 19 世纪 80 年代。从那时起至今,享受由国家和社会提供的社会保障已成为各国公民的一项基本权利,为公民提供社会保障则成为政府必须承担的责任。其实,社会保障的思想和措施伴随着社会经济发展的始终,具有源远流长的历史。

1. 社会保障的历史起源

在社会保障制度出现以前,中外各国在面对贫穷、年老、疾病、灾荒等社会问题时,曾经通过政府救助、社会救济、私人慈善行为以及社会成员之间互助等多种方式来加以应对。在中国历史上,许多朝代的统治者曾实行过仓储备荒、救济贫民、赈济灾民等政策,民间则通过创建社仓、建立义庄等办法实现了邻里互助和家族成员互恤。在英国,16 世纪的圈地运动剥夺了大批农民的土

---

① 社会保障制度有两个方面的含义:一是指稳固而成型的整个社会保障系统,是涉及社会保障的所有要素的总和;二是指涉及社会保障的政策设计和体制安排(社会保障体制)。社会保障体系是指社会保障领域的具体构成、主要任务、推进措施等具体的事务性系统,一般指社会保险、社会救助、社会福利和慈善事业等方面的具体工作及其关系,在我国还包括优抚安置。

地,迫使他们背井离乡,沦落为流浪汉和乞讨者,导致社会不安定因素急剧增多,英国统治者不得不考虑救济贫民的问题。1601年,英国女王伊丽莎白一世制定并颁布了"济贫法",规定以教区作为基本的济贫单位,通过征收济贫税、罚款以及自愿捐款等途径筹集资金发放给无力谋生者,缓解了其生存危机。1782年和1795年,英国又相继制订了"吉尔伯特法"和"斯宾汉姆兰德法",确定了最低生活保障原则。1834年,英国政府为适应自由竞争的要求,又制定了"新济贫法",对救济对象的确认、救济方式以及管理机构的职责和权限都进行了大幅度调整。德国在1788年和1852年分别在汉堡和爱尔伯福两市实行过社会救济制度,将城市划分为若干区、段,设立办事机构,对贫困者实施救济、介绍职业、医疗疾病,此即"汉堡制"和"爱尔伯福制"。上述济贫制度的进步意义是毋庸置疑的。但是,与现代社会保障制度所具有的普遍性、强制性、权利保障性等特点相比较,缺点都非常明显,如实施的范围比较小,或者属于应急性、任意性的行为,并且被当作是对受救济者的恩赐。

2. 社会保障的制度构建

19世纪末,建立现代社会保障制度的各种条件逐渐成熟。(1)欧美国家蓬勃兴起的工人运动为创造社会保障制度奠定了坚实的政治基础。在资本主义社会,工业革命在促进生产力飞速发展、给资产阶级带来大量财富的同时,却给无产阶级造成了巨大的苦难。随着大机器生产取代手工劳动,工人的劳动条件和生活条件日益恶化,劳动强度增加、工伤事故增多、失业威胁、疾病救治和老年生计等问题也时刻困扰着他们。工人阶级为摆脱这种境况的反抗斗争从未停止过,从最初的破坏机器的自发斗争发展到以维护自身的经济利益和政治权利为目的的自觉斗争。(2)在长期的工业化进程中积累的大量社会财富为社会保障制度的产生提供了比较充分的物质基础。工人运动严重威胁到了资产阶级政权的稳定,而仅仅依靠原有的慈善事业和济贫措施已不能使工人的处境获得明显的改善,这就迫使统治者采取新的措施缓和阶级矛盾,从长期积累的社会财富中拿出一小部分用于解决工人的基本生存问题。(3)各种进步的社会学说为这一新制度的产生提供了思想基础。资产阶级的人文主义思想和自然权利学说所倡导的"以人为中心"的思想,"自由"、"平等"、"博爱"的口号以及"天赋人权"的学说,都主张人生而拥有平等和自由,享有完全的自然权利,而一部分社会成员穷困无助的处境是与之背道而驰的。尽管空想社会主义思想缺乏现实性,但其中关于理想社会中消灭剥削、消灭私有财产、创办共同福利等描述,也激发了人们对美好未来的向往和对现实社会的批判。马克思、恩格斯创立的科学社会主义学说深刻地揭示了导致无产阶级贫困的根源,阐明了从根本上消除贫困的道路和方法,为无产阶级斗争提供了强大的思想武器,推动了无产阶级有组织的革命运动的开展,迫使统治者不得不做出一定程度的退让。在此背景下,现代社会保障制度的出现便瓜熟蒂落了。德国"铁血宰相"俾斯麦认识到过去的强硬镇压政策只能适得其反,不得已采取了一些社会保障政策来安抚工人,阻止社会民主党人力量的扩张,这就是他所说的"为了没有社会主义,要发展一点儿社会主义"[①]。1883—1889 年间,俾斯麦政府先后制定了《健康保险计划》、《工伤事故保险计划》、《退休金保险计划》三项保险立法,开创了社会保障制度的先河。这种以社会保险为主要内容的社会保障制度的出发点和主要目的当然是维护统治阶级的利益,但在客观上适应了工业社会的要求,改善了雇佣劳动者的处境,从而稳定了社会秩序,促进了社会发展。

3. 社会保障的革命实践

对于社会保障制度在现代社会中的极端重要性,无产阶级革命家和社会主义国家的领导者有着清醒的认识。在领导俄国人民进行社会主义革命和建设过程中,俄国共产党十分重视社会保障问题。例如,在 1919 年 3 月召开的党的第八次代表大会上,通过了《俄国共产党(布尔什维克)纲领》。该纲领明确要求:"苏维埃政权通过立法手续对于一切不剥削他人劳动的劳动者实行了充分的社会保障,凡丧失劳动能力的人以及——世界上破天荒第一次——遭到失业的人,都由雇佣者和国家给予生活保障。"[②]将对劳动者的社会保障上升到法律的高度进行保护,是社会主义国家重要的社会政策。在加强劳动者社会保障的基础上,"纲领"进一步提出了社会救济的要求:"在社会保障方面,俄共不仅对战争及自然灾害的受害者,而且对那些因不正常的社会关系而遭受损害的人们,都要组织广泛的国家救济,坚决与各种寄生行为和懒汉思想进行斗争,并规定自己的任务就是要使每一个脱离劳动正轨的人回到劳动生

---

① 转引自[法]让-雅克·迪贝卢、爱克扎维尔·普列多:《社会保障法》,蒋将元译,法律出版社 2002 年版,第 16 页。

② 《列宁全集》第 36 卷,人民出版社 1985 年版,第 422 页。

活中去。"①1923年，列宁在《论合作社》中又进一步指出，社会保障是实现向社会主义过渡的社会前提条件，"在最好的情况下，我们度过这个时代也要一二十年。但这终究是一个特殊的历史时代，如果不经过这一历史时代，不做到人人识字，没有足够的见识，没有充分教会居民读书看报，没有做到这一点的物质基础，没有一定的保障，如防备歉收、饥荒等等的保障——没有以上这些条件，我们就达不到自己的目的。"②在列宁的领导下，苏维埃政权建立了国家救济人民委员会，颁布了许多保护劳动者权利的法令，开始了建立社会主义国家社会保障体系的探索。显然，社会保障并非西方资本主义国家的"专利"。

第二次世界大战以后，社会保障制度继续在世界范围内普及和发展。其中，"福利资本主义"或"民主社会主义"对现实的社会主义提出了严峻的挑战。

（二）社会保障的体系构成

现代社会保障是一个庞大而又复杂的系统。就其体系框架而言，由于涉及的项目众多，体系庞大，而且世界各国的经济发展水平、民族文化传统和政策措施各异，其涵盖的范围差别也很大。择其要者，不外乎以下几项：

1. 社会保险

社会保险是指国家通过立法，对因年老、患病、失业、工伤、生育等原因而丧失劳动能力或生活来源的劳动者给予一定程度的经济补偿，使之能够享有基本生活保障的一项社会保障制度。在世界范围内，社会保险一般包括养老保险、工伤保险、失业保险、医疗保险等项目。此外，一些国家和地区还适应实际国情开办了单独的生育保险、护理保险和灾害社会保险等项目。社会保险具有普遍性、强制性等特征，是面向全体劳动者的、由国家通过法律强制实施的社会保障制度，其资金来源主要是用人单位和劳动者本人，政府给予资助并承担最终责任。当然，在资本主义条件下，"保险必须由剩余价值补偿，是剩余价值的一种扣除。"③社会保险贯彻权利和义务相对应的原则，符合条件的

---

① 《列宁全集》第36卷，人民出版社1985年版，第423页。
② 《列宁专题文集　论社会主义》，人民出版社2009年版，第351页。
③ 《马克思恩格斯文集》第6卷，人民出版社2009年版，第198页。

劳动者只有履行了缴费义务,才能获得相应的经济补偿权利。有的国家,一些社会保险项目甚至覆盖了全体国民。在当代中国,主要是要完善城镇职工基本养老和基本医疗、失业、工伤、生育保险制度。社会保险针对的是劳动者未来的和不确定的风险,在整个社会保障制度体系中占有特别重要的地位,是现代社会保障制度的核心。

2. 社会救助

社会救助亦称为社会救济,是国家通过国民收入的再分配,对因自然灾害、意外事故或其他经济社会原因而无法维持最低生活水平的公民给予无偿救助,以保障其基本生活的一项社会保障制度。社会救济主要包括灾害救济、失业救济、孤寡病残救济和城乡困难户救济等针对社会脆弱群体的扶助措施。国家和社会通过多种形式对因自然灾害、意外事故和残疾等原因而无力维持基本生活的灾民、贫民提供救助,包括提供必要的生活资助、福利设施、急需的生产资料、技术、劳务、信息服务等。在西方社会,"为了确保一定的收入水平而提供一定失业救济金,不应该理解为一种权利,而应该理解为国家在形式上确认和管理的一种需要。"①在当代中国,最低生活保障家庭中的老年人、未成年人、重度残疾人、重病患者等是重点救助对象。社会救济是最低层次的社会保障,是维护社会安全的"最后一道防线"。社会救助的给付标准通常低于社会保险,救助资金的主要来源是政府财政支出,还有社会团体或个人提供的捐赠。维持最低水平的基本生活是社会救济的基本特征。

3. 社会福利

社会福利有广义和狭义之分。在一般意义上,"'福利'一词,指的是社会问题得到令人满意的控制,社会需求得到满足,社会机会得到创造的情形下所出现的一种福祉状态"。②广义社会福利是指政府为全体社会成员创建有助于提高生活质量的物质文化环境,提供各种津贴、公共基础设施和社会服务,以不断提高国民整体的物质精神生活水平,使之得到更多的享受。主要包括文化教育、公共卫生、公共娱乐、市政建设、教育津贴、住宅津贴等。狭义社会

---

① [英]马克·尼奥克里尔斯:《管理市民社会——国家权力理论探讨》,陈小文译,商务印书馆 2008 年版,第 209 页。

② [美]詹姆斯·米奇利:《社会发展:社会福利视角下的发展观》,苗正民译,格致出版社、上海人民出版社 2009 年版,第 31 页。

福利覆盖面较窄,主要是指政府和社会向老人、儿童、残疾人、慢性精神病人等特别需要特殊关心的人群,提供必要的社会援助,以提高其生活水准和自立能力。主要包括老人福利、妇女福利、儿童福利、青少年福利、残疾人福利等。在当代中国,作为社会保障子系统的社会福利,实际上专指国家和社会通过兴建福利设施、发放福利津贴,以满足社会成员的生活服务需要并促使其生活质量不断得到改善的一种社会政策。社会福利的目标不单是保障社会成员的基本生活,而且在于促使社会成员的生活质量不断得到改善和提高。

4. 慈善事业

慈善事业是指对社会中遇到灾难或不幸的人,不求回报地实施救助的一种无私的支持与奉献的事业,主要靠私人捐赠、志愿性努力和非营利性机构来进行,更多地面向穷人、残疾人、无助的人、受害者等。一般来讲,"社会慈善事业的主要对象是无力关怀自己的人,但并不向整体人口提供物品或服务。从历史角度看,慈善提供者对'值得救济'和'不值得救济'的人进行严格区分。值得救济的人包括老年人、残疾人、儿童和其他无能力照管自己的人。不值得救济的是那些身强力壮的无业者,以及因为某种行为问题而陷入贫困的人,如吸毒与犯罪者。一般而言,获得社会慈善救济的人都是物品与服务的被动接受者。慈善活动依靠捐赠者的乐善好施,以及政府是否愿意用纳税人的钱来辅助慈善活动。"①尽管资本主义条件下的慈善具有一定程度的虚伪性,但是,从总体上来看,慈善事业是社会保障体系的重要组成部分,是一种社会再分配的实现形式,是一种有益于社会与人群的社会公益事业。

5. 社会优抚

社会优抚是指政府和社会对军人等从事特殊工作的人员及其家属予以优待、抚恤和妥善安置的一项特殊的社会保障制度。早在抗日战争时期,我党就提出:"对于优待抗日军人家属及安置残废军人、退伍军人的工作,近年来的新发展、新创造,就是除了发动代耕及抚恤慰劳等以外,还帮助他们发展生产,建立自己的家务。"②新中国成立之后,我们进一步加强了优抚工作,要求"在优抚工作上,首先是收葬烈士遗骸,收集烈士事迹。老根据地烈军属多,他们

①　[美]詹姆斯·米奇利:《社会发展:社会福利视角下的发展观》,苗正民译,格致出版社、上海人民出版社 2009 年版,第 20 页。
②　《朱德选集》,人民出版社 1983 年版,第 162 页。

缺乏劳动力,生产与生活困难最多,过去有些地方对优抚条例的贯彻施行较差,今后必须切实执行优抚条例,加强对缺乏劳力的烈军属的代耕工作,保证他们的生活不低于一般农民。县、区应定期召开烈军属、革命残废军人和优抚模范的代表会议,以便检查优抚工作,交流代耕经验,进行政治教育"。① 我们规定社会优抚由各级民政部门负责。从其内容来看,社会优抚主要包括向军属、烈属、复员退伍军人、残废军人提供优待金、抚恤金、补助金;举办荣誉军人学校、疗养院、光荣院;安置复员退伍军人;为军队离退休干部提供服务等。优抚优待的资金主要由国家财政支出,待遇高于一般的社会保障标准,因为它具有补偿和褒扬的性质。社会优抚目的在于鼓舞军队士气,促进社会稳定,维护国家安全。

上述内容各有侧重,相辅相成,共同构成了社会保障体系。各个国家根据自己的实际,有增有减,但是,都构筑了其"安全网",从而使社会稳定和社会和谐有了可靠的安全保证。

(三) 社会保障的基本原则

在社会保障成为一种社会制度(国家的政策设计和制度安排)之后,呈现出了一些区别于其他保障措施的特征。这些特征加以巩固和提炼后,可上升为社会保障的基本原则。社会保障的基本原则是建立和完善社会保障制度的基本准则。

1. 坚持保障性和公平性的统一

建立和完善社会保障制度,必须坚持保障性和公平性的统一。一方面,社会保障设计的初衷主要是为了应付失业、疾病、事故、年老等导致的收入中断,以维持保障对象的基本生计。这样,社会保障就必须尽可能地向社会弱势群体倾斜。对于保障的主要对象即缺乏自我保障能力的社会中下层成员而言,他们通过社会保障所获得的待遇应大于他们在保障方面付出的成本,即具有一定程度的福利性。另一方面,社会保障具有调节国民收入再分配的功能,因此,维护社会公平是社会保障制度的出发点和落脚点。因此,我们要"更加注重保障公平。充分发挥社会保障再分配的调节功能,把人人享有基本社会保

---

① 《周恩来选集》下卷,人民出版社 1984 年版,第 79—80 页。

障作为优先目标，基本解决制度缺失问题，使人民群众都能享有相应的基本社会保障制度安排；逐步提高社会保障水平，使其与经济发展水平相适应；协调平衡各项社会保障制度的待遇水平，逐步缩小相关群体的保障水平差距，使广大人民群众平等共享经济社会发展成果。"①只有将保障性和公平性统一起来，社会保障制度才能发挥其应有的作用。

2. 坚持强制性和选择性的统一

建立和完善社会保障制度，必须坚持强制性和选择性的统一。一方面，现代社会保障制度的建立和运作要依靠必要的强制手段，以国家法律的明确规范作为保证，并由政府来主导或干预。这具体表现为：任何主体是否加入社会保障体系，都是由法律法规明确规定并强制执行的；保障主体都必须依法履行社会保障的职责和义务；保障对象在享受保障权利时必须受到法律法规的强制性约束；社会保障的运作和监管也都必须依照法律法规来进行。另一方面，个人实际境遇的差别决定了保障需求的差异性。因此，必须允许个人的自主选择。"不同人群的实际收入水平和受收入水平影响的正常生活费支出水平大不相同。享受更高标准的待遇主要是个人自己的事情，也就是说，这是个人自主选择和自愿保险解决的问题。但国家应保证有关政策为自愿保险留有空间，并给予鼓励。"②广而言之，必须根据国家财政的承受能力和受保障者的经济收入状况以及对社会保障的需求程度，区别性地安排社会保障的项目、范围、筹资方式和待遇水平等。这样，才能确保社会保障制度的有效性和合理性。

3. 坚持社会性和自愿性的统一

建立和完善社会保障制度，必须坚持社会性和自愿性的统一。一方面，社会保障不同于完全由私人自己承担风险，也不同于计划经济时期由国家大包大揽的保障，一般实行的是个人、企业、国家三者相结合方式，具有社会性。因此，必须将社会统筹和个人账户相结合，多渠道筹集和积累资金。另一方面，根据多样化的需求和实际支付能力，要按照自愿性的原则发展企业补充保险和商业保险。自愿保险用于满足超出基本需要的额外需要，可以发挥查漏补

---

① 《十七大以来重要文献选编》（下），中央文献出版社2013年版，第989页。

② ［英］贝弗里奇：《贝弗里奇报告——社会保险和相关服务》，华迎放、汤晓莉、耿树艳译，中国劳动社会保障出版社2008年版，第113—114页。

缺的作用。在总体上,"社会保障需要国家和个人的合作。国家的责任是保障服务的提供和资金的筹集,但在尽职尽责的同时,国家不应扼杀对个人的激励机制,应该给个人参与社会保障制度建设的机会并赋予他们一定的责任。在确定国家最低保障水平时,应该给个人留有一定的空间,使其有积极性参加自愿保险,以及为自己及家人提供更高的保障水平。"①只有这样,才能既保证基本生计,又能满足多层次的需要。

4. 坚持适度性和发展性的统一

建立和完善社会保障度,必须坚持适度性和发展性的统一。一方面,社会保障的水平和程度要与生产力的发展水平和速度相适应。社会保障需要一定的财力支撑,要受到经济发展状况和综合国力的制约,因此,必须从实际出发,量力而为,维持在能够承受的范围内。对于当代中国来说,建立和完善社会保障体系要把握的一个原则是,"从国情出发,与国民经济发展水平以及各方面承受能力相适应,首先保证人们基本生活的需要"②。否则,会加重政府的负担,导致企业的成本上升和效益下降,引发社会惰性,削弱社会前进的动力。另一方面,随着经济和社会的不断发展,社会保障的水平也应相应地提高。例如,在社会经济发展的基础上,我国相继提高了贫困标准、最低工资标准、最低社会保障标准等。事实上,这就是要让人民群众共享改革和发展的成果。随着社会经济的发展,社会保障必然会超越保障社会成员基本生活的最低要求,把改善和提高社会成员的物质文化生活质量作为前进的目标和方向,使社会保障的福利性得到进一步的彰显。只有这样,才能确保社会保障的持续性。

5. 坚持统一性和多样性的统一

建立和完善社会保障度,必须坚持统一性和多样性的统一。一方面,社会保障制度反映了市场经济条件下人类维持生计和尊严的共同努力的成果和经验,具有统一性的特征。对于当代中国来说,应该在批判福利资本主义和民主社会主义的基础上,汲取其社会保障方面的成功经验,这样,才能在增强社会主义优越性的同时,有效地保障人民群众的幸福和尊严。另一方面,各国的历史文化传统以及现实的国情和国力存在着很大的差异,因此,其社会保障制度

---

① [英]贝弗里奇:《贝弗里奇报告——社会保险和相关服务》,华迎放、汤晓莉、耿树艳译,中国劳动社会保障出版社 2008 年版,第 3 页。

② 《江泽民论有中国特色社会主义》(专题摘编),中央文献出版社 2002 年版,第 88 页。

也必然具有特殊性。即使在资本主义制度中，也形成了不同的社会福利道路和模式。从其话语体系来看，"自由主义福利体制的话语肯定了大众话语中的事业性的指令系统，社会民主主义体制肯定了改良主义的指令系统，保守主义体制肯定了墨守成规的指令系统，道德权利的体制肯定了生存主义的指令系统。"①任何国家都有其特殊的国情和实际，因此，社会保障制度应该有多样性的选择。对于当代中国来说，这就是要建立和完善有中国特色的社会保障制度。只有这样，才能在学习和借鉴资本主义的过程中超越资本主义。

总之，在健全社会保障体系的过程中贯彻上述原则，就是要求各国要充分认识到社会保障的内容、水平和模式会受到本国的经济、政治、文化和社会等因素的制约和影响。对当代中国而言，建立和完善社会保障体系的目标定位、制度安排和具体方案都必须立足于现实国情的基础之上，必须考虑社会主义初级阶段的社会经济发展状况。

（四）社会保障的社会功能

社会保障尤其是社会保障制度的功能具有双重性，在与特定社会制度（社会形态）剥离的同时，我们必须将之引入社会主义，要注重发挥其一般功能，以促进社会稳定和社会和谐。

1.社会保障的复杂功能

由于社会保障制度最早是在资本主义条件下出现的，因此，现代社会保障的功能具有复杂性，既有制度性的一面，也有非制度性的一面。

现代社会保障制度与之前的慈善行为和济贫措施相比有着本质的区别。一是形成了制度化的保障机制，从而消除了济贫时代保障措施的不确定性和临时性，使劳动者的权利得到了稳定的、经常性的保障。二是确立了社会责任与风险的共同分担机制，保障经费由雇主、雇员和国家一起承担，其中通过国家强制性的制度安排实现社会保障以及通过确立"无过错责任原则"与"职业危险原则"来强调雇主责任的做法，在社会保障制度发展史上具有重要意义。三是受保障者的人格尊严得到了尊重，不必再像济贫制度下那样接受经济状

---

① ［英］马丁·鲍威尔：《新工党，新福利国家？——英国社会政策中的"第三条道路"》，林德山、李资资、吕楠译，重庆出版社 2010 年版，第 225 页。

况调查和必须进入济贫院。因此,现代社会保障制度的出现,使过去那种临时的、任意的救灾济贫行为和措施发展成为国家固定的社会政策,使慈善式、施舍式的社会救助转变为公民的法定权利,使社会保障出现了质的飞跃,具有重要的社会进步意义。

当然,社会保障也具有维护资本逻辑统治的政治功能。无产阶级革命导师严厉批判了资本主义社会保障制度的虚伪性和欺骗性,要求工人阶级要自觉抵制资本主义的社会保障制度。例如,恩格斯曾在1879年11月指出:"对于所有其他的经济问题,如保护关税、铁路和保险业的国有化,社会民主党议员必须始终遵循一个基本原则:不投票赞同加强政府对人民的权力的任何措施。"[①]在恩格斯看来,在资本主义条件下,保险业的国有化会加强资产阶级政府对人民的控制,因此,必须对之进行抵制。

随着社会主义在经济落后国家首先成为现实,能否在生产力发展的基础上保障人民群众的福利,成为关系到社会主义生死存亡的重大问题。因此,列宁在1920年指出,为了争取群众的支持,布尔什维克应该参加资本主义国家的保险运动,"假使布尔什维克当时没有在最严酷的斗争中坚持一定要把合法的斗争形式同不合法的斗争形式结合起来,坚持一定要参加最反动的议会以及其他一些受反动法律限制的机构(如保险基金会等),那么他们就决不可能在1908—1914年间保住(更不用说巩固、发展和加强)无产阶级革命政党的坚强核心。"[②]就这样,现代社会保障制度跨越了意识形态和社会形态的界限,在第二次世界大战前夕扩展到美洲、亚洲、非洲的70多个国家。

在冷战格局中,资本主义福利制度提升为福利资本主义和民主社会主义,构成了对现实社会主义制度的严峻挑战和严重威胁。这样,就要求我们要重视社会保障的一般属性和功能。

2. 社会保障的一般功能

社会保障的运作和实施在社会发展中发挥着重要的效能和作用。如果说市场机制是现代国家发展经济的首要动力机制的话,那么,社会保障就是现代国家首要的稳定机制,被誉为现代社会的"安全网"。

---

① 《马克思恩格斯文集》第10卷,人民出版社2009年版,第441—442页。

② 《列宁选集》第4卷,人民出版社1995年版,第146页。

防范风险的作用。由于先天与后天、自身与身外、社会与自然等一系列复杂因素的影响，一部分社会成员可能会陷入困境中，经受各种风险，如失业、工伤等。"社会保障的主要作用，是帮助人们降低生活和工作中可能遇到的风险，保障社会成员的基本生活，增强他们的生活安全感。"①例如，通过失业保险，可以预防失业风险；通过工伤保险，可以预防工伤风险；等等。如果没有通过社会保障降低个人风险，那么，就会造成社会风险。第二次世界大战后，虽然周期性的经济危机仍不时出现，失业率也居高不下，但是，资本主义却一次又一次地度过了危机。之所以如此，就在于他们运用社会保障有效地避免了社会风险。

维护社会稳定的作用。19世纪资本主义国家创建社会保障制度的初衷就是要缓和阶级矛盾，维护资产阶级政权和社会的稳定。社会保障是维护社会稳定的重要手段之一，其功能主要表现在：一是通过保障全体社会成员的基本生活，在一定程度上能够避免因灾害、失业、疾病、年老等不以人的意志为转移的因素所导致的生存危机而引发的群体性事件。二是弥补市场自发性的缺陷，避免社会成员因竞争失败而产生的反叛心理和反叛行为，满足社会成员对安全和发展的需要。显然，"建立健全同经济发展水平相适应的社会保障体系，是社会稳定和国家长治久安的重要保证。"②今天，维护社会稳定仍然是社会保障的基本功能。

促进经济发展的作用。社会保障发展到今天，还具备了促进发展的功能。其一，它可以协调社会成员与社会之间以及社会成员彼此之间的相互关系，为经济发展创造良好的环境。其二，它使劳动者在丧失劳动能力或经济收入的情况下，仍然能维持自身及其家庭成员的基本生活，保证了劳动力再生产进程不致中断。其三，它可以调节社会总需求，减少经济波动。在经济衰退时，可以通过失业保险和社会救济提高社会购买力，拉动有效需求，促进经济复苏；在经济过热时，可以相应缩减社会保障支出，使社会总需求不致过度膨胀。其四，社会保障基金的长期积累和投资运营有助于资本市场的完善，还可以直接促进某些产业的发展。因此，我们"要进一步完善社会保障体系，建立和完善

---

① 《江泽民论有中国特色社会主义》（专题摘编），中央文献出版社2002年版，第86页。
② 《江泽民文选》第三卷，人民出版社2006年版，第550页。

'三条保障线'①,同时要建立健全养老保险和医疗保险,并逐步走上法制的轨道,为深化改革、促进发展、保持稳定提供重要保证。"②显然,社会保障不仅是对市场经济失灵的补救,而且对经济发展具有促进作用。

增进国民福利的作用。现代社会保障不仅要承担就业、医疗等领域的保障项目,完成济贫的基本任务,而且还要为全体社会成员提供包括教育、住房、健康、营养等在内的涵盖范围更广的津贴,以及各类基础设施和公共服务,从而使人们尽可能充分地享受经济社会发展成果,不断提高物质生活和精神生活的质量。同时,通过社会保障基金收支,实现全体社会成员之间的风险共担,调节国民收入的分配和再分配,社会保障能够缩小贫富差距,减少社会分配结果的不公平。显然,"社会保障与人民幸福安康息息相关,社会保障工作事关改革开放和社会主义现代化事业全局。"③在总体上,社会保障有利于增进整个社会的福祉。

可见,社会保障是现代社会的"稳定器"、不同群体收入分配差别的"调节器"、经济波动与社会矛盾的"减震器"和社会经济发展的"推进器",在促进经济发展和社会稳定方面起着不可替代的重要作用。

二、当代中国健全社会保障体系的新课题

当我国确立了社会主义市场经济的新目标之后,如何随着经济和社会环境的变化进一步深化社会保障改革,加快建设适应我国市场经济体制需要的社会保障体系,实现社会保障事业全面、持续、协调、健康发展,是我们必须认真加以思考和研究的重要课题。

(一) 当代中国社会保障的发展演进

新中国成立后,我国社会保障体系经历了一个复杂的发展过程。这一过程大体上经历了以下阶段:

---

① "三条保障线"即下岗职工基本生活保障、失业保险制度和城镇居民最低生活保障制度,是当下中国社会保障制度的最有特色的部分。

② 《江泽民文选》第三卷,人民出版社 2006 年版,第 512 页。

③ 胡锦涛:《论构建社会主义和谐社会》,中央文献出版社 2013 年版,第 176 页。

1. 当代中国社会保障制度的创建阶段

1949—1956 年是我国社会保障制度的创建阶段。新中国从建立之初就十分重视社会保障工作。起临时宪法作用的《中国人民政治协商会议共同纲领》第二十五条明文规定，"革命烈士和革命军人的家属，其生活困难者应受国家和社会的优待。参加革命战争的残废军人和退伍军人，应由人民政府给以适当安置，使能谋生立业"①；第三十二条又提出"逐步实行劳动保险制度"，"保护青工女工的特殊利益"②。这些规定为新中国建立社会保障制度提供了法律依据。根据这些规定，新中国的社会保障制度先后在广大城乡建立起来。1951 年，政务院颁布实施了《中华人民共和国劳动保险条例》，此后又经过两次修订，对城镇职工的劳动保险金的征集与管理做出了明确规定，从而确立了适用于中国城镇职工的劳动保险制度。1952 年，政务院颁布了《关于全国各级人民政府、党派、团体及所属事业单位的国家工作人员实行公费医疗预防的指示》，公费医疗制度从此建立起来。1955 年，国务院相继颁布了包括《关于国家机关工作人员退休处理暂行办法》、《关于国家机关工作人员退职处理暂行办法》、《国家机关工作人员病假期间生活待遇试行办法》在内的多项法规，逐步建立了国家机关、事业单位工作人员的退休、退职、养老保险制度。对农村居民的社会保障，党和政府同样高度重视。1956 年版，第一届全国人大三次会议通过了《高级农业生产合作社示范章程》，规定农业生产合作社对于完全丧失劳动能力或者缺乏劳动能力的社员，应在生产和生活上给以适当的安排和照顾。根据这一规定，我国在农村普遍建立起了"五保"（保吃、保穿、保住、保医和保葬）制度，成为我国农村居民社会保障的重要内容之一。这样，我们就初步彰显了社会主义制度的优越性。

2. 当代中国社会保障制度的调整和停滞阶段

1957—1978 年是我国社会保障制度的调整和停滞阶段。随着社会主义改造任务的基本完成，我国进入了全面开展社会主义建设的时期。在新的形势下，党和政府对社会保障制度进行了进一步的调整和完善。1958 年，国务院颁布了《关于工人职员退休处理的暂行规定》；1962 年，又颁布了《关于精简

---

① 《建国以来重要文献选编》（第 1 册），中央文献出版社 1992 年版，第 7 页。
② 《建国以来重要文献选编》（第 1 册），中央文献出版社 1992 年版，第 8 页。

职工安置办法的若干规定》等一系列法规。卫生部、劳动部等相关部门也发布了许多决定,对公费医疗、劳保医疗和军属优待制度进行了调整。截至60年代中期,与社会主义计划经济相适应的一套社会保障制度已经初步建立起来,在保障城镇职工基本生活和维护社会稳定等方面发挥了积极的作用。在农村,"五保"制度的覆盖面在"文革"之前有所扩大,同时普遍建立了县、乡(公社)、村三级医疗保障网,确立了合作医疗制度。"文化大革命"期间,国有经济在城镇经济中一统天下,农村则进入了"一大二公"的人民公社化时期。1969年,财政部下发《关于国营企业财务工作中几项制度的改革意见(草案)》,规定在国营企业一律停止提取劳动保险金,企业职工养老金和医疗所需费用改在营业外列支,由企业自行负担,社会保障由此变成了"企业保险"或"单位保障"。而在农村,尽管合作医疗得到了很大发展,但"五保"制度几乎全部停顿。总体来看,这个时期的社会保障制度受到了干扰和破坏,整个社会保障体系处于无序状态,已无法正常开展社会保障业务。当然,这与我们对整个社会主义发展的探索的复杂性有关。

3. 当代中国社会保障制度的改革与创新的阶段

自1979年至今,我国的社会保障制度进入了改革与创新阶段。1978年底,党的十一届三中全会对党的思想路线、政治路线和组织路线进行了拨乱反正,为社会保障制度的改革提供了有利的政治条件和社会条件。主管社会保障事务的民政部得以重新设立,劳动部门的工作也逐步走上正轨。1980年10月,国务院颁布了《关于老干部离职休养的暂行规定》,确立了离休制度,与原来的退休制度共同构成了我国退休养老制度的基础。农村的"五保"制度也得到了恢复。1982年12月,五届全国人大五次会议通过了《中华人民共和国宪法》修正案,对公民的社会保障权益做出了明确的规定:"中华人民共和国公民在年老、疾病或者丧失劳动能力的情况下,有从国家和社会获得物质帮助的权利。国家发展为公民享受这些权利所需要的社会保险、社会救济和医疗卫生事业。"①这一规定集中体现了我国捍卫公民社会保障权利的坚强意志,成为实现整个社会保障制度良性运行的根本保证。这一时期,除了恢复和完善原有的社会保障制度之外,还适应不断推进的经济体制改革的要求进行了

---

① 《十一届三中全会以来重要文献选读》(上),人民出版社1987年版,第591页。

新的探索。1985 年，国家在"七五"计划中指出："社会保障工作要坚持社会化管理与单位管理相结合，以社会化管理为主的改革方向"，"社会保障资金应由国家、企业和个人合理负担，以企业和有收入的事业单位承担为主，改变过去全部由国家包下来的办法"①。在养老制度改革方面，1984 年，劳动人事部与中国人民保险公司联合发布了《关于城镇集体企业建立养老保险制度的原则和管理问题的函》，建立了集体企业退休人员和企业共同缴费的"半商业化"的养老制度。1986 年，国务院颁布了《国营企业实行劳动合同制暂行规定》等 4 个规定，把享受养老保险的企业职工范围扩大到了劳动合同制工人，确定了合同制工人由企业缴费 15%和个人 3%的积累制养老保险制度。这两个制度的建立，是对现代社会保障制度的有益探索，为建立"统账结合"的制度积累了经验。在医保改革方面，则压缩和控制了机关事业单位的公费医疗支出规模；对企业劳保医疗制度实行大病医疗费用社会统筹改革；在部分省市试行医疗保险综合改革。此外，国务院于 1986 年颁布了《国营企业职工待业保险暂行规定》，正式引入了"待业"概念，将新形势下濒临破产的国营企业的职工也纳入保障范畴。在改革开放后的农村，虽然以集体经济为基础、建立在人民公社体制基础上的社会保障逐渐丧失了存在的基础，但是，随着家庭联产承包责任制的推广和深入，农村社会经济获得了极大发展，我国农村社会保障的范围也有所扩大。20 世纪 80 年代的上述改革，虽然大体上延续了原有的社会保障制度，保障的成本大部分仍由企业和国家负担，在改革的目标、方法等方面不免存在着许多局限性，但是新型的社会化保障机制已经初现端倪。

1992 年，党的十四大做出了建立社会主义市场经济体制的重要决定，社会保障制度改革也适应社会主义市场经济发展的需要而快速推进。

（二）　当代中国社会保障的改革转向

在计划经济时代，我国社会保障制度是计划经济体制的一个子系统。那时，社会资源完全由国家来统一配置，人力资源也由国家统一掌握，自然也就

---

① 《新时期劳动和社会保障重要文献选编》，中国劳动社会保障出版社 2002 年版，第 73—74 页。

形成了"国家负责,单位包办,全面保障,封闭运行"的社会保障制度。其本质特征是以国家为保障管理和实施的主体,由国家和企业共同负担保障费用。这一制度发挥过重要的积极作用,为当时的经济社会发展提供了坚实的后勤保障。然而,它也存在着覆盖面窄(仅覆盖行政事业单位、国有企业和部分集体企业职工)、筹资渠道单一(企业负担,国家兜底)、社会化程度低(国有企业包办职工保障)等固有的缺陷,因而成为进一步推动经济体制改革的制约因素,亟须加以改革。

1. 确立与社会主义市场经济相适应的社会保障制度的基本框架

1992 年邓小平"南方谈话"和 1993 年党的第十四届三中全会通过的《中共中央关于建立社会主义市场经济若干问题的决定》,不仅标志着建立社会主义市场经济体制的伟大开端,而且确立了与社会主义市场经济体制相适应的"建立多层次社会统筹和个人账户相结合的社会保障制度"的改革总目标,指出了社会保障体系的内容包括社会保险、社会救济、社会福利、优抚安置和社会互助、个人储蓄积累保障,提出了建立多层次的社会保障体系、按照社会保障的不同类型确定其资金来源和保障方式、建立统一的社会保障管理机构等要求,从而为社会保障制度的改革指明了方向。1995 年 3 月,在认真总结各地改革试点经验的基础上,国务院发布了《关于深化企业职工养老保险制度改革的通知》,提出我国城镇企业职工基本养老保险制度改革的方向是,基本养老费用由企业和个人共同负担,实行社会统筹与个人账户相结合。改革的目标是,到 20 世纪末,基本建立适应社会主义市场经济体制要求、适用于城镇各类企业职工和个体劳动者、资本来源多渠道、保障方式多层次、社会统筹与个人账户相结合、权利与义务相对应、管理服务社会化的养老保险体系。1996 年 4 月,国家体改委等四部委共同起草了《关于职工医疗保障制度改革扩大试点的意见》,将医疗保险改革试点扩大到 38 个城市。1997 年 9 月,党的十五大明确提出:"建立社会保障体系,实行社会统筹和个人账户相结合的养老、医疗保险制度,完善失业保险和社会救济制度,提供最基本的社会保障。"①此后,我国加大了社会保障制度改革的力度。1998 年 12 月,国务院颁布《关于建立城镇职工基本医疗保险制度的决定》,统一了医疗保险制度

---

① 《江泽民文选》第二卷,人民出版社 2006 年版,第 22 页。

改革的方案,确定了改革的基本模式和保障水平。1999 年,国务院发布《社会保险费征缴暂行条例》和《失业保险条例》,规定城镇各行业人员,包括机关和事业单位职工、集体企业职工、港澳台商和外商投资企业职工、股份制和股份合作制企业以及私营企业的职工都必须参加社会保险,大大拓展了社会保险的覆盖范围。2002 年 11 月,党的十六大报告提出:"建立健全同经济发展水平相适应的社会保障体系,是社会稳定和国家长治久安的重要保证。坚持社会统筹和个人账户相结合,完善城镇职工基本养老保险制度和基本医疗保险制度。健全失业保险制度和城市居民最低生活保障制度。多渠道筹集和积累社会保障基金。各地要根据实际情况合理确定社会保障的标准和水平。发展城乡社会救济和社会福利事业。有条件的地方,探索建立农村养老、医疗保险和最低生活保障制度。"①这样,在我国实现总体小康目标的同时,与我国社会主义市场经济相适应的,以养老、失业、医疗、工伤、生育保险为核心,以社会救助、社会保险、社会福利、优抚安置为主要内容,以社会统筹与个人账户相结合为筹资渠道的社会保障制度体系总体框架就已初步形成。

2. 完善与社会主义市场经济相适应的社会保障制度的基本框架

党的十六大以来,我国社会保障制度的改革朝着进一步完善社会保障体系和加强法制化建设的方向继续发展。2004 年 3 月,十届全国人大二次会议通过了宪法修正案,正式把"国家建立健全同经济发展水平相适应的社会保障制度"写进了宪法,标志着社会保障制度成为我国的一项基本制度安排。中央政府随即发表《中国的社会保障状况和政策》白皮书,阐述了我国社会保障的有关政策。2007 年 10 月,党的十七大提出了"加快建立覆盖城乡居民的社会保障体系,保障人民基本生活"的目标和要求:"要以社会保险、社会救助、社会福利为基础,以基本养老、基本医疗、最低生活保障制度为重点,以慈善事业、商业保险为补充,加快完善社会保障体系。"②与以往在经济建设部分论述社会保障制度建设的安排不同,党的十七大将社会保障看作是社会建设的一个重要组成部分。2008 年 3 月,根据国务院机构改革方案,原劳动保障

---

① 《江泽民文选》第三卷,人民出版社 2006 年版,第 550—551 页。
② 《十七大以来重要文献选编》(上),中央文献出版社 2009 年版,第 30 页。

部与人事部合并为人力资源和社会保障部,社会保障的管理体制更加统一、健全。在 2011 年 3 月公布的我国《国民经济和社会发展十二五规划纲要》中,明确提出要健全覆盖城乡居民的社会保障体系。新世纪我国出台了一系列法律、规定,使社会保障事业在法制化的轨道上不断前进。2003 年国务院颁布《工伤保险条例》,2006 年国务院颁布了《农村五保供养工作条例》,2008 年全国人大修订通过《中华人民共和国残疾人保障法》,分别对工伤保险、农村五保户供养和残疾人社会保障的有关事项做出了法律规定。这些法律文件的出台,大大增强了社会保障制度的稳定性和权威性。2010 年 10 月,十一届全国人大常委会第十七次会议通过了《中华人民共和国社会保险法》,改变了我国社会保障法律体系中的主体性法律长期缺位的局面,标志着我国社保制度的法制化建设进入一个崭新阶段。2012 年 6 月 14 日,国务院批转了由人力资源社会保障部等六个国家部委制定的《社会保障“十二五”规划纲要》。“纲要”提出:“高举中国特色社会主义伟大旗帜,以邓小平理论和‘三个代表’重要思想为指导,深入贯彻落实科学发展观,坚持‘广覆盖、保基本、多层次、可持续’的基本方针,以增强公平性、适应流动性、保证可持续性为重点,加快建立覆盖城乡居民的社会保障体系,使广大人民群众得到基本保障,共享经济社会发展的成果,促进社会主义和谐社会建设。”①在此基础上,“纲要”对我国“十二五”期间的社会保障进行了详细规划,特别是提出了“十二五”时期社会保障发展主要目标,以及社会保障制度建设专项行动(8 项)、社会保障人群覆盖专项行动计划(6 项)、改善社会保障待遇计划(4 项)、社会保障公共服务能力提升计划(6 项)等。2012 年 11 月,党的十八大报告提出了“统筹推进城乡社会保障体系建设”的任务,要求“全面建成覆盖城乡居民的社会保障体系”。这样,与社会主义市场经济相适应的社会保障制度,就成为我国一项基本社会制度。

总之,当代中国的社会保障制度不仅是社会主义市场经济体制的重要组成部分,而且是进一步发展社会主义市场经济的基础和保障。

(三) 当代中国社会保障的巨大成就

经过建设和改革,我国社会保障取得了令人瞩目的巨大成就。

---

① 《十七大以来重要文献选编》(下),中央文献出版社 2013 年版,第 988 页。

1. 社会保障制度框架的基本形成

我国社会保障制度经历了创建、发展和改革的艰辛历程，初步形成了有中国特色的社会保障的体系框架。我国是世界上面积最大、人口最多的发展中国家，经济发展水平比较低，地区之间、城乡之间发展又很不平衡，建立和完善社会保障制度的任务十分艰巨和繁重。在新中国成立后的前30年，我国的社会保障制度完成了初创和调整，后30年中则进行了改革和重构。以1984年企业职工退休费用的社会统筹试点为起点，我国先后启动了养老保险、失业保险、生育保险、工伤保险和医疗保险制度改革。经过30多年的改革和制度建设，我国基本形成了与市场经济体制相适应的、覆盖城乡的社会保障制度基本框架，涵盖了社会保险、社会救助、社会福利、慈善事业、优抚安置和住房保障等领域。目前，在我国的城镇，包括养老、医疗、工伤、失业和生育保险在内的社会保障制度都已基本建立，最低生活保障制度得到了全面贯彻实施；在广大农村，最低生活保障制度也已全面建立，养老保险制度正在积极探索，新型合作医疗试点正在大力推进。

2. 社会保障制度转型的基本完成

目前，我国基本完成了社会保障的制度转型。具体来看：（1）在保障理念上，社会保障制度由国有企业改革的配套措施转变为一项基本的社会经济制度，并按照其本质属性和客观规律进行设计和规划。（2）在制度主体上，实现了从"企业保障"向社会保障的转变，解决了"企业保障"造成企业社会保障负担畸轻畸重的问题。（3）在制度模式上，创造性地建立了"统账结合"的制度模式，并通过开展"做实"养老保险个人账户试点，推动社会保障由完全"现收现付制"向"部分积累制"的模式转变，增强了社会保障制度应对人口老龄化的能力。（4）在筹资机制上，从国家承担单一责任转变为国家、企业、个人三方责任共担，增强了制度的支撑能力。（5）在保障层次上，实现了由单一层次向多层次保障体系的转变，满足了人民群众多样化的社会保障需求。① 概而言之，就是从过去适应计划经济体制要求的社会保障制度，已转变成为与社会主义市场经济相适应的社会保障制度。

---

① 参见尹蔚民：《着力保障和改善民生　加快建设中国特色社会保障体系——改革开放以来我国社会保障事业的成就和经验》，《党建研究》2008年第11期，第20页。

3. 社会保障建设成果的全民共享

目前,我国社会保障的覆盖范围不断扩大,保障水平稳步提高,使改革发展的成果被越来越多的群众所享有。(1)覆盖范围不断扩大。改革开放以来,社会保障制度不断打破历史上形成的所有制和身份界限,向各种所有制经济组织和各类人群拓展。截至2010年底,全国参加城镇基本养老保险的人数达到2.57亿,参加城镇基本医疗保险的人数为4.32亿,1.34亿人参加了失业保险,工伤保险和生育保险的参保人数分别达到1.61亿和1.23亿。(2)待遇水平稳步提高。国家高度重视社会保障工作,多方筹集资金,加大财政投入,不断提高各项社会保障待遇标准。以企业退休人员的基本养老金为例,为了改变企业退休人员基本养老金水平偏低的状况,国家连续多年进行待遇调整,尤其是自2005年以来,国家连续七次提高基本养老金标准,使企业退休人员的养老金待遇水平翻了一番。另外,医疗保险的报销比例和失业、工伤保险待遇标准以及城市低保水平也都有了较大幅度的提高,从而有效地保障了人民群众特别是低收入群众的基本生活。

4. 社会保障助推改革的历史贡献

经过努力,体制转轨的历史遗留问题得到了妥善解决,社会保障有力地推动了国有企业改革的进程。20世纪90年代后期,当国企改革加速推进时,为了保障下岗职工和企业退休人员的基本生活,党中央、国务院及时作出了"两个确保"(确保国有企业下岗职工基本生活,确保国有企业退休人员养老金按时足额发放)和"三条保障线"的重大决策,为建立现代企业制度和调整经济结构发挥了保驾护航的作用。据统计,自1998年实施"两个确保"之后,全国有近2500万国有企业下岗职工享受了基本生活保障待遇,其中近2000万人实现了再就业。① 因此,我国的社会保障制度在国有企业解困和改制的关键时期成功地实现了企业富余人员分流的"软着陆",较好地保障了改革中困难群体的基本生活,为维护改革、发展、稳定的大局做出了重要贡献。

---

① 参见尹蔚民:《着力保障和改善民生 加快建设中国特色社会保障体系——改革开放以来我国社会保障事业的成就和经验》,《党建研究》2008年第11期,第21页。

表 9-1 我国社会保障"十一五"规划主要指标实现情况

指标	2005 年	2010 年		
		规划目标	实际情况	增长率
城镇基本养老保险参保人数(万人)	17487	22300	25707	47.0%
新农保参保人数(万人)[1]	—	—	10277	
城镇基本医疗保险参保人数(万人)	13783	30000	43263[2]	213.9%
新农合覆盖率	23.5%	>80%	95%[3]	
工伤保险参保人数(万人)	8478	14000	16161	90.6%
失业保险参保人数(万人)	10648	12000	13376	25.6%
生育保险参保人数(万人)	5408	8000	12336	128.1%
社会保障卡持卡人数(万人)	—		10300	—

注:[1]2005 年和"十一五"规划目标未列新农保参保人数,2009 年开始组织新农保试点,2010 年数据
　　中不包括各地自行试点的参保人数。
　　[2]2010 年城镇基本医疗保险实际参保人数中包括职工基本医疗保险 23735 万人、城镇居民基本
　　医疗保险 19528 万人。
　　[3]2010 年新农合参保人数 8.36 亿人。
资料来源:人力资源社会保障部、发展改革委、民政部、财政部、卫生部、社保基金会:《社会保障"十二
　　五"规划纲要》,《十七大以来重要文献选编》(下),中央文献出版社 2013 年版,第 987 页。

5. 社会保障法律框架的初步确立

在社会保障法制化建设方面,我们取得重大进步,社会保障法律体系的框架初步确立。1951 年颁布的《中华人民共和国劳动保险条例》开创了我国社会保障立法之先河。1992 年以来,为了与社会主义市场经济秩序相适应,社会保障立法的进程加速推进,相继出台了《城市居民最低生活保障条例》(1999 年)、《失业保险条例》(1999 年)、《社会保险费征缴暂行条例》(1999 年)、《工伤保险条例》(2003 年)、《农村五保供养工作条例》(2006 年)、《劳动合同法》(2007 年)、《就业促进法》(2007 年)等一系列法律文件。2010 年 10 月,全国人大常委会通过了《中华人民共和国社会保险法》;该法自 2011 年 7 月 1 日起施行。《社会保险法》是新中国成立以来第一部关于社会保险制度的综合性法律,其内容广泛涉及养老、医疗、失业、工伤、生育等多项与群众生活密切相关的内容。它的颁布填补了我国社会保障法律体系中的主体性法律的一项空白,标志着我国社会保障的法制化发展到了一个新阶段。2012 年 4 月,全国人大常委会通过了《中华人民共和国军

人保险法》;该法自 2012 年 7 月 1 日起施行。经过多年建设,社会保障各个领域均已做到了有法可依。

总之,我国在社会保障领域取得的上述巨大成就,标志着我国已向着基本建立覆盖城乡居民的社会保障体系、人人享有基本生活保障的目标迈进了一大步。

(四) 当代中国社会保障的现实问题

我国人口多、底子薄,建立社会保障制度的时间短,社会转型期和矛盾多发期并存,因此,我国社会保障仍然存在着一系列较为严重的问题,既要解决旧体制遗留下来的问题,又要应对新体制下出现的新问题。

1. 社会保障覆盖面仍然不足

社会保障本质上要求能够覆盖全体社会成员,虽然我国目前的社会保障状况得到了很大改善,但距离这一要求仍然有很大差距,大量社会成员还没有被纳入到社会保障制度之内。尤其是社会保障的城乡统筹、区域统筹的力度和水平远远不够。以我国社会保障制度中覆盖面最大的基本养老保险制度为例来看,截至 2010 年末("十一五"期末),全国参加城镇职工基本养老保险人数为 2.57 亿人,其中农民工的参保人数为 3284 万人,参加新型农村社会养老保险人数为 1.03 亿人。根据最新的人口普查报告来计算,未能享受到职工养老保险待遇的城乡 60 周岁以上居民约 1.4 亿人,其中农村约 1.2 亿人,城镇约 2000 万人。医疗保险的情况也是如此。从总量上看,医保的参保率不高;从结构上看也不均衡,目前城镇医疗保险主要覆盖的是国有企业、机关事业单位、部分集体企业的职工,新时期大量涌现的个体劳动者和民营经济从业者在很大程度上还没有被制度所覆盖。

2. 社会保障待遇的水平偏低

国家财政投入不够是造成我国社会保障待遇水平偏低的原因之一。虽然近年来我国加大了对社会保障的投入力度,但受经济发展水平和人口数量等诸多因素的影响,未能彻底改变社会保障待遇水平不高的状况。从国际上来看,社会保障支出在西方国家的财政支出中所占比例一般达到 30% 以上。各国中央政府社会保障支出占财政总支出的比例(单位:%)是:美国 2010 年为 32.24,俄罗斯 2010 年为 37.71,日本 1993 年为 36.80,韩国 2008 为 21.11,中国香港地区 2010 年为 13.39,中国澳门地区 2008 年为 18.16。[①] 而在我国中央政府 2010 年的财政支出中,社会保障和就业支出为 9130.62 亿元,仅占全部财政支出 89874.16 亿元的 10.2%。[②] 我国不仅与西方发达国家存在着明显的差距,而且落后于周边的国家和地区。同时,我国社会保障资金筹集和管理的社会化程度不高,过于依赖财政转移支付,未能形成个人和集体(企业)缴纳与政府财政补贴相互协调的良性格局,加之社会保障结余资金的投资运营管理效率低、保值增值困难、导致保障资金不足,且潜在的财政风险不断加大。

3. 社会保障管理机制不健全

社会保障制度的有效运作需要有一套科学的管理机制。而我国现行的社会保障管理体制中还存在着以下比较突出的问题:(1)条块分割,缺乏统一管理。过去相当长的一段时间内,我国城镇职工的养老和失业保险由社会保障部门负责,机关事业单位职工的养老和失业保险由人事部门负责,农村养老保险和社会救济由民政部门负责,医疗保险和生育保险由卫生部门负责。各部门之间条块分割,分工不清,加大了社会保障管理的难度,降低了管理效率。现在,尽管新组建了人力资源和社会保障部,但是,对待公务员、事业单位工作人员、企业职工仍然采取区别对待的政策。(2)标准不一,缺乏统一的政策。目前我国社会保障的类别、运作方式、资金收支和监管等都缺乏具体统一的标准。一方面,受区域之间经济社会发展不平衡的影响,东西部地区的社会保障制度不统一,导致社会保障关系在不同地区之间的接续、转移困难重重。另一方面,城乡二元体制长期存在,城镇居民与农村居民的社会保障政策和标准不统一,农村社会保障的层次和水平相对较低。(3)政事不分,缺乏有效的监督管理。社会保障的主管部门既负责制定政策和规章制度,又负责具体实施,导致社会保障过程中透明度不足,有效的监督制衡机制缺失,违法、违规现象时有发生。例如,2006 年被查处的上海社保基金案、2013 年发生的"上海保险中介巨头美女高管携款 5 亿元潜逃"案以及近年来的红十字诚信风波案等,

---

① 中华人民共和国国家统计局编:《国际统计年鉴——2013》,中国统计出版社 2013 年版,第 203 页。

② 《2010 年全国公共财政支出决算表》,财政部门户网站(http://yss.mof.gov.cn/2010juesuan/201107/t20110720_578444.html)。

就是其典型案例。这不仅对维护公民的社会保障权利产生了不利影响，而且影响到了整个社会保障制度的公信力。

4.社会保障法制建设不完善

社会主义市场经济是法治经济，这就要求与其相适应的社会保障制度必须实现法制化。我国已初步构建起了社会保障法律体系，但仍存在着不少问题。(1)社会保障的基本法律尚有缺失。我国没有一部专门用于调整社会保障关系的基本法律，在社会保障制度的各个组成部分中，除了《社会保险法》和《军人保险法》已经颁布实施之外，社会救济、社会福利、社会优抚、慈善事业等领域的主体性法律还没有出台，仅有一些相关的行政法规、部门规章或政策性文件，层次比较低，权威性不足，而且不同部门制定的政策法规之间容易出现矛盾和冲突。(2)现有的社会保障法律的内容不够完善。我国的社会保障立法沿用了过去宜粗不宜细的立法思路，法律条文过于简约，对很多问题的规定不十分明确，尤其是普遍存在着法律责任和制裁措施缺失的问题，导致对于违反社会保障制度的行为不能做出相应的裁决并保证其付诸实施，社会保障法律规范的强制功能无法发挥，公民的社会保障权利在受到侵犯时得不到应有的司法救济。(3)社会保障法律监督不力。目前，我国社会保障法律中缺乏责任规范和制裁办法，缺乏对社会保障基金筹集与运营的行政执法、监督和司法保护制度，结果造成了部分负有缴纳社会保障税费法定义务并具有缴纳能力的义务人拒缴、拖缴或以各种手段逃避缴纳义务；同时，也发生了挪用、挤占、贪污社会保险基金的案件，而案件责任人没有得到应有的法律制裁，或者是法律处理力度远远不够。

总之，上述问题的存在，表明我国的社会保障体系在体现公平性、适应流动性、保证可持续性等方面均有待进一步加强，考虑到我国复杂的国情和体制转型的特殊任务，强化和完善社会保障体制的任务仍然任重而道远。

三、当代中国健全社会保障体系的具体选择

为了充分发挥社会保障在保增长、保民生、保稳定中的作用，切实维护广大人民群众的社会保障权益，必须努力健全社会保障体系。党的十八大提出："要坚持全覆盖、保基本、多层次、可持续方针，以增强公平性、适应流动性、保

证可持续性为重点，全面建成覆盖城乡居民的社会保障体系。"①按照这一战略部署，在"十二五"以至于今后相当长的时期内，我们必须着力解决社会保障的制度缺失问题，加快推进中国特色社会保障制度的建设。

（一）健全社会保障体系的目标选择

建立和完善中国特色社会保障制度，是我国社会保障体系建设的总体目标。围绕着这一目标，我们应该分阶段、分层次、分领域地持续推进我国社会保障体系的建设。

1. 我国社会保障体系目标系统的形成过程

改革开放以来，由于各个历史阶段的人民群众的需求不同、国力不同、发展任务不同，党和国家开展社会保障工作的侧重点相应地有所不同，因而，完善社会保障体系的基本目标也有所差别。上世纪 90 年代以前，我们主要以"配套"和"稳定"为目标。进入新世纪后，社会保障的目标发生了比较明显的变化。2000 年召开了党的十五届五中全会提出"十五"期间完善社会保障体系的基本目标是：加快形成独立于企业事业单位之外、资金来源多元化、保障制度规范化、管理服务社会化的社会保障体系。2002 年以后正式提出了社会保障制度要以民生为目标，但其覆盖范围主要局限于城镇职工。2006 年 10 月，党的十六届六中全会提出，2020 年基本建立覆盖城乡居民的社会保障体系。2007 年，党的十七大报告中明确提出，要以"覆盖城乡居民"作为完善社会保障体系的战略目标。2012 年 6 月，《社会保障"十二五"规划纲要》提出："未来五年社会保障事业发展的主要目标是：社会保障制度基本完备，体系比较健全，覆盖范围进一步扩大，保障水平稳步提高，历史遗留问题基本得到解决，为全面建设小康社会提供水平适度、持续稳定的社会保障网。"②2012 年 11 月，党的十八大提出，要全面建成覆盖城乡居民的社会保障体系。这样，随着我国社会保障目标体系的明晰化和系统化，就使中国特色社会保障制度进一步具体化，从而为社会保障事业的发展指明了方向。

---

① 胡锦涛：《坚定不移沿着中国特色社会主义道路前进　为全面建成小康社会而奋斗——在中国共产党第十八次全国代表大会上的报告》，人民出版社 2012 年版，第 36 页。
② 《十七大以来重要文献选编》（下），中央文献出版社 2013 年版，第 990 页。

2. 我国社会保障体系目标系统的具体要求

建立和完善中国特色社会保障制度,当前的主要任务是要加快建立覆盖城乡居民的社会保障体系。为此,要"以社会保险、社会救助、社会福利为基础,以基本养老、基本医疗、最低生活保障制度为重点,以慈善事业、商业保险为补充,统筹协调做好各项工作,实现社会保障事业可持续发展"[1]。在"十二五"期间,其具体任务是:(1)社会保险。一是要加快健全养老保险制度。为此,要实现新型农村社会养老保险制度全覆盖,完善实施城镇职工和居民养老保险制度,逐步推进城乡养老保障制度有效衔接,推动机关事业单位养老保险制度改革。二是加快完善医疗、工伤、失业、生育保险制度体系。为此,要扩大工伤保险覆盖面,提高保障水平,健全预防、补偿、康复相结合的工伤保险制度,完善失业、生育保险制度。(2)社会救助。主要是要完善城乡最低生活保障制度,规范管理,实现应保尽保。为此,要合理确定低保标准和补助水平。同时,要完善城乡医疗救助制度,做好与基本医疗保险制度的衔接。此外,要进一步完善临时救助制度,帮助缓解低收入家庭突发性、临时性生活困难,还要从灾民紧急救助、城市流浪乞讨人员生活救助等方面保障低保边缘群体的基本生活。(3)社会福利和慈善事业。要以扶老、助残、救孤、济困为重点,逐步拓展社会福利的保障范围,推动社会福利由补缺型向适度普惠型转变,逐步提高国民福利水平。为此,要坚持家庭、社区和福利机构相结合,逐步健全社会福利服务体系,推动社会福利服务社会化。同时,要加强残疾人、孤儿福利服务。最后,要增强全社会的慈善意识,积极培育慈善组织,完善公益性捐赠的税收优惠政策,同时加强对慈善机构和慈善资金的监管。(4)优抚安置。通过完善优抚政策法规体系、加大财政投入、构建多元化优抚安置模式等办法,推动由政府主导、各部门协作、全社会参与的优抚保障新格局的形成,促进优抚事业持续健康发展。我国社会保障体系的以上具体领域及其任务和措施的确定,为完善社会保障体系的实际工作提供了更有针对性和操作性的指导意见。

3. 我国社会保障体系目标系统的难点问题

目前,我国的社会保障制度仍然存在着诸多空白[2],不仅制约着社会保障

---

① 胡锦涛:《论构建社会主义和谐社会》,中央文献出版社2013年版,第177页。
② 在《社会保障"十二五"规划纲要》中,将之称为"制度缺失"。这里的制度缺失是指社会保障政策设计和体制安排上存在的问题。

体系的完善,而且严重影响着人民群众的社会保障权益。因此,必须将弥补这些空白作为完善我国社会保障体系的重要任务,纳入到社会保障目标系统中。第一,由于历史原因,我国城镇存在着一大批未曾就业的老年居民,因此,这些人没有被纳入到基本养老保障制度中。为了解决这一问题,应在适当时机制订并实施城镇非就业居民养老保障制度。第二,国家机关和事业单位仍实行原来的单位退休养老制度,与社会化的养老保障要求不一致,因此,必须统筹考虑机关事业单位养老保险制度改革与社会的养老制度改革。第三,各项社会保障制度之间还缺乏顺畅衔接的机制,劳动者和公民在制度转换上还存在障碍,因此,"要抓紧制定实施全国统一的各种社会保险关系转续办法,实现劳动者到哪里就业,社会保险就接续到哪里。"[1]在此基础上,必须落实社会保险关系跨地区转移接续办法,并制订、完善城乡相关社会保障制度的衔接办法,减少制度转换障碍,确保参保者的合法权益。第四,补充性的社会保障制度发展相对缓慢,不能满足群众多层次、多样化的需求,因此,必须逐步建立适合不同群体、分不同档次的社会保险制度,大力发展补充性社会保险和商业保险。填补这些制度上的空白点,对完善我国社会保障体系具有重要的意义。

表 9-2　我国"十二五"时期社会保障发展主要目标

指　标	2010 年	2015 年	增加
基本养老保险参保人数(亿人)	3.60	8.07	4.47
城镇基本养老保险参保人数(亿人)	2.57	3.57	1.00
新农保参保人数(亿人)	1.03	4.50	3.47
基本医疗保险参保率(%)	—	—	3
工伤保险参保人数(亿人)	1.6	2.1	0.5
失业保险参保人数(亿人)	1.3	1.6	0.3
生育保险参保人数(亿人)	1.2	1.5	0.3
社会保障卡持卡人数(亿人)	1.03	8.00	6.97

注:2010 年城镇基本养老保险参保人数中未包含城镇居民,2015 年企业职工基本养老保险参保人数不少于 3.07 亿人。

资料来源:人力资源社会保障部、发展改革委、民政部、财政部、卫生部、社保基金会:《社会保障"十二五"规划纲要》,《十七大以来重要文献选编》(下),中央文献出版社 2013 年版,第 991 页。

---

①　胡锦涛:《论构建社会主义和谐社会》,中央文献出版社 2013 年版,第 179 页。

根据上述目标,我们应采取切实而有效的措施,来推进我国社会保障事业的发展,从而更好地保障人民群众的社会保障的权益。

(二) 健全社会保障体系的指导方针

为了实现我国社会保障的战略目标,我们在推进覆盖城乡居民的社会保障体系建设中,应坚持"广覆盖、保基本、多层次、可持续"的指导方针。

1. 必须坚持广覆盖的原则

实现广覆盖是衡量社会保障水平的首要标准。一方面,实现广覆盖是保障人民群众基本权益的需要。享有基本的社会保障是每个公民的基本人权。因此,作为保障社会成员生活的"安全网",社会保障体系必须做到"应保尽保",即必须覆盖所有需要保障的对象。另一方面,实现广覆盖是实现社会保障良性发展的需要。社会保险中存在一个"大数法则":保险覆盖面越广,集聚的资源就越充沛,互济功能就越容易发挥,抗御风险的能力就越强,这样,保险业发展就越持续。这也适用于整个社会保障事业。对于当代中国来说,当务之急是,要"更加注重统筹城乡发展。以农民、农民工、被征地农民、城市无业人员和城乡残疾人等群体为重点,以促进城乡统筹、更好适应流动性要求为目标,加快社会保障制度整合,提高统筹层次,推进制度规范,完善政策体系,做好各类制度的衔接和社会保险关系的转移接续工作,努力清除影响就业人员转移就业和享受各类社会保障待遇的障碍,维护参保人员权益。"[1]显然,这是"三个代表"重要思想关于代表中国最广大人民的根本利益的要求和科学发展观关于坚持以人为本的要求在社会保障工作上的具体体现。所以,我国健全社会保障体系的首要目标是,必须打破户籍、地域、所有制、工种等人为界限,向全体社会成员开放。当然,在具体领域中,广覆盖的要求是不同的,例如,劳动保险广覆盖的目标是所有劳动者,最低生活保障制度广覆盖的目标是全体公民中低于法定收入标准的低收入人群。总之,人人享有基本社会保障是我国社会保障事业发展的优先目标。

2. 必须坚持保基本的原则

保基本即保障社会成员的基本生活。在当代中国,社会保障既不是计划

---

[1] 《十七大以来重要文献选编》(下),中央文献出版社2013年版,第989页。

经济时代的"福利包揽"，更不是西方福利国家的"高福利"，而是要"保基本"。保基本是指，社会保障的筹资和保障水平应该定位在保障参保人员的基本生活上，使其在失业、疾病、工伤、生育、年老等情况下能够得到必要的物质帮助，以维持基本的生计。这在于，一方面，确定社会保障水平要考虑经济发展能力。社会保障体系是整个社会经济系统中的子系统，要受整个社会经济发展水平的制约和影响，因此，不能超越国情和国力，必须量力而行。如果社会保障标准过高，那么，就会加重经济压力，进而会危及到社会保障的经济基础。另一方面，确定社会保障水平要考虑社会道德风气。社会保障的目标是"救急"而不是"救穷"，"社会保障主要是指达到最低标准的收入保障"[1]。如果社会保障水平过高，着眼于救穷，那么，就会影响到一部分人的自我救济的积极性，造成对社会保障的高度依赖，出现"福利懒汉"，影响社会道德风气，从而会抑制社会活力。因此，我国确定下岗职工基本生活保障、失业保险制度和城镇居民最低生活保障制度等三条保障线是合理和合适的。现在，只不过是要将之进一步从城市扩展到农村、从工业扩展到农业、从市民扩展到农民。当然，由于全国情况复杂，地区差别很大，因此，不可能采取统一的标准，各地应根据自己的实际情况确定合适自身的保障标准。以后，随着经济发展和国力增强，我们要不断调高保障标准，以确保人民群众共享改革发展成果。

3. 必须坚持多层次的原则

多层次就是要建立起一套包含不同层次社会保障在内的更加灵活的社会保障制度，为参保者提供不同层次、不同等级的社会保障供其自由选择。这在于，限于社会主义初级阶段的国情，我国现有的社会保障体系仍然强调由政府主导、以保障城乡居民基本生活为目的。但是，随着改革开放的逐步推进，我国的社会结构相比过去要复杂得多。不同社会群体、不同行业从业人员的收入水平和生活状况有很大差别，对社会保障的需求也不尽相同，一些人寄希望于社会保障范围的扩大，另一些人则关注社会保障标准的提高。要满足这些不同的需求，就必须贯彻多层次的原则，除了巩固和发展政府主导的基本社会保障之外，还要积极发展其他类型和层次的社会保障。例如，可以大力发展商

---

① ［英］贝弗里奇：《贝弗里奇报告——社会保险和相关服务》，华迎放、汤晓莉、耿树艳译，中国劳动社会保障出版社2008年版，第113页。

业保险作为对社会保险的补充,鼓励社会成员积极开展社会救助活动,倡导进行个人储蓄性积累保障,等等。具体来看,在社会保险方面,除了基本养老保险、基本医疗保险外,还要有补充养老保险、补充医疗保险以及补充性的商业保险;最终,要逐步建立社会基本保险、补充保险和商业保险、个人储蓄性保险分工明确、职能互补的完整体系。对于整个社会保障体系来说,我们应该以社会保险、社会救助、社会福利为基础,以基本养老、基本医疗、最低生活保障制度为重点,以慈善事业、商业保险为补充,促进社会保障事业各个方面的相互促进。由于社会保障体系是一个复杂的整体,各个方面具有相互促进的作用,因此,如果不发展补充保险等多种保障形式、建立多层次的社会保障体系,基本保障其实也难以为继。因此,多层次既是满足社会成员多元需求的需要,也是促进社会保障整体发展的需要。

4. 必须坚持可持续的原则

社会保障能否实现可持续发展,取决于物质基础是否坚实、综合国力是否强大。如果脱离实际情况一味追求社会保障水平的提高,必然使我国的社会保障体系背上沉重的财务负担,甚至有可能导致整个体系的崩溃。在这一点上,当代西方国家在推行"高福利"制度时暴露出来的种种弊端已经为我们提供了深刻的教训。因此,在健全社会保障体系的过程中,我们要"更加注重可持续发展。实行国家统一决策与分级管理相结合、公平与效率相结合、权利与义务相对应,明确划分社会保障事权,落实各级政府、用人单位和参保个人的主体责任,建立健全多渠道筹资机制,实现社会保障基金中长期平衡。进一步加大调整财政支出结构的力度,稳步提高社会保障支出占财政支出的比重。继续做实企业职工基本养老保险个人账户,扩大全国社会保障基金规模,充实国家战略储备。加强风险预测,保证资金长期收支平衡,积极稳妥推进基本养老保险基金投资运营,大力发展多层次社会保障体系,为应对人口老龄化高峰提供制度和资金保障。"[1]这里,可持续的核心问题是,社会保障基金尤其是社会保险基金能够自我实现收支平衡,能够自我实现良性运作,在社会保障压力加大时能够自我持续(例如,人口老龄化来临时基本养老保险制度能够持续),不给国家财政造成过大的压力,不给企业和个人造成太大的缴费压力。

---

[1] 《十七大以来重要文献选编》(下),中央文献出版社 2013 年版,第 989—990 页。

因此,健全社会保障必须与经济社会发展水平和各方面承受能力相适应,有计划、分步骤地扩大社会保障的范围,循序渐进地提高社会保障的水平,维持社会保障体系的可持续发展。

总之,"广覆盖、保基本、多层次、可持续"的指导方针,完整、准确地反映了当前我国社会保障改革的基本目标的各项要求,对做好实际工作具有重要的指导意义。

（三）健全社会保障体系的制度支持

在明确了完善我国社会保障体系的基本目标和指导方针之后,就要将之贯彻到社会保障体系的实际建设中去。目前,尤其是要从制度建设的高度推进健全社会保障体系的工作。

1. 加强社会保障规范化建设

面对社会保障工作的复杂性和风险性日益加大的现实,必须将规范化建设作为健全社会保障体系的重要制度支撑。一是要进一步明确社会保障部门的机构设置和职能权限,健全全国统一的覆盖所有社会成员的社会保障管理机构;同时,要合理划定社会保障部门管理机构的权限,防止政府机构的缺位、越位和错位。二是要合理划定社会保障基金理事会的职权界限,接受财政部门、社会保险行政部门、审计机关对社会保障基金的收支、管理和投资运营情况的监督,定期向社会公布收支、管理和投资运营的情况;在此基础上,应考虑建立非常设的社会保障基金监事会,履行批评和监督的职能。三是社会保障部门、社会保障基金会要制定规范的业务流程和办事程序,明确社会保障信息的公示和披露的方式和程序,尤其是要公开社会保障政策执行过程的信息,公开社会保障基金投资和收益、支出和效益的信息,在接受社会监督的同时提高社会保障工作的效率。四是要积极推进建立规范完整的社会保障预决算,"要研究建立社会保障基金预决算制度,强化预算约束,形成稳定的基金来源渠道,提高保障能力和水平。"[①]为此,要进一步规范编制方法,增强基金预算管理的严肃性,强化基金预决算监督。总之,只有加强规范化建设,才能有效推动社会保障工作。

---

① 胡锦涛:《论构建社会主义和谐社会》,中央文献出版社 2013 年版,第 179 页。

2. 加强社会保障信息化建设

为了提高社会保障宏观决策水平和政策水平,加强社会保障基金的监督和管理,适应社会成员流动和保障统筹层次变化的需要,必须加强社会保障信息化建设。社会保障信息化是指以计算机、通讯网络为主体的信息科学技术在社会保障领域中的应用和发展。为了促进社会保障的信息化,《社会保障"十二五"规划纲要》提出的"社会保障信息化工程"的主要目标和任务是:围绕广泛推行社会保障一卡通,全面加快社会保障信息化建设。加快实施"金保工程"①二期项目。依托国家电子政务网络,建立覆盖全国、联通城乡、安全可靠的社会保障业务信息网络和跨地区信息交换结算平台,建立多险种统管、跨区域接续、城乡一体化的社会保障经办服务系统。完善社会保障基金业务监管系统、宏观决策支持系统和12333电话咨询服务系统。提升数据中心水平。统筹规划建设灾备中心。形成全国统一的社会保障网络安全信任体系。② 社会保障信息化的核心是要广泛运用信息科技,建立一套功能齐全的社会保障信息网络,对社会成员的养老、失业、医疗保障等方面信息进行全面掌握和分析,以便采取有针对性的措施。目前,社会保障信息化要以实现社会保障全国一卡通为目标。

3. 加强社会保障标准化建设

标准化是促进社会保障事业科学发展、提高公共服务质量的重要技术支撑。我国存在着标准数量较少、标龄较长、标准结构不合理等问题,因此,必须加强社会保障标准化建设。(1)基本原则。要按照以下原则推进标准化建设。一是整体推进。要着眼于社会保障工作的整体性,统一规划,整体推进,努力做到各个领域标准化工作相互协调、全面提升。二是适度超前。促进标准化工作与事业发展、科技创新相结合,提高标准的技术含量和前瞻性,支撑社会保障事业未来发展。三是重点突破。集中力量尽快制定一批工作中急需、质量水平较高的标准,为实现社会保障工作新发展提供保障。四是务求实效。把标准的应用效果作为标准化工作的重要评价指标。加大已制(修)订

---

① "金保工程"是利用先进的信息技术,以中央、省、市三级网络为依托,涵盖县、乡等基层机构,支持劳动和社会保障业务经办、公共服务、基金监管和宏观决策等核心应用,覆盖全国的统一的劳动和社会保障电子政务工程。

② 参见:《十七大以来重要文献选编》(下),中央文献出版社2013年版,第1002页。

标准的推广实施力度,通过宣传培训、试点示范、督促检查等多种手段促进标准的落实。① （2）重点领域。在社会保险方面,主要是从现在起到 2015 年,基本建立起结构合理、层次分明、重点突出、科学适用的社会保险国家标准体系,行业标准、地方标准与国家社会保险标准协调配套,将社会保险服务、评价、管理等领域的全过程纳入标准化管理轨道,实现对关键环节和关键因素的有效监控,以标准化手段提升社会保险经办管理服务能力。"十二五"时期,按照社会保障标准化建设总体要求,充分调动社会各方力量和资源,研究制定有关社会保险标准。② 在金保工程方面,要从技术标准和业务规范两个方面来提高标准化水平,尤其是要建立和完善科学、合理、实用、简便的社会保障一卡通的相关技术标准和业务规范。

4. 加强社会保障专业化建设

人才队伍建设是健全社会保障体系的关键。人才队伍建设的要害是要提高其专业化水平,因此,我们"要适应城乡统筹、保障项目增多、覆盖范围不断扩大以及个性化服务的要求,整合管理资源,加强社会保障机构能力建设和统一的管理服务体系建设,建设高素质社会保障队伍,不断提高社会保障管理服务水平。"③为此,要形成社会保障管理人才的培养选拔机制,锻造一支既有理论功底和政策水平、又有实际操作能力的干部队伍,培养一批熟悉技术、精通业务的高素质管理人员,保证社会保障体制的有效运作,为人民群众提供更加高效、便捷和规范的服务。《社会保障"十二五"规划纲要》提出的"社会保障人才队伍建设工程"的主要目标和任务是:以中高级专业人才队伍建设为龙头,带动人才队伍建设工程的全面实施。力争用 5 年左右的时间,初步建设一支优秀的业务骨干队伍:培养 100 名左右掌握社会保险政策、精通经办业务的管理人才,培养 1000 名左右社会保险经办相关专业领域的业务专家,培养 10000 名左右岗位管理能手和业务标兵;利用现有资源特别是各级各类学校及其他教育机构,打造一批合格的人才教育培训基地,建立国家级高级管理和专业人才培训基地。同时,指导各地完善现有的干部培训设施,为开展分层

---

① 参见:《人力资源和社会保障标准化规划（2011—2015 年）》,人力资源和社会保障部门户网站（http://www.mohrss.gov.cn/ghcws/GHCWSzhengcewenjian/201205/t20120524_83612.htm）。

② 参见:《十七大以来重要文献选编》（下）,中央文献出版社 2013 年版,第 1002—1003 页。

③ 胡锦涛:《论构建社会主义和谐社会》,中央文献出版社 2013 年版,第 180 页。

次、分类别、多渠道、大规模、重实效的人才开发培训提供基础保障；基本完成专业教材的开发和师资的培养。开发学习支持服务系统，丰富教育培训手段，开展远程教育，构建统一的网上交流平台。① 总之，只有实现和提高社会保障人才队伍的专业化，才能切实提高社会保障的工作水平。

显然，为了健全我国社会保障体系，我们不仅需要有能力的领导者和管理人才，更需要全面的、合理的、科学的社会保障制度规范和制度设计，加强社会保障管理。

（四）健全社会保障体系的政府责任

尽管社会保障可以走多元化的道路，但是，国际经验表明，强化政府社会保障责任体系建设，是走出经济危机和社会危机的重要选择。因此，在健全社会保障体系的过程中，人民政府必须牢记全心全意人民服务的宗旨，自觉承担起自己的社会保障责任。

1. 加强社会保障的法制建设

社会保障法律体系的建立，是社会保障制度顺利推行的前提；社会保障法律体系的完善，是社会保障制度走向成熟的标志。在立法方面，政府有能力也有责任为社会保障制度提供一个完善的法律框架。随着《中华人民共和国社会保险法》、《中华人民共和国军人保险法》等法律的制定与实施，我国已经在社会保障领域中结束了无法可依的局面。为了进一步完善我国社会保障领域的法律体系，按照宪法的有关条款，我们"要加快制定和完善社会保障法律法规，重点推进社会保险立法，同时要加快研究制定养老、医疗、职业年金、社会保障基金监督管理配套法规，完善失业、工伤、生育等社会保险条例，增强社会保障的强制性、规范性和稳定性。"②在此基础上，待时机成熟时再制定一部专门用于调整社会保障关系的综合性法典——《中华人民共和国社会保障法》。同时，要以社会保障的基本法（综合法）为主干，将各种法律、法规、规章和政策性文件统一起来，形成多层次的社会保障法律体系。此外，要完善社会保障法律制度的内容，对保障对象、保障权利和义务、保障标准、实施机构和监管机

---

① 参见《十七大以来重要文献选编》(下)，中央文献出版社 2013 年版，第 1003—1004 页。

② 胡锦涛：《论构建社会主义和谐社会》，中央文献出版社 2013 年版，第 180 页。

构等进行全面的界定,特别是要对法律责任和制裁措施做出明确的规定,增强社会保障法律的可操作性,确保其有效实施。最后,要立法解决社会保险费的收缴问题,加大强制收缴社会保险费的力度,对欠缴、拒缴社会保险费的企业(单位),追究相应的法律责任。因此,完善社会保障领域立法必须成为政府履行其社会保障责任的基本任务。

2.加大社会保障的财政投入

充足的资金是社会保障的物质基础。在健全社会保障体系的过程中,"要多方面筹集资金,在企业改革和重组的过程中,统筹考虑补充社会保障资金,财政也要打足预算。"①其主要的渠道有:一是在财政收入稳定增长的基础上,要合理调整财政支出结构,科学利用预算超收,适当增加社会保障补助支出比重。在公共财政框架下,财政要逐渐退出经济领域,加大对包括社会保障在内的社会建设领域的投入。各级政府应确保社会保障支出占财政支出的比重逐级提高并保持在一定水平之上。二是在国有企业改革中,政府必须代表国家和人民履行对国有资产的监督和管理的责任,要"按照'可操作、可持续、有增长'的原则,研究多渠道补充全国社会保障基金;依据现有制度安排,通过完善国有股减转持相关政策、做好国有上市公司追溯部分的国有股份划转工作和扩大彩票发行等渠道,进一步加大对全国社会保障基金的支持力度,充实全国社会保障基金。"②由于在旧的企业退休金制度下,政府对职工的负债早已转换成为国有资产存量,因此,用部分存量来偿债具有合理性和可行性。因此,政府应利用以下手段来补充社会保障基金:减持国有股所获收入,拍卖、租赁国有中小企业的所得收入,有偿使用国有土地所获收益,出售公有住房所获收入等。在增量方面,政府应科学核算国有企业尤其是国有垄断企业的红利,将国有资本的红利有效转化为社会保障基金。三是政府要通过立法等方式多渠道筹集社会保障基金,例如,通过开征社会保障税等措施足额收缴社会保障资金,落实企业的社会责任;要大力发展民间筹资,通过发行社会保障彩票、建立社会保障捐赠基金等方式拓宽筹资渠道,多方补充社会保障基金。可见,在维持社会保障基金的有效运营和持续发展方面,政府必须发挥积极的

---

① 《江泽民文选》第二卷,人民出版社 2006 年版,第 442 页。
② 《十七大以来重要文献选编》(下),中央文献出版社 2013 年版,第 1001 页。

作用。

3. 健全社会保障的服务体系

随着社会保障事业的不断发展,社会对政府服务工作的要求会越来越高,因此,政府必须将健全社会保障公共服务体系作为自己的重要职责。社会保障行政机构的内部事务被称为"社会保障管理",其外部事务称为"社会保障服务"。社会保障公共服务体系是指政府为全社会提供的社会保障服务的体系。健全社会保障公共服务体系应注意的问题是:(1)基本原则。一是要遵循方便、安全、低成本的原则,整合基层公共服务功能,延伸基层公共服务网络,加强社会保障平台建设。二是按照精简、高效、统一的原则,完善社会保障组织体系。三是按照规范化、信息化、专业化的原则,不断提高社会保障系统工作人员履行职责和提供服务的能力。四是按照市场化、社会化、互助化的原则,采取政府购买服务的方式加强和改善基本公共服务,提高服务质量和效率。(2)发展目标。"十二五"的目标是,覆盖全社会的社会保障公共服务网络基本形成,全国所有街道(社区)、乡镇(行政村)基本完成社会保障基层服务平台建设,行政村普遍实施社会保障协管员制度。县级以上(含县级)普遍建立布局合理、功能齐全、信息联网的社会保障基础服务设施。国家统一标准的社会保障卡持卡人数达到 8 亿人。纳入社区管理的企业退休人员比例达到80%。社会养老服务体系和儿童福利服务体系更加完善,建立健全残疾人服务体系和农民工留守家属关爱服务体系。经常性社会捐助体系进一步完善,各乡镇(街道)基本建立经常性捐助站(点)和慈善超市。① (3)主要举措。一是建立全国统一的社会化服务体系,加强基础服务设施建设,设立电脑查询、电话查询和个性化咨询服务,积极探索网上申报、缴费、结算。二是探索合理利用各种社会资源提供社会保障公共服务。三是进一步完善新农保金融服务,健全服务体系,规范服务方式,积极支持银行业金融机构申请代理新农保和城镇居民社会养老保险发放业务,创新支付结算方式,提供优质高效服务。只有这样,才能强化政府的社会保障执行能力。

4. 加强社会保障基金的监督

社会保障基金管理不当甚至是不法,是近年来社会反映十分强烈的问题。

---

① 参见《十七大以来重要文献选编》(下),中央文献出版社 2013 年版,第 991 页。

因此,各级政府尤其是中央政府"要加强各项社会保障基金监管,提高投资运营管理水平,努力实现保值增值,确保基金安全。"①(1)完善基金监管法律。必须通过立法明确规定社会保障基金的安全投资机制、安全运营机制和安全支出机制,用法律手段确保社会保障基金的保值和增值。同时,对造成社会保障基金流失和损失的责任者,必须明确规定法律处罚的责任。(2)实现基金保值增值。在基金投资方面,政府要制定和完善社会保障资金的投资运营办法,在确保社保基金安全的基础上开辟可靠的投资渠道,将社保基金投入资本市场并取得良好的回报,不仅可以实现社保基金的保值增值,而且可以促进经济建设。(3)实现基金信息公开。要建立社会保险基金和企业年金、职业年金管理情况报告制度和信息披露制度;在此基础上,建立行政监督与社会监督相结合的基金监管机制。可见,加强对社会保障资金的行政监管和审计监督,防范社会保障资金被非法挪用、侵占、挥霍等现象的发生,使劳动者的"保命钱"能够真正用之于民,是政府必须承担好的责任。

总之,只有政府承担起、承担好自己的社会保障的责任,才可以发挥社会保障的公共物品的属性以维护人民群众的基本生计,才可以在提升社会保障公共服务水平的同时增强政府自身的合法性。

目前,尽管我们在社会保障领域遇到了较为严重的矛盾和问题,但是,在已有的发展成就和基本经验的基础上,我们有信心、有能力在深度和广度上推进社会保障体系建设。展望未来,我们必须沿着中国特色社会主义道路,在经济社会发展的基础上,不断健全、完善中国特色社会保障制度,使社会保障的"调节器"、"减震器"和"推进器"等功能得到充分的发挥,为实现保增长、保民生、保稳定做出更大的贡献。

---

① 胡锦涛:《论构建社会主义和谐社会》,中央文献出版社 2013 年版,第 179 页。

第十章　发展社会事业:当代中国 社会建设的支撑手段

　　全面实现跨世纪发展的目标,必须继续推进各项社会事业发展。各级党委和政府的主要领导同志,在经济建设任务十分繁重的情况下,一定要统筹兼顾地抓好教育、科技、文化、卫生、体育、环境保护、计划生育等各项工作,努力促进经济、社会、环境协调发展。

　　——江泽民:《目前形势和经济工作》(1999 年 11 月 15 日),《江泽民文选》第二卷,人民出版社 2006 年版,第 446 页。

　　加快发展社会事业,全面改善人民生活。现代国民教育体系更加完善,终身教育体系基本形成,全民受教育程度和创新人才培养水平明显提高。社会就业更加充分。覆盖城乡居民的社会保障体系基本建立,人人享有基本生活保障。合理有序的收入分配格局基本形成,中等收入者占多数,绝对贫困现象基本消除。人人享有基本医疗卫生服务。社会管理体系更加健全。

　　——胡锦涛:《高举中国特色社会主义伟大旗帜为夺取全面建设小康社会新胜利而奋斗——在中国共产党第十七次全国代表大会上的报告》(2007 年 10 月 15 日)《十七大以来重要文献选编》(上),中央文献出版社 2009 年版,第 16 页。

　　社会事业是社会建设的重要内容,直接关系人民群众的教育、健康、文化等方面的权益和生活质量。在当代中国,只有大力推动社会事业的创新发展和公平发展,才能为社会主义社会建设提供强有力的支撑。

一、发展社会事业的进步意义

发展社会事业,既是社会主义文化建设的重要内容,又是社会主义社会建设的重要任务,具有重要的社会进步的意义。

（一）社会事业的基本内涵

推动社会事业发展,首先必须厘清社会事业的发展脉络、基本内涵、主要内容,这样,才能形成关于社会事业问题的科学的全面的认识。

1.社会事业的发展脉络

社会事业的发展脉络与人类社会的历史变迁是一致的。社会事业是社会进步的表现和表征。(1)社会事业的原始发生。在史前社会,人类在满足其精神文化需求、追求身体健康的过程中,就产生了教育、卫生、文化等社会事业的萌芽。其中,教育的内容主要围绕生产技艺和社会规范的传授进行,教育方式主要是口耳相传、模仿和示范。例如,火的广泛使用缓解了因食用生食产生的消化负担和口腔疾病,而且砭石及骨器等医疗工具的发明都是为了保持人类的健康。原始人类在制造工具、器物、建筑的过程中,同时展示了各种艺术创作才能,但这些创作主要以实用为目的,如为了生存而形成的图腾崇拜。简而言之,这一时期的社会事业的发生,往往是与物质生产交织在一起,并与生存活动是同一的。(2)社会事业的历史发生。进入文明社会以来,私有制和社会分工的发展推动了社会事业的进一步发展,教育、医疗、文化等部门从物质生产部门中独立出来,出现了学校、医院、演出等专门的职能机构。教育的内容更加广泛,教育手段更加多样化,形成了比较完善的教育体系。医疗卫生技术飞速发展,医疗卫生门类更加齐全,医疗手段更加精细化,卫生防控意识增强,医疗卫生体制日益健全。文化功能由史前社会的图腾崇拜转向为熏陶、教化、激励功能,文化意识从强调氏族共同意识转向追求个体意识、阶级意识发展。即,这一时期的社会事业出现专门化、组织化、制度化的发展趋势。当然,社会事业的发展主要还是为社会生产服务的。(3)社会事业的现实发生。随着社会的发展进步,社会事业的独立性日益突出。在追求幸福生活和全面发展的过程中,人类的需求层次不断提高,教育权、健康权、文化权已成为最基本的人权。社会事业的现实发展不仅在于现代科学技术的研发和应用,更在于人的发展目标的针对性和根本性。发展教育、文化事业的目的不仅在于提高知识、技能,更在于提高个体的人格和心理素质。推动医疗技术、体制的创新升级主要是为了维系人类健康的基本福祉服务的,更为重视每一个体的基本生存权利,更成为了人力资本投资的重要方式。即,现阶段大力发展社会事业是人类个体发展、个性完善的内在要求。

2. 社会事业的基本内涵

在整个社会生活中,社会事业有其独特的地位和作用。可以从以下几个方面把握社会事业的内涵。(1)社会事业与公益事业。《中华人民共和国公益事业捐赠法》所称公益事业是指非营利的下列事项:第一,救助灾害、救济贫困、扶助残疾人等困难的社会群体和个人的活动;第二,教育、科学、文化、卫生、体育事业;第三,环境保护、社会公共设施建设;第四,促进社会发展和进步的其他社会公共和福利事业。可见,严格意义上的社会事业专指上述第二项,是公益事业的重要组成部分。(2)社会事业与公共事业。公共事业是指负责维持公共服务基础设施的事业。从中国的现实和未来的改革趋势看,诸如文化、教育、社会保障、城市供水、环保气象、城市交通等部门,既与居民日常生活息息相关,又与国家经济发展命脉密切相连,不可或缺,属于公共事业。社会事业是其中的一个部分,主要与人的发展有关。(3)社会事业与社会公用事业。一般来讲,社会公用事业指具有一定目标、规模和系统,为公众或不特定人群使用,并对社会发展产生影响的产品或服务的活动和行业。其范围包括供水、节水、排水、电力、供热、供气、公共交通、污水处理、垃圾处理、电信、邮政、城市绿化、环境卫生、道路与桥梁以及诸如运河、港口、机场、防洪、地下公共设施及附属设施的土建、管道、设备安装工程等其他公用事业。尽管社会事业和社会公用事业都指向的是民生领域,但是,二者不重合。具体来看,可以从以下三个方面确定社会事业基本内涵:一是从行业层次来看,社会事业是切乎人民群众最关心、最现实、最直接的民生问题,以满足人民群众日益增长的物质文化生活的基础需要为主要内容;二是从价值理念上看,社会事业发展的宗旨是维护社会公平,促进社会正义,以促进社会和谐为共同追求;三是从服务主体看,包括政府主导的社会公共事业和民间发展的教育、卫生和文化等事业。一句话,在借鉴发达国家发展经验的基础上,社会事业在中国发展过程中生成了新的概念特质。

3. 社会事业的主要内容

社会事业本身有广义和狭义之分。(1)广义的社会事业。社会事业是指中央和各级地方政府领导的社会建设和社会服务事业。具体而言,它是指国家以社会公益为目的,由国家机关或其他社会组织举办的从事教育、科技、文化、卫生等活动的社会服务。在我国各级政府发布的相关文件中,社会事业包括教育事业、医疗卫生、劳动就业、社会保障、科技事业、文化事业、体育事业、社区建设、旅游事业、人口与计划生育等 10 个方面。(2)狭义的社会事业。从改善民生的角度来看,可以将教育、卫生、文化看作是社会事业的三个基本的领域。例如,"发展教育、科技、文化、卫生、体育等各项社会事业,努力提高少数民族的思想道德素质、科学文化素质和身体素质,抓好社会主义精神文明建设,是发展社会生产力的需要,是各民族共同繁荣的内在要求。"[1]其中,教育事业是指有目的、有计划、有组织地对教育对象施加影响,以增进他们的知识和技能,提高受教育者思想道德素质的活动。主要指学校教育,具体包括正规教育、成人教育、技术教育、特殊教育、终身教育等多种教育层次,涵盖教育目标、教育内容、教育制度、教育评价、教育方法、教育条件等方面的教育体系。卫生事业是指为预防和治疗疾病、维护和增进健康所采取的一切组织体系、社会措施和系统活动。具体包括对传染病等各种疾病的预防、监控和医治;对食品、药品、环境卫生的监督管制,以及相关的卫生宣传、健康教育、免疫接种等活动。文化事业是指为满足人们在审美、娱乐、交际、陶冶情操等方面的精神需求而进行的文化研究创作、提供文化服务和文化产品的系统性、组织性活动,包括新闻、出版、广播、影视、戏剧、文物、节庆、网络文化、旅游文化、民俗文化等相关内容。

总之,作为基本的社会事业,教育、文化、卫生已经从其他社会活动中分离出来,设立了专门的职能机构,成为独立的社会部门,摆脱了无计划、无组织的状态,从事关系人类生存、传承、延续、发展等方面基本内容的活动。

---

① 《江泽民文选》第一卷,人民出版社 2006 年版,第 185 页。

（二）社会事业的本质特征

在社会生活中，与其他领域相比，社会事业具有基础性、公益性和非营利性等特征。

1. 社会事业的基础性特征

社会事业的发展内容关乎人们的基本生活需求，发展社会事业是满足人民群众基本权益的主要途径。具体来说，教育、卫生、文化事业涵盖了人类的精神、健康、文化等基本生活领域，涉及人类最基本的生活需求和生活质量问题。社会事业是最基本的民生事业，以提高人类福祉为重点，以满足广大人民群众的教育、文化、健康等基本需求为出发点和归宿，以保障人民群众的教育权、健康权、文化权为核心，是社会主义现代化建设的基础领域。教育、卫生、文化事业属于国民经济社会发展中的基础性事务，为人民提供基本的生存和发展条件、基本的社会福利关怀以及基本的人道服务产品。这些内容是保障社会生产生活的必要条件，它的发展关乎每个个体的切身利益，也是推动社会成员全面发展的必然指向。随着经济社会的不断进步，人民群众的社会需求的不断提高，社会事业的服务内容也必将不断深化、扩展。此外，社会事业的产品是人力资本，构成生产力发展的第一要素。社会主义现代化建设是一项复杂的系统工程，社会事业在其中居于基础性地位、履行基础性职责、发挥基础性作用，因此，具有鲜明的基础性特征。

2. 社会事业的公益性特征

社会事业的受益对象是全体社会公众，社会事业为满足社会共同需要提供相应物品和劳务，关乎全体公众的共同利益和共同福祉。社会事业提供的产品属于公共服务范畴，社会成员在享受社会事业的成果方面应机会均等。社会事业是人力资本投资的基本形式和主要渠道，其产品具有公共产品或准公共产品的特征和功能。显然，"社会事业涉及人民群众基本需求和普遍公共利益，公益性是其基本特征。"①坚持社会事业的公益性是社会建设的内在要求。社会事业发展所消耗的有形、无形费用应主要由国家和社会承担，并由政府承担主要的管理职责。社会建设就是要通过发展社会事业，特别是坚持社会事业的公益性来造福大众。社会事业最能体现社会的公平正义，也直接

---

① 温家宝：《关于发展社会事业和改善民生的几个问题》，《求是》2010 年第 7 期。

反映群众的切身利益要求,社会事业的公益性不容损害。此外,大力发展社会事业,切实改善民生,是获取人民群众拥护和支持,巩固党的执政地位的根本要求。任何一个执政党要想巩固执政地位,都必须把发展社会事业,改善民生问题放在重要位置。中国共产党自成立以来,就始终以为全体民众谋福利为己任,积极致力于从政治、经济、文化、社会等方面维护广大人民群众的切身利益,这样,才得到了全中国人民的拥护和支持。可见,从社会事业的服务对象、产品的性质、政府职责、资金来源、价值目标都可以看出,社会事业具有明显的公益性。

3. 社会事业的非营利性特征

所谓非营利性是指,社会事业发展的根本目标是保障广大人民群众的基本权益,而不是追求经济利润、经济效益的最大化效应。当然,坚持社会效益的优先性,但不禁止营利性事务。从社会事业的经费来源上看,一是政府的财政资助与拨款,二是企业、社会团体、个人的民间捐助,三是社会事业提供有偿福利服务所获得的收入。从服务形式来看,一种是由政府无偿向社会成员提供的,以满足社会公共消费为主要目的公共产品,如义务教育、公共卫生等。这些公共产品成本高昂,是个人无力独自承当的,但它们可以同时保障很多人的消费需求,因此,必须通过税收以公共支出的形式表现出来。第二种是指社会事业可以向公众提供的有偿福利服务。由于社会资源的稀缺性,或者为了提高社会资源的配置效率,有时对一些准公共产品会采用收费的办法以弥补经费的不足。社会事业相关组织可以采取有价手段,但其水平应该低于市场价格。社会事业机构也可以适当获取利润,但不能用于分配,而且必须用于符合组织目标的服务项目。换句话说,社会事业提供的产品和服务可以具有商品属性,但是社会事业的发展目标是非营利的。

总之,基础性、公益性、非营利性是社会事业的本质特征,关系社会事业本身的历史走向。在发展社会事业的同时,必须维护社会事业的本质特征,综合利用多种社会资源,调动各种社会力量,才能不断提高社会事业的服务质量和服务水平。

（三）社会事业的战略地位

社会事业的内涵和特征,决定了社会事业在社会生活中具有重要的战略地位。发展社会事业是社会建设的主要任务。

1. 教育的战略地位

在社会发展中,教育具有重要的战略地位。(1)教育具有满足人民群众自身发展需求的功能。重视教育是保障人民群众根本利益的客观要求。公民的家庭教育背景、教育的程度和水平直接关系其发展的起点、发展的机会、发展的状态以及未来发展前景。教育与阶层利益紧密相连,教育资源能否合理配置,直接关乎社会阶层流动的渠道是否畅通,关系到人民群众切实利益的最终实现。教育也是个体全面发展的必然要求。求知欲、自我实现、自我完善是个体成长的必然需求,而教育是促进个体自主发展的重要途径。总之,教育是社会发展的基石,教育公平是社会公平的起点。(2)教育具有促进经济发展的功能。教育能为经济发展提供充实的人力资源。劳动者的素质、知识分子的质量都是由教育的性质和水平决定的,大力发展教育可以提高劳动者专业素养、工艺水平,提高劳动者的劳动技能和创造才能,将劳动者的潜能转化为现实的生产力。由于劳动者是改进生产工具的主力军,而教育是塑造劳动者的重要手段,所以,教育是提高劳动生产率的重要渠道。尤其在当今知识经济时代,教育能够直接为经济发展提供大量高素质的人力资源和先进的科技成果,从而有力地推进经济发展方式的转变,提高经济发展的质量。(3)教育具有服务社会的功能。现代教育已走出了象牙塔,获得了服务社会的功能。例如,"由于知识成了现代社会的核心资源,这就在大学的传统任务之上添加了第三种功能,或者说在教学和研究的功能之上加上了社会服务的功能,也就是要把知识转化为共同体的行动和成果。"①发展教育可以为社会发展提供适宜的人才结构,为民族复兴提高强大人力资源,为促进社会和谐发展输送多元化的人才;发展教育可以提高人口素质,优化人口结构,控制人口数量,促进社会全面进步;发展教育可以促进民主法制建设,协调社会关系,促进社会协调发展;发展教育可以促进文化传承,保护生态环境,促进可持续发展。总之,教育在促进经济社会协调发展中起着全局性和先导性作用。

2. 卫生的战略地位

卫生事业是社会分工的产物,是一个重大的民生问题,与人民健康、社会

---

① [美]彼得·德鲁克:《社会的管理》,徐大建译,上海财经大学出版社 2003 年版,第233 页。

进步、经济发展息息相关。(1)卫生具有维护人民群众健康的功能。卫生事业涵盖多个领域，与人的生存、发展等多层次需要环环相扣，是人民群众最基本、最重要的生活需求。卫生事业的发展为人民提供健康、充足的卫生服务产品，使劳动者拥有健康的体魄、乐观的心态，能促进劳动者全面发展，使劳动者的存在更有尊严，更有独立价值。如果没有卫生事业的充分发展，再坚实的物质基础面对死亡、疾病也是回天乏术，再崇高的精神追求也只能是空想、幻想。卫生事业与物质、精神的发展是相互制约的，生产力的发展、文化的进步都是以劳动者的健康素质为载体的。(2)卫生具有促进经济发展的功能。大力发展卫生事业，不仅可以直接提升全民族的健康水平，延长人群平均寿命；而且可以有效提升人口素质，提高劳动力的内在品质，为经济发展提供有力的人力资源支持。如果没有卫生事业的持续发展，劳动力的数量不能保证，劳动力的质量无从谈起。据新加坡《联合早报》报道，根据2011年10月17日公布的一项调查报告，患有慢性疾病和体重超标的美国全职员工，每年因为额外缺勤造成的生产力损失高达1530亿美元。显然，卫生事业欣欣向荣既可以增加经济总量，提供经济增长率，又能促进经济结构优化调整，提高就业率。(3)卫生具有推动社会进步的功能。人的健康状况无疑是衡量人的素质的最基本的指标，并且社会人群的公共卫生状况往往能够更全面、更深刻地反映出社会的发展状况。卫生事业是社会保障制度的重要组成部分，关系到人口的质量、社会的和谐程度。卫生事业的迅速发展，使得人民群众的生活质量有了可靠保障，避免了因健康影响生活水平的现象发生。卫生事业是社会福利事业的重要组成部分，使得人民群众共享经济发展的成果，促进经济社会协调发展。只有建立完善的公共卫生应急机制，才能积极应对各种突发事件，缓解社会紧张程度，增强社会稳定系数。卫生系统提倡救死扶伤、扶贫济困、互助友爱的人道主义精神，能够促进精神文明发展，向社会传递正能量，培育乐观的精神状态、强健的心理素质，进而形成和谐、融洽的社会关系。总之，卫生事业与经济、文化的发展是彼此依赖的，卫生本身是经济、文化事业的特殊组成部分，卫生事业的健康发展是经济社会协调发展的必要条件。

3. 文化的战略地位

文化问题是一个重大的民生问题，具有重要的战略地位。(1)文化具有促进人的发展的功能。精神生活是人类的基本生存领域之一。满足人民群众日益增长的文化需求,是实现人的全面发展的重要内容和先决条件。文化的主体功能在于教化,发展社会主义先进文化的根本任务是培育"四有公民",通过塑造人、培养人、熏陶人,使得个体潜能得到充分发挥,推进个体人格得到全面完善,促进个体能力得到全面拓展。通过大力发展文化事业可以为个体发展提供高质量的精神产品和精神服务,从而不断丰富人的精神生活,振奋人的精神状态,陶冶人的情操,培育高尚道德情境,促进个体身心愉悦,满足人类对真、善、美的追求。(2)文化具有促进经济发展的功能。文化是凝聚民族生命力、创造力、竞争力的灵魂所在。目前,"文化越来越成为民族凝聚力和创造力的重要源泉、越来越成为综合国力竞争的重要因素、越来越成为经济社会发展的重要支撑,丰富精神文化生活越来越成为我国人民的热切愿望"[1]。从促进社会发展的动力系统来说,文化也是生产力。目前,以电影、电视、奥林匹克运动会、世界杯足球赛等为代表的文化产业,已顺理成章地成为新的经济增长点。大力发展文化事业,可以推动思想创新、科技发展、管理进步,为经济发展注入活力。兴办文化产业,不仅会直接改变经济结构,更会对经济发展方式产生重大影响。(3)文化具有推动社会进步的功能。文化事业可以为社会发展提供精神动力、智力支持和思想保证。通过发展文化可以促进社会文明进步,引领社会发展的前进方向。文化发展本身是社会进步的目标之一。通过文化事业的发展,进而提高公民的思想道德素质,增强公民的社会责任感,提升人民群众的精神境界,形成共同的价值理念,转化成共同的行为习惯,增加社会信任度,改变人与人之间冷漠、疏离的不良状态,从而会营造公平、公正、和谐的社会氛围。此外,文化是联系和沟通的纽带。通过发展开放性、多样性的文化事业,可以创设平等的交流平台,增加不同民族、地区、国家的相互了解,从而能够建立互谅互让的地区关系、民族关系、国际关系。

总之,从教育、卫生、文化事业的战略地位来看,促进教育、文化、卫生事业的发展是社会主义现代化建设的客观需要。

(四) 社会事业的战略意义

在建设中国特色社会主义过程中,大力发展社会事业具有重要的战略

---

[1] 《十七大以来重要文献选编》(下),中央文献出版社 2013 年版,第 560 页。

意义。

1. 大力发展社会事业是社会主义本质的具体体现

社会主义的本质，是解放生产力，发展生产力，消灭剥削，消除两极分化，最终达到共同富裕。通过发展社会事业，可以最大限度地为最广大人民群众提供均等、充分的教育、文化、卫生领域的产品和服务，使广大人民群众共享经济社会发展的各种成果，促进人民群众的自身需要得到充分满足，切身利益得到真正实现，使得共同富裕根本目标得到真正贯彻。在社会主义建设中，不仅要大力发展生产力，为提高人民生活提供基本物质基础，而且要完善生产关系和分配关系，使全体人民共同走向共同富裕的道路，真正体现出社会主义制度的优越性。同时，"贫穷不是社会主义，愚昧更不是社会主义。"[①]因此，只有通过发展社会事业，把经济发展的目标同改善人民生活、提高人口素质和促进人的全面发展的目标有机地结合起来，着力解决关系人民群众切身利益的教育、卫生、文化问题，保障人民群众的教育、卫生、文化等方面的基本权益，努力实现人的全面发展，开启民智，唤醒民心，强壮民体，使人民走向共同参与、共同管理、共同享有的社会主义建设事业，才能真正体现出社会主义的本质。当然，这也是中国共产党执政的根本要求。

2. 发展社会事业是实现科学发展的迫切需要

社会事业和经济建设具有辩证的互动关系。经济建设是发展社会事业的前提和基础；社会事业又是促进经济建设的重要手段，也是经济建设的重要目标。在当代中国，发展社会事业和改善民生，是深入贯彻落实科学发展观的重要任务，是全面建成小康社会的迫切要求。要把发展社会事业和改善民生作为转变发展方式、扩大国内需求的重要着力点，推动经济社会协调发展。我国现阶段经济发展的结构性矛盾依然相当突出，特别是在需求结构上，过分依靠投资和出口，消费需求严重不足。而投资是派生需求，出口则受到不可预料的外部影响太大，只有消费才是最终需求。因此，促进实现经济发展方式的转变，必须注重发挥消费的作用。要提升消费首先就要改善民生。只有普遍提高人民群众的收入水平，同时尽可能地提供教育、卫生、文化等领域的基本社会服务和产品，才能使人民真正有能力消费，敢于消费，并提高消费层次，从而

---

① 《江泽民文选》第一卷，人民出版社2006年版，第437页。

充分发挥消费动力效应,实现经济良性发展。只有坚持社会事业的公益性原则,真正让广大群众成为社会建设的受益者,我们才能合理引导居民消费转型升级,以实现经济社会发展转型,推动科学发展。此外,发展教育、文化、卫生事业是提高劳动者素质、激发劳动者潜能的基本途径。劳动者是生产力发展中的活的要素,促进经济社会的科学发展,必须充分调动劳动者的积极性和创造性,将劳动者的创新意识、创新精神转化为现实的生产力。这样,才能不断提高经济发展的科技含量,为经济社会发展提供科学引擎。

3. 发展社会事业是建设和谐社会的时代要求

目前,我国正处于发展机遇期和矛盾多发期。社会矛盾之所以多发,在很大程度上是由于经济发展和社会事业的不协调尤其是社会事业发展的滞后性造成的。人民群众对解决这些社会矛盾,从而构建社会主义和谐社会有着强烈的新期待。因此,大力发展社会事业,有助于经济建设和社会事业的协调发展,有助于切实满足人民群众在教育、卫生、文化等方面的迫切需要,有助于促进社会和谐。大力发展社会事业,切实改善民生,是实现社会公平正义,建设中国特色社会主义的本质要求。建设中国特色社会主义的一条重要的经验是:"我们大力发展社会事业,社会和谐稳定得到巩固和发展。城乡免费九年义务教育全面实现,高等教育总规模、大中小学在校生数量位居世界第一,办学质量不断提高。就业规模持续扩大,全社会创业活力明显增强。社会保障制度建设加快推进,覆盖城乡居民的社会保障体系初步形成。公共卫生服务体系和基本医疗服务体系不断健全,新型农村合作医疗制度覆盖全国。社会管理不断改进,社会大局保持稳定。"①我们大力发展社会事业的主要目的就是要保障人民群众的教育、卫生和文化等方面的基本权益,努力把改革发展的成果更多地惠及到广大人民群众,使得各方面的利益关系得到有效协调,各方面矛盾得到恰当处理,使全体人民学有所教、劳有所得、病有所医、老有所养、住有所居,营造融洽的环境,建立和谐的社会氛围。

总之,面对新形势、新挑战,不断加快社会事业发展,对于维护人民群众的根本利益,妥善处理各方面社会关系,充分调动一切力量,推动经济社会协调发展具有深远意义。

---

① 《十七大以来重要文献选编》(上),中央文献出版社 2009 年版,第 792—793 页。

二、发展社会事业的当代课题

新中国成立六十多年来尤其是改革开放三十多年来，我国社会事业取得了巨大的成就，积累了丰富的经验，但是，由于我国仍然处于社会主义初级阶段，存在着诸多的体制弊端，致使我国社会事业的发展仍然难以满足人民群众的需要，因此，必须将推动社会事业的创新发展和公平发展作为我国社会主义社会建设的重大课题。

（一）我国社会事业发展的成就

新中国成立初期，我国教育、卫生、文化等社会事业基础薄弱，水平低下，难以满足人民群众的需要。经过长期以来的不懈努力，社会事业快速发展，并取得了巨大成就。

1. 教育事业的发展成就

在党的教育方针的指导下，在贯彻和落实科教兴国战略和人才强国战略的过程中，我国的教育事业取得了巨大的成就。（1）基础教育的成就。2005年以来，义务教育普及与巩固水平保持高位，全国小学净入学率一直保持在99%以上，超过了发达国家96%的平均水平。2006年起全面免除西部农村义务教育阶段学生学杂费；2008年秋季，城市义务教育阶段学杂费全部免除，这标志着我国免费九年义务教育已全面实现。到2011年全国所有省级行政区、所有县级行政单位全部通过普及九年制义务教育和扫除青壮年文盲国家验收，人口覆盖率达到100%，青壮年文盲率下降到1.08%。2012年义务教育办学条件进一步改善，均衡化程度进一步提升。（2）高等教育的成就。1999年我国高校扩招以来，高等教育在规模上有了巨大的发展。据国家统计局提供的数据，普通高等学校招生从1999年的160万人，增长到2012年的688.8万人，在校生由413万人增长到2391.3万人，高等教育在规模上居世界首位。1978年，中国的高等教育毛入学率只有1.55%，2007年达到23%，2012年上升到30%，高等教育已经进入"大众化阶段"，并向普及化方向迈进。继"985工程"、"211工程"之后，2011年10月教育部、财政部决定实施《高等学校创新能力提升计划》，2012年中央开始实施《中西部高校基础能力建设工程》，进一步推动了高等教育创新能力的发展。（3）职业教育的成就。近年来,基本形成了以《职业教育法》为基础,《教育法》、《劳动法》等相关法律为补充的比较完善的职业教育法律制度体系。根据国家统计局公布的数据,职业教育的办学规模也成倍增长,高等职业学校数从 2001 年的 628 所增加到 2012 年 1297 所,2012 年各类中等职业教育招生 761.0 万人,在校生 2120.3 万人,毕业生 673.6 万人。职业院校毕业生成为促进区域产业向中高端发展、推动中小企业产业集聚发展的一支生力军。总之,教育事业的发展,有效地满足了人民群众的教育需要,推动了社会主义新人的成长,为我国现代化建设储备了人力资源。

2. 卫生事业的发展成就

新中国成立后,党和政府把人民健康摆在第一位,建立了覆盖全国的卫生防疫体系,卫生事业取得了举世瞩目的成就。改革开放以来,特别是党的十三届四中全会和党的十六大以来,卫生事业进一步得到快速发展。（1）卫生机构发展迅速。2012 年末,全国共有医疗卫生机构 961830 个,其中医院 23005 个,乡镇卫生院 37128 个,社区卫生服务中心（站）33646 个,诊所（卫生所、医务室）179644 个,村卫生室 663355 个,疾病预防控制中心 3506 个,卫生监督所（中心）3037 个。医疗卫生机构床位 557 万张,其中医院 403 万张,乡镇卫生院 106 万张。（2）医疗卫生队伍壮大。2012 年,全国共有卫生技术人员 650 万人,其中执业医师和执业助理医师 252 万人,注册护士 242 万人。（3）医疗保险覆盖扩大。2012 年末,全国参加城镇基本医疗保险的人数 53589 万人,比上年末增加 6246 万人。参加生育保险的人数 15445 万人,比上年末增加 1553 万人。新型农村合作医疗参合率达到 98.1%。（4）医疗公平重新彰显。2012 全年救助城市医疗困难群众 666.4 万人次,救助农村医疗困难群众 1908.4 万人次;资助 1158.9 万城镇困难群众参加城镇医疗保险,资助 3915.1 万农村困难群众参加新型农村合作医疗。（5）应急卫生体系已见雏形。受 SARS 疫情启示,国家颁布实施了《突发公共卫生事件应急条例》,重新修订了《中华人民共和国传染病防治法》,加快了突发公共卫生事件应急机制建设,十年来我国初步建立了卫生应急体系。（6）全民健康状况明显改善。全年甲、乙类法定报告传染病发病人数 321.7 万例,报告死亡 16721 人;报告传染病发病率 238.76/10 万,死亡率 1.24/10 万。①《2012 年我国卫生和计划生育事业发展统计公报》显示，2012 年孕产妇死亡率下降到 24.5/10 万，婴儿死亡率下降到 10.3‰。总之，卫生事业的快速发展，较好地满足了人民群众的健康需求，促进了人口素质的提高。

3. 文化事业的发展成就

在建设中国特色社会主义的过程中，我们十分重视文化事业的发展和创新，文化建设不但在政策理论方面不断获得突破，在现实中也不断取得新的进展。（1）文化投入持续增长。我国对文化设施建设投入力度加大，国家重点文化工程稳步推进，成效显著。据文化部 2012 年提供的数据，2011 年，全国文化事业费为 392.62 亿元，与 2007 年的 198.96 亿元相比，增幅达 97.33%。人均文化事业费从 2007 年的 15.06 元增加到 2011 年的 29.14 元，增幅为 93.49%。（2）文化设施和场地大为增加。覆盖城乡公共文化设施网络基本建立。根据国家统计局提供的数据，2012 年末全国文化系统共有艺术表演团体 2089 个，博物馆 2838 个，全国共有公共图书馆 2975 个，文化馆 3286 个。各类广播电视播出机构共有 2579 座。有线电视用户 2.14 亿户，有线数字电视用户 1.43 亿户。年末广播节目综合人口覆盖率为 97.5%；电视节目综合人口覆盖率为 98.2%。截至 2012 年 3 月底，全国已完成乡镇综合文化站建设项目 22443 个，占中央资金补助的规划项目总数的 94.0%。其中，11 个省份的规划完成率在 99% 以上，福建、安徽、湖北、重庆、西藏、宁夏等省（区、市）已经全部完成建设任务。（3）文化产业成效显著。2012 年，全国出版、印刷和发行服务实现营业收入 1.65 万亿元，同比增长 13.6%；我国生产各类电影 893 部，同比增长 60%；电影总票房 170.73 亿元，同比增长 30.18%，其中国产片票房 82.73 亿元，占总票房的 48.46%；全国影视公司向国家广电总局申请立项拍摄的电视剧数量已增至 1040 部 33877 集，电视剧的制作数量创新高；全国旅游业总收入约 2.57 万亿元，同比增长 14%；我国动漫市场营业收入达 321 亿元，全年国产动画片数量为 518 部；中国游戏市场实际销售收入 602.8 亿元人民币，同比增长 35.1%；中国客户端网络游戏用户数达到 1.4 亿人，同比增长

---

① 参见：《2012 国民经济与社会发展统计公报》，国家统计局门户网站（http://www.stats.gov.cn/tjsj/tjgb/ndtjgb/qgndtjgb/201302/t20130221_30027.html）。

12.5%,等等。可见,文化事业的发展有效地满足了人民群众文化需要,丰富了人民群众的文化生活。

总之,我国社会事业取得了巨大的成就,社会事业取得全面进步,成为保障和改善民生的重要支撑手段。

(二)我国社会事业发展的困境

尽管我国社会事业取得了巨大发展成就,但是,与人民群众的需要和期待相比,仍然存在着诸多的不足,成为影响民生的重要问题。

1.教育权利保障不足

客观上说,我国教育水平还落后于发达国家甚至一些发展中国家,还不能适应现代化建设的客观需要,人民群众的某些教育权利还没有得足够保障。例如,根据2006年年初的情况来看,"农村文化教育水平仍然较低,还有不少不识字或识字很少的人口。全国四亿九千万农村劳动力中,具有高中及以上文化程度的只占百分之十三,小学文化程度的占百分之二十九点二,不识字或识字很少的占百分之七点五。"①之所以出现这种情况,就在于,上学难与贵的问题并没有根本解决。(1)上学难主要是指农村孩子上学难。我国城镇化速度加快,大量人口由农村向城镇转移,造成农村基层学校生源不足。为了调整教育资源布局,在农村实行了撤点合并政策,这进一步压缩了农村地区的教育资源。长期以来,优质教育资源主要集中在城市地区,这就增加了农村孩子尤其是贫困孩子上学、上好学的难度。随着流动人口加快,农民工子弟的上学问题更是一大难题。据有关数据,我国现在流动人口约为2.6亿,义务教育学龄流动儿童超过1200万,其中农民工子弟占了绝大部分。由于户籍制度限制,外来子女的入学、升学问题成了非常严重的社会问题。公办学校门槛高,民工子弟学校又普遍存在师资匮乏、设备陈旧、安全有隐患、管理粗糙和教育质量低下等问题,这就进一步加大了农村孩子上学难的问题。(2)上学贵的问题。所谓上学贵主要是指农村孩子上学贵。由于在农村实行撤点并校,大部分农村孩子上学路程遥远,住宿、交通、饮食费用的增加提高了上学成本。另外,一些低年级同学由于生活自理能力差,无法在校住宿,只能家长孩子一起上学,

---

① 《十六大以来重要文献选编》(下),中央文献出版社2008年版,第275页。

大大增加了农村家庭的人力、财力负担，很多家庭不堪负累，只能让孩子辍学。上学贵也指择校贵，由于教育资源分配不平衡，重点小学、初中、高中主要集中在比较发达的城市和地区，家长不得不舍近求远，承担严重高额的择校费、学费、生活费等，所以也造成上学贵的问题。另外，幼儿园、大学教育、课外教育费和培训费等教育支出也是家庭支出的重头戏。可见，保障农村及低收入家庭孩子的受教育权利，维护教育公平任重道远。

2. 卫生权利保障不足

随着经济社会的进步，我国医疗整体水平不断提高。然而，"当前我国医疗卫生事业发展的水平还不相适应，还存在一些突出矛盾和问题，主要是：城乡和区域医疗卫生事业发展不平衡，医疗卫生服务体系和医疗保健制度不够健全，医疗卫生资源配置不尽合理，农村和社区医疗卫生工作比较薄弱，群众看病难看病贵问题比较突出。"①（1）看病难的问题。农民占我国总人口70%以上，占有的卫生资源却不到30%。卫生部调查数据显示，中国约有近半数居民有病不就医，29.6%的居民应住院而不住院，这其中主要是农村居民或者是生活在边远山区的居民。实行新农村合作医疗以来，这种状况有所改善。但是高精尖的医疗设备、专业性的医疗人才都集中在少数发达城市，农村尤其边远地区的医疗设施配给严重不足，水平低下，加之异地报销手续繁琐，障碍重重，很多病人不得不放弃就医选择，饱受疾病痛苦折磨。医疗资源分配不平衡，社区医院、村医院门可罗雀，而大医院人满为患，就诊难、挂号难、看病难、住院难。（2）看病贵的问题。我国医疗改革的起点是只给政策不给钱，突出营利目的而违背了社会事业的公益性。国家对公立医院的财政支持过少，增加了医院的费用负担，医疗单位则将负担转嫁给患者，这就为医疗费用上涨提供了借口。药品生产和流通体制监管不完善、医疗服务的价格调整机制不健全。一盒药品从出厂到出售，经过层层代理、环环批转，流通费用远远超过了药品的生产成本。医疗保障制度不尽合理，个人医疗费用上涨过快，药费贵、检查费贵、新技术和高精尖仪器应用贵，重复检查、过度治疗、乱收费现象也是普遍存在的。我国基本医保虽然初步实现了全覆盖，但城镇居民基本医疗保险和新农村合作医疗的保障水平偏低，很多药品、医疗费用没有纳入医保范

---

① 《十六大以来重要文献选编》（下），中央文献出版社2008年版，第734页。

围,一些重大疾病、慢性病的门诊费用也不在报销之列,个人自付费用比例仍然过高。可见,卫生资源配备仍然不平衡,人民群众的健康权益并没有得到充分的保障。

3. 文化权利保障不足

我国正处于文化大发展大繁荣时期,但是长期以来,由于文化建设投入不足、对文化事业的地位缺乏应有认识,所以,文化事业的发展也存在很多问题。(1)文化生活仍然贫乏。在我国,文化资源分配不平衡,文化权利长期存在空场。例如,2010 年全国图书馆人均藏书量 0.46 册,远远低于国际图书联合会人均 1.5—2.5 册的标准。农民、农民工的文化生活贫乏的现象更是严重。2010 年,全国文化事业费 323.06 亿元,其中农村投入 116.41 亿元,仅占 36.0%;全国人均文化事业费 24.11 元,其中中部地区 15.64 元,只相当于全国平均水平的 64.9%。① 在农村由于缺少特定公共文化服务场所,也就不能顺利开展各种文化活动,休闲场所更是空白,各种封建迷信活动、低俗文化死灰复燃;在城市,农民工因为没有充足的空余时间、收入水平过低,也不能和城市居民平等享受公共文化资源,除了干活就是睡觉,精神生活空间极度空虚。(2)优质文化产品匮乏。由于经济发展水平的提高,人民群众的文化需求也逐步提升。由于文化市场尚不完善,管理不规范,尚未形成有效的文化产品和服务供应机制,不能满足人民群众的多层次、多元化需要。现有文化产品,质量不高,精品不多,甚至出现低俗化、庸俗化、西化、"哈韩风"等趋向。此外,现有文化环境浮躁,停留在盲目跟风模仿层次,缺乏原创,竞争力不足,国际影响力不够。(3)文化消费负担较重。文化消费负担过重主要是对中低收入群体尤其是生活在贫困边远地区的农民来说的。由于家庭收入水平过低,社会保障制度尚不完善,中低收入群体的主要精力皆用来应对生存压力,文化消费成为贫困家庭的奢侈品。从总体来看,我国文化市场存在价格高,质量低的现象。2012 年美国人均 GDP 约为 49922 美元,中国人均 GDP 约为 6102 美元,中国人均 GDP 相当于同年美国的 12.22%。在美国看一场电影大约为 10 美元,占美国人平均月收入的 2.4/1000 左右。相比之下,在中国动辄六七十元

---

① 参见:《近几年我国文化投入情况及对策建议》,国家文化部门户网站(http://www.mcprc.gov.cn/whzx/bnsjdt/cws/201111/t20111128_390496.html)。

的电影票价对于普通群众来说负担过重，更别说上百元上千元的相声、戏剧票了。所以，对于普通群众来说，文化消费普遍存在门槛过高的现象。

总之，综合教育、卫生、文化事业的发展现状可以看出，我国社会事业发展过程中还存在服务水平低、服务质量差、覆盖率小、供给不平衡等突出问题。

（三）我国社会事业的发展障碍

改革开放后，我国的经济实力和综合国力显著提高，但是社会事业的发展长期落后于经济发展速度，造成一条腿长、一条腿短的问题。当然，造成当下尴尬局面的因素是多方面的，主要原因在于社会事业发展和改革的滞后性。

1. 社会事业发展滞后

目前，社会事业滞后主要是由于投入不足及其效率低下造成的。

经费投入不足。综合经济发展的速度来看，改革开放以来社会事业经费的增长是非常有限的，不能满足人民群众的基本权益，造成社会事业发展的滞后性。在上个世纪九十年代，《中国教育改革和发展纲要》《中华人民共和国教育法》两项文件已经对教育经费的投入提出了明确要求，即，"三个增长"和"两个比例"①。而直到 2012 年 3 月 5 日，中央财政才按全国财政性教育经费支出占国内生产总值的 4% 的比例编制预算，我们用了近 20 年的时间追求 4% 的目标。相较于欠发达国家 4.1%、发达国家 5.3% 的投入水平，我们的教育投入仍然属于较低水平。在卫生服务方面，据卫生部统计，1978 年我国卫生事业总费用占 GDP 的比重为 3.02%，90 年代上升为 4% 左右，我国目前卫生总费用占 GDP 的比重仅为 5.1%，刚刚达到世界卫生组织制定的下限标准。从国际趋势看，2010 年低收入国家比重为 6.2%，高收入国家为 8.1%，巴西和印度分别为 9% 和 8.9%，这说明中国卫生投入处于极低水平。在文化事业方面，投入总量不足，投入结构严重不平衡。"九五"以后，文化事业基本建设投资在全国基建投资总额中所占的比重一直不超过 0.2%，"十一五"期间文化事业费占国家财政总支出的比重有所增长，但是近年来一直在 0.4% 以下且

---

① "三个增长"即：中央和地方政府财政预算内教育拨款的增长要高于同级财政经常性的收入增长，在校学生人均教育费用要逐步增长，保证教师工资和学生人均公用经费逐年有所增长。"两个比例"即：国家财政性教育经费支出占国民生产总值的比例在 20 世纪末达到 4% 和各级财政支出中教育经费所占比例随国民经济发展逐步提高。

不断回落。2010 年,文化事业费占财政支出的 0. 36%,是改革开放以来的新低,城乡之间、区域之间的文化投入极端不平衡。① 以上数据主要是按照社会事业的投入总量计算的,如果除以庞大的人口基数,人均社会事业经费则更加捉襟见肘,而且,社会事业发展的总体规划与社会事业的经费实际供给之间也是严重脱节的。

社会事业经费的使用效益低下。推动社会事业的发展,要优化经费使用结构,提高经费使用效率,这与我国的提倡的内涵型经济发展方式和节约型社会是相适应的。但是,在现实中,社会资源分配结构不合理,造成社会事业发展的瓶颈。一方面,社会事业经费内部横向结构不合理。这主要表现在:一是缺乏统一细致规划,低水平重复建设现象严重。很多地区没有进行实地考察,地区建设趋同性严重,造成资源浪费。二是后勤管理机构人员冗杂,运行缓慢。事业单位行政机构盲目求大求全,严重挤占社会事业经费。三是公共设备使用率低。由于缺乏统一、严格的评判标准,精细的社会调查,合法的论证程序,社会事业单位盲目购买设备、仪器,重规模轻质量,重购买轻使用。四是缺乏公开透明的民主监督。社会事业建设环境鱼龙混杂,没有建立完善的社会监督体系,给挪用资金、贪污、腐化留下空隙。同时,社会事业的外部横向结构不合理。这也是造成社会事业经费使用率低下的原因。例如,经济发达的城市,地方政府财力雄厚,可以提供较高的经费支持,相反则获得较少经费支持;而中央和地方是按比例分配经费的,所以中央对发达地区的社会事业经费支持也较多,由此造成地区之间的社会资源分配差距。另一方面,社会事业纵向结构不合理,这主要是指基础事业与高端事业的分配比例失衡。从人才培养结构看,基础教育投入弱于高等教育;在卫生服务方面,新中国成立初期缔造的城乡卫生基础服务体系消失殆尽;在文化事业方面,为百姓喜闻乐见的文化形式、文化作品贫乏。一般说来,基础社会事业更能反映社会事业的公平性。总之,公民的教育、卫生、文化权不能得到保障,直接限制其未来的就业和社会活动的参与能力以及当地的经济发展水平。

研究显示,我国有 7 亿多劳动力,占世界劳动力总量的 26%,教育、卫生、

---

① 参见:《近几年我国文化投入情况及对策建议》,国家文化部门户网站(http://www.ccnt.gov.cn/sjzz/sjzz_cws/whtj_cws/201111/t20111128_342363.htm)。

文化事业的资本投入直接影响人力资本对经济发展的贡献率。发达国家人力资本对经济发展的贡献高达 70% 以上，而中国目前仅为 35% 左右。显然，社会事业的投入及使用效益低下是社会事业发展滞后的主要原因。

2. 社会事业领域改革滞后

改革开放以来，我国社会事业领域的改革也一直在向前推进，但是，相对于经济体制改革的巨大成果而言，社会事业体制改革滞后，存在很多亟待解决的问题。

社会事业改革缺乏统筹规划，体制建设滞后。社会事业的改革涵盖教育体制改革、卫生体制改革、文化体制改革以及事业单位体制改革等方方面面，是一个庞大的社会工程，而我国社会事业改革尚处于过渡、分散、单兵作战的历史阶段。从改革目标设定、改革过程的具体规划到改革过程的保障措施，都缺乏主动性、积极性、独立性。改革实施的主体是地方政府和各部门，而不是中央政府，所以，一直缺乏整体部署、统一规划。改革目的的被动性产生改革方式的片面性、改革方法的单一性、改革内容的分散性，总体来看形式大于内容。另外，条块分割严重，政出多门，缺乏必要的指导、监督体制，各项改革措施不配套，行政体制、财政体制、户籍制度、二元经济体制、税收金融等等政策与社会事业改革不匹配。改革是利益的重新调整，缺乏统筹规划，平衡的导向，采用各自为政的方式，必然导致重复建设，彼此掣肘，造成内耗，影响社会事业的深入发展。

政府责任不明确，监管体制滞后。我国事业单位是在计划经济体制下建立起来的，进行社会事业改革后，对政府部门进行撤并调整，但是，政府与市场、政府与社会的关系并没有理顺。政府责任不到位和包揽过多同时并存，该管的没有管到位，该放的没有真正放下去，发挥市场机制、社会资本和民间组织的作用不够，社会事业发展的活力不足。不同行业的社会事业辖管不同事务，遵循不同的运行规律，改革过程中也应分类进行，有些涉及人民群众基本权益，不适于市场化的公共服务活动，应该收归政府调控；有些需要充分发挥市场活力，丰富供给形式的领域则可适当放权。这样，才能保证改革方式的针对性和有效性。但是，在具体操作过程中，有些领域急于甩掉政府的包袱，偏离社会事业发展的基本轨道，过于追求个体、小团体利益。由于政府过度放权，监管缺位，滋生寻租腐败现象，损失人民群众的基本利益。有些领域不属于政府职能范畴的,应发挥市场活力的行业,却由于政府越位管理,导致行业缺乏自主权,潜能受到限制。此外,中央与地方、部门之间职责不明确,地方政府事权与财权不对称,也会影响社会事业的发展和相互协调。

市场泛化现象严重,公益性体现不足。社会事业提供的产品属于公共服务的范畴,只有将政府作为供给和调控的主体,才能保证公共服务的稳定性和公平性。市场机制作用具有其边界,社会事业改革市场泛化就是将市场交易规则引入社会公共领域,将本来应由政府供给与调控的产品,交由市场配置。社会事业改革初期,只放权不给钱,只甩包袱不监控,将筹资难的问题推向市场,使社会事业走上全面商业化、市场化的道路。在这个过程中,一些地方和部门放弃社会事业的公益性本质特征,千方百计创收,进而导致经济效益操控社会效益,损害公益目标。公共资源具有稀缺性,市场泛化现象必然产生社会资源的配置失衡,社会弱势群体的基本权益无法保障。例如,教育改革的市场泛化导向,即教育系统乱收费、盲目扩招,造成教育价值失衡、教育行为失范、教育质量下降;卫生事业改革市场泛化,医药费全面上涨,导致医患关系紧张,医风医德败坏;文化事业改革市场泛化,文化事业发展庸俗化、低俗化,导致一些人诚信缺失,世界观、人生观、价值观扭曲。一句话,并不是所有的社会事业产品都能用市场价格评估,单纯的市场化必然影响社会事业的公益性。

总之,社会事业改革的滞后性限制了社会事业发展的活力,因此,深化社会事业体制改革,促进社会事业服务普及化、均等化,具有重要性和紧迫性。

3. 社会事业公平性或普惠性不足

由于公共资源具有稀缺性,所以,公用资源的配置是否合理直接体现着社会事业的公平性。我国正处于经济体制转型转轨阶段,与此相适应社会公共资源的配置方式也正处于过渡时期,建立完备社会公共资源分配体制尚需时日,因而,教育、卫生、文化等社会事业发展的失衡现象依然比较突出。

教育失衡问题表现。从教育体制看,2011年"两基事业"全面实现,但是不同群体占有教育资源的比例是不同的,教育公平性并没有获得根本性实现,地区、城乡、校际之间在教学设施、师资力量的配备上是明显不同的,各种教育不公平现象是普遍存在的。教育失衡主要表现在地区间、城乡间、学校间生均经费差距比较大(参见表10-1)。

表 10-1 各级教育生均公共财政预算教育事业费增长情况单位:元

地区	普通小学			普通初中			普通高中		
	2010 年	2011 年	增长率（%）	2010 年	2011 年	增长率（%）	2010 年	2011 年	增长率（%）
总计	4012.51	4966.04	23.76	5213.91	6541.86	25.47	4509.54	5999.60	33.04
北京市	14482.39	18494.11	27.70	20023.04	25828.16	28.99	20619.66	28533.85	38.38
天津市	11505.42	13398.02	16.45	14819.48	17716.32	19.55	13233.87	15941.80	20.46
江西省	2470.25	3731.28	51.05	3375.17	4868.08	44.23	3016.21	4991.60	65.49
河南省	2186.14	2736.91	25.19	3410.02	4563.99	33.84	2457.82	4025.99	63.80
贵州省	2758.61	3419.25	23.95	3204.20	4134.17	29.02	3317.10	4867.87	46.75

资料来源:《关于 2011 年全国教育经费执行情况统计公告》,国家教育部门户网站(http://www.moe.gov.cn/publicfiles/business/htmlfiles/moe/s3040/201212/146315.html)。

如上表所示,以北京、天津、江西、河南、贵州为例,东部与中西部各省生均教育经费差距悬殊,最发达地区是不发达地区的 5 倍以上。在发达的地区和城市,因为教育经费充足,校舍宽敞明亮,语音室、实验室、文体活动室一应俱全,设备先进一流,汇集了雄厚的师资力量;一些经济发展落后的地区和农村,因财政投入困难,教育经费极低,造成学校场地狭窄、房屋破旧、寄宿困难、师资力量不足,一个黑板、一支粉笔还有教师一张嘴就是全部的教学资源。不同条件的教育必然产生不同的教育效果,这样,就导致择校风屡禁不止,越演越烈。不同地区在入学资格上甚至也是不平等的,北京、天津、上海等地区的高考录取分数线与山东、河南、湖南、湖北等省份相差悬殊。可见,教育起点、教育过程的不公平产生教育效果的失衡。

卫生事业不公平。2000 年,世界卫生组织对 191 成员国的医疗系统进行评估,中国排在第 140 位;在卫生负担公平性方面,中国被排列在第 188 位,即倒数第 4 位,仅比巴西、缅甸、塞拉里昂稍强,列为世界上医疗最不公平的国家。世界卫生组织认为,卫生不公平是不同群体在健康状况或卫生资源分配方面的差异,与生活和工作环境相关。通过正确的政府干预可以减少卫生不公平现象,通过婴幼儿死亡率、孕妇死亡率、寿命等指标可以评定卫生公平程度。我国卫生事业不公平主要体现在卫生资源分配方面,而卫生资源配置的不平衡主要表现在卫生资源投入结构不平衡,外部结构不均等包括城乡间医疗卫生发展差距,区域间差距,更有城乡和区域内的结构差距;内部结构不均等表现为特定区域层次的卫生物力资源和人力资源等卫生内部发展结构的差距(参见表10-2)。

表10-2 2011年各地区医疗卫生机构床位数

地区	床位总数(张)	医院		每千人口医疗卫生机构床位
			综合医院	
总计	5159889	3705118	2670729	3.81
东部	2118614	1596795	1123919	4.21
中部	1614686	1123290	816932	3.52
西部	1426589	985033	729878	3.62

资料来源:中华人民共和国卫生部编:《中国卫生统计年鉴2012》,中国协和医科大学出版社2012年版,第70—72页。

根据上表提供的数据,区域卫生不公平现象严重,以各地区拥有的卫生机构床位为例,2011年,东部地区拥有的卫生机构床位多于西部,西部多于中部。此外,"城乡和区域医药卫生事业发展不平衡,公共卫生和农村、社区卫生工作薄弱,医疗保障制度不健全的问题还十分突出,人民群众反映比较强烈。"[①]这些情况最终会影响到总体的社会公平。

文化事业不公平。在公共文化服务方面仍然存在各种不公平现象,已经影响到人民群众的基本文化权利实现(参见表10-3)。

表10-3 按年份各地区人均文化事业费及其位次单位:元

地区	1995年		2000年		2005年		2009年		2010年		2011年	
	人均经费	位次	人均经费	位次	人均经费	位次	人均经费	位次	人均经费	位次	人均经费	位次
全国	2.75		4.99		10.23		21.90		24.11		29.14	
北京	8.74	2	17.37	2	41.99	2	79.24	2	82.44	1	88.71	2

① 《十七大以来重要文献选编》(上),中央文献出版社2009年版,第713页。

续表

地区	1995 年		2000 年		2005 年		2009 年		2010 年		2011 年	
	人均经费	位次	人均经费	位次	人均经费	位次	人均经费	位次	人均经费	位次	人均经费	位次
天津	7.56	3	9.79	4	30.29	3	48.38	3	43.55	7	55.05	6
河南	1.34	30	2.26	31	4.02	31	9.66	30	10.12	30	13.04	30
江西	1.94	22	2.58	28	5.43	27	15.07	23	16.47	25	15.52	27
贵州	1.36	29	2.59	27	5.02	29	14.02	25	15.45	26	21.56	23

资料来源:中华人民共和国文化部:《中国文化文物统计年鉴(2012)》,国家图书馆出版社 2012 年版,第 16 页。

如上表所示,以北京、天津、河南、江西、贵州为例,东部与中、西部地区的人均文化事业费差距悬殊,最大差距达 5 倍以上。(1)在公共文化基础设施布局方面,城乡之间、区域之间发展不平衡,图书馆、博物馆、公园、电影院、文化广场等各种文化设施、服务,主要集中分布在东部发达地区以及大中城市;而在中西部地区的农村、偏远山区,文化基础设施落后甚至长期空白,在少数农村虽然建立了文化站,但是提供的书籍以武侠、言情、媚俗者居多,缺乏先进实用农业技术书籍;城市公共文化日益兴盛,农村公共文化日渐衰微。(2)在文化结构方面,文化产品、产业结构不合理,存在低水平重复建设问题。大众文化日益崛起并呈现娱乐化、低俗化、庸俗化倾向,主流文化话语权被削弱,创意文化发展不足,民俗文化得不到有效的保护和传承。适合广大人民群众的文化精品、优品有限,精英群体可以享受高标准的文化服务,而弱势群体基本与健康文化生活无缘。

可见,如何在推进社会事业改革的过程中,坚持社会事业的公益性原则,是我国社会事业面临的重大课题。

(四) 我国社会事业发展的经验

在建设中国特色社会主义的过程中,我国在发展社会事业方面积累了丰富的经验。无论是推动社会事业的发展,还是推动社会事业的改革,都必须坚持这些经验。

1. 坚持社会事业的人本性

坚持发展是"三个代表"重要思想的基本要求,是党政兴国的第一要务。科学发展的核心在于以人为本,发展的目的、发展的规划、发展的成果、发展的方式都应以人民群众的根本利益为出发点和落脚点,而社会事业的发展是人民基本权益的最直接、最现实的体现。发展社会事业和改善民生,是转变经济发展方式、扩大国内需求的重要途径和着力点。具体来看,在教育方面,要"坚持教育为社会主义现代化建设服务、为人民服务"①的方针,以提高人的思想道德素质、智力素质、健康素质、文化素质为宗旨。在卫生事业方面,"卫生事业是造福于人民的事业"②,发展卫生事业要以提高人民群众的幸福健康指数为指向,以实现人民群众的基本权益为基本目标。在文化事业方面,要"把文化发展的着力点放在满足人民群众精神文化需求和促进人的全面发展上"③,要以提高人民群众的生存环境和生活品质为最终目的。总之,加快发展社会事业和改善民生,不断满足人民群众日益增长的教育、卫生、文化需求,必须坚持以人民群众为本,即发展社会事业为了人民群众、发展社会事业依靠人民群众、发展社会事业的成果由人民群众共享。

2. 坚持社会事业的战略性

社会事业是中国特色社会主义全局的重要组成部分。深刻认识社会事业的战略地位,对于全面落实科学发展观,确保国家的长治久安,具有重要现实意义。(1)教育的战略意义。在社会主义建设中,"教育是基础,关系民族振兴、经济发展和社会全面进步。"④只有坚持教育事业的战略地位,才能切实保障教育事业投入,制定科学合理的教育规划,真正发挥教育事业的基础性、全局性和先导性作用。(2)卫生的战略意义。在社会主义建设中,"卫生事业关系到经济发展和社会稳定的全局,在国民经济和社会发展中具有独特的地位"⑤。只有坚持卫生事业的战略地位,才能切实加强卫生事业的建设,为人民提供适宜的卫生产品、卫生服务,不断增进人民健康,提高人民幸福指数。(3)文化的战略意义。在社会主义建设中,"文化是民族的血脉,是人民的精

---

① 《江泽民文选》第二卷,人民出版社 2006 年版,第 332 页。
② 《江泽民文选》第一卷,人民出版社 2006 年版,第 598 页。
③ 《十六大以来重要文献选编》(中),中央文献出版社 2006 年版,第 284 页。
④ 《江泽民文选》第一卷,人民出版社 2006 年版,第 463 页。
⑤ 《江泽民文选》第一卷,人民出版社 2006 年版,第 599 页。

神家园。"①只有加强文化的战略地位，才能深化文化体制改革，丰富人民群众的精神生活，营造生动活泼的社会局面。总之，教育、卫生、文化事业在中国特色社会主义事业全局中，发挥着不可缺少、不可替代的作用，必须合理定位、科学统筹、协调发展、整体推进。

3. 坚持社会事业的协调性

发展社会事业，关键是优化发展结构，提高发展的质量，保证发展的协调性。(1)狭义社会事业内部的协调。教育、卫生、文化三者构成了一个复杂系统。要优先发展教育，为社会发展提供优质人才；要重点完善卫生服务体系，保证人们获得良好的健康体质；要更加主动地推动文化繁荣，为社会发展提供积极的思想道德支持。在总体上要促进教育、卫生、文化三者的协调发展。(2)广义社会事业内部的协调。除了教卫文之外，广义的社会事业还包括劳动就业、社会保障、科技事业、体育事业等，因此，要促进教育事业、医疗卫生、劳动就业、社会保障、科技事业、文化事业等各项事业的协调。在这方面，厚此薄彼、顾此失彼的发展策略必然影响整个经济社会发展的全局。(3)社会建设内部的协调。社会事业是社会建设的子系统。社会建设涵盖了关系人类共同生活及其安宁幸福的各个方面，必须坚持社会建设内部的协调性，才能促进社会建设的全面提升和整体进步。因此，必须坚持社会事业和社会建设的协调发展。(4)社会系统内部的协调。社会是一个有机体，包括经济、政治、文化、社会、生态等子系统。坚持社会系统的内部协调，有利于加快解决经济、政治、文化、生态发展中的不平衡问题，最终真正实现经济社会发展的总体目标。

4. 坚持社会事业的公平性

社会事业的公平性，是指每个人都有平等参与、创造、享用社会事业产品、服务的权利和机会。在现有历史条件下，教育、卫生、文化资源都有一定稀缺性。坚持社会事业的公平性，要求每一个人，不分民族、地域、性别、出身、地位、户籍等，都具有平等地享受社会事业资源的权利，每个个体的基本社会需求都能够得到满足，基本社会权益都能都得到切实保障。坚持社会事业的公平性，尤其要赋予贫困地区、弱势群体以充分的社会事业权利和机会。为此，

---

① 胡锦涛：《坚定不移沿着中国特色社会主义道路前进　为全面建成小康社会而奋斗——在中国共产党第十八次全国代表大会上的报告》，人民出版社 2012 年版，第 30 页。

要深化收入分配制度改革,从根本上提高中西部地区、农村地区、弱势群体的收入水平,使他们有足够的精力和实力分享社会事业的成果。为此,中央财政要尽量向落后地区、弱势群体倾斜,使得他们在社会事业资源的分配中获得现实性的平等权利。各级政府要尽可能为这些群众创造享受公平教育、健康、文化成果的机会。要建设社会公平保障体系,取消发达地区、富裕群体、优势行业的社会事业特权,使全社会遵守同等的社会规范,推进规则公平。这样,才能实现发展社会事业为了人民、发展社会事业依靠人民、社会事业发展成果由人民群众共享的局面。

5. 坚持社会事业的适度性

发展社会事业,要与经济社会发展水平和阶段相适应,既不能滞后也不能超前。滞后了,人民群众的基本需求得不到有效保障,就会产生不满情绪,积累社会矛盾;超前了,财政压力过大或无力支撑,反而不可持续。也就是说,既要尽力而为,又要量力而行。像巴西、阿根廷、墨西哥、智利、马来西亚等国家之所以陷入中等收入陷阱,就是因为他们长期以来只注重经济增长速度,而忽视社会事业的发展。其实,发展社会事业本身也可以创造经济效益,如,社会公共服务设施的修建,社会事业领域的就业人口增加,等。显然,发展社会事业与经济增长其实是相辅相成的。因此,社会事业的发展,既要积极进取,又要从实际出发,充分考虑各方面的条件和承受能力。发展社会事业是一个复杂的系统工程,要认真查找影响各地区、各部门的突出矛盾,找准群众普遍关心的现实问题,在深入调查研究的基础上,提出切实有效的政策措施,使社会事业建设的成效真正体现到为群众排忧解难上来,体现到实现和维护群众的切身利益上来。

总之,发展社会事业既要积极进取、开拓创新,又要实事求是、扎实推进。从我国社会建设的历史经验看,超越基本国情,脱离社会主义初级阶段实际的建设,其结果往往是欲速则不达的。只有坚持从社会主义初级阶段的实际出发,才能实现社会事业的科学发展。

三、发展社会事业的对策选择

在当代中国,为了充分发挥社会事业在保障和改善民生中的重大作用,必须大力推动社会事业的创新发展和公平发展,政府要自觉承担起促进社会事业发展的责任。

(一) 发展社会事业的基本原则

促进社会事业发展,必须把社会事业放在中国特色社会主义事业的总体布局中审视,必须正确认识我国现阶段的基本国情,科学把握社会事业的基本性质,坚持社会事业与经济建设相协调,坚持社会事业发展过程和发展目标相协调。

1. 坚持普遍性和特殊性的统一

我国社会事业的基本性质是社会主义的,社会事业领域的改革和发展必须符合社会主义的价值目标。社会事业是共性和个性的统一,发展社会事业必须坚持普遍性和特殊性的统一。(1)明确制度特点。在发展社会事业中,既要学习资本主义发展社会事业的经验,又要坚持社会事业的社会主义性质和方向。西方国家在社会事业发展方面进行了一些有价值的探索,譬如,美国充分利用市场机制加大对社会事业的投入,建立现代社会保险制度;北欧福利国家则通过建设相对丰富的福利项目,充分发挥民间力量,在一定程度上缓解了社会矛盾。借鉴发达资本主义国家的历史经验,完善我国社会事业管理体制,可以避免走一些弯路。但是,我国社会事业的未来发展,不能满足于技术层面的改革,也不仅限于管理水平的提高,而是要从根本理念上认真审视和判断我国社会事业的价值目标。即,坚持以人为本,发挥人民群众的主体性,保障人民群众的共享性,这样,才能使社会主义民主政治的本质和核心在社会事业中得到真正贯彻。(2)突出国情实际。发展社会事业,既要坚持社会主义社会事业发展的一般原则,又要遵循建设中国特色社会主义的客观要求。在全面建成小康社会的历史进程中,向公众提供更好更多的公共产品和服务,是发展社会主义事业的一般原则。坚持社会主义的一般原则,也应该考虑到中国国情。如果盲目追求社会事业发展的高水平、高速度,超越社会主义初级阶段的实际,忽视中国经济、政治、文化、社会、生态等方面的发展现状,必然适得其反,给国家各项社会事业带来消极影响。(3)注意地域特色。基于历史与现实的多种因素影响,我国东部、中部、西部等不同地区,城市和农村之间原有发展水平差距悬殊,社会事业发展基础不同,具体的自然环境、风俗习惯、人力资源也有明显的差异。因此,在发展社会事业的过程中,也应从地区、城乡差异性考虑,因地制宜,坚持宏观调控与微观处理相结合,充分调动各地区、各群体的积极性和创造性,这样,才能促进社会事业平衡发展。(4)分清领域问题。教育、卫生、文化三者之间,既有共性也有个性,既要整体协调又要分类推进。教育、卫生、文化事业都致力于提高人类的基本素质,促进人类的全面发展。其中,教育事业是促进人的全面发展的重要基础,卫生事业是保障,文化事业是重要源泉,三者各居其位。也就是说,各项社会事业都具有其独特的发展逻辑和规律,在发展过程中要充分尊重其特殊性,这样才能保证社会事业的针对性和有效性。总之,社会事业的发展具有普遍性、复杂性、艰巨性,在坚持社会主义基本原则的基础上,必须防止一刀切,要从大处着眼,从细处着手,分类进行,整体推进。

2. 坚持事业性和产业性的统一

社会事业具有双重属性——事业性和产业性。所谓事业性,是指社会事业主要由国家投资或社会资助,受政府干预管理,向社会提供公共产品和服务,至少是准公共产品和服务,具有鲜明的公益性特征。所谓产业性,是指社会事业的发展具有经济价值和功能,可由企业法人作为经营主体,以营利为目的,以文化、教育、卫生产品的研发、营销、生产、销售等活动为主要内容,以价格衡量其经济价值。在当代中国,"加强社会建设,要正确处理社会领域事业与产业的关系。社会领域既包括义务教育、公共卫生、公共文化、群众体育等主要由政府提供的服务型事业,也包括培训服务、非基本医疗、文化产业、体育健身等主要由市场提供的服务型产业,具有就业吸纳能力强、社会和市场需求潜力大以及能耗低、污染小等特点,发展前景十分广阔。协调推进经济发展和社会建设,既要维护社会事业的公益性,又要推进社会领域产业的市场化、产业化,积极培育新的增长点。例如,医疗服务业是一个大产业,应当也可以成为我国服务业中的重要产业。"[1]一方面,社会事业就是民生事业,涉及社会公共利益,所以,必须突出强调社会事业的公益性。社会事业的服务主体为广大人民群众,以实现广大人民群众的根本权益为出发点和落脚点。资本主义社会事业是为资本企业服务的,为了赢得高额的资本利润,可以迎合人们的低级

---

[1] 《十七大以来重要文献选编》(下),中央文献出版社 2013 年版,第 670 页。

趣味；社会主义事业追求积极向上的目标，高尚的道德情怀，以满足广大人民群众的积极、合理需求为根本宗旨。发展教育、文化事业主要承担净化灵魂、提高素养、塑造人格的社会功能，发展卫生事业的主要任务是培育健康身心，所以，社会主义社会事业要以维护社会公共利益为基本服务原则，坚守社会责任，拒绝违背公序良俗、败坏民族形象的产品和服务。另一方面，社会事业也是一种产业，所以，需要充分发挥市场在社会事业资源配置中的重要作用。市场具有灵活性。充分发挥市场活力，可以有效激发教育、卫生、文化产业发展，吸纳有潜力、有实力的人才，吸纳各种游资，整合各方面力量，形成新的经济增长点。以市场为基础调控社会事业资源，可以开拓多领域融资渠道，采用多种经营方式，形成多元性的供给，从而满足人民群众的多元化、多层次、多方面的需求。市场具有平等性、法制性、开放性、竞争性等特征，充分发挥市场调节作用，必须培育公民的契约精神，营造健康、和谐、公正的社会环境。在总体上，社会事业的事业性和产业性相互联动，不能顾此失彼。一者，社会事业所提供的产品也具备商品性质，社会事业虽然不以营利为目的，但也需要一定经费支持，也会带来相应经济效益，其发展也需要市场调节；二者，社会主义社会事业的产业化并不是将商业利益作为唯一的价值取向，终极目标都是服务社会，因此，必须要重视社会效益。

总之，只有坚持一般性和特殊性的统一、事业性和产业性的统一，我们才能推进社会事业的创新发展和公平发展。

（二）推动社会事业的创新发展

创新是一个民族进步的灵魂，是一个国家兴旺发达的不竭动力，也是一个政党永葆生机的不竭源泉。发展社会事业本身也需要从自身的内容、机制、体制上不断创新。这样，就需要大力推进社会事业改革，推动社会事业创新发展。

1. 社会事业创新发展的难点问题

推行社会事业创新发展，必须着力解决影响社会事业发展的难点问题，主要应从以下几个方面着手。

事业单位的综合改革。按照政事分开、事企分开和管办分离的要求，以促进公益事业发展为目的，以科学分类为基础，以深化机制体制改革为核心，推动事业单位综合改革。按照社会功能,将现有事业单位划分为承担行政职能、从事生产经营活动和从事公益服务三个类别。对于承担行政职能事业单位改革主要推行政事分开。与企业改革相比,我国事业单位的改革十分滞后,事业单位的管理与运作模式还带有强烈的计划经济的痕迹。改革的方向是逐步将这类事业单位的行政职能划归行政机构或转为行政机构,实行事业单位去行政化的目标。对于从事生产经营活动事业单位的改革则主要是事企分开,改革的方向是转企改制,使其成为市场竞争主体。对从事公益服务事业单位,将优化布局结构,主要改革管理体制。总之,要根据不同类别采取不同策略,有计划、有步骤地进行,不搞"一刀切"。

事业组织方式的改革。按照政事分开、权责明确、依法自治的要求,推动事业单位组织方式、运行机制改革。在社会事业发展主体方面,要发挥政府主导作用,同时要充分调动多种社会力量共同参与,形成主体多元化的格局。按照党的十八届三中全会精神,应允许社会力量(社会资本)进入社会事业领域,"鼓励社会力量兴办教育","鼓励社会办医","鼓励社会力量、社会资本参与公共文化服务体系建设"①,以满足人民群众在教育、卫生、文化等方面的多样化的需要。政府应给予民办社会事业单位与官办社会事业单位同等的待遇,支持民办社会事业单位的发展。在这个过程中,要注意区分社会事业领域的公益属性和产业属性,并在相关产业发展中推进社会化、市场化改革,引入竞争机制,确立政府主导下的社会化、市场化的社会事业发展机制。

事业管理体制的改革。在社会事业管理体制改革的过程中,必须"坚持分类指导,根据不同类别事业单位的特点,实施改革和管理;坚持开拓创新,破除影响公益事业发展的体制机制障碍,鼓励进行多种形式的探索和实践"。②为此,各级政府尤其是行政主管部门要积极转变职能,科学划分自身职能的边界,既不越俎代庖,又不放任自流。改革政府管理社会事业的体制,关键是要改变"管钱"、"管项目"的做法,把工作重点放在科学规划、完善政策方面。同时,改革公共服务和公共产品的供给方式,强化政府在义务教育、公共卫生、公共文化方面的责任。进而,改革事业单位的内部管理体制,要建立健全法人治

---

① 《中共中央关于全面深化改革若干重大问题的决定》,人民出版社2013年版,第44、48、41页。

② 《十七大以来重要文献选编》(下),中央文献出版社2013年版,第278页。

理机构,建立理事会,让事业单位逐步法人化,实现事业单位自主决策、自主管理,这样,才能激发其发展的活力和效率。此外,加强民办社会事业单位的内部治理,防范其内部治理失灵,规范其发展。最后,在社会事业发展机制方面,要规范和创新机构编制管理,推动建立和完善内部组织制度、工作运行机制和民主决策制度。

总之,社会事业的特点决定了社会事业改革具有比经济体制改革更为复杂的问题,要求我们必须攻坚克难,以实现社会事业的创新发展。

2.社会事业创新发展的重点领域

我们要根据社会事业各领域的具体特点,推动教育、卫生和文化事业的创新发展。

推动教育领域的改革。教育领域改革的总体目标是,"深化教育领域综合改革,着力提高教育质量,培养学生社会责任感、创新精神、实践能力"①。深化教育改革,必须全面贯彻党的教育方针,加强社会主义核心价值体系教育,以德育为先,改进美学教育,促进青少年全面健康发展。要充分利用现代教育手段,实现教育资源均衡配置,取消学校、班级的各种等级划分,扩大优质教育资源的覆盖面。要优化教育结构,推进学前教育、义务教育、特殊教育、继续教育、职业教育等多种教育形式的改革发展,为经济社会发展培养大批各类人才。要创新高校人才培养机制,推动高等教育内涵式发展,培养高素质人才。要推进招生制度、考试制度改革,探索学生考试多次选择、学校依法自主招生,建立综合评价多元录取机制。要完善学校内部治理结构,强化国家督导、社会监督,加强教师队伍建设,建立健全现代教育组织机制和运行机制,构建能够满足社会发展多方面需要的教育格局。

推动卫生领域的改革。卫生领域改革的总体目标是,"统筹推进医疗保障、医疗服务、公共卫生、药品供应、监管体制综合改革。"②。为此,要落实政府责任,保证医疗卫生服务的公益性质,提高公立医院的内部管理水平和服务质量。要深化基层卫生机构改革,完善分级诊疗体制,完善居民的基本医疗卫生制度,健全全民医保体系。要利用现代信息技术,建立医疗信息共享平台,

---

① 胡锦涛:《坚定不移沿着中国特色社会主义道路前进　为全面建成小康社会而奋斗——在中国共产党第十八次全国代表大会上的报告》,人民出版社 2012 年版,第 35 页。
② 《中共中央关于全面深化改革若干重大问题的决定》,人民出版社 2013 年版,第 48 页。

实现居民基本信息、医疗服务、医疗保障等信息资源共享。要加快健全重大疾病医疗保险和救助制度,疾病预防控制制度,突发公共卫生应急处置机制。要健全中医药事业发展政策和机制,扶持中医药的传承、发展、创新。要建立和完善医疗人力资源管理机制、医疗绩效评价机制,人事薪酬制度,逐步改善医疗技术人员的工作环境和生活品质。要改革医药流通体制,建立国家基本药物制度,加强行政督导、社会监督,实现医药分开,理顺医药价格,减少医疗成本费用支出。

推动文化领域的改革。文化领域改革的总体目标是,着力推进文化体制机制创新,以改革促进文化大发展大繁荣。"文化引领时代风气之先,是最需要创新的领域。必须牢牢把握正确方向,加快推进文化体制改革,建立健全党委领导、政府管理、行业自律、社会监督、企事业单位依法运营的文化管理体制和富有活力的文化产品生产经营机制,发挥市场在文化资源配置中的积极作用,创新文化走出去模式,为文化繁荣发展提供强大动力。"①为此,要以发展为主题,以改革为动力,以体制机制创新为重点,健全正确舆论导向机制,形成科学有效的宏观文化管理体制,建立富有效率的文化生产和服务的微观运行机制。要完善文化市场准入和退出机制,鼓励非公有制文化企业发展,建立多层次文化产品和要素市场。要不断解放和发展文化生产力,加强国际传播能力和对外话语体系建设,最大限度地保持和延续中国特色的社会主义文化特质,并不断提高中华文化的国际影响力,切实维护国家文化安全。

总之,社会事业创新发展的重点是,要分类推进教育、卫生、文化事业的改革。

3. 社会事业创新发展的主要环节

社会事业是由诸多要素构成的复杂整体,必须围绕社会事业的观念、体系、方法推动社会事业的创新发展。

社会事业的观念创新。推动社会事业创新发展,首先要明确社会事业的战略地位,理顺党、政府、社会、人民的关系,正确认识人民群众的主体地位。在社会主义建设中,"实现发展成果更多更公平惠及全体人民,必须加快社会事业改革,解决好人民最关心最直接最现实的利益问题,努力为社会提供多样

---

① 《十七大以来重要文献选编》(下),中央文献出版社2013年版,第576页。

化服务,更好满足人民需求。"①为此,要树立以下观念:学有所教是最大的民生,教育公平、教育质量、教育改革关乎人民群众的基本教育权,教育的终点是民生福祉。病有所医是重大民生问题,卫生事业关系到亿万人民的健康和生命,与人民的切实利益密切相关,涉及人民的基本健康权益。文化是最根本的民生工程,文化的生产、创造、消费与享受都关乎人民的基本文化权益,涉及人们的基本精神需求。总之,发展社会事业要有超前意识、创新观念,要充分发挥人民群众的首创精神,引导公民依法有序参与社会事业发展过程;要与时俱进,要树立以民为本的思想,贯彻服务理念,尊重群众,关怀群众,贴近群众,以服务凝聚人心。

社会事业的体系创新。社会事业的体制创新主要包括:(1)教育体系创新。构建现代国民教育体系,关键是要按照"三个面向"的要求,推动办学体制、考试评价制度、师资队伍建设的系统改革。要发展学前教育,加强基层教育,稳定高等教育,壮大职业教育,抓好继续教育、民族教育、特殊教育,形成完备的终身教育体系。(2)卫生体系创新。深化医疗卫生服务体系改革,要建立和完善全国疾病预防控制体系、突发公共卫生事件医疗救治体系、重点疾病医疗保险和救助制度,全民医保体系、公共卫生信息网络体系、卫生评价与监管体系、中医药事业发展体系等制度建设,并促进各体系之间的衔接、联动。(3)文化体系创新。坚持主流文化与大众文化的统一,增强马克思主义的文化认同,用马克思主义引领提升大众文化的层次和品味。坚持东方文化和西方文化的统一,要提高民族文化的自信心和自觉力,同时要积极借鉴世界文化的优秀成果。坚持科学文化和人文文化的统一,发挥科学精神对人文文化的推动作用,同时大力弘扬人文精神改善科学发展的人文环境。

社会事业的方法创新。社会事业方法的创新主要包括:(1)教育方法创新。进行教育方法的创新,主要是采用启发式、探究式等教育方法,培养学生的独立性,让学生自觉地、主动地探索,着力提高学生的学习能力、实践能力、创新能力。要积极利用现代科技手段,通过声音、图像等多媒体形式,创设科学情境,使学生能更加透彻、更加形象地掌握知识、方法、技能。(2)卫生方法创新。在创新卫生工作方法方面,要坚持以基层卫生建设为重点,

---

① 《中共中央关于全面深化改革若干重大问题的决定》,人民出版社 2013 年版,第 42 页。

优化医疗资源配置;要坚持医疗预防为主,调整医疗与预防资源的配置结构;要扶持中医药学和民族医药发展,发挥传统医疗优势。在创新管理方法方面,要充分利用现代信息技术手段,推动医疗卫生信息资源共享,开发远程医疗诊治服务,促进优质医疗资源的纵向流动。(3)文化方法创新。要充分利用现代传媒技术,如广播电视、报纸杂志、数字化手段等载体发布文化信息;要充分利用互联网平台,通过 QQ、微博、微信等方法进行文化信息交换;要充分利用文化基金、文化团体、文化年、博览会、影视节等多种形式,促进文化交流;要充分利用国际国内两个市场,加强国际传播能力和话语体系建设,创新文化营销战略。

总之,改革是推动中国特色社会主义各项事业发展的内在动力。只有坚定不移地坚持社会事业观念、体制、方法的创新发展,才能更健康、更有效地推动我国社会事业的发展,为建设全面小康社会奠定坚实的基础。

(三) 推动社会事业的公平发展

社会事业涉及人民群众日常生活的很多方面,是衡量公平正义的最直接标准。按照社会主义和谐社会的公平正义的要求,应按照统筹兼顾的根本方法,推动社会事业的公平发展。

1. 推动社会事业公平发展的重点任务

由于我国幅员辽阔、人口众多,城乡之间、区域之间、不同人群之间发展很不平衡,公共资源配置不平衡,因此,推动社会事业公平发展,必须促进社会资源的均等化配置。

确保社会事业资源向重点对象倾斜。目前应注意以下问题:(1)确保向农村地区倾斜。由于受城乡二元制结构制约,导致农村社会事业发展严重滞后。因此,促进社会事业公平发展,必须确保社会事业资源向农村地区倾斜,加强政府对农村社会事业的投入,必须形成稳定的资金投入增长机制。为此,应加快推进优质社会事业资源向农村倾斜,促进基础设施和社会服务向农村延伸,加快推进城乡基础设施建设一体化,加强农村基层教育、卫生、文化服务建设,实现改革发展成果由城乡居民共享。(2)确保向落后地区倾斜。由于长期实行非均衡发展战略,导致地区社会事业发展不平衡。为了促进地区社会事业协调发展,国家财政投入必须在战略规划、政策措施、资金项目"重点向农村、边远、贫困、民族地区倾斜"①,建立与经济发展水平相适应的社会事业服务体系。(3)确保社会事业资源向弱势群体倾斜。弱势群体主要包括儿童、老年人、残疾人、精神病患者、失业者、贫困者、下岗职工、灾民、农民工、非正规就业者以及在劳动关系中处于弱势地位的人。由于自然和历史的原因,他们多数存在生活困难、能力不足或被边缘化的问题。通过税收、福利政策和各种援助工程,确保社会事业资源向弱势群体倾斜,优先支持弱势群体的教育、卫生、文化权益,为他们创造持续发展的机会,这样,才能实现社会公平正义。

完善基本的社会事业公共服务体系。受经济发展条件的限制,我国社会公共服务总量供给不足,配备不平衡,导致城乡、地区公共服务发展不平衡。社会公共服务体系失衡必然影响社会事业的协调持续发展,因此,实现社会事业的全面进步,必须完善社会事业公共服务体系。为此,要"从维护最广大人民根本利益的高度,加快健全基本公共服务体系"②,提高公共服务体系的整体质量和水平,扩大公共服务设施的覆盖范围,提高基本公共服务的均等化程度,使得农村和中西部地区的人民群众在享用公共设施、公共服务、公共产品面前机会均等、过程均等、结果均等。同时,在发展体制方面,要完善农村公共服务的法律法规建设,逐步建立城乡统一的公共服务制度;在发展价值取向方面,要以中央政府为主导,制定科学民主的公共服务政策和公共服务评价体系,统一公共服务的法定内容、服务标准,坚持广覆盖、保基本、可持续原则全面建立基本公共服务体系,切实提高公众满意程度;在发展思路方面,要建立公共表达机制,搭建平台,促进政府与农村、落后地区的民众沟通渠道畅通,真正了解群众现实需求;在发展标准方面,要综合考量国家财政整体收入水平和支付能力,综合教育、卫生、文化等各领域的现有状况和实际需求;在行政管理方面,要规范公共财政体系,提高中央财政转移支付力度,坚持财权与事权相统一的原则,提高地方公共财政能力,重点扶持农村、落后地区公共财政投入,切实解决历史积欠问题。

---

① 胡锦涛:《坚定不移沿着中国特色社会主义道路前进　为全面建成小康社会而奋斗——在中国共产党第十八次全国代表大会上的报告》,人民出版社 2012 年版,第 35 页。

② 胡锦涛:《坚定不移沿着中国特色社会主义道路前进　为全面建成小康社会而奋斗——在中国共产党第十八次全国代表大会上的报告》,人民出版社 2012 年版,第 34 页。

加大社会事业基础设施建设的力度。在教育方面,继续组织实施中西部农村初中校舍改造、全国中小学校舍安全、职业教育基础能力建设、中西部特殊教育学校建设、高等教育"211 工程"、"985 工程"、民族高等院校建设等重大工程,在试点基础上全面推进农村边远艰苦地区学校教师周转宿舍建设、中西部农村学前教育推进等工程建设。在医疗卫生方面,按照医改任务要求,进一步加强以基层为重点的医疗卫生服务体系建设,在城市要抓住大力发展社区卫生的机遇,推动调整医疗资源布局结构,降低群众就医成本。在农村要继续实施健全农村医疗卫生服务体系建设,启动实施卫生监督体系建设和全科医生培训基地、边远地区远程医疗系统试点建设,重点加大对农村尤其是中西部边远地区卫生基础设施投入,开展农村急救体系、边远地区医疗服务站等建设,并为中西部地区配置农村流动医疗服务车,推动农村县、乡、村卫生资源的合理布局,落实乡镇卫生院人员、业务、经费等划归县级管理的体制。在文化建设方面,要深入贯彻落实中央精神,把文化产品引入农村地区、落后地区,造福弱势群体。启动 20 户以下已通电自然村广播电视村村通工程、地市级图书馆文化馆博物馆建设,继续推进重点文化惠民工程建设,继续加强各类文化遗产和自然遗产保护,继续加强和改善旅游基础设施条件,继续推进国家美术馆等重点项目建设。

总之,只有抓住上述重点并抓出成效,才能推动社会事业的公平发展。

2. 推动社会事业公平发展的重点领域

推动社会事业公平发展的重点是推进教育公平、卫生公平和文化公平。

推动教育公平。教育不仅能影响当下,更能影响未来,一个家庭的平均受教育水平不但直接影响其家庭成员的就业、薪酬,甚至延伸到后代的发展境遇。这样,"为群众提供公平的受教育机会,满足群众对发展教育的期望,不仅要切实解决'上学难、上不起学'的问题,还要进一步提高教育质量,努力解决'上好学'问题,推动教育在更高起点上实现更大的发展。"[1]教育公平包括起点公平、机会公平、过程公平、结果公平,即每个公民都有平等上学的权利和机会,不分民族、种族、阶层、宗教信仰、家庭状况等等;每个公民都有接受一定年限教育的权利,从而获得生存和发展的技能。影响教育公平的因素包括不

---

① 《十七大以来重要文献选编》(中),中央文献出版社 2011 年版,第 476 页。

同地区、不同学校的物质资源和人力资源配备，以及学生家庭经济状况对学生入学、择校、升学等重要转变的影响。确保教育公平，必须在教育资源（软件、硬件）的配备上体现均衡性，加大农村、中西部地区的基础设施建设和设备更新，以及教师队伍的建设。同时，要取消户籍制度、民族身份等外在因素对学生入学、升学的影响，保证平等的受教育机会。更为重要的是，促进教育资金向基础教育、幼龄教育倾斜，达到教育起点公平。实现教育公平，还要更新教育理念，完善教育政策。我国教育正处于精英化向大众化转变的阶段，完善全面实现两基教育只是过程不是重点，实现教育公平，必须坚持形式和内容的统一，必须千方百计确保教育水平的公平性。

推动卫生公平。卫生事业的公平性，即每个人都有平等的生存权、健康权，卫生资源的配备、医疗治理状况不因群体收入、地位而区别对待，城乡、不同区域居民应拥有同等的健康权益。根据"十二五"规划，要基本建立覆盖城乡居民的基本医疗卫生制度，实现人人享有基本医疗卫生服务，也就是要使人人都有基本医疗保障。在这个问题上，"把基本医疗卫生制度作为公共产品向全民提供，是医改的核心理念。基本医疗卫生制度，是由政府统一组织、个人适当投入、向全体居民公平提供基本医疗卫生服务的健康保障制度安排。"①随着我国经济建设的不断发展，国家财政收入的不断增加，国家基本公共卫生服务项目将逐渐实施并不断完善。具体说来，就是要稳步扩大服务范围、提高服务标准，向城乡居民统一提供疾病预防控制、妇幼保健、健康教育等基本公共卫生服务，实现人人享有。同时，要改善医疗融资的公平性，增加公共筹资所占比例，增加政府对医疗卫生事业的投入，鼓励社会捐赠，支持医疗慈善事业的发展，扩大医疗卫生事业的资金来源，保障医疗事业的稳定供给，尤其是对偏远山区、弱势群体的供给，以满足人们的多层次的健康需求。此外，要完善卫生监控体系，实行医药分开，打击医疗回扣，消除医疗腐败，培育公平的竞争环境，赋予公立医院、民办医院以平等身份，增加服务供给，提高医疗设备利用效率，提升医疗服务质量。

推动文化公平。公益性文化设施如图书馆、博物馆、体育场（馆）等的建设水平，是衡量一个国家或地区文化公平发展的重要指标。而这些设施通常

① 《十七大以来重要文献选编》（下），中央文献出版社 2013 年版，第 604 页。

都只能由政府主导建造,并且不以营利为目的。鉴于我国的国情和实际,政府的文化公共投入和基础设施建设要注重向基层、特别是农村和中西部地区倾斜,"加大对农村和欠发达地区文化建设的帮扶力度,继续推动公共文化服务设施向社会免费开放"①。要丰富基层群众的精神文化生活,大力发展公共体育事业,广泛开展全民健身运动,提高人民体质。要继续推进文化体制改革,进一步完善扶持公益性文化事业、发展文化产业、鼓励文化创新的政策,创造更加有利于文化繁荣发展的社会环境。在社会主义市场经济条件下发展文化事业,要坚持把社会效益放在首位。按照党中央的部署,发展文化事业,最重要的就是要推进社会主义核心价值体系建设、巩固全党全国各族人民团结奋斗的共同思想道德基础,全面贯彻"二为"方向和"双百"方针、为人民提供更好更多的精神食粮。在坚持社会效益放在首位的同时,也并不排除文化事业可能带来的巨大经济效益。实际上,当今世界尤其是发达国家,文化产业如美国的好莱坞,不仅是传播文化价值观的重要媒介,也是有着巨额经济收益的文化工厂。我们要遵循文化发展规律,适应社会主义市场经济发展要求,加强文化法制建设,一手抓繁荣、一手抓管理,推动文化事业和文化产业全面协调可持续发展。

总之,只有抓住教育公平、卫生公平、文化公平,才能在实现社会事业公平发展方面取得突破性进展。

3. 推动社会事业公平发展的配套措施

推动社会事业的公平发展是一项复杂的社会系统工程,还需要一系列配套措施。

推动社会事业公平发展的体制保障。目前,重点是:(1)改革财政体制。由中央政府按照统一的标准、结合地区实际,确保对社会事业方面的基本公共服务的投入,保证社会事业投入的稳定性、持续性、适宜性。例如,由中央政府统一投入义务教育,以解决基础教育的欠账、赖账等问题。同时,对老少边穷地区考生实行特殊的扶持政策。建立家庭经济困难学生资助体系,对全国农村义务教育阶段学生免费提供教科书,对家庭经济困难的寄宿学生提供生活

---

① 胡锦涛:《坚定不移沿着中国特色社会主义道路前进 为全面建成小康社会而奋斗——在中国共产党第十八次全国代表大会上的报告》,人民出版社 2012 年版,第 32 页。

补助；在非义务教育阶段，完善国家奖学金、助学金制度、助学贷款和高校学生入学绿色通道制度。（2）改革人事管理体制。要提高在老少边穷地区工作的教育工作者、卫生工作者、文化工作者的待遇，用事业留人、用感情留人。（3）改革管理体制。必须确保社会事业资源的合理流动、均衡配置。例如，要巩固完善基本药物制度、基层运行新机制的意见，推进全科医生制度建设，开展全科医生执业方式和服务模式改革试点，允许医生多点执业，允许民办医疗机构纳入医保定点范围，保证基层医疗资源的充足供给。（4）改革社会事业准入体制。要鼓励社会、个人和企业投资或捐助办学、办医、办文化团体和文化活动，实行民办学校、民办医院、民办文化团体与事业单位的同等待遇。要按照政企分开、政事分开原则，推动政府部门由办文化向管文化转变，完善文化市场准入制度，通过立法和司法，政府确保文化企业之间公平竞争，优胜劣汰。

推动社会事业公平发展的技术保障。现代科学技术的迅猛发展，尤其是信息化、数字化手段的研发与应用，让信息的传输、获取更加低廉、公开、公平，使得人们分享社会资源的途径更加便捷，共享范围更加普及，使得社会资源的配置更加高效、均衡。为此，必须运用现代科技促进社会事业公平发展。（1）数字化推动教育公平。利用信息化的优势，我们要"构建利用信息化手段扩大优质教育资源覆盖面的有效机制，逐步缩小区域、城乡、校际差距"[1]。为此，要加快教育信息基础设施建设，构建教育信息管理系统，以互联网为依托构建数字化教学应用服务平台，促进基础教育标准化建设。通过共享优质教学资源，以弥补学校师资、设施不足所造成的差距。（2）数字化推动卫生公平。在促进卫生公平方面，要"充分利用信息化手段，促进优质医疗资源纵向流动。"[2]通过数字化、信息化手段构建居民医疗信息健康档案，节省看诊时间和医疗费用；通过建立医疗卫生信息化服务平台，以节省渠道成本和时间，可缓解挂号难、排队难的问题。利用信息化、数字化技术，完善远程诊疗服务，实现医生之间的远程协同，可提高贫困、偏远山区的医疗水平。（3）数字化推动文化公平。由于数字化信息技术可以虚拟再现历史地理信息，改变旅游、娱乐的传统模式，因此，能够提高文化服务的质量和水平。利用信息技术，可以实

---

① 《中共中央关于全面深化改革若干重大问题的决定》，人民出版社2013年版，第43页。
② 《中共中央关于全面深化改革若干重大问题的决定》，人民出版社2013年版，第48页。

现博物馆、图书馆、档案馆等文化机构的有效"链接",促进文化内容、文化信息的共享。另外,利用现代信息技术可以使文化遗产数字化,以便永久保存并最大限度地使社会公众公平地享有文化遗产。

推动社会事业公平发展的社会机制。推动社会事业公平发展,应推行管办分离的原则,理顺政府与社会的关系,完善社会机制,充分发挥社会自治组织、非营利性组织、社会志愿者等民间力量,实现民间自治组织的自主治理、自我服务,以满足人民群众的多元化社会需求。要完善法律法规建设,明确社会组织的权利与义务,加强对社会事业民间团体、民间机构的设立、运营、问责、退出机制等方面的监管,严惩公益组织非法筹资、非法营利行为,促进社会事业民间力量健康发展。要完善落实各项税收优惠政策,简化行政审批程序,鼓励民间力量参与社会事业的积极性。要完善志愿者服务体系,建立科学、合理的社会服务评价体系,实现对志愿者激励的制度化、规范化,要保障志愿者在从事志愿服务期间的人身权利,降低志愿参与服务而产生的各种风险。要深入开展"三下乡"活动,推动教育下乡活动,推动科教人员下乡,科教信息下乡,开展知识技能、职业技能培训,提高基层群众的科学文化素质;要推动卫生下乡活动,医务人员下乡,扶持乡村卫生组织,培训农村卫生人员,参与和推动当地合作医疗事业;要推动文化下乡活动,推动图书、报刊下乡,送戏下乡,电影、电视下乡,开展群众性文化活动,促进基层群众解放思想、更新观念。总之,通过完善社会机制,调动社会力量,引导扶持农村、落后地区的教育、卫生、文化事业繁荣发展。

总之,只有协同配合才能推动社会事业的公平发展。

综上,社会事业是重大民生问题,必须要推动社会事业公平发展,以造福于全体社会成员。

(四) 发展社会事业的政府责任

从社会事业公益性的特征出发,在打造公共服务型政府的过程中,各级政府及其各个部门必须承担起推动社会事业发展的责任。

1. 加强社会事业规划的编制

人民政府必须关注人民群众在教育、卫生、文化等方面的需求,跟踪教育、卫生、文化等社会事业发展的动态和趋向,编制科学、系统、全面的社会建设发展规划,以指导和规范社会事业的发展。(1)加强对社会事业发展的形势分析。在工业化、信息化、城镇化、市场化、国际化深入发展的大背景下,围绕城乡、地区社会事业公平发展的基本目标,要开展广泛调研和深入研究,为制定适宜本地区、本阶段社会事业发展规划提供科学参考。为此,要不断丰富社会事业发展宏观调控手段和机制,继续健全和完善社会发展水平综合评价机制,积极推进建立社会形势动态监测预警体系和社会发展报告制度。要进一步加强对重大民生政策和重大改革举措实施进展情况的跟踪监测和分析,动态掌握教育体制改革、医药卫生体制改革、文化体制改革的最新进展;密切关注经济形势波动、突发公共事件等对保障和改善民生工作的影响,研究并提出有效应对措施。(2)编制科学的发展规划。根据"十二五"规划以及国务院审议通过的《国家中长期教育改革和发展规划纲要(2010—2020年)》、《卫生事业发展"十二五"规划》、《国家"十二五"时期文化改革发展规划纲要》的总体要求,进一步加强教育、卫生、文化事业发展的地方规划,将社会事业的发展规划纳入地方经济社会发展的总体布局中。结合各省、自治区、直辖市、市等地方实际情况,明确社会事业发展的指导思想、发展思路、发展目标,科学确定社会事业发展的主要任务和方针政策。在这个过程中,要统筹全局,科学部署,科学确定各地区、各阶段的发展目标,分步实施,提高科学化、规范化、统一化水平。此外,要统筹规划,合理调整社会事业的发展布局,优化社会事业发展结构,促进社会事业全面协调可持续发展。

2.加大社会事业投入的力度

随着国民经济的发展,国家财政投入要逐步退出经济领域,大力发展公共财政。"要加大对社会发展的投入,特别是要加快发展教育、医疗、文化等社会事业"①。在社会事业投入方面,既要看投入的总量,也要看投入的人均水平;既要看投入的纵向发展(年度递增情况),也要看横向比较(同一时间内不同国家、不同地区、不同单位的比较)。(1)继续加大教育事业投入。2012年教育财政投入首次确保教育投入占GDP的4%,但是4%的目标只是新起点,要满足各级各类教育中长期发展目标的经费需求,全社会教育经费总投入在占GDP中的比例还要进一步增长。同时,要优化教育投入结构,提高教育投

---

① 《十六大以来重要文献选编》(下),中央文献出版社2008年版,第680页。

入效率,如,政府要加大基础教育、职业教育、特殊教育、扫盲教育的投入,要加大中央财政对老少边穷地区的财政转移支付力度,实行制度化的专项经费投入。(2)重点加强卫生事业投入。中国目前卫生总费用占 GDP 的比重仅为5.1%,远远低于世界平均水平,远不能满足人民群众的健康需求。近年来政府在卫生事业领域的投入加大,但是卫生总费用偏低,个人支出在医疗支出中的比例仍然偏高。中央、各级财政部门要优化财政支出结构,要履行政府职责,不断加大医疗卫生投入,为卫生事业的发展成功推进提供强有力的资金保障,从根本上改变"看病难"、"看病贵"的现状。(3)要优化文化事业的投入结构。我国的文化投入由 2007 年 198.96 亿元增至 2011 年的 392.62 亿元,年均增长 20%,是改革开放以来增长速度较快的一个时期。但是,由于中西部、农村等落后地区的历史欠账过多,在加强文化重点工程投入的同时,还应普遍提高落后地区的文化投入力度。总之,各级政府要千方百计提高社会事业投入的效率。

3. 加大社会事业监管的强度

严格防范和有效治理教育腐败、卫生腐败、文化腐败,推进社会事业单位的科学治理、民主治理、依法治理,才能保障社会事业的公平发展,以造福于广大人民群众。(1)明确政府职责。我国现行的多重管理体制,导致有些领域监管重复,有些领域又监管缺失。加快政府职能转变,保障政府对社会事业的"基本"供给,同时推进政企、政资、政事分开,明确划分各部门的监管责任,完善监管体系,实行统一领导、统一法规、统一标准、统一监管的管理体制,才能避免监管缺位、错位和越位等问题,才能切实解决机构重叠、职能交叉、效率低下、监管成本高的问题。(2)依法监管。要根据教育、卫生、文化等行业的特殊规律和实际,制定并完善监管的法律法规和监管办法,加快研究制定科学、统一、合理的行业技术标准,健全相关的投资、价格、财税、产权等配套政策,做到政府监管有法可依。同时,要严格依据有关的法律法规,制定监管标准、监管程序和监管措施,明确政府监管职责和监督方式,做到政府监管有法必依、执法必严、违法必究。(3)建立现代监管体制。加强事业单位的机构编制管理,规范职能评估、绩效评估、财政运作、信息公开等监管职能,突出关键环节管理和流程控制,降低贪腐几率。由于社会事业发展对专业技术的特殊要求,应逐步探索建立独立的第三方监管体系。同时,积极利用网络平台,加强公众、社会、媒体监督力度,建立全社会、全民参与监管的体系。(4)加强社会事业单位的专项治理。为提高社会事业资金使用效益,健全资金绩效考核办法,必须加强对财政资金和社会事业基金的监督管理,加强对财政专户资金管理,建立健全专户资金支出分析通报和动态监管制度,跟踪掌握专户资金变化情况,严格控制专户资金结余。同时,要大力解决重点领域、行业、单位存在的突出问题,严厉打击假审计、假评估、假鉴证、假招标等各种违规行为。

4.加强社会事业队伍的建设

做好人才工作,是建设人力资源强国,实现全面建成小康社会目标的重要举措。各级政府必须从战略的高度重视社会事业人才队伍的建设,为社会事业的创新发展和公平发展提供人力资源方面的支撑。(1)加强教师队伍建设。当前我国教师队伍整体素质有待提高,教师管理体制机制不尽完善,农村、落后地区的教师职业能力亟待提升。加强教师队伍建设,要弘扬尊师重教的优良传统,提高教师地位,维护教师权益,改善教师待遇,关心教师身心健康,要激发和保护教育者的积极性、主动性、创造性。要加强教师培训,构建师德师风建设长效机制,规范教师资格认定、职称评审、考核评价程序,加强教师队伍的科学化、规范化管理。(2)加强卫生队伍建设。我国卫生事业主要存在高水平专业技术人才匮乏,基层人员素质不高等问题,严重影响医疗卫生服务质量。要加强卫生队伍建设,必须弘扬"救死扶伤"的人道主义精神,完善医疗卫生科技创新机制和人才保障机制,保障医生合理收入,保障医生执业安全,改善医患关系,消除医护人员后顾之忧,创设和谐的工作环境。此外,要重点加强以全科医生为重点的基层医疗卫生队伍建设,建立健全医生职称评定办法,规范医护培训目标、培训过程、考核方法,形成城乡对点支援,不断提高医疗服务水平。(3)加强文化队伍建设。文化的生产、传播、交流、保护都离不开文化人才。在我国文化建设领域,尚存在文化人才供求结构、文化人才创新力不足等现实问题。加强文化队伍建设,要建立健全人才任用、评价、管理机制,形成科学合理的人才激励制度,促进人才合理竞争、合理流动。要完善人才培养机制和工作环境,使一切有利于文化事业发展的创造性愿望得到尊重,创造性活动得到支持,创造性才能得到发挥,创造性成果得到肯定。

总之,社会事业关系到全体公众的生活质量和共同利益,教育、卫生、文化事业的服务内容涉及所有社会成员的共同需要,因此,促进社会事业持续健康发展是政府职责所在。

综上，社会事业是关系人民群众的教育权、健康权、文化权的大事，直接关系着人的自由而全面的发展，因此，我们必须充分重视社会事业，大力推动社会事业的创新发展和公平发展。这样，才能为当代中国的社会建设提供有力的支撑，才能促进人的全面发展和社会的全面进步。

第十一章 调动社会力量:当代中国 社会建设的整体合力

工会、共青团、妇联等群众团体要在管理国家和社会事务中发挥民主参与和民主监督作用,成为党联系广大人民群众的桥梁和纽带。

——江泽民:《高举邓小平理论伟大旗帜,把建设有中国特色社会主义事业全面推向二十一世纪》(1997 年 9 月 12 日),《江泽民文选》第二卷,北京,人民出版社 2006 年版,第 30 页。

构建社会主义和谐社会,必须最广泛、最充分地调动一切积极因素,发挥各方面的创造活力,不断推动经济社会发展。

——胡锦涛:《在省部级主要领导干部提高构建社会主义和谐社会能力专题研讨班上的讲话》(2005 年 2 月 19 日),《十六大以来重要文献选编》(中),中央文献出版社 2006 年版,第 713 页。

在人类社会历史发展进程中起决定作用的不是单个人或者某一种力量,而是千百万人的力量,是社会合力。在社会主义实践中,这种合力归根结底就是广大人民群众的力量。在当代中国,为了推动社会建设,必须充分调动全社会的力量,构建社会建设的整体合力。唯此,才能和衷共济地将社会主义社会建设不断推向前进。

一、调动社会力量的战略意义

社会建设是亿万人民群众自己的事业,归根到底要由全体社会成员在中国特色社会主义实践中开展和完成。因此,调动社会力量来构建社会建设的整体合力,是当代中国社会建设顺利开展的重要前提和保障。

(一) 调动社会力量的科学依据

调动社会力量、构建社会建设的整体合力,就是要充分尊重和发挥人民群众在社会建设中的积极性、主动性和创造性。这不仅是马克思主义群众观的内在要求,也是我们党在长期群众工作中积累的宝贵经验,还是"三个代表"重要思想和科学发展观的必然要求。

1. 发挥人民群众的社会历史的创造力量是马克思主义群众观的内在要求

人民群众是社会历史的主体和创造者,是社会历史的最终创造力量和决定力量。(1)人民群众是社会物质财富的创造者。在人类社会历史的发展进程中,人民群众通过自身长期的艰苦劳动,不断积累经验、改进劳动工具、提高生产力水平,从而创造了丰富的物质文明。(2)人民群众是社会精神财富的创造者。在实践中,推动社会全面进步的精神财富归根结底是由人民群众创造的:人民群众创造的物质财富为人们从事一切精神生产奠定了物质基础;人民群众的实践活动是一切精神生产的源泉,为人们从事一切精神生产提供了丰富的素材;人民群众在劳动实践的过程中还直接创造了一部分精神财富。(3)人民群众是社会变革的决定力量。历史上一切社会制度变革都是源于生产力和生产关系之间的矛盾运动,而这一斗争归根到底要通过人民群众的实践来完成。这是马克思主义群众观的主要内容,也是唯物史观区别于一切社会历史观最根本的地方。在现实中,社会主义制度的确立,使得占人口绝大多数的劳动群众第一次真正成为社会历史的主人。"这是第一次不是由少数人,不是仅仅由富人、仅仅由有教养的人,而是由真正的群众、由大多数劳动者自己来建设新生活,用自己的经验来解决社会主义组织工作中的最困难的问题"①。显然,社会主义制度的确立,为调动社会力量、构建社会建设的整体合力奠定了制度基础。因此,当代中国社会建设,必须始终坚持马克思主义群众观,充分尊重和发挥人民群众的积极性、主动性和首创性,积极利用社会主义的制度优势,充分调动社会力量来构建社会建设的整体合力。

---

① 《列宁选集》第 3 卷,人民出版社 1995 年版,第 567 页

2. 我们党在调动并发挥人民群众的创造性方面积累了丰富的经验

我们党从 1921 年成立至今，一直坚持将马克思主义群众观与中国具体实际相结合，充分尊重并发挥人民群众的积极性、主动性和创造性，积累了丰富的经验，形成了党的群众观点和群众路线。（1）党的群众观点。在民主革命时期，毛泽东指出："人民，只有人民，才是创造世界历史的动力。"①在 1945 年党的七大上，我们党第一次对群众观点进行了系统的阐述："一切为了人民群众的观点，一切向人民群众负责的观点，相信群众自己解放自己的观点，向人民群众学习的观点，这一切，就是我们的群众观点，就是人民群众的先进部队对人民群众的观点。"②这是我们党对群众观点最早的概括，之后逐渐丰富和发展成为"相信群众自己解放自己、全心全意为群众服务、一切向人民群众负责、虚心向人民群众学习"的表述。（2）党的群众路线。在长期实践中，我们党形成了"一切为了群众，一切依靠群众，从群众中来、到群众中去"的群众路线。在党的七大上，我们党将群众路线作为党的根本路线写入党章，丰富和发展了马克思主义群众观。群众路线是我们党必须坚持的根本工作路线和生命线。其中，一切为了人民群众是党的一切工作的前提和基础，一切依靠人民群众是党的一切工作的关键和保障，从群众中来、到群众中去是党的一切工作的根本方法。即，"在我党的一切实际工作中，凡属正确的领导，必须是从群众中来，到群众中去。这就是说，将群众的意见（分散的无系统的意见）集中起来（经过研究，化为集中的系统的意见），又到群众中去作宣传解释，化为群众的意见，使群众坚持下去，见之于行动，并在群众行动中考验这些意见是否正确。然后再从群众中集中起来，再到群众中坚持下去"。③ 这里，一切为了群众、一切依靠群众，是党的群众观点和群众路线的核心；从群众中来、到群众中去，是党的群众观点和群众路线的根本工作方法。可以说，"群众路线是我们党的组织工作中的根本问题，是党章中的根本问题，是需要在党内反复进行教育的"④。总之，群众观点和群众路线是我们党在长期群众工作中积累的丰富经验的集中阐述，不仅是党的优良传统和优良作风，更是党的根本工作路线和

---

① 《毛泽东选集》第三卷，人民出版社 1991 年版，第 1031 页。

② 《刘少奇选集》上卷，人民出版社 1981 年版，第 354 页。

③ 《毛泽东选集》第三卷，人民出版社 1991 年版，第 899 页。

④ 《邓小平文选》第一卷，人民出版社 1994 年版，第 216 页。

生命线。

3. 重视并发挥人民群众的创造性是"三个代表"重要思想和科学发展观的必然要求

在马克思主义中国化的过程中,我们党创造性地将马克思主义基本原理与中国具体实际相结合,提出了"三个代表"重要思想和科学发展观,丰富和发展了马克思主义,尤其是马克思主义关于人民群众是社会历史的创造力量的重要思想。(1)代表中国最广大人民群众的根本利益。这是"三个代表"重要思想的出发点和落脚点,是我们党坚持执政为民的根本体现,也是党对马克思主义群众观的坚持和发展,内在地要求党要重视并充分发挥人民群众的积极性、主动性和创造性,将最广大人民群众作为党的立党之本、执政之基和力量之源。(2)以人为本。科学发展观的核心是以人为本,强调"发展为了人民、发展依靠人民、发展成果由人民共享、发展成效由人民检验",明确将人民群众作为党的一切工作的出发点和落脚点,标志着我们党对马克思主义群众观的丰富和发展。显然,无论是"三个代表"重要思想强调的代表中国最广大人民的根本利益,还是科学发展观强调的以人为本,从根本上都要求我们必须充分尊重并发挥人民群众的积极性、主动性和创造性,以人民群众拥护不拥护、赞成不赞成、高兴不高兴、答应不答应作为衡量我们一切工作的根本尺度。因此,在当代中国的社会建设中,坚持以"三个代表"重要思想和科学发展观为指导,关键是必须重视并发挥人民群众的历史主体作用,让中国特色社会主义社会建设成为人民群众自我创造幸福生活和维护尊严的伟大事业。

总之,调动社会力量、构建社会合力,是马克思主义世界观和方法论以及党的指导思想的内在要求,是我们党的一切工作取得胜利的前提和保障。

(二)调动社会力量的基本要求

为了保证当代中国社会建设能够取得事半功倍的效果,在坚持马克思主义群众观和党的群众路线的前提下,调动社会力量、构建社会建设的整体合力,还必须坚持以下基本要求。

1. 调动社会力量就是调动广大人民群众建设社会主义的积极性

人民群众的首创精神在社会主义社会建设中具有重要作用。生机勃勃的社会主义归根结底是由人民群众自己创立的。"对我们来说,重要的就是普遍吸收所有的劳动者来管理国家。这是一项艰巨的任务。但是,社会主义不是少数人,不是一个党所能实施的。只有千百万人学会亲自做这件事的时候,他们才能实施社会主义。"①因此,在当代中国社会建设中,调动社会力量首先要调动广大人民参与社会主义社会建设的积极性、主动性和创造性,否则,社会建设就会成为无源之水、无本之木。同时,坚持人民主体地位、发挥人民首创精神,是由全心全意为人民服务这一党的性质和宗旨决定的。即,除了人民群众的根本利益之外,党没有任何自己的私利。因此,从根本上说,党的利益和人民群众的利益是一致的。社会主义社会建设根本上是由党领导的、人民群众积极参与的、为人民群众谋利益的事业。只有充分相信和依靠人民群众,得到人民群众的理解、拥护、支持和参与,充分发挥人民群众的积极性、主动性和创造性,社会建设才能最终获得成功。总之,社会建设归根结底是要通过人民群众的实践来完成的,而调动广大人民群众参与社会主义社会建设的积极性、主动性和创造性则是完成这一事业的重要保障。

2. 调动社会力量就是调动一切爱国主义的为祖国统一而服务的力量

在新的世纪,继续推进现代化建设,完成祖国统一,维护世界和平与促进共同发展,是我们党肩负的重大历史任务。目前,我国正在开展的社会主义社会建设不仅与推进三大历史任务是同步的,也是与实现三大历史任务相辅相成的。因此,调动社会力量、构建社会建设的整体合力从根本上也是为完成三大历史任务服务的。这里,调动社会力量就是要调动全体社会主义劳动者、社会主义事业的建设者、拥护社会主义的爱国者和拥护祖国统一的爱国者,进而构建社会合力,形成一个最广泛的联盟。其中,拥护祖国统一的爱国者的外延最为广泛,不仅包括社会主义劳动者、社会主义事业的建设者和拥护社会主义的爱国者,也包括部分虽然不赞成社会主义但却拥护祖国统一、愿意为祖国统一和民族复兴服务的华人华侨。换言之,拥护祖国统一的爱国者的外延是全体中华儿女。只要站在祖国统一的立场上,深明中华民族大义,就能够在政治上求同存异,进而团结起来,为实现祖国统一而奋斗。爱国主义是团结全国各族人民和海外华人华侨的一面重要旗帜,能够在最大范围内凝聚全体华人力量为实现中华民族伟大复兴的中国梦而奋斗。要实现中华民族伟大复兴的目

---

① 《列宁专题文集　论社会主义》,人民出版社 2009 年版,第 72 页。

标,必须在实践中不断推进社会主义社会建设,而调动社会力量、构建社会建设的整体合力则是其前提和基础。因此,从根本上说,调动社会力量就要调动一切爱国主义的为祖国统一而服务的力量。这不仅是构建最广泛的统一战线的基本要求,也是社会建设顺利开展的基本要求。

3. 调动社会力量就是调动一切有利于化解当前社会矛盾的积极因素

改革开放以来,我国的经济社会在迅猛发展的同时,也正在发生着日益深刻的变化。总体而言,"经济体制深刻变革,社会结构深刻变动、利益格局深刻调整、思想观念深刻变化,将是相当长一段时间内我国社会发展的一个基本特征。"①在此情形下,我国出现了经济社会发展不平衡、不协调、不可持续和利益分配不公等现象,导致了城乡差距、区域差距、阶层差距和贫富差距的日益凸显,并引发了一系列深层次的社会矛盾。虽然这些矛盾属于人民内部矛盾,不是敌我矛盾,但两者之间存在着相互转化的可能性,因此,必须引起我们的高度重视,以防患于未然。显然,正确处理人民内部矛盾,是激发社会活力、构建社会建设的整体合力的重要前提。但是,当下的人民内部矛盾也呈现出日益复杂化的倾向,必须得到妥善处理。"当前,由利益问题引发的人民内部矛盾往往关联度大、交叉性强、影响面广,利益主体多元化,国家利益、集体利益与个人利益的协调发展难度变大。"②要有效化解这些矛盾,必须坚持马克思主义群众观和党的群众路线,即要充分尊重人民群众的主体地位,调动广大人民群众的积极性、主动性和创造性,坚持从群众中来到群众中去的根本方法;必须将这些矛盾作为人民内部矛盾来处理,不能简单地采用处理敌我矛盾的方法来处理这些矛盾,要尽全力避免将人民内部矛盾激化成为敌我矛盾;必须调动人民群众的力量来处理这些矛盾,即通过社会自治和人民自治等手段让人民自己管理自己,进而有效化解这些矛盾。总之,调动社会力量就是调动一切有利于化解当前社会矛盾的积极因素,进而在社会建设的过程中有效化解这些矛盾。

总之,只有坚持上述要求,当代中国社会建设才能沿着正确的方向前进,才能取得事半功倍的效果。

---

① 《十七大以来重要文献选编》(下),中央文献出版社2013年版,第29页。
② 《十七大以来重要文献选编》(下),中央文献出版社2013年版,第179页。

（三）调动社会力量的基本原则

调动社会力量、构建社会合力,不是要重蹈过去群众运动的覆辙,而必须坚持科学的基本原则,尤其是中国特色社会主义理论。

1. 坚持党对社会建设的领导

调动社会力量参与社会建设,不是搞散兵游勇,更不是搞无政府主义,必须毫不动摇地坚持和加强党的领导。一方面,只有坚持党对社会建设的领导,才能保证社会力量沿着正确的方向前进。无论是苏联,还是中国,都是在经济文化相对落后的基础之上取得社会主义革命胜利的,小农经济和小商品生产对整个社会的影响仍然很大。因此,只有加强党对社会建设的领导,依靠党的领导进行社会动员,才能肃清小农经济和小商品生产残余的影响,才能克服传统的消极影响,进而才能在有效整合社会力量的基础上推动社会建设不断向前发展。另一方面,只有坚持党对社会建设的领导,才能调动人民群众的积极性、主动性和创造性,维护和实现人民群众的切身利益。由于党的利益和人民群众的利益是根本一致的,党除了代表工人阶级和最广大人民群众的根本利益之外,没有任何自己的特殊利益。即,"中国共产党执政,就是领导、支持、保证人民当家作主,维护和实现最广大人民的根本利益。"[1]这里,坚持党的领导,既要发挥党委在社会建设中统领全局、协调各方的核心作用,又要积极调动基层党组织和广大党员投身社会建设的积极性、主动性和创造性。总之,坚持党的领导不仅可以保证社会建设的社会主义性质,还有利于维护和实现人民群众的切身利益。

2. 坚持马克思主义群众观和党的群众路线

在开展社会建设的过程中,不仅要坚持党的领导,还必须充分发挥人民群众的主体作用,厘清党与人民群众之间的内在关系。为此,我们必须清醒地认识到,"只靠共产党员的双手来建立共产主义社会,这是幼稚的、十分幼稚的想法。共产党员不过是沧海一粟,不过是人民大海中的一粟而已。他们只有不仅从世界历史发展方向来看是正确地确定了道路,才能领导人民走他们的道路。"[2]同时,毛泽东曾用一个十分形象的比喻来阐述党和人民群众之间的

---

① 《十六大以来重要文献选编》(中),中央文献出版社 2006 年版,第 224 页。
② 《列宁专题文集　论社会主义》,人民出版社 2009 年版,第 336 页。

内在关系:"我们共产党人好比种子,人民好比土地。我们到了一个地方,就要同那里的人民结合起来,在人民中间生根、开花。"①显然,党是人民群众中的一部分,不能脱离群众而存在。党只有正确地表达人民的想法,并能带领人民群众前进,才能领导人民群众有效地开展社会主义社会建设。换言之,党的领导不仅不能脱离人民群众的参与而独立存在,而且是以此为前提的,必须始终坚持和贯彻马克思主义群众观和党的群众路线。否则,党的领导就会成为一句空话,甚至会走向自己的反面。概言之,在当代中国社会建设的实践中,必须将尊重人民群众的首创精神同加强和改善党的领导结合起来,在充分发挥人民群众创造历史作用中体现党的领导核心作用。这不仅是改革开放三十多年来我们取得的宝贵经验,也是改革开放取得成功的重要前提和保障。总之,坚持马克思主义群众观和党的群众路线,是调动社会力量、构建社会建设的整体合力的重要方法和保障。

3. 坚持尊重劳动、尊重知识、尊重人才、尊重创造的方针

坚持"四个尊重"是调动社会力量、构建社会建设的整体合力的具体原则。在社会主义建设中,"必须尊重劳动、尊重知识、尊重人才、尊重创造,这要作为党和国家的一项重大方针在全社会认真贯彻。"②"四个尊重"是一个具有内在联系的有机整体,核心是尊重劳动。"尊重劳动"是"四个尊重"之首,也是"尊重知识、尊重人才和尊重创造"的前提。这里的"尊重劳动"就是要尊重体力劳动和脑力劳动、简单劳动和复杂劳动等一切为社会主义现代化建设作出贡献的劳动,即要尊重和保护一切有益于人民和社会的劳动。为了真正实现"尊重劳动",首先必须要尊重一切有益于人民和社会的社会主义劳动者和建设者。目前,随着改革开放的深入和经济社会的迅速发展,我国的社会阶层结构和特征也发生了一定的变化,包括知识分子在内的广大工人阶级和广大农民的素质不断得到提高,始终是推动先进生产力发展和社会全面进步的根本力量。但是,在激烈的社会变革中,我国也出现了民营科技企业的创业人员和技术人员、受聘于外资企业的管理技术人员、个体户、私营企业主、中介组织的从业人员、自由职业人员等社会阶层。这些新社会阶层也是中国特

① 《毛泽东选集》第四卷,人民出版社 1991 年版,第 1162 页。
② 《江泽民文选》第三卷,人民出版社 2006 年版,第 540 页。

色社会主义事业的建设者。在此背景下,如何妥善处理各方面的利益关系,把一切积极因素充分调动和凝聚起来,显然至关紧要。因此,只有坚持"四个尊重"的方针,充分尊重新社会阶层的劳动和创造,尊重他们的知识、技术等要素在劳动价值创造中的作用,才能充分调动他们投身社会建设的积极性,并有效发挥他们在社会建设中的作用。总之,坚持"四个尊重"的方针有利于调动一切有利于建设社会主义的积极力量,构建社会建设的整体合力。

4. 坚持依法管理和推进社会事务

社会事务工作是政府的社会行政管理和公共服务职能的重要组成部分,代表了社会管理和公共服务的水平,是社会文明程度的重要标志之一。从狭义的民政部门所从事社会事务工作来看,主要包括婚姻管理、收养管理、殡葬管理和救助管理等。显然,社会事务与人民群众的联系十分密切,与人民群众的切身利益息息相关。依法管理和推进社会事务是调动社会力量、构建社会建设的整体合力的重要原则和法治保障。依法治国是党领导人民治理国家的基本方略,要求我们按照宪法和法律的规定来管理和推进社会事务。由于社会事务涉及人们日常生活的方方面面,与人民群众的切身利益息息相关,而中国特色社会主义是亿万人民群众自己的事业,因此,要发挥人民群众的主体地位,必须坚持依法管理和推进社会事务。只有坚持依法治国的基本方略,切实保障人民权益,保证人民当家作主的权利,才能调动人民群众的积极性、主动性和创造性,进而构建社会建设的整体合力。因此,"加强社会建设,必须加快推进社会体制改革。要围绕构建中国特色社会主义社会管理体系,加快形成党委领导、政府负责、社会协同、公众参与、法治保障的社会管理体制"①。显然,这里强调的法治保障就是要坚持依法治国的基本方略,依法管理和推进社会事务。这不仅是调动社会力量、构建社会建设的整体合力的基本要求,也是建设社会主义法治国家的必然要求。

总之,调动社会力量、构建社会建设的整体合力,最根本的就是要将党的领导、人民当家作主和依法治国有机结合起来,进而保证社会建设能够在党的正确领导下、在宪法和法律的保障下,成为人民群众自我创造幸福生活和依法

---

① 胡锦涛:《坚定不移沿着中国特色社会主义道路前进　为全面建成小康社会而奋斗——在中国共产党第十八次全国代表大会上的报告》,人民出版社 2012 年版,第 34 页。

维护尊严的过程。

二、调动社会力量的主要组织形式

调动社会力量、构建社会建设的整体合力,就是要调动和发挥一切社会力量积极参与社会建设,并发挥其在社会建设中的重要作用。

(一) 发挥统一战线和人民政协在社会建设中的作用

统一战线和人民政协是调动社会力量、构建社会建设的整体合力的重要组织形式,有利于推动社会建设不断向前发展。

1. 统一战线和人民政协的社会定位

统一战线和人民政协不仅在国家政治生活中发挥着重要作用,还在社会建设中发挥着重要作用。(1)统一战线的社会定位。统一战线是指阶级、阶层、政党、集团等不同的社会政治力量在一定的历史条件下,为了实现一定的共同目标,在某些共同利益的基础上组成的政治联盟。在民主革命时期,统一战线是中国革命取得胜利的重要法宝。"统一战线,武装斗争,党的建设,是中国共产党在中国革命中战胜敌人的三个法宝,三个主要的法宝"[1]。在中国革命、建设和改革的不同历史时期,无产阶级及其先锋队,根据各个时期的主要矛盾,制定不同的战略目标和任务,团结一切可以团结的力量、结成一定的政治联盟,实现各个时期特定的目标和任务,从而保证了我们事业的成功。目前,我国实行的统一战线是有史以来最广泛的统一战线,又称为爱国统一战线,主要是指由中国共产党领导的,由各民主党派参加的,包括社会主义劳动者、拥护社会主义的爱国者和拥护祖国统一的爱国者组成的广泛的政治联盟。显然,统一战线的实质就是实现社会大团结。在当代中国社会建设中,统一战线可以充分利用自身优势,调动一切可以调动的力量积极参与社会建设,有效发挥自身在协调关系、化解矛盾、理顺情绪等方面的作用,以减少社会建设的阻力、增加社会建设的助力、形成社会建设的合力。(2)人民政协的社会定位。人民政协是中国人民政治协商会议的简称,是中国人民爱国统一战线的

---

[1] 《毛泽东选集》第二卷,人民出版社 1991 年版,第 606 页。

组织,是中国共产党领导的多党合作和政治协商的重要机构,是我国政治生活中发扬社会主义协商民主的重要形式。在实践中,"中国人民政治协商会议是中国共产党把马克思列宁主义统一战线理论、政党理论、社会主义民主政治理论同中国具体实践相结合的伟大创造,是中国共产党同各民主党派和无党派人士、各人民团体和各族各界人士风雨同舟、团结奋斗的伟大成果。"①目前,中国共产党领导的多党合作的政治协商制度已经成为我国的一项基本政治制度,在社会主义经济、政治、文化、社会生活、生态文明建设等各领域发挥着举足轻重的作用,人民政协事业也成为中国特色社会主义事业的重要组成部分。目前,人民政协紧紧围绕着团结和民主两大主题,发挥着政治协商、民主监督、参政议政三大职能,积极利用自身和社会各阶层广泛联系的优势,团结一切可以团结的力量积极参加社会建设,进而有效发挥自身在协调社会关系、化解社会矛盾、维护社会稳定方面的作用。总之,统一战线和人民政协是我们党在长期实践中形成和发展起来的,在社会建设中具有重要的作用。

2.统一战线和人民政协的社会功能

统一战线和人民政协不仅具有重要的政治功能,而且具有重要的社会功能。具体来看:(1)化解社会矛盾。社会的和谐稳定是社会建设得以顺利开展的前提和基础。要推动社会建设,首先必须有一个安定团结的社会环境,否则,一切都无从谈起。目前,我国正处于经济体制深刻变革、社会结构深刻变动、利益格局深刻调整、思想观念深刻变化的阶段,出现了一系列新情况和新问题。"这就需要我们运用统一战线在社会各界中多做协调关系、化解矛盾、理顺情绪的工作,以减少阻力、增加助力、形成合力,为经济建设创造一个良好的社会政治环境。"②同时,作为最广泛的爱国统一战线组织的人民政协也有利于化解社会矛盾、维护社会稳定。在实践中,人民政协坚持把协调关系、化解矛盾作为履行职能的重点工作,积极利用自身所具有的广泛的社会基础,努力开展化解社会矛盾、促进社会和谐的工作。例如,在每年展开中央和地方人民政治协商会议之前,作为各界群众代表的各级政协委员都要深入实际、深入基层、深入群众,并根据人民群众的实际需要和意愿提交相关议案。这可以有

---

① 《十七大以来重要文献选编》(中),中央文献出版社2011年版,第200页。
② 《江泽民文选》第三卷,人民出版社2006年版,第140页。

效反映社情民意,有利于协助党和政府做好协调关系、化解矛盾、理顺情绪的工作。(2)凝聚社会共识。凝聚社会共识是有效化解社会矛盾和构建社会合力的前提,也是统一战线和人民政协的重要功能。一方面,爱国统一战线可以在爱国主义和实现中华民族的伟大复兴的旗帜下,在继续推动现代化建设、完成祖国统一、维护世界和平与促进共同发展这三大历史任务的引领下,团结一切可以团结的力量,进一步凝聚社会共识,将全社会的力量统一到完成三大历史任务和实现中华民族伟大复兴上。另一方面,各级政协委员作为社会各阶层的杰出代表,具有广泛的社会基础,可以充分发挥团结各界、凝聚人心的作用。在实践中,各级政协委员采取视察、调研等手段深入实际展开调查研究,积极反映社情民意,并将相关议案提交各级政协会议上讨论。显然,这一过程是最大程度上凝聚社会共识的过程,有利于调动社会各界的积极性、主动性、创造性,为社会建设的顺利开展凝聚最广泛的社会共识。(3)构建社会合力。在凝聚社会共识的基础上,统一战线和人民政协有利于构建社会建设的整体合力。目前,团结和民主作为人民政协的两大主题,对于社会建设的有效开展具有重要的作用。在开展社会建设的过程中,只有实现紧密团结,发展民主才更有基础;只有发扬广泛民主,加强团结才更有力量。只有牢牢把握团结和民主两大主题,将这两大主题贯穿于社会建设的始终,才能不断增强人民政协的感召力、凝聚力,才能调动各方面的积极性参与社会建设,构建社会建设的整体合力。同样,政治协商、民主监督、参政议政作为人民政协的三大职能,对于构建社会合力、推动社会建设也具有重要的作用。以政治协商职能为例,"政治协商是发扬社会主义民主的重要形式,也是党和政府广集民智、实行科学民主决策的重要环节。对国家和地方的大政方针以及政治、经济、文化和社会生活中的重要问题,在决策之前和就决策执行中的重要问题在人民政协进行协商,广泛听取各方面意见,有利于集思广益、避免和减少决策失误,也有利于增进理解、扩大共识,使党和政府的决策成为最大多数人的自觉行动。"①显然,政治协商就是凝聚人心、形成广泛社会共识和构建社会建设合力的过程。总之,统一战线和人民政协有利于推动社会建设不断向前发展。

3. 统一战线和人民政协参与社会建设的典型案例

在中国特色社会主义社会建设的伟大实践中,统一战线和人民政协不仅

---

① 《十六大以来重要文献选编》(中),中央文献出版社 2006 年版,第 344 页。

积极为社会建设的顺利开展出谋划策,还身体力行地参与社会建设,推动了社会建设的顺利开展。(1)统一战线和人民政协积极为社会建设的开展建言献策。在过去的十年中,人民政协紧紧抓住围绕中心、服务大局的方针,在推动科学发展、构建和谐社会的过程中积极开展调查研究,并在此基础上建言献策,取得了重要的成效。例如,2002 至 2007 年期间,人民政协重点围绕教育公平、劳动就业、收入分配、农村最低生活保障、计划生育、医疗服务体系建设等关系人民群众切身利益等问题展开调查研究,积极建言献策,在协助党和政府推进以改善民生为重点的社会建设的过程中发挥了重要作用。[1] 同时,针对我国社会管理领域出现的一些新问题,人民政协积极组织并参与社会管理问题的讨论,于 2012 年 9 月召开了"加强和创新社会管理"专题协商会。在此基础上,人民政协提出了发挥城乡社区在社会管理中的基础性作用、建立健全非正常上访终结机制等建议,为党和国家加强和创新社会管理提供了重要参考,在推动社会管理创新方面发挥了积极的作用。(2)统一战线和人民政协积极参与社会建设的具体活动。在社会建设的实践中,针对我国已经有一部分地区和一部分人群先富起来的情况,统一战线和人民政协在先富地区和先富人员中积极开展"致富思源、富而思进"的教育,取得了良好的效果。例如,从 2008 年 9 月开始,贵阳市统战部在全市启动"三百生态文明工程",即动员一百名民主党派中的专家学者、一百名非公有制经济人士结对帮扶一百个村,以帮扶村开展生态文明建设,并制定了《贵阳市统一战线"三百生态文明工程"实施方案》。在实践中,一般采取每一名民主党派专家学者和一名非公有制经济人士结对帮扶一个村的方式,与村结成帮扶对子,采取项目帮扶、信息咨询、资金帮扶、智力帮扶、人才培养等方式,推动农村的改革发展和生态文明建设。据不完全统计,截止到 2011 年 7 月 18 日,该方案已启动帮建项目168 个,其中改善基础设施类 52 个;产业发展类 46 个;改善民生类 38 个,其他项目 71 个,已开展各类指导培训 108 次 8232 人、义诊活动 68 次 13000 人,建设串寨(户)道路 123 公里,改造校舍(区)2500 平方米,资助贫困学生 68 人,帮助村民就业 1580 人。可见,统一战线和人民政协有利于推动当代中国社会建设不断向前发展。今后,我们要根据统一战线和人民政协自身的特点,不断

---

① 参见《十七大以来重要文献选编》(上),中央文献出版社 2009 年版,第 277 页。

创新统一战线和人民政协参与社会建设的内容和形式,以期统一战线和人民政协能够为社会建设作出更大的贡献。

4.统一战线和人民政协参与社会建设的政策建议

为了有效应对我国现阶段的经济体制、社会结构、利益格局、思想观念等方面发生的深刻变化,在参与社会建设的过程中,统一战线和人民政协需着重采取以下措施。(1)大力密切联系人民群众。统一战线和人民政协是党和国家联系广大人民群众的桥梁和纽带。面对改革开放不断深入过程中涌现的大量新情况、新问题,统一战线和人民政协要客观准确反映群众诉求,必须在密切联系人民群众方面采取更为积极有效的措施。例如,针对现实中在土地征用、房屋拆迁、劳动安全等方面存在的大量侵犯农民和农民工合法权益的事件,人民政协应进一步动员和组织各级政协委员积极参与调查研究,进一步密切联系广大农民和农民工。如果条件允许,可参照人大代表的选举条件,在政协委员中适当安排农民和农民工等阶层的名额和比例,让他们在各级政协会议上发出自己的声音。这样,不仅可以进一步发挥统一战线和人民政协密切联系人民群众的桥梁作用,还可以进一步保障农民和农民工等阶层的合法权益。(2)全面参与社会建设的全过程。社会建设开展的前提是制定社会建设规划。在制定社会建设规划的过程中,统一战线和人民政协应积极发挥自身联系社会各界,具有广泛的代表性和巨大的包容性等特点,积极进行调查研究,反映社情民情,并将议案提交各级政协会议讨论,进而为制定科学完善的社会建设规划作贡献。在社会建设实施过程中,统一战线和人民政协应积极发挥政治协商和参政议政的功能,进一步发挥自身联系社会各界的优势,在积极参与社会建设、推动社会建设有效开展的同时,要及时准确反映社会建设中出现的一些新情况、新问题,并展开进一步的调查和讨论,进而对社会建设规划进行完善和补充。在检验社会建设成效的过程中,统一战线和人民政协应积极发挥监督作用,检验社会建设开展的成效,并将检验的结果通报相关部门和公众,为社会建设的深入开展做好铺垫。(3)加强维护社会稳定的工作。这里所说的社会稳定,不单指狭义的社会建设领域内的社会稳定,还包括阶层关系、民族关系和宗教关系等方面的和谐和稳定。在这方面,"人民政协要坚持把发扬民主、增进团结、协调关系、化解矛盾作为履行职能的重要着力点,努力为促进政党关系、民族关系、宗教关系、阶层关系、海内外同胞关系的和谐发挥积极作用"①。为此,统一战线和人民政协应进一步发挥自身和各民主党派、民族人士、宗教界人士、各社会阶层、海外侨胞的联系,支持他们在统一战线和人民政协中发挥更为重要的作用,支持他们积极参与社会建设并发挥更为重要的作用,同要时反映其正当的、合理的诉求,协助党和国家处理好政党关系、民族关系、宗教关系、阶层关系和海内外同胞关系,进而构建最广泛的社会合力,为实现社会稳定作出更大的贡献。可见,统一战线和人民政协应该而且能够社会建设中发挥更为重要的作用。

总之,统一战线和人民政协在推动中国特色社会主义实践不断向前推进的过程中发挥着独特的作用,有利于调动社会力量、构建社会建设的整体合力。

（二）发挥城乡基层自治组织在社会建设中的作用

城乡基层自治组织是马克思主义人民自治理论的具体运用,是人民群众自己管理自己、自己创造幸福生活的重要实践载体,在社会建设中具有重要的作用。

1. 城乡基层自治组织的合法性和正当性

城乡基层自治组织包括城市居民委员会和农村村民委员会,是人民群众在社会主义建设实践中的伟大创举,其存在和发展具有鲜明的合法性和正当性。(1)城乡基层自治是马克思主义人民自治理论的科学实践。马克思主义人民自治理论在巴黎公社的实践中第一次得到了贯彻和运用,其核心是人民自己管理自己。巴黎公社实行彻底的民主制,即"人民管理制",由选民选举产生并直接对选民负责的国家统一机关掌握国家权力,使公社的一切职务成为真正的工人的职务。同时,为了防止国家和国家机关及其工作人员由社会公仆异化为社会主人,公社采取了两个可靠的办法:"第一,它把行政、司法和国民教育方面的一切职位交给由普选选出的人担任,而且规定选举者可以随时撤换被选举者。第二,它对所有公职人员,不论职位高低,都只付给跟其他工人同样的工资。"②显然,这些创举可以保证国家权力掌握在人民手中,使人

---

① 《十七大以来重要文献选编》(中),中央文献出版社 2011 年版,第 210 页。
② 《马克思恩格斯文集》第 3 卷,人民出版社 2009 年版,第 111 页。

民自己管理自己,不仅彰显了人民自治的优越性,也为实现人民自治提供了重要的制度保障。我国城乡基层自治组织的成员是由城市居民和农村村民直接选举产生的,后者有权通过一定的程序罢免前者,为真正实现人民自治提供了重要的实践途径。可见,基层城乡自治是在马克思主义的指导下,在中国共产党的领导下,真正实现人民自治的重要实践形式。(2)城乡基层自治是我国人民在社会主义建设实践中的伟大创举。以农村居民委员会的成立为例,十一届三中全会后,广大农村地区纷纷实行家庭联产承包责任制,打破了原先的集体生产和集体组织的形式。虽然家庭联产承包责任制极大地解放了广大农村的生产力,极大地提高了农村劳动生产率,但是,在脱离了原有的集体生产和集体组织后,广大农村的公共事务和公共工程也遭到了严重的削弱,在处理基础设施建设(如兴修水利)、社会管理(如人口管理、治安管理、社会保障等)等公共事务和公共利益方面又处于力不从心的境地。为了改变这种情形,1980 年,广西宜州市合寨村村民自发组织了起来,率先成立基层群众性自治组织,称为"村委会",在处理公共事务和公共利益方面取得了重要的成就。经过一段时间的试验,这一做法被实践证明是符合我国基本国情的,从而在全国范围内逐渐得到推广,并得到宪法和相关法律法规的确认。即,城乡基层自治组织是基于公共事务和公共利益的现实性而成立的,是人民群众在实践中的重要创举。(3)城乡基层自治的合法性和正当性是由宪法和相关法律法规确认和保障的。从根本上说,城乡基层自治组织的合法性和正当性是由宪法规定的。全国人民代表大会于 1982 年通过的《中华人民共和国宪法》第一百一十一条规定:城市和农村按居民居住地区设立的居民委员会或者村民委员会是基层群众性自治组织。在此基础上,为了进一步保障居(村)民实行自治,由居(村)民群众依法管理自己的事情,由全国人大常委会于 1989 年和1998 年分别通过的《中华人民共和国城市居民委员会组织法》和《中华人民共和国村民委员会组织法》也规定居(村)民民委员会是居(村)民自我管理、自我教育、自我服务的基层群众自治性组织。总之,城乡基层自治组织的存在和发展具有鲜明的合法性和正当性。

2. 城乡基层自治组织的职能及其实现

城乡基层自治组织的主要职能是自我管理、自我教育、自我服务、自我提高。具体来看,(1)自我管理。这是指人民群众自己管理自己。在实践中,居

(村)民委员会是由广大居(村)民通过直接选举产生的,是人民群众自己管理自己的组织,直接对基层群众负责。同时,由村民自治会议制定的村规民约也可以对居民进行相应的管理。(2)自我教育。在实践中,居(村)民委员会对基层群众开展相关教育,主要是教育和推动居(村)民履行法律规定的义务、积极参与社会建设以及所在社区的公共事务,并在此过程中维护和实现所在社区的公共利益,以及教育基层群众根据相关法律法规实行自我管理和自我服务,并维护自身的合法权益和利益。在广大农村地区,村民自治会议还可以制定村民自治章程和村规民约对村民进行教育,要求村民遵守相应的村规民约。(3)自我服务。基层自治组织可以根据实际需要建立人民调解、治安保卫、公共卫生等委员会,以开展基层的公共事务和公益事业、调解民间纠纷、维护民间治安等。(4)自我提高。这就是在自我管理、自我教育和自我服务的基础上实现的居民和村民各方面素质的提高。要保障城乡基层自治组织职能的实现,就必须充分调动和发挥人民群众参与城乡基层自治伟大实践的积极性、主动性和创造性,并不断推进城乡基层公共事务和公共利益的完成和实现。这一过程也是调动人民群众积极参与社会建设、构建社会建设的整体合力的过程。概言之,城乡基层自治组织的职能及其实现的过程,不仅会在实践中将城乡基层自治不断推向前进,还有利于推进社会公共事务的完成和公共利益的维护,即有利于调动基层群众参与社会建设的积极性、主动性和创造性。

3. 城乡基层自治组织的社会功能

城乡基层自治组织不仅是社会主义民主的基础性工程,还具有不可代替的社会功能,是社会建设的重要力量。(1)社会自治和社会服务功能。城乡基层自治组织的社会自治功能主要体现在所在区域居(村)民自己管理自己;城乡基层自治的社会服务功能主要体现在为所在区域居(村)民提供社会化服务。随着改革开放的不断深化和市场经济的深入发展,广大人民群众对社会自治和社会服务的要求越来越高,要求政府和以城乡基层自治组织为代表的社会力量提供更多的社会服务。同时,由于社会自治和社会服务功能存在众多交融和重合之处,因此,城乡基层自治组织集社会自治和社会服务功能于一体,在推进社会自治的过程中开展社会服务,在开展社会服务的过程中推进社会自治。例如,辽宁省彰武县东六镇长沟沿村村委会,根据当地发展的实际需要设立生产委员会、调解委员会、治保委员会以及福利和公共卫生委员会，负责所在区域的农业生产及技术指导、民政调解、法制教育和治安保卫以及福利和公共卫生等工作，在推进社会自治和提供社会服务方面作出了积极的贡献。(2)社会管理的功能。城乡社区是社会管理的重要载体，是确保社会既安定团结又充满活力的重要支撑点，其社会管理职能主要体现在管理生活在所在社区的人群的社会生活事务。由于我国正处于深刻的社会变革期和矛盾突发期，城乡基层自治组织越来越成为社会生活的支撑点、社会成员的聚集点、各种矛盾的交汇点，因此，必须充分发挥基层群众自治组织的社会管理功能。在实践中，城乡基层自治组织的社会管理功能和社会服务功能紧密相连。例如，北京市的一些城乡社区正在积极践行"寓管理于服务之中"的重要理念。作为这些功能和理念的体现，城乡自治组织设立的治安保卫委员会、人民调解委员会、福利和公共卫生委员会都具有相应的社会管理功能，在创新社会管理的实践中发挥了积极作用。(3)促进生活共同体形成的功能。城乡基层自治组织一般又称为城乡基层自治社区。这里，社区是指生活在一定地域空间范围内的人群共同体。面对市场经济的冲击和社会结构的转型，在现实生活中，"'社区'不仅意味着重新找回已经失去的地方团结形式，它还是一种促进街道、城镇和更大范围的地方区域的社会和物质复苏的可行办法。"[①]显然，社区有利于促进一定范围的生活共同体的形成。在社会主义社会建设中同样如此。总之，推动社会自治和增强社会服务、加强社会管理、促进社会生活共同体的形成，是城乡基层自治组织的社会功能。基于此，城乡基层自治组织可以有效动员社会力量，促进社会建设整体合力的形成。

4. 城乡基层自治组织的社会建设任务

随着工业化和城市化进程的快速展开，我国的城乡都发生了巨大的变化，出现了一系列新的社会问题。仅以大量青壮年农民进城务工为例，这不仅打破了农村社区原有的生活共同体，导致农村出现了大量留守老人和留守儿童，进而造成了农村脆弱的社会治安环境和经济社会活力，还打破了城市原有社区里居民们相互熟识、社区共同体意识较高的局面，造成了城市社区中居民成

---

① [英]安东尼·吉登斯:《第三条道路:社会民主主义的复兴》，郑戈译，北京大学出版社2000年版，第83页。

分的多元化和复杂化,给城市社区管理带来了一些新的问题。显然,这给城乡基层自治组织提出了一系列新的社会建设任务。(1)增强社会服务。一方面,必须积极开展关爱留守老人和留守儿童的活动,深入了解他们的实际需要,切实解决他们的实际困难,让他们的生活和学校能够得到有效保障,进而使留守老人能够安享晚年、留守儿童能够健康快乐成长。另一方面,必须主动关心农民工的生存状况,根据实际情况建立流动党支部,维护农民工的合法权益,使他们能够安心工作,进而通过劳动实现个人价值和社会价值。这里,要从根本上解决这一问题,在改变城乡二元结构、大力推进社会主义新农村建设的基础上,农村社区必须大力发展当地经济,尤其是乡镇企业,创造更多的就业和创业机会,使青壮年农民能够在本地就业和创业,能够靠自己的双手在农村过上幸福生活。(2)加强和创新社会管理。城市社区必须加强流动人口和社区治安管理,积极组织社区治安志愿者,开展社区矫正工作,发挥社区在社会管理方面的积极作用。农村社区必须加强和改进治安保卫委员会的职责和功能,积极配合当地的公安机关,以应对农村中可能发生的一些治安案件,尤其是现阶段针对留守儿童和留守妇女的一系列犯罪。(3)促进新的社会生活共同体的形成。针对我国快速工业化和城市化过程中对原有的城乡生活共同体的打破的现状,城乡基层自治组织必须把城乡社区建设成为适应经济社会不断向前发展的新的社会生活共同体。为此,我们"要健全基层党组织领导的充满活力的基层群众自治机制,扩大基层群众自治范围,完善民主管理制度,把城乡社区建设成为管理有序、服务完善、文明祥和的社会生活共同体。"①为了实现这一目标,城乡基层自治组织必须进一步推动社会自治、增强社会服务和加强社会管理,要妥善解决城乡社区出现的一些新情况和新问题。例如,城市社区应积极组织社区居民参与一系列文体活动,关爱社区空巢老人,为他们能够安度晚年提供物质和精神方面的帮助。这样,才能在促进城乡新的社区生活共同体的形成。总之,只有不断加强城乡基层自治组织的社会建设能力,才能充分发挥其在调动社会力量、构建社会建设整体合力中的作用。

总之,城乡基层自治是我国人民自己管理自己、人民群众自我管理社会事

---

① 《十七大以来重要文献选编》(上),中央文献出版社 2009 年版,第 23 页。

务和自我创造幸福生活的重要实践,在调动和整合社会力量方面具有基础性的作用。

(三) 发挥人民团体和群众组织在社会建设中的作用

工会、共青团和妇联(工青妇)是党领导的覆盖面最广、联系群众最为密切的先进的群众组织,是党联系人民群众的重要桥梁和纽带,有利于调动社会力量、构建社会建设的整体合力。

1. 工青妇是党联系人民群众的重要桥梁和纽带

作为党联系人民群众的桥梁,工青妇在管理社会事务中具有民主参与、民主监督的作用。(1)工会是党联系广大工人群众的重要桥梁和纽带。工会是党领导的职工自愿结合的工人阶级群众组织,是工人阶级权益的代表,其基本职责就是密切联系群众。在实践中,"联系群众,也就是联系大多数工人以至全体劳动者,这是工会任何一项工作取得成绩的最重要最基本的条件。"①即,联系群众是工会一切工作的基本条件。在联系群众的基础上,工会还必须通过积极参与国家和社会事务的管理和监督工作来维护工人阶级的合法权益。(2)共青团是党联系青年群众的桥梁和纽带。共青团是党领导的先进青年的群众组织,也是党的助手和后备军。共青团的根本任务就是建设共产主义社会,这对于建设共产主义是至关重要的。因为,"不吸收全体工农青年参加共产主义建设,你们就不能建成共产主义社会。"②目前,团结和带领广大青年投身社会主义建设,并在此过程中培养和造就一代代有理想、有道德、有文化、有纪律的社会主义建设者和接班人,为实现社会主义现代化和中华民族伟大复兴贡献智慧和力量,是共青团的一项重要任务。(3)妇联是党联系广大妇女的桥梁和纽带。妇联是党领导的为争取妇女解放而联合起来的中国各族各界妇女的群众组织,具有广泛的群众性和社会性。妇联的重要职责就是代表全国广大妇女积极参与民主管理、民主监督,维护妇女儿童合法权益,为妇女儿童服务。总之,工青妇有利于团结和组织人民群众积极参与社会建设、构建社会建设的整体合力。

---

① 《列宁专题文集 论社会主义》,人民出版社 2009 年版,第 303 页。
② 《列宁专题文集 论无产阶级政党》,人民出版社 2009 年版,第 284 页。

2. 工青妇是教育人民群众的学校

工青妇在教育广大人民群众方面具有独特的作用。（1）工会是教育广大工人群众的学校。在这所学校里，工会不仅要提高职工群众的思想觉悟，还要积极教育全体劳动者学习社会主义工业和农业；不仅要善于适应群众，适应群众当时的水平，还要与群众中存在的偏见和落后作斗争，坚持不懈地提高他们的水平。"工会应当更加成为对全体劳动群众进行劳动教育和社会主义教育的机关，以便在工人先锋队的监督下把参加管理的实际经验普及到比较落后的工人中去"①。在中国特色社会主义实践中，工会充分发挥自身优势，在教育工人方面开展了一系列活动。例如，2013 年 5 月前，广东佛山市南海区总工会在各镇（街道）和工业园区、企业创建"职工·家"服务中心的试点挂牌工作，为职工提供维权帮扶服务、职业发展规划、文娱康乐服务、心理疏导服务等8 项服务。当然，工会教育和联系工人的过程也是工会调动工人群众的积极性参与社会建设的过程。（2）共青团是教育广大青年的学校。这所学校为大青年积极学习社会主义理论和开展社会主义实践提供了重要的平台，在教育、推动青年积极参与公共事业的过程中发挥了重要作用。在社会主义建设中，"青年团的任务还在于：除了掌握各种知识，还要帮助那些靠自己的力量摆脱不了文盲愚昧状况的青年。做一个青年团员，就要把自己的工作和精力全部贡献给公共事业。这就是共产主义教育。只有在这样的工作中，青年男女才能培养成真正的共产主义者。"②可见，青年团在教育广大青年，推进共产主义教育，使广大青年成为共产主义者方面具有重要作用。（3）妇联是教育广大妇女群众的学校。在这所学校中，妇联的主要任务是培育广大妇女、提高妇女素质、促进妇女积极参与国家和社会事务，并且维护妇女儿童的合法权益。因此，在实践中，妇联要团结和动员广大妇女投身改革、积极参加中国特色社会主义伟大实践，促进社会发展；要教育和引导广大妇女增强自尊、自信、自立、自强精神，全面提高素质，促进妇女人才成长，进而在全社会范围内真正实现男女平等。这一过程也是妇联组织和调动全国妇女的积极性、主动性和创造性积极参与社会建设的过程，有利于发挥妇女在社会建设中的半边天的作用。

---

① 《列宁专题文集　论无产阶级政党》，人民出版社 2009 年版，第 197 页。
② 《列宁专题文集　论无产阶级政党》，人民出版社 2009 年版，第 291 页。

在此基础上,妇联的最终奋斗目标就是要消灭一切剥削、奴役广大妇女的制度、体制以及思想观念,进而在阶级解放中真正实现妇女解放。总之,工青妇是教育人民群众的学校,有利于推动社会建设向前发展。

3. 工青妇的社会功能

在党的领导下,在社会主义法律的框架下,工青妇是维护和保障人民群众合法权益的重要代表。(1)工会的主要社会功能是维护劳动者权益,促进劳资和谐。工会最初成立就是为了保护工人阶级的合法权益,是工人阶级与资本家长期斗争的结果。即,"工会的基本职责是维护广大职工群众合法权益。表达和维护广大职工群众利益是工会一切工作的出发点和落脚点。"①在社会主义条件下,我们已经消除了阶级对立及其存在的条件,但是,"即使在国营企业中,工会也义不容辞应维护无产阶级和劳动群众的阶级利益,使之不受雇用他们的人侵犯"②。在社会主义初级阶段,我国不仅存在大量以国有企业和集体企业为代表的公有制企业,还存在着大量私营企业和外资企业,因此,更需要发挥工会在维护劳动者合法权益、促进劳资和谐方面的积极作用。目前,在工会的努力和推动下,包括外资和私营企业在内的众多企业成立了工会,并积极贯彻落实《中华人民共和国劳动法》。这有利于推动工人参与企业管理、维护劳动者权益、促进劳资关系的和谐。(2)共青团的主要社会功能是积极开展志愿服务,促进社会风尚的转变。在共青团的指导和帮助下,中国青年志愿者协会于 1994 年成立。该协会的主要任务是组织和指导全国青年志愿服务活动,为社会提供志愿服务。据不完全统计,截至 2007 年 12 月,我国经过规范注册的志愿者达 2511 万多人,全国累计已有超过 2.68 亿人次的青年在扶贫开发、社区建设、环境保护、应急救援等众多领域为社会提供了超过 61 亿小时的志愿服务。在 2008 年北京奥运会中,共青团和中国青年志愿者协会组织和动员了广大青少年积极参与志愿活动、开展志愿服务,使志愿者的形象深入人心。这样,"广大奥运志愿者真心奉献、友爱互助,向世界展现了中国志愿者的时代风采,为祖国和当代中国青年赢得了巨大荣誉。"③可见,共青团组织和动员广大青少年开展的志愿服务有利于转变社会风尚、创造良好的社会

---

① 胡锦涛:《论构建社会主义和谐社会》,中央文献出版社 2013 年版,第 167 页。
② 《列宁专题文集　论社会主义》,人民出版社 2009 年版,第 299 页。
③ 《十七大以来重要文献选编》(上),中央文献出版社 2009 年版,第 618 页。

环境。(3)妇联的主要社会功能是维护妇女儿童合法权益。针对现实中存在的大量侵犯妇女儿童合法权益的违法犯罪行为,妇联积极参与由公安部主导的打击拐卖儿童、妇女专项犯罪行动等维护妇女儿童权益的活动。在行动中,妇联不仅制定反拐行动计划实施方案、成立反拐行动工作组,还对各省妇联权益部长进行培训,积极开展法制宣传教育和反拐知识培训,不仅有利于维护和保障妇女儿童的合法权益,也有利于发动和引导公众积极关注和维护妇女儿童的合法权益,进而有利于维护社会稳定。总之,工青妇在维护和保障人民群众的合法权益方面发挥了重要作用。

4. 推动工青妇进一步参与社会建设的政策建议

目前,我国社会建设在迅速发展的同时,也存在一些薄弱环节,需要工青妇等人民团体采取以下切实有效的措施,推动社会建设不断向前发展。(1)工会应全力维护劳动者合法权益,促进劳资和谐。目前,一些劳动者尤其是处于社会弱势地位的许多农民工的合法权益没有得到有效保障,导致劳动关系的紧张,成为影响社会安定和谐的一个较为突出的问题。例如,近年来多名富士康员工连续跳楼事件,不仅给广大工人的心理造成了严重的负面影响,也给企业的发展造成了恶劣的影响,不利于社会建设的整体推进和社会主义和谐社会的构建。显然,只有促进劳动和谐,才能保证企业发展的动力,才能推动社会和谐稳定。而实现劳动和谐的前提是尊重和保障广大员工的合法权益。因此,在现实中,工会应积极利用自身优势,推动企业尤其是非公企业进一步贯彻落实《中华人民共和国劳动法》;积极协调企业尤其是非公有制企业构建资方、企业管理者、工会和员工之间的平等协商机构,使工人真正能够自我自己的命运,能够保障自身的合法权益。同时,"工会要在切实维护职工群众利益的同时,引导广大职工群众积极为推动企业发展献计出力,努力实现企业发展和维护职工群众利益互利双赢,促进劳动关系和谐,促进社会和谐稳定"①。概言之,工会不仅要维护劳动者合法权益,促进劳动关系,还要为企业的长远发展建言献策,进而实行企业和员工利益的双赢。(2)共青团应大力开展社会志愿服务,促进社会风尚的转变。目前,社会志愿服务的普及和覆盖还不够广泛,仍有很大的提升空间。对此,共青团应积极利用自身分布范围广、和青

---

① 胡锦涛:《论构建社会主义和谐社会》,中央文献出版社 2013 年版,第 168 页。

少年联系密切的优势,根据青少年的身心成长特点和发展规律,引导、动员和组织广大青少年开展一系列适应青少年身心发展特点和成长规律的志愿服务活动,并将志愿服务作为青少年成长和考核的必修课。这不仅有利于推进志愿服务,转变社会风尚,创造良好的社会环境,还有利于推动青少年的全面发展。这里,积极组织和动员青少年参加社会志愿服务活动不仅有利于促进他们的全面发展,还有利于培养他们的共产主义理想和道德,进而培养和造就一代代有理想、有道德、有纪律、有文化的社会主义"四有"新人,为社会主义建设事业和中华民族的伟大复兴提供源源不断的人才资源。(3)妇联应全面保障妇女儿童合法权益。目前,社会上存在着大量拐卖妇女儿童等严重危害妇女儿童合法权益的案件和歧视女性就业等现象,且屡禁不止。对此,妇联应积极统计被拐卖的妇女和儿童的相关信息,配合各级政府和公安机关采取有效措施严厉打击拐卖妇女和儿童等犯罪行为,保障妇女儿童的合法权益;妇联应积极联系政府、企业和工会,对于故意限制和歧视女性就业的用人单位,进行严厉的惩罚并责令其改正,进而充分保障女性的就业权。这里,要从根本上保障妇女的合法权益、实现妇女解放,妇联必须教育、引导和帮助广大妇女参加社会劳动,在社会主义劳动实践中实现个人价值和社会价值。"只要妇女仍然被排除于社会的生产劳动之外而只限于从事家庭的私人劳动,那么妇女的解放,妇女同男子的平等,现在和将来都是不可能的。"①显然,只有积极参与社会劳动,妇女才有可能实现真正的解放。总之,社会建设是一项长期的系统工程,必须充分发挥工青妇的作用。

总之,工青妇等人民团体在调动社会力量、构建社会建设的整体合力方面发挥着独特的作用,是当代中国社会建设的重要参与和推动力量。

三、调动社会力量的参与形式

社会运动(扶贫运动、环境运动等)和社会组织(扶贫组织、环境组织等)在社会公益领域发挥着积极的作用,是当代中国社会建设的重要参与力量,也是当代中国社会建设的薄弱环节,需要积极加以引导并促进其健康发展。

---

① 《马克思恩格斯文集》第 4 卷,人民出版社 2009 年版,第 181 页。

(一) 社会运动和社会组织的重要性

社会运动和社会组织是群众参与社会建设的重要形式,具有扩大群众参与、反映群众诉求、增强社会自治的社会功能,是当代中国社会建设的重要参与力量。

1. 社会运动和社会组织的兴起

社会运动主要是指有组织的一群人,有意识、有计划地改变或重建社会秩序的集体行为,旨在促进或抵制社会变迁。目前,世界范围内的社会运动主要包括环境运动、扶贫运动、反核运动、妇女运动等,而"一个社会运动就是某个总体人口中的一系列舆论和信仰,代表了改变一个社会的社会结构,或者其报酬分配体系,或者同时改变两者的某些要素的偏好。"①多数社会运动是由社会组织发起的,或者是在其建制化的过程中发展成为社会组织。社会组织是指人们为了实现特定的目标而组织起来的社会群体或集体行为网络,主要是指与政府相对的非政府组织(Non-Governmental Organizations,NGO)或与企业相对的非营利组织(Non-Profit organization,NPO)。我国一般将之称为"民间组织"。从其职责或活动内容来看,主要包括环保组织、扶贫组织、志愿服务组织、救助组织、教育组织、慈善组织等。虽然这些组织成立的目标和宗旨不一样,但一般具有以下属性:"①组织性,即这些机构都有一定的制度和结构;②私有性,即这些机构都在制度上与国家相分离;③非营利属性,即这些结构都不向他们的经营者或'所有者'提供利润;④自治性,即这些机构都基本上是独立处理各自的事务;⑤自愿性,即这些机构的成员不是法律要求而组成的,这些机构接受一定程度的时间和资金的自愿捐献"②。社会运动和社会组织的兴起和发展是经济社会发展的必然现象,尤其是和20世纪70、80年代以来世界范围内的人口剧增、环境污染、贫困加剧和核武器蔓延等全球性问题紧密相连。由于这些全球性问题日益威胁着全人类的生存和发展,而政府和市场在解决这些问题时都存在着一定程度的失灵现象。为了弥补政府和市场的不足,推动人们对全球性问题的关注并从根本上解决这种问题,出现了社会运

---

① 转引自[美]艾尔东·莫里斯、卡洛儿·麦克拉吉·缪勒主编:《社会运动理论的前沿领域》,刘能译,北京大学出版社2002年版,第316页。

② [美]莱斯特·M.萨拉蒙等:《全球公民社会:非营利部门视界》,贾西津、魏玉等译,社会科学文献出版社2007年版,第3页。

动和社会组织的发展热潮。在我国建立和完善社会主义市场经济的过程中，迫切要求实现政社分开和政企分开，这样，就为社会运动和社会组织的兴起提供了适宜的土壤。总之，社会运动和社会组织的兴起是经济社会发展的必然现象。

2. 社会运动和社会组织是群众参与的重要形式

在政社分开和政企分开的环境下，社会运动和社会组织已经成为群众参与的重要形式。一方面，社会运动和社会组织的发展是与改革开放后经济社会的快速发展和社会主义市场经济的确立相适应的。改革开放后，经济社会的飞速发展和政治民主的不断发展，使人们的利益诉求日益多样化，促使人们逐渐倾向于以独立的自我表达和集体行动来回应国家和政府的相关政策，进而成立了一系列组织来代表和反映自己的利益诉求。同时，社会主义市场经济的确立和发展不仅要求一整套完善的社会主义民主法治制度，还需要一个独立于国家的充满活力、生机勃勃的社会（社会生活或社会交往）领域的存在。这就要求国家放松对社会的控制，给社会让渡更多的空间，将大量社会事务和公共服务交还给社会自身来处理和提供，这就使可以处理社会事务和提供公共服务的社会组织的存在成为可能。另一方面，改革开放以来，由于不全面、不均衡、不可持续的发展方式的存在以及一些地方长期盛行的唯 GDP 主义，我国在资源、环境尤其是公正方面也付出了沉重的代价。在此背景下，以维护社会公益为宗旨的社会运动和社会组织得以兴起和发展，成为群众参与的重要形式，对社会建设的开展也产生了积极的影响。对此，我们有清醒的认识，"一切社会基层，包括农村、社区、企业、学校、军队和各类人民团体、社会组织等的群众教育、文化、娱乐场所，直接面对群众，其作用和影响不可低估，一定要切切实实地管理好、建设好。"①总之，社会运动和社会组织是促进和推动社会参与的重要形式。

3. 社会运动和社会组织的社会功能

社会运动和社会组织在社会建设中具有重要的社会功能。（1）扩大群众参与。相对于计划经济条件下人民群众无法独立表达自身的利益诉求的情况而言，社会运动和社会组织的兴起和发展本身就是群众主动参与的重要体现。

---

① 《江泽民文选》第三卷，人民出版社 2006 年版，第 97 页。

通过有效的动员,社会运动和社会组织在一定条件下不仅可以达到自身预定的目标,还可扩大群众参与。以 2007 年厦门 PX(一个化工项目)事件为例,由于这个项目距离人口密集区很近,可能会导致不可预料的环境污染事故。起初,105 名政协委员建议项目迁址,将此事引入公众视野。之后,厦门市民通过"集体散步"等方式集体抵制该项目。最后,厦门市政府宣布暂停工程。期间,厦门市政府组织了二次环评、公众投票等方式讨论该项目是否要迁址,极大地推动和扩大了群众参与。这也是地方政府与人民群众实现互动和合作的经典范例,是一个通过不断扩大群众参与来改变政府决策、达到预期目标的社会运动。(2)反映群众诉求。这也是社会运动和社会组织兴起的一个重要目的。目前,围绕环境污染、土地征用、城市拆迁和工厂兼并等问题引发的一系列群体性事件是社会运动的重要表现。这些群体性事件大多反映的是群众的正当和合法的诉求,而不是所谓偏激、贫困和暴力的体现。事实上,正如一位西方论者指出的,"社会运动更基本的特征恰恰与偏激、贫困和暴力完全相反。偏激是见于所有运动的一种被夸大的意义框架形式;贫困是所有运动表达的共同目标的一个特殊源头;暴力是集体挑战的加剧。我并不把社会运动看作偏激、贫困和暴力的表现,而是更合理地把他们定义为群众在与社会精英、对立者和当局的不断相互作用中,以共同目标和社会团结为基础发动的集体挑战"[①]。可见,社会运动不仅要准确反映群众的诉求,而且要通过群众的积极参与来实现自己的目标。目前的大多数群体性事件是对政府和市场双重失灵的反应,属于群众自助救济事件。(3)增强社会自治。社会运动和社会组织的兴起本身就是社会自治的重要体现,而其作用的发挥反过来又有利于增强社会自治。例如,社会组织的一个重要特征就是自己管理自己,并在此基础上加强和促进了基层力量的持续发展。社会组织的作用主要表现为:"第一,NGO 填补了政府力量所达不到的空间,并且将这种力量一直深入到基层。在有些国家,NGO 在这方面起到了独到的作用。第二,特别是在拉丁美洲,地方政府机关已经开始巩固它们的力量,并且通过它们与 NGO 的关系来加强与社会基层的联系。第三,具有广泛的联系对于自治来说是相当重要的,而自治

---

① [美]西德尼·塔罗:《运动中的力量:社会运动与斗争政治》,吴庆宏译,译林出版社 2005 年版,第 6 页。

又是与维持国家的政策发展密切相关。"①显然,社会运动和社会组织通过深入基层,加强与基层的联系,可以有效地增强社会自治。例如,由我国城乡自治组织发起的环境保护运动和环境保护组织是基层自治功能的自然扩展。总之,社会运动和社会组织有利于扩大群众参与、反映群众诉求、增强社会自治。

4. 社会运动和社会组织的社会贡献

社会运动和社会组织在社会建设中的作用正在日益凸显和扩大,尤其是在汶川地震救灾中发挥了重要作用。2008 年 5 月 12 日,汶川特大地震发生。这是新中国成立以来破坏性最强、波及范围最广、救援难度最大的一次地震。灾难发生后,社会组织在人道主义精神的支持和感召下,积极利用自身优势在第一时间赶到第一现场并根据实际情况开展一系列活动以满足灾区和受灾群众的第一需要,表现出了极强的组织能力、筹款能力和运作能力,第一次引起了全社会和政府的高度关注。在抗震救灾过程中,社会组织组织行动迅速、动作准确。在灾后的 48 小时内,根据受灾群众的实际需要,在第一时间公布了灾区医药需求单,组织企业捐赠药品,并组织车辆从各地将救灾物资运往灾区。同时,社会组织还主动与政府和企业展开合作,于 2008 年 5 月 15 日建立了我国首个与政府和企业合作参与救灾的开放式平台。由于该平台成立的地点是在重灾区绵竹市遵道镇,又称为"遵道志愿者联盟"。该联盟先后有 40 家 NGO 组织(28 家注册机构、12 家未经注册)、470 多位在册志愿者参与其中,在国内产生了很大的影响,对于整合包括政府、企业和社会组织在内的社会力量参与抗震救灾产生了重要作用,也彰显了伟大的志愿者精神。我们看到,"多少人自发从天南地北赶赴灾区做默默奉献的志愿者,多少人自发前往遍布全国的献血点争先恐后无偿献血,多少人自发为灾区慷慨解囊,多少共产党员自发向党组织交纳特殊党费。"②此外,社会组织还充分发挥其专业优势,提供对口服务,尤其是在灾后的心理辅导、情绪平复、志愿陪护、助孤助残、健康教育等专业性较强、持续时间较长,且又是社会组织工作的强项等方面发挥着重要作用。显然,"惟有自主的地方非营利性组织,亦即社会领域中基于志

---

① [美]朱莉·费希尔:《NGO 与第三世界的政治发展》,邓国胜、赵秀梅译,社会科学文献出版社 2002 年版,第 181—182 页。

② 《十七大以来重要文献选编》(上),中央文献出版社 2009 年版,第 635 页。

愿者并且能够发挥人的精神力量的组织，才能同时提供社会所需要的社会服务和政治体制所需要的领导力量的开发"①。就此而言，民间参与汶川地震救灾是当代社会运动和社会组织参与社会建设的典范。

总之，社会运动和社会组织不仅是调动社会力量参与社会建设的重要形式，有利于调动社会力量来构建社会建设的整体合力，还是当代中国社会建设的主要参与力量，有利于推进当代中国社会建设整体向前发展。

（二）社会运动和社会组织的活动领域

社会运动和社会组织的活动领域十分宽泛，在计划生育、环境保护、扶贫致富、扶残助残、减灾救灾等公益领域中发挥着积极的作用，有利于推动社会建设整体发展。

1. 社会运动和社会组织在计划生育领域的活动

计划生育是针对我国人口多、基数大的基本国情提出和实施的基本国策，主要是指对人口发展进行有计划的调节，使人口的增长同社会和经济的发展计划相适应，同资源、能源、环境和生态等方面的阈值相适应，其主要主张是提倡晚婚、晚育、少生、优生。为了更好地贯彻和落实计划生育的基本国策，长期以来，响应党和政府的号召，广大人民群众积极投身于计划生育事业，形成了中国一个特殊的社会运动形式。在此过程中，中国计划生育协会发挥了积极的作用。该协会成立于 1980 年，是党领导下的全国性、非营利性群众团体，是党和政府联系广大育龄群众和计划生育家庭的桥梁和纽带，其宗旨是全心全意为育龄群众和计划生育家庭服务，其方针是坚持自我教育、自我管理、自我服务。目前，"遍布全国城乡的各级计划生育协会，已成为动员和组织广大群众参与计划生育工作的重要力量。"②具体而言，在协助党和政府统筹解决人口问题，促进人口长期均衡发展，动员和组织广大群众积极参与人口发展、计划生育和家庭保健等方面，中国计划生育协会发挥了重要的作用，出色地完成了自身使命。然而，我国计划生育的基本国策已经实行了三十多年，在取得了重大成就的同时，也面临着一系列问题和挑战。例如，艾滋病患者增多、新生

---

① ［美］彼得·德鲁克：《社会的管理》，徐大建译，上海财经大学出版社 2003 年版，第 115 页。

② 《江泽民文选》第一卷，人民出版社 2006 年版，第 522 页。

婴儿男女比例失调、失独家庭的养老问题等。要解决这些问题,迫切需要各级计划生育协会在认真总结工作经验的基础上,采取以下有针对性的措施:必须积极开展预防艾滋病知识教育,在普及艾滋病知识的同时,营造全社会尊重艾滋病患者的氛围,同时积极协助政府进行艾滋病患者普查,开展艾滋病患者救助等活动,让他们早日康复,回归正常人的生活;必须积极宣传男女平等的基本国策、积极开展关爱女童教育、推行妇女发展等计划,创造男女平等的社会环境,进而促进新生婴儿性别比保持在正常的范围之内,推动整个社会关爱妇女和女童的健康成长;必须积极协助党和政府解决好失独家庭的养老这一新的社会问题,尤其是要做好失独家庭的物质扶助、精神抚慰等工作;等。总之,计划生育是社会运动和社会组织的重要活动领域。

2. 社会运动和社会组织在环境保护领域的活动

环保运动是指一些个体和群体出于对环境问题的共同的关切,而采取的一系列旨在保护环境的集体行动。环境权益是人民群众最基本的权益,是人民群众的生存权利之一。"如果不能有效保护生态环境,不仅无法实现经济社会可持续发展,人民群众也无法喝上干净的水,呼吸上清洁的空气,吃上放心的食物,由此必然引发严重的社会问题。"①目前,我国的环保运动大多是为了追求人民群众自身的环保权益,是维护人民群众的基本生存权利的重要运动。新中国成立以来,在建设美丽家园、追求幸福生活的过程中,我国人民先后发起和参与了环境卫生运动、植树造林运动、兴修水利运动等公益性的群众运动,形成了最早的具有中国特色的环境运动。改革开放以来,虽然我国的经济社会取得了飞速的发展,但是一些地方在片面追求 GDP 的过程中,导致了严重的空气污染、水污染、土壤污染等环境问题,对人们的生命健康安全和社会稳定产生了恶劣的影响,成为经济社会全面发展和人的全面发展的重要障碍。因此,环境保护成为当下社会运动和社会组织重要的活动领域。在此过程中,以"自然之友"为代表民间环保组织发挥了日益重要的作用。自然之友成立于 1994 年,是我国第一个在国家民政部注册成立的民间环保团体,其使命是建设公众参与环境保护的平台,让环境保护的意识深入人心并转化成自觉的行动。近年来,针对我国快速工业化和城市化过程中日益凸显的环境问

---

① 《十六大以来重要文献选编》(中),中央文献出版社 2006 年版,第 715—716 页。

题,自然之友通过积极宣传、组织和推动公众参与城市垃圾减量、城市减碳行动、26度空调节能行动、低碳家庭和社区建设、城市自然体验和环境教育以及环境信息公开和环境决策参与等活动。这些活动有利于推动公众参与环境保护,唤醒和提高全社会的环保意识,推动人与自然和谐发展,进而营造全社会关注环境、保护环境的良好氛围。同时,以厦门PX项目为代表的社会运动在环保方面也发挥了重要作用。尽管如此,我国生态环境恶化的态势仍然没有得到有效遏制,为此,社会运动和社会组织必须进一步加强以下措施:企业、人民团体和公众必须进一步联合起来,积极参与环境保护,构建环境保护的社会合力;人民团体和社会组织应该利用各自的优势积极开展教育和宣传工作,让生态文明的理念深入公众心中,并将之内化为每个人的行为准则,进而在实践中积极开展环境保护活动;企业应积极承担自身的社会责任,不仅要采取一切办法积极减少污染,还要大力开展科学研发,积极应用新技术来解决污染问题;等。总之,环境保护关系到每一个人的生存和发展,是社会运动和社会组织的重要活动领域。

3. 社会运动和社会组织在扶贫致富领域的活动

扶贫致富是为帮助贫困地区和贫困户发展生产、摆脱贫困、实现共同富裕的一种社会工作。"消除贫困、改善民生、实现共同富裕,是社会主义的本质要求,是改革开放和社会主义现代化建设的重大任务,是全党全国各族人民始终不渝的奋斗目标。"[①]改革开放以来,虽然我国在扶贫致富方面取得了巨大的成就,多次提高国家贫困线标准,大幅度降低了贫困人口数量,但是由于我国仍处于并将长期处于社会主义初级阶段,经济社会发展总体水平不高,区域发展不平衡,扶贫对象总体规模仍然很大,相对贫困问题日益凸显。因此,扶贫致富是社会运动和社会组织的一项长期的艰巨的社会任务。在实践中,"民主党派、社会团体、科研单位、大专院校、人民解放军、武警部队及社会其他各界积极开展多种形式的扶贫帮困活动,如希望工程、智力支边、文化扶贫等,搞得很有成效"[②]。其中,由团中央和中国青年志愿者协会1996年组织发起的"中国青年志愿者扶贫接力计划"在扶贫致富中作出了积极的贡献。该

---

① 《十七大以来重要文献选编》(下),中央文献出版社2013年版,第634页。
② 《江泽民文选》第一卷,人民出版社2006年版,第556页。

计划是一项全国性的青年志愿者扶贫行动,其主要支柱项目是支教和支医,同时积极开展支科和支农两项试点项目。可见,该计划紧紧抓住贫困地区教育、医疗和科技落后的实际情况,组织和动员广大青年到贫困地区通过志愿服务的方式开展智力扶贫、医疗扶贫和科技扶贫,不仅为扶贫地区"输血",还为贫困地区培育"造血"的功能,为贫困地区从根本上脱贫致富创造了有利条件。在长期扶贫实践的基础上,我国于2011年制定的《中国农村扶贫开发纲要(2011—2020年)》指出:"动员企业和社会各界参与扶贫。大力倡导企业社会责任,鼓励企业采取多种方式,推进集体经济发展和农民增收。加强规划引导,鼓励社会组织和个人通过多种方式参与扶贫开发。积极倡导扶贫志愿者行动,构建扶贫志愿者服务网络。鼓励工会、共青团、妇联、科协、侨联等群众组织以及海外华人华侨参与扶贫"①。显然,这是从国家层面确定了企业、人民团体、社会组织和志愿者在扶贫致富方面的重要作用,进而提出了要构建扶贫致富的社会合力。以此为契机,社会运动和社会组织应在扶贫致富方面采取更加积极有效的措施:企业、人民团体、社会组织和扶贫志愿者应在反贫困中发挥更大的作用,要充分利用自身覆盖面广、机动灵活的优势,因地制宜、因人制宜地采取不同措施来帮助不同的贫困地区、贫富群体实现脱贫致富;社会各界人士在积极参与扶贫致富的过程中,必须着重开展科技兴农和教育兴农等措施,不仅要为贫困地区和贫困群体"输血",更要增加他们的"造血"功能,进而推动贫困地区和贫困群体发挥自身优势,通过自己的双手来脱贫致富,进而不再因外界进行"输血"的中断而出现再次返贫的现象;等。总之,脱贫致富是我国社会主义初级阶段长期面临的一项艰巨任务,是社会运动和社会组织的重要活动领域。

4. 社会运动和社会组织在扶残助残领域的活动

残疾人是指在心理、生理、人体结构上,全部或者部分丧失以正常方式从事某种活动能力的人。据第二次全国残疾人抽样调查数据推算,截止2006年4月1日,中国目前各类残疾人总数为8296万人,占全国人口总数6.34%。毫无疑问,这是一个重要的社会问题,关系到人的全面发展和社会的全面进步能否实现。对此,我们必须清醒地认识到:"对残疾人这个社会脆弱群体给予

---

① 《十七大以来重要文献选编》(下),中央文献出版社2013年版,第366页。

帮助，是社会文明进步的标志。"①因此，扶残助残一直是党和政府高度重视的一项工作，也是社会运动和社会组织的重要活动领域。以举办 2008 年残奥会为契机，我国制定了《中共中央、国务院关于促进残疾人事业发展的意见》，修订了《中华人民共和国残疾人保障法》，批准加入联合国《残疾人权利公约》，制定实施《残疾人就业条例》，为全面保障残疾人的各项合法权益奠定了法律基础。其中，《中共中央、国务院关于促进残疾人事业发展的意见》中明确指出："工会、共青团、妇联等人民团体和老龄协会等社会组织要发挥各自优势，支持残疾人工作，维护残疾职工、残疾青年、残疾妇女、残疾儿童和残疾老人的合法权益。红十字会、慈善协会、残疾人福利基金会等慈善团体要积极为残疾人事业筹集善款，开展爱心捐助活动。"②显然，人民团体和社会组织是扶残助残工作不可或缺的重要力量。其中，中国残疾人联合会（中国残联）就是其杰出代表。中国残联成立于 1988 年，是由中国各类残疾人代表和残疾人工作者组成的全国性残疾人事业团体，是党和政府联系广大残疾人的桥梁和纽带，在维护残疾人合法权益、推动残疾人康复训练等方面作出了积极的贡献。以残疾人康复工作的重点工程白内障复明手术为例，从 1988 年我国将白内障复明手术作为重点康复工程列入国家计划实施开始，仅到 2000 年，在残联的宣传、组织和协助下，我国开展了大量的白内障复明手术，先后使 337 万白内障患者告别黑暗，走向光明。目前，针对现实生活中存在的大量歧视残疾人教育权和就业权等损害残疾人合法权益的事件，以残联为代表的社会组织应该进一步采取以下措施：积极联系各级政府和各类学校，促使各类学校切实尊重和保障残疾人的教育权，不仅特殊学校要积极开展残疾人教育，非特殊学校也要积极创造条件为残疾人受教育敞开大门，进而保障残疾人的教育权，为残疾人成长和成才创造良好的受教育环境；积极联系各级政府和企事业单位，督促用人单位严格遵守《残疾人就业条例》，切实保障残疾人的就业权，让残疾人能够人尽其才、才尽其用，使劳动成为他们创造幸福生活和维护自我尊严的过程，让他们在劳动中充分实现个人价值和社会价值；积极联合政府和其他社会组织开展对残疾人的教育和培训，尤其是加强相关法律法规的培训，不仅使他们能

①　《江泽民文选》第一卷，人民出版社 2006 年版，第 648 页。
②　《十七大以来重要文献选编》（上），中央文献出版社 2009 年版，第 366 页。

够掌握一技之长,实现充分就业,还使他们能够掌握相关法律法规知识,进而能够运用法律手段来维护自身合法权益等。总之,扶残助残是一项长期而艰巨的社会任务,是社会运动和社会组织的重要活动领域。

5. 社会运动和社会组织在减灾救灾领域的活动

我国幅员辽阔,地理气候条件复杂,是世界上自然灾害最为严重的国家之一,不仅灾害种类多、分布地域广,而且发生频率高,给经济社会持续发展和人们的生命健康和财产安全造成了重大的损失。据民政部统计,仅 2012 年上半年,全国各类自然灾害共造成 11336.1 万人次受灾,465 人死亡,97 人失踪,直接经济损失 773.8 亿元。因此,减灾救灾成为党和政府的重要任务,也是社会运动和社会组织的重要活动领域。"新中国成立以来,党和国家始终重视防范和抵御自然灾害的工作,组织和领导人民兴修水利,对江河湖泊进行大规模的治理,大力开展植树造林和水土保持工作,坚持不懈地修建防洪防涝设施。"①同时,广大人民群众大力发扬雷锋精神和志愿者精神,积极投身于减灾救灾活动中。其中,唐山 13 位农民是其楷模。汶川特大地震发生后,宋志永等 13 人几经辗转在第一时间来到灾情最重的北川,成为最早到达当地的志愿者之一,并在第一时间参与抗震救灾工作,用徒手刨、铁锤砸等最原始的手段救出了众多幸存者。抗震救灾结束后,他们成立了"宋志永爱心志愿小分队",并在此基础上于 2009 年成立了"宋志永农民专业合作社",专门从事志愿服务工作,将志愿者精神不断发扬光大。显然,以宋志永为代表的 13 位农民兄弟,以无声有力的行动投身到了救灾工作中,用自己无私的奉献彰显着志愿者精神的光辉,成为全社会志愿者的代表和楷模,并构成了中华民族不屈的脊梁。目前,由于我国面临的减灾救灾工作十分艰巨,因此,在认真总结减灾救灾经验教训的基础上,各级政府和社会力量还必须着重采取以下措施:党和政府必须发挥在减灾救灾过程中的主导地位,带领全国人民大力开展生态修复和环境保护等工作,在科学规划的前提下加强水利、道路等基础设施建设,进而将自然灾害发生的概率降到最低;社会组织和志愿者必须积极加强自身培训,努力提高自身的文化水平和业务素质,不仅在救灾过程中能熟练使用各种救灾工具,还能在灾后对受灾群体进行积极的心理治疗和干预,尽可能减少

---

① 《江泽民文选》第二卷,人民出版社 2006 年版,第 233 页。

灾区的损失并抚平受灾群众的心理创伤；社会组织和志愿者应在平时向社会公众大力普及减灾救灾的知识，并动员和组织公众开展减灾救灾的相应训练，以期在灾难发生时能促使受灾群众在第一时间展开自救救人的工作，进而将受灾损失降到最低；等。总之，减灾救灾是一项长期性的工作，也是社会运动和社会组织的重要活动领域。

此外，社会运动和社会组织还在法律援助、支教助学、促进就业、拥军优属、服务社区、医疗卫生、妇幼保护等领域发挥着积极作用，其活动领域十分宽泛，是社会建设整体合力不可或缺的组成部分。

（三）社会运动和社会组织的健康发展

20 世纪 80 年代，东欧国家兴起和发展的社会运动客观上推动和加速了东欧剧变的发生。在这个过程中，"和平的市民运动所挟带的不断增长的压力使统治机器发生了革命，民主德国就是一个典型的实例，这些市民运动形成了新制度的基础。后者在国家社会主义的废墟中即已显现了出来。革命的先驱是那些自愿组成的协会，包括教会组织、人权组织以及追寻生态和女权目标的反对团体。极权主义公共领域不得不时刻警觉地用暴力来对抗这些协会潜在的影响"①。因此，对于社会运动和社会组织，还必须积极地加以引导和利用，将之纳入到宪法和法律的框架之中。对于处于社会转型期和矛盾突发期的当代中国而言，更应如此。

1. 加强对社会运动和社会组织的引导和帮助

在推动社会运动和社会组织发展的过程中，既要防止无政府主义的倾向，也不能简单地将社会运动和社会组织看作是反政府的力量，必须正确处理好社会运动、社会组织和政府之间的关系。如果得不到正确的引导和帮助，在一定条件下，社会运动和社会组织有可能走向无政府主义甚至反政府的一面。一方面，要推动社会组织的健康发展，必须推动社会组织登记管理体制的转变。目前，我国的社会组织实行双重管理、双重负责的登记管理体制，即社会组织的申报者到民政部门申报登记之前，还需要有业务主管单位的批准，没有

---

① ［德］哈贝马斯：《公共领域的结构转型》，曹卫东等译，学林出版社 1999 年，"1990 年版序言"第 30—31 页。

找到业务主管单位就意味着无法进行登记。这就造成了大量的社会组织处于"非法"状态,没有获得合法的身份,不仅游离于政府的监管之外,也无法提供有效的社会服务。显然,这不利于社会组织的健康成长。要改变这一现状,必须"健全社会组织,增强服务社会功能。坚持培育发展和管理监督并重,完善培育扶持和依法管理社会组织的政策"①。即,政府和社会组织要由管理和被管理之间的关系,向政府负责登记,由社会组织自己管理自身,政府对之进行培育和扶持的方向发展。在实践中,一些地方正在放宽社会组织的准入门槛,使社会组织可以直接登记。2008 年 9 月,深圳将工商经济类、社会福利类、公益慈善类社会组织直接由民政部门登记,为推进社会组织民间化作出制度性安排。北京市在《"十二五"时期社会建设规划纲要》中指出,要积极稳妥地推进工商经济类、公益慈善类、社会福利类、社会服务类社会组织直接登记。2013 年 3 月,国务院发布的《国务院机构改革和职能转变方案》中对改革社会组织管理制度作出了明确的说明,指出:"重点培育、优先发展行业协会商会类、科技类、公益慈善类、城乡社区服务类社会组织。成立这些社会组织,直接向民政部门依法申请登记,不再需要业务主管单位审查同意。"②党的十八届三中全会进一步明确了这一点。另一方面,要推动社会组织的健康发展,必须推动由政府直接提供公共服务向公共服务社会化,即政府委托各类社会组织来提供公务服务,并由政府购买社会服务的转变。目前,我国的公共服务主要是由政府提供,不利于促进社会组织的健康发展,也没有充分发挥好公共服务的社会作用。对此,一些地方正在进行积极的探索和实践。北京市在《"十二五"时期社会建设规划纲要》中指出,加大公共财政对社会组织支持力度,围绕社会基本公共服务、社会公益服务、社区便民服务、社会管理服务、社会建设决策研究与信息咨询服务,每年向社会组织购买 300 个以上公共服务项目。其中,2013 年,北京市计划安排 8000 万元市社会建设专项资金,向社会组织购买 500 个公共服务项目。这将为社会组织的健康发展提供更多的资源和空间,有利于解决长期困扰社会组织的资金问题,促进社会组织健康发展,也有利于发挥社会组织自身优势,弥补政府失灵现象,构建政府和社会组织新型合

---

① 《十六大以来重要文献选编》(下),中央文献出版社 2008 年版,第 663 页。
② 《国务院机构改革和职能转变方案》,2013 年 3 月 15 日《人民日报》第 5 版。

作关系。

2. 必须将社会运动和社会组织纳入到依法治国的框架中

为了避免社会运动和社会组织自身所具有的无政府主义倾向,使其不会走向无政府甚至是反政府的一面,并成为社会建设整体合力的重要组成部分,就必须将社会运动和社会组织纳入到依法治国的框架之中。现阶段,随着社会运动和社会组织的兴起及其在社会建设中作用的日益凸显,我国逐渐加强了对社会组织的培育、发展、管理和监督工作。然而,我国目前对社会组织的管理和监督,大多是依据政府部门发布的相关规章和条例,主要包括国务院1998 年发布的《社会团体登记管理条例》和《民办非企业单位登记管理暂行条例》以及 2004 年发布的《基金会管理条例》。相对而言,相关法律法规还比较欠缺,无法做到依法有效的监管,无法满足社会组织的快速发展的需要。因此,将对社会运动和社会组织的管理和监督纳入到依法治国的框架之中,首先必须积极完善相关法律法规和政策规定,做到有法可依。在这方面,我们可以积极借鉴以日本为代表的发达国家在社会组织立法方面积累的宝贵经验。20世纪 90 年代之前,日本政府曾在相当长一段时间内限制和控制非政府组织的发展,并在某种程度上将其看作是反政府的力量。然而,1995 年阪神大地震后,在第一时间成为抗震救灾核心力量的并非政府部门的救援力量,而是以"自治会"、"町内会"(类似于中国的街道办事处、居委会)为代表的大量民间组织。这些民间组织在抗震救灾和灾后重建中发挥了重要的作用,也使日本政府意识到民间组织非但不是反政府力量,而且可以弥补政府在诸多方面存在的失灵现象。以此为契机,日本于 1998 年通过和颁布了《特定非营利活动促进法》,旨在规范从事特定非营利活动的团体,通过法律形式为大量非营利组织提供一个易于获得法人资格的申请和认证机制。这也从法律上解决了长期困扰社会组织的法人身份问题,使日本的民间组织和志愿社团得到了快速发展,进而促使了公共利益的增进。在结合我国具体国情和借鉴国际经验的基础上,为了加强对社会组织的培育、发展、管理和监督,促进社会组织的健康有序发展,我国应该适时推动对社会组织的立法工作。在此过程中,我们必须将党的领导、人民当家作主和依法治国有机统一起来,使社会组织在党的领导和社会主义法律框架内得到充分发展,成为社会建设整体合力的重要组成部分。同时,社会运动和社会组织也是人民群众自己管理自己即人民自治的重要体现和实践,必须坚持依法自治的原则,必须"加快形成政社分开、权责明确、依法自治的现代社会组织体制"①。依法自治就是依照相关法律法规自己管理自己,是将社会运动和社会组织纳入依法治国框架的重要表现。总之,只有将社会运动和社会组织纳入到依法治国的框架之中,才能促进其健康发展。

3. 加大在社会团体和社会组织中建立党组织的工作力度

坚持党的领导是社会运动和社会组织健康发展的根本保证。党的十六大报告指出:"加大在社会团体和社会中介组织中建立党组织的工作力度。全面做好机关党建工作和学校、科研院所、文化团体等事业单位的党建工作。"②按照这一精神,我们对社会团体和社会组织中的党建工作进行了积极探索。在此基础上,党的十八大报告进一步指出:"党的基层组织是团结带领群众贯彻党的理论和路线方针政策、落实党的任务的战斗堡垒。要落实党建工作责任制,强化农村、城市社区党组织建设,加大非公有制经济组织、社会组织党建工作力度,全面推进各领域基层党建工作,扩大党组织和党的工作覆盖面,充分发挥推动发展、服务群众、凝聚人心、促进和谐的作用,以党的基层组织建设带动其他各类基层组织建设。"③这里,加大在社会团体和社会组织中建立党组织的工作力度,是坚持党的领导的重要体现,也是保障社会团体和社会组织健康发展的重要前提。在社会建设的实践中,我们正在积极探索和实践在社会团体和社会组织中建立党组织的做法。具体来说,对从业人员中党员人数达到三人(包括三人)以上的社会组织和社会团体,就单独建立党组织;若党员人数不满三人,则采取联合组建或挂靠业务主管部门等形式,以确保所有党员都能编入党的一个支部。同时,必须明确党组织在社会团体和社会组织中的政治核心作用,保证党组织在政治上、思想上对社会团体和社会组织的指导,这是保证社会运动和社会组织坚持正确发展方向的前提。例如,党组织应积极引导市民社会向社会主义方向发展,构建社会主义公民社会;党组织应积极引导公众将雷锋精神和志愿者精神统一起来,用社会主义核心价值体系规

---

① 胡锦涛:《坚定不移沿着中国特色社会主义道路前进 为全面建成小康社会而奋斗——在中国共产党第十八次全国代表大会上的报告》,人民出版社 2012 年版,第 34 页。

② 《江泽民文选》第三卷,人民出版社 2006 年版,第 572 页。

③ 胡锦涛:《坚定不移沿着中国特色社会主义道路前进 为全面建成小康社会而奋斗——在中国共产党第十八次全国代表大会上的报告》,人民出版社 2012 年版,第 53—54 页。

范志愿者精神;等。此外,必须充分尊重和保障社会运动和社会组织的自治性,这是保证社会运动和社会组织发展壮大的关键。即,必须将党的领导与社会运动和社会组织的自治有机统一起来。唯此,才能促进社会运动和社会组织的健康发展。

总之,只有将党的领导、人民当家作主和依法治国有机统一起来,才能确保社会运动和社会组织的健康发展,进而构建社会建设的整体合力,将社会建设不断推向前进。

综上,"实现中国梦必须凝聚中国力量。这就是中国各族人民大团结的力量。中国梦是民族的梦,也是每个中国人的梦。只要我们紧密团结,万众一心,为实现共同梦想而奋斗,实现梦想的力量就无比强大,我们每个人为实现自己梦想的努力就拥有广阔的空间。生活在我们伟大祖国和伟大时代的中国人民,共同享有人生出彩的机会,共同享有梦想成真的机会,共同享有同祖国和时代一起成长与进步的机会。有梦想,有机会,有奋斗,一切美好的东西都能够创造出来。全国各族人民一定要牢记使命,心往一处想,劲往一处使,用13亿人的智慧和力量汇集起不可战胜的磅礴力量"①。同样,只有凝聚"中国力量",才能将当代中国社会建设不断推向前进。

---

① 习近平:《在第十二届全国人民代表大会第一次会议上的讲话》,2013 年 3 月 18 日《人民日报》第 1 版。

第十二章　开展社会工作:当代中国
社会建设的活动载体

　　我们建设有中国特色社会主义伟大事业,是以经济建设为中心、全面发展的事业。人,既有物质的需求,又有精神的需求。在我们的社会里,人们在追求物质生活和精神生活进步的过程中,需要有平等友爱的人际关系和团结互助的社会环境。

　　——江泽民:《残疾人事业是崇高的事业》(1997 年 5 月 1 日),《江泽民文选》第一卷,人民出版社 2006 年版,第 647 页。

　　要以服务群众为主题,增强社会服务功能,拓展社会服务领域,提高社会服务水平,形成社会服务网络化的新格局,积极开展面向特殊群体的社会救助、社会福利和优抚保障服务,面向群众的便民利民服务,面向下岗失业人员的再就业服务和社会保障服务。

　　——胡锦涛:《在省部级主要领导干部提高构建社会主义和谐社会能力专题研讨班上的讲话》(2005 年 2 月 28 日),《十六大以来重要文献选编》(中),中央文献出版社 2006 年版,第 714 页。

　　社会工作以其特有的理念、方式和功能,为人民群众尤其是为处于弱势地位的个人、家庭、群体和社区提供相关服务,是从制度化福利安排转化为人民群众具体福利的重要渠道和主要载体。在当代中国,社会工作是化解社会矛盾、维护社会稳定、促进社会和谐的有效途径,是社会主义社会建设的重要载体。做好社会工作既是社会主义社会建设的重要任务,又是社会主义社会建设的重要动力。

一、社会工作及其在社会进步中的作用

作为一项独特的助人自助的事业,社会工作是将制度化福利安排落到实处的渠道和载体,在促进社会进步的过程中具有独特而积极的重要作用。

(一) 社会工作的含义和范围

社会工作是社会建设的重要组成部分,有其特定的含义和范围,在社会建设中发挥着不可替代的作用。

1. 社会工作的含义

社会工作是在助人活动基础上形成的专业和职业,是传送社会福利的重要途径。

经过长期发展,人们对社会工作的认识越来越具体和明确。联合国曾经在 1960 年出版的《国家社会服务方案的发展》一书中指出,社会工作是协助个人及其社会环境,以使之更好地相互适应的活动。国外有学者将之定义为一门艺术、一门科学、一个专业。它通过社会实践帮助人们解决个人、家庭、群体和社区的问题,并帮助人们获得满意的人际关系、群体关系和社区关系。因此,"社会工作最显著的特点是依靠受过专门训练的人来解决社会问题,提高个人、家庭、群体与社区的福祉","社会工作的特点是注重直接干预,用受过专业训练的工作者来有效地解决社会问题。"①具体来看,一是从其性质来说,社会工作具有以下三个维度:实践的社会工作以实务的服务、行动和问题解决助人;专业的社会工作以专业知识、价值和技能助人;制度的社会工作以社会福利制度的理念、政策和项目助人。二是从其主体和客体看,社会工作主要由政府、社会团体、社区和企业中的职业社会工作者承担;主要是为社会上有需要的人,尤其是处于弱势地位的个人、家庭、群体和社区等提供专门的社会服务。三是从其理念和目的来讲,社会工作是秉承利他主义、以"助人自助"为

---

① [美]詹姆斯·米奇利:《社会发展:社会福利视角下的发展观》,苗正民译,格致出版社、上海人民出版社 2009 年版,第 22 页。

宗旨的助人服务活动;主要是调适人和社会的互动关系,恢复、改善和发展人和社会的功能,预防和解决社会问题,以使之适应正常的社会生活,最终达到服务对象与实现社会和谐的目的。四是从其方法和手段看,社会工作包括社会个案工作、社会小组工作、社区工作、社会行政等,有浓厚的专业知识和科学背景;它通过整合社会资源、激发人的潜能来开展工作。可见,社会工作是一项专业性很强的以利他主义为指导的、与社会福利制度密切相关的专业助人活动,其关注的是社会上需要帮助的个人、家庭、群体和社区,尤其是处于弱势地位的人们的生活状态的改善。同时,这种改善还尽可能通过追求受助者自身的成长来实现,从根本上达到改进受助者生活质量的目标,即达到"助人自助"的目的。

一言以蔽之,社会工作是一种以助人自助为宗旨的专门职业活动。

2. 社会工作的范围

社会工作涵盖了社会生活的广泛领域,主要集中在社会服务领域中。

社区家庭。社区是社会生活的重要单位,因此,要"加强公共服务设施建设,改善生活环境,发展社区服务,方便群众生活。"①社区家庭就是以社区和社区居民家庭为对象而开展的社会工作,包括社区建设、家庭生活服务、青少年事务、妇女权益维护等服务领域。

福利保障。福利保障包括社会福利、社会救助、慈善事业、优抚安置、减灾救灾、收养服务等社会工作服务,涉及保障性和廉租性住房的建设、对收养孤寡和被遗弃病残儿等福利机构的建设、为城市低保人群提供资金支持、为退伍军人安置工作、对因发生自然和社会灾害而受害的人群提供救助服务等问题。

公共卫生。公共卫生是针对社区或者社会的医疗措施。"公共卫生建设工作,关系到最广大人民的切身利益,也关系到全面建设小康社会宏伟目标的实现,必须下大气力抓好。"②这样,公共卫生就成为社会工作介入的重要领域,主要包括医疗卫生、预防保健、计划生育等社会服务,会涉及精神卫生、残障康复、艾滋病防治等方面的救助和服务。一般医疗工作面向的是个体,公共卫生或作为社会工作的医疗工作面向的是社会。

---

① 《江泽民文选》第三卷,人民出版社 2006 年版,第 552 页。

② 《十六大以来重要文献选编》(上),中央文献出版社 2005 年版,第 398 页。

学校教育。学校教育是指学校的社会工作,主要向有特殊困难、特殊问题或有特殊才能的少数学生提供直接或间接的社会服务,以使之获得教育机会、克服学习障碍、增强学习能力、实现自我发展,包括校内教育、辅导学生等社会工作服务。一般学校教育面向的是全体学生,主要进行德智体美劳等方面的教育;作为社会工作的学校教育面向的是具有特殊需要的学生个体,涉及心理辅导和智能开发等特殊问题。

司法矫治。这是以罪犯(或具有犯罪倾向的人员)、刑释人员及其家人为对象的社会工作。主要是通过提供思想教育、心理辅导、行为纠正、技能培训、生活照顾和环境改善等服务,以达到消除犯罪心理结构、修正行为模式、适应社会生活的目的,包括监狱管理、戒毒、青少年管教、社区矫正等社会工作服务。

就业服务。就业服务是帮助解决失业、待业等问题的社会服务。在我国,"解决就业困难群众的再就业问题,单靠一般性的职业介绍和职业指导是不行的,必须提供更有针对性的就业服务,进一步把工作做细做实。有些地方开展'一对一'服务,专人负责,跟踪到底,直到帮助下岗失业人员实现就业。"[①]因此,就业服务主要包括就业培训、职业辅导、职业中介等社会工作服务。

企业单位。企业单位主要指企业的社会工作。在我国企业发展的过程中,在提高企业效益的同时,必须"保证全体职工享受民主权利和合理的劳动条件、生活条件、学习条件"[②]。因此,企业社会工作,不仅要帮助职工解决工作压力和精神压力等问题,而且要开展劳动福利的保障、职工权益的维护、职业生涯发展的规划等社会服务。

作为一种助人自助的社会服务活动,社会工作主要包括以上七大领域。当然,由于每个国家国情不同,其具体领域略有增减。同时,随着社会发展,其范围也会有所调整。

在社会转型期,总有更多的人需要帮助。这样,社会工作的领域和边界就会不断扩大。

---

① 《江泽民文选》第三卷,人民出版社2006年版,第508页。
② 《邓小平文选》第二卷,人民出版社1994年版,第271页。

（二）社会工作的目的和理念

作为一门专业和一项职业的社会工作有其内在的灵魂——"助人自助"。这一社会工作的核心价值观具体体现为社会工作的目的和理念，塑造着社会工作的独特品质和独特价值。

1. 社会工作的目的

社会工作的首要目的是帮助处境困难的人并解决社会问题，并向之提供社会服务。

治疗社会创伤。任何社会都会遇到这样或那样的问题，可能会给某些社会成员的生存和成长带来一定的负面影响，给人们的生理和心理、肉体和精神上造成严重创伤，影响人们正常的生活和工作，甚至会影响到社会稳定和社会和谐。这样，治疗社会创伤就成为社会工作的重要目的。例如，面对自然灾害及其造成的社会问题，一是要搞好心理抚慰，"要深入灾区群众特别是遇难者家属，耐心细致地做好思想工作，注重做好心理安抚，维护好特殊情况下的社会秩序，确保灾区社会安定、人心稳定。"[1]这样，才能使遭遇不幸的人们摆脱心理阴影。二是要搞好身体康复，通过医学康复（利用医疗手段促进康复）、教育康复（通过特殊教育和培训以促进康复）、职业康复（恢复就业，取得就业机会）和社会康复（在社会层次上采取与社会生活有关的措施促进康复）等手段，促进灾害造成的残疾人消除和减轻人体功能障碍。只有双管齐下，才能平复人们的创伤，使之重返社会。在市场经济条件下，对于竞争给竞争失败者造成的社会创伤更需要社会工作的积极医治。

照顾社会弱者。每个社会都有弱者和弱势群体。社会工作需透过必要的渠道、通过提供各种形式的服务来改善其生活状况，使之生活得安心、体面和舒适。例如，英国的个人社会服务由地方政府的社会服务部门及各种相关机构为以下群体提供的社会护理（social care）构成：儿童和家庭、老年人、身体残疾者、有学习障碍者和精神病患者。因此，"社会工作（social work）通常被认为是个人社会服务中的关键性活动"[2]，区别于政府的公共服务。在当代中国，我们"要重视解决关系人民群众疾苦的各种实际问题，下最大的决心，花

---

① 《十七大以来重要文献选编》(上)，中央文献出版社 2009 年版，第 467 页。

② ［英］马丁·鲍威尔：《新工党，新福利国家？——英国社会政策中的"第三条道路"》，林德山、李资资、吕楠译，重庆出版社 2010 年版，第 76 页。

最大的气力,切实帮助群众解决困难。"①例如,面对贫困人口,社会工作将参与开发式扶贫作为参加反贫困的重要方式,着重造血而不是输血,这样,就体现了社会工作自助助人的宗旨。另外,随着大量人口的自由流动,农村出现了大量留守儿童和老人,城市中出现了大量需要入学就读的农民工子女。解决这些社会问题,也需要社会工作者提供相关的服务。

改善社会环境。社会问题是由社会环境特别是不公平的社会环境造成的,因此,在助人自助的过程中,社会工作关键是要发现问题背后的社会环境因素。例如,美国《全国社会工作者协会伦理守则》明确提出了"社会公正"的价值观,要求"社会工作者致力于社会变革,特别是那些脆弱的、受压迫的个人和群体一起,并代表他们致力于社会变革。"②社会工作可通过各种宣传、教育、培训等活动,营造良好的有利于处于弱势地位的个人和群体得到尊重和善待的社会氛围,与各方共同打造良好的帮助弱势群体、有利于弱势群体康复和恢复正常生活的社会文化;通过促进相关立法、制定相应政策、建立健全相应制度,增加和改进有利于处于弱势地位的个人和群体生活的基础设施建设,改善其生活状态、提高其生活质量。当然,这一切都要以真实共同体的存在为前提。在当代中国,社会主义和谐社会为社会工作者开展社会工作提供了良好的社会环境。

总之,社会工作的目的体现为两个方面:一是要帮助处于弱势地位的个人和群体以使之更好地适应环境、更好地生活;二是要以某些形式对社会资源进行公平的再配置,使社会上处于弱势地位的人和群体生活得更好和更有尊严。

2. 社会工作的理念

理念就是人们对社会中存在的事物进行是非、善恶、美丑评判的价值观念。社会工作在自身发展的过程中形成了其独特的理念。具体来看:

服务他人。社会工作从一开始就具有鲜明的助人特征,其助人活动完全是为了改善被救助个人和群体的生存和发展条件的利他行为。美国《全国社会工作者协会伦理守则》明确提出了"服务"的价值观,要求社会工作者视服

---

① 《江泽民文选》第二卷,人民出版社 2006 年版,第 571 页。
② 《全国社会工作者协会伦理守则》,载[美]劳伦斯·纽曼等:《社会工作研究方法:质性和定量方法的应用》,刘梦译,中国人民大学出版社 2008 年版,第 615—616 页。

务他人高于个人利益。社会工作者运用自身知识、价值观和技能帮助处境困难的人并解决社会问题。鼓励社会工作者用自身的部分专业技能向公众提供志愿服务,不求丰厚的经济回报(无偿服务)。社会工作者以服务他人为己任、奉行助人的价值观,这样,在服务他人的过程中,自身也获得了精神满足。在社会主义建设中,雷锋精神,对于社会主义精神文明建设和社会主义社会文明建设都具有重大的意义。今天,我们仍然要学习雷锋助人为乐的精神,坚持全心全意为人民服务,要将雷锋精神贯穿在社会工作中。只有站在全心全意为人民服务的高度,我们才能提升社会工作的"服务"的价值观,在超越西方社会工作的过程中,形成中国特色的社会工作。

社会互助。社会工作将优化人际关系或社会关系摆在了重要位置。美国《全国社会工作者协会伦理守则》明确提出了"人类关系的重要性"的价值观,要求社会工作者明白人际关系和群体中的关系是变革的重要载体。在助人过程中,社会工作者把参与的人当成自己的合作伙伴。社会工作者通过有目的地强化人们之间的关系来促进、恢复、维护和增进个人、家庭、社会群体、组织和社区的福祉。通过大力调动和优化配置社会各界的爱心、资源和力量,社会工作能够促进人们之间的互相帮助。"在我们社会主义社会里,既尊重个性、承认物质利益,更倡导互助友爱、崇尚奉献精神。"①我们应将互助友爱的精神贯穿在社会工作中,不仅要注重物质互助,而且要重视精神互助,使大家都能够从互助中感受到社会主义大家庭的温暖和良好人际关系的温情。这样,才能实现社会团结和社会友爱,进而才能实现社会和谐的理想。

增进福祉。从其发展功能来说,通过改善处于弱势地位的个人和群体的生活,社会工作能够增进社会福祉。美国《全国社会工作者协会伦理守则》将"社会福利"作为社会工作者对全社会的首要的伦理责任,要求社会工作者应促进从本地直至全球社会整体的福祉,并推动民众、社区和环境的发展。社会工作者应倡导有利于满足人的基本需求的生活条件,并推动经济、政治、文化、社会、生态方面的价值观和机制与实现社会公正协调一致。在服务对象的具体需要得到满足的同时,社会工作要以增进社会福祉为目的。在社会主义条

---

① 胡锦涛:《在同中国农业大学师生代表座谈时的讲话》,人民出版社 2009 年版,第 7 页。

件下,"社会建设与人民幸福安康息息相关。"①以此为根据,我们必须将维护和保障人民群众的"福利权"或"幸福权"作为社会工作的最高价值。社会工作要通过自己特定的方法,帮助人们尤其是处于弱势地位的个人、家庭、群体和社区认识到其福利权和幸福权,并通过自己的努力来实现自己的福利权和幸福权。

社会工作理念也称作社会工作价值理念,是社会工作的灵魂和指导社会工作的价值观。

总之,社会工作的目的和理念,不仅是构建中国特色社会工作的智力支撑和价值导向,而且是建设社会主义和谐社会的重要内容和基本任务。

(三) 社会工作的功能和作用

社会工作的功能和作用是多方面的。在当代中国,社会工作既是社会主义和谐社会的重要组成部分,又是构建社会主义和谐社会的重要推动力量。

1. 改善民生,维护社会稳定

社会稳定是社会和谐的基本前提,社会工作是维护社会稳定的重要方式。尽管影响社会稳定的因素很多,但是,民生问题是其关键变量。在民生问题、社会工作和社会稳定三者之间,存在着复杂的关系。社会工作所涉及的是处于弱势地位的个人和群体的生存和发展的问题,即民生问题。尽管有些问题是由服务对象的个体原因导致的,但是,许多问题是由于社会发展不平衡、社会保障体系不完备、社会服务供应不足而造成的。这样,就需要社会工作的积极介入,否则,就会增加社会不稳定因素。例如,针对2005年10月在法国巴黎发生的骚乱,有的论者指出,目前的资本主义加剧了社会的贫富差距。在这些问题上,法国和其他国家的唯一区别就是在巴黎的北部和东部穷人更加聚集。因此,"要想保持这些地区的稳定,我们需要有效的镇压,并进行大量的预防工作,比如社会帮助、对贫困家庭的救助,以及帮助在学业上遇见挫折的年轻人。"②镇压能够有效解决问题,却是不可持续的;要从源头上解决问

---

① 《十七大以来重要文献选编》(上),中央文献出版社2009年版,第29页。
② [法]米歇尔·罗卡尔:《从巴黎郊区骚乱看法国社会整合的危机》,人民网强国论坛2005年12月6日(http://www.people.com.cn/GB/32306/32313/32330/3920672.html)。

题,必须诉诸预防的方式。社会工作就是社会预防的重要方式。通过加强社会工作,将社会福利和社会服务有效地传送给处于弱势地位的个人和群体,可以改善其处境,增加社会认同和归属,这样,就能够夯实社会稳定的社会基础,防患于未然。

2. 创造机会,实现社会公正

社会公正表明的是社会的合理而应当的秩序和状态,其实质是要保证全体社会成员在社会生活的各个领域的平等权益。在社会生活中,往往是由于机会不平等造成了一些个人和团体处于弱势地位,因此,我们强调的是机会平等,而不是待遇平等。社会公正是社会工作的核心价值之一。"社会工作者的社会变革目标主要是解决贫困、失业、歧视和其他形式的社会不公正问题。其工作力求促使公众敏锐察觉压迫问题、文化多元性以及种族的多样性,并增进这些方面的知识。社会工作者致力于保障所有人都有途径得到所需要的信息、服务和资源;机会平等;并以有意义的方式参与决策。"①社会工作以其独有的方式为社会成员尤其是处于弱势地位的成员创造机会。一是通过防止和消除基于种族、民族、性别、年龄等自然状况的差别而形成的歧视以及基于社会原因形成的阶级支配,社会工作能够为一切社会成员尤其是处于弱势地位的成员创造平等的机会。二是通过以公平的方式向社会传送信息、服务、资源和物品,社会工作能够使处于弱势地位的人们的基本物质需要得到满足,进而能够发现其内在的潜力,获得发展的机会。三是通过倡导政策和立法方面的变革,社会工作能够促进社会更多地向处于弱势地位的个人、家庭、群体和社区开放,从而为之创造平等的机会。最终,通过发挥再分配的功能,社会工作能够使社会资源得到更加合理、平等的配置,使更多的人能够分享到经济社会发展的成果。

3. 增权益能,增进社会活力

一个社会只有保持活力,才能实现可持续发展。社会活力在根本上取决于社会全体成员的素质和能力。提升人的素质和提高人的能力,不仅依赖于教育发展,而且依赖于社会工作。在社会工作中,社会工作者除了扮演社会福

---

① 《全国社会工作者协会伦理守则》,载[美]劳伦斯·纽曼等:《社会工作研究方法:质性和定量方法的应用》,刘梦译,中国人民大学出版社 2008 年版,第 616 页。

利的发送者、社会服务的提供者的角色外,还充当着人力资源开发者的角色。这就是向服务对象提供教育、培训、咨询等服务,以培养和开发服务对象自身克服困难、应对挑战、解决问题、适应环境、正常生活的能力,进而在此基础上要促进服务对象自身的发展。这就是"助人自助"宗旨的体现,即不但要授人以鱼,更要授人以渔。在这个意义上,"社会工作者还寻求提高人们处理自身需求问题的能力。"①。这就是要增权益能(empowerment)。假如说"empowerment"在维护公民权益方面更多强调的是"增权"(赋权)的话,那么,在社会工作方面应该更多强调"益能"(赋能)的意义,即增进做事的能力。例如,通过社会工作,可以实现妇女益能、儿童成长中的益能等。总之,社会工作就是在坚持每个人或社区自身都具有解决问题潜力的价值原则下,在助人的过程中激发起服务对象的潜能,提高服务对象的素质和才能,使之与环境形成良好的互动,在实现其自身发展的基础上,增强社会活力。

4. 维护人权,促进社会进步

在社会发展进程中,人权尤其是弱势群体实际能享受到的权利是衡量社会进步的重要标尺。社会工作既是人权事业的重要组成部分,也是促进人权事业发展的重要动力。现在,"社会福利权"(福利权)已成为重要的人权理念,并得到了法律的认可。在当代中国,劳动者的社会福利权在《劳动法》第九章作了明确规定。第七十六条提出:"国家发展社会福利事业,兴建公共福利设施,为劳动者休息、休养和疗养提供条件。用人单位应当创造条件,改善集体福利,提高劳动者的福利待遇。"②其实,社会在不断发展,弱势群体能享受的权利也应不断扩大,其生活的水平和生命的质量也应得到不断提高。社会工作以其独特的助人理念和方式,通过传送社会保障和社会福利,能够帮助人们获得生存和发展所需要的条件,实现其生存权和发展权。同时,社会工作能够促进社会成员平等地享受和领取各项社会福利待遇,监督和防范超越法律规定的特权,实现社会福利人人共享。这样,在维护人权并不断促进个人全面发展的基础上,社会工作能够有效推动社会进步。

可见,社会工作能够增进整个社会的和谐稳定安康的氛围,在社会建设中

---

① 《全国社会工作者协会伦理守则》,载[美]劳伦斯·纽曼等:《社会工作研究方法:质性和定量方法的应用》,刘梦译,中国人民大学出版社 2008 年版,第 613 页。
② 《中华人民共和国劳动法》,中国法制出版社 2010 年版,第 16 页。

具有积极而不可替代的功能和作用。

二、当代中国社会工作的新课题

新中国建立后,我国社会工作在保障人民群众权益方面发挥了重要作用。目前,由于一系列原因,我国社会工作还难以完全胜任助人自助的责任和使命。因此,加强和创新社会工作具有十分急迫的意义。

(一) 我国社会工作的发展历程

新中国社会工作的发展大体上经历了行政化、独立化和专业化三个发展阶段。

1. 我国社会工作的行政化阶段

在改革开放之前,我国社会工作具有明显的行政化特征。新中国成立初期,在治理娼妓、禁绝烟毒方面,主要由政府相关部门具体负责,同时结合社会改造运动,对相应的人员进行思想教育、劳动改造和安置工作;在救灾减灾、治理失业等方面,政府既组织群众开展生产自救、群众互助、以工代赈等活动,又辅之以必要的救济方法和就业安置。后来,我国逐渐建立起了以政府为核心、以企业和农村集体参与为辅助的社会工作体系。政府的民政体系是发送社会保障和社会福利工作的主要职能部门,人民团体也承担了部分工作。在城市里,企事业单位几乎包办了社会保障和社会福利的一切工作;在农村,实行了农村合作医疗和"五保"制度。在社会福利方面,政府部门成立了社会福利院、儿童福利院、精神病院、敬老院、儿童村和康复中心。民政系统负责优抚安置工作。这种由国家、企事业单位和集体包办一切的社会工作模式,是由计划经济体制决定的。当时因国家实力所限,社会保障和社会救助能力较低。另外,受极"左"思想的影响,我们将社会学和社会工作专业看作是资产阶级学科而加以撤销,这样,就造成了缺乏专业社会工作者的问题。尽管如此,从总体上来看,新中国前三十年的社会工作覆盖面较广,为社会稳定、国家发展、人民福利做出了重要贡献。其中,民政工作成为典型的中国特色的社会工作。

2. 我国社会工作的独立化阶段

改革开放后,我国社会工作得到了很大发展。主要表现为:(1)建立和健全社会工作机构。1978 年,我国设立民政部,历经几次机构调整,仍然延续至今。民政部是我国社会工作的主要管理机构。(2)恢复和重建社会工作专业。1979 年,我国开始恢复和重建社会学专业;1987 年以来,又逐渐开设了社会工作与管理专业。1991 年,中国社会工作教育协会成立。(3)建立和健全社会工作服务机构。1991 年,中国社会工作者协会正式成立。此外,我国还陆续建立了中华慈善总会、中国 SOS 国际儿童村、爱之桥服务社等全国性公益民间组织。(4)开展社会工作职业化制度建设的试点。2003 年,民政部向全国各省市自治区民政厅(局)下发《关于加强社会工作队伍建设的通知》,倡导有条件的地方积极开展社会工作职业化制度试点工作。2003 年,上海市率先由民政局和人事局联合建立了社会工作者职业资格制度;同年,江苏省建立了社会工作者水平等级考试制度,浙江省建立了社会工作与管理岗位资格证书考试制度。(5)制定和完善社会工作职业化制度建设政策。2006 年 7 月,原人事部、民政部联合发布了《社会工作者职业水平评价暂行规定》和《助理社会工作师、社会工作师职业水平考试实施办法》,为社会工作职业化制度建设提供了政策依据和支持。(6)设置社会工作岗位。2001 年,民政部批准发布《老年人社会福利机构基本规范》、《残疾人社会福利机构基本规范》、《儿童社会福利机构基本规范》等行业标准,明确提出了在这些机构设置社会工作岗位的要求。这样,我国就基本完成了社会工作独立化的任务。

3. 我国社会工作的专业化阶段

2006 年 10 月,党的十六届六中全会通过的《中共中央关于构建社会主义和谐社会若干重大问题的决定》明确提出了"建设宏大的社会工作人才队伍"的要求。这是第一次将社会工作的内容写入党的文件中,极大地推动了我国社会工作的发展。(1)健全社会工作机构。根据国务院机构改革方案,将社会工作人才队伍建设的职能赋予民政部,在民政部人事司加挂社会工作司的牌子。(2)加强社会工作专业建设。2008 年 12 月,国务院学位委员会决定设置社会工作专业硕士学位;次年,通过评审的研究生培养单位为 33 所。同时,民政系统、人民团体也在本系统内开展了社会工作专业在职培训。(3)加强社会工作职业化制度建设。2008 年 6 月,我国首次举办全国助理社会工作师和社会工作师的职业资格考试;以后,各地相继多次举办这类考试。2009 年,民政部出台《社会工作者职业水平证书等级办法》和《社会工作者继续教育办法》。(4)设置社会工作岗位。2008年11月,民政部会同人力资源和社会保障部出台《关于民政事业单位岗位设置管理的指导意见》,确定了大多数民政事业单位主要提供社会工作专业服务的发展方向;2009年10月,民政部出台《关于促进民办社会工作机构发展的通知》,要求积极促进民办社会工作机构的发展。可见,党的十六届六中全会真正开启了我国社会工作专业化的历史进程。

总之,在新中国成立后的六十多年里,我国的社会工作逐步向专业、全面、高层次的方向发展,力图为社会建设做出更大的贡献。

(二) 我国社会工作的发展成就

改革开放以来尤其是恢复和重建社会工作专业以来,我国社会工作取得了可喜的成就。

1. 建立和完善中国特色社会工作政策体系

在党的十六届六中全会精神的指导下,我们不断完善中国特色社会工作政策体系。在总体政策方面,《中共中央关于构建社会主义和谐社会若干重大问题的决定》第一次明确提出了社会工作人才队伍建设的总体原则和具体要求。2011年7月5日,中共中央、国务院作出了"关于加强和创新社会管理的意见",要求开展社会关爱行动,发展社会专业服务机构,加强社会工作专业人才队伍和社会志愿者队伍建设,关心帮助困难家庭和个人。这两个文件为建立和完善中国特色社会工作政策体系指明了方向。在具体政策方面,2009年10月,民政部发出了"关于促进民办社会工作机构发展的通知";2011年9月,民政部印发《全国民政人才中长期发展规划(2010—2020年)》;2011年11月,中央组织部等18个部门和组织联合发布了《关于加强社会工作专业人才队伍建设的意见》;2012年3月,中央组织部等19个部委和群团组织联合印发了《社会工作专业人才队伍建设中长期规划(2011—2020年)》;2012年12月,民政部发布《社会工作者职业道德指引》。这些文件是社会工作进一步发展的重要政策支持。这样,就为社会工作融入和推动社会建设提供了政策依据。

2. 初步构建起了中国特色社会工作管理体系

在推进中国特色行政管理体制改革的过程中,我国逐步建立和完善了社会工作行政管理体制。在中央政府层面,国务院在民政部成立了社会工作司,赋予该部门制定社会工作发展规划、政策和职业规范,推进社会工作专业人才队伍建设的职能。此外,机构改革后新组建的人力资源和社会保障部也行使部分社会工作管理的职权。在地方政府层面,大部分省市、自治区民政厅成立了社会工作人才队伍建设领导小组。截止到 2011 年底,北京市、广东省成立社会工作委员会,上海市民政局、广东省民政厅、新疆维吾尔自治区民政厅成立了社会工作处,多数省市民政厅在人事处加挂了社会工作处牌子。其中,北京市成立了北京市委社会工作委员会和北京市政府社会建设办公室,采用"一套人马、两个牌子"的机构模式。这样,就为加强和创新社会工作提供了行政管理方面的支持。

3. 初步构建起了中国特色社会工作实务体系

我国社会工作实务得到了极大发展。(1)行业自律组织不断扩展。截止到 2011 年底,全国有一半以上的省、市、自治区成立社会工作协会,很多地市和区县也相继成立社会工作协会,社工行业组织呈现出大发展趋势。(2)民办社会工作服务机构发展迅速。据不完全统计,截至 2011 年,全国已创办 600 多家民办社工服务机构,主要分布在社会救助、社会福利、社区建设、减灾救灾等 20 多个领域。(3)社会工作专业人才队伍逐步壮大。在社会工作专业人才职业水平评价方面,2008 年至 2011 年,经过 4 年的社会工作者职业水平的国家考试,全国已有 54176 人获得社会工作者职业水平证书。其中社会工作师 13421 人,助理社会工作师 40755 人。自 2009 年民政部发布《关于民政事业单位岗位设置管理的指导意见》以来,全国各地在相关机构和领域积极开发社会工作岗位,截止到 2011 年,已在相关部门设置了 63000 多个社会工作岗位。(4)社会工作服务领域不断拓展。我国社会工作已初步形成多领域拓展、多部门联合推进的趋势。社会工作已由老年、儿童、社区、家庭等传统领域扩展到教育辅导、司法矫正、人民调解、就业服务、医疗卫生、计划生育、扶贫开发等新兴领域;由民政部门推动,延伸到教育、公安、司法、人口计生、民政事务以及工、青、妇、残联等多部门共同推动。(5)社会工作经费投入不断增加。2011 年,民政部使用福彩公益金 1000 万元支持社工培训项目;深圳市使用福彩公益金 9324 万多元购买社工服务;广州市、区两级财政投入 8000 万元购买社工服务,并明确以此作为政府推动社会工作建设的主要模式。① 可见,我国已初步建立起了中国特色社会工作实务体系。

4. 初步构建起了中国特色社会工作教科体系

我国已初步建立起了中国特色社会工作教育体系和科研体系。在教育体系方面,我国已形成了一个由高职高专、本科、硕士、博士等层次构成的完整的社会工作教育体系。截止到 2011 年底,全国已有 250 多所高等院校设立了社会工作本科教育专业,每年毕业学生约 1 万多人。全国有 60 所高校和科研机构开展了社会工作硕士专业学位教育,已招收 2000 多名研究生。在科研体系方面,中国社会科学院社会学研究所、民政部政策研究中心以及高校中的社会工作研究机构构成了我国社会工作的科研体系。《中国社会工作百科全书》(民政部)是我国第一部社会工作百科全书,《中国社会工作发展报告(1988~2008)》(中国社会工作协会)是我国第一部社会工作发展报告。同时,"社会蓝皮书"(中国社会科学院)、"中国社会发展研究报告"(中国人民大学)是我国社会工作研究成果的代表作。另外,《中国社会工作》(2009 年 1 月正式创刊)等杂志是社会工作研究的专门阵地。这样,社会工作教育和科研就成为中国特色社会工作的重要组成部分。

总之,我国社会工作取得的上述成就,为开拓中国特色社会工作道路奠定了良好的基础。

(三) 我国社会工作的现实难题

近年来,虽然我国的社会工作有了长足的发展,但仍然面临着一系列的现实难题,阻碍着社会工作功能的有效发挥。

1. 社会工作的人才队伍问题

目前,我国的社会工作主要是由政府的民政和社会保障部门、人民团体、法律援助中心等机构中的工作人员来承担,另外一支重要力量就是近几年刚刚建立的社区工作者队伍。目前,我国发展了一支近 20 万人的社会工作专业人才队伍,其作用已逐步显现。但是,也存在着以下问题:(1) 总量不足。美

---

① 参见中国社会工作协会:《2011 年度中国社会工作发展报告》,《社会与公益》2012 年第 6 期。

国专业社会工作者占总人口的比例为 2.8‰，日本为 6.26‰，我国香港地区为
5.7‰。按照国外每千人中就有 2 至 2.5 名社会工作者的标准，我国需要专业
社会工作者 300 万人，缺口很大。（2）素质不高。截至 2008 年，上海社会工作
人员中接受过系统的专业教育的仅占 2%。广东 45.5 万从业人员中，毕业于
社会工作专业的只有 969 人，仅占从业人员的 0.21%。（3）结构失衡。在地
域上，我国的社会工作队伍多数集中在大中城市，不少中西部地区尤其是农村
还缺乏专门的社会工作者。在年龄上，我国现有的社会工作者年龄偏高，即使
有新鲜血液补充进入也由于薪酬待遇偏低等原因而不断流失。

2. 社会工作的工作范围问题

我国社会工作的范围还比较狭窄。主要问题有：（1）关注民政问题较多。
我国社会工作还停留在对长期处于贫困的人群、孤寡老人、孤儿及遭受重大突
发灾难受损的人群进行社会救助的水平，而对于这些人的精神救助还较缺乏，
对因其他原因暂时处于弱势状态的人还不能提供及时和深远的服务。（2）关
注新社会问题较少。在城市社区建设、农村社区建设、矫治工作、婚姻和家庭、
老年人服务、医疗卫生服务、法律援助等方面，对农村留守儿童和老人、外来务
工人员、城市流动人口等人群的服务，我国社会工作还不能完全满足社会发展
和人民群众的要求。（3）跨领域间合作不够。由于社会问题盘根错节，需要
综合应对。而我国民政领域的社会工作与社会保障领域的社会工作、人民团
体中的社会工作、社区和企业的社会工作缺乏应有的联动、协同和互助，因此，
没有体现出社会工作的综合内容和综合效应。这样，就迫切需要社会工作覆
盖整个社会生活领域，更加体现出综合性和系统性。

3. 社会工作的工作机构问题

随着政企分离、政社分离、政事分离的推进，迫切要求由第三部门来承担
社会工作。目前，尤其需要大规模地发展民办社会工作机构（民办社工机
构）。民办社工机构，是以社会工作者为主体，坚持"助人自助"宗旨，遵循社
会工作专业伦理规范，综合运用社会工作专业知识、方法和技能，开展困难救
助、矛盾调处、权益维护、心理疏导、行为矫治、关系调适等服务工作的民办非
企业单位，是吸纳社会工作人才的重要载体，是有效整合社会工作服务资源的
重要渠道，是开展社会工作专业服务的重要阵地。近年来，在各地积极探索实
践中，我国涌现出了一批具有一定规模、管理规范、作用明显的民办社工机构，

丰富了社会工作实务内容,促进了和谐社会建设。但在总体上,我国民办社工机构还面临着总量不足、成长缓慢、服务水平不高、发展不平衡等问题,与日益增长的社会服务需求相比还存在较大差距。目前,主要问题是法律对第三领域开展社会工作授权不足、保障不够。

4. 社会工作的社会认同问题

在我国,由于社会工作起步较晚,社会对之还比较陌生,其社会的知晓度、认同度普遍较低。人们或者将之等同于普通社会工作,认为它无非从事的是本职工作之外的不计报酬的服务性和管理性工作;或者将之等同于实际社会工作,认为它无非从事的是人民团体开展的工青妇权益保障工作、民政工作、社会保障工作甚至是社区工作;或者干脆认为社会工作多是关乎婆婆妈妈、没多少价值的事情,社会工作就如同万金油,从事社会工作没有出息和前途。这样,就导致社会工作者的待遇普遍相对较低。而工资收入水平影响其从业人员的实际生活水平,也影响人们对一项工作的社会地位和社会价值的评判。最后,这导致大量社会工作人才学非所用、改行和流失,造成大量人才的浪费。例如,2006 年深圳市全市职工月平均工资为 2926 元,社工工资在此标准上定为每月 3500 元,实际薪酬则远高于平均工资。但到 2012 年,全深圳市平均工资水平少说也超 4300 元,而社工的工资仅与平均工资持平。这样,导致深圳社工流失率不断攀升:2008 年为 8.2%,2009 年为 9.8%,2010 年为 13.4%,2011 年为 17.6%,2012 年为 18.1%。① 显然,增加社会工作社会认同度的关键是要提高党政部门和党政干部对社会工作的认同度。

总之,我国社会工作要寻求大的发展和突破,必须面对和解决好上述现实难题,否则就难以摆脱现在令人不满的状态、难以满足社会发展的需要。

(四) 我国社会工作的发展障碍

我国社会工作之所以面临着上述发展困境,是由于一系列复杂的原因造成的。

1. 社会工作发展的体制障碍

我国社会工作发展的滞后,在很大程度上是由于体制改革滞后造成的。

---

① 吕绍刚、史维:《深圳社工为什么留不住》(民生调查),人民网(2013 年 2 月 27 日)(ht-tp://cpc.people.com.cn/n/2013/0227/c83083-20614444.html)。

在宏观上,社会工作管理尤其是行政管理被分割在民政部、人力资源社会保障部和人民团体中,缺乏统一的社会工作管理机构。在微观上,只有民政部出台了在民政系统有效的社会工作岗位设置规定;而在传统社会工作领域和专业性的社会工作职业机构中,缺乏明确的专业社会工作职业岗位设置的规定以及相应的权利和义务。在就业和人事管理体制上,社会工作专业在招生环节上基本上采用的是计划经济体制,但是,在就业环节上完全采用的是市场经济体制。在财政投入上,尽管采用了政府购买社会服务的方式,却存在着购买主体不明、购买过程凌乱、购买费用标准不一、购买监管不力等问题,普遍存在着对社会工作投入严重不足的问题。在总体上,这些问题是由于政府行政体制改革滞后造成的。

2. 社会工作发展的法律障碍

依法管理社会事务是依法治国的重要内容和基本要求。从法律上来看,"社会法是调整劳动关系、社会保障和社会福利关系的法律。"①因此,理应将社会工作方面的专门法律纳入到依法治国的框架中。从其自身来看,社会工作是一项直接关系到社会公益尤其是处于弱势地位个人和群体的切实利害的社会责任较大的专业性工作,更要求有专门的法律,以增强规范性和责任性。但是,我国缺乏社会工作主体法。例如,对社会工作者的从业资格、从业领域、权利义务、工作职责等一系列问题就没有明确的法律规定。即使是社会工作的政策法规也存在着不配套、不完善的问题。例如,我国在《老年人社会福利机构基本规范》《残疾人社会福利机构基本规范》和《儿童社会福利机构基本规范》三个行业标准中提出,在城镇地区和有条件的农村地区,应有 1 名大专学历以上、社会工作专业毕业的专职的社会工作人员;但是,在其他领域却没有明确的规定。

3. 社会工作发展的社会障碍

我国第三部门的发展遇到了诸多的阻力,成为影响社会工作发展的重要因素。从外部环境来看,还未形成支持社会工作的良好社会环境。例如,以作为开展社会工作的重要社会支柱的志愿事业为例来看,除了一些地方性法规外,至今还没有一部全国统一的保护和维持志愿者长期行动的法律法规,志愿

---

① 《十五大以来重要文献选编》(中),人民出版社 2001 年版,第 1715 页。

者的合法权益不能得到有效的保护,其参与社会公益的行动也难以持之以恒。从其自身来看,社会工作机构尤其是民办社工机构普遍存在着自主性缺失的问题。例如,为了获得政府购买(政府购买往往存在着公开性、透明性不足的问题),民办社工机构往往会迎合政府的需要,而牺牲自身的专业性。这样,社会工作的专业性和职业性就难以得到保证。

4. 社会工作发展的教育障碍

我国社会工作专业教育体制也不尽如人意。从教材、教学的体系来看,西方社会工作专业内容的译介占有相当大的比例,中国特色还不够十分明显,尤其是没有充分地将社会工作看作是中国特色社会主义社会建设事业的重要组成部分。从教材、教学的内容来看,偏重于社会工作的理论和方法的教育,社会工作实务教育相对不够;在一定程度上存在着脱离国情和实际的问题;偏重于社会工作的技巧和方法的教育,对社会工作价值观的教育相对不够。从师资队伍来看,非科班出身者较多,科班出身者较少;注重学术研究者较多,注重教学和实务者较少。从专业发展的结果来看,或者将社会工作专业平庸化,规范化严重不足;或者将社会工作专业束之高阁,实用化严重不足。这样,就导致社会工作专业成为最不对口的专业之一。据不完全统计,当前社会工作专业的毕业生就业的对口率仅为30%左右。

5. 社会工作发展的治理障碍

社会工作内部治理的不完善,同样是影响社会工作发展的重要因素。(1)服务机构不发育。我国社会服务机构的数目仍然比较少;即使是一些合法存在的社会服务机构,由于自身发展能力不足,难以有效地争取到政府的资助和支持,举步维艰。(2)评估机制不完善。我国仍然缺乏社会工作评估的科学机制和标准,还没有独立的、注册的评估机构,对于评估如何满足管理部门和资助机构的要求还没有开展专门的研究。(3)财务信息不透明。例如,我国慈善机构在资金的募集、管理和使用、账目的公开和透明、资助资金的去向和资助效果的追踪等方面,还存在着许多漏洞和不完善之处。尤其是2011年出现的红十字会公信力事件,严重损害了慈善机构的社会信誉、挫伤了人们进行公益捐助的热情。总之,社会工作尤其是社会工作机构内部治理情况直接影响着社会工作的开展。

显然,我国的社会工作要取得长足的发展,不仅要在尽快解决社会工作面对的现实难题的基础上，从根本上解决好制约社会工作发展的障碍，更要推动社会工作的创新发展。

三、当代中国社会工作的创新发展

为了充分实现助人自助的宗旨，当代中国社会工作必须坚持创新发展的方向。

（一）我国社会工作创新发展的基本原则

实现社会工作的创新发展，应该坚持以往社会建设和社会管理领域中卓有成效的基本原则、方法，将其与社会工作中特有的原则和方法有机结合起来。

1. 坚持群众工作和社会工作的统一

群众工作和社会工作具有密切关系，必须将二者的统一作为社会工作创新发展的原则。

群众工作是中国共产党独有的优秀传统。狭义的群众工作是党和政府的群众工作部门通过专职人员所开展的联系、宣传、组织、服务和团结群众的工作，核心是要了解群众的意愿、集中群众的智慧、接受群众的批评、解决群众的疾苦。因此，我们"要高度重视并切实做好新形势下群众工作，坚持问政于民、问需于民、问计于民，真诚倾听群众呼声，真实反映群众愿望，真情关心群众疾苦，依法保障人民群众经济、政治、文化、社会等各项权益。"[1]长期以来，我们积累了丰富的群众工作经验：一切从群众的利益出发，全心全意为人民谋利益、谋幸福；相信群众，最广泛地宣传和发动群众，组织群众用集体的力量和智慧克服困难；到群众中去进行深入细致的调查研究，将群众的意见收集和提炼出来，为路线方针政策的制定提供强有力的支撑。显然，群众工作是中国特色的社会工作，其所具有的关心和解决群众的疾苦的价值关怀，为介入现代社会工作提供了合法性根据。

自助助人的宗旨要求实现群众工作和社会工作的深度融合。一是坚持从

---

① 《十七大以来重要文献选编》（下），中央文献出版社2013年版，第441页。

群众的需要和利益出发,让群众尽快和充分享受到应有的服务。目前,我们要健全服务群众制度,努力使社会工作成为造福群众的事业。二是坚持相信群众,将群众发动和组织起来,调动群众的聪明才智和创造勇气,让他们学会用自己的智慧和力量,在合作和互助中实现自救。事实上,让群众自己解放自己的群众工作的宗旨和助人自助的社会工作的宗旨是契合的。三是坚持到群众中去,要按照群众的意愿制定社会工作的政策、法规和措施,然后返回到群众中去,使之进一步完善;这样,社会工作的政策、法规和政策才能深得民心。同时,要发动群众监督、改进和完善社会工作实务,使之更具有针对性和有效性。只有这样,社会工作才能最大限度地得到群众的认同,使群众享受到应有的社会服务,分享到社会发展的成果。

总之,社会工作同党的群众工作有密切联系,要求我们把联系群众、宣传群众、组织群众、服务群众、团结群众的工作做得更好。

2. 坚持思想工作与社会工作的统一

思想工作和社会工作具有内在关联,必须将二者的统一作为社会工作创新发展的原则。

思想政治工作(思想工作)是我们党的又一政治优势。它通常是自上而下所进行的灌输、教育、劝说、谈心和宣传组织动员等活动,旨在使主导思想得到最大认同、制定的政策得以畅通无阻或阻力最小地执行、现有的各种资源得到最大的利用、最终取得最大的功效。"党的思想政治工作本质上是群众工作,是宣传群众、教育群众、引导群众、提高群众的工作,因此必须坚持走群众路线。"[1]其中,坚持思想工作与物质利益的统一,是思想工作的基本原则。这就是要在提高群众思想认识的同时,要切实帮助群众解决一些有可能解决的切身利益问题。这样,不仅体现了思想工作的社会工作的属性和功能,而且为思想工作介入社会工作提供了合法性根据。

社会工作的深度发展要求加强思想工作和社会工作的统一。一方面,思想工作为传播社会工作价值提供了重要平台和渠道。社会工作具有重大的价值担当,其价值亟待得到全社会的认同。为此,可借鉴思想工作的经验和方法,利用思想工作的各种渠道,通过向群众灌输、宣传社会工作的价值理念,教

① 《江泽民文选》第三卷,人民出版社 2006 年版,第 95 页。

育和引导人们正确认识社会工作在人们的个人生活、社会生活中所发挥的积极作用。这样，才能形成弘扬社会工作价值理念的社会环境。另一方面，思想工作为做好精神服务工作提供了重要经验和手段。随着社会快速发展和竞争日益激烈，人们的心理压力越来越大、精神困扰越来越多，精神卫生显得十分重要，因此，社会工作还要为服务对象提供精神服务。社会工作服务必须包含对服务对象的真诚的关爱和尊重。为此，社会工作可借鉴思想工作的经验和方法，注意倾听群众的心声和意见，科学辨别群众的情绪反应，做好心理咨询和精神抚慰，这样，在使服务对象心情舒畅的同时，才能从根本上减少社会矛盾和冲突的发生，并促进社会精神文明的提高。

总之，我们要把做群众思想工作与帮助群众解决实际问题结合起来，既讲道理又办实事，既以理服人又以情感人，在办实事中贯穿思想教育，这样，才能推动社会工作的创新发展。

3. 坚持民政工作和社会工作的统一

民政工作和社会工作有着本质相同，必须将二者的统一作为社会工作创新发展的原则。

民政工作是党和国家的一项非常重要的工作。它主要是由各级民政部门及其主管的服务机构根据党和政府赋予的职责，运用行政手段和服务方法，进行社会管理（如民间组织管理、基层政权和社区建设、区划地名管理、婚姻登记等）和公共服务（如社会救助、社会福利、慈善事业、优抚安置、救灾减灾等）等方面的工作。显然，做好民政工作，对于保障人民群众尤其是困难群众的基本生活权益，发展社会主义民主政治，支持国防和军队现代化建设，促进社会公平，维护社会稳定，具有十分重要的意义。长期以来，民政工作在帮助人民群众排忧解难方面发挥了重要作用。例如，对受灾对象和低保户、特困户、优抚对象、五保户等，实施救济型助人；对集中供养的城市"三无对象"和农村"五保户"提供生活护理服务，实施服务型助人。因此，民政工作被视为中国特色的社会工作。这样，也为民政工作介入社会工作提供了合法性根据。

我们应利用民政工作的平台搞好社会工作。一方面，要引入民政工作的价值理念。民政工作的价值理念不仅符合中国的传统和实际，而且在全心全意为人民服务的基础上提升了人道主义的境界。我们一直强调，"做好民政工作，最重要的是要对群众有深厚的爱，有真挚的感情，了解民情、反映民意、改善民生。'去民之患,如除腹心之疾。'人民群众的事情涉及他们的切身利益,再小也是大事。"①这样,将民政工作的价值理念引入社会工作,将更有益于实现助人自助的宗旨。另一方面,要引入民政工作的社会资源。长期以来,民政工作在社会服务领域开展了卓有成效的工作,社会工作应该利用这些平台做好自己的工作。例如,民政工作在救灾、济困、扶孤方面积累有丰富的经验,社会工作应在此基础上把这些工作做实、做细、做好。此外,社会工作应利用民政工作社会管理提供的政策框架,为自身发展争取社会空间。可见,民政工作进入到社会工作可以为其提供资金、人员、便利的工作路径等方面的支持,使社会工作可以凭借民政工作的资源快速开展工作。

显然,在民政工作和社会工作相结合的过程中,可以实现双赢的效果。

总之,当代中国社会工作的创新发展,需要坚持群众工作和社会工作、思想工作和社会工作、民政工作和社会工作的统一,即要将解决政治问题、思想问题和利益问题统一起来。

(二) 我国社会工作创新发展的主要方向

在发展市场经济的背景下,面对社会需求不断增长的新形势,我国社会工作已难以跟上时代的步伐。为此,必须需要寻求创新发展的新方向。

1. 社会工作发展的社会化方向

社会工作是涉及全部社会生活的问题,尽管需要向专业化和职业化的方向发展,但是,也需要向社会化的方向发展,得到全社会的理解、认同、支持和参与。长期以来,我国社会工作的职能主要是由行政部门来承担,即使是介入社会工作的慈善和公益团体也带有明显的官方色彩。这与建设基于"小政府、大社会"发展趋势的社会保障制度和社会福利发送体系是不相符合的。为此,我们要充分发挥政府在推动社会工作发展、加强社会工作专业人才队伍建设中的主导作用,切实履行在依法规范、政策引导、资金投入等方面职责;同时,加强从事公益服务的事业单位建设,培育民办社会工作服务机构,发展社会工作行业自治组织,促进社会工作服务主体多元化发展,形成党政主导、社

---

① 温家宝:《各级民政干部都要做一个有心的人》,人民网(2006年11月24日)(http://politics.people.com.cn/GB/1024/5086900.html)。

会运作、公众参与的社会工作服务与管理格局。在此前提下,需借鉴西方国家和香港地区的一些做法,以政府出资为主,鼓励多方筹资,支持社会力量兴办社会福利机构、非营利组织和专门的社会服务机构,大力开展志愿者服务,将行政化的社会工作模式转向社会化的社会工作模式。

2. 社会工作发展的制度化方向

只有实现社会工作的制度化,即社会工作成为社会制度的内在构成部分,社会工作才能在制度层次上实现助人自助的宗旨。但是,我国社会工作制度化还处于初步的发展阶段,对从事社会工作的机构、人员还缺乏相应有效的管理和监督,社会工作还没有形成良好的运行机制,有关社会法方面的立法还存在相当的空白。这些都是我国社会工作今后需要努力解决的问题。为此,我国需要设置相应的行政管理机构,制定相应的社会工作的发展规划和发展目标,政府每年的财政预算中应设立专门用于社会工作的资金;制定和完善从事社会工作人员的准入、升职、退出制度;创建"社区、社团、社工"三社互动和"社工、义工"两工联动的机制,确立"政府主导、社会参与、民间运作、社工引领、义工服务、群众得益"的社会工作运行机制;推动社会工作法律制度的建设,使社会工作在相应制度的规范下能健康常规地发展。显然,改革和完善社会工作体制是社会工作制度化的核心。制度化代表着稳定、规则、有序和效率,因此,社会工作制度化也是整个社会生活走向制度化的重要环节和动力。

3. 社会工作发展的专业化方向

从社会分工和职业发展的角度来说,只有实现社会工作的专业化,才能充分发挥社会工作的功能和作用。社会工作专业化是指社会工作在系统理论、专业权威、社会认同、价值准则和专业文化等方面逐渐发展、成熟和完善的过程,由从业人员、工作方法和技巧、价值准则、教育培训、从业资格等方面的专业化构成。社会工作的专业化在社会上的表现就是社会工作的职业化。在我国社会工作领域,普遍存在着"专业的不职业、职业的不专业"的问题,严重影响社会工作的效率和质量。为此,我们要坚持专业化、职业化方向,以职业能力建设为核心,强化社会工作专业人才价值伦理以及应用专业理论、知识、方法、技巧和职业技能提供社会服务、加强社会管理、解决社会问题的能力。在此前提下,我国需要在社会工作的专业教育上投入更多的人力物力财力,完善专业教育的课程体系、提高受教育者的技能水平,建立相应的实习实践基地和制度,推进社会工作的职业化。对已经从事这项工作的人员要进行相关理论知识和技能的培训。我国需建立健全对社会工作者的资格认证、岗位设置标准、从业规范、登记管理、继续教育、评估监督、激励升职等一系列职业制度建设,以促进社会工作的专业化发展。

4.社会工作发展的本土化方向

在当代中国,社会工作属于西方的舶来品,因此,必须实现社会工作的中国化。(1)应继承传统文化中有关社会福利、社会救助的优秀思想和合理因素。我国传统文化中蕴含着许多社会福利和社会救助的思想。例如,《礼记》就记载了孔子的主张,"大道之行也,天下为公。选贤与能,讲信修睦。故人不独亲其亲,不独子其子,使老有所终,壮有所用,幼有所长,鳏寡孤独废疾者,皆有所养。"①我国古代也存在某种形式的社会救助制度,如保息六政、九惠之教、社仓乡约等,以对老人、儿童、病患、穷人等提供相应的帮助,在遭受灾情的年份向百姓提供救助,对居住在邻近地区的人进行规约。这些思想和传统在今天仍然有其价值。(2)应弘扬本土性社会工作的优秀传统和基本经验。群众工作、思想工作和民政工作是我国固有的社会工作。因此,我们要充分利用好我国原来开展社会工作的渠道,有效整合现有的社会工作的资源,发挥社会主义制度和集体主义价值观的优势,让社会工作实现本土化。今天,关键是必须将社会工作纳入到中国特色社会主义社会建设和社会管理中,在中国特色社会主义社会建设和社会管理的框架中推进社会工作的创新发展。事实上,只有突出中国特色,才能实现社会工作的创新发展。因此,我们必须根据我国的国情、社情民意、价值观念等,对从西方传入的社会工作进行本土化的改造,使之发生适应性变化,构建符合中国社会实际和需要的社会工作模式。

5.社会工作发展的系统化方向

社会工作具有明显的系统性特征,因此,我们必须按照社会系统工程的方式推进社会工作的创新发展。从其构成来看,社会工作是包括实践、专业和制度三个维度的复杂系统,也是牵涉相应管理机构、服务机构、专业工作人员和志愿者、受助者和人群等复杂主客体的工作;社会工作是涉及人力、物力、财力、时间等资源优化配置的过程,也是向服务对象提供物质帮助和精神帮助、

①　《礼记·礼运》。

心理辅导与治疗的服务过程;社会工作不但针对老人、妇女儿童和残疾人等弱势群体,也面向有需要的健康成年人提供相关服务。因此,必须按照社会系统工程的方法推进社会工作。"如果没有矩阵式管理,没有系统工程的方法,还是用过去那种老方法,'躲进小楼成一统',就不可能有现代化的管理。"①为此,在加强和创新社会工作的过程中,我们需要正确政策制度的合理规划规范和引导,需要相关工作岗位的科学设置,需要专业教育培训的有力支撑,需要各相关部门的协同支持,需要社工和义工的辛勤付出,需要各种社会服务的有效衔接。只有这多方面的配合、有效运作才能达到助人自助的目的。因此,社会工作创新发展的各环节都不能忽略。

总之,我国社会工作在创新发展的过程中,需要把握好方向,使之一直沿着正确的方向行进,这样,才能事半功倍。

(三) 我国社会工作创新发展的人才支持

人才问题是影响我国社会工作持续发展的瓶颈,因此,必须将加强社会工作人才队伍建设作为社会工作创新发展的战略重点,为我国社会工作的创新发展提供强大的人才支持。

1. 社会工作人才队伍建设的基本原则

人才问题是关系到我国社会工作发展的关键性因素。2006 年 10 月,党的十六届六中全会通过的《中共中央关于构建社会主义和谐社会若干重大问题的决定》明确提出了"建设宏大的社会工作人才队伍"的要求:"造就一支结构合理、素质优良的社会工作人才队伍,是构建社会主义和谐社会的迫切需要。建立健全以培养、评价、使用、激励为主要内容的政策措施和制度保障,确定职业规范和从业标准,加强专业培训,提高社会工作人员职业素质和专业水平。制定人才培养规划,加快高等院校社会工作人才培养体系建设,抓紧培养大批社会工作急需的各类专门人才。充实公共服务和社会管理部门,配备社会工作专门人员,完善社会工作岗位设置,通过多种渠道吸纳社会工作人才,提高专业化社会服务水平。"②这不仅充分肯定了社会工作人才队伍在包括社

---

① 《江泽民文选》第一卷,人民出版社 2006 年版,第 150 页。
② 《十六大以来重要文献选编》(下),中央文献出版社 2008 年版,第 670 页。

会工作在内的社会主义社会建设中的重要地位,而且为社会工作人才队伍建设指明了方向。在此基础上,《关于加强社会工作专业人才队伍建设的意见》,成为中央第一个关于社会工作人才队伍建设的专门文件;《社会工作专业人才队伍建设中长期规划(2011—2020年)》,成为我国第一个关于社会工作人才队伍建设的专门规划。上述文件是当前和今后一个时期我国社会工作人才队伍建设的指导性纲领。

2. 社会工作人才队伍建设的战略目标

我国社会工作人才队伍建设的战略目标是建设一支规模宏大、素质优良、结构合理的社会工作人才队伍。(1)规模宏大。我国是一个具有十三亿人口并处于社会转型中的发展中大国,需要大量的社会工作者从事社会迫切需要的社会工作,因此,必须将社会工作专业人才队伍规模不断壮大作为社会工作人才队伍建设的首要目标。为此,2015年,社会工作专业人才总量要增加到50万人;到2020年,社会工作专业人才总量要增加到145万人。(2)素质优良。社会工作的特殊性要求社会工作人才必须具有优良的综合素质,因此,社会工作专业人才能力素质不断提升成为我国社会工作人才队伍建设的第二位目标。为此,必须不断提高社会工作专业人才思想政治和职业道德水平,不断强化专业价值伦理,努力实践助人自助的宗旨;必须不断丰富专业理论与知识,不断完善专业方法与技术,熟练掌握和运用现代社会工作的理论、知识、方法和技术,不断增强专业实务能力。只有社会工作者综合素质得到大幅度提升,才能胜任社会工作。(3)结构合理。只有实现社会工作在区域、城乡、领域、专业、能力和年龄等结构上的全覆盖,才能有效地发挥社会工作的功效,因此,社会工作专业人才队伍结构不断优化是我国社会工作人才队伍建设的第三位目标。为此,我们必须根据统筹城乡发展、统筹区域发展、统筹经济社会发展的要求,逐步优化社会工作专业人才区域结构、城乡结构、领域结构、专业结构、能力结构和年龄结构,形成合理的初、中、高级人才梯次结构和人才布局,逐步实现社会工作服务在城乡、区域和领域的全覆盖。目前,重点是要加强农村、中西部地区的社会工作人才队伍建设,大力开发教育、医疗、司法等领域的社会工作人力资源。总之,只有使社会工作专业人才队伍的数量、素质和结构都适应构建社会主义和谐社会的需要,才能满足广大人民群众不断增长的服务需求。

3.社会工作人才队伍建设的主要措施

加强社会工作人才队伍建设,要抓住培养、评价、使用、激励四个环节,建立以培养、评价、使用、激励为主要内容的政策措施和制度保障。(1)培养。我们要以国家发展和社会需求为导向,以专业化、职业化为核心,建立健全不同学历层次教育共同发展,专业培训和知识普及有机结合的社会工作专业人才培养政策。针对"职业的不专业"的情况,要加强在职培训,使其掌握社会工作的基本的专业理论、技术和方法,重点是要提高其理论水平。针对"专业的不职业"的情况,要加强社会工作实务方面的训练,引导其树立职业理想,重点是要提升其实践能力和专业化服务水平。(2)评价。我们要坚持以职业道德、能力和业绩为导向,以社会工作专业人才职业水平评价为基础,逐步完善符合国情、与国际接轨、科学合理的社会工作专业人才评价政策。为此,必须实施分类管理,研究制定适合不同类型、不同层次社会工作专业人才的能力素质标准以及评价、鉴定办法;完善社会工作专业人才考核制度,根据社会工作专业人才从业领域、单位性质和岗位胜任力要求,分类形成由品德、知识、能力、业绩等要素构成的岗位评价指标体系。(3)使用。我们要坚持以用为本的原则,着眼于发挥社会工作专业人才作用、推动社会工作专业人才合理流动需要,以开发专职岗位和培育服务载体为重点,以畅通人才流动渠道为保障,逐步完善社会工作专业人才使用政策。为此,要"坚持'成熟一批、设置一批'的原则,借鉴发达国家和地区的经验,可以先行在各级各类社会管理和公共服务部门,在社会福利、社会救助等社会人才集中领域,在社区(包括乡镇、街道、社区),在公益性社会团体和民办社会服务等四类机构中设置社工岗位,吸纳专业社会工作人才,大力推进社会工作人才队伍的职业化和专业化发展。"①关键是必须从实际出发,科学设置社会工作岗位。(4)激励。我们要以激发社会工作专业人才积极性、稳定人才队伍、充分实现人才价值为目标,综合运用物质激励和精神激励手段,建立健全有利于社会工作专业人才长期、安心扎根基层、服务一线的激励保障政策。为此,一方面,要做好社会工作专业人才薪酬保障工作。要建立和健全社会工作专业人才薪酬保障机制,切实

---

① 民建中央:《关于加强我国社会工作人才队伍建设的提案》,中国网(2012 年 3 月 9 日) (http://news.china.com.cn/2012lianghui/2012-03/09/content_24852429.htm)。

提高基层社会工作专业人才薪酬待遇水平。另一方面,要建立社会工作专业人才表彰奖励制度。以党委、政府表彰奖励为导向,以用人单位和社会力量为主体,按照国家有关规定开展表彰奖励活动。总之,只有从培养、评价、使用、激励四个环节共同入手,才能有效地把社会工作人才队伍建设落在实处。

另外,只有社会工作人才与其他领域的人才密切合作,取长补短,才能切实推进社会工作人才队伍建设,从而发挥社会工作人才的应有作用。

加强社会工作人才队伍建设,不仅对于加强和创新社会工作具有重大意义,而且对于整个社会主义和谐社会建设都具有重大价值。

(四) 我国社会工作创新发展的制度保障

社会工作本质上是一种政策设计和体制安排,因此,必须将社会工作制度建设作为社会工作创新发展的制度保障。目前,重点应做好以下工作:

1.推动社会工作体制改革

社会工作体制是开展社会工作的领导体制和组织机构等要素构成的工作格局。社会工作体制改革的目标是建立和健全以培养、评价、使用、激励为主要内容的社会工作的工作格局。(1)领导体制。加强社会工作必须坚持党的领导,而党必须提高自身的社会工作能力和领导社会工作的能力。从本质上说,党的一切工作都是群众工作,都具有社会工作的属性和功能。因此,"从原则上说,各级党组织应该把大量日常行政工作、业务工作,尽可能交给政府、业务部门承担,党的领导机关除了掌握方针政策和决定重要干部的使用以外,要腾出主要的时间和精力来做思想政治工作,做人的工作,做群众工作"①。但是,如果将群众工作分割在党的机关的各个部门,就难以形成领导社会工作的合力。为此,可考虑设立党的社会工作委员会,将组织、宣传、统战、纪检、政法、群团等部门承担的领导和组织社会工作的职能进行整合,专门负责包括社会工作在内的社会建设和社会管理方面的政策规划、组织协调、人才选拔等问题。在最低限度上,社会工作委员会应该成为一个跨部门的社会工作决策和协调机构。(2)组织机构。社会工作必须坚持政府主导,政府必须将社会工作看作是作为政府自身职能的公共服务和社会管理的内在组成部分,要从整

---

① 《邓小平文选》第二卷,人民出版社 1994 年版,第 365 页。

体上推进社会工作。但是,目前的社会工作的行政管理职能分散在民政、机构编制、发展改革、教育、公安、司法、财政、人力资源社会保障、卫生和人口计生、信访、扶贫等职能部门中,这样,可能会出现政出多门的问题。为此,可考虑将上述部门所承担的社会工作行政管理的职能剥离出来,然后将这些职能整合到一个统一的部门,建立社会工作部,由之统一负责涉及社会工作的行政管理。在最低限度上,可考虑建立跨政府部门的社会工作办公室,使之成为部际对话、协商和协调的平台。在具体的运行上,党的社会工作委员会和政府的社会工作部可以采用合署办公的方式。这样,就可为社会工作提供体制支撑。

2. 建设社会工作法律体系

建立社会工作法律体系是社会工作制度建设的重要内容和基本任务,可为社会工作提供有力的法律依据和支持。在依法治国的总体框架下,在明确社会工作法律的社会法的属性和定位之后,我们应该建立起中国特色的社会工作法律体系。(1)制定"基本法"。为了保证社会工作的专业化、职业化和制度化,必须制定一部社会工作基本法,从总体上规定社会工作的法律地位,宣示国家推进社会工作的决心和意志,明确各种社会主体的社会工作的责任和义务,划定政府、企业、社会和个人在社会工作问题上的责权利的边界,规定社会工作的财政投入机制、保障机制、评价机制、监督机制,规范社会工作的宗旨、原则、准则、程序、方法、技巧。制定社会工作基本法的基本原则是,必须体现社会工作的福利化原则。这样,就可为开展社会工作提供一个总体性的法律纲领。(2)制定"对象法"。开展社会工作的首要目的是为公民尤其是处于弱势地位的个人和群体传送社会保障,因此,必须将保障公民的社会权益尤其是处于弱势地位的个人和群体的社会保障权益或社会福利权益作为社会工作立法的首要考虑,并制定一部社会工作对象法。这部法律首先要明确国家平等地保护每一个公民的社会保障权或社会福利权的原则,优先满足社会工作服务对象的社会需要,特别关注处于弱势地位的个人和群体的生存权和发展权;进而,必须明确社会工作对象的法律地位,科学认定接受社会工作服务尤其是由政府购买的社会工作服务的对象的资格,明确其责任、权利和义务,规范进退机制;最后,国家必须统一划定帮扶的标准以及由服务对象(雇主)自行购买的社会服务的收费标准。这样,才能在社会工作领域确保公平正义。(3)制定"主体法"。社会工作者是社会工作的主体,国家必须从法律的高度明确其培养、评价、使用、激励的制度和机制,明确其法律地位、责任、义务尤其是工薪和福利待遇,因此,必须制定一部社会工作主体法(社会工作者法)。制定社会工作者法必须贯彻服务主体的专业化、职业化的原则,科学规定社会生活各领域和各层次设置社会工作岗位的最低要求,明确社会工作专业人才信息披露、专业督导、服务评估、行业自律、继续教育、违纪处置、职业道德规范、荣誉晋升等规定,规范社会工作专业人才职业行为。这样,才能形成科学化、制度化、规范化的社会工作专业人才的发展环境。总之,只有将社会工作纳入到依法治国的轨道中,才能切实保证其专业化、职业化和制度化。

3.加强社区社会工作服务

在当代中国,社区既是基层民主的基本单位,又是社会生活的基本单位。建立和完善社区服务体系是社区建设的重要任务。"社区服务体系,是指以社区为基本单元,以各类社区服务设施为依托,以社区全体居民、驻社区单位为对象,以公共服务、志愿服务、便民利民服务为主要内容,以满足社区居民生活需求、提高社区居民生活质量为目标,党委统一领导、政府主导支持、社会多元参与的服务网络及运行机制。"①因此,社会工作必须介入社区服务体系,加强社区社会工作服务。目前,重点是要做好以下工作,一方面,必须明确社区社会工作的岗位设置,在每一社区设立专门的社会工作服务站或至少配备专职的社区社会工作者,这样,可以有效满足社区居民的社会需求,提高社区工作的水平,加强政府的社会服务和公共管理的职能。在此基础上,必须加强社区社会工作者和社区专职工作者、社区社会工作者和志愿者的合作和互动,社区社会工作者要为社区专职工作者提供社会工作方面的咨询服务,要组织和发动志愿者参与社会工作服务。另一方面,社区社会工作者必须加强社区医疗卫生保健、教育辅导、贫困帮扶、社区矫正、婚姻家庭建设、老年人服务、文化娱乐建设、矛盾纠纷解决、流动人口的管理等方面的工作,为社区下岗职工提供再就业和社会保障社会化服务,这样,可以将各种问题和矛盾纠纷解决在发生的初始阶段和地点。在此基础上,还必须延伸和拓展社区社会工作服务的领域。为此,社区社会工作者要广泛收集社区信息,采集和掌握各类居住人口的实际状况、建立各类详细的数据档案;进行有针对性的跟踪服务和回访巩

---

① 《十七大以来重要文献选编》(下),中央文献出版社2013年版,第693页。

固,对问题做出迅捷反应,将社会服务与社会管理有机地结合起来。这样,社区社会工作者将能发挥自己的最大功效,为社区建设、社会建设做出更大的贡献。

另外,我们还要加强社会工作财政投入制度、民办社会工作服务机构、志愿者参与社会工作制度等方面的建设。这样,才能为建设和谐社会探索出切实可行的社会工作制度模式。

当然,社会工作的创新发展是一项复杂的社会系统工程,需要进行系统设计和整体推进。

四、当代中国社会工作的伦理诉求

社会工作是价值、知识和技能构成的"金三角"。因此,在加强和创新社会工作的过程中,还必须加强社会工作伦理建设。

(一)我国社会工作伦理的基础和经验

社会工作是建立在一定的社会伦理基础之上的工作,奉行自己独到的社会价值观念。我国的社会工作不仅建立在国际共同的伦理基础之上,而且有其独特的伦理基础和经验。

1.社会工作的人道主义取向

社会主义人道主义是我国社会工作的最基本的伦理基础。人道主义提倡关怀人、尊重人,主张人类之间的互助、关爱。"广义地讲,任何方面的思想家,只要他把人类的现实世界的福利看做中心,那么,他就是踏上了人道主义的土地。"①但是,作为西方社会工作价值基础的人道主义具有抽象性。马克思主义坚持尊重社会发展规律与尊重人民群众历史地位的一致性,形成了社会主义人道主义。"人道主义,是处理人与人之间关系的一个道德规范。人权保障,是国家的责任。对残疾人这个社会脆弱群体给予帮助,是社会文明进步的标志。我们共产党人是以人类解放为最高宗旨,我们的社会主义国家是

---

① 〔美〕C.拉蒙特:《作为哲学的人道主义》,吴永泉、吉洪等译,商务印书馆 1963 年版,第41 页。着重号系引者所加。

以实现全体人民的富裕幸福为建设的根本目的,更应尊重残疾人的公民权利和人格尊严,保护其不受侵害。同时,对这个特殊而困难的群体还应给予特别扶助,通过发展残疾人事业,使他们的权利得到更好的实现,使他们以平等的地位和均等的机会,参与社会生活和国家建设,共享社会物质文化的成果。"① 今天,当我们按照科学发展观的"以人为本"的原则做好社会工作时,就进一步在唯物史观的基础上提升了人道主义。因此,我们坚持尊重人的价值和尊严,尤其是尊重那些为社会辛勤劳动和做出重大贡献的劳动者的价值和尊严,特别注重对处于弱势地位的个人和群体的社会救助;我们坚持全面关心广大人民群众的权益,提倡人们之间的互相关心、互相帮助、互相尊重,注重提高人们的生命质量、满足人们健康和发展的需要。可见,人道主义必须也能够成为我国社会工作的伦理基础。

2. 社会工作的集体主义取向

社会主义集体主义是我国社会工作具有特色的伦理基础。在西方社会工作中,"社会主义——集体主义工作的活动类型是促进社会成员间的合作与互助,以使人们获得自己的生活权利并改变自己所处的社会环境。工作员是与案主平等对话而不是以专家身份对其进行'治疗'。"② 其重点应用领域是处于弱势地位的群体的共同利益和共同福利。与之不同,"社会主义道德建设最重要的是要抓住为人民服务这个核心,在全社会坚持倡导为人民服务的精神,倡导社会主义的集体主义精神,倡导个人利益服从国家利益、局部利益服从整体利益、眼前利益服从长远利益"③。按照社会主义集体主义,我们必须把集体利益放在首位,确保实现公共利益,以保证社会有能力满足广大人民群众不断增长的物质文化需要。为此,倡导必要的时候个人要做出牺牲。当然,这并非指无原则的牺牲,而是指因社会整体发展水平所限,个人利益暂时无法得到满足或只能得到部分满足的情况,即,个人利益的实现只能建立在排除预留保证社会能持续发展的社会财富外,对剩余社会财富进行的分配和再次分配的基础上。在社会建设中,坚持集体主义的原则,就是不能走一些发达

---

① 《江泽民文选》第一卷,人民出版社 2006 年版,第 648 页。
② [英]Malcolm Payne:《社会工作的三个支柱》,贾存福译,《中国社会工作》1998 年第5 期。
③ 《江泽民文选》第一卷,人民出版社 2006 年版,第 579—580 页。

国家一味追求个人高消费和高福利的政策；否则，社会不能保持持续的发展，人们最终也不能享受到持续安全的高社会保障。在总体上，社会主义集体主义主张集体利益与个人利益的辩证统一，其最高标准是要代表最广大人民的根本利益，构成了我国社会工作的独有的伦理基础。

3. 社会工作的志愿精神取向

志愿精神是社会工作的重要的伦理基础。志愿者是指不以物质报酬为目的，利用自己的时间、技能、资源、善心，自愿为社会和他人提供服务和帮助的人。志愿精神（志愿者精神）是志愿活动和服务的灵魂。"志愿者精神的核心是服务、团结的理想和共同使这个世界变得更加美好的信念。"①在当代中国，志愿活动是学雷锋活动的发展和延伸，志愿精神是雷锋精神的弘扬和光大。"青年志愿者行动，是当代社会主义中国一项十分高尚的事业，体现了中华民族助人为乐和扶贫济困的传统美德，是大有希望的事业。努力进行好这项事业，有利于在全社会树立奉献、友爱、互助、进步的时代新风。"②志愿精神包括以下内容：(1)奉献精神。这是志愿者在不计报酬、不求名利、不要特权的情况下参与推动人类发展、促进社会进步的活动所体现出的高尚的付出精神，是志愿精神的精髓。(2)友爱精神。友爱是指在不考虑每个人的具体境遇的情况下，彼此以朋友、伙伴相称，相互理解信任，相互支持帮助，在相互交往中自然流露出的亲切的情感。(3)互助精神。"一方有难、八方支援"的社会主义互助精神，集中体现为人与人之间的相互帮扶和支持，有利于形成团结友爱、互相关心、互相帮助的社会氛围。(4)进步精神。这是追求个人进步和社会进步相统一的精神，志愿者通过参与志愿服务，既提高了自己的能力，完善了自我（利己），又促进了社会进步，完善了社会（利他）。正是心怀这样的崇高信念，我国志愿者在2008年北京奥运会和残奥会、庆祝国庆60周年活动等重大事件上提供了优质社会服务，向世界展示了中国志愿者的高尚情操。因此，志愿精神也应成为我国社会工作的伦理基础。

总之，我国的社会工作有其深厚、科学、现实的伦理基础，也拥有丰富的经

---

① 《联合国秘书长安南在2001国际志愿者年启动仪式上的讲话》(2000年11月28日于联合国总部)，人民网(2001年9月18日)(http://www.people.com.cn/GB/shizheng/252/6135/6139/20010918/563834.html)。

② 《江泽民文选》第二卷，人民出版社2006年版，第508页。

验可供发扬光大。这是中国特色社会工作的灵魂。

（二）我国社会工作伦理的要求和构成

只有将社会工作的伦理原则转化为社会工作者的职业道德，内化为社会工作者的职业德性，才能使社会工作的伦理原则落在实处，才能成为推动社会工作的价值导向和道德动力。

1. 社会工作者职业道德建设的国际经验

在社会工作较为发达的国家和地区，都较为重视社会工作伦理和社会工作者的职业道德。例如，美国社会工作者协会专门制定了《全国社会工作者协会伦理守则》（1996 年）。它提出，社会工作专业的使命立足于一整套核心价值。这些贯穿于社会工作专业历程的、为社会工作者所信奉的核心价值，是社会工作独特的目标与视角的基础。这些价值观包括：（1）服务。社会工作者的首要目标就是帮助处境困难的人，并致力于解决社会问题。（2）社会公正。社会工作者应挑战社会不公正现象。（3）个人尊严与价值。社会工作者尊重个人与生俱来的尊严与价值。（4）人际关系的重要性。社会工作者应认识到人际关系的核心重要性。（5）诚信。社会工作者的所作所为应当诚实可信。（6）能力。社会工作者应在自己专业能力的范围内执行业务，并提升自己的专业技能。在此基础上，它提出了详细的社会工作者的伦理责任体系，主要包括对案主（服务对象）的伦理责任、对同事的伦理责任、对服务机构的伦理责任、作为专业人员的伦理责任、对社会工作专业的伦理责任、对全社会的伦理责任。此外，美国社会工作教育委员会对社会工作职业道德作过这样的阐述：社会工作者的职业关系是建立在尊重个人的价值和尊严之上，并通过相互的参与、接受、守密、真诚和很好地把握冲突来实现的；社会工作者尊重人们自己独立作出决定的权利，并积极地参与这一过程；社会工作者致力于帮助案主去获得他/她所需的资源；社会工作者努力使社会服务更加人性化和满足人们的需要；社会工作者应展示对不同人群的独特性的尊重与接受；社会工作者应对自己的道德行为、工作的质量负责，并寻求自身在职业的知识和技巧上的不断成长。没有了对当事人和同事等的尊重，社会工作进行的服务就失去了其特色。这些经验为我们建设中国特色的社会工作者职业道德提供了重要经验。

2.社会工作者职业道德建设的主要历程

社会工作者职业道德是对社会工作者职业的总体规定。基于这样的考虑,中国社会工作者协会曾经制定了《中国社会工作者协会社会工作者守则》(2006年)。它包括总则、职业道德、专业修养、工作规范四个部分。该总则提出:"中国社会工作者继承中华民族悠久的历史、文化传统,吸收世界各国社会工作发展的文明成果,高举人道主义旗帜,以促进社会稳定和全面进步为己任。中国社会工作者通过本职工作,提倡社会互助,调节社会矛盾,解决社会问题,改善人际关系,为社会的物质文明和精神建设服务。"①这样,就明确了制定社会工作守则的基本原则和社会工作者的社会使命。进而,《关于加强社会工作专业人才队伍建设的意见》(2011年)提出,必须"切实加强社会工作专业人才职业道德建设。以社会主义核心价值体系为基础,按照马克思主义指导思想、中国特色社会主义共同理想、以爱国主义为核心的民族精神、以改革创新为核心的时代精神和社会主义荣辱观的基本要求,研究制定社会工作专业人才职业道德守则和专业行为规范,构建中国特色的社会工作专业人才职业道德体系。"②在这一精神的指导下,民政部发布了《社会工作者职业道德指引》(2012年)。该"指引"由"总则"、"尊重服务对象　全心全意服务"、"信任支持同事　促进共同成长"、"践行专业使命　促进机构发展"、"提升专业能力　维护专业形象"、"勇担社会责任　增进社会福祉"、"附则"等7章24条组成。在"总则"中,对社会工作者的政治素质和道德素质提出了总体要求。在政治素质上,要求社会工作者应热爱祖国、热爱人民、拥护中国共产党领导,遵守宪法和法律法规,贯彻落实党和国家有关方针政策。在道德素质上,要求社会工作者应践行社会主义核心价值观,遵循以人为本、助人自助专业理念,热爱本职工作,以高度的责任心,正确处理与服务对象、同事、机构、专业及社会的关系。这样,我国就初步形成了作为社会工作职业标准的社会工作者职业道德指引。

---

① 中国社会工作协会:《中国社会工作协会社会工作者守则》,中国社会工作协会网(2013年12月26日)(http://laws.swchina.org/standard/2013/1216/2631.shtml)。

② 《关于加强社会工作专业人才队伍建设的意见》,国家民政部门户网站(2013年4月8日)(http://sw.mca.gov.cn/article/zcwj/201304/20130400441038.shtml)。

3. 社会工作者职业道德体系的基本框架

我们必须坚持以马克思主义为指导,从中国实际出发,借鉴海外有益经验,建立中国特色社会工作者职业道德体系。这一体系应由职业道德守则和专业行为规范两个部分构成。第一,职业道德守则。主要应该包括以下内容:(1)热爱社会工作,忠于职守,具有高度的社会责任感和敬业精神。(2)全心全意为人民服务,为满足社会成员自我发展、自我实现的合理要求而努力工作,并不因其出身、种族、性别、年龄、信仰、社会经济地位或对社会贡献不同而有所区别。(3)尊重人、关心人、帮助人。为保障包括人的生存权、发展权在内的人权而努力,注意维护工作对象的隐私权和其他应予保密的权利。(4)同工作对象保持密切联系,主动了解他们的需要,切实为之排忧解难。(5)树立正确的服务目标,以关怀的态度,为工作对象困难问题的预防和解决,以及其福利要求提供有效的服务。(6)清正廉洁,不以权谋私。第二,专业行为规范。作为规范专职人员行为的基本原则,职业道德应当体现在从业人员的全部职业活动中。(1)对于服务对象的道德责任——尊重服务对象,全心全意服务。应平易近人,热情谦和,注意沟通,建立互相信赖的关系,努力满足服务对象各种正当的要求,并帮助他们在心理和精神等方面获得平衡。(2)对同事的道德责任——信任支持同事,促进共同成长。应互相尊重,平等竞争,取长补短,共同提高。在业务上,诚意合作,遇有问题时,互相探讨,坦诚交换意见,或善意地进行批评和自我批评,以促进专业水平、工作效率和服务效能的提高。(3)对服务机构的道德责任——践行专业使命,促进机构发展。应按照民主集中制的原则,主动献计献策,提供咨询意见,并自觉服从决定,遵守纪律,维护集体荣誉,努力使机构的计划实施获得最佳效果,圆满完成社会工作的各项任务。(4)对社会工作专业的道德责任——提升专业能力,维护专业形象。应努力学习和钻研业务,不断提高专业技术水平和专业服务质量。在提供专业服务时,应诚实、守信、尽责,积极维护专业形象。(5)对社会的道德责任——勇担社会责任,增进社会福祉。应运用专业视角,发挥专业特长,参与相关政策法规的制定和完善,应正确鼓励、引导公众参与社会公共事务,促进社会资源合理分配。这样,我们就初步建构起了中国特色社会工作者职业道德体系。

总之,加强社会工作伦理建设的核心是要加强社会工作者的职业道德建设。社会工作者职业道德体系基本框架的确立,为社会工作注入了伦理灵魂和道德动力。

(三) 我国社会工作伦理的传播和弘扬

目前,人们对社会工作价值的认同度还比较低,社会工作者对社会工作伦理的重视程度也不够高,因此,我们必须努力在全社会营造有利于传播和弘扬社会工作伦理的社会环境。

1.传播和弘扬社会工作伦理的国民教育途径

将社会工作伦理贯穿于国民教育的全过程,是传播和弘扬社会工作伦理的必经途径。

综合利用各种教育方式,传播和弘扬社会工作伦理。在整个国民教育中,特别要利用好学校教育这个重要的阵地尤其是九年义务教育的阶段加强社会工作伦理教育,因为几乎所有的国民都要接受小学和中学教育。(1)加强学校的社会工作伦理教育。应根据教育对象的不同年龄、心理特点、理解能力、接受能力和知识结构,设计和加入社会工作伦理的教育内容,让作为社会工作伦理基础的社会主义人道主义、集体主义、志愿精神融入到其他教育内容中,潜移默化地影响学生的世界观、人生观和价值观;要将社会工作的道德要求,尤其是人本、关爱、尊重、奉献的要求融入到国民教育中,倡导学生做一个关爱他人、尊重他人、奉献社会的现代公民,为建设和谐社会做出自己应有的贡献。(2)加强学校的社会工作伦理实践活动。学校要组织学生到相应的社会福利机构或社会服务机构去做些力所能及的社会服务工作,或者组织学生积极参加各种志愿者活动。同时,应向西方国家学习,设计一些有利于学生自主参与社会服务的制度,将其参加社会服务的行动与其将来的升学联系起来,特别是与申请进入高一级好学校的制度联系起来,从制度上推动人们从小积极参加志愿活动、关爱他人和社会。另外,家庭教育和社会教育也是不能忽略的重要教育途径,这些都是巩固和强化学校教育成果的有力保证,是形成良好的社会工作氛围的环境因素。

综合利用各种教育内容,传播和弘扬社会工作伦理。社会工作伦理教育既是一种道德教育,也是一种知识教育。(1)在道德教育中,要加强社会工作伦理教育。我们开展的社会主义核心价值体系教育、社会主义民主法制教育等内容,就包含社会主义人道主义、集体主义、志愿精神等社会工作伦理原则,也包括人本、关爱、尊重、奉献的社会工作道德要求,因此,只要适当地转换这些内容的形式,将社会工作的助人自助的理念适当突出出来,就可以让人们了解社会工作对构建和谐社会的重要作用,就可认识到社会工作者所遵循的价值理念与社会主导的价值观的一致性,就可认识到社会工作者的行为是在践行社会的价值观。这样,就能够增强人们对社会工作的了解和参与热情。(2)在知识教育中,要加强社会工作价值教育。从其内容来看,应包括以下内容:社会工作的价值取向及其伦理学基础,社会工作的一般道德要求和道德修养,西方社会工作职业道德的经验和案例,中国社会工作职业道德的探索和经验,社会工作实务道德冲突及其解决方法。我们既应该将之融入到社会工作专业学生的教育中,也应该融入到其他专业学生的教育中;既应该融入到在校学生的教育中,也应该融入到社会工作者的在职教育中。目前,尤其是要积极开展社会工作专业人才队伍职业道德教育,强化社会工作专业人才的社会责任感和职业认同感。我们要通过课堂、影视、书报杂志、广播、互联网等媒体,以群众喜闻乐见的形式传播社会工作知识尤其是社会工作伦理知识。

总之,社会工作伦理教育应贯穿到国民教育的全过程中,让人们有意识地在人生的不同阶段上用现有的能力来关爱他人、为社会做出奉献。

2. 传播和弘扬社会工作伦理的精神文明途径

将社会工作伦理渗透在精神文明建设的各环节,是传播和弘扬社会工作伦理的另一个重要途径。这在于,传播和弘扬社会工作伦理还需要有良好的社会氛围和社会条件。

通过核心价值建设来传播和弘扬社会工作伦理。如果整个社会道德风气败坏,拜金主义、极端个人主义、享乐主义和利己主义大行其道,那么,社会工作就不可能有效实现助人自助的宗旨。因此,我们必须加强社会主义核心价值体系建设,要"倡导富强、民主、文明、和谐,倡导自由、平等、公正、法治,倡导爱国、敬业、诚信、友善,积极培育和践行社会主义核心价值观。"①倡导富强、民主、文明、和谐,从国家层面上宣示了社会主义核心价值体系,描绘了中

---

① 胡锦涛:《坚定不移沿着中国特色社会主义道路前进　为全面建成小康社会而奋斗——在中国共产党第十八大全国代表大会上的报告》,人民出版社 2012 年版,第 31—32 页。

国特色社会主义伟大事业的整体布局和美好愿景，是一个能够凝聚起亿万人民群众聪明智慧和伟大创造力的价值目标。倡导自由、平等、公正、法治，从社会层面上宣示了社会主义核心价值体系，反映了社会主义的本质属性，是对人民群众主体地位的尊重，是对人民群众整体权益的保障，是对人民群众平等发展权利的维护。倡导爱国、敬业、诚信、友善，从公民层面上宣示了社会主义核心价值体系，是公民道德的规范体系和评价标准，是个人道德的普适性要求，体现了一种个人的价值追求。显然，"三个倡导"客观反映了现阶段全国人民普遍认同的价值观，为传播和弘扬社会工作伦理营造了良好的社会氛围。

通过公民道德建设来传播和弘扬社会工作伦理。关爱他人是公民道德的应有之义，是"爱人民"、"助人为乐"等社会主义道德要求的具体体现。关爱他人，既要有物质上和生活上的帮扶，也要有心理上和情感上的关心。关爱他人的美德是与社会工作助人自助的宗旨高度契合的。为此，必须全面提高公民道德素质，"推进公民道德建设工程，弘扬真善美、贬斥假恶丑，引导人们自觉履行法定义务、社会责任、家庭责任，营造劳动光荣、创造伟大的社会氛围，培育知荣辱、讲正气、作奉献、促和谐的良好风尚。"同时，要"加强和改进思想政治工作，注重人文关怀和心理疏导，培育自尊自信、理性平和、积极向上的社会心态。深化群众性精神文明创建活动，广泛开展志愿服务，推动学雷锋活动、学习宣传道德模范常态化。"①其中，志愿服务泛指利用自己的时间、技能、资源、善心，为邻居、社区、社会提供非营利、无偿、非职业化援助和服务的行为。为了社会进步，志愿者以自愿的方式去帮助他人、为社会提供力所能及的服务，在服务中升华了自己、实现了自己的部分人生价值。因此，作为公民的个体，必须大力弘扬志愿精神，积极参加志愿服务，尽力支持社会工作。

此外，我们还应该将社会工作的伦理要求、追求的价值理想融入到创建文明城市、文明村镇、文明社区、文明行业等群众性精神文明创建活动中。

总之，为了让民众从根本上深刻认识社会工作的价值，必须将社会工作伦理贯穿到国民教育的全过程和精神文明建设的各环节中，使社会工作伦理成

---

① 胡锦涛：《坚定不移沿着中国特色社会主义道路前进　为全面建成小康社会而奋斗——在中国共产党第十八大全国代表大会上的报告》，人民出版社 2012 年版，第 32 页。

为精神文明建设的组成部分。

综上所述,社会工作因其独特的工作目的、方法、价值理念,在建设和谐社会中发挥着积极的作用,成为当代中国社会建设的活动载体。而解决当代社会工作面临的新课题,促进当代社会工作的创新发展,是当代中国社会建设的重要内容。

第十三章　维护社会稳定：当代中国社会建设的控制机制

> 坚持稳定压倒一切的方针,正确处理改革发展稳定的关系。
>
> ——江泽民:《全面建设小康社会,开创中国特色社会主义事业新局面》(2002 年 11 月 8 日),《江泽民文选》第三卷,人民出版社 2006 年版,第 534 页。
>
> 社会稳定最终取决于民心稳定。
>
> ——胡锦涛:《做好维护社会稳定工作》(2008 年 6 月 13 日),《论构建社会主义和谐社会》,中央文献出版社 2013 年版,第 156 页。

社会稳定是维护社会秩序的前提和基础。为了实现社会稳定,必须采取社会控制的方式。作为一种有意识、有目的的社会管理方式,社会控制通过社会规范来约束社会成员的言行,使之限制在某种规范的范围内,从而能够达到避免社会冲突、维持社会秩序的目的。在当代中国,"加强控制是为了稳定"①。社会稳定事实上是国家对社会的控制过程。只有有效维护社会稳定,才能为人民群众谋求幸福和维护尊严的活动提供适宜的社会前提和基础。

---

① 《邓小平文选》第三卷,人民出版社 1993 年版,第 287 页。

一、维护社会稳定的战略意义

在当代中国，维护社会稳定，是全面建成小康社会和实现社会主义现代化、构建社会主义和谐社会的内在要求、社会基础和条件保障。

（一）维护社会稳定的复杂内涵

社会稳定是一个复杂的社会过程或一种复杂的社会状态。在广义上，"稳定，就是各项工作都必须致力于维护政治上安定团结和社会稳定的大局，宏观政策要保持必要的稳定性和连续性，各项改革必须稳步推进，以确保国民经济稳定增长，避免出现大起大落。"①在狭义上，社会稳定专指社会生活的稳定，是社会生活有序化的过程。

1. 社会稳定是维护社会秩序的过程

社会秩序与社会稳定具有同等的意义。社会是一个过程集合体，因此，社会稳定并不是指社会系统或社会生活的固定不动、静止不变，而是指社会的正常运行的秩序，以及由此保证的社会稳步前进的过程。在一般意义上，社会秩序表示的是动态有序平衡的社会状态。在当代中国，"所谓有秩序，就是既大胆又慎重，要及时总结经验，稳步前进。如果没有秩序，遇到这样那样的干扰，把我们的精力都消耗在那上面，改革就搞不成了。"②在这个意义上，社会稳定是指绝大多数社会成员都能够遵守共同的社会规范，形成社会共识、凝聚社会合力，维持既定的社会秩序，从而保障社会能够稳步地向前发展，实现社会的动态平衡和持续发展。其实，道理很简单：中国人这么多，底子这么薄，没有安定团结的政治环境，没有稳定的社会秩序，什么事也干不成。因此，稳定具有压倒一切的优势。可见，维护社会秩序的过程就是维护社会稳定的过程。

2. 社会稳定是巩固安定团结的过程

安定团结与社会稳定具有同等的意义。安定即稳定，不安定即不稳定。在社会领域中，安定与团结是密切联系在一起的。安定团结是指，生活秩序的

---

① 《江泽民文选》第三卷，人民出版社 2006 年版，第 370 页。
② 《邓小平文选》第三卷，人民出版社 1993 年版，第 199 页。

安稳和社会气氛的和睦。在当代中国,没有安定团结的局面,就不能安下心来搞经济建设,就难以保证人民群众正常的生产和生活的秩序。因此,"中国不能乱哄哄的,只有在安定团结的局面下搞建设才有出路。一切反对、妨碍我们走社会主义道路的东西都要排除,一切导致中国混乱甚至动乱的因素都要排除。这也不是今天才讲的,而是十一届三中全会以来一直在讲的,以后更要这样做。要用这个道理教育人民,特别是青年学生。"①显然,安定团结的基本要求就是要有安定的社会秩序,要保证社会有秩序地前进。可见,巩固安定团结的过程就是实现社会稳定的过程。

3. 社会稳定是走向安定有序的过程

安定有序与社会稳定具有同等的意义。通过安定团结来维护社会秩序,就是实现安定有序的过程,即实现社会稳定的过程。在事物非线性发展中,保持稳定是为了克服无序。"无序是和大量各种不同的可能联系在一起的。所以在一种无序的情况下,正是如此难以找到想要的东西","是东西的各种大量的可能放置地点,造成了无序状态"。② 克服无序的过程,就导致了有序。有序就是克服熵增、增加信息的过程。这样,系统演化的总体方向就是产生新的稳定的结构或稳定的状态。因此,有序即安定即稳定。在当代中国,"安定有序,就是社会组织机制健全,社会管理完善,社会秩序良好,人民群众安居乐业,社会保持安定团结"③。显然,安定有序是通过保持安定团结而保持良好社会秩序的过程,即实现社会稳定的过程。反过来,安定有序成为了维护社会稳定的重要目标。社会稳定与安定有序是相辅相成的。

4. 社会稳定是实现社会安全的过程

社会安全是与社会稳定处于同一序列的范畴。随着现代化的发展,人类社会所面临的各类风险也愈来愈多。风险就是自反性现代化的副作用和衍生物。"确切地说,风险与危险并不是一回事。风险涉及那些我们主动寻求与之面对以及对其进行估量的危险。"因此,"我们所有的人都需要抵御风险的保障,但也需要具有面对风险并以一种积极的方式来对待风

① 《邓小平文选》第三卷,人民出版社 1993 年版,第 212 页。
② [德]H.哈肯:《协同学——自然成功的奥秘》,戴鸣钟译,上海科学普及出版社 1988 年版,第 15 页。
③ 《十六大以来重要文献选编》(中),中央文献出版社 2006 年版,第 706 页。

险的能力。"①正是在风险成为威胁社会稳定的重要因素的情况下,安全才成为了一种正向价值属性和追求。在一般意义上,"安全,就是要头脑清醒、居安思危,深刻认识新形势下维护国家政治安全、经济安全、国防安全的极端重要性和紧迫性,确保信息安全、金融安全和粮食、石油等重要战略物资的安全。"②作为一个抽象概念,安全并不以任何内容为载体,只是在依附于某一具有主体性的客观存在及其属性价值时才被赋以某些具体的内涵。因此,狭义社会安全专指社会生活领域的安全,是社会生活免遭威胁的客观状态和社会成员免遭恐惧的心理状态的统一。事实上,社会安全也是一种社会有序的状态,既是维护社会稳定的条件,也是维护社会稳定的手段。

5. 社会稳定是保证国泰民安的过程

社会稳定不是目的,其目标是要保证国泰民安,即国家太平,人民安乐。在社会发展中,社会稳定不具有目的价值,只具有工具价值。如果只将维护社会稳定的目标限制在维护政治统治的秩序上,那么,我们就难以将无产阶级专政的社会主义国家与剥削阶级统治的国家区分开来。这在于,"在历史进程中,掠夺者都认为,最好是利用他们硬性规定的法律,使他们凭暴力得到的那些原始权利获得某种社会稳定性。"③因此,我们必须将维护社会稳定与人民安乐统一起来。事实上,"国泰和民安是紧密相连的,没有国泰就没有民安;没有人民的安居乐业,也没有国家的兴旺发达。所以,局势的稳定和经济的发展是密切不可分割的。"④关键是,必须将维护社会稳定定位在维护人民群众的根本利益上。同时,保持社会稳定,是全国各族人民根本利益之所在。这样,才能体现出社会主义社会追求的社会稳定的固有价值。简言之,维护社会稳定就是要保证国泰民安。

总之,社会稳定是与社会秩序、安定团结、安定有序、社会安全、国泰民安等社会正向要求密切联系在一起的,在其实质上指向的是社会有序性,是对社会有序性的自觉调控。

---

① [英]安东尼·吉登斯:《第三条道路:社会民主主义的复兴》,郑戈译,北京大学出版社2000年版,第67页。

② 《江泽民文选》第三卷,人民出版社2006年版,第370页。

③ 《马克思恩格斯文集》第3卷,人民出版社2009年版,第230页。

④ 《江泽民论有中国特色社会主义》(专题摘编),中央文献出版社2002年版,第210页。

（二）维护社会稳定的系统要求

在建设中国特色社会主义的过程中,确保人民安居乐业、基层民主更加健全、社会秩序良好、国家长治久安具有内在的关联,构成了维护社会稳定的基本要求。

1. 确保人民的安居乐业

人民是国家和社会的主人,物质生活是人类最基本的生活,因此,切实保障人民安居乐业是维护社会稳定的首要要求。群众的物质生活和维护社会稳定是互相促进的关系。一方面,社会秩序的稳定有助于人民生活水平的提高;另一方面,人民群众的安居乐业反过来也促进了社会安定有序的实现。为此,必须从以下两个方面着手:一是我们要大力提高城乡居民收入,改善人民生活水平,解决关系群众切身利益的实际困难,维护好群众的各项物质文化权益,特别是人民群众的生命财产安全。这样,才能为维护社会稳定赢得民心基础。二是在完善社会主义民主法制的同时,更要高度重视社会民生建设,重点解决好各种影响和危害人民生命财产安全的社会突出矛盾和社会治安问题。要看到,"社会治安不好,群众不能安居乐业,不仅会影响党和政府在人民群众心目中的形象,而且也会影响改革发展稳定的大局。"[1]因此,我们要以建设"平安社会"为载体,把维护人民的生命财产安全与维护社会稳定和社会综合治安保障结合起来,深入开展社会治安综合治理活动,严厉打击各类型有组织犯罪、严重暴力犯罪和多发性经济犯罪等问题,使人民安居乐业。这样,才能切实保证人民生活。在此基础上,人民群众才有追求文化精神生活品味的基本条件,进而才能实现全面发展。

2. 健全基层的民主生活

基层民主,既是社会主义民主的基本单位,也是社会自治的基本单位。基层民主的巩固和发展,既能有效避免社会自发群众运动产生的混乱,也能切实保证社会稳定。例如,"扩大农村基层民主,保证农民直接行使民主权利,是社会主义民主在农村最广泛的实践,也是充分发挥农民积极性、促进农村两个文明建设、确保农村长治久安的一件带根本性的大事。"[2]因此,健全基层民主

---

[1] 《江泽民文选》第三卷,人民出版社 2006 年版,第 208 页。

[2] 《江泽民文选》第二卷,人民出版社 2006 年版,第 214—215 页。

是维护社会稳定的第二个要求。改革开放以来,随着经济发展的日渐深入和人民生活水平的稳步提高,我国人民的民主意识和参政意识日益增强,迫切要求分享更为广泛的对社会事务的知情权、参与权、选择权和监督权。人民群众普遍怀有痛恨腐败、防止干部滥用权力的愿望,希望通过加强和健全基层民主,实现对权力运行的有效监督和约束,确保社会的公正公平。因此,从民主制度建设上着眼,建立健全对权力运行的约束机制和对腐败的惩治机制,不单是社会主义经济更深层次发展的必然要求,也是解决现实中存在的社会不稳定问题的一种必然选择。健全基层民主,不仅可以保障人民当家作主的根本制度,满足人民群众维护自身利益的客观愿望,还能满足人民群众参与社会管理的强烈需要。在社会大众的监督制衡下,基层民主可以确保社会的健康、正常的发展。

3. 维护社会的良好秩序

在社会生活中,社会混乱必然会阻碍社会发展、扰乱人民生活,因此,维护良好的社会秩序是维护社会稳定的第三个要求。从历史发展来看,当社会发展到一定程度,为了保证既定目标的实现,人们往往会通过社会习俗、道德约束、制度保障及法律规范等途径而发展出一整套规章制度和社会纪律来协调社会成员的行动,进而会形成一种保证组织实体有序运转的社会稳定秩序。显然,良好的社会秩序是人类社会由愚昧和野蛮走向文明开化的一种历史必然。从现实来看,社会要和谐,最直观的表现就是要求有良好的经济秩序、政治秩序、文化秩序、公共秩序和生活秩序。特别对我们这样一个正处于剧烈的社会转型期的发展中国家而言,要想让各种有利于经济发展和社会进步的资源在社会生活中更好地发挥功效,使社会成员能够各尽其责、各尽所能、各显其才,就在很大程度上有赖于良好社会秩序的形成和维护。为此,一方面,我们必须大力破除各种不利于维护良好社会秩序的制度障碍,加强制度建设。其中,"建立健全与发展社会主义市场经济相适应的社会管理体制,对保持良好的社会秩序,有效应对各种突发事件,维护人民群众的根本利益,维护改革发展稳定的大局,具有重大的意义。"①只有制度建设才具有稳定性和巩固性。另一方面,我们必须大力破除各种不利于维护良好社会秩序的文化障碍,加强

---

① 《十六大以来重要文献选编》(上),中央文献出版社 2005 年版,第 399 页。

精神文明建设。事实上,"社会秩序只有成为全体社会成员高度认同、自觉遵守、共同维护的价值规范,才能真正牢固稳定。"①只有不断提高全体人民的思想道德素质,才能真正维护良好的社会秩序。总之,我们必须综合运用各种社会控制方式,实现对社会秩序的有效控制,进而形成一种有条不紊的社会常态。

4.确保国家的长治久安

实现国家长治久安与维护社会稳定是一种相互联系、相互影响的关系。一方面,国家长治久安是社会稳定的基本前提和必然要求。国家的长治久安,是以国家安全为前提的。国家安全缺乏保障,社会稳定就难以得到保证。另一方面,社会稳定也是实现国家长治久安的重要组成部分。没有国内社会的安定有序,就不会有国家安全。从我国的现实情况来看,我国目前所处的国际环境、发展阶段和工作内容都发生了巨大变化,国家安全正面临前所未有的危机和挑战。这就要求我们必须在安全理念、安全制度、工作方式等各方面都做出相应的变化。同时,要做好以下工作:一方面,必须加强社会保障体系建设。由于社会保障是社会的最后一道安全网,因此,"建立健全同经济发展水平相适应的社会保障体系,是社会稳定和国家长治久安的重要保证。"②这样,才能夯实国家安全和社会稳定的利益基石。另一方面,必须加强人民民主专政。"坚持人民民主专政,就是要在人民民主的基础上,切实维护国家的主权、安全、统一、稳定,依法严厉打击危害社会主义制度、危害改革开放和社会主义现代化建设、危害人民群众生命财产安全的各种违法犯罪活动,充分发挥国家机器保护人民、打击敌人的作用。"③只有加强人民民主专政,严厉打击各种违法犯罪活动,才能确保国家安全和社会稳定。当然,我们必须通观全局,大刀阔斧地推进各方面的改革,这样,才能真正实现国家的长治久安。

总之,从当代中国的实际来看,维护社会稳定,就是要做好保障人民安居乐业、健全社会基层民主、建立良好社会秩序和维护国家长治久安这四个方面的工作。

---

① 《十七大以来重要文献选编》(下),中央文献出版社 2013 年版,第 154 页。
② 《十六大以来重要文献选编》(上),中央文献出版社 2005 年版,第 22 页。
③ 《江泽民文选》第三卷,人民出版社 2006 年版,第 222 页。

（三）维护社会稳定的重大价值

维护社会稳定是保证社会正常存在和发展的基本前提。对于当代中国而言,通过社会控制维护社会稳定,对于继续抓住和用好战略机遇期,平安度过和走出矛盾多发期,实现全面建成小康社会的宏伟目标,构建社会主义和谐社会,具有重大的价值。

1. 防止社会动乱的必要举措

维护社会稳定能够有效防止社会动乱。任何一项社会事业和社会工程都有其内在的发展规律。只有在稳定的社会环境中,才能顺利实现既定的目标。倘使发生剧烈的社会冲突甚至是社会动乱,社会就会经常处于不稳定状态中,这样,就会破坏社会生活的内在发展轨迹,造成人心浮动和社会失控,进而会阻碍社会发展。我国文化大革命的教训已经证明,社会动乱不能推动前进,只能造成后退。因此,只有保持良好的社会秩序,才能保证我们的事业平稳地前进。同样,"如果中国搞资产阶级自由化,那末肯定会有动乱,使我们什么事情也干不成,我们制定的方针、政策、路线、三个阶段发展战略的目标统统告吹。所以,必须坚决地制止动乱。以后遇到动乱时,还要坚决制止,以保持稳定。"[1]总之,维持社会稳定是防止社会动乱的必要举措,是搞好社会主义建设事业的首要条件。

2. 促进经济发展的社会前提

维护社会稳定能够有效促进经济发展。为了摆脱贫困,实现社会主义现代化,最关键的问题是需要保持社会稳定。正是由于坚持维护社会稳定,我们才在世纪之交顺利地实现了现代化"三步走"战略的前两步目标。进入二十一世纪后,周边和国际环境总体上对我国的发展相对有利,这是一个必须紧紧抓住并且可以大有作为的重要战略机遇期。如果陷入社会动乱,我们就会错失发展的大好时机,那么,不仅会延缓和耽误经济发展,而且会拉大与世界发达国家的差距。因此,我们"必须把国内的事情办好,始终保持国家统一、民族团结、社会稳定的局面。这是我们集中全党全民族的智慧和力量、全面推进中国特色社会主义事业的重要保障"[2]。事实证明,发展过程由于社会稳定而

---

① 《邓小平文选》第三卷,人民出版社 1993 年版,第 344—345 页。

② 《十六大以来重要文献选编》(中),中央文献出版社 2006 年版,第 698 页。

得以有序进行,发展矛盾由于社会稳定而得以妥善处置,发展成果由于社会稳定而得以巩固。显然,只有在稳定的社会环境中,才能抓住发展的战略机遇期,保证我们迎头赶上世界先进水平。

3. 构建和谐社会的必然要求

维护社会稳定能够有效促进和谐社会建设。和谐社会应该是一个安定有序的社会,要求有良好的社会环境和有序的社会秩序,而一个动荡不安、秩序混乱、矛盾激化的社会根本谈不上和谐。因此,"维护社会稳定,保持社会安定团结,是做好各项工作的重要前提,也是建设社会主义和谐社会的必然要求。能否确保社会长期稳定,对党的执政能力来说,既是一个重要标志,也是一个重要考验。"①只有把社会控制搞好了,着力增加各种有利于安定团结的因素,积极化解各种不利于社会稳定的因素,才能保证社会的安定有序,才能保证社会整体的和谐、健康、持续的发展。显然,维护社会稳定是构建和谐社会的基础与保障。只有把维护社会稳定作为一项重要工作来抓紧和抓好,才能构建起社会主义和谐社会。

4. 维护国家安全的基本保障

维护社会稳定能够有效维护国家安全。一个国家有良好的社会环境和有序的社会秩序,那么,外部势力尤其是敌对势力就难以渗透进来,国家安全就有了起码的保证。反之,如果一个国家内部社会动荡不安,那么,外部势力尤其是敌对势力就会乘虚而入,国家安全就令人堪虞。目前,随着全球化进程和科技进步的加快,意识形态的斗争和社会制度的较量出现了新的态势,加大了维护国家安全的难度。这样,就要求我们必须"加强国家安全工作,完善境外非政府组织在华活动管理机制,高度警惕和严密防范境内外敌对势力渗透破坏活动,提高反恐怖工作能力和水平。加大反分裂工作力度,坚决打击'藏独'、'东突'等分裂势力,妥善处理分裂势力制造的恶性事件,维护社会稳定。"②可见,维护社会稳定是维护国家安全的最基本的社会基础和条件。

5. 促进世界和平的重要力量

维护中国社会稳定能够有效促进世界和平。作为一个世界上的人口大国

---

① 《十六大以来重要文献选编》(中),中央文献出版社 2006 年版,第 318 页。
② 《十七大以来重要文献选编》(上),中央文献出版社 2009 年版,第 658—659 页。

和地理大国,作为一个经济总量已居世界第二位的经济实体,作为一个选择了和平发展道路的发展中国家,作为一个由共产党执政的社会主义国家,中国保持国内稳定,是对世界和平的重大贡献。保守地讲,只要中国不发生动乱,那么,就意味着世界上有五分之一的人口免于威胁和恐惧,天下大乱的危险性就大为降低。进一步讲,只要中国在维持稳定的同时实现发展,那么,就意味着增加了维护世界和平的力量,世界持久和平的可能性就大为提高。反之,如果中国出现了动荡和动乱,那么,将是一个世界性的灾难。因此,"我们将始终不渝走和平发展道路,继续通过争取和平国际环境来发展自己,又以自身发展维护和促进世界和平。"①显然,维护中国社会稳定既是实现中国和平发展的基础和前提,也是促进世界和平的力量和保证。

6. 保障人民安康的社会条件

维护社会稳定能够有效保障人民群众的幸福安康。稳定的需要、安全的需要,是人们正常生产和生活的基本需要,在人的需要系统中具有重要的位置。满足人的稳定需要和安全需要,是实现人们物质文化需要的基本前提,是实现人的全面发展的基本条件。在当代中国,人心思稳是大势所趋,实现和保障人民群众的幸福安康才是维护社会稳定的最终目的。事实上,保持社会稳定说到底取决于民众的稳定,取决于人心的安定。所以,我们要把维护稳定的立足点放在团结依靠广大人民群众的基础之上,要依靠人民群众做好稳定工作。同时,"人民看到稳定带来的实在的好处,看到现行制度、政策的好处,这样才能真正稳定下来。"②因此,我们必须从实现人民群众的稳定需要和安全需要的高度做好维护社会稳定的工作,这样,我们才能实现持久稳定和动态稳定。总之,维护社会稳定是造福人民群众的事业。

根据以上考虑,我们始终坚持稳定压倒一切的方针,把正确处理改革发展稳定的关系、保持我国和谐稳定的社会环境,视作是社会主义建设事业的重要前提和基本保证。

总之,维护社会稳定对于加强社会团结、促进社会和谐和推动社会进步具有重大的战略意义。没有稳定的社会环境,我们的事业就无法进行,现代化建

———————————

① 《胡锦涛主席 2011 年对美国进行国事访问时的讲话》,人民出版社 2011 年版,第 12—13 页。

② 《邓小平文选》第三卷,人民出版社 1993 年版,第 355 页。

设事业就没有希望,已经取得的成果也会丢掉。因此,我们必须要始终牢记稳定高于一切的道理。

二、当代中国维护社会稳定的新课题

新中国成立以来尤其是改革开放以来,我国在维护社会稳定方面积累了丰富的经验,初步形成了中国特色的维护社会稳定的工作模式,但是,在社会主义市场经济条件下尤其是在社会矛盾多发期,这一模式面临着一系列新的挑战,迫切要求我们要克服制约维护社会稳定工作的体制障碍,创新维护社会稳定的工作模式。

(一)我国维护社会稳定的历史经验

在开拓中国特色社会主义道路的过程中,我们正确处理改革发展稳定关系,在探索的基础上形成了中国特色的维护社会稳定的工作模式。

1. 行政控制导向的维护稳定的方式

新中国成立初期,从巩固新生的人民政权和推进社会主义建设的需要出发,我们进行了清剿国民党残余势力、镇压反革命、进行社会主义改造等运动,有效稳定了社会秩序。进而,从当时复杂的国际形势出发,在总结国内外革命和建设经验的基础上,我国形成了以行政控制为主的维护稳定的方式。其主要特征是,国家掌握社会绝大部分资源的控制权和配置权,个人要想获得最基本的生存条件,必须通过国家的制度性安排来获取。主要的制度有:(1)单位制度。工作单位是集劳动就业、社会福利、社会控制等功能为一体的组织形式,公民个人成为依附单位的"单位人"。(2)户籍制度。1958年正式颁布实施的"户口管理条例"的核心内容是,把全国居民划分为农业户口和非农业户口,严格限制城乡之间的人口流动。(3)身份制度。通过采用划定阶级身份(资本家还是工人、地主和富农还是贫下中农等)、人事身份(干部、工人、农民等)等方式,固定了人们的社会身份。在此基础上,我们形成了"条块结合,以块为主"的社会控制系统。尽管它限制了社会活力,但是,有效地维护了稳定。

2. 综合治理导向的维护稳定的方式

在总结"文革"导致的社会混乱的教训的基础上,我们反复强调"稳定压倒一切",并于1982年提出了"社会治安综合治理"的政策。即,把各条战线、各个部门、各个方面的力量组织起来,采取思想的、政治的、经济的、行政的、法律的各种措施和多种方法,推广适合各种情况的安全保卫责任制,把综合治理真正落实到各个方面。(1)严打是首要环节。针对严重刑事犯罪急剧增多的问题,1983年8月,中央明确要求将"严打"作为社会治安综合治理首要环节,并开展了为期三年的严打战役,从重从快判处了一大批刑事犯罪分子。(2)法制是重要保证。基于对"文革"无组织、无纪律、无法律、无秩序所造成巨大灾难的深刻反思,我们特别强调用法律的手段来保持稳定,主张用完善的法律制度来规范包括党和政府在内的全社会的行为,严格维护党的纪律,加强全社会的组织性和纪律性。(3)教育是重要手段。我们把"有理想、有道德、有文化、有纪律"作为培养社会主义新人的重要目标。1985年10月,中央发出关于进一步加强青少年教育、预防青少年违法犯罪的通知,明确提出关心和教育青少年、预防青少年违法犯罪是一项综合治理的系统工程。总之,"严打"在当时是非常必要的,但是,不能从根本上解决治安等稳定问题。

3. 社会防控导向的维护稳定的方式

在市场经济的条件下,我们将改革发展稳定作为紧密相关的三件大事,形成了以社会防控为导向的维护稳定方式。(1)社会源头维护稳定。改革开放中产生的各种社会问题是影响稳定的重要因素,对此切不可掉以轻心。一方面,一定要把反腐败斗争抓紧抓好。另一方面,对于体制转轨所带来的民生问题,必须加大建立和完善社会保障制度的力度。为此,我国推出了"国家八七扶贫攻坚计划"和确保社会保障"三条保障线"的重要社会政策。这样,就为从源头上维护稳定准备了社会基础。(2)德法并举维护稳定。维护稳定是一项系统工程,必须德法并举。依法治国是党领导人民治理国家和稳定社会局势的一项基本方略。同时,"一个社会,没有共同的精神支柱及其以此为基础的思想上的稳定,是很难保持社会政治稳定的"。① 这就是要通过提高社会成员的思想道德觉悟、遵从已有社会行为准则和价值标准来保持稳定。只有将德法统一起来,

---

① 江泽民:《论三个代表》,中央文献出版社2001年版,第125页。

才能有效保证稳定。（3）社会治安维护稳定。搞好社会治安是保持稳定的大事。因此，必须"加强社会治安综合治理，打防结合，预防为主，加强教育和管理，落实责任制，创造良好的社会治安环境。"①为此，必须坚持经济建设和社会治安两手抓、两手都要硬的方针，将法律法规、制度机制作为治安的保障，注意分析发生的各类案件特别是典型案件，全面加强政法队伍的建设，坚持走群众路线来维持治安，大力加强基层组织建设来增强社会管理和控制能力。这就表明，我国维护稳定工作朝着更加科学化、现代化和理性化的方向转变。

　　4. 社会管理导向的维护稳定的方式

　　随着和谐社会战略构想的提出，我们形成了以社会管理为导向的维护稳定的方式。（1）大力推进平安建设。2003 年以来，全国开展了平安建设活动。在 2008 年奥运会期间，按照中央"平安奥运是北京奥运会取得成功的最大标志，也是最重要的国家形象"的指示，北京市把"平安奥运"作为第一位政治任务，大力弘扬"平安奥运"理念，在全社会形成了"平安奥运重于泰山、奥运平安人人有责"的浓厚氛围。奥运会后，平安理念更加深入人心，有效维护了首都治安和稳定。（2）大力推进群防群治。群防群治是群众性、互助性自防自治活动的简称。围绕着举办奥运会和国庆 60 周年活动，我们大力开展群防群治工作，积累了一系列了经验。主要有：建立健全激励保障机制，保证发动到位；整合社会群防群治资源，保证组织到位；建立健全完善的防控体系和格局，保证部署到位；拓展群防群治工作职能，保证作用到位；建立健全工作队伍的管理制度，保证管理到位。（3）大力推进管理创新。随着社会建设的深入，我们大力推进社会管理创新。2011 年 7 月，中共中央、国务院作出"关于加强和创新社会管理的意见"。在"完善党和政府主导的维护群众权益机制"方面，提出要健全矛盾调处机制和健全社会稳定风险评估机制；在"加强公共安全体系建设"方面，提出要完善应急管理体制机制、健全食品药品安全监管机制、完善安全生产监管制度机制、完善社会治安防控体系。这预示着维护稳定工作向综合协调的根本转变，更加注重社会协调。

　　在改革开放的创造性实践中，我们积累了宝贵经验。其中重要的一条就是，"必须把促进改革发展同保持社会稳定结合起来，坚持改革力度、发展速

---

① 《江泽民文选》第二卷，人民出版社 2006 年版，第 32 页。

度和社会可承受程度的统一,确保社会安定团结、和谐稳定。"①这一宝贵经验也是进一步做好维护稳定工作的科学指南。

(二) 我国维护社会稳定的现实难题

目前,在国内外各种因素的作用下,长期以来片面追求经济发展速度和规模而忽视社会建设所积累的一些社会问题和矛盾,开始在短时间内以各种各样的方式集中凸显和爆发,成为影响社会稳定的重要因素,甚至严重威胁着社会稳定。

1. 刑事犯罪问题日趋严重

从新中国成立到改革开放之前,由于初步展示出了社会主义制度的优越性,加上社会控制较为严格,刑事犯罪一直处于低发态势。1978 年,全国公安机关立案的刑事案件为 535698 起。之后,随着对内搞活和对外开放,刑事犯罪案件呈上升的态势。从全国公安机构立案的刑事案件数量来看,1988 年为827594 起,1998 年为 1986068 起,2008 年为 4884960 起。可见,经过 30 年的发展,2008 年刑事犯罪案件立案比 1978 年大约增加了 9 倍。2008 年全球金融危机的爆发,不仅造成世界经济的疲软,也给中国经济带来前所未有的困难和挑战。由于金融危机造成了生活的不稳定,从而加剧了社会不稳定。在这个过程中,全国公安机构立案的刑事案件数量也在不断上升。

表 13-1　2008 年以来全国公安机关立案的刑事案件单位:起

案件类型	2008 年	2009 年	2010 年	2011 年
合计	4884960	5579915	5969892	6004951
杀人	14811	14667	13410	12015
伤害	160429	172840	174990	165097
抢劫	276372	283243	237258	202623
盗窃	3399600	3888579	4228369	4259484
诈骗	273763	381432	457350	484813
其他	略	略	略	略

资料来源:国家统计局网站(http://data. stats. gov. cn/workspace/index; jsessionid = 0477BF16DF50F
　　940F3C3285A81A9D8FB? m=hgnd)。

---

① 《十七大以来重要文献选编》(上),中央文献出版社 2009 年版,第 805—806 页。

2. 群体事件呈现上升趋势

由于改革开放涉及利益关系的调整,加上其他一系列因素的复杂影响,近年来,我国的群体性事件呈现出不断上升的趋势。据有关部门统计显示,1993年我国发生的群体性事件为 0.87 万起,2005 年上升为 8.7 万起,2006 年超过9 万起。尽管近几年没有进行这方面的数据统计,但情况也不容乐观。就其形成的原因来看,根据中国社会科学院发布 2013 年《社会蓝皮书》的研究分析,征地拆迁引发的群体性事件占 50%左右,环境污染和劳动争议引发的群体性事件占 30%左右,其他社会矛盾引发的群体性事件占 20%左右。

表 13-2　2012 年我国环境群体性事件举要

时间	地点	事件
3 月	贵州永乐镇开屯村	针对贵州省虹博矿业有限公司的矿群矛盾纠纷
6 月	四川什邡	反对宏大钼铜项目带来的污染问题
7 月	江苏启东	反对日企工厂排污工程
10 月	浙江宁波镇海	反对上马 PX 项目

3. 网络犯罪的危害性加大

随着网络越来越成为人们日常生活中必不可少的部分,网络犯罪问题也日益突出,对人们的人身财产安全造成了巨大的威胁和损害,也严重影响到了社会稳定。除了传统的犯罪形式外,现在的网络犯罪花样翻新,危害加大。主要体现为:(1)网络诈骗现象十分严重,且形式多样。犯罪分子通过各种形式,盗取他人 QQ 号、手机号码等个人信息,进而发送各种虚假信息给被盗人的亲朋好友,索要钱物。(2)网络暴力、淫秽色情等非法信息传播依旧比较猖獗,且屡禁不止。例如,从 2010 年 10 月到 2011 年 5 月,北京市共查禁淫秽色情网络小说 43 部,责令 24 家网站删除违规内容链接 209 条,关闭及取消备案网站 8 家,责令整改网站 8 家。(3)网络造谣现象比较突出,且有不断发展的趋势。由于网络造谣具有放大效应的功能,即我们通常所说的阴暗面的放大效应,容易引发人们的焦虑、恐慌以及愤怒等不良情绪反应,进而会滋生一些过激行为,对整个社会危害甚大,会影响到社会的稳定和安全。(4)网络安全诚信问题严峻,且配套的治理措施依旧较为薄弱。据《第 28 次中国互联网络发展状况统计报告》显示,2011年上半年,遇到过病毒或木马攻击的网民达到2.17亿,比例为44.7%;有过账号或密码被盗经历的网民达到1.21亿人,占24.9%,较2010年增加3.1个百分点;有8%的网民在网上遇到过消费欺诈,该群体网民规模达到3880万。总之,网络犯罪具有其特殊性,已经成为影响社会稳定和社会安全的新问题。①

4. 国家安全面临新的挑战

目前,我国仍面临多元复杂的安全威胁和挑战,生存安全问题和发展安全问题、传统安全威胁和非传统安全威胁相互交织,维护国家统一、维护领土完整、维护发展利益的任务艰巨繁重。(1)国际安全威胁。近年来,西方敌对势力对我国加紧推行"和平演变"战略,实施经济、政治、文化等方面的全面渗透,积极培植"代理人"和"引路党",幕后操控我国境内的一些非政府组织,企图利用我国社会转型期的内部矛盾与民众情绪,策动颠覆党和国家政权的颜色革命,其策划破坏活动的惯用手法,就是挑起群体性事件,搞街头政治,制造煽动动乱和骚乱。同时,有的国家深化亚太军事同盟,扩大军事存在,频繁制造地区紧张局势。(2)海洋安全威胁。个别邻国在涉及我国领土主权和海洋权益上采取使问题复杂化、扩大化的举动,甚至不惜制造事端。一是中日钓鱼岛和东海海洋划界争端加剧。近年来,日本不断强化对钓鱼岛的控制,甚至搞出了日本政府购买钓鱼岛主权的闹剧。同时,中日两国围绕东海的石油天然气开采问题纠纷不断。二是南海主权争端日趋复杂。南沙群岛多数岛礁被越南、菲律宾和马来西亚占据;一些国家与我国围绕南海主权和资源的争端屡有发生;一些国家不断扩充军备,试图通过加强合作来对抗我国;个别国家不断叫嚣要把南沙问题提交国际法庭,试图将南海问题国际化。(3)三股势力的威胁。受国外敌对势力的支持和鼓动,国内部分地区还存在较为严重的安全和稳定隐患,宗教极端势力、民族分裂势力、国际恐怖势力(三股势力)的活动猖獗,威胁不断上升。以新疆为例来看,从1990年"4·5"巴仁乡反革命武装暴乱开始,三股势力制造了爆炸、暗杀、纵火、抢劫等一系列令人发指的暴力恐怖事件。2013年,新疆巴楚县发生一起严重暴力恐怖案件,造成民警、社区工

①　参见袁雷:《从中国特色社会管理的视角看预防网络犯罪及其对策》,《实事求是》2013年第2期。

作人员 15 人死亡(维吾尔族 10 人,汉族 3 人,蒙古族 2 人),受伤 2 人(维吾尔族)。(4)分裂国家势力的威胁。"台独"分裂势力及其分裂活动仍然是两岸关系和平发展的最大威胁。(5)公共安全的威胁。重大自然灾害、安全事故和公共卫生事件频发,影响社会和谐稳定的因素增加,国家海外利益安全风险上升。例如,在灾害方面,2008 年 5 月 12 日,四川汶川、北川发生里氏 8.0 级地震,地震造成 69227 人遇难,374643 人受伤,17923 人失踪。根据国家统计局的数据,2008 年全国因自然灾害造成的直接经济损失为 11752.4 亿元,2010 年为 5339.9 亿元,2011 年为 3096.4 亿元。同时,由于食品药品安全问题、生产安全问题导致的不稳定事件也呈现出上升的趋势,成为重大的社会问题。

另外,腐败也成为影响稳定的重大问题。这些问题不仅成为挑战社会稳定的重大问题,而且成为威胁共产党执政合法性的重大问题,因此,我们必须高度重视和有效化解这些问题。

(三) 我国维护社会稳定的体制障碍

在维护稳定的体制建设方面,我国已经取得了巨大成就。但是,我们的工作还存在一些薄弱环节和不足之处。对此,我们必须从不利于稳定的体制上找根源,加以切实改进。

1.影响社会稳定的经济体制因素

经济体制改革不到位是影响稳定的经济原因。在当代中国,在市场化改革激发社会活力的同时,由于分配制度改革不到位,在社会内部也积累了不少矛盾。当前,分配制度中对于一次分配的不合理规定使"强资本、弱劳动"的趋势不断强化。初次分配过于"亲资本",劳动者报酬占比总体偏低,其工资增长赶不上企业利润增长和物价上涨。在发达国家,工资一般会占企业运营成本的 50%左右,而我国不到 10%。在二次分配中,由于现有社会保障制度不够完善,甚至出现了"逆向调节"的现象。据全国总工会调查,在城镇就业人员中,养老、医疗保险参保率仅为 62%和 60%;农民工的参保水平更低。社会救济机制的缺失又导致城市贫困群体数量不断增加。近年来,这种由不合理体制所造成的收入分配差距更呈现出加速扩大的趋势。这样,一旦有偶然性、突发性和外部性因素的介入,极易产生不稳定问题。显然,"一切历史冲突都根源于生产力和交往形式之间的矛盾。此外,不一定非要等到这种矛盾在某一国家发展到极端尖锐的地步,才导致这个国家内发生冲突"①。可见,经济体制尤其是分配体制改革的不到位是滋生不稳定因素的温床。

2. 影响社会稳定的政治体制因素

政治体制改革滞后是影响稳定的政治原因。尽管中国特色社会主义制度已初步形成,但是,我国政治体制改革的滞后,已成为影响稳定的重要原因。(1)官僚主义盛行。目前,在官民之间还缺乏一个有效的对话协商平台。这样,在利益博弈中永远处于弱势地位、缺乏公力救助的情况下,群众只能选择自力救助,甚至不惜铤而走险。正如毛泽东在分析1956年发生的群众闹事时指出的,"发生闹事的更重要的因素,还是领导上的官僚主义"。②这一分析仍然具有现实价值,迫切要求我们加快对话协商平台的建设。(2)贪污腐败严重。尽管我们一直不遗余力地推进廉政建设,但是,腐败之风仍大行其道。"腐败现象是侵入党和国家机关健康肌体的病毒。如果我们掉以轻心,任其泛滥,就会葬送我们的党,葬送我们的人民政权,葬送我们的社会主义现代化大业。"③因此,如果我们不能及时通过内在机制对腐败行为进行有效遏制,那么,就会弱化对政治权威的认同。这样,一旦社会不满和抱怨情绪积累到一定程度,突然暴露或揭露的腐败丑闻就可能成为引发不稳定的导火索。总之,只有加快政治体制改革,才能从根本上维护社会稳定。

3. 影响社会稳定的思想文化因素

精神文明建设滞后是影响稳定的文化原因。尽管我们一直十分重视精神文明建设,但是,道德失范现象仍然日益突出,成为影响稳定的重要因素。(1)精英道德失范。由于我们放松对社会精英的思想政治教育,致使一些人背叛了全心全意为人民服务的宗旨。这样,"在对外开放和发展社会主义市场经济的历史条件下,一些人受拜金主义、享乐主义、极端个人主义等腐朽思想的影响,经不起考验,甚至蜕化变质,堕入腐败和犯罪的泥坑。"④于是,导致职务犯罪问题日益增多,严重干扰社会秩序,严重影响社会稳定。(2)草根道

---

① 《马克思恩格斯文集》第1卷,人民出版社2009年版,第567—568页。
② 《毛泽东文集》第七卷,人民出版社1999年版,第236页。
③ 《江泽民文选》第一卷,人民出版社2006年版,第319页。
④ 《江泽民文选》第二卷,人民出版社2006年版,第179页。

德失范。由于缺乏社会主流价值的引领和支持，在普通群众当中，普遍弥散着焦虑、压抑等心理，不断增强着仇官、仇富等心态。这样，一旦竞争失利或遇有不公，就有可能演变成为不稳定事件。例如，"在进行横向比较和互相攀比时，传统的平均主义思想还有很大影响，一旦改革引起重大利益调整，这种观念就以潜意识表现出来，并成为改革的重要心理障碍"。[①] 因此，正确认识社会变迁中的社会心理因素，可以使我们对不稳定问题有更清醒的判断。总之，道德失范造成的控制能力弱化，是造成不稳定的重要原因。

4. 影响社会稳定的社会体制因素

社会体制改革滞后是影响社会稳定的社会原因。目前，由于相当部分公共资源不合理配置，导致群众对社会日益不满，成为影响稳定的重要因素。例如，由于制度设计上绑定的大量福利，现行的户籍制度造成了城乡居民之间、大城市和中小城市居民之间的严重不平等。这种国民待遇的差异化，致使一部分群众（特别是所谓的第二代农民工）存在着较强的被剥夺感。如果对之听之任之，那么，很容易导致他们产生怨恨心理和不满情绪，不利于社会稳定。鉴此，我们明确提出，"要在宏观上完善政策，包括户籍制度、子女入学、住房制度和社会保障制度等方面的改革和完善"[②]。而从宏观上来看，"拼爹游戏"等社会名词正成为强化和渲染身份社会的符号。事实上，传统社会是身份社会，现代社会是契约社会。马克思主义是赞成从身份到契约的转变的。因此，恩格斯指出："我们的全部进步就在于从身份进到契约，从过去留传下来的状态进到自由契约所规定的状态"，"就其正确之处而言，在《共产主义宣言》中早已说过了"[③]。显然，通过固化社会身份来维护稳定的方式有其历史局限性，我们必须打破身份牢笼。

5. 影响社会稳定的治安体制因素

社会治安体制不完善是影响社会稳定的直接原因。搞好社会治安，是关系人民群众生命财产安全和社会稳定的大事。但是，我国治安体制远远不能完成这一使命。例如，从社会控制的主体看，在社会主义市场经济条件下，维护社会稳定的主体呈现出多元化的趋势，但是，人民群众参与维护稳定还存在

---

① 《江泽民文选》第一卷，人民出版社 2006 年版，第 51 页。
② 《江泽民文选》第三卷，人民出版社 2006 年版，第 409 页。
③ 《马克思恩格斯文集》第 4 卷，人民出版社 2009 年版，第 93 页。

着一些瓶颈和障碍。一方面,人民群众参与维护稳定的自主性、积极性和主动性有待进一步提高;另一方面,我国当前的治安体制还远远无法满足人民群众日益增长的参与社会事务尤其是社会治安事务的需要,使得当前的社会控制形势在整体上呈现出自上而下控制较为有力而自下而上的监督却十分薄弱的失衡状况。这里,"关键是要搞清楚,有关社会治安和打击各种犯罪的法律法规以及各项制度机制是否完善?"为此,"要通过各方面的努力,使社会治安方面的法律法规、制度机制更加健全起来。"①而在现实中,法律创制"疲于应付",预防性法律不足,重数量而轻质量,法律监督松散。执法不公、执法不严的问题成为引发不稳定事件的重要原因。而对于普通群众来说,通过法律维权的观念比较淡薄。这些都是制约稳定的不利因素,给各种危害社会稳定的不法行为以可乘之机。

从总体上来看,尽管改革开放三十多年来,我国的维护稳定的体制建设业已到位,但仍存在着制度不完善、机制不健全的问题。这样,解决这一问题就成为社会建设的重大课题。

三、做好维护社会稳定的工作

在建设中国特色社会主义的过程中,稳定是硬任务;没有稳定,什么事情也办不成,已经取得的成果也会失去。因此,我们必须大力做好维护社会稳定的工作,为经济发展和改革开放创造一个良好的社会环境,为实现人民群众的根本利益创造一个良好的社会环境。

(一) 做好维护社会稳定工作的原则

改革、发展、稳定是现代化建设事业棋盘上的三个关键棋子,正确处理三者的关系,保持稳定的政治环境和社会秩序,对于中国特色社会主义建设事业具有极端重要的意义。因此,实现改革、发展、稳定的统一,是做好稳定工作的基本原则。

1.改革、发展、稳定的含义

明确改革、发展、稳定的含义和要求,是正确处理三者关系的前提。

---

① 《江泽民文选》第三卷,人民出版社 2006 年版,第 210 页,第 211 页。

坚持改革。改革是社会主义制度的自我完善和自我发展。"新时期最鲜明的特点是改革开放，党带领人民进行改革开放，目的就是要解放和发展社会生产力，实现国家现代化，让中国人民富裕起来，振兴伟大的中华民族；就是要推动我国社会主义制度自我完善和发展，赋予社会主义新的生机活力，建设和发展有中国特色社会主义；就是要在引领当代中国发展进步中加强和改进党的建设，保持和发展党的先进性，确保党始终走在时代前列。"①正是坚持改革，我们才取得了巨大成功。否则，我们的事业就不可能顺利前进。

推动发展。发展是硬道理，是贯穿中国特色社会主义事业始终的主题。因此，"党要承担起推动中国社会进步的历史责任，必须始终紧紧抓住发展这个执政兴国的第一要务，把坚持党的先进性和发挥社会主义制度的优越性，落实到发展先进生产力、发展先进文化、实现最广大人民的根本利益上来，推动社会全面进步，促进人的全面发展。"②显然，我们所追求的发展，是以人为本、全面协调可持续的科学发展，是各方面事业有机统一、社会成员团结和睦的和谐发展，最终指向的是人的全面发展。改革开放以来我们所取得的一切成果，都是建立在发展基础之上的。

维护稳定。稳定是一个综合性的概念。从社会方面来看，稳定是维护社会秩序、巩固安定团结、走向安定有序、实现社会安全、保证国泰民安的过程；重点是确保人民的安居乐业、健全基层的民主生活、维护社会的良好秩序、确保国家的长治久安。当然，"要安定团结，也要生动活泼。生动活泼也来之不易，但它是随着安定团结发展起来的。在我们的社会主义制度下，这两者是统一的，从根本上说，它们没有矛盾，也不应该有矛盾。"③因此，稳定并不是要四平八稳，并不是要退回到僵化的老路上。当前我国正处于经济体制转轨时期，各方面利益关系变动较大，各种矛盾较为突出，保持稳定更具有重大的现实意义。

总之，改革、发展和稳定是关系现代化建设大局的三件大事，必须抓紧抓好。

---

① 《十七大以来重要文献选编》（上），中央文献出版社 2009 年版，第 789—790 页。
② 《江泽民文选》第三卷，人民出版社 2006 年版，第 538—539 页。
③ 《邓小平文选》第二卷，人民出版社 1994 年版，第 251 页。

2. 改革、发展、稳定的联系

在建设中国特色社会主义的过程中,改革、发展、稳定三者有着不可分割的内在联系。

改革是动力。历史告诉我们,停滞僵化只能是死路一条,必须坚持改革。根据社会主义社会的基本矛盾,"社会主义基本制度确立以后,还要从根本上改变束缚生产力发展的经济体制,建立起充满生机和活力的社会主义经济体制,促进生产力的发展,这是改革,所以改革也是解放生产力。"①我们之所以要改革,就是要解放和发展生产力,推动我国社会主义制度自我完善和发展,赋予社会主义新的生机活力,建设和发展中国特色社会主义,振兴中华,实现现代化。因此,改革也是一场革命,是推动中国特色社会主义事业前进的强大动力。站在新世纪的起点,只有牢记这一点,才能继续保持中国特色社会主义事业的健康发展。

发展是目的。鸦片战争以来的历史表明,解决中国的问题关键是靠发展。只有发展了,才能强国,才能让中华民族真正在国际舞台占有一席之地,中国社会主义才能够真正焕发生机和活力,得到人民的拥护和支持。不发展,我们就不可能实现现代化,中华民族的伟大复兴和民富国强的百年梦想就无法实现;不发展,社会主义优越性就无法体现,也就不可能保持党和国家的长治久安。抓住发展,就抓住了现代化建设的根本任务和主要内容,抓住了中国特色社会主义事业的关键。因此,我们必须始终把发展作为党执政兴国的第一要务。

稳定是前提。古往今来,没有一个国家是在混乱中把经济建设搞上去的。没有稳定的政治环境和社会秩序,一切都无从谈起,再好的规划、方案都难以实现。因此,"中国的问题,压倒一切的是需要稳定。没有稳定的环境,什么都搞不成,已经取得的成果也会失掉。"②同其他转型国家相比,我国的社会主义制度之所以能始终在国际敌对势力的反华包围中始终屹立不倒,就是因为我们在积极推进改革和发展的过程中,充分考虑了各方面的条件和承受能力,把改革的力度、发展的速度和社会可以承受的程度统一起来,在社会的政治稳

---

① 《邓小平文选》第三卷,人民出版社 1993 年版,第 370 页。
② 《邓小平文选》第三卷,人民出版社 1993 年版,第 284 页。

定中稳步推进改革和发展,在改革发展中非常重视保持社会政治的稳定。

总之,只有协调推进改革、发展、稳定,才能保证中国特色社会主义事业取得成功。

3.改革、发展、稳定的结合

只有不断改善人民群众的生活、切实维护人民群众的利益,才能实现改革、发展、稳定三者的牢固结合。

人民群众是历史和国家的主人,是决定党和国家前途命运的根本力量。人民群众是创造社会历史的主体,因此,一个政党、一个政权的前途和命运最终都取决于人心向背。纵观古今中外,就有不少由于不能代表人民利益、脱离人民群众的政治组织和政治集团最终被历史淘汰的前车之鉴。在当代中国,"人民群众是社会主义现代化事业的最终决定力量。把人民群众的利益实现好、维护好、发展好,这是正确处理改革、发展、稳定关系的结合点,是保证经济持续增长的动力所必须的,也是维护社会稳定、巩固党的执政基础所必须的。"①因此,我们必须把实现好和维护好最广大人民群众的利益作为正确处理改革、发展、稳定的出发点和落脚点,努力让人民群众共同享受改革发展的成果。这样,才能真正维护稳定。

满足人民日益增长的物质文化需要既是社会主义的生产目的,也是党执政为民的具体体现。人们所奋斗的一切都同利益密切相关。其中,"最大多数人的利益是最紧要和最具有决定性的因素。这是马克思主义的基本观点,各级领导机关和领导干部必须充分认识和认真实践。"②因此,社会主义生产的目的就是满足人民群众日益增长的物质文化需要,党的全部任务和责任也是为实现人民的根本利益而奋斗。如果背离了这一点,那么,社会主义政权和共产党的执政地位就会丧失合法性。因此,我们必须通过发展不断满足人民群众日益增长的各种需要,通过改革切实保障人民群众的各项权益。这样,才能真正让改革发展的成果惠及全体人民。这是有效维护社会稳定中必须解决好的重大问题。

因此,我们要始终把最广大人民的根本利益作为制定和执行各项方针政

---

① 《江泽民论有中国特色社会主义》(专题摘编),中央文献出版社2002年版,第217页。
② 《江泽民文选》第三卷,人民出版社2006年版,第280页。

策的出发点和落脚点,始终以是否实现和维护最广大人民的利益作为衡量我
们一切工作的最高标准。要真正把改善人民生活作为处理改革发展稳定关系
的重要结合点,在全社会范围内凝聚社会稳定共识,团结民众,巩固并提高人
民群众在维护社会稳定中的主体地位。同时,要真正把人民当家作主落到实
处,健全民主制度,丰富民主形式,拓宽民主渠道,依法实行民主选举、民主决
策、民主管理、民主监督,保障人民的知情权、参与权、表达权、监督权。这样,
才能达到维护国家长治久安和社会安定有序的实效。

综上,改革、发展、稳定三者如同牵引社会主义现代化建设急速前行的三
驾马车,必须并驾齐驱。关键是要始终注意维护人民群众的利益、改善人民群
众的生活。人民群众既是改革发展的主体和动力,也是稳定的力量源泉和深
厚基础。

(二) 做好维护社会稳定工作的要求

做好维护社会稳定的工作涉及一系列复杂的因素和关系,需要将维护稳
定和创造稳定统一起来。为此,必须坚持以下基本要求:

1. 坚持党的领导和服务群众的统一

在坚持党对维护稳定工作领导的同时,党必须做好服务群众的工作,将社
会管理和社会服务有机地统一起来。

坚持党的领导。领导我们事业的核心力量是中国共产党。同样,"搞好
安定团结,发展社会主义经济,需要加强党的领导,把我们党的优良作风发扬
起来,坚持下去。"①为此,各级党委必须始终以高度的政治责任感和历史使命
感,把稳定工作纳入地区社会经济发展的总体规划,作为社会建设的一项重要
任务大力推进。通过不断完善维护稳定的目标责任体系,把党政干部履行维
护稳定的责任情况纳入到政绩考核中。各级党委要加强对负责社会治安综合
治理工作一线单位的领导,强化对专职干部的管理,确保这项工作有人抓、有
人管、有成效。总之,坚持党的领导,是做好稳定工作的根本保障。

坚持服务群众。在坚持党的领导的同时,我们必须坚持马克思主义群众
观和党的群众路线,做好服务群众的工作。"社会管理,说到底是对人的管理

---

① 《邓小平文选》第二卷,人民出版社 1994 年版,第 12 页。

和服务,涉及广大人民群众切身利益,必须始终坚持以人为本、执政为民,切实贯彻党的全心全意为人民服务的根本宗旨,坚持权为民所用、情为民所系、利为民所谋,不断实现好、维护好、发展好最广大人民根本利益。"①因此,维护稳定工作的模式必须实现从社会防范型控制向社会服务型控制的转变。在这一过程中,我们应积极做好对基层群众特别是面向特殊群体的服务工作。只有坚持向群众提供优质的服务,维护稳定的工作才能真正获得厚实的民心基础。

总之,只有把坚持党的领导和服务群众统一起来,才能真正做好维护稳定的工作。

2. 坚持事前预警与事后安抚的统一

维护稳定的工作是涉及人民群众生命财产安全的重大问题,因此,必须将事前预警和事后安抚统一起来,既要防微杜渐,又要深入人心。

坚持事前预警。面对严峻复杂的治安和安全形势,我们必须增强主动性,掌握主动权。这就要立足实际需要,充分挖掘利用一切资源,搜寻大量预警性、行动性的情报信息。目前,应该在全国大力推广网格化管理模式。该模式不仅可以整合网格中的数据资源、信息资源、管理资源、服务资源,实现网格共享,还可以由监督员对所分管的网格实施全时段监控,明确该辖区管理责任人,从而实现对城市管理空间的细化和对管理对象的精确定位,实现对城市管理的全时段监控、全方位覆盖和高效管理,避免实际中存在的信息反应不及时、管理被动、专业管理部门职责不清、缺乏有效监督的弊端。这对于以往社会治安的重点要害部位和易发案地区的管理和监控极有裨益,可以大幅度地改善我们实施治安预警和危机处置的条件。可见,事前预警对于防范和处置各类型危害社会稳定的行为活动具有重要意义。

做好事后安抚。稳定人心才是稳定工作的目的。因此,我们要善于运用宽严相济的刑事政策,区别对待各类违法犯罪行为,讲究执法方式方法,最大限度地减少社会对抗,最大限度地化解消极因素。针对社会矫正工作中的"三无人员"安置和社区服刑人员就业难等问题,应通过开展法制教育、心理矫正、认知教育,提供临时救助、居住安置、教育培训、技能培训、心理咨询等服务。这样,才能使这些特殊人群对社会现状有新的科学认识,纠正其错误观

---

① 《十七大以来重要文献选编》(下),中央文献出版社 2013 年版,第 149—150 页。

念,增强他们的遵纪守法意识。这既有利于纾解党和政府对事后高危人群的管控压力,也有效避免了后续各种违法犯罪事件的发生,提高了基层矫正的质量和维护稳定的质量,从而维护了社会的正常秩序。

总之,只有将事前预警和事后安抚统一起来的稳定工作模式,才是真正可持续的模式。

3. 坚持法律外控与道德内控的统一

社会治理必须将法治(外部的他律)和德治(内部的自律)统一起来。只有内外兼修,才能有效维护社会稳定。

坚持依法维护稳定。在全面落实依法治国方略的过程中,必须扩大法律在社会稳定领域覆盖的范围和水平,坚持依法维护稳定。目前,特别是在疏导劝返上访人员的过程中,要坚持文明、依法的原则,避免因执法不当而引发新的矛盾,力争实现政治效果、法律效果和社会效果的三者统一。当然,在面对社会危机时,我们也要坚决"发挥司法机关惩治犯罪、化解矛盾和维护稳定的职能作用"①。面对故意尤其是恶意威胁稳定的行为,我们要坚持依法从重从快和稳准狠的原则。对于广大群众尤其是处于弱势地位的个人和群体来说,必须学会在社会主义法律的框架中表达自己的诉求,而各级政府尤其是政法部门必须为人民群众表达诉求提供法律援助和帮助。

坚持以德维护稳定。思想道德教育是一种确保社会成员树立正确行为准则和价值标准的重要方式。只有思想政治工作做好了,社会才会稳定。因此,在维护稳定的过程中,必须进一步加强思想政治工作。"我们是社会主义国家,如果动摇了对马列主义、毛泽东思想、邓小平理论这个精神支柱,动摇了建设有中国特色社会主义的共同理想,就会导致思想混乱,社会动乱"。② 目前,重点是要加强对领导干部队伍的思想政治教育,使之成为始终忠于党、忠于祖国、忠于人民、忠于法律的先进分子。同时,也要加强对人民群众的理想信念教育,抵制、批评和引导偏离核心价值的观点和行为,激发他们自觉为维护稳定而奋斗。

总之,在维护稳定的过程中,必须坚持一手抓法制建设,一手抓思想道德

---

① 《十六大以来重要文献选编》(中),中央文献出版社 2006 年版,第 287 页。
② 江泽民:《论"三个代表"》,中央文献出版社 2001 年版,第 125—126 页。

文化建设。

4. 坚持民主治理与专政权威的统一

维护社会稳定，必须坚持人民民主专政，将民主治理和专政权威有机地统一起来。

坚持民主治理。专群结合、依靠群众是我们的政治优势和优良传统，也是奥运安保工作取得胜利的重要法宝。因此，"维护社会治安必须坚持走群众路线。群众是真正的铜墙铁壁。这个道理，我们什么时候都不能忘记。社会治安的群防群治，要大大加强。要把专门力量与群众力量有效结合起来"①。为此，各级党委要主动更新理念、创新举措，要认真研究新形势下如何更好地发挥群众在维护稳定中的作用的问题，大力加强新形势下的群防群治工作。今后，我们可以组织动员成千上万治安志愿者和治安积极分子参与治安巡逻、协助安全检查、进行治安防范，构筑专群结合、警民联防的严密网络，构建全方位、多层次的治安防控体系，促进社会维护安全人人有责，平安建设人人参与，确保社会秩序的安定有序。

必须维护专政权威。在加强民主治理的同时，必须加强人民民主专政的专政威慑力。首先，要依法严厉打击各种违法犯罪活动。"要重点打击三类犯罪：有组织犯罪、带黑社会性质的团伙犯罪和流氓恶势力犯罪，爆炸、杀人、抢劫、绑架等严重暴力犯罪，盗窃、抢夺等严重影响群众安全感的多发性犯罪。"②进而，必须坚决扫除黄赌毒等社会丑恶现象。其次，对于日常的纠纷，要把人民调解、司法调解、行政调解有机地结合起来。只有通过协调联动，将三者结合起来，才能最大限度地发挥协调工作的作用。最后，对各类影响社会稳定的群体性事件必须采取果断措施及时依法处置；对敌对势力蓄意破坏稳定的各种活动，必须依法严厉打击，决不手软。

总之，我们必须坚持人民民主专政，提高在动态环境下预防和控制违法犯罪的能力。

综上，只有坚持党的领导与服务群众、事前预警与事后安抚、法律外控与道德内控、民主治理与专政权威的统一，我们才能真正做好维护社会稳定的

---

① 《江泽民文选》第三卷，人民出版社 2006 年版，第 212 页。
② 《江泽民文选》第三卷，人民出版社 2006 年版，第 209 页。

工作。

（三）做好维护社会稳定工作的机制

为了有效地维护社会稳定,必须大胆创新维护社会稳定的工作机制,建构中国特色的维护社会稳定的模式。

1. 建立和健全社会稳定预警机制

社会稳定预警机制是从源头上提高维护稳定能力和成效的机制选择。在事物发展中,预知才能预防,预防才能主动。这也适用于维护稳定的工作。因此,我们"要抓紧建立健全社会预警机制,建立健全突发事件应急机制和社会动员机制,提高保障公共安全和处置突发事件的能力。"①为此,第一,必须深入实际和基层进行调查研究,切实掌握涉及稳定的基本信息,系统把握人民群众尤其涉及稳定群体的真实状况和想法,提高稳定工作的信息化水平。第二,经常对可能出现的社会风险进行预测和分析,及时认识警源、预报警情,通过疏导,防止激化,把社会风险控制在安全的范围内。在安全防范中,必须加强基层基础工作,做到对重点部位、重要场所、重大活动、重要公共交通设施的覆盖,最大限度地降低安全风险。第三,必须加强对各种类型社会治安问题及社会控制理论的分析和研究,制定在一定情境下的防治预案,坚持打防结合、预防为主、专群结合、依靠群众的方针,提高保障公共安全和处置突发事件的能力,完善社会治安防控体系。第四,必须要大力提高社会治安防范的信息化水平。针对当前网络治安发展的新特点,努力开拓网络警察、QQ警务室等新型治安形式,把技术防范纳入城乡发展规划和建设,逐步建立和完善动态监控系统,逐步推进技防设施建设。这样,才能防患于未然。

2. 建立和健全稳定风险评估机制

为了有效规避、预防、控制重大事项实施过程中可能产生的社会稳定风险,确保重大事项的顺利实施,必须对重大事项进行社会稳定风险评估。这是指与人民群众利益密切相关的重大事项在制定出台、组织实施或审批审核前,对可能影响稳定的因素开展系统的调查研究,进行科学的预测、分析和评估,最终要提出科学的风险应对策略和预案。(1)评估的尺度。只有坚持人民性

---

① 《十六大以来重要文献选编》(中),中央文献出版社2006年版,第716页。

标准,才能保证评估的科学性和有效性。因此,我们要"要建立重大工程项目建设和重大政策制定的社会稳定风险评估机制,凡是涉及群众切身利益的决策都要充分听取群众意见,凡是得不到多数群众支持的事情都不能做,凡是损害广大群众利益的决策都要坚决纠正,使各项决策符合客观实际和人民群众根本利益。"①只有代表中国最广大人民的根本利益,才能保证评估的成功。(2)评估的重点。目前,腐败、征地、拆迁、物业管理、企事业单位改制、医患纠纷、劳资纠纷、环境污染、借贷、消费者权益保护、流动人口等问题最易转化成为稳定风险,引发突发性事件、群体性事件和集体上访事件,影响社会稳定。因此,必须将之作为风险评估的重点。最后,必须将重大事项稳定风险评估化解工作列入工作目标管理,制订科学的考评方法,严格考核奖惩。

3.建立和健全社会稳定应急机制

做好应对各种困难和风险的准备,必须建立和健全社会稳定应急机制。应急机制涉及范围很广,包括应对重大自然灾害、突发公共卫生事件、重大社会突发事件、重大国家突发事件等,也包括应对重大稳定事件。因此,我们要"尽快建立一套统一指挥、反应灵敏、协调有序、运转高效的应急机制"。② 为此,第一,必须加强党对维护稳定工作的领导,将切实保障人民群众生命财产安全作为我们党的重大责任,创造性地开展群众工作,高度重视消极腐败现象对稳定带来的严重影响,不断提高党的维护稳定工作的能力和水平。第二,各级党委和政府必须建立统一的应急指挥中心,整合和协调涉及稳定工作的各部门的行动,这样,才能提高我们应对各种突发事件和风险的能力。第三,建立健全囊括各单位协作联动机制,提高社会治安联合防控、矛盾纠纷联合化解、重点工作联勤联动、突出问题联合治理和基层平安创建的水平。因此,要把着力点放在加大资源整合力度上,充分发挥公安、司法行政、民政、社会保障、信访、法院的力量,吸纳企事业单位、部队来参加此项工作。第四,必须改革和加强城乡社区警务工作,大力推进警务进基层、进社区,加强社会面巡逻防控,构建以公安民警为骨干、专职治安巡防队和保安人员为主要力量,其他群防群治队伍为补充的治安防控体系。最后,要加强各种应急机制的协调配

---

①　胡锦涛:《论构建社会主义和谐社会》,中央文献出版社 2013 年版,第 202 页。

②　胡锦涛:《论构建社会主义和谐社会》,中央文献出版社 2013 年版,第 18—19 页。

合,使之能在应对突发事件中形成合力。

4. 建立和健全人民信访工作机制

目前出现的许多不稳定问题,是由于社会(民众)与政府之间的沟通不畅造成的。因此,我们要"妥善处理人民内部矛盾,完善信访制度,健全党和政府主导的维护群众权益机制。"①第一,针对上访中存在重复上访、恶意上访问题,我们应看到其背后反映的大多是因利益诉求而引起的人民内部矛盾,是改革发展过程中的问题。因此,必须更多地用教育疏导、解决实际问题的方法来化解,而不能采用"被精神病"和暴力截访等恶性的方式。第二,信访工作也要转变思路,要从表层汇总转向深层分析,从实务操作转向理论研究,从参与保障转向参与决策的设想,这样,才能从更深层次破解重复上访与恶性上访难题,加强从问题产生的源头化解纠纷。第三,不仅要全面了解和记录群众反映的问题,而且要引导多元力量,合理有效地解决问题。为此,要落实首办责任制和回执回馈机制,创新学者听证机制和群众情绪排解机制,尽量减少就一类问题甚至一项问题的重复上访、缠访。还要通过建立有效的协调合作机制、矛盾化解机制,加强信访部门同基层单位和职能部门的沟通配合,共同构建信访责任体系。最后,国家应该出台"信访法",以应对日益复杂的上访问题。

5. 建立和健全社会治安工作机制

为了能够使社会治安工作更好地适应维护稳定的需要,必须推动治安工作机制的创新。(1)完善社会治安防控体系。社会治安防控体系是对治安实施全方位动态防控的一项系统工程。整合社会资源参与治安是其重要内容和任务。为此,在大力推广平安建设志愿者经验的同时,我们要积极发挥社会保安员、治安巡防队、治安信息员、治安楼长、综治协管员的作用,不断壮大群防群治工作队伍。(2)广泛开展平安创建活动。我们要通过开展平安乡村、平安社区、平安市场、平安企业、平安医院、平安校园、平安景区、平安家庭等创建活动,营造人人共创平安、人人共享平安的浓厚氛围和工作局面,最大程度地动员人民群众积极投身治安工作,最大限度地让人民群众感受到平安创建活动的实际成效。(3)加强特殊人群的社会管理。我们必须抓好流动人口的服务和管理,重点加强对其中高危人群的管理控制。同时,要提高对社区闲散青

---

① 《十七大以来重要文献选编》(上),中央文献出版社 2009 年版,第 31 页。

少年、服刑在教人员未成年子女、流浪儿童、农村留守儿童等青少年群体的教育和帮扶水平。此外，要做好对艾滋病患者、精神病人等特殊群体的服务和管理。(4)实施宽严相济的司法政策。我们要推广"阳光中途之家"的经验，透过与社会高危人群促膝长谈、心理咨询和教育训诫等形式，纠正其言行偏差，端正生活态度，增强适应社会的能力，使之重新回归，重新实现自我价值。总之，只有大力创新社会治安工作机制，才能有效降低稳定风险，力保万无一失。

当然，建构中国特色的维护社会稳定工作的模式是一项复杂的社会系统工程，还需要我们从其他方面进行努力。

四、建构全方位的国家安全体系

目前，从我国所处的外部环境看，霸权主义和强权政治仍然威胁着世界和平，西方敌对势力分化、西化我国的图谋从未改变，并不断炒作自由、民主、人权、民族、宗教等"普世性"议题，试图利用各种机会捣乱破坏，对我国的国家安全和社会稳定造成了严重危害。此外，传统安全威胁和非传统安全威胁的因素相互交织，也对我国的国家安全构成了不小的现实威胁。因此，我们必须大力建构全方位的国家安全体系，以确保国家安全和社会稳定。

（一）建构全方位国家安全体系的任务

安全是相对于风险而言的，是自觉防范毁坏而走向信任的过程。国家安全是一个非常庞大的体系。建构全方位国家安全体系的主要任务有：

1. 确保政治安全

政治安全在整个国家安全中居于首位。它主要是指维护国体、政体和政局的稳定，不受敌对势力的破坏和颠覆，并免于奴役、压迫、剥削、政治歧视、种族隔离、被殖民、附属等政治危险。它要求国家的基本制度得以保持，政权和政治体制相对稳定，主体意识形态得以维护。从影响政治安全的因素看，大致可分为外部和内部两个方面。从外部来看，主要包括外部势力干涉、经济制裁、军事威胁、武装侵略和恐怖主义等。从内部来看，政治安全也面临贫富差距过大、社会分配不公、三大差别、弱势群体权利得不到有效保护、腐败以及民族宗教问题等因素的挑战。作为应对之道，一方面，我们要坚决维护国家的主权,绝不允许西方国家插手和干预我国的内政,坚决粉碎敌对势力的任何政治图谋和野心。另一方面,也要建立灵敏的预警和防范机制,及时把各类问题消灭在萌芽状态,避免因各类政策和策略的失当而出现危及国家政治安全的各类隐患。关键问题是要坚持人民民主专政。如果丧失了这一前提,整个国家的安全就失去了屏障。即,若想实现国家安全,必先实现政治安全。

2. 确保经济安全

经济安全是国家安全的基础。经济全球化是一把双刃剑。如果利用得好,发展中国家可以借助发达国家的资本、技术、知识等生产要素在全球的优化配置,能够加速本国的经济发展;反之,本国经济则会面临巨大风险和冲击,可能导致南北之间的发展差距、贫富差距进一步拉大,同时会恶化本国的经济。这种情况,不仅不利于全球经济的健康发展,也给一些国家的社会稳定、地区乃至世界的和平带来威胁。但是,"不能看到有风险、有不利的因素,就因噎废食,不敢参与进去。同时,又要对经济全球化带来的风险保持清醒的认识,坚持独立自主,加强防范工作,增强抵御和化解能力,以切实维护我国的经济安全,更好地发展壮大自己。"①现在,世界上许多国家都十分重视国家经济安全,防范经济风险。例如,日本从上世纪七十年代末起即实行以经济安全为中心的综合安全保障战略来维护国家安全,建立综合安全保障阁僚会议制度;1986 年,日本国会通过了《安全保障会议设置法》,以立法形式确保国家安全战略的实施。对我国而言,要做到经济安全,主要是保证国家的粮食、耕地、能源等基本经济资源能够得到最基本的保障,同时,能够保障经济运行稳定、金融体系运行正常,国民人人享有最低生活水平保障和特困救济,特别是要保证国家经济免于受外国资本的支配和控制。

3. 确保国防安全

国防安全是一个国家维护国家安全的强大基石,主要包括使一国免于侵略、战争威胁、战争讹诈、恐怖主义和大规模杀伤性武器灾难等方面的风险和威胁。鉴此,在对外方面,我们积极倡导新安全观。我们强调,"任何国家都不能把自己的安全建立在损害他国安全利益的基础之上,摒弃冷战思维,破除唯武器论,各国各地区树立并贯彻以互信、互利、平等、协作为核心的新安全

---

① 《江泽民文选》第二卷,人民出版社 2006 年版,第 201 页。

观,才能确保世界的和平、稳定、繁荣。"①在此基础上,我们立足自身、放眼全球,提出了"和平发展"、"和谐世界"等外交新理念。这样,既有助于消除"中国威胁论",也有利于捍卫国防安全。在对内方面,我们把国防和军事现代化作为社会主义现代化建设事业的重要组成部分,以捍卫国家的国防安全。目前,根据信息化的发展趋势,"我们要加强国防和军队现代化建设,坚持积极防御的军事战略方针,不断推进中国特色军事变革,提高信息化条件下的防卫作战能力,为维护国家主权和领土完整提供坚强的安全保障。"②当然,积极推进中国特色的军事变革,大力推进军事和国防的现代化,必须坚持党指挥枪的原则。总之,没有国防安全,就谈不上对国家安全的保障。

4. 确保新型安全

20 世纪 90 年代以来,在全球化、信息化、多极化交错发展的大趋势下,世界各国交互影响的变量增加,这样,就使得国家安全的脆弱性愈发凸显,一些传统安全之外的因素对国家安全的影响迅速增强,人们开始关注非传统安全(新型安全)问题。这样,"安全内涵不断扩大,传统安全威胁和非传统安全威胁相互交织,涉及政治、军事、经济、文化等诸多领域,对各国构成共同挑战,需要采用综合手段共同应对。"③在通常情况下,非传统安全是指人类过去没有遇到或很少遇到的安全威胁。在实际生活中,主要指社会具体领域的安全问题,如,食品安全、药品安全、生态安全、环境安全、信息安全、文化安全等。按照是否使用暴力的标准来划分,非传统安全可分为暴力与非暴力两类。从我国所面对的问题来看,一般可划分为两类:一类是社会领域的非传统安全问题,主要包括人口安全、食品安全、药品安全、文化安全、科技安全、信息安全、恐怖袭击、海盗和跨国犯罪等。另一类是自然领域的非传统安全威胁问题,主要包括自然灾害、能源安全、流行性疾病、生态环境安全等。从其威胁性和破坏性上来看,许多问题已危及到我国的国家安全和社会稳定。一般来讲,非传统安全具有较强的隐蔽性、突发性、关联性、复杂性和国际性等特点。

总之,随着新科技革命、全球化的发展以及国际政治经济格局的调整,我国

---

① 《江泽民文选》第三卷,人民出版社 2006 年版,第 307 页。

② 《十六大以来重要文献选编》(中),中央文献出版社 2006 年版,第 986 页。

③ 《十七大以来重要文献选编》(中),中央文献出版社 2011 年版,第 216 页。

也不可避免地步入了风险社会,这样,就提出了构建全方位国家安全体系的任务。

(二) 建构全方位国家安全体系的原则

建立和完善全方位的国家安全体系,必须全盘统筹、综合施策、整体推进。具体而言,建立和完善全方位国家安全体系,应遵循如下原则:

1. 未雨绸缪,立体防卫

构建全方位的国家安全体系,必须坚持未雨绸缪、立体防卫的原则。(1)树立并强化忧患意识。常备不懈的忧患意识是任何一个国家和政权立于不败之地的基础。"面对很不安宁的世界,面对艰巨繁重的任务,全党同志一定要增强忧患意识,居安思危,清醒地看到日趋激烈的国际竞争带来的严峻挑战,清醒地看到前进道路上的困难和风险,倍加顾全大局,倍加珍视团结,倍加维护稳定。"[①]面对危机频发的现象,我们必须清醒地认识到我们所面临的严峻挑战,保持对风险和威胁的敏感性和警惕性,以战略眼光来积极预防、控制、消弭危机。(2)树立并强化综合意识。面对当前日渐增多的国内外安全威胁,我们必须站在国家发展和国家安全相统一的高度,统筹国防建设和其他建设。既要捍卫国家的主权与领土完整,也要维护中国特色社会主义制度;既要使用国家武装力量,也要运用政治、经济、外交、科技、文化和教育等力量。为此,我们应积极把国防安全同政治安全、经济安全、文化安全和新型安全有机结合起来,扩大并健全涉及国家安全的多领域的联席工作机制,完善国家安全战略,强化对国民的安全教育和宣传,促进安全建设与其他建设的协调发展。这样,才能确保国家安全体系的预警性和有效性。

2. 敬畏生命,以人为本

构建全方位的国家安全体系,必须坚持敬畏生命、以人为本的原则。(1)敬畏生命。生命是人最宝贵的甚至是唯一的财富,生命安全是人最基本的需要和最重要的权益,因此,人既是国家安全的实践主体,也是国家安全的价值目标。所以,在建构全方位的国家安全体系的过程中,必须坚持敬畏生命的原则。敬畏生命,最基本的就是以人的生命为本,充分认识和领会人的生命的唯一性和宝贵性,把生命安全权益视作是人的最大权益,而不能以捍卫国家安全

---

① 《江泽民文选》第三卷,人民出版社 2006 年版,第 574—575 页。

之名来损害人的生命和健康,尤其是普通人的生命和健康。(2)以人为本。在社会主义中国,人民群众是历史、国家、社会和自己命运的主人,以人为本是科学发展观的本质和核心,生命财产是人民群众的安身立命的基础和保证,党和国家的一切奋斗和工作都是为了造福人民。因此,"切实保障人民群众生命财产安全,是我们党和政府肩负的重大责任。"①在当代中国,一切安全都是为了人尤其是人民群众的生命财产安全。这是作为科学发展观的本质和核心的以人为本在国家安全领域中的具体体现。总之,离开了保障人的生命安全这一基本前提和最终目的,国家安全就丧失了价值根基。

3. 维护民族团结,促进祖国统一

构建全方位的国家安全体系,必须坚持维护民族团结、促进祖国统一的原则。(1)维护民族团结。社会主义消除了民族压迫的阶级根源,因此,实现各民族的共同繁荣和进步,成为了社会进步的主题。"历史一再证明,民族团结是国家发展兴盛、人民安居乐业的重要保证。反之,如果发生分裂动乱,就会给国家、给民族、给人民带来巨大灾难。冷战结束以后,世界上不少国家由于陷入民族纷争,最终导致国家分裂,人民流离失所。这样的惨痛教训,我们应该引以为鉴。"②因此,只有加强民族团结,才能捍卫国家安全。而国家安全是民族繁荣和进步的强大保障。(2)促进祖国统一。只有坚决同一切危害祖国统一的言行作斗争,才能实现中华民族伟大复兴的中国梦,因此,我们"必须坚持维护祖国统一不动摇。祖国统一是我国各民族的最高利益。只有我国各民族都坚持祖国利益高于一切,大力发扬爱国主义精神,以热爱祖国、贡献全部力量建设社会主义祖国为最大光荣,以损害社会主义祖国利益、尊严和荣誉为最大耻辱,共同维护伟大祖国统一安全,共同反对一切民族分裂活动,我国各民族团结进步才能具有不可动摇的根基。"③只有国家统一,才能造福所有人民。总之,国家的统一、民族的团结,是我们事业取得胜利的根本保证。

4. 维护社会秩序,加快社会发展

构建全方位的国家安全体系,必须坚持维护社会秩序、加快社会发展的原则。(1)维护社会秩序。要完成改革和发展的繁重任务,离不开和谐稳定的

---

① 《江泽民文选》第三卷,人民出版社 2006 年版,第 208 页。
② 《江泽民文选》第二卷,人民出版社 2006 年版,第 157 页。
③ 《十七大以来重要文献选编》(中),中央文献出版社 2011 年版,第 226 页。

社会秩序。因此,"必须严厉打击破坏社会秩序、市场秩序和危害社会安定的各种犯罪活动,加强社会治安综合治理,创造良好的社会治安环境。要始终警惕国际国内敌对势力的渗透、颠覆和分裂活动。任何破坏我国安定团结的政治局面的行为,都是违背中国人民的意志和根本利益的,不论这些破坏社会安定的因素来自哪里,我们都必须坚持四项基本原则,旗帜鲜明地加以反对,并坚决把它们消除在萌芽状态。"①当然,在国内事务上,单纯凭借暴力维护稳定的方式来捍卫国家安全,也有可能引发混乱。显然,维护社会秩序是捍卫国家安全的前提和保证。(2)加快社会发展。通过社会发展来促进人的发展是捍卫国家安全的最终目标。因此,我们必须加快社会发展,全面改善民生,扩大公共服务,完善社会管理,强化社会发展对维护社会秩序的保障作用,让人民群众能始终安居乐业、幸福安康。实践证明,忽视人的发展求发展,难以有科学的发展;忽视人的发展求发展,只能是破坏性的发展。我们的发展不能以牺牲精神文明为代价,不能以牺牲生态环境为代价,更不能以牺牲人的生命和幸福为代价。只有这样,才能从根本上遏制并消灭一切不利于社会稳定的安全因素,维护社会秩序,维护安定团结。

5. 保卫世界和平,建设和谐世界

构建全方位的国家安全体系,必须坚持保卫世界和平、建设和谐世界的原则。(1)保卫世界和平。中国捍卫国家安全的行为是保卫世界和平的重要力量,保卫世界和平是中国捍卫国家安全的重要考量。当代中国所走的和平发展道路向世界表明,中国并无意走过去西方殖民主义者、德国日本为首的法西斯国家和原苏联所走过的殖民扩张和军事对抗的老路,而是愿意为建设一个持久和平、共同繁荣的和谐世界做出自己的努力和贡献。(2)建设和谐世界。中国通过捍卫国家安全实现和平发展,就是要谋求建设一个和谐世界。和谐世界是指,各国在安全上应彼此互信、互利、平等、协作,在经济上实现共同繁荣,在文化上保持兼容并蓄,在处理国际事务上采取平等和合作的态度,最终要通过互利合作来实现各国共同繁荣。总之,"我们将坚定不移坚持独立自主的和平外交政策,坚持和平发展道路,奉行互利共赢的开放战略,在和平共处五项原则基础上同所有国家发展友好合作,继续同世界各国人民一道推进人类和平与发展的

---

① 《江泽民文选》第二卷,人民出版社 2006 年版,第 260 页。

崇高事业,推动建设持久和平、共同繁荣的和谐世界。"①这样,才能切实保障世界和平与国际安全,才能为国家安全提供适宜的国际环境。

总之,只有坚持以上原则,我们才能构建起全方位的国家安全体系,为国家安全、社会稳定、经济发展、世界和平、人民安康提供强大的制度保障。

（三）建构全方位国家安全体系的对策

面对复杂多变的国际环境和艰巨繁重的国内任务,我们应抓紧构建一套符合我国国情的全方位国家安全体系,以有效防范和应对各类风险。目前,重点工作是:

1. 建构全方位国家安全体系的指导思想

在长期维护安全的基础上,我们形成了中国特色社会主义的国家安全理论。今天,我们建构全方位的国家安全体系,必须坚持以之为指导。(1)坚持安全发展。面对影响国家安全的国内问题,必须坚持安全发展。为此,"要坚持把实现安全发展、保障人民群众生命财产安全和健康作为关系全局的重大责任,与经济社会发展各项工作同步规划、同步部署、同步推进,促进安全生产与经济社会发展相协调。"②安全发展是将风险和事故降低到最低限度而实现国家发展目标的发展。(2)坚持安全增长。面对影响国家安全的国际问题,必须坚持安全增长。为此,我们要"实现安全增长,维护好经济发展成果。我们应该团结协作,深化反恐、防灾减灾、粮食安全、能源资源安全、公共卫生安全等领域交流合作,开展政策协调和对话,加强经验交流和技术援助,积极应对非传统安全威胁,为本地区经济社会发展和人民生活创造安全、有利、便捷的环境,共同保障本地区人民安全和福祉。"③安全增长是在维护国际安全的前提下实现各国共同发展的国际安全战略思想。在实质上,安全发展和安全增长是一致的,都突出了为了维护人民安康而防范和化解风险的努力。在此基础上,我们要进一步丰富维护国家安全的理论,为建构全方位国家安全体系提供科学基础。

2. 建构全方位国家安全体系的法制选择

在确保政治安全的同时,必须坚持把安全法制建设作为全方位国家安全

---

① 《十七大以来重要文献选编》(中),中央文献出版社 2011 年版,第 234 页。
② 胡锦涛:《论构建社会主义和谐社会》,中央文献出版社 2013 年版,第 92—93 页。
③ 《十七大以来重要文献选编》(下),中央文献出版社 2013 年版,第 18 页。

体系的重要一环,大力推进法治维护安全。(1)安全立法现状。1978年以来,我国根据"宪法"先后制定和颁布了"保守国家秘密法"、"国家安全法"、"军事设施保护法"、"军事情报条例"、"国防法"等一大批维护安全的法律、法规、条例。用立法来保障国家安全,依据法律的规定对境内外敌对分子施行的政治渗透、颠覆分裂、盗窃情报、勾结策反等破坏活动及国内各类违法犯罪活动予以严厉打击,是我们维护国家安全的基本经验。(2)完善安全立法。尽管我国安全立法取得了重要成就,但是,难以适应维护安全的复杂需要。因此,必须不断完善法律法规政策,推进国家安全工作的法制化进程,提高立法的质量,不断提升我国法治维护安全的保障水平和控制能力。同时,要吸收国际先进经验,积极参与国际安全规则的制定。(3)加强安全执法。建立和健全国家安全法制,还要依靠这些法律在实际中的全面实施。因此,我们既要依法严厉打击威胁国家安全的各种敌对势力,也要依法防范国家工作人员成为帝国主义和平演变的对象;既要依法严厉打击威胁国家安全的现实行为,也要依法治理颠覆国家的潜在危险。同时,要加强对维护安全人员的行政执法监督,防止渎职和权力滥用。(4)普及安全法律。为了建立良好的国家安全法律秩序,要通过媒体宣传、举行报告会、街头演讲、播放录像片、举办学习班、知识竞赛等多种形式,拓展广度,增强深度,力争做到人人有国家安全法律方面的知识和意识,人人自觉地承担起维护国家安全的责任和义务。总之,加强国家安全法制建设、大力推进依法维护安全,是实现国家长治久安的重要保证。

3. 建构全方位国家安全体系的经济选择

维护国家经济安全,既需要通过维护国内经济安全的同时来维护国家整体安全,也需要化解全球化带来的风险和挑战。其中,特别需要解决好两个问题:(1)确保生产安全。针对近年来频繁发生、严重危害人民群众生命财产安全的生产安全问题,我们必须"坚持安全第一、预防为主、综合治理,落实安全生产责任制,强化企业安全生产责任,健全安全生产监管体制,严格安全执法,加强安全生产设施建设。切实抓好煤矿等高危行业的安全生产,有效遏制重特大事故。加强交通安全监管,减少交通事故。"①如果连劳动者的生命财产安全都得不到基本保证,那么,不仅安全生产无从谈起,而且会成为引发群体

---

① 《十六大以来重要文献选编》(中),中央文献出版社2006年版,第1081页。

性事件的导火索,直至演变成为威胁国家安全的风险。(2)确保市场安全。为了控制市场风险、维护市场安全,保护经营者、投资人和社会公众的合法利益,必须对市场运行中的风险进行严密监视和适时管制。一是要加强"自由贸易"条件下的市场保护,科学应对全球化的二重性。二是要在利用外资的同时,强化对国内民族品牌、市场和人才的经济保护。三是在国际经济交往中,要严格防范国际经济间谍。四是对于国际贸易中可能招致的经济制裁,也要予以密切注意与有效预防。这样,才能确保市场机制运行的安全、高效、稳定。生产安全和市场安全也具有密切的关系。总之,只有确保经济安全,才能夯实国家安全的经济基础。

4.建构全方位国家安全体系的军事选择

军事安全是捍卫国家安全的强大力量。在维护国家安全和维护世界和平的过程中,维护军事安全的重点工作是:(1)在全社会树立开放的、全方位的和全民的新型国防观念。我们既要看到周边冲突的影响,在维护地区安全的同时维护国家安全;也要看到全球变化的影响,在维护全球安全的同时维护国家安全。既要看到近期国家安全形势的变化,做好当下的维护安全工作;更要洞察未来形势的变化,做好维护安全的预测、预报和预警等工作。既要了解自己,立足国内现实推进国防和军事现代化;也要了解世界,根据世界安全威胁和军事冲突的可能性,大力推进中国特色军事变革。(2)不断巩固和完善现代国防体系,大力推进国防和军事现代化。我们要坚决维护国家主权和领土完整,严厉打击各种形式的恐怖活动和分裂势力,维护国家安全。我们要扩大国防的范围。国防并不能只限于领土、领海、领空的防卫,还应当包括外层空间防卫、电磁防卫、互联网防卫、生化防卫、生态环境防卫。我们要倡导共同安全,更加广泛地参与多边安全对话,增进与世界各国的军事互信,积极推进军事国际合作,与国际社会共同维护世界安全和世界和平。总之,我们"要进一步加强国防建设,保卫边境安全,使我们强大的人民民主专政成为国际敌对势力、分裂主义分子和各种犯罪分子不可逾越的钢铁长城。"[①]显然,加强国防和军事现代化,既是建构全方位国家安全体系的重要任务,也是维护国家安全的坚强后盾。

---

① 《江泽民文选》第一卷,人民出版社2006年版,第395页。

5. 建构全方位国家安全体系的科技选择

通过科技进步来维护国家非传统安全,是建构全方位国家安全体系的重要选择。在科技进步和非传统安全之间存在着复杂的关系。一方面,非传统安全问题是科技进步负效应的表征。我们要看到,"信息科学和生命科学的发展,提出了涉及人自身尊严、健康、遗传以及生态安全和环境保护等伦理问题。比如,基因工程可能导致基因歧视,网络技术涉及国家安全、企业经营秘密以及个人隐私权的危险,转基因食品的安全性和基因治疗、克隆技术的适用范围等问题,引起了人们高度关注。"①因此,必须有效预防和化解科技进步带来的风险。另一方面,科技进步为解决新型安全问题提供了希望。通过调整和优化科技发展方向,科技进步能够成为解决非传统安全问题的强大杠杆。例如,通过积极推广生态农业和有机农业,保护农村饮用水源地,是确保食品安全的最终希望。通过促进科学技术的生态化,建立生态环境安全防范体系,能够严格控制境外污染物和有害物种入侵,确保国家的生态环境安全。通过发展信息安全科学技术,强化信息安全科技标准,能够确保国家的信息安全。总之,建构全方位的国家安全,离不开安全科学技术的创新发展。为此,我们应积极借鉴国外发展安全科学技术的相关经验,加大对安全科学研究和安全技术研发的倾斜支持力度。

另外,在国家社会管理的层面上,我们必须把维护国家安全视作社会建设的一项主要内容而纳入到国家经济社会发展的总体规划当中,加强对建构全方位国家安全体系的人财物的投入,重点保障政治安全、经济安全、军事安全和新型安全为主要内容的国家整体安全。

最后,为了完善国家安全体制和国家安全战略,确保国家安全,党的十八届三中全会决定设立国家安全委员会。这一决定对于推动国家安全体系建设具有重大的战略意义。目前,我们必须将之落在实处。

要之,切实维护社会稳定,有效实现社会控制,是构建社会主义和谐社会的必要举措,是社会主义社会建设的重要任务。

---

① 《江泽民文选》第三卷,人民出版社 2006 年版,第 104 页。

第十四章　加强社会管理：当代中国
社会建设的体制选择

> 科学管理，不仅包括国家事务和经济、社会、文化事业的管理，也包括各行各业各个部门的管理。我们与发达国家现代化水平的差距，有时并不表现在具体的建设项目上，而是表现在管理水平上。加强和改善全社会管理，必须提上议事日程，真正形成各方面严格科学管理的制度和机制。
>
> ——江泽民：《通报中央政治局常委"三讲"情况的讲话》（2000 年 1 月 20 日），《江泽民文选》第二卷，人民出版社 2006 年版，第 560—561 页。
>
> 社会管理的基本任务包括协调社会关系、规范社会行为、解决社会问题、化解社会矛盾、促进社会公正、应对社会风险、保持社会稳定等方面。
>
> ——胡锦涛：《在省部级主要领导干部社会管理及其创新专题研讨班上的讲话》（2010 年 2 月 19 日），《十七大以来重要文献选编》（下），中央文献出版社 2013 年版，第 140 页。

社会管理①既是社会建设的要素和部分，又是社会建设的手段和动力。在当代中国，只有建立和完善中国特色社会主义社会管理体系统，按照科学

---

① 在党的十八届三中全会通过的《中共中央关于全面深化改革若干重大问题的决定》中，将"社会管理"称为"社会治理"，而在从提出构建社会主义和谐社会的战略构想到党的十八大的一系列中央文献和领导人讲话中一直将之称为"社会管理"。在学术语境中，社会治理意味着社会管理主体的多元化；在当代中国的政治语境中，社会治理意味着社会管理方式的法治化。因此，无论是从内涵还是从外延上来看，社会管理都比社会治理的范围要广。因此，我们在这里仍然沿用"社会管理"的说法。

化、民主化和法制化的要求推动社会管理创新,才能维护社会稳定、实现社会公平、推动社会参与、促进社会和谐。

一、加强社会管理的战略意义

作为一种独立的管理类型,社会管理只是近年来才引起我们的重视。但是,社会管理的实践和理论却要早得多,这在于,"社会管理是人类社会必不可少的一项管理活动。要形成和保持一定的社会秩序,就必须有一定形式的社会管理。"[1]不论是古代社会还是现代社会,无论是资本主义社会还是社会主义社会,都很注重社会管理在社会领域乃至整个社会发展中的独特地位和作用。

(一) 社会管理的含义和定位

社会管理主要是对社会系统的各组成部分、社会生活的各领域以及社会发展的各环节进行组织、协调、服务、监督和控制的活动。社会管理是人类社会必不可少的一项管理活动,伴随人类社会发展的始终。按其层次,可将社会管理区分为"社会管理——社会主义社会管理——中国特色社会主义社会管理"三个层次。按其性质,可分为资本主义社会管理和社会主义社会管理两种类型。

1. 一般社会管理的性质和定位

一般社会管理主要是与工商管理、行政管理相比较而言的一种管理形式。社会管理主要是对社会生活领域的相关事务进行规划、组织、协调、引导和控制,其对象是一切与社会生活领域相关的事务,目的在于通过对社会事务的处理和规范,消除或减少社会问题的发生,维持整个社会系统的秩序和有序运行。在整个管理活动系统中,社会管理与行政管理和工商管理的主要区别在于:行政管理是国家权力行使的职能,以国家权力为基础,工商管理主要是与企业经营相联系,追求的是经济利益;社会管理主要关注社会生活领域,追求的是社会利益的最大化。同时,社会管理也不等同于公共管理。公共管理关

---

[1] 《十七大以来重要文献选编》(下),中央文献出版社 2013 年版,第 139 页。

注的是全体社会成员共同关注的利益问题,即公共利益,具有普遍性。社会管理更多关注的是不特定多数人的利益,即共同利益,尤其是弱势群体的利益问题。可见,社会管理是独立于经济、政治、文化、生态领域的社会领域的管理活动。当然,由于社会有机体各领域之间的内在联系,社会管理与经济、政治、文化、生态各领域的管理工作也相互影响、相互渗透、相互作用、相互推动。

2. 资本主义社会管理的性质和定位

只有资本主义社会才在市民社会的条件下,将社会管理发展成为一种专门的管理活动。资本主义社会管理主要源于资本主义经济发展所带来的社会矛盾和社会危机。资本主义经济发展的盲目性带来了一系列社会问题,如,失业率、犯罪率居高不下等。这些社会问题严重影响着资本主义社会的稳定和正常运行。为了避免社会矛盾激化带来的社会冲突对资本统治的冲击,西方资本主义国家开始采用社会保障等具有社会建设意义的政策设计和制度安排,这样,就开始了自觉的社会管理。英国最早实施的"济贫法"、德国俾斯麦政府创建的福利国家以及美国实施的罗斯福新政等,都是较早的资本主义社会管理实践。资本主义社会管理的目的并非满足广大工人阶级的需要,促进社会公平正义,而只是维护资本主义统治的一种权宜之计。在资本主义条件下,"社会政策是国家行为方式,它不断地把非雇佣工人转变为雇佣工人。"① 可见,在"资本逻辑"支配一切的社会中,社会管理同样是资本的附庸。资本主义社会管理的实质是少数人从事的为少数统治者服务的活动。处于被剥削、被压迫地位的工人阶级和劳动人民,不可能真正参与关乎切身利益的社会事务的管理,即便是在强调公众参与的"治理"和"善治"等理论模式中,普通劳动者拥有的也仅仅是具有象征性的发言权,而真正的决策权仍由统治阶级所把持。

3. 社会主义社会管理的性质和定位

社会主义社会管理主要是与其他社会形态尤其是资本主义社会管理相区别的一种社会管理形态。作为消灭了一切剥削、一切压迫的新的社会形态,社会主义的本质是人民当家作主,真正成为社会的主人。在无产阶级革命中,我

---

① ［德］克劳斯·奥菲:《福利国家的矛盾》,郭忠华等译,吉林人民出版社 2006 年版,第100 页。

们的目的是建立社会主义制度,这种制度将给所有的人提供健康而有益的工作,给所有的人提供充裕的物质生活和闲暇时间,给所有的人提供真正的充分的自由。因而,社会主义社会管理第一次使工人阶级和劳动人民真正成为了社会活动的主体和目的。例如,作为无产阶级夺取政权第一个伟大尝试的巴黎公社,体现了社会把国家政权重新收回,把它从统治社会、压制社会的力量变成社会本身的生命力。巴黎公社在社会管理方面的一些尝试,诸如廉价政府、普选制、监督制、撤换制、地方自治、教育和科学的自主管理等措施,都显示出社会主义社会管理是真正的劳动主体的自我实践活动。可见,"只是从社会主义实现时起,社会生活和个人生活的各个领域才会开始出现迅速的、真正的、确实是群众性的即有大多数居民参加然后有全体居民参加的前进运动"①。总之,社会主义社会管理是无产阶级和劳动人民自己所从事的为了劳动人民群众的实践活动。与此同时,社会主义者从来不认为社会主义是完美无缺的。因此,社会主义社会管理还是开放的,是善于吸收一切先进社会管理成果的创造性实践活动。

4.中国特色社会主义社会管理的性质和定位

中国特色社会主义社会管理是社会主义社会管理在中国的具体实践和新发展。中国特色社会主义社会管理特指我国的社会管理理论和实践,其在理论上是中国特色社会主义社会建设理论的组成部分,在实践上是中国特色社会主义事业总体布局中社会建设的重要环节。就其实质来看,中国特色社会主义社会管理说到底是对人的管理和服务,涉及广大人民群众切身利益,必须始终坚持以人为本、执政为民,切实贯彻党的全心全意为人民服务的根本宗旨,不断实现好、维护好、发展好最广大人民根本利益。中国特色社会主义社会管理是依靠人民群众、为了人民群众的实践活动。在坚持社会主义社会管理的一般性质和普遍原则的前提下,中国特色社会主义社会管理要立足我国实际,发挥我们的政治优势和制度优势,积极借鉴国外社会管理的有益成果,使得中国特色社会主义社会管理理论不断完善,中国特色社会主义社会管理实践不断发展。总之,中国特色社会主义社会管理既遵循一般社会管理和社会主义社会管理的普遍规律,也适合中国的具体国情,具有鲜明的中国特色。

① 《列宁专题文集 论马克思主义》,人民出版社 2009 年版,第 270 页。

中国特色社会主义社会管理是随着中国特色社会主义总体布局由"三位一体"发展到"五位一体"，社会建设领域的独立化而逐渐突显出来的。社会管理是社会建设的重要组成部分，需要在整体社会建设过程中加以推进。当然，优质、高效的社会管理也可以为社会建设创造有利的环境和条件，保证社会建设的顺利进行。

5.社会管理发展的未来方向

随着阶级和私有制的消灭，国家的政治职能和社会职能也将消失，但社会职能将归还于整个社会或所有人民，这样，就可迎来共产主义的社会管理。"马克思在《哥达纲领批判》中就指出，在未来的社会中，在社会总产品中，应该拿出一部分，用来补偿消耗掉的生产资料的部分和扩大生产的追加部分，保障一般管理费用和学校、保健设施等用来满足共同需要的部分，用来应付不幸事故、自然灾害等的后备基金或保险基金，为丧失劳动能力的人等设立的基金。马克思说的未来社会是指共产主义社会，即使到了那个时候，马克思认为，也还要拿出一部分资源用于社会的管理和发展。"①可见，只有共产主义社会管理才代表这社会管理的发展方向和光明未来。

总之，社会管理有其自身的管理领域和对象，是一种独立的专门的管理活动。

（二）社会管理的要素和模式

社会管理是由一定要素构成的整体。由于要素结合方式的不同，就形成了不同的社会管理模式。社会管理是包含管理理念、管理格局、管理方式和管理制度等要素的有机整体。

1.社会管理的构成要素

社会管理是一个复杂的系统，主要包括以下要素：

社会管理理念。这主要是指社会管理的指导思想。理念是任何一种活动必不可少的要素，发挥着理论基础、智力支持和价值导引的作用。确立什么样的理念会直接影响行为的方式和结果。执政党有执政理念，政府有发展理念，企业有经营理念，同样，社会管理也应该有社会管理的理念。社会管理理念的

---

① 《江泽民文选》第二卷，人民出版社 2006 年版，第 515 页。

不同决定着社会管理的目的、手段、结果等具体方面的差异。由于社会管理是一个多主体的管理活动，因而，社会管理理念首先涉及对社会和政府关系的认识，进而要确立社会生活领域的管理主体和定位问题以及社会管理所追求的价值目标。

社会管理格局。这主要是解决由谁管理的问题，是对社会管理的参与主体及其在社会管理中所发挥作用的定位。格局主要是指一种结构和格式，是某物各部分或组织在一起的方式。将其延伸到社会管理中，"社会管理格局"就是指社会管理的一种工作局面、结构态势、运行方式，是社会管理中的各种力量的分工和协作，侧重于描绘对各种社会管理主体在社会管理中的地位作用、相互关系及运行方式所做的安排。管理格局属于结构性要素，其合理程度直接影响着在管理实践中各主体能否合理分工并有效合作，进而影响社会管理力量和社会资源能否得到有效利用，并发挥最大效率，实现管理效益的最大化。

社会管理方式。这主要解决怎样管理的问题，指社会管理活动中运用的具体方法和手段，是实现管理活动的途径。管理不仅是科学，也"是一种社会的功能。在其实践中，管理是一种真正的'自由艺术'（liberal art）"①。管理方式的运用是否得当同样会影响到管理效果。随着社会的整体进步、科学技术的不断发展以及社会管理对象的日益复杂化，管理方式也应不断发展和创新。目前，我们要改变以经验、感性、直觉为主的简单、粗暴的落后管理方式，充分认识到管理有其自身的运行规律，要善于利用管理科学研究的最新成果和先进的科技手段来提高管理的效率。

社会管理制度。这解决的是社会管理的制度保障问题。社会管理制度是社会管理活动的基础和保障，因为制度带有根本性、全局性、稳定性和长期性。制度不仅包括成文的法律法规和规章制度，也包括不成文的固定化或习惯性的经验和做法。社会管理制度，一方面是社会管理理念和理论的落实，另一方面是社会管理实践经验的提升，是管理规律的规范化体现。管理制度一经形成就具有一定的稳定性，但这种稳定是相对的。社会管理实践的发展是无止

---

① ［美］彼得·德鲁克：《社会的管理》，徐大建译，上海财经大学出版社 2003 年版，第68 页。

境的,社会管理制度也应随着实践的发展而不断改革,勇于创新。尤其是我国社会建设目前还处于起步阶段,要改革许多不适应社会建设需要的法律、制度和体制、机制。

当然,社会管理各要素也有其复杂的构成。

2.社会管理的运行模式

在不同社会管理理念的指导下,形成的社会管理格局、方式、程序和体制等的固定化、程式化就构成了社会管理模式。如何处理政府和社会的关系问题是社会管理的核心问题。对于这一问题的不同处理方式,也就形成了不同的社会管理模式。

实践中有两种极化情况:一种是完全由政府承担社会管理职能,所有社会事务都由政府包揽和统管,前苏联和我国高度集中的社会主义计划经济时代所采用的社会管理就是这种管理方式;还有一种情况是完全脱离政府由社会实行自我组织、自我约束和自我监督、自我控制的高度自治的社会管理模式,未来社会就应该是这种国家逐渐走向消亡,社会高度自治的自我管理模式。目前存在的社会管理模式大多是介于这两种情形之间的,由政府和社会共同进行管理的社会管理模式。其中,根据政府和社会在社会管理中的所处的地位不同又可分为政府主导的社会管理模式,政府、市场和社会三方共治的社会管理模式,以及社会主导的社会管理模式三种类型。

政府主导的社会管理模式。这种模式坚持"政府本位"的理念,认为社会本身是不自足的,承担不了社会管理的职能,必须由政府来承担管理社会的职能;政府在社会管理中处于主导地位,主要由政府对社会领域中的各项社会事务进行组织、规范和协调,各种社会产品和服务也主要由政府提供;社会管理的方式主要是行政手段和法律手段,是一种外部他治强于内部自治的管理模式。目前,日本、新加坡主要采取的是政府主导型的社会管理模式。

政府、市场和社会共治的社会管理模式。这是"善治"理念指导下的管理模式。该模式认为在社会管理职能上,政府、社会都有自身的缺陷和不足,需要引入市场,形成社会三大部门相互补充、相互制约的管理格局。在这种管理模式中,政府、市场和社会三者没有主次之分,是平等合作关系,三者分工协作共同实施社会管理活动;社会管理方式既有行政、法律的手段,也有市场调节和志愿服务等方式。这种管理模式以我国香港特别行政区为代表。

社会主导的社会管理模式。这种模式坚持"社会本位"的理念,坚持社会第三部门应独立于政府部门,主张社会和政府完全分离,强调社会领域应当具有高度的独立性、自主性和自治性;在社会管理中,应由社会力量主导,政府只是处于协助地位,被动地承担社会无法自我解决的问题;主要的管理方式是民主的最大化、坚持志愿原则、注重道德约束等自治手段。这是一种以美国为代表的政社分离的社会管理模式。

政府主导的社会管理模式由政府统管社会事务,比较适合于社会领域发展不充分的国家和地区,但这是一种高成本型的社会管理模式,需要强大的政府财政支持。许多西方发达国家采用的社会主导的社会管理模式主要依靠社会力量来管理社会,是一种低成本型的社会管理模式。但这种模式要求与之相应的高度发达和自治的公民社会。政府、市场和社会共治的社会管理模式,是一种行政成本适度型的社会管理模式。资本主义国家、社会主义国家均可以采用这种模式。在当代中国,我们提出的"党委领导、政府负责、社会协同、公众参与、法治保障"的社会管理体制就属于一种具有中国特色的共治管理模式。但由于我国目前社会领域的发展还不充分,同时要强调政府的主导作用,因而,是一种共同参与、差别责任的共治模式。

总之,社会管理是由一定的管理理念、管理格局和管理方式以及管理制度等因素构成的整体。这几方面因素不是单独存在的,而是相互影响、相互作用、相互推进的。在不同的社会管理理念指导下,会出现不同的社会管理格局,采用不同的社会管理方式,形成不同的社会管理制度,从而会构建出不同的社会管理模式。

(三) 社会管理的价值和作用

社会管理在整个社会系统运行中具有重要作用。通过解决社会领域中出现的问题,社会管理可以为经济、政治、文化等其他领域的发展提供良好的环境和保障。资本主义社会管理是消除资本主义经济发展带来的问题、维护资产阶级统治的有效手段。社会主义社会管理是保证劳动人民当家作主的前提和保证。中国特色社会主义社会管理对于推进中国特色社会主义社会建设,构建社会主义和谐社会,最终促进人的全面发展都具有重要战略意义。

1. 社会管理有助于推动社会建设的进程

社会建设是一个由各种因素构成的整体,其具体内容包括化解社会矛盾、协调社会利益、整合社会关系、完善社会保障、发展社会事业、调动社会力量、开展社会工作、维护社会稳定、实现社会富裕等社会生活领域的方方面面。其中每一方面都是社会建设中的重要一环,具有相对的独立性,但各方面又相互联系和影响。与此同时,社会建设又是一个多主体参与的事业,既需要政府的主导,也离不开市场和社会的参与和协同。这样,如何在社会建设的具体内容和建设主体之间进行合理调配,做到"人人有事干、事事有人干",避免不同主体之间无谓的竞争或相互推诿,保证各项事业落实到位,且既有合理分工又相互配合,就需要进行有效协调。社会管理活动通过综合和协调社会建设各领域、各部门的力量,可以更好地促进社会建设的顺利进行,提高社会建设的成效。

2. 社会管理有利于提高社会建设的效率

社会建设的各具体领域也是一个整体,涉及社会事业不同部门的工作,也需要进行综合协调。单就发展社会事业一项而言,就涉及了科学、技术、教育、文化、卫生、体育等多方面的工作和部门。在这一领域,既需要公共财政资金和社会资金在各项具体事业方面的调配,又需要对各领域的资金使用情况进行监督管理,对社会事业的成效进行评估等等。可见,社会建设的各个具体领域也是一个整体,其工作在横向上会涉及各个部门的工作,纵向上又有不同的层次构成,需要进行综合协调。这同样需要发挥社会管理的职能。当然,我们说的社会管理不是要代替具体的专业管理,不是对科技管理、文教管理、社区管理或宗教管理等具体事务的业务管理,社会管理是对社会生活领域的专业管理的管理,是对各门类的管理进行综合和监管,保证各项活动的依法开展和有序推进。总之,社会管理既要分别管理好各项社会事务,又要协调好各项事务之间的关系,保证社会建设的各项事业能有序、规范运行。同时,通过整体的、系统的协调,整合社会建设资源并实现效用最大化,可极大地提高社会建设的效益。

3. 社会管理有利于促进社会关系的协调

社会团结是我们事业取得胜利的基本保证。但是,利益分化已造成了社会分裂的苗头。为此,必须加强和创新社会管理,以协调社会关系。通过收入分配制度的改革和就业结构的调整,对资源和机会分配进行协调,可以调节城乡之间、区域之间和行业之间发展的不平衡,培育中间阶层,逐步构建"中间大两头小"的橄榄型社会结构,这样,可避免财富和贫困的两极积累引发社会结构的两极化趋向。另外,通过各种转移支付的手段,合理调节社会利益的流向,促进资源和机会在社会成员中的均衡配置,促进各地区、各行业和各成员间的经济利益和社会利益等各方面利益的均衡化,有利于维护社会的公平正义,平衡社会成员的心理,培养对社会主流价值观和意识形态的认同,增强社会凝聚力,促进社会团结和稳定,为经济、政治、文化和生态等发展创造有利的环境,推动社会的全面发展和整体进步。

4. 社会管理有助于保持社会秩序的稳定

社会稳定是社会发展和社会建设的前提和保障。没有社会稳定,就不可能实现经济繁荣、政治民主、社会和谐和生态文明。当前我国正处于矛盾突发期,大量社会矛盾的存在为社会的稳定和有序发展埋下了隐患。如果不能妥善地及时化解,一旦被坏人利用,使之激化,也可能成为新的动乱的起因。通过社会管理活动保证社会建设的规范进行,促进社会政策的落实,可以解决困难群体和弱势群体的基本生活和发展需要,满足全体社会成员的合理利益诉求,起到平衡利益关系,协调社会关系的作用,能够从源头上减少社会问题和社会矛盾的发生,避免引发社会动荡和冲突。另外,引导社会成员诉求的有序表达、科学有效地处理突发事件、对群体性事件的合理处置以及对社会组织和基层组织的常规管理,都可以起到减少失序根源和将失序行为和活动限制在可控制范围之内的作用,从而能够减少对社会运行秩序的破坏,保持社会秩序的稳定。

5. 社会管理有利于促进人的全面发展

社会的发展与人的发展是统一的,社会发展的最终目的也是为了人的发展,实现人的自由而全面发展是我们的最高理想。而人的素质和能力的提高是实现人的全面发展的前提条件。通过保障基本社会公共服务的供给,社会管理有助于满足困难群体和弱势群体的基本生存和发展需要,可消除部分社会成员生存和发展所面临的各种社会排斥、社会歧视等障碍,能够为满足全体社会成员的生存和发展需要、为个体的全面发展提供了条件。同时,这也有利于更好地促进人的全面发展。作为能动的主体,社会成员不仅是社会管理的对象,也是社会管理的主体。社会成员通过参与社会管理的各项活动,尤其是城乡基层组织和各种社会组织中的自治,可以加快社会民主进程,也有利于培养社会成员自我管理、自我发展的能力,提高社会成员的整体素质,从而为促进人的全面发展创造了机会和条件。

此外,科学有效的社会管理还可以将社会建设各领域整合为一个整体,通过系统协调发挥大于各领域简单相加的作用。

二、当代中国社会管理的新课题

新中国成立以来,我们始终十分重视社会管理活动,对中国特色社会主义社会管理进行了不懈的探索,积累了宝贵的经验。但是,随着社会主义市场经济的发展,我国在社会管理领域也出现了一系列矛盾和问题,暴露出了既有社会管理体制的弊端。因此,必须将加强和创新社会管理作为当代中国社会建设的重要任务。

(一) 我国社会管理的历程和经验

新中国成立之初,党和政府就高度重视社会救济和工人福利工作。但是,从新中国成立到改革开放之前,我国的社会管理主要隶属于行政管理。严格地说,我国的社会管理真正起步于改革开放以后。在这一过程中,社会管理的战略地位不断提升,社会管理的内容不断充实和完善。

1.新时期我国社会管理的发展历程

改革开放以来,我国的社会管理大体上经历了三个发展阶段。

社会管理的起步阶段(1978—1992)。随着改革开放政策的实施,这一时期的社会管理主要是为经济建设服务。为减轻国有企业非生产性负担,增强企业的经营活力,政府开始承担一些过去由企业承担的社会事务;社会成员开始由"单位人"转变为"社会人",迈出了社会事务管理非企业化的步伐。这一时期的社会管理格局具有明显的政府主导性。尽管出现了咨询机构、行业协会和律师事务所等社会服务机构和中介组织,各类社会团体也有了较快发展,他们承担了一些协调企业利益和服务经济发展的功能,但总体来看,其所发挥的社会管理职能相当有限。绝大部分城镇居民仍然由政府和企事业单位管理,少数游离于单位体制之外的城镇居民由社区负责管理,农村居民则由人民公社负责管理。而这些企事业单位、社团组织和社区组织都是政府行政机关的附属单位,缺乏独立性和自主权,因而,政府事实上是社会管理的唯一主体。在社会管理方式上,抛弃了改革开放前的运动式、批斗式的管理方式,逐渐采取法制化、行政化的管理方式,但行政化色彩相当浓厚。在管理制度方面,主要依赖单位体制、城市的街道办事处和居民委员会体制(街居制)和农村的人民公社体制等进行社会事务的管理,并通过城乡分割的户籍制度限制人口自由流动来配合实施。

社会管理的全面扩展阶段(1992—2004)。随着市场经济体制的逐步确立和完善,社会领域也发生了很大变化,社会管理实践取得了相当大的进展。在管理格局上,打破了政府对社会管理的垄断地位,开始引入市场机制和社会力量参与社会资源的配置和社会事业的发展和管理,社会管理主体开始呈现出多元化的态势。在管理方式上,市场机制开始发挥重要作用,利益机制的引导作用被逐渐重视,政府不再单纯以行政指令的方式来管理社会,而更多地采用财税政策、金融政策、产业政策等宏观调控手段;突破了完全由行政控制的社会管理方式,政府调节的法制化和规范化进一步加强;对民间组织的管理从定期清理走向依法登记管理,并积极开展城乡基层自治。管理制度方面也有了很大进展,收入分配、劳动就业、医疗卫生、科技教育、社会保障等方面的制度改革逐渐展开。这一时期的社会管理得到了重视,逐渐摆脱了为国有企业服务的从属地位,社会管理的诸要素都取得了很大进步。但也存在一些突出问题:一是在社会领域中引入市场机制的过程中,存在着有意无意地淡化政府职能的问题,政府对社会利益的协调不到位,社会利益分化严重;二是各类社会组织中普遍存在着"官办、官管、官营"的现象,社会组织成了政府的下属机构,其发展受到的限制和控制较多。社会组织仍然属于社会管理的对象,作为社会管理主体发挥的作用有限,难以发挥社会组织代表基层群众和普通群众利益的优势;三是对社会管理的重视程度不够,没能成为中国特色社会主义总体布局中的独立领域,社会管理的具体内容和工作部署仍分散在具体领域的工作中。

社会管理的独立化阶段(2004至今)。2004年党的十六届四中全会首次提出构建社会主义和谐社会的战略目标以来,社会管理作为社会建设的一项重要内容获得了独立的地位。在党的十六届六中全会上通过的《中共中央关于构建社会主义和谐社会若干重大问题的决定》中，将完善社会管理单独列为一个问题，从七个方面进行了具体的安排部署；党的十七大报告和《关于制定国民经济和社会发展第十二个五年规划的建议》中，又在社会建设部分中对社会管理进行了专门论述。我国《国民经济和社会发展十二五规划纲要》专门用一篇对"加强和创新社会管理"进行了安排部署。党的是十八大报告提出要"在改善民生和创新社会管理中加强社会建设"，明确了社会建设和社会管理的关系问题，以及社会管理对于社会建设的重要意义，提出了构建中国特色社会主义社会管理体系的具体任务和具体思路。2013 年 11 月，党的十八届三中全会通过的《中共中央关于全面深化改革若干重大问题的决定》提出了"创新社会治理体制"的任务和要求。

总之，我国的社会管理实践经历了从作为经济建设的配套措施到社会管理在经济、政治和文化事业中的全面展开再到作为独立的社会建设的一个子系统的历史发展过程。在这一过程中，社会管理的重要性不断得以体现，地位不断提升，内涵不断丰富。

2. 新时期我国社会管理的基本经验

回顾这一历史发展过程，可以看出，中国特色社会主义社会管理的整体框架已经形成，我们也积累了初步经验。

中国特色社会主义社会管理的基本框架。就社会管理格局而言，我们提出的"党委领导、政府负责、社会协同、公众参与、法治保障"的社会管理体制，明确了社会管理的主体和职能，强调政府的社会管理职能，注重发挥基层党组织和党员、企事业单位、人民团体、基层自治组织和各类社会组在社会管理和服务中的职责，发挥群众参与社会管理的基础作用，以形成社会管理的合力。就社会管理方式而言，我们提出了在服务中实施管理，在管理中体现服务的全新管理理念和方式，注重推进管理决策中的科学化、民主化，注重提高管理的信息化水平和法制化程度，要求完善社会管理体系和政策法规，提出要扎扎实实提高社会管理的科学化水平。就社会管理制度而言，提出要主动适应社会主义市场经济条件下社会管理发展变化，积极推动社会管理体制机制创新，建立科学有效的管理体制机制；要加快形成政社分开、职责明确、依法自治的现代社会组织体制，加快形成源头治理、动态管理、应急处置相结合的社会管理机制。与此同时,教育、劳动就业、医疗卫生、收入分配、社会保障、社会治安和社会团体管理等传统社会管理领域的相关法律和法规不断完善,基层社会管理体制、信访制度和应急管理体制机制等新的社会管理领域的制度建设也得到一定程度的加强。

注重社会管理与其他各项事业的协调发展。社会管理的发展是随着整个社会改革事业的开展和深入不断推进的。改革是一个联动的整体,无论哪一个领域的改革都不可能在单一领域内完成,而需要社会各领域的相互配合和整体推进,要统筹经济建设、政治建设、文化建设、社会建设以及生态文明建设。改革没有止境,社会管理领域的改革和发展也没有止境,要随着改革事业的不断深入坚决推进社会管理领域的改革,以适应社会改革发展的需要,并通过社会领域和社会管理领域自身的改革创新,配合经济、政治、文化、生态和党建等各领域的发展,推动整个社会改革的不断深入,促进中国特色社会主义建设事业的发展进步。

加强社会管理尤其是中国特色社会主义社会管理的研究。社会管理是一个相对独立的领域,其自身包含着丰富的内容,在社会结构中具有独特的职能和作用。同时,社会管理也具有自身的运行规律,要注重对社会管理规律的研究,不能简单用经济管理和行政管理的方式和手段来管理社会。社会主义制度的特殊性决定了社会主义社会管理具有不同于资本主义社会管理的运行规律,而中国特色社会主义社会管理是在我国特殊的国情和时代背景下实施的社会管理,既遵循一般社会管理和社会主义社会管理的运行规律,同时又有自身的特殊规律。因此,要加强社会管理的研究,既要研究社会管理、社会主义社会管理的发展规律,又要积极吸收和借鉴资本主义社会管理的一些有益做法。另外,必须结合我国实际,推进中国特色社会主义社会管理理论的构建和完善,为我国的社会管理实践提供理论指导,提高中国特色社会主义社会管理的科学化水平。

处理好政府在社会管理中的地位和作用问题。政府在社会管理中具有独特的地位,如何把握好政府在社会管理中的主导地位是社会管理中的重点和难题。政府承担全部的社会管理职能,会出现社会管理行政化的倾向,不利于调动其他力量参与社会管理,影响社会管理的效率。同时,政府也不能全身退出,将社会管理的职能全部交给市场去做,因为"在某些社会效益重于经济效益的环节,市场调节不可能达到预期的社会目标"①。因此,要在宏观上把握好政府在社会管理中的定位问题,明确政府在社会管理中的地位,同时也要在微观的具体事项的管理上,把握哪些是政府必须管的,哪些是政府可管可不管的,哪些是不需要政府管、可以交给市场和社会的,要尽力避免政府在社会管理中的"缺位"、"错位"和"越位"行为。

总之,改革开放以来,我国社会管理的战略地位逐渐提升,管理主体逐渐多元化,管理的方式逐渐科学化,管理制度逐渐完善。对这一历史过程进行梳理和总结,有利于我们总结历史经验,更加清楚和理性地看待今天的现实和挑战,更好地走向明天。

(二) 我国社会管理的挑战和问题

从当前我国社会管理面临的现实情况来看,在新的历史条件下,我国社会生活发生了广泛而深刻的变化,而且社会经济成分、组织形式、就业方式、利益关系和分配方式多样化的趋势,今后还会进一步发展,社会管理面临着严峻的挑战。但是,当前的社会管理还落后于经济社会的快速变革,不能满足加强社会建设、促进社会发展的需要。具体而言,至少存在以下几方面问题和矛盾:

1. 社会组织形态社会化与社会自主性不足之间的矛盾

改革开放以来,我国的社会组织形态发生了全面转型。"原来由党政机关和企事业单位承担的社会服务、社会管理和社会保障功能逐渐分离出来,很多事情要靠街道、居委会来做。一些非公有制企业、社会团体和民办机构在街道社区落户,离退休人员、待业人员、外地务工人员大量进入社区,社区成了各类矛盾反映比较敏感的汇聚地"②。这样,社会成员对单位的依赖关系已经弱化,由"单位人"转变为"社会人",家庭和社区成为社会成员经济和社会活动的基本单元,也成为社会管理的基本载体。同时,各类中介组织、非公有制经济组织也迅速增多。与之相对,原有的社会管理体制和方式已不能适应社会组织形态的变化,而第三部门自身的发展还很不充分,不能真正成为政府职能转移的载体,社会团体等民间组织的作用尚未得到充分发挥,社会资本的开发

①　《江泽民文选》第一卷,人民出版社 2006 年版,第 201 页。
②　《江泽民文选》第三卷,人民出版社 2006 年版,第 21 页。

利用不足,社会成员参与社会管理的意识和能力不足,基层自治组织、社区组织和社会组织(民间组织)的自我管理程度较低,社会的自主性及自我组织、自我管理等能力较弱。

2.人口流动化与户籍凝固化之间的矛盾

随着经济体制改革的深入,我国出现了人口大流动和多种就业方式,许多人在不同所有制、不同行业、不同地域之间流动频繁,人们的职业、身份经常变动。这种变化还会继续下去。但是,户籍制度改革却没有跟上,出现了大量的"人户分离"现象。首先,原有的城乡二元社会结构逐渐解体,农村大量剩余劳动力涌入城市,而严格的户籍制度使得户籍迁移相当困难。其次,在人事改革过程中,大学生就业方式日益多样化,许多人在非户籍所在地工作和发展,大量复转军人留在大城市工作,户口却转回了原籍。最后,许多人到大城市寻求发展机会或者向往大城市的生活,也纷纷涌入北京、上海、广州等大城市成为流动族群,"北漂""南漂"便是其集中体现。这些社会成员长期不在户籍所在地生活和工作,出现了户籍所在地管不了、流入地管不住的"两不管"现象。同时,也带来了诸如计划生育政策难以落实、子女教育和医疗等方面的权益难以保障和维护等社会管理方面的难题。这些问题如果得不到妥善解决,将会埋下影响社会健康、有序发展的隐患。

3.社会管理的系统性要求与部门分割、多头管理之间的矛盾

社会管理是一个多元管理主体共同参与,协同配合的过程。社会管理的客体涉及社会生活的方方面面,不同管理主体和不同管理部门之间既需要合理分工也需要有效协作。当前,对于社会管理主体的职能分工比较模糊,致使社会管理活动中存在着管理混乱问题。一方面,存在同一管理对象受多重管理、政出多门的现象,造成了社会管理资源浪费、社会管理效益低下等问题。另一方面,也存在一些社会事务无人管理或者相互推卸责任等情况,出现"八个部委管不好一头猪"的问题。其中既有党政机关的社会管理职能划分不清的问题,也有政府、市场和社会各部门职能划分不清的问题以及政府部门自身的条块分割、各自为政的问题。

4.社会管理的专业化需求与社会管理的理论研究和专业人才缺乏之间的矛盾

社会管理是一种专业性很强的工作,需要专门的社会管理理论的支撑和

指导,专门的法律和政策作为依据以及专业的社会管理人员来负责实施。我国由于将社会管理作为专门的领域只有几年的时间,对社会管理的专门研究还处于起步阶段,对社会管理的对象和领域、职权划分和职能配置以及作为社会管理基本依据的法律法规和政策的制定都缺乏充分的科学研究,社会管理方面的法律、法规还很不健全。社会管理的专业人才缺乏,现实中从事管理工作的多是一些没受过专业训练的行政人员,地方和基层的社会管理人员更是缺乏。大量民政部门的职员是复员军人和军转干人员,居民委员会的工作人员则主要由离退休人员和下岗职工组成。社会管理人员队伍专业性严重不足且力量薄弱,难以适应社会管理的专业化需求。

总之,当前我国社会管理实践中存在着大量的问题,面临着管理的任务加重、管理的难度增强、管理的风险加大的挑战。如果不从根本上改变这种状况,大力推进中国特色社会主义社会管理实践的创新,将很难适应建设社会主义和谐社会的需要。

(三) 我国社会管理的障碍和克服

面对社会管理中存在的问题和面临的挑战,加强和创新中国特色社会主义社会管理,还有诸多障碍需要克服。

1. 社会管理理念亟待更新

管理理念的更新是创新社会管理的基础和前提,我国当前的社会管理理念还不能适应创新社会管理实践的需要。首先,我国目前存在着严重的"政府本位"理念,政府习惯凌驾于社会之上,不能与市场和社会很好地分享管理权限,尤其对民间的社会组织存有严重的不信任和防范心理。这种观念往往造成不能很好地整合政府、市场和社会的力量,共同参与社会管理,形成管理的合力,提高社会管理的效力。因而,需要在社会管理领域中形成"共同治理"的理念。其次,政府对管理的独特作用认识不清,将社会管理混同为社会建设,政府包揽了社会领域的所有事务,过多地承担着具体社会事业的主办者和社会服务的提供者的角色,而忽视了政府所承担的组织者、协调者和监督者的角色,没有在社会管理中树立起"有限政府"的理念。最后,对管理方式缺乏科学全面的认识,将管理等同于管制、控制,往往依靠简单的行政强制力的手段来进行社会管理,而对社会领域的自主性认识不足,无视社会成员的多样性需要,往往是管制有余而服务不足,没有真正树立"在服务中实施管理,在管理中体现服务"的理念。总之,要对社会领域的自主性、社会管理的特殊性和政府在社会管理中的定位有科学的认识,全面更新社会管理理念,以适应当前社会管理创新的需要。

2. 社会管理的格局亟待完善

近年来,党和政府高度重视社会领域的工作,将社会建设与经济、政治、文化、生态文明建设等并列,成为"五位一体"的中国特色社会主义总体布局中的独立"一位"。理论界、学术界和普通民众对加强社会领域工作的呼声不断高涨,社会管理得到了一定程度的重视。但是,在实践中,长期以来形成的重经济轻社会的状况并没有彻底改变,作为社会管理的领导者和主要责任者的党委和政府,尤其是地方党政机关对社会管理的重视不够,对社会管理工作的重视只是停留在表面上、体现在文件中,当社会效益和经济效益发生冲突时,往往牺牲社会效益追求经济效益。无论是社会建设和管理的财政上还是精力上都存在投入不足的问题,存在严重的社会管理主体"缺位"现象。同时,各类社会组织的发展也很不充分,对政府的依赖性较强,自主性严重不足,难以在政府和民众之间起到有效沟通的桥梁作用,未能承担起社会管理的协同职能。企事业单位的社会管理服务责任也不强。另外,公众参与社会管理的意识不强,能力不足,同时缺乏保障公众参与的有效制度。目前的公众参与只是一种动员性和配合性的参与,而不是自下而上的主动参与,不能真正实现公众在社会管理活动中的自我管理以及公众对政府和社会组织管理活动的监督和评估作用,公众的有效参与严重不足。总之,要加强社会组织建设和企事业单位和公众参与的鼓励和引导工作,明确党委和政府在社会管理中的职能分工,逐步构建和完善"党委领导、政府负责、社会协同、公众参与"的中国特色社会主义社会管理格局。

3. 社会管理的方式亟待科学

我国目前的社会管理还主要是依靠行政手段进行,市场机制和社会机制在社会管理中的作用没有得到充分发挥,因而,存在手段单一、方式简单的问题。加之我国行政领域中有着长期的人治传统,法治意识相对薄弱,相应的法律法规不够完善,民主制度不健全,社会组织和公众的参与度较低等因素的影响,致使社会管理的随意性很大,缺乏应有的规范性。现实生活中利用简单化的手段来处理社会事务的例子比比皆是。譬如,捐款原本是一种表达社会成员爱心的慈善活动,体现的是一种"志愿精神",然而现实生活中的捐款却往往是领导带头、指令下派甚至采取强制扣除的方式。这种做法很容易引发群众的反感情绪,不利于第三部门的培育和发展。又如,对于日益增多的群众上访现象,一些地方党委和政府不是持有积极的态度将其作为了解社会问题的窗口,采取措施创造通畅的利益表达机制,而是采取拦访、截访等强力压制的做法。这种简单化的社会管理方式不仅不利于社会矛盾的解决,反而会激化社会矛盾,违背社会管理维持社会秩序的初衷和目的。可见,社会的管理方式恰当与否会直接影响到社会管理的实际效果,因而亟须改进这种单一化且简单粗暴的社会管理方式,实现社会管理方式的规范化和科学化。

4.社会管理的制度亟待创新

从社会管理的机构设置来看,一些地方成立了专门的负责社会建设和管理的工作机构:北京市和市属各区都成立了社会工作委员会和社会建设工作办公室专门负责社会建设工作;上海市浦东新区组建了社会发展局,主管民政、教育、卫生、体育等工作。但是,整体上的制度顶层设计如何贯彻到下层体制中,似乎还是未知数。从社会管理的法律法规来看,我国社会领域的立法起步较晚,社会管理法律体系远没有形成,规范社会组织、社会事务等的专门性法律和引导社会建设和发展的社会政策缺乏。从管理体制来看,随着社会结构的分化和社会事务的复杂化,原有的一些社会管理制度有的已经解体,有的虽仍然存在,但已不适用社会管理现实的需要,而新的社会管理制度尚未建立。从社会管理机制来看,没有形成科学的社会管理决策机制和政策实施的监督机制和政策影响的评估机制,缺乏对民间组织实行独立、科学的绩效评估机制,没有形成科学有效的利益协调机制、诉求表达机制、矛盾调处机制和权益保障机制。另外,社会诚信制度、社会规范建设仍有相当大的提高空间。总之,目前社会管理领域的管理体制还很不科学不完善,需要大力推进社会管理体制创新,逐步建立科学有效的社会管理体制和机制。

这些问题构成了推动社会管理实践创新的障碍,为此,必须对社会管理的各个方面进行大胆的改革创新,以克服这些障碍来推动社会管理的不断进步。

总之,我们既要认识到社会管理实践所取得的巨大成就和积累的宝贵经验,也要对当前社会管理实践中存在的问题和面临的挑战有清醒的认识。为此,必须积极稳妥地深化社会管理体系诸要素的改革创新,推动中国特色社会主义社会管理实践的不断发展。

三、构建和完善社会管理体系的具体选择

加强和创新社会管理,必须实现社会管理全方位变革。我们要通过管理理念、管理格局、管理方式和管理制度等要素的革新,构建政府调控机制同社会协调机制互联、政府行政功能同社会自治功能互补、政府管理力量同社会调节力量互动的社会管理网络,形成对全社会进行有效覆盖和全面管理的体系。

(一)推动社会管理理念的创新

社会管理理念创新是社会管理创新的前提和基础。为此,要适应经济社会发展的新形势新要求,切实转变社会管理理念。具体而言,要树立以下理念。

1. 树立以人为本、服务为先的理念

这里的"人"有两层含义。一是泛指全体社会成员,二是特指广大人民群众,尤其是弱势群体。第一层含义上的"以人为本"主要是相对于过去将社会管理看作是为经济建设服务的"见物不见人"的观念而言的,突出社会管理的目的是满足人的需要、实现人的利益、促进人的发展。第二层含义的"以人为本"主要解决以什么人为本的问题。社会成员的需要和利益,既包括全体社会成员共同的需要和利益,又有不同群体特殊的需要和利益。而人民则是以占人口大多数的劳动者为主体的最大群体。因而,我们所讲的"以人为本"是应该以人民为本,将重点放在满足利益受损群体的基本需要,维护他们的基本权益上。为此,我们要综合运用多种手段,依法逐步建立以权利公平、机会公平、规则公平、分配公平为主要内容的社会公平保障体系,使全体人民共享改革发展的成果,使全体人民朝着共同富裕的方向稳步前进。同时,必须将管理和服务统一起来,坚持服务为先。服务为先,就是要树立服务群众、服务社会的理念。要摒弃将管理与服务割裂,重管理轻服务的理念。事实上,"社会管理,说到底是对人的管理和服务,涉及广大人民群众切身利益,必须始终坚持以人为本、执政为民,切实贯彻党的全心全意为人民服务的根本宗旨,坚持权为民所用、情为民所系、利为民所谋,不断实现好、维护好、发展好最广大人民

根本利益。"①这样,才能保证社会管理的正确方向,激发人民群众参与社会管理的积极性、主动性和创造性。

2. 树立多方参与、共同治理的理念

由于社会领域自身发展不足,不能独立承担社会管理的职能,因而需要政府和市场等多方面力量的参与和协作。因此,在社会管理中要树立多方参与的理念,发挥党委、政府、企业和社会等多方优势,相互配合以弥补单一主体的缺点和不足,并起到相互制约和监督的作用。党委要做好制定社会管理政策的工作,支持和引导政府及各种社会力量积极参与社会管理服务。政府要办好由其承担的社会管理事务,推进法治政府和服务型政府建设,科学界定和划分各部门在社会管理中的职能任务,形成分工负责、运转协调的机制。工会、共青团、妇联等人民团体和群众组织要积极发挥桥梁作用,做好党和政府与广大群众联系的工作,发挥新时期统一战线在社会管理服务中的独特作用。企事业单位、各类社会组织和基层自治组织要勇于承担社会管理服务中的责任。更为重要的是,"要坚持贯彻党的群众路线、坚持人民主体地位,发挥人民首创精神,坚持问政于民、问需于民、问计于民,充分调动人民群众的积极性、主动性、创造性,紧紧依靠人民群众开创新形势下社会管理新局面。"②人民群众要积极主动参与社会管理,形成社会管理人人参与、和谐社会人人共享的良好局面。

3. 树立关口前移、源头治理的理念

社会管理不是社会管制更不是社会统治,要从根源上解决问题,必须要有全程治理的思想。因此,在现实中,要辩证地看待群体性事件和上访事件,分析其背后的深层原因,真正解决引发群众不满的根源问题,通过解决问题达到减少群体性事件和上访事件的数量。对于一些恶性的群体性事件,要追踪溯源找到其背后的支持者,并分析其能得逞的社会因素,善于从党委和政府自身工作中寻找问题,而不采取简单的打压措施。为此,必须努力畅通人民群众的表达渠道,切实做到人民群众有出气的地方,有申冤的场所,做好安抚群众情绪的工作,化解群众的"怨气",避免事态的扩大化。同时,必须加大基层社会管理的投入和力度,提高基层处理各种社会问题的能力,将各类问题解决在基

---

① 《十七大以来重要文献选编》(下),中央文献出版社2013年版,第149—150页。
② 《十七大以来重要文献选编》(下),中央文献出版社2013年版,第150页。

层,缩小恶性事件的影响面。从预防的角度来看,要通过真正实现好、维护好、发展好最广大人民根本利益,从源头上减少引发各种社会矛盾和社会冲突的利益因素。为此,要有防微杜渐的思想,关心人民群众疾苦,切实解决人民群众生活中的实际困难,让群众感觉到党的温暖和政府的关怀,提高人民群众的社会认同度。在这个过程中,"要牢记群众利益无小事的道理,把实现人民群众的根本利益落实到改革发展稳定的各项工作中去,特别要落实到关心群众生产生活的工作中去。"①只有从关系人民群众切身利益的点点滴滴做起,从影响群众利益的每件小事抓起,才能切实解决群众困难,巩固群众基础。为此,要发挥党的群众工作优势,把群众工作贯穿到社会管理各个方面、各个环节,从源头上化解社会矛盾、维护社会稳定、促进社会和谐。这样,才能确保社会平安和稳定。

4. 树立统筹兼顾、协商协调的理念

随着人民群众的物质文化需要不断提高并更趋多样化,社会利益关系更趋复杂。因此,在社会管理中,既要反映最广大人民的根本利益,也要统筹兼顾好各方面群众的具体利益,最大限度地调动各方面群众的积极性。只有正确反映和协调各种利益诉求,兼顾不同方面群众的利益,才能做好社会管理工作。当务之急是,"抓紧完善利益协调机制,以扩大就业、健全社会保障体系、理顺分配关系、发展社会事业、维护社会稳定等为着力点,努力让全体人民共享改革发展的成果"②。为此,要改变将管理看作是管制的观念,摒弃社会管理中的一些简单、粗暴的做法,在思想上尊重群众,感情上贴近群众,真正尊重群众的主体地位,强化"人民公仆"意识,尊重人民群众的各项权利,通过平等沟通、协商协调、教育引导等办法进行社会管理。同时,要健全人民调解网络,发展行业性、专业性人民调解组织,发挥人民调解、行政调解、司法调解联动的大调解的作用。最后,充分调动基层党政组织和部门、行业管理组织、群众自治组织协调和调解的积极性,共同化解社会矛盾。总之,只有坚持统筹兼顾、协商协调,才能实现和衷共济。

5. 树立依法管理、综合施策的理念

依法管理社会事务是依法治国方略的基本要求。为此,必须积极落实依

---

① 《十六大以来重要文献选编》(上),中央文献出版社 2005 年版,第 646—647 页。
② 《十六大以来重要文献选编》(下),中央文献出版社 2008 年版,第 533 页。

法治国方略,推动社会管理工作的法治化进程。一是要从保障人民群众根本利益、激发社会活力、促进社会公平正义、维护社会和谐稳定的目的出发,坚持科学立法、民主立法、依法立法的原则,加强社会管理的各项法律、法规建设。二是要及时把社会管理中的成功经验上升为法律和制度,并随着实践的发展不断修订完善,推进社会管理法律体系的不断完善。三是要加强法制宣传教育,形成依法办事、守法光荣的社会风尚,各级党组织、国家机关及其工作人员要带头遵守宪法和法律,自觉在宪法和法律的范围内活动,严格执法,公正司法,及时妥善化解社会矛盾纠纷。而对于广大社会成员来说,要增强法律意识,努力提高懂法、用法的意识和能力,合法表达利益诉求,依法参与社会管理活动,形成自觉学法守法用法、维护法律尊严和法律秩序的良好社会氛围。最后,要综合运用经济的、行政的、道德的和科技的等手段进行社会管理,善于发挥各种媒介、计算机网络等现代化手段在社会管理中的作用,采用博客、QQ群、手机短信、微博等信息传递方式,提高社会管理工作的科学化水平,促进社会管理工作的有序开展。

总之,理念的变革是行动的先导,我们要坚持促进人民福祉的基本要求,通过社会管理理念的不断创新,带动社会管理诸要素的不断革新,从而推动社会管理的整体创新。

(二) 推动社会管理格局的创新

社会管理是一种多元主体共同参与、相互配合和促进的活动,加强社会管理是各级党委、政府和全体人民的共同责任。推动社会管理格局创新就是要建立健全党委领导、政府负责、社会协同、公众参与的社会管理格局①,形成社

---

① 2004 年 9 月 19 日,党的十六届四中全会通过的《中共中央关于加强党的执政能力建设的决定》中,首次提出"党委领导、政府负责、社会协同、公众参与的社会管理格局",被称为社会管理的"十六字方针"。随着对社会管理规律认识的进一步深化,党的十八大报告在此基础上增加了"法治保障"四个字,从而将社会管理格局发展为社会管理体制。本章在此沿用"社会管理格局"的表述是为了突出强调社会管理活动的参与主体及其职责。后文中"社会管理体制"的用法也与十八大文件中的社会管理体制略有区别。由于社会有广义和狭义两种含义。相应地,社会管理体制也可以从广义和狭义的不同层面理解。我们认为,十八大报告中提出的"党委领导、政府负责、社会协同、公众参与、法治保障的社会管理体制"是广义的社会管理体制。本章中的"社会管理体制"则是狭义的社会管理体制,侧重强调与经济、政治、文化、生态等子系统相并列的社会生活领域的具体制度和运行机制。

会管理的合力,实现社会的共治和善治。

1. 坚持党委领导

中国共产党是中国特色社会主义事业的领导核心,是我们各项工作取得成就的重要政治保证。在社会管理过程中,必须坚定不移地坚持党的领导,以保证社会管理的正确方向。加强党对社会管理工作的领导,就要加强和改善党的社会管理能力。首先,要加强社会管理理论的创新,坚持用中国特色社会主义社会管理理论指导中国特色社会主义社会管理实践,巩固和完善中国特色社会主义社会管理制度和体制。其次,要注重提高各级领导班子和领导干部的社会管理能力。只有各级领导班子的社会管理能力提高了,才能切实担负起社会管理的领导责任。为此,必须要提高各级领导班子和干部妥善处理人民内部矛盾的能力。再次,要注重基层党组织建设。党的基层组织和基层干部也是加强和创新社会管理、做好群众工作最基本、最直接、最有效的力量,是我们党执政为民最为重要的组织基础,因此,要加强基层党组织建设,提高基层党组织的社会管理能力。最后,要注重加强和改进社会领域的党建工作,要"加强非公有制企业党的建设,企业党组织要贯彻党的方针政策,引导和监督企业遵守国家的法律法规,领导工会和共青团等群众组织,团结凝聚职工群众,维护各方的合法权益,促进企业健康发展。高度重视社区党的建设,以服务群众为重点,构建城市社区党建工作新格局。加大在社会团体和社会中介组织中建立党组织的工作力度。"[①]当前,要重点加强社会组织和新经济组织等比较薄弱环节的党组织建设,以发挥党组织和党员在各项社会管理活动中的领导、监管和引导作用。

2. 坚持政府负责

政府是社会主义和谐社会建设的主导力量,也是社会管理的主要责任者。在存在着市场失灵和志愿失灵的情况下,必须突出政府的主导作用。在我国当前市场经济和公民社会的发展程度相对较低的情况下,尤其要加强政府在社会管理格局中的主导地位。在整个社会管理中,"政府的目的是制定基本决策,并使决策有效地执行。政府的目的是联合社会的政治力量、凸显议题,并提供基本的选择。换句话说,政府的目的就是治理。"[②]但是,政府负责并不

---

① 《江泽民文选》第三卷,人民出版社 2006 年版,第 572 页。
② [美]彼得·德鲁克:《卓有成效的社会管理》,齐思贤译,东方出版社 2009 年版,第 80 页。

等于政府包办，政府社会管理的定位问题是社会管理中的一个难点，如何克服政府的越位、缺位和错位行为是一个长期的问题，而且随着社会实际的不断发展变化，政府的定位应该也会有所变化。当前，我国政府的社会管理主要应当来解决市场领域不能自发解决的问题和社会领域不能自主解决的问题，而对于市场机制和社会自治能解决的社会事务则不应过多干预，对于一些不必由政府解决的社会事务也可以发挥市场机制和社会机制的作用，以明确政府管理的重点，提高管理效益。总之，在社会管理中，在坚持政府主导的同时，政府必须坚持人民政府的定位，加强行政体制改革，成为有限政府和服务型政府。

3. 坚持社会协同

各种社会力量是社会管理的重要主体，在社会管理实践中发挥着重要的组织、协调和监督作用。各类社会组织和基层组织是党和政府同人民群众联系的桥梁和纽带，是了解社会问题、了解群众需要和呼声的窗口。社会组织参与社会管理，有利于党和政府的社会管理政策和活动更具有针对性和实效性。为此，"工会、共青团、妇联等群众团体要在管理国家和社会事务中发挥民主参与和民主监督作用，成为党联系广大人民群众的桥梁和纽带。"①党委和政府也要善于积极发挥新时期统一战线、企事业单位以及基层党政组织和部门在社会管理中的独特作用，引导和动员各种社会力量参与社会管理，增加社会管理的资源，加强社会力量对社会管理活动的参与和监督，提高党委和政府社会管理工作的成效。而要充分地发挥各类社会组织和机构参与社会管理的职能，首先就要加强社会组织和机构自身的建设，在此过程中，党委和政府要担负起鼓励支持和引导监督的责任。同时，社会组织和机构也要加强自律和内部治理。总之，社会管理是对全社会的管理，也是全社会共同参与的管理。

4. 坚持公众参与

公众既是社会管理的对象也是社会管理的主体。支持和鼓励公众以各种形式参与社会管理和服务是马克思主义群众观的自觉运用，是社会主义社会的本质要求。这在于，管理权是社会主义社会中劳动者最根本的权利，是实现其他各项权利的保证。但是，在苏联的一些政治经济学教科书中，"讲到苏联劳动者享受的各种权利时，没有讲劳动者管理国家、管理军队、管理各种企业、

---

① 《江泽民文选》第二卷，人民出版社 2006 年版，第 30 页。

管理文化教育的权利。实际上,这是社会主义制度下劳动者最大的权利,最根本的权利。没有这种权利,劳动者的工作权、休息权、受教育权等等权利,就没有保证"。① 公众参与社会管理也是社会主义民主的根本要求。在发展社会主义民主,建设中国特色社会主义政治的过程中,"各级领导机关和领导干部必须懂得,保证工人阶级和广大劳动群众行使管理国家事务、经济和文化事业、社会事务的权利,是社会主义民主的根本要求。"②同时,这也是保证社会管理工作能做到有的放矢并提升管理质量的有效途径。因此,我们要通过宣传、教育等各种渠道,提升公众的参与意识,并采取一定的方式吸引公众积极参与社会管理。此外,要注重将每次的公众参与落到实处,争取实效,以期起到很好的示范和带动作用,激发公众参与的热情。当然,我们讲的公众参与不是无政府主义,也不是搞"文化大革命"式的"群众运动",更不是"颜色革命"和"茉莉花革命",而是依法参与、规范参与和有序参与。

总之,各级党委要提高引领、组织、管理和服务社会的能力;各级政府要强化社会管理职能,努力建设服务型政府,提供更多更好的公共服务;各类社会组织、企事业单位要积极参与社会管理,形成与党委、政府互联互补互动的社会管理网络;群众要依法有序参与社会管理。这一切都必须在社会主义法制的框架中进行。这样,才能实现社会管理的共治和善治。

(三) 推动社会管理方式的创新

创新社会管理体系需要管理方式上的创新,形成切实有效的管理方式和手段,实现社会管理的科学化、民主化和规范化。

1. 实现社会管理的科学化

科学化是指社会管理中的各项决策和活动都要符合社会领域自身运行的客观规律和社会主义社会建设规律,要遵循社会管理、社会主义社会管理和中国特色社会主义社会管理的规律。为此,要通过各种途径提升社会管理的科学化水平。首先,加强社会管理理论的学习和研究。要加强马克思主义社会管理理论、中国古代社会管理思想、西方社会管理思想的研究和学习。积极借

---

① 《毛泽东文集》第八卷,人民出版社 1999 年版,第 129 页。
② 《江泽民文选》第三卷,人民出版社 2006 年版,第 245 页。

鉴西方社会管理的有益经验并吸取教训,同时善于总结我国社会管理实践中的教训和经验,这在于,"管理的艺术并不是人们生来就有,而是从经验中得来的"①。因此,要通过对实践经验的总结,并将其提升到理论高度,为社会管理实践提供理论指导。其次,要将社会管理同其他各项工作结合起来,相互促进,共同推进。为此,"要善于把加强社会建设和管理同推进经济社会协调发展紧密结合起来,同满足群众多样化的生活需要紧密结合起来,同推进基层民主建设紧密结合起来,同加强党的执政能力建设紧密结合起来,把社会建设和管理提高到一个新的水平。"②同时,对社会管理的综合性、协调性要有充分认识,要善于正确反映和兼顾各方面的利益,增强社会管理决策的科学性、全面性。在具体的社会事务管理中,要注意多种措施和手段的综合运用。再次,要充分利用科技发展的最新成果,发挥各种媒介、计算机网络等现代化手段在社会管理中的作用,实施信息化管理。为此,必须"加快建设社会管理领域的科技支撑体系。充分运用信息技术等先进手段,建设网络化、广覆盖的公共服务平台。着力推进政府相关部门信息共享、互联互通。建立健全以自主知识产权为核心的互联网信息安全关键技术保障机制,促进信息网络健康发展。"③这样,才能切实提高社会管理科学化水平。最后,要注重社会管理专业人才的培养和社会管理工作的专业化培训,提高社会管理专职人员的职业素质和专业水平。同时,要加强社会管理理论研究的专业人才队伍建设,加快高等院校社会管理人才培养体系建设,并通过多种渠道吸纳社会工作人才,提高社会管理专业化水平,并通过信息化和专业化提升科学化水平。

2. 实现社会管理的民主化

管理的民主化就是要在管理活动中扩大社会成员的参与程度,在各项管理活动中坚持民主的原则,真正保证人民当家作主。实行民主管理是尊重人民主体地位,发展社会主义民主政治的客观要求,也是贯彻党的群众路线的工作方法的重要实践。"我们发展社会主义民主,必须始终着眼于把人民群众管理国家事务、管理经济和文化事业、管理社会事务的权利努力落到实处,必须始终着眼于一切为了群众、一切依靠群众,最大限度地调动和发挥人民群众

① 《列宁专题文集　论社会主义》,人民出版社2009年版,第87页。
② 《十六大以来重要文献选编》(中),中央文献出版社2006年版,第713页。
③ 《十七大以来重要文献选编》(下),中央文献出版社2013年版,第1040页。

的积极性和创造性。"①实行民主管理也是社会管理自身的客观要求。社会管理与全体社会成员的现实生活密切相关,涉及全体社会成员的利益,这不是少数管理者的事,而是需要全社会成员的共同参与,自由表达自己的意见和看法。这在于,社会成员本人最清楚自己的需求,最能代表和表达自己的利益诉求。社会成员广泛参与社会管理,有利于党和政府更加全面了解民意,使社会管理的各项政策更加有的放矢。因此,要尽力扩大社会管理的参与主体,鼓励多种力量参与社会管理的各项决策和监督,扩大社会管理的群众基础。在这个过程中,必然会出现意见不统一的情况,因而还必须采用少数服从多数的原则,采取民主集中制的民主决策原则。实行民主管理首先要保证和扩大基层民主,尊重和保障广大社会成员在基层生活中的各项民主权利,保证人民群众直接行使民主权利,依法进行民主选举、民主决策、民主管理、民主监督,最大限度地保障基层群众的自我管理活动。为此,要"健全基层自治组织和民主管理制度,完善公开办事制度,保证人民群众依法直接行使民主权利,管理基层公共事务和公益事业,对干部实行民主监督。"②同时,要逐步扩大基层民主的范围,为最终实现人民群众的自我管理奠定基础。当然,最为根本的是,实现社会管理的民主化,必须使社会管理成为为人民群众创造幸福生活和维护合法尊严的活动提供制度保障的活动。

3. 实现社会管理的规范化

社会管理的规范化就是要依法管理社会事务,减少社会管理过程中的随意性和专断性倾向,促进社会管理活动的规范实施。这里,关键是要着力推动社会规范建设。在实现社会管理中,坚持法治保障是贯彻和落实依法治国方略的要求。"实行和坚持依法治国,就是使国家各项工作逐步走上法制化的轨道,实现国家政治生活、经济生活、社会生活的法制化、规范化;就是广大人民群众在党的领导下,依照宪法和法律的规定,通过各种途径和形式,管理国家事务,管理经济和文化事业,管理社会事务"③。为此,我们要按照有法可依、有法必依、执法必严、违法必究的基本要求,加强社会管理领域的法律法规

---

① 《江泽民文选》第一卷,人民出版社 2006 年版,第 642 页。
② 《江泽民文选》第三卷,人民出版社 2006 年版,第 554 页。
③ 《江泽民文选》第一卷,人民出版社 2006 年版,第 511 页。

及规章制度建设，并通过法律法规的宣传和普及，提高全社会遵纪守法的水平。在立法过程中要坚持民主的原则，充分征求各方意见，通过多次的反馈和修改，实行科学立法、民主立法、依法立法。这样，才能建立和完善中国特色社会主义社会管理法律体系。在加强社会管理法律法规和规章制度建设的同时，要注重相关程序法的制定和完善，尤其要对各社会力量参与社会管理的途径和具体程序作出规定，既保障其参与社会管理的权利，同时也使其能够依法理性且有序参与社会管理活动，促进社会管理的各项工作做到有法可依，有章可循。社会管理的各主体要严格依照法律制度行事，自觉遵守相关的法律法规和规章制度，实施规范化管理。相关执法机关则要规范执法、严格执法，对社会管理中出现的各种违法、违规行为依法作出相应的惩罚，教育和引导广大社会成员普遍地自觉遵守这些法律制度。目前，尤其是要依法解决违法处置人民内部矛盾而引发群体性事件的责任者，要规范各级各类社会管理人员的执法行为。

总之，我们必须采取科学化、系统化、信息化的社会管理方式，实现社会管理的科学化；必须实行民主决策、民主监督，实现社会管理的民主化；在法律上确立社会管理的共治模式、完善社会管理的程序，注重社会规范在社会管理中的作用，实现社会管理的规范化。

（四）推动社会管理制度的创新

社会管理制度是国家为规范社会管理活动，对各主体在社会管理中的权责划分和操作方法等作出的一系列富有约束力的规则和程序性安排。社会管理制度是社会管理规范化的体现。这种规范化可以通过有关社会管理的法律、法规、规章、制度等文本形式来呈现，也可以通过建立和完善具体的社会管理体制机制来实现。我国功能独立化的社会管理才刚刚起步，亟须学习发达国家社会管理的一些有益做法，从我国的社会生活实际出发，大胆创新、不断完善适合我国实际的科学有效的社会管理制度，规范和促进我国的社会管理实践活动。

1. 加强社会管理立法工作

我们目前社会管理中存在的很多问题，与我国社会管理方面的立法滞后有很大关系。因而，要积极落实依法治国方略，加强社会管理的立法工作，通过立法来明确规定社会管理中党政之间、政社之间，以及政府自身各个部门之间、中央和地方之间的相互法律关系。当前，重点是：一是制定统一的、多层次的、覆盖全社会的完备的社会保障法律体系框架。要尽快制定社会保障基本法，对社会保障的对象、内容、标准以及社会保障资金的来源和监管等作出明确规定。在此基础上制定社会救助法、社会保险法、社会福利法、特殊人福利法等配套法律法规，并通过立法，建立和健全社会保障基金的缴纳和使用方面的监督和约束机制，对社会保障资金的管理和使用中出现的违法违规行为作出相应界定和处罚规定。二是适应社会管理和社会组织发展的需要，制定促进社会组织发展的法律体系。要制定统一的社会组织基本法，明确社会组织的实体地位及其权利义务；修改其他相关法律法规和税收法规、政策，鼓励和支持社会组织的发展；通过相关监管条例明确社会组织的组织程序、治理结构与行为规范，完善社会组织监管制度。三是改革和完善社区建设和管理方面的立法。要适应社区自我发展、自我管理的需要，制定社区管理方面的法律法规，明确社区党委、居民委员会、社区服务站以及社区居民之间的关系和法律地位，明确各自在社会管理中的定位、职责和对有关社区发展和管理事务的决策、执行和监督权利，并按照类似的组织结构和制度完善乡村组织的发展和管理法规，促进基层自治和自我管理，夯实社会管理的社会基础。

2. 推动社会管理体制改革

随着社会管理工作的推进，我国已形成一些比较成型的社会管理体制，推动了社会管理工作的开展。但也存在一些不适应新形势的因素，因此，"要不失时机地推进社会体制改革和创新，努力在保障人民权益、促进经济社会协调发展、强化政府社会管理和公共服务职能、推进社区建设、健全社会组织、完善人民内部矛盾处理机制、加强社会治安防控体系等方面取得新的进展"。① 目前，重点是：一要加快社会事业管理体制改革。推进事业单位分类改革，将政府财力主要用于公益性社会事业，倡导市场力量和社会力量参与社会事业的主办，多渠道增加社会事业投入；加快公益性事业单位改革步伐，推动"政事分离"、"管办分离"，加强"绩效"管理，提高社会事业的效益。二要加快社会组织管理体制改革。坚持培育发展和管理监督并重的原则，采取适当放松准

---

① 胡锦涛：《论构建社会主义和谐社会》，中央文献出版社 2013 年版，第 126 页。

入门槛、加强监管的做法；改革行政化为主的社会组织管理手段，综合运用行政手段、法制手段、市场竞争手段、行业监督和内部自律等多种手段加强对社会组织的管理；通过建立社会组织的财务审计、信息披露和综合评估制度，加强对社会组织的监管；依据社会组织的不同性质，对社会组织实行分类管理。重点培育和优先发展经济类、科技类、公益慈善类、城乡社区服务类社会组织，依法加强对政治类、法律类、宗教类社会组织以及有境外复杂背景的社会组织的监管。三要加快社会工作体制改革。鼓励各种营利性或志愿性的专业化社会工作组织参与提供服务，采取政府购买服务的形式来为社会成员提供特殊的社会服务；在社会工作领域引入市场竞争机制，通过社会工作机构的公平竞争提升社会工作的服务水平；通过社会工作职业资格认证制度、从业规范制度、薪酬标准指导制度、教育培训制度的建立和完善，推动社会工作专业人才队伍建设。

3. 健全社会管理机制

推进社会管理体制创新，必须建立和完善敏感的社会预警机制、科学的矛盾疏导机制、合理的利益协调机制、安全的社会保障机制、有效的社会控制机制和顺畅的社会流动机制。社会管理的具体活动中要建立健全参与主体多元、决策科学民主的社会管理综合决策执行和监督评价机制。在社会管理中，"有了良好的社会管理机制，平时社会管理工作搞得扎实深入，需要应急的时候应急机制就能更好地发挥作用。"①当前，重点是：一是完善党和政府主导的包括利益协调机制、诉求表达机制、矛盾调处机制、权益保障机制等在内的综合权利保障机制，统筹协调各方利益关系，加强社会矛盾源头治理，维护社会成员的合法权益。二是注重和解、调节在纠纷解决中的积极作用，通过完善具有中国特色的人民调解制度和信访制度，健全政府职能部门为主体的行政调解工作机制，加强司法调解工作，建立调解优先、调判结合的司法调解机制，从而建立健全人民调解、司法调解和行政调解相结合的社会矛盾纠纷调处机制。三是坚持预防和应急并重，常态和非常态结合的原则，完善生产安全监管机制、食品和药品安全监管机制以及社会治安防控机制等常态安全机制。建立健全自然灾害、事故灾难、公共卫生事件、社会安全事件的监测预警机制、信息

---

① 胡锦涛：《论构建社会主义和谐社会》，中央文献出版社 2013 年版，第 8 页。

报告机制、风险评估调查机制、应急处置机制、社会动员机制、应急救灾物质生产储备和调用补偿机制、信息发布和舆论引导机制。四是适应形势的发展变化,建立人口基础信息库和完善身份证制度,逐步建立健全实有人口动态管理机制和互联网管理机制。要以公安人口信息为基础,整合教育、民政、社保、计生、税务等部门所掌握的信息,建立以公民身份号码为唯一代码的国家人口基础信息库,加强人口基础信息的交换和共享。积极稳妥地推进户籍管理制度改革,逐步将流入人口纳入流入地的管理,建立以流入地为主、流出地与流入地协调配合的流动人口服务管理机制。当然,社会管理机制涉及方方面面,必须统筹安排,逐项加强。

总之,只有通过社会管理理念、管理格局、管理方式和管理制度诸方面的改革和完善,才能切实有效地推动社会管理创新,建立和完善中国特色社会主义社会管理体系,使社会管理真正成为为劳动主体维护合法权益和自我尊严提供体制支持和保障的社会活动①。

四、大力强化政府的社会管理职能

政府是中国特色社会主义社会管理的主要责任主体。在加强和推进社会管理创新的过程中,必须加强政府的社会管理职能,强化政府在社会管理中的主导作用。

(一) 明确政府改革的社会方向

在社会管理中,政府改革的核心应当是解决政府与社会的关系问题,明确

---

① 健全的社会管理制度是进行科学有效的社会管理的基础和保障。法律、体制和机制在此只是被看作了社会管理体制创新的不同层面,而这几个层面是相互联系、相互依赖和相互补充的。法律体系是体制和机制的指导和保障,机制又是法律和体制的具体实施。在此,我们只是列举了一些当前亟须变革的某些方面来简单加以说明,并没有照顾到社会管理领域的所有方面,例如,立法方面只谈了社会保障、社会组织管理和社区管理三个方面,但并不是说只有这三方面需要立法,而其他方面不需要立法;也不是说这三方面的管理只需要立法而不需要体制和机制的配合就可以解决问题。体制改革和机制建设方面也同样如此。相反,我们认为,对于社会管理的具体领域、具体方面和具体环节而言,法律、体制和机制这三方面是不可分割的,需要同时加强,相互配合。唯有如此,才能使社会管理制度创新落到实处,推动社会管理的有效实施。

政府在社会管理中的角色及政府的社会管理职能，推进政府社会管理机构和管理方式等方面的变革。

1. 明确政府改革社会方向的基本问题

社会管理和服务是政府的基本职能。政府是国家权力的衍生物，是国家职能的实施主体。政府同时具有政治统治和社会管理的双重职能。在不同的历史条件下，政府职能的重点不同。在阶级社会中，政府是为统治阶级服务的，更多地执行统治性职能。在社会主义制度下，政府的这两方面职能是一致的，政府的阶级统治职能为其社会管理职能服务，政府由统治人民群众、压制人民群众的工具变了由人民群众掌握的、服务于人民群众的工具。因而，社会主义国家的政府是受人民群众委托，代表人民群众行使公共权力的机关。因此，在政府与社会的关系上，我们既反对无政府主义和自由主义取消政府或尽量减少政府对社会干预的理念，也反对由政府统管社会的国家主义观念。我们坚持马克思主义的市民社会决定国家的基本观点，认为政府产生于社会，作用于社会，最终将随着国家的消亡而消亡。在社会主义现代化建设中，我们要注意的问题是："第一，同生产没有直接关系的一般管理费用。同现代社会比起来，这一部分一开始就会极为显著地缩减，并随着新社会的发展而日益减少。第二，用来满足共同需要的部分，如学校、保健设施等。同现代社会比起来，这一部分一开始就会显著地增加，并随着新社会的发展而日益增长。"[①]在坚持上述基本原则的前提下，我们要合理分配政府资源，充分发挥政府的社会公共服务职能。

建设服务型政府，强化政府的社会管理和公共服务职能。由于经济基础薄弱，我国政府长期偏重经济发展，而忽视社会发展。当经济高度发展以后，社会领域的问题也集中爆发。因而，我们必须转变国家的发展战略，依靠现有经济基础和能力，反哺社会发展，以促进经济与社会协调发展。党的十六大第一次把政府职能归结为经济调节、市场监管、社会管理和公共服务四项内容。十六届六中全会又明确提出要建设服务型政府，强化社会管理和公共服务职能。2008 年，政府工作报告再次强调，"在加强和改善经济调节、市场监管的同时，更加注重社会管理和公共服务，维护社会公正和社会秩序，促进基本公

---

① 《马克思恩格斯文集》第 3 卷，人民出版社 2009 年版，第 433 页。

共服务均等化。"①可见,市场经济条件下,我们必须加快政府职能转变,尽快从生产投资型政府转变为公共服务型政府。从我国的情况看,基本公共服务主要包括公共就业服务、基本养老、义务教育、基本医疗卫生、保障性住房、公共文化、基本环境质量以及公共安全等服务类别。这些服务旨在保障全体公民特别是低收入群众生存发展的基本需求,是公共服务中最基础、最重要的部分,公益性较强,政府担负着义不容辞的主体责任。要之,要将公共服务型政府建设作为我国推进行政管理体制改革、转变政府职能的核心工作来抓。

社会管理要实现政府和社会两方面的"强强联合"。在社会发展实践中,发达国家基本形成了一种"强政府,大社会"的模式,政府承担了建设福利社会的主要功能,同时也拥有一个自治程度高、力量强大的社会。我国由于受计划经济体制的影响,实行的是政社合一的管理方式,因而实际上是一种"大政府、小社会"、"强政府、弱社会"的状态,社会领域的自我发育很不成熟。改革开放以来,随着政企分离、政社分离、政事分离,社会领域获得了一定程度的发展,最主要的表现就是各类社会组织的数量急剧上升,同时政府也从许多经济和社会领域中迅速退出,缩小了政府管理的事务,"小政府、大社会"的改革目标初见成效。但是,我国社会组织的自主性和自治能力相对而言还比较弱,参与社会管理的能力不足,还不能适应广泛动员和组织群众依法参与社会管理,发挥社会组织的积极作用,完善社会管理格局的现实需要。同时,政府在退出市场和社会的过程中,也出现了政府对市场和社会管理弱化的倾向,甚至在某些情况下存在"弱政府、弱社会"的现象,出现了政府公共精神缺失的现象。主要表现为:政府的行政效率不高、行政成本过高;公共政策执行走样,部分地方政府和公务员从自己的特殊利益出发诠释政策、假公济私、相互扯皮。这些问题导致了公民对公共产品不断增长的需求与公共服务不足之间的矛盾得不到解决。近年来发生的公共食品药品卫生、公共安全等突发性事件也暴露了服务型政府建设面临的困境。长此以往,将会导致公众对政府的信任度下降,政府的诚信甚至合法性遭受质疑。

政府改革的下一步目标是增强政府的社会管理职能,对市场和社会无力解决的社会事务进行强有力的干预和监管;同时,要承认社会的独立性和自主

---

① 《十七大以来重要文献选编》(上),中央文献出版社 2009 年版,第 325 页。

性,并为其发展提供制度保障,促进社会的发展。在这些方面,"市场都不能取代政府,社会运动或者其他各种类型的非政府组织(NGO)也不能做到这一点,无论它们变得如何重要"①。最终,我们要在"强政府、强社会"的基础上,形成"好政府、好社会"的格局。

2. 推进政府改革社会方向的基本选择

针对目前政府在社会管理方面存在的一些问题,要实现"好政府、好社会"的政府改革目标,就要对以下方面进行改革:

明确政府的社会管理责任,改革政府的公共支出结构。政府支出通常包括:行政管理和国防安全等维护性支出,教育、卫生、住房和社会保障等社会性支出,基础设施建设等政府投资的经济性支出。改革政府的公共支出结构就是要合理配置这三者之间的比例关系。近年来,中央政府高度重视社会建设,大幅度加大了社会领域的投入。在 2008 年至 2012 年期间,国家财政性教育经费支出累计 7.79 万亿元,年均增长 21.58%,中央财政用于科技的投入累计8729 亿元,年均增长超过 18%,就业专项资金累计投入 1973 亿元。然而,目前我国的社会性支出在整个政府支出中的比例仍然偏低,离中等收入国家40%以上的标准仍有一定差距。为此,今后要调整公共支出的范围,进一步加大基础教育、社会保障和公共医疗卫生等社会性公共支出,始终把社会效益放在首位,做到经济效益与社会效益相统一,逐步将社会性支出提高到政府支出中的 40%以上;要进一步调整社会性支出的内部结构,减小行政事业费在社会性支出中的比例,加大基础教育、基本医疗和保障性住房等基本公共服务方面的支出所占的比例。同时,要根据各地的实际财政收入水平实施灵活的中央和地方在社会性支出方面的比例。

改革政府社会管理的具体内容和方式。要进一步改变政府包办社会的状况,明确政府社会管理的边界。政府对社会的管理并不是替代社会,而是对市场和社会无力自行解决或解决不好的问题进行干预,对于市场机制能够解决的问题要交给市场去做,中介组织、行业组织和社会组织能够解决的问题也要大胆地交给他们自己去解决。要通过完善法规政策、健全社会管理体系、培育

---

① [英]安东尼·吉登斯:《第三条道路:社会民主主义的复兴》,郑戈译,北京大学出版社2000 年版,第 51 页。

发展和管理监督好社会组织、畅通公民参与渠道等,切实发挥政府在社会管理中的主导作用。因此,政府要做到有所为、有所不为。为此,要改革政府"管办一体"的社会管理方式,明确政府对社会事务的管理重在"管"而不是"办",政府实行的是行政管理而不是具体的业务管理。为此,要积极推进社会事业和社会工作的"管办分离",完善政府对社会事业和社会工作的行政管理职能,将政府的社会管理角色定位在提供战略规划、规则制定、行政监管上。而在社会事业的提供主体上,政府则可以通过提供资金支持和政策支持,吸引和鼓励市场资金和社会资金参与兴办社会事业,并将业务主管的权力交给主办方或行业组织,实行专业化管理。在管理方式上,要将防范控制管理转变为服务型管理,政府通过制定规则、综合协调、监督评价等对社会领域的运行实行宏观规范。在具体事务中,要引入市场竞争机制和社会志愿机制,提高管理的水平和效率。在社会事项的决策上,"要完善深入了解民情、充分反映民意、广泛集中民智、切实珍惜民力的决策机制,推进决策科学化民主化。各级决策机关都要完善重大决策的规则和程序,建立社情民意反映制度,建立与群众利益密切相关的重大事项社会公示制度和社会听证制度,完善专家咨询制度,实行决策的论证制和责任制,防止决策的随意性。"[1]总之,要通过多种形式吸引多元主体参与决策,提高决策的公开化程度,并依法实行综合决策,实现管理的科学化、民主化和法制化。

改革政府机构的设置。社会管理涉及的范围很广、事务众多,包括教育、科技、文化、卫生、体育、劳动和社会保障等社会生活的方方面面,以及公共安全、社团管理、生产安全等社会秩序方面的事务。社会管理工作按目前的部门设置至少直接涉及教育部、科学技术部、文化部、卫生和计生委、民政部、公安部、住房和城乡建设部、人力资源和社会保障部等部门的具体工作,同时还需要财政部、农业部、司法部、监察部和环境保护部的配合。可见,社会管理的部门设置上可以说是机构林立,同时也容易出现职能分割、社会管理效率低下的问题。因而,要配合当前政府部门的大部制改革,在政府社会管理的部门设置上进行改革,成立履行综合管理职能的社会管理综合协调机构,由其负责具体社会事业或社会事务所涉部门的综合协调工作,并通过召开多部门的联席会

---

① 《江泽民文选》第三卷,人民出版社 2006 年版,第 556 页。

议等形式对一些涉及部门较多的重大社会管理事务进行协调。为了保证社会管理协调的实效,要认真研究并合理设定综合协调机构的级别和权力设置,以保证其他各部能积极配合综合协调部的工作有效开展,避免综合协调流于形式、综合协调部门形同虚设的尴尬问题。

　　总之,要配合当前的行政体制改革,结合社会管理工作的需要,明确政府在社会管理中的主导地位,并通过政府的财政支出结构改革、社会管理内容和方式以及政府机构的设置等具体的改革措施,整体推进政府改革的社会化方向,强化政府的社会管理职能。

(二) 强化社会政策的引导作用

　　社会政策是政府为了促进社会福利、维护社会公正而制定和实施的各种规则、制度和措施。出台适宜的社会政策并加以有效实施,是政府发挥社会管理的主导地位的重要方式。

　　1. 社会政策的科学选择

　　社会政策具有很强的价值关联性。一个国家或地区社会政策的有无、覆盖范围的大小、社会政策福利水平的高低以及社会政策的模式,都与一个国家占主导地位的价值观念和意识形态有直接的关系。"社会保障和社会政策的问题并不仅仅是技术性的东西。它们还需要从价值观和目标的角度进行考虑,并依照有关社会保障和福利问题的现有理论和研究进行评估"[①]。目前,西方存在着两种不同类型的社会政策模式:一种是崇尚"自由"的"社会政策的剩余福利模型",另一种是崇尚"权利"和"公平"的"制度性的再分配模型"。这两种社会政策的模型都具有一定的合理性,也有其自身的不足。前者将市场作为满足需要的首要渠道,有利于提高社会福利提供的质量,但会削弱社会政策提供社会福利的功能,不利于促进社会公正。后者虽然突出了对公民权利的维护,体现了对公平的追求,但实行制度性资源再分配需要很高的行政成本和相关的配套措施,也会影响社会政策的实施效率。

　　我们不能简单照搬以上模型中的任何一种,而是应当根据我国的实际情

---

　　① ［加］R.米什拉:《资本主义社会的福利国家》,郑秉文译,法律出版社 2003 年,"中文版序言"第 2 页。

况,创建适合我国现实需要的社会政策模式。我们的社会政策,既要尊重市场的自由竞争机制,保证社会福利的效率,也要尊重公民的权利,维护社会的公平正义。因此,构建一种政府主导下的政府、市场和社会多方参与、合作互动的社会政策模式应是我们的科学选择。为此,必须充分发挥政府在资源调配、组织体系和把握方向上的优势。政府必须通过构建社会政策体系、制定社会政策规划和社会政策运行机制并通过提供资金支持等方式发挥其在社会政策制定和执行中的主导作用。在具体社会政策执行的某些环节中,要充分发挥市场机制和社会机制的作用。政府可通过购买服务的形式,吸引企业和社会组织参与社会福利的提供,以促进社会福利提供的效率和质量。此外,政府在社会政策的制定、执行和监督等环节中也要吸收专家和公众广泛参与,逐步建立和完善诉求反应机制、民主参与机制、整合协调机制和评价调整机制等社会政策的运行机制,保证社会政策的良性运行,更好地发挥社会政策保障社会公正的作用。

从现实情况来看,我国的社会管理长期服务于经济发展。相应地,我国的社会政策也长期从属于经济政策,直到将社会主义市场经济体制作为经济体制改革目标模式以来才逐渐形成了独立的社会政策体系。社会政策独立发展的时间不长,目前的社会政策的理论和实践上都存在一定的问题。在理论上,我们对社会政策的重要性以及经济政策和社会政策的协调关系认识不足。尽管对发展型社会政策的理论介绍很多,但一些地方政府还是习惯于把社会和经济的关系看作是此消彼长的关系,认为社会福利的实施会影响经济的发展,存在重经济政策轻社会政策的倾向,制定的社会政策普遍比较模糊、空泛,缺乏可操作性。在实践中,更是存在着城乡之间和区域之间的社会政策发展不平衡,整体上重补偿性社会政策而轻发展型社会政策,多为"事后补救"型政策等问题,社会政策缺乏整体性、规范性和前瞻性。这些问题的存在严重影响着社会政策功能的发挥。

为了贯彻和落实"以人为本、服务为先"的社会管理理念,必须充分发挥社会政策保障个人生存的基本功能以及促进社会团结、维护社会稳定的作用,同时,我们也要重视社会政策提高社会成员的素质、促进社会发展的功能。

2. 社会政策的重点领域

我们的社会政策既要立足眼前也要着眼未来,将社会政策的短期目标和长期目标结合起来。目前,要将以下政策作为社会政策的中心来抓。

提供基本公共服务的政策。所谓基本公共服务是指建立在一定社会共识基础上,根据一国经济社会发展阶段和总体水平,为维持本国经济社会的稳定、基本的社会正义和凝聚力,保护个人最基本的生存权和发展权,为实现人的全面发展所需要的基本社会条件。具体而言,就是要保障人类生存的基本需要、满足基本健康的需要、满足基本尊严和基本能力的需要。"从我国情况看,基本公共服务主要包括公共就业服务、基本养老、义务教育、基本医疗卫生、保障性住房、公共文化、基本环境质量以及公共安全等服务类别,旨在保障全体公民特别是低收入群众生存发展的基本需求,这是公共服务中最基础、最重要的部分,公益性较强,政府担负着义不容辞的主体责任。"①目前,一方面,要继续加强以失业、养老和医疗为重点的社会保障体系建设,逐步扩大覆盖面,提高社会保障程度。另一方面,政府还要综合运用扶贫政策、社会保障政策、就业政策、医疗政策、教育政策、住房政策、社会服务等具体政策来全面解决困难群体的吃、穿、医、学、住等基本生活困难问题,加大政府在基本医疗、基础教育、保障性住房和对困难人群的救助等方面的投入。同时,要将农村人口纳入以上保障和救助的范围,制定覆盖全体社会成员的城乡一体化的社会政策,大力推进基本公共服务均等化。

积极促进就业的政策。就业是民生之本,就业问题事关重大。"扩大就业,促进再就业,关系改革发展稳定的大局,关系人民生活水平的提高,关系国家的长治久安,不仅是重大的经济问题,也是重大的政治问题。就业问题解决得如何,是衡量一个执政党、一个政府的执政水平和治国水平的重要标志。"②我们是社会主义国家,劳动就业权是人民群众最基本的权益,劳动收入是大多数社会成员的主要收入来源,但是,就业能力和机会的缺失是许多家庭致贫的主要原因之一,因此,政府必须采取积极的就业政策,为社会成员提供充分的就业机会,这样,可以使困难群体通过自己的劳动改变生活状况,达到对困难群体实施救助的目的。同时,可以维护受救助者的尊严,避免非受助者的不满情绪,有利于促进社会团结,促进经济和社会的发展进步。为此,我们要改变

---

① 《十七大以来重要文献选编》(下),中央文献出版社 2013 年版,第 669—670 页。
② 《江泽民文选》第三卷,人民出版社 2006 年版,第 506—507 页。

对失业者直接救济的简单做法,将福利消费支出改为职业教育、培训、创造就业机会等社会投资支出,通过提升劳动者的就业能力和提供就业岗位,使得社会成员能通过自己的劳动实现自我救助。

优先发展教育的政策。教育无论是对社会还是对个人来说,都是一种有利的投资。"教育是基础,关系民族振兴、经济发展和社会全面进步。"①教育可以使受教育者获得知识和能力,增强自身的谋生能力和市场竞争力,也有利于为社会提供高水平的劳动者,提升国际竞争力。发展教育具有明显的经济效益,是一种典型的发展型社会政策。除了经济效益外,教育还有利于提升人力资本实力,促进人的全面发展和社会的全面进步,具有巨大的社会效益。因此,"各级政府要为受教育者提供尽可能公平的教育机会,尤其要重视解决处境不利地区和人群的教育问题,增加对贫困地区和贫穷家庭的教育资助。特别是要高度重视发展农村教育事业。"②当前情况下,一要增加政府在教育方面的投资,除继续推进义务教育阶段的免费教育和大学生贫困助学外,应加大对学前教育的政策干预,解决"入园难"和"入园贵"的问题。二要加大对高中阶段贫困家庭子女的救助力度,尤其要扩大高中阶段农村学生的救助范围,确保每个孩子都不会因为经济问题而失去受教育的机会。三要加大解决好城市农民工子女上学问题的力度。此外,在农村教育方面,要坚持教育资源优化和孩子的身心健康并重的原则,根据实际情况采取灵活有效的政策解决偏远山村的教育问题。

总之,强化社会政策在增进社会福利中的作用,是政府社会管理职能的重要方面。政府必须制定积极的社会政策,处理好经济政策和社会政策的关系,这样,才能真正履行政府的社会管理和公共服务职能。

(三) 强化社会控制的规范作用

社会管理中的社会控制是一种狭义上的社会控制,主要是政府通过多种手段约束社会成员的社会行为,并对各种失范行为进行纠正,促进社会生活规范化的过程。社会控制是维护社会稳定的必要手段,是实施社会政策的有力

---

① 《江泽民文选》第一卷,人民出版社 2006 年版,第 463 页。
② 《江泽民文选》第二卷,人民出版社 2006 年版,第 333 页。

保障。

1. 明确社会控制的社会功能

政府社会管理中的社会控制主要包括常态性的社会控制和突发性的社会控制两方面。前者是运用法律、行政和道德、舆论等多种手段对社会政策的执行机构（包括企业、政府部门和社会组织以及个人）、对各项社会事业、社会活动和社会工作中的落实情况进行监督，尤其是对社会事务中的贪污腐败行为进行纠正，以保证政府在各项社会事务中的财政投入的规范使用和相关规章制度的有效执行。此外，还包括对社会组织和基层自治组织的组建及其各项活动进行控制，以保证其沿着正确的方向发展。当然，这里的控制并不是要进行严格的管制，而是在充分自治基础上的控制，其目的是保证自我管理的活动合法化、程序规范化，防止自治走向异端。后者主要是对突发性公共事件作出快速反应，能有效调动和协调各部门和全社会的力量对突发性事件进行处置，以期将突发事件的影响降到最低，减小突发性事件对社会秩序运行的冲击。突发性社会控制是对各级政府尤其是中央政府在事件发生时的反应能力、动员能力和协调能力的考验，更是对常态化情况下形成的价值观和行为规范以及组织体制和突发性事件预警机制的考验。

社会控制的功能在于维护社会系统中的各部分、各种要素处于相互协调、有序运作的状态。一是通过对社会管理工作的常态性社会控制，保证社会管理的各项工作和各个环节规范进行，可以促进各项社会政策的落实，起到平衡利益关系，协调社会关系的作用，能够从源头上减少社会问题和社会矛盾的发生。二是通过科学有效地处理突发事件、对群体性事件的合理处置以及对社会组织和基层组织的常规控制等，可以起到减少失序根源和将失序行为和活动限制在可控制的范围之内的作用，以减少对社会运行秩序的破坏，保持社会秩序的稳定。三是通过实施积极的社会控制，促进收入分配制度的改革和就业结构的调整，对资源和机会分配进行协调，可以调节城乡之间、区域之间和行业之间发展的不平衡，培育中间阶层，避免社会成员的两极化趋向，增强社会的稳定性。可见，合理的社会控制有利于维护社会的公平正义，还可以平衡社会成员的心理，培养对社会主流价值观和意识形态的认同，整合社会成员之间的关系，促进社会团结。此外，社会控制通过对社会成员的社会行为和价值观念的引导和约束，有利于树立良好的社会风尚，规范社会成员的行为。

当前我国正处于社会转型期,出现了生活方式多样化、价值追求多元化和社会成员原子化等趋向,社会的凝聚力逐渐弱化,社会控制的难度加大。同时,控制主体的权威性在降低,下级在执行上级的政策时出现了表面性执行、选择性执行、附加性执行、替代性执行和停滞性执行等情况,严重影响了政策的实际效果。这样,更突出了加强和改进社会控制的重要性。

2. 强化社会控制的重要选择

为了发挥社会控制在社会管理中的作用,我们要从控制主体、控制方式等方面着手,强化政府的社会控制职能。

树立社会控制主体的威信。政府是最主要的控制主体,政府形象的好坏关系着群众对政府行为和决策的评价和认可度,影响控制主体的决策能否被受控者接受和接受的程度,关系着社会控制行为能否顺利执行以及执行的效果如何。因此,要有效实施社会控制,必须首先要提升政府的形象,树立控制主体在广大人民群众中的威信。一方面,政府要通过解决群众最关心的切身利益问题,有效维护社会的公平正义;另一方面,要严厉惩治贪污腐败等人民群众深恶痛绝的不法行为,树立起政府"护良惩恶"的良好形象。这样,才能取得受控体(社会组织和社会成员)对控制主体的认同和信任,夯实政府社会控制的合法性基础,并通过政府的权威赢得群众的自觉拥护和配合,为社会控制奠定良好的群众基础。

提升社会控制主体的能力。控制主体的社会控制能力直接关系着控制政策的实施情况,影响控制效果的好坏。在当代中国,"社会治安状况不好,与基层组织软弱涣散、战斗力和控制力不强密切相关。"[①]因此,要通过进一步完善和推行公开、民主的领导干部选拔和任用制度、政绩考核制度、离任审计制度和决策失误责任追究等制度,对领导干部进行从任命到退休的严格管理,规范领导干部队伍建设,提高社会控制机构的干部队伍素质。同时,要加强社会控制执行人员的教育和培训,以及实现公开、民主的考核制度,坚持人民群众认可的原则,通过由受控对象对实施控制的政府公务人员进行评价的方法,提升控制主体的控制力,尤其要注重加强基层政府机构和政法机关等专职社会控制机关的能力建设。

---

① 《江泽民文选》第三卷,人民出版社 2006 年版,第 212 页。

提高社会控制的效力。在社会控制活动中,对突发事件的处理,既要及时、果断,又要避免矛盾激化,防止事态扩大。为此,要准确判断事件的性质,分别对待,科学处置。在社会控制中,"要妥善处理突发性事件,立足疏导,防止激化。对严重影响社会稳定的群体性事件,必须采取果断措施及时处置。对敌对势力蓄意破坏稳定的各种活动,要提高警惕,依法严厉打击,决不手软。"①为此,一是各项社会控制措施的实施都要依照法律、法规和相应的规章制度执行,实行依法施控。二是对社会控制过程中的各种违法违规行为进行严厉惩治,提高社会控制的规范化。三是要进一步完善社会控制部门的政务监督制度,借助媒体、网络、微博等新型技术平台,扩大公众监督的范围,并结合专门机构监督和权力机关监督等对社会控制工作实行全方位监督,使权力真正在阳光下运行,从而保障社会控制决策的规范化、民主化,提高社会控制决策的科学性水平。

创新社会控制手段和方式。在社会控制中,要灵活运用法律、道德、经济、行政和舆论等多种手段,针对具体的事件和对象运用恰当有效的控制手段,因为"一个社会治理得好不好,既同法制完备程度有很大关系,也同人们的思想道德文化素质有很大关系。"②为此,一是要善于同时运用多种手段对同一事件实行多方位的综合控制,充分利用报纸、杂志、宣传栏、广告牌等传统手段和电视、网络、微博、手机短信等新型媒介来不断创新社会控制方式,提高受控对象对社会控制的接受程度。二是采取正式控制(通过法律、法规、规章、制度等实施)与非正式控制(通过习俗和习惯等实施)相结合,积极控制(引导、鼓励)和消极控制(惩罚)相结合,硬控制(依赖权力实施)与软控制(依赖舆论、道德、信念、心理实施)相结合,以及外在控制(法律约束)与内在控制(道德自觉)相结合的方式,实现综合控制。最后,要逐步弱化消极控制而强化积极控制,由"硬控制"转向"软控制",外在控制转向内在控制。

我们倡导建设服务型政府,实施服务化管理并不是要削弱政府的社会控制职能。实际上,服务也离不开控制,没有恰当、合理的控制就不会有优质的服务,也不会有高效的管理。因此,在强化政府的社会管理职能时,必须加强

---

① 《江泽民文选》第二卷,人民出版社 2006 年版,第 445 页。
② 《江泽民文选》第一卷,人民出版社 2006 年版,第 643 页。

政府的社会控制能力建设,充分发挥社会控制的规范作用,以促进社会政策的有效执行,社会系统的规范、有序运行。

可见,尽管我们倡导建立政府、市场和社会三方共同参与的社会管理模式,但并不是要弱化政府的社会管理职能。相反,要大力强化政府的社会管理的职能,尤其是在社会第三部门的发展还很不充分的情况下,我们更要发挥人民政府在社会管理中的主导作用。

综上,只有建立和完善中国特色社会主义社会管理系统,切实而有效地推动社会管理创新,社会管理才能真正成为为劳动主体维护合法权益和自我尊严提供体制支持和保障的社会活动,这样,作为劳动主体自我创造幸福生活的社会建设才能真正获得体制上的保障。

第十五章　依赖社会系统：当代中国
社会建设的基本路径

> 治理国家是一个复杂的系统工程，必须统筹兼顾、多管齐下。
>
> ——江泽民：《通报中央政治局常委"三讲"情况的讲话》（2000 年 1 月 20 日），《江泽民文选》第二卷，人民出版社 2006 年版，第 567 页。
>
> 在实现中华民族伟大复兴的征程上，我们一定要牢牢坚持中国共产党的领导，坚持和拓展中国特色社会主义道路，坚持和丰富中国特色社会主义理论体系，坚持和完善中国特色社会主义制度，坚持发展为了人民、发展依靠人民、发展成果由人民共享，全面推进经济建设、政治建设、文化建设、社会建设以及生态文明建设和党的建设，不断保障和改善民生，奋力实现全面建设小康社会宏伟目标，不断开创中国特色社会主义事业新局面，不断为实现中华民族伟大复兴打下坚实基础。
>
> ——胡锦涛：《在纪念辛亥革命 100 周年大会上的讲话》（2011 年 10 月 9 日），《十七大以来重要文献选编》（下），中央文献出版社 2013 年版，第 526 页。

根据马克思社会有机体理论，中国特色社会主义总体布局是由经济建设、政治建设、文化建设、社会建设、生态文明建设等构成的整体，与党的建设处于良性的互动关系中。在这个复杂系统中，尽管社会建设可以为其他建设提供有利的社会条件，但是，它要依赖其他建设提供的物质基础、政治保障、精神支撑、生态条件和领导力量。因此，我们必须着眼于整个社会系统尤其是中国特色社会主义总体布局来推进社会建设。通过经济建设、政治建设、文化建设、生态文明建设和党的建设来推进社会建设,是当代中国社会建设的基本路径。这样,社会有机体才能在整体上达到最优状态,社会主义和谐社会才有可能成为现实。

一、夯实社会建设的物质基础

社会发展的主要任务就是不断增强各项建设事业的物质基础,以满足人民群众日益增长的物质文化需要。因此,在建设中国特色社会主义的过程中,通过经济建设夯实社会建设的物质基础,是社会建设的基本路径。从根本上说,加强经济建设,可以从发展生产力和改革生产关系两个方面入手。

(一) 发展社会主义经济

生产力是社会存在的物质基础和社会发展的根本动力。对于处于社会主义初级阶段的当代中国来说,"社会主义的根本任务就是解放和发展生产力。生产力不发展,经济实力不强,国内就稳定不了,在国际上就没有发言权。民富国强,强就强在你发达起来了;民穷国弱,弱就弱在你不发展上。"①只有大力发展生产力,才能为实现公平正义提供雄厚的物质支撑。

1. 大力发展面向民生的经济

长期以来,GNP 或 GDP 成为了经济发展的目标,结果导致了见物不见人、有增长而无发展的问题,为此,必须进一步明确发展社会主义生产力的目的,大力发展民生经济。

发展民生经济的根据。随着社会主义改造任务的完成,人民群众日益增长的物质文化需要同落后的社会生产之间的矛盾已成为社会的主要矛盾。这样,不仅要求将发展生产力作为社会主义社会的根本任务,而且要求将满足人民群众日益增长的物质文化需要作为发展生产力的目的。今天,尽管我们已经实现了小康目标,经济总量已跃居世界第二位,但是,必须看到,我国正处于并将长期处于社会主义初级阶段,现在达到的小康还是低水平的、不全面的、

---

① 《江泽民文选》第二卷,人民出版社 2006 年版,第 530 页。

发展很不平衡的小康,人民日益增长的物质文化需要同落后的社会生产之间的矛盾仍然是我国社会的主要矛盾。因此,在坚持以经济建设为中心的同时,我们必须将以人为本的思想贯彻在经济建设中,大力发展民生经济。

发展民生经济的内容。民生经济有广义和狭义的区分。在广义上,由于满足人民群众日益增长的物质文化需要是整个社会主义经济的目的,因此,整个社会主义经济就是民生经济。这是社会主义经济和资本主义经济的本质区别。在狭义上,民生经济就是把保障和改善民生尤其是处于弱势地位的个体和群体的生存发展条件作为导向的经济模式。它要求把民生问题作为主线贯穿于经济运行的全过程,通过理顺劳动力、土地、资本等生产要素的比价关系,实现资源的合理配置,提高生产力的发展水平和效率,提升社会总福利水平,改善和提高处于弱势地位的个体和群体的生活水平。显然,发展民生经济,有利于实现发展目的与手段的统一、效率和公平的统一。

发展民生经济的措施。发展民生经济是一项复杂的系统工程。在生产环节上,要从经济要素禀赋结构尤其是劳动力要素禀赋结构出发,提升劳动力要素在经济要素中的比价,大力发展劳动密集型产业,鼓励和支持劳动力要素自由流动和合理流动,实现劳动力的充分就业甚至是创业;尤其是,要通过发挥劳动力的优势带动经济发展。在动力环节,"我们必须坚持以人为本,大力发展与民生相关的科学技术,按照以改善民生为重点加强社会建设的要求,把科技进步和创新与提高人民生活水平和质量、提高人民科学文化素质和健康素质紧密结合起来,着力解决关系民生的重大科技问题,不断强化公共服务、改善民生环境、保障民生安全。"①这就是要通过大力发展民生科技,来带动民生经济的发展。

总之,我们不仅要将发展民生经济作为保增长、调结构、促改革的重要举措,而且要将之作为解决社会问题、维护社会稳定、实现社会和谐、增进社会福利的必由之路。

2. 大力发展劳动密集型产业

劳动密集型产业同样可以实现集约型增长,因此,我们必须大力发展劳动密集型产业。这对于解决就业、增加收入、拉动内需、稳定社会都具有重要的价值。

发展劳动密集型产业的根据。目前,我国发展劳动密集型产业有其合理

---

①　《十七大以来重要文献选编》(中),中央文献出版社 2011 年版,第 748—749 页。

性。从我国国情来看,我国人口总量位居世界第一,大约占世界总人口的1/5,存在着严重的就业压力。目前,甚至是大学生都普遍缺乏创业的条件。这样,发展劳动密集型产业就成为重要选项。从现代化经验来看,现代化经济体一般都要经历由资源和劳动密集型向资本和技术密集型演进的过程。美国大约持续了110年,日本持续了80年。由于我国工业化还处于起飞阶段,因此,发展劳动密集型产业仍然是合理的选择。从经济资源的特点来看,自然资源会出现枯竭,货币资源会出现断供,技术资源会出现间歇,而劳动力资料却具有"无限性"的特征,这样,选择劳动密集型产业会更为稳定和持续。

发展劳动密集型产业的内容。劳动密集型产业是指主要依靠大量使用劳动力进行生产的产业。在某一特定的时空范围内,各种生产要素的禀赋是不同的。由于选择或偏好于某一要素,就使生产方式形成了资源密集型、劳动密集型、资本密集型、科技密集型的区分。对生产要素(尤其是土地、劳动力和资本)都可以有粗放型和集约型这样两种利用方式。随着科技进步和新工艺设备的应用,发达国家的劳动密集型产业的科技密集度和资本密集度也在不断提高,即使是高新技术产业中的一些工序,如光学、精密零件的研磨、抛光等,仍然需要人工来完成。事实上,劳动密集型产业辐射到了整个产业领域。

发展劳动密集型产业的措施。根据产业发展趋势和我国具体实际,我国发展劳动密集型产业的重点是:一是要把发展劳动密集型产业和发展现代农业统一起来,注重发挥现代生态农业、观光农业等现代农业在吸纳劳动力方面的优势。二是把发展劳动密集型产业和实现工业化统一起来,坚持走新型工业化道路,大力发展围绕高科技产业终端环节或外部配套的劳动密集型组装加工业,如信息产业、新能源产业、新材料产业等。三是把发展劳动密集型产业和发展第三产业统一起来,要特别重视发展现代物流配送、连锁超市等新型业态;也要大力发展金融、保险、法律等为生产服务的中介服务业;还要鼓励发展为满足个性化和多样化的市场需求而需采用人工作业的集劳动密集和科技密集为一体的产业,如文化创意产业。

总之,我们必须"把发展劳动密集型和技术密集型产业结合起来,创造更多就业岗位"①。这样,在有效解决就业问题的同时,能够实现生态效益、经济

① 《江泽民文选》第二卷,人民出版社 2006 年版,第 442 页。

效益和社会效益的统一。

3.大力提升人力资本的实力

开发人力资源,提升人力资本实力,是发展经济的重要选择。因此,我们必须将提升人力资本实力作为发展社会主义生产力的重要途径。

提升人力资本实力的根据。我们必须将开发人力资本作为发展先进生产力的重要方向。从其构成来看,生产力包括物的因素和人的因素。人的因素即人力资源,是指人的生产能力,是一定范围内的人口总体所具有的劳动能力的总和,是一种能够推动物质资源并主动适应物质资源的能动资源。从现代化经验来看,人力资源竞争在综合国力竞争中越来越重要。例如,德国和日本等在战争中实物资本遭到巨大破坏的国家,北欧和亚洲"四小龙"等自然条件很差的经济体,之所以能奇迹般地迅速崛起,就得益于人力资源的开发。从我国国情来看,我国是人力资源大国,还不是人力资源强国。由于人力资源是最可宝贵的资源,因此,发挥我国人力资源优势,关系着我国社会主义事业的全局。

提升人力资本实力的要求。人力资源是存在于人的生命中的一种经济资源,需要经过开发和投资才能转化为现实生产力。人力资本是对人力资源进行投资和开发的结果,是人力资源的质的方面,是体现在人身上的技能和生产知识的存量。"劳动者成为资本拥有者不是由于公司股票的所有权扩散到民间,而是由于劳动者掌握了具有经济价值的知识和技能。这种知识和技能在很大程度上是投资的结果,它们同其他人力投资结合在一起是造成技术先进国家生产优势的重要原因。"[1]通过分析物质资本和人力资本的投资收益率可以发现,人力资本的较快增长,可导致国民收入中劳动份额的上升和源于财产份额的相应下降。因此,提升人力资本实力,不仅能够促进经济发展,而且能够促进分配公平。

提升人力资本实力的措施。教育和医疗是提升人力资本实力的主要途径。(1)加强教育投入。各国经济发达程度与教育投资之间有存在着明显的正相关性。这表明,"教育是开发人力资源的主要途径"。[2] 2012 年,我国年

---

① ［美］西奥多·W.舒尔茨:《人力资本投资——教育和研究的作用》,蒋斌、张蘅译,商务印书馆 1990 年版,第 25 页。

② 《十七大以来重要文献选编》(中),中央文献出版社 2011 年版,第 880 页。

度财政性教育经费支出占 GDP 的比重首次达到 4%。2008 年,中等收入国家的这一比例已达到 4.39%。因此,我们必须随着经济发展进一步加大对教育的投入。(2)加强健康投入。健康投入是提升人力资本实力的另一重要途径。这在于,"健康是人力资源能力建设的基础"。① 2010 年,我国医疗支出占 GDP 的比重为 4.73%,不及低收入国家 4.82%的平均水平。这样,就要求我们要随着经济发展进一步加大健康投入。总之,教育和健康支出是国民素质不断提高的物质基础,是保证经济发展持续性的关键因素。

在此基础上,通过促进劳动力的自由流动和实现劳动者的平等就业,我们就可以在有效解决就业问题的过程中,实现生产力的可持续发展,以保障人民群众的幸福生活。

在总体上,我国要进一步发展生产力,必须适应工业化、信息化、城镇化、市场化、国际化深入发展的新形势,把重点放在转方式和调结构上。

(二) 推进社会主义改革

改革是社会主义社会发展的直接动力和社会主义制度自我完善的必要条件。为了进一步夯实社会建设的物质基础,我们必须"坚持社会主义市场经济的改革方向,适应社会发展要求,推进经济体制、政治体制、文化体制、社会体制改革和创新,进一步扩大对外开放,提高改革决策的科学性、改革措施的协调性,建立健全充满活力、富有效率、更加开放的体制机制。"②这样,在为解放和发展生产力开辟广阔空间的同时,可造福于人民群众。

1. 坚持改革的政治性和包容性

大力推进改革对于解放和发展生产力、增强社会建设的物质基础具有重要意义。但是,改革必须坚持社会主义方向。否则,会导致危及国家和人民群众根本利益的严重后果。

坚持公有制在所有制结构中的主体地位。生产资料所有制是决定生产关系甚至是社会性质的主要因素。社会主义市场经济以公有制为基础,资本主义市场经济以私有制为基础,两者存在本质区别。因此,坚持公有制的主体地

---

① 《十六大以来重要文献选编》(下),中央文献出版社 2008 年版,第 735 页。
② 《十六大以来重要文献选编》(下),中央文献出版社 2008 年版,第 651—652 页。

位,是社会主义的一项根本原则,是社会主义市场经济的基本标志。坚持公有制的主体地位,重点是做好以下工作:在社会总资产中要保持国家所有和集体所有的资产占优势,国有经济在关系国民经济命脉的重要部门和关键领域占支配地位,国有经济对整个经济发展起主导作用,公有制经济特别是国有企业要适应社会主义市场经济发展的要求不断发展壮大自己。而坚持公有制的主体地位,关键是要促进国有经济的良性发展。在此前提下,公有制实现形式可以而且应当多样化。但是,国有经济的改革不能偏离正确方向,必须注意以下问题:必须确保国有资产的保值增值,国有经济要严格内部的治理,国有经济必须虚心接受社会监督,国有经济必须充分履行社会责任。这样,我们才能将国有经济做大、做强、做好、做优。总之,"只有确保公有制经济的主体地位,才能防止两极分化,实现共同富裕。"①因此,我们无论何时都必须坚持公有制占主体地位。

坚持按劳分配在分配结构中的主体地位。社会财富的分配状况是社会制度的重要特征之一,是由生产资料所有制决定的。按劳分配是社会主义公有制的实现形式,是由以公有制为基础的社会主义生产方式决定的,因此,它是社会主义的分配原则。这样,"坚持社会主义,实行按劳分配的原则,就不会产生贫富过大的差距"②。社会主义制度的优越性使社会主义市场经济可以运用包括市场在内的各种调节手段,既鼓励先进,促进效率,合理拉开收入差距,又防止两极分化,逐步实现共同富裕。在当前我国经济发展中出现初次分配不尽合理、贫富差距加剧的情况下,坚持按劳分配原则,把人民的当前利益与长远利益、局部利益与整体利益结合起来,让劳动者平等享用改革的成果更具紧迫性和现实性。因此,社会主义市场经济改革必须继续坚持以按劳分配为主体,其他分配方式为补充的原则。这一原则体现了社会主义市场经济兼顾效率与公平的本质特征,可以有效防止两极分化。

坚持包容发展在经济发展中的导向作用。在克服平均主义弊端的过程中,我们在一定程度上造成了社会排斥。基尼系数拉大就是其典型表征。一般而言,被剥夺者是竞争的失败者,被排斥者甚至没有参与竞争的机会,包容

---

① 《江泽民文选》第一卷,人民出版社 2006 年版,第 468 页。
② 《邓小平文选》第三卷,人民出版社 1993 年版,第 64 页。

性强调的是社会公平尤其是机会公平。① 因此,我们必须坚持包容性发展(包容性增长)。即,"要注重提高发展的包容性,把促进社会公平特别是机会公平放在更加突出的位置,增强劳动者适应市场环境变化的自我发展能力,创造使人人享有平等发展机会的条件。要加强保障和改善民生工作的制度建设,增强公平性、透明度、可持续性。"②在其实质上,包容性发展是科学发展的应有之义。为此,我们应该坚持优先开发人力资源的指导方针,实施有利于充分就业的发展战略,提高全体劳动者素质和能力,加快构建可持续发展的社会保障体系,真正做到改革为了人民、改革依靠人民、改革成果由人民共享。此外,我们也应该重视过程公平和结果公平,要将公平扩展到经济、政治、文化、社会、生态等广泛领域。这样,我们才能保证改革的公平性和人民性。

总之,只有坚持改革的政治性和包容性,才能保证改革的社会主义方向,才能使改革成为造福人民群众的事业。

2. 坚持改革的科学性和协调性

现在,我国改革已经从个别突破发展到整体推进的新阶段,群众迫切要求共享改革成果,因此,我们在坚持改革的社会主义方向的同时,必须坚持改革的科学性和协调性。

坚持改革决策的科学性。决策的科学性来自于决策方式的科学性,重点是要坚持决策的科学化、民主化和法制化。(1)科学决策。必须把社会主义初级阶段的基本国情作为推进改革的根本依据,同时,要确保决策在严密的程序与科学的机制下进行。对于专业性、技术性较强的改革,要认真组织专家论证、技术咨询、决策评估。(2)民主决策。必须保证决策要代表中国最广大人民的根本利益。为此,对涉及全局的重大改革,要通过多种渠道和形式广泛集中民智、充分进行论证、反复进行协商。对同群众利益密切相关的重大改革,要扩大人民群众的参与度。要坚持用人民拥护不拥护、赞成不赞成、高兴不高兴、答应不答应来衡量决策。(3)依法决策。必须坚持以法律为决策依据,实现决策内容、过程和后果的合法化。人大及其常委会不仅要监督决策,而且在

---

① 吉登斯认为:"新的政治学把平等定义为'包容性'(inclusion),而把不平等定义为排斥性(exclusion)。"([英]安东尼·吉登斯:《第三条道路:社会民主主义的复兴》,郑戈译,北京大学出版社 2000 年版,第 107 页)

② 《十七大以来重要文献选编》(下),中央文献出版社 2013 年版,第 655 页。

事关全局的重大决策问题上，要以立法形式进行决策。要从法制角度对拟出台的决策进行合法性分析和可行性论证，确保决策的合法性和有效性。要通过法制的途径防止个别领导人的主观武断，避免个人因素影响决策。① 总之，只有坚持科学决策、民主决策、依法决策的统一，才能降低改革成本、提高改革效率。

坚持改革措施的协调性。不断增强改革措施的协调性，就是要统筹好经济体制改革和其他方面的改革、统筹好改革涉及的各项工作。关键是，必须"按照统筹城乡发展、统筹区域发展、统筹经济社会发展、统筹人与自然和谐发展、统筹国内发展和对外开放的要求，更大程度地发挥市场在资源配置中的基础性作用，增强企业活力和竞争力，健全国家宏观调控，完善政府社会管理和公共服务职能，为全面建设小康社会提供强有力的体制保障。"②在"五个统筹"思想的指导下，一是要破除各种体制障碍和政策壁垒，深化资源品价格和要素市场改革，有效平衡要素输出地与输入地的利益分配，真正体现要素所有者权益。二是要通过价值规律和市场竞争优化资源配置，促进生产要素自由流动，并积极引导资金、技术、管理等生产要素向农村和中西部地区流动，增强欠发达地区的发展动力。三是要遵循国际市场通行的规则和惯例，使市场主体独立决策和承担经济风险。四是要通过经济手段和方法形成优胜劣汰的竞争机制，按照价值规律进行资源配置和生产布局。当然，增强改革措施的协调性，前提是要科学把握改革内容的全面性或系统性，关键是要协调好各种利益关系。

坚持计划和市场的统一性。发展社会主义市场经济，必须将计划与市场的长处结合起来。计划调节是社会主义经济的特点和优势。当然，不考虑具体情况，盲目地将之绝对化、神圣化，乃至将其等同于社会主义本质，会造成经济体制的僵化，阻碍生产力发展。但是，不能因此完全否定计划的作用。在未来，"生产资料的全国性的集中将成为由自由平等的生产者的各联合体所构成的社会的全国性的基础，这些生产者将按照共同的合理的计划进行社会劳动。"③在现实中，20 世纪 20 年代的经济危机使资本主义国家不得不借鉴社

---

① 参见张云飞等：《树立科学的改革精神》，《思想政治工作研究》2008 年第 1 期。

② 《十六大以来重要文献选编》（上），中央文献出版社 2005 年版，第 465 页。

③ 《马克思恩格斯文集》第 3 卷，人民出版社 2009 年版，第 233 页。

会主义计划经济的长处,从而缓解了资本主义危机。因此,我们必须充分发挥社会主义计划方式的优势,将市场经济看作是实现合理的有计划的社会生产的过渡环节。为此,我们必须更新计划观念,改进计划方法,合理确定国民经济和社会发展的战略目标,做好经济发展预测、总量调控、重大的经济结构与生产力布局规划,综合运用经济杠杆促进科学发展。这样,才能保证社会主义市场经济比资本主义市场经济更有效,更能促进生产力的发展,更能造福于人民群众。

当然,深化社会主义改革是一项艰巨复杂的社会系统工程,必须经过持久、深入、细致、艰苦的工作,才能形成一整套更加成熟、更加定型的经济体制及相关方针、政策。

总之,只有从生产力和生产关系两方面入手,大力推进社会主义经济建设,大力发展社会主义物质文明,才能为社会主义社会建设提供雄厚的物质基础。

二、加强社会建设的政治保障

发展社会主义民主,加强社会主义法制,建设社会主义政治文明,是加强社会建设的强大政治保障。为此,我们必须坚持党的领导、人民当家作主和依法治国的统一,为加强社会建设提供有力的政治保障。

(一) 实现社会生活的民主化

加强社会主义民主,努力实现社会生活的民主化,既是社会主义社会建设的重要内容,也是社会主义社会建设的重要保障。

1. 实现社会生活民主化的意义

努力实现社会生活的民主化,对社会主义社会建设具有极为重要的战略意义。

实现国家长治久安的需要。我国是世界上中央集权专制制度持续历史最长的国家,社会主义制度又脱胎于半殖民地半封建社会,严重缺乏民主传统。新中国成立后,尽管我们在建设社会主义民主政治方面取得了巨大成就,建立了社会主义民主制度,但是,由于一系列复杂原因,我们在民主理论和民主实践上都有过严重失误,最后,"左"的错误至"文化大革命"发展到极点,破坏了社会主义民主,扰乱了社会生活秩序。为了避免这类历史悲剧的重演,我们痛定思痛,要求从政治体制改革着手,克服官僚主义、权力过分集中、家长制、干部领导职务终身制和形形色色的特权现象,以保证国家的长治久安。这样,发展社会主义民主就成为关系国家长治久安的大事。

适应发展市场经济的需要。随着社会主义市场经济改革的深入发展,建设社会主义民主的任务更加紧迫。发展社会主义市场经济,就是要实现生产的商品化、社会化、现代化。商品是天生的平等派。市场经济的基本前提就是要在公开、公平、公正的条件下进行竞争,优胜劣汰。而特权现象是与之格格不入的。随着社会主义市场经济的深化,社会迫切要求相应的民主法制环境,公民个人及利益群体政治参与的热情和对平等权利的期望也必然会进一步增长。可见,发展社会主义市场经济的过程必然是建设社会主义民主政治的过程,高度发达的社会主义市场经济要求有高度民主的社会主义现代政治结构。否则,市场经济就不能得到健康发展,就会阻碍社会生产力的持续而稳定的发展。

应对意识形态挑战的需要。在全球化浪潮下,改革开放有利于人们开阔眼界、更新观念,有利于技术引进和国家发展。但是,资本主义的政治思想和价值观念也会趁机而入。经过几百年的民主法制建设,资本主义国家形成了比较成熟的民主政治法律体制和民主意识形态。尽管这种民主在实质上只存在于作为统治阶级的资产阶级内部,但经由较为圆熟的思想观念和话语体系的包装,它们往往会披上"普世价值"的外衣,在世界政治领域和思想价值领域中占据霸权地位,并常常被用来作为打压社会主义国家和其他发展中国家的工具。因此,我们要成功应对西方民主体制和意识形态的挑战,必须大力发展社会主义民主政治,真正实现社会生活的民主化。否则,我们就难以有效应对和平演变。

总之,正如没有民主就没有社会主义、就没有社会主义现代化一样,没有民主就没有社会主义社会建设,因此,我们必须努力实现社会生活的民主化。

2. 实现社会生活民主化的要求

实现社会生活的民主化,核心是要保证人民群众依法管理社会事务的权力和权利。在当下,中国特色社会主义政治制度是人民群众依法履行管理社会事务的重要平台。因此,我们必须将保障人民群众管理社会事务的权力和建设社会主义民主制度统一起来。

坚持人民民主专政。社会主义民主政治的本质与核心是人民当家作主,保证人民真正享有各项民主权利,享有管理国家和社会事务的权力。人民民主专政为之提供了根本政治制度上的保证。作为我国的国体,人民民主专政实质上就是无产阶级专政。"坚持人民民主专政,就是要坚持国家的一切权力属于人民,保证人民依照宪法和法律规定,通过各种途径和形式,管理国家事务,管理经济和文化事业,管理社会事务,充分发挥人民群众的积极性、主动性、创造性,保证人民当家作主。"①显然,人民群众享有管理社会事务的权力是人民民主专政的内在要求和根本体现之一。因此,我们必须将之落实到社会建设中,增强社会自治,让人民群众自己管理好社会事务。

坚持人民代表大会制度。建设社会主义民主政治,最重要的是坚持和完善人民代表大会制度,切实加强国家权力机关建设,以利于人民群众参与对国家事务和社会事务的管理。人民代表大会制度是与人民民主专政相适应的最好的政体形式,是保证人民当家作主的根本政治制度。在建设社会主义民主的过程中,"人民代表大会应该成为联系群众、反映民意、解决矛盾的主要民主渠道。"②因此,我们要密切各级人民代表大会同人民群众的联系,坚持走群众路线,保证人民依法实行民主选举、民主决策、民主管理、民主监督。目前,必须优化代表组成,在增加新社会阶层代表的同时,要增加一线劳动者尤其是农民工代表的比例,真正体现出人民代表的人民性。

坚持基层民主。扩大基层民主,保证人民群众依法管理自己的事情,创造自己的幸福生活,是社会主义民主最广泛的实践,是发展社会主义民主的基础性工作。其中,"在城乡社区治理、基层公共事务和公益事业中实行群众自我管理、自我服务、自我教育、自我监督,是人民依法直接行使民主权利的重要方式。"③为此,我们必须进一步坚持发挥职工代表大会的作用,建立和完善平等协商、集体合同制度;加强村民自治制度和城乡社区建设,完善城乡基层政权、

---

① 《江泽民文选》第三卷,人民出版社 2006 年版,第 221 页。
② 《江泽民文选》第一卷,人民出版社 2006 年版,第 115 页。
③ 胡锦涛:《坚定不移沿着中国特色社会主义道路前进 为全面建成小康社会而奋斗——在中国共产党第十八次全国代表大会上的报告》,人民出版社 2012 年版,第 27 页。

基层自治组织的民主管理制度；积极推进政务公开、厂务公开、村务公开，保证人民依法直接行使民主权利。

总之，只有大力加强社会主义民主制度建设，才能真正保证人民群众依法管理社会事务的权力，才能真正实现社会生活的民主化。

3. 实现社会生活民主化的举措

为了进一步推动社会生活民主化，充分保证人民群众依法管理社会事务的权力，在发挥社会主义政治制度优越性的前提下，我们必须积极大胆地创新实现社会生活民主化的形式。

推进行政体制改革。目前，我国行政体制在总体上有利于社会生活的民主化，但是，由于仍然存在政社不分等问题，实现社会生活民主化还存在着行政体制障碍。为此，必须积极稳妥地推进行政体制改革。我们要从系统设计的高度科学制定行政体制改革总体方案，着力转变职能、理顺关系、优化结构、提高效能，形成权责一致、分工合理、决策科学、执行顺畅、监督有力的行政体制；进一步理顺政企、政资、政事、政社的职责，加快政企分开、政资分开、政事分开、政府与市场中介组织分开的步伐。同时，我们要加强行政执法部门建设，规范行政行为，减少政府对社会事务的直接干预，充分调动国家、地方、企业和公民个人四个方面的积极性，提高社会管理水平，通过深化民主政治建设推动社会建设。

坚持决策的民主化。目前，由于决策失误而匆忙上马的重大事项往往成为侵害人民群众正当权益并引发群体性事件的重要原因，而这与缺乏民主决策有很大关系。民主决策不仅具有重大的政治意义，而且具有直接的社会意义。"在有利的环境下，民主决策过程能在一定程度上实现社会福利最优的理想。"①因此，我们必须把马克思主义认识论（实践——认识——实践）、马克思主义群众观（人民群众是历史的创造者）以及党的群众路线（从群众中来、到群众中去）统一起来，大力推进决策的民主化。"凡是涉及群众切身利益的决策都要充分听取群众意见，凡是损害群众利益的做法都要坚决防止和纠正。"②当然，在总体上，必须把科学决策、民主决策、依法决策三者统一

---

① ［荷］汉斯·范登·德尔等：《民主与福利经济学》，陈刚等译，中国社会科学出版社1999年版，第188页。

② 胡锦涛：《坚定不移沿着中国特色社会主义道路前进　为全面建成小康社会而奋斗——在中国共产党第十八次全国代表大会上的报告》，人民出版社2012年版，第29页。

起来。

加强网络民主建设。现在,网络声音已逐渐成为体现民意、左右舆情的一支重要力量,因此,我们必须将之作为创新民意表达方式的重要平台,大力推进网络民主的建设。通过十多年的网络民主建设实践,我国已形成了较为有效的信息反馈和沟通机制,如对重大自然和社会灾害的即时通报、信息发布和沟通,对网民关注的重大社会问题增强公开性、透明性的追踪报道,决策的民意调查和网络对话,等等。在此基础上,我们需要进一步把握网络舆论规律,大力推行电子政务,推广已有经验,充分发挥网络在反映民意、缓和矛盾、解决问题方面的积极作用。同时,要通过有针对性的法律、行政手段,打击利用网络进行危害社会安全和侵犯他人利益的不法行为,以维护社会生活民主化的正常网络环境秩序。

当然,实现社会生活的民主化,关键是必须让社会权力回归人民群众。这样,就需要我们在进一步发展社会主义法制的过程中来推进社会生活的民主化。

(二) 实现社会生活的法制化

法律不仅具有政治功能,而且具有社会功能。在当代中国,努力实现社会生活的法制化,既是依法治国方略的内在要求,也是社会主义社会建设的基本任务和重要保障。

1. 实现社会生活法制化的意义

努力实现社会生活的法制化,对社会主义社会建设具有极为重要的战略意义。

加强社会主义民主的需要。民主和法制是社会主义政治制度的一体两用。一方面,社会主义民主是社会主义法制产生和存在的前提,法制体现的是民主的内容和要求。不仅法制的性质由民主的性质所决定,而且法制发展程度也受民主发展程度的制约。另一方面,社会主义法制是社会主义民主的保障,民主是否实现制度化和法律化是民主发展程度的重要标志。民主制度化、法律化就是把国家的民主结构和形式、社会生活的民主规范和程序、公民的民主权利和义务用系统而严密的制度和法律来体现和保障。同时,法制能够保障人民的民主权利不受侵犯,对敌对分子和侵犯人民民主权利的违法犯罪行为进行惩罚和制裁，从而为保障民主提供了有力武器。因此，只有实现民主的法制化，才能保证民主的稳定性和完备性。

贯彻依法治国战略的需要。依法治国是党领导人民治理国家的基本战略。"实行和坚持依法治国，就是使国家各项工作逐步走上法制化的轨道，实现国家政治生活、经济生活、社会生活的法制化、规范化；就是广大人民群众在党的领导下，依照宪法和法律的规定，通过各种途径和形式，管理国家事务，管理经济和文化事业，管理社会事务；就是逐步实现社会主义民主的制度化、法律化。"①只有坚持依法治国的基本方略，树立社会主义法制理念，真正实现法治而非人治，实现社会生活的法制化和规范化，才能有效保障公民的合法权益，推动社会自治，为党和国家的长治久安、社会的和谐与稳定提供法律上的制度保障。

加强社会有效治理的需要。在社会治理中，法治和德治是相辅相成的两个方面。为了有效加强社会治理，"我们在建设有中国特色社会主义、发展社会主义市场经济的过程中，要坚持不懈地加强社会主义法制建设，依法治国；同时也要坚持不懈地加强社会主义道德建设，以德治国。对一个国家的治理来说，法治和德治，从来都是相辅相成、相互促进的。二者缺一不可，也不可偏废。法治属于政治建设、属于政治文明，德治属于思想建设、属于精神文明。二者范畴不同，但其地位和功能都是非常重要的。我们要把法制建设与道德建设紧密结合起来，把依法治国与以德治国紧密结合起来。"②在加强德治的同时加强法治，才能有效巩固和提高德治的效果。最终，只有德法相济，社会治理水平才会大大提高。

总之，只有努力实现社会生活的法制化，才能使法律成为人们共同的行为规范和准则，才能为社会建设提供强有力的法律保障。

2. 实现社会生活法制化的要求

加强社会主义法制，必须"做到有法可依，有法必依，执法必严，违法必究"③。这十六字，既是社会主义法制建设的方针和任务，也是实现社会生活法制化的方针和任务。

---

① 《江泽民文选》第一卷，人民出版社 2006 年版，第 511 页。
② 《江泽民文选》第三卷，人民出版社 2006 年版，第 200 页。
③ 《邓小平文选》第二卷，人民出版社 1994 年版，第 146—147 页。

有法可依。有法可依就是要建立中国特色社会主义法律体系,为国家治理和社会治理提供系统的法律依据。涵盖整个社会关系的法律部门齐全,是中国特色社会主义法律体系形成的重要标志。社会领域立法是其中的一个重要方面。例如,2007年,全国人大常委会就先后通过了劳动合同法、就业促进法、劳动争议调解仲裁法,审议了社会保险法草案。这样,就为相关社会建设提供了法律依据。但是,相对于经济领域,社会立法进程较为滞后、体系较为欠缺。因此,加快社会立法进程、形成完备的社会法律体系,是社会建设的重要任务。

有法必依。有法必依就是要将社会主义法律有效地转化成为一切社会主体的精神信仰和行为规范。一切公权都必须遵守宪法和法律,以之为活动准则,树立依法执政意识,自觉地做到执政为民,当好人民的公仆。同时,所有公民都必须具有基本的权利义务观念,明了由法律规定的自身行动的界限,自觉守法,依法办事。但是,在现实中,公权无端侵犯公民合法私权的现象时有发生,公民违反公共生活法律准则的现象也屡见不鲜。因此,如何遵守社会领域的既有法律,维护正常的社会生活秩序,是社会建设要面对的重大课题。

执法必严。执法是以国家名义对广义社会生活进行的全面管理,其主体是国家行政机关及其工作人员。执法必严就是要求执法主体要严格按照法律办事,维护法律尊严,维护国家利益和人民权益。但是,在现实中,在一定程度上存在着执法不严的问题,甚至存在着执法犯法的问题,这样,必然损害法律的权威,危害国家和人民的利益。因此,只有严格执法,用法律规范和约束权力,才能担当起维护法律尊严、维护公平正义的神圣责任。这样,如何在社会领域中严格执法,就成为社会生活法制化的重要要求。

违法必究。违法必究就是要坚持法律面前人人平等。不管谁犯了法,都要由公安机关依法侦查,司法机关依法办理,任何人都不许干扰法律的实施,任何犯了法的人都不能逍遥法外。目前,要有效化解人民内部矛盾,关键是要对侵害人民群众权益的事件严查、严办。"凡是搞特权、特殊化,经过批评教育而又不改的,人民就有权依法进行检举、控告、弹劾、撤换、罢免,要求他们在经济上退赔,并使他们受到法律、纪律处分。"①因此,严查、严办社会领域的

---

① 《邓小平文选》第二卷,人民出版社1994年版,第332页。

违法乱纪问题，是实现社会生活法制化的当务之急。

总之，实现社会生活的法制化，就是要在社会生活领域中做到有法可依、有法必依、执法必严、违法必究。

3. 实现社会生活法制化的举措

为了进一步为社会建设和社会管理提供系统的法律依据和有力的法律保障，我们必须努力实现社会生活的法制化。

加大公民社会权益赋权。随着经济发展和社会进步，人民群众的权力意识和权利意识是不断觉醒的，权益要求是不断增长的。但是，法律往往存在着空白或不完善的地方。这样，权益要求的不断增长和法律赋权（empowerment）的相对不足，就成为造成群体性事件的重要原因。为了科学解决新时期人民内部矛盾，我们必须"对群众要求合理、但法律法规和政策没有明确规定或规定不够完善的，要抓紧研究制定和完善法律、政策"。① 这就是要将社会权力进一步归还人民群众，在确保人民群众成为社会生活主人的同时，要扩展社会权益的范围，从法律上有效保障人民群众的教育权、就业权、劳动权、健康权、居住权，切实保障人民群众的知情权、参与权、表达权和监督权。

完善社会领域法律体系。目前，建立完备而系统的社会领域的法律体系是我国立法工作的重点领域，也是社会建设和社会管理的重大课题。为此，我们要"着重加强社会领域立法，积极推动、认真做好有关推进社会事业、健全社会保障、规范社会组织、加强社会管理等方面法律草案的起草和审议工作。"②目前，应该考虑建立"社会建设基本法"，以保障人民群众的教育权、就业权、劳动权、健康权、居住权；同时，应该考虑建立"社会管理基本法"，以保障人民群众的知情权、参与权、表达权和监督权。进而，应该进一步建立和完善涉及农村土地征用、城市建筑拆迁、企业破产改制、下岗职工安置就业、污染受害索赔等关系到人民群众切身利益的社会问题的立法。这样，才能为社会治理提供完备的法律依据。

引导公众合法表达诉求。引导人民群众依法表达其利益诉求，是科学化

---

① 《十六大以来重要文献选编》（下），中央文献出版社2008年版，第961页。

② 《十七大以来重要文献选编》（下），中央文献出版社2013年版，第299—300页。

解人民内部矛盾的有效途径。因此,我们"要在城乡基层群众中重点宣传与生产生活密切相关的法律法规,引导群众依法维护权益、表达诉求、化解纠纷,提高群众参与基层自治和其他社会管理活动的意识和能力。"①其中,前提和关键是要提高全民法律意识和法治观念,真正使人人懂得法律,使公民不仅不犯法,而且能积极维护法律。真正的法治不仅是有完备的法律体系,而是广大公民自觉地守法,依法办事。同时,真正通晓法律不在于了解其文字表述,而在于掌握其精神实质。同时,为了适应公民法律意识、法律素质普遍提高的形势,行政部门和司法部门也要深化改革,不断提高自身法律素质、执法能力和效果。

总之,只有将社会建设和社会管理纳入到依法治国的轨道中,才能维持社会生活的正常秩序,促进社会公平正义。

综上,只有将民主化和法制化有机统一起来,大力加强社会主义政治文明建设,我们才能为社会主义社会建设提供有力的政治保障。

三、筑牢社会建设的精神支撑

社会主义文化建设不仅在社会主义发展中发挥着智力支持和价值导引的作用,而且直接决定着社会治理的水平。"一个社会治理水平的高低,与人们的思想道德素质有密切的关联。"②因此,在加强社会主义社会建设的过程中,我们必须高度重视文化建设的支撑作用。

(一) 发展民生文化

文化建设是解决民生问题的重要任务,面向民生是加强文化建设的根本方向。只有将民生文化作为社会主义文化建设和社会建设的价值结合点和工作突破点,大力发展民生文化,才能为社会建设提供有力的精神支撑。

1. 大力发展民生文化的意义

民生文化是社会主义先进文化的民生维度的表征和体现,是以满足人民

---

① 《十七大以来重要文献选编》(下),中央文献出版社 2013 年版,第 339 页。
② 《江泽民文选》第二卷,人民出版社 2006 年版,第 567 页。

群众的文化需要为出发点,以保障人民群众的文化权益为内容,以提高人民群众的文化素质为目的的文化。在当代中国,大力发展民生文化具有重大的战略意义。

社会主义本质的具体体现。社会主义社会是全面发展、全面进步的社会。社会主义不仅要有高度的物质文明,而且要有发达的精神文明。促进人的全面发展是建设社会主义新社会的本质要求。培养社会主义新人不仅要有极其丰富的物质条件,而且要有高尚的精神环境。因此,"物质贫乏不是社会主义,精神空虚也不是社会主义。社会主义不仅要使人民物质生活丰富,而且要使人民精神生活充实。"①这样,才能促进社会的全面进步和人的全面发展。为了保证人民群众精神生活充实,必须大力发展社会主义先进文化。而只有关注人民群众的文化需要、文化权益和文化素质的文化,才能成为先进文化。

以人为本价值的具体体现。以人为本是科学发展观的本质和核心,也是社会主义文化建设的本质和核心。"为了谁、依靠谁是我们推进文化改革发展的根本问题,决定着社会主义文化的性质和方向。中国特色社会主义文化是人民共建共享的文化,人民是推动社会主义文化大发展大繁荣最深厚的力量源泉。"②因此,在先进文化建设中,我们必须坚持以人为本的价值取向,承认和尊重人民群众的文化建设主体地位,坚持为了人民群众开展文化建设,依靠人民群众开展文化建设,文化建设的成果由人民群众共享,文化建设的成效由人民群众评判。这样,才能使先进文化成为促进人的全面发展的重要手段。

先进文化特征的具体体现。建设社会主义先进文化,就是以马克思主义为指导,以培育有理想、有道德、有文化、有纪律的公民为目标,发展面向现代化、面向世界、面向未来的,民族的科学的大众的社会主义文化。"大众的"是先进文化的重要特征。在革命时期,"大众的,即反对拥护少数特权者压迫剥削大多数人、愚弄欺骗大多数人、使大多数人永远陷于黑暗与痛苦的贵族的特权者的文化,而主张代表大多数人民利益的、大众的、平民的文化,主张文化为大众所有,主张文化普及于大众而又提高大众。"③在建设时期,大众的就是人民群众的。作为人民群众自己的文化,先进文化就是满足人民群众文化需要、

① 《江泽民文选》第一卷,人民出版社 2006 年版,第 621 页。

② 《十七大以来重要文献选编》(下),中央文献出版社 2013 年版,第 588 页。

③ 张闻天语,引自《邓小平文选》第一卷,人民出版社 1994 年版,第 24 页。

保障人民群众文化权益、提高人民群众文化素质的文化。

总之,在加强社会主义先进文化建设的过程中突出民生文化导向,不仅能够科学解决文化民生问题,而且能够为社会建设提供强有力的文化支撑。

2. 大力发展民生文化的要求

文化权益是人民群众的基本权益。在社会主义建设中,"保障工人阶级和广大劳动群众的经济、政治、文化权益,是党和国家一切工作的根本基点,也是发挥工人阶级和广大劳动群众积极性和创造性的根本途径。"①因此,切实而有效地保障人民群众的文化权益,是发展民生文化的核心内容和基本要求。

文化创造的权益。人民群众既是物质财富的创造者,也是精神财富的创造者。在社会主义文化建设中,必须尊重和发挥人民群众在文化建设中的主体作用,积极调动人民群众参与文化建设的能动性、积极性和创造性。无论是在科学文化建设中,还是在思想道德建设中,都必须充分尊重人民群众的创造愿望,都必须大力发挥人民群众的创造作用,都必须客观承认人民群众的创造成果。任何贬低人民群众的文化主体作用的言行,都是违反唯物史观的。

文化选择的权益。不同的个体和群体有不同的文化选择和认同。在文化需要日益多样、文化产品日益丰富的情况下,文化选择也日益呈现出多元性或多样性的态势。人民群众有权选择这样的文化,也有权选择那样的文化;有权以这样的方式选择这一文化,也有权以那样的方式选择这一文化。文化选择权是人民群众文化权的重要组成部分。我们必须承认和尊重人民群众的文化选择。当然,文化选择不能违反社会主义法律和社会主义道德。

文化交流的权益。千百年来,通过口传身授的方式,人民群众分享了文化发展的成果,促进了文化的传播和传承。随着信息社会的来临,尤其是随着多媒体、自媒体等新媒体的发展,越来越多的人民群众参与到了文化交流和文化传播中。通过这种方式,人民群众不仅及时分享了文化信息,而且丰富了文化生活。我们必须承认和尊重人民群众的这种权益。当然,文化交流和传播应该以事实为原则、以法律为准绳、以道德为规范,而不能妖言惑众。

文化消费的权益。人民群众的文化权益最终体现在文化消费上。文化消费也是基本的消费。满足人民群众的文化消费需要,不仅是发展社会主义生

① 《江泽民文选》第三卷,人民出版社 2006 年版,第 245 页。

产的目的,而且是发展社会主义文化的目的。因此,我们"要随着经济发展不断增加城乡居民收入,拓宽消费领域,优化消费结构,满足人们多样化的物质文化需求。"①当然,我们要引导人民群众的文化消费向积极向上的方向发展,要杜绝消极颓废、腐朽没落、反动落后的文化。

文化批评的权益。文化批评不是学问家的专利,更不是政治家的特权。人民群众有权进行文化批评,不仅有权批评消极颓废、腐朽没落、反动落后的文化,而且有权置疑伪主流文化和伪精英文化;不仅有权选择旧媒体进行文化批评,而且有权选择新媒体进行文化批评。国家应该抱着有则改之无则加勉的原则承认和尊重人民群众的文化批评。当然,文化批评必须是善意的,而不能是恶意的,更不能是敌意的。这样,才能促进文化的繁荣和发展。

总之,发展民生文化的核心是要保障人民群众的文化权益,既要解决人民群众的文化需求问题,又要发挥文化在实现社会治理中的独特作用。

3. 大力发展民生文化的措施

发展民生文化是一项系统化、社会化、长远化的工程,目前,重点是要抓好以下工作:

满足人民群众精神文化需求。只有将满足人民群众日益增长的精神文化需求作为文化建设的出发点和落脚点,文化建设才能保持正确的方向,才能成为造福于人民群众的事业。发展民生文化更应如此。因此,在文化建设中,我们必须坚持以满足人民精神文化需求为出发点和落脚点。目前,尤其应该关注和满足处于弱势地位的个体和群体的文化需求,关注和满足落后地区人民群众的文化需求。为此,国家必须制定和完善文化福利政策,加大文化扶贫工作力度,让民生文化进入国家发展规划和政策体系,并为之提供必要的投入和保障。

大力发展公益性文化事业。今天,在大力发展文化产业的同时,我们切不可淡化或忘记文化的事业属性,必须坚持把发展公益性文化事业作为保障人民群众基本文化权益的主要途径。为此,我们"必须按照公益性、基本性、均等性、便利性的要求,以政府为主导,以公共财政为支撑,以公益性文化单位为骨干,以全体人民为服务对象,以保障人民基本文化权益为主要内容,

---

① 《江泽民文选》第三卷,人民出版社 2006 年版,第 552 页。

鼓励全社会积极参与,大力发展公益性文化事业"①。发展公益性文化事业必须实施非商业化、非市场化、非营利性的管理和运营,各级政府必须在建设的资金投入、战略规划、资源设施等方面承担起自己的责任和义务。

大力构建公共文化服务体系。公共文化服务体系主要是指政府向社会提供的公共文化设施、产品、服务的制度体系。为了保障人民群众的基本文化权益,我们必须建立和完善以保障人民群众看电视、听广播、读书看报、进行公共文化鉴赏、参与公共文化活动等基本文化权益为主要内容的公共文化服务体系,力求这一体系覆盖城乡、结构合理、功能健全、实用高效。为此,我们要"坚持面向基层、服务群众,加快推进重点文化惠民工程,加大对农村和欠发达地区文化建设的帮扶力度,继续推动公共文化服务设施向社会免费开放。"②目前,应该优先安排关系群众切身利益的文化建设项目,突出抓好农家书屋、农村电影放映工程、广播电视村村通工程、社区和乡镇综合文化站(室)工程和全国文化信息资源共享工程。

推动文化传导系统的创新。在文化建设中,传导系统由各级意识形态部门构成,主要利用现代传媒工具,将意识形态的观念形态融入到人们喜闻乐见的大众文化形式中,以便人们理解和接受。主要有两种方式:一是在意识形态部门的组织、协调下,在国家各级组织、机构、学校、团体内部进行的垂直的意识形态宣传、教育、传播活动,以"灌输"为特征。二是通过现代传媒手段进行的社会传导,对内通过大众文化塑造社会性格、引导社会风尚,对外积极主动地争取社会主义意识形态的话语权,维护国家的文化安全。由于社会传导具有内容丰富生动、时效性强、覆盖面大等特点,是垂直传导的重要补充,因此,我们必须有效利用现代信息手段,加强意识形态的社会传导。这样,可以为发展民生文化提供有效的方式。

总之,在发挥文化引领风尚、教育人民、服务社会、推动发展的作用的同时,我们要积极解决文化民生问题,努力建设民生文化。

---

① 《十七大以来重要文献选编》(下),中央文献出版社 2013 年版,第 589 页。
② 胡锦涛:《坚定不移沿着中国特色社会主义道路前进　为全面建成小康社会而奋斗——在中国共产党第十八次全国代表大会上的报告》,人民出版社 2012 年版,第 32 页。

（二）培育公共精神

公共精神是社会建设和文化建设的联结点，其核心是要正确处理个人和社会、私域和公域、私德和公德的关系，使每一个人都成为具有社会担当责任意识和行为的现代公民。只有大力培育公共精神，才能为社会建设提供良好的文化环境。

1. 大力培育公共精神的意义

大力培育公共精神，对于整个社会主义建设都具有重大的战略意义。

维护市场秩序的需要。市场经济的健康发展需要良好的社会道德环境，尤其是需要诚实守信的美德。但是，在我国市场经济的发展中，诚信缺失的问题较为严重。其实，"没有社会和伦理框架，市场甚至无法运转——而市场并不能提供这些框架，无论是积极的投资政策的效果（trickle-down effects），还是最低程度的福利国家都不能提供一个有尊严的社会所必需的社会物品（social goods）。"[①]这样，大力培育公共精神，才能为市场经济的健康发展提供一个适宜的文化环境。

加强民主治理的需要。民主政治与公共精神密不可分。一方面，发展民主政治为发挥公共精神提供了广阔舞台。通过参与国家治理和社会治理，公民能够养成自觉的责任意识和法纪意识等公共精神。另一方面，培育公共精神为发展民主政治提供了适宜土壤。一旦公民养成自觉的公共精神，那么，他（她）就会像关心个人事务一样关心社会事务和国家事务。在形式上，"本来意义上的公共性是一种民主原则"[②]。对于我们来讲，在坚持党的领导、人民当家作主和依法治国相统一的前提下，培育公共精神是发展民主政治的价值杠杆。

革除文化痼疾的需要。尽管中国传统文化具有"家国"和"天下"的意识，但缺乏基本的公共精神。一方面，国民较为重视血缘关系和地缘关系，对公共事务缺乏热情，对他人的苦难无动于衷，甚至幸灾乐祸。另一方面，公共精神的缺失导致民众缺乏独立精神和批判精神，导致了文化上的单一、封闭和政治上的独断、专制。这些文化痼疾在当今社会也有所表现。因此，只有大力培育

---

① ［英］安东尼·吉登斯：《第三条道路及其批评》，孙相东译，中共中央党校出版社2002年版，第33页。

② ［德］哈贝马斯：《公共领域的结构转型》，曹卫东等译，学林出版社1999年版，第252页。

公共精神,革除传统国民性的陋习,实现文化的现代化,才能为社会发展和社会建设提供良好的文化环境。

净化社会风气的需要。改革开放以来,我们坚持一手抓物质文明建设,一手抓精神文明建设,社会风气发生了可喜变化。但是,仍然存在着不少问题。一些领域和一些地方社会风气严重败坏,是非、善恶、美丑不辨,拜金主义、享乐主义、极端个人主义横行,见利忘义、不讲信用、欺骗欺诈等行为频发,不守规则、扰乱秩序等行为屡见不鲜,损公肥私、以权谋私、官商勾结、腐化堕落等现象屡禁不止。这些问题已成为严重的社会隐患。因此,只有大力培育公共精神,才能有效净化社会风气,为社会建设创造良好的文化环境。

总之,"社会秩序只有成为全体社会成员高度认同、自觉遵守、共同维护的价值规范,才能真正牢固稳定。必须把提高全民族文明素质作为加强和创新社会管理、促进社会和谐稳定的基础性工程抓好抓实,持之以恒加强社会主义精神文明建设,使全体人民不断提高思想道德素质、牢固树立法制意识、端正社会心态、自觉抵御各种消极思想侵蚀。"①因此,大力培育公共精神,是加强社会建设和社会管理的重要选择。

2. 大力培育公共精神的要求

公共精神是现代文明的基本要求和重要标志。根据当代中国社会生活和公共生活的实际,我们培育公共精神的基本要求是:

塑造社会价值。社会价值是指在一定的社会生活和公共生活中为了维护正常的社会秩序,全体社会成员应当对他人和社会负责的一些最基本、最起码的价值准则。在当代中国,我们必须"倡导富强、民主、文明、和谐,倡导自由、平等、公正、法治,倡导爱国、敬业、诚信、友善,积极培育和践行社会主义核心价值观。"②这些美德应内化为公民心理,外化为公民行为。社会价值是社会建设和社会管理的价值基础。

弘扬社会公德。社会公德是公共精神的核心。在道德体系中,"社会公德是全体公民在社会交往和公共生活中应该遵循的行为准则,涵盖了人与人、人与社会、人与自然之间的关系。在现代社会,公共生活领域不断扩大,人们

---

① 《十七大以来重要文献选编》(下),中央文献出版社 2013 年版,第 154 页。

② 胡锦涛:《坚定不移沿着中国特色社会主义道路前进　为全面建成小康社会而奋斗——在中国共产党第十八次全国代表大会上的报告》,人民出版社 2012 年版,第 31—32 页。

相互交往日益频繁，社会公德在维护公众利益、公共秩序，保持社会稳定方面的作用更加突出，成为公民个人道德修养和社会文明程度的重要表现。要大力倡导以文明礼貌、助人为乐、爱护公物、保护环境、遵纪守法为主要内容的社会公德，鼓励人们在社会上做一个好公民。"①社会公德是维护社会秩序、实现社会和谐的最基本的道德要求。

引导社会心态。社会心态是社会成员在一定社会环境条件下对社会生活现状的心理感受和情绪反应。不良社会心态有可能成为影响社会稳定的导火索。因此，必须"加强人文关怀和心理疏导，培育自尊自信、理性平和、积极向上的社会心态。"②自尊自信就是要克服自负和自卑等心理，充分发挥主体的能动性，相信依靠自身的努力能够实现个体的追求；理性平和就是要克服焦躁和冲突等情绪，在法律和道德的范围内看待利益分化和表达利益诉求；积极向上就是要克服等待观望、消极颓废的心理，自强不息，在追求个体成功的基础上推动社会繁荣。良好的社会心态是公共精神的个体维度。

强化社会责任。社会责任是社会成员对社会的担当和贡献。只有具有责任感的个体才能够真正承认和尊重他人的合法利益、正确认识和处理各种利益关系，形成社会主义义利观。因此，我们必须"引导每个公民自觉履行宪法和法律规定的各项义务，积极承担自己应尽的社会责任。"③目前，我们应当把社会责任感的培育作为文化建设的重要任务，塑造自觉履行对社会承担责任与义务的合格公民。

凝聚社会共识。社会共识是得到普遍认同和共同遵守的价值和道德，是社会价值和社会公德的基本底线。社会共识缺乏是导致社会关系失调的重要社会心理原因。因此，我们"要深入开展社会主义核心价值体系学习教育，用社会主义核心价值体系引领社会思潮、凝聚社会共识。"④只有社会主义核心价值体系成为全体社会成员高度认同、自觉遵守、共同维护的价值规范，社会才能真正稳定与和谐。

---

① 《十五大以来重要文献选编》（下），人民出版社 2003 年版，第 1985 页。

② 《十七大以来重要文献选编》（下），中央文献出版社 2013 年版，第 567 页。

③ 《十五大以来重要文献选编》（下），人民出版社 2003 年版，第 1982—1983 页。

④ 胡锦涛：《坚定不移沿着中国特色社会主义道路前进　为全面建成小康社会而奋斗——在中国共产党第十八次全国代表大会上的报告》，人民出版社 2012 年版，第 31 页。

总之,公共精神是促使公民主动进入公共领域、自觉维护公共利益、积极追求公共目标的精神。大力培育社会主义公共精神,是社会主义社会建设和文化建设面对的共同课题。

3. 大力培育公共精神的措施

培育公共精神是一项复杂的社会系统工程。我们必须综合运用各种手段,形成有益于培育和发扬公共精神的适宜的社会环境。

坚持公民教育和公共实践的统一。大力培育公共精神的过程,是教育和实践相结合的过程。一方面,必须加强公民教育。公民教育主要涉及现代公民在社会生活和公共生活中必须具备的能力和品质,目的是促进社会成员相互之间的承认和接纳,增进社会合作的意愿和选择,在合作中共同承受成本、代价和风险,达成行动参与者的共存和共赢。社会主义公民教育的哲学基础是马克思主义关于人的全面发展的理论,目标是培育社会主义"四有"新人。目前,以公共精神培育现代公民是加强公民教育的重点。另一方面,必须加强公共实践。以活动为载体,吸引人民群众普遍参与,是加强公共实践的重要途径。因此,我们要组织人民群众尤其是青少年积极参与志愿者行动。"青年志愿者行动,是当代社会主义中国一项十分高尚的事业,体现了中华民族助人为乐和扶贫济困的传统美德,是大有希望的事业。"[①]此外,还应引导人们积极参与其他公益活动,在活动中培养爱心和责任等公共精神。总之,只有坚持知行合一,培育公共精神才能取得实效。

坚持道德规范和法律约束的统一。公共精神的养成过程,是一个自律和他律相统一的过程。一方面,必须发挥道德规范的作用。只有将公共精神内化为人们的道德自觉,践行公共精神才可能成为人们主动的行为。因此,我们要积极实施公民道德建设工程,广泛开展社会公德教育,在全社会倡导爱国守法、明礼诚信、团结友善、勤俭自强、敬业奉献的基本道德规范,要提倡尊重人、理解人、关心人,热爱集体,热心公益,扶贫帮困,在全社会形成团结互助、平等友爱、共同前进的社会氛围和人际关系。另一方面,必须发挥法律约束的作用。运用法律手段培育公共精神的实质在于弘扬法治精神。现代法治精神的核心是坚持法律面前人人平等。在当代中国,这就是要加强宪法和法律实施,

---

坚持公民在法律面前一律平等,维护社会公平正义,维护社会主义法制的统一、尊严、权威。因此,我们必须"弘扬法治精神,形成自觉学法守法用法的社会氛围"①。同时,公民自觉守法、依法维护国家利益和自身权益是依法治国的重要基础。总之,只有坚持内外兼修,才能有效地养成公共精神。

　　坚持社会福利和社会管理的统一。培育公共精神,需要政府将社会福利和社会管理统一起来。一方面,要重视社会福利。政府必须通过改善和完善社会福利政策来做好服务群众的工作,尤其是要了解困难群众的所思所忧所盼,把解决思想问题和解决实际问题结合起来,这样,才能使人们感受到社会的温暖,进而才会激发人们回馈社会的责任感,养成公共精神。另一方面,要加强社会管理。政府要注重运用社会管理的手段促进公共精神的养成。例如,在公民道德建设中,要"建立健全有关法律法规和制度,把公民道德建设融于科学有效的社会管理之中。逐步完善道德教育与社会管理、自律与他律相互补充和促进的运行机制,综合运用教育、法律、行政、舆论等手段,更有效地引导人们的思想,规范人们的行为。"②为此,必须把提高公共精神作为加强和创新社会管理的基础性工程。显然,只有将社会福利和社会管理统一起来,才能为培育公共精神提供有力的政策和制度保障。

　　总之,只有把提倡与反对、引导与约束、服务和管理结合起来,才能在全社会养成公共精神,才能为社会治理提供坚实的思想道德基础。

　　综上,只有加强社会主义先进文化建设,大力发展社会主义精神文明,才能为社会主义社会建设提供强大的精神支撑。

四、优化社会建设的生态条件

　　大量事实表明,人与自然的关系不和谐,往往会造成人与人的关系、人与社会的关系的不和谐。由于生态文明建设和社会建设息息相关,因此,在社会建设中,我们必须大力贯彻和落实可持续发展战略,建设高度发达的生态文明,为社会建设提供良好的生态条件。

---

① 《十七大以来重要文献选编》(上),中央文献出版社 2009 年版,第 24 页。
② 《十五大以来重要文献选编》(下),人民出版社 2003 年版,第 1983 页。

（一）实施可持续发展战略

可持续发展战略是优化社会建设生态条件的基础工程,因此,我们必须将之作为我国社会主义现代化建设的重大战略,统筹人与自然和谐发展,建设高度发达的生态文明。

1. 实施可持续发展战略的意义

实施可持续发展战略,不仅具有重大的生态意义,而且具有重大的社会意义。

改善民生的需要。作为一个感性存在物,只有与自然界保持物质变换关系,人才能正常生存和发展。事实上,自然界既是物质生活的来源,也是精神生活的来源。具体来看,"环境问题直接关系到人民群众的正常生活和身心健康。如果环境保护搞不好,人民群众的生活条件就会受到影响,甚至会造成一些疾病流传。对于已经产生的严重危害人民群众正常生活和身心健康的环境污染,必须抓紧治理。"①就此而论,减少和控制环境污染就是一种普遍性的社会福利,直接关系着人民群众的健康和幸福。推而广之,人口、资源同样如此。因此,关键问题不是走出人类中心主义,而是如何将以人为本的原则和要求彻底而有效地贯彻到人口资源环境工作中。实施可持续发展战略就是要保障人民群众的生态环境权益。

推进发展的需要。发展是硬道理。但是,发展必须坚持从实际出发,充分考虑人口资源环境等因子的限制作用。我国是人口众多、资源相对不足的国家,在经济建设中必须实施可持续发展战略。可持续发展是满足当代人的需要又不对后代人满足其需要的能力构成危害的发展,其核心是坚持人与自然和谐发展的原则,其最终成果表现为生态文明。生态文明是人与自然和谐发展的程度和水平的成果和标志。就此而论,实施可持续发展战略就是要实现中国特色的生态现代化。"生态现代化意味着以一种可持续的方式使现代性得以现代化。"②中国特色生态现代化就是将生态化和现代化相融合的科学发展,其目的是建设生态文明。

---

① 《江泽民文选》第一卷,人民出版社 2006 年版,第 535 页。

② Joseph Huber, Ecological Modernization: Beyond Scarcity and Bureaucracy, *The Ecological Modernisation Reader: Environmental Reform in Theory and Practice*, London and New York: Routledge, 2009, P46.

维护稳定的需要。人口资源环境问题不仅会危及到生态安全和环境安全,而且会影响到政治安全和社会安全。现在,由于这类问题日益严重所引发的环境群体性事件已成为影响社会稳定的重大问题。为了维护稳定,必须高度重视并切实解决人口资源环境问题;而实现人口资源环境的可持续性,能够为维护稳定提供适宜的生态条件。因此,"在二十一世纪,我们要继续大力抓好稳定低生育水平,合理利用和严格管理资源,保护和创造良好生态环境的工作。能不能坚持做好人口资源环境工作,关系到我国经济和社会的安全,关系到我国人民生活的质量,关系到中华民族生存和发展的长远大计。"①只有这样,我们才能科学防范和有效化解环境群体性事件,进而才能有效维护稳定。

总之,实施可持续发展战略,是生态文明建设和社会建设的连接点,具有重大的意义。

2. 实施可持续发展战略的要求

人口资源环境是影响可持续发展的关键变量,因此,实现这三个因子的可持续性是实施可持续发展战略的主要任务。

可持续人口。在人口资源环境三者中,人口是关键。可持续人口是指适度的人口总量、优良的人口素质、合理的人口结构。(1)人口总量适度。人口增长既要考虑社会经济发展水平,又要考虑资源支撑能力和环境涵容能力。综合这些因素,我们必须坚持计划生育的基本国策,严格控制人口增长。(2)人口素质优良。人口素质直接关系着中国现代化建设和中华民族复兴的前途。我们首先要从出生人口的身体素质抓起,进而要提高全体人民的身体素质和文化素质。(3)人口结构合理。人口分布不合理,同样会制约可持续发展。在人口流动加快的背景下,我们必须促进人口性别结构、年龄结构和地域结构的平衡。这样,就可为可持续发展提供人口支撑。

可持续资源。资源为生产和生活提供原料、材料和动力,存在着可再生与否的问题。因此,"保护和合理利用资源的工作,要按照'有序有偿、供需平衡、结构优化、集约高效'的要求来进行,以增强资源对经济社会可持续发展的保障能力。"②为此,一是必须把节约资源放在首位,增强节约资源的观念,

①　《江泽民论有中国特色社会主义》(专题摘编),中央文献出版社 2002 年版,第 281—282 页。

②　《江泽民论有中国特色社会主义》(专题摘编),中央文献出版社 2002 年版,第 296 页。

节约用地、用水、用油、用矿,节约用各种自然资源。二是必须长期坚持保护和合理利用资源的方针,实行严格的资源管理制度,依靠科技进步,完善市场机制,推进资源利用方式的根本转变,处理好资源保护与经济发展的关系。三是必须做好利用国外资源的工作,要采取多种方式,贸易与勘察开发并举,实行多元化经营利用战略,对重要的战略资源实施国家战略储备。这样,就可为可持续发展提供资源支撑。

可持续环境。环境既是生产和生活的活动场所,也是排泄物和废弃物的排放场地。环境的涵容能力和自净能力是有限的,因此,环境保护工作一定要从全局出发,统筹规划,标本兼治,突出重点,务求实效,进一步控制全国污染物排放总量,改善重点地区环境质量,努力遏制生态环境恶化趋势。为此,一是要加强农业和农村的污染防治,做好规模化畜禽养殖的污染防治,积极推广生态农业和有机农业,保护农村饮用水源地,保证食品安全。二是要大力调整产业结构,通过根治和减少污染严重的企业,削减污染负荷。三是用高新技术改造传统产业,大力推进清洁生产,淘汰落后的生产工艺、设备和产品。四是建立环境安全防范体系,严格控制境外污染物和有害物种入侵。这样,就可为可持续发展提供环境支撑。

总之,在实施可持续发展战略的过程中,我们要把控制人口、节约资源、保护环境放到重要位置,实现经济社会发展与人口资源环境相协调。

3. 实施可持续发展战略的措施

实施可持续发展战略涉及整个社会结构的优化和全部社会形态的调整。从经济上来看,必须重点做好以下工作:

坚持走新型工业化道路。尽管环境问题在工业化时代达到了全球性的程度,但是,工业化是社会发展不可跨越的阶段。对于我们这样农业产业化任务远未完成、工业化处于中期阶段、信息化挑战接踵而至的发展中大国来说,"实现工业化仍然是我国现代化进程中艰巨的历史性任务。信息化是我国加快实现工业化和现代化的必然选择。坚持以信息化带动工业化,以工业化促进信息化,走出一条科技含量高、经济效益好、资源消耗低、环境污染少、人力资源优势得到充分发挥的新型工业化路子。"①走新型工业化道路,就是要按

---

① 《江泽民文选》第三卷,人民出版社 2006 年版,第 545 页。

照可持续原则,建立可持续产业结构,确立可持续发展方式,这样,就能将农业产业化、工业化、信息化和生态化有机融合起来,实现可持续发展。

建立可持续的产业结构。在我国,产业结构不合理是造成环境污染的重要原因,因此,必须充分考虑产业结构和生态环境的匹配情况,建立可持续产业结构。一是要加强农业的基础地位,珍惜和保护好耕地,把水土保持作为改善农业生产条件的根本措施,大力发展高产、优质、高效、低耗的生态农业。二是工业生产要讲质量、讲低耗、讲效益,全面推行清洁生产,大力发展生态工业和生态工业园区。三是第三产业要与第一、第二产业协调发展,重点发展具有自主知识产权的重要环保技术装备和基础装备,加快发展环保服务业,推进环境咨询市场化,大力发展环保产业。这样,才能从产业结构上促进可持续发展。

确立可持续的发展方式。在我国,粗放型增长方式是造成环境问题的重要原因,因此,必须充分考虑经济发展和生态环境的关系,着力推进绿色发展、循环发展、低碳发展。(1)绿色发展。针对高污染问题,绿色发展要求实现发展与环境的相容,要求发展不能超出环境的生态阈值。(2)循环发展。针对线性发展的弊端,循环发展要求实现废弃物的再生化和资源化,以提高资源利用效率,降低环境污染。(3)低碳发展。针对高排放造成的全球气候变暖问题,低碳发展要求实现节能降耗,控制温室气体,实现经济发展。总之,绿色发展、循环发展、低碳发展是集约型发展方式的题中之义,是从发展方式上对可持续发展的支持。

倡导可持续的消费模式。高消费是造成高污染的重要原因,因此,我们要"倡导文明、节约、绿色、低碳消费理念,推动形成与我国国情相适应的绿色生活方式和消费模式。"①(1)文明消费。这就是要实现消费与国情、生产、能力的适应,既不穷消费,也不高消费,而应科学消费和适度消费。(2)节约消费。这就是要大力倡导节约风尚,使节能、节水、节材、节粮、垃圾分类回收、减少使用一次性用品成为全社会的自觉行动。(3)绿色消费。这就是要大力倡导环境友好的消费方式,实行环境标识、环境认证和政府绿色采购制度,完善再生资源回收利用体系。(4)低碳消费。这就是要采用节能降耗的消费,限制过度包装,抑制不合理消费。这样,就可为可持续发展提供消费模式上的支持。

---

① 《中华人民共和国国民经济和社会发展第十二个五年规划纲要》,人民出版社 2011 年版,第 68 页。

综上,实施可持续发展战略,不仅要安排好当前的发展,还要为子孙后代着想,决不能吃祖宗饭、断子孙路,走先污染、后治理的路子。

(二) 加强政府可持续管理

加强政府的可持续管理职能,不仅是实施可持续发展战略的重要管理举措,而且是强化政府社会管理的重要辅助手段。因此,必须通过强化可持续管理来推动社会管理。

1. 政府加强可持续管理的意义

可持续管理是政府对可持续事务(人口资源环境事务)进行的管理,既是生态文明建设的重要制度保障,也是社会建设和社会管理的重要制度保障。

深化可持续发展战略的需要。根据我国国情和世界潮流,我国从 1992 年开始将可持续发展作为解决环境和发展问题的战略;1994 年,推出了世界上第一个国家级可持续发展白皮书——《中国 21 世纪议程》;1997 年,党的十五大将可持续发展确立为我国现代化建设的重大战略;2002 年,党的十六大将可持续发展作为全面建设小康社会的四大目标之一;2007 年,党的十七大将可持续发展战略上升为生态文明,将之作为全面建设小康社会的五大目标之一;2012 年,党的十八大将生态文明纳入到了中国特色社会主义总布局中,要求将生态文明建设融入经济建设、政治建设、文化建设、社会建设各方面和全过程,加强生态文明制度建设。事实上,这也指明了生态文明建设是社会建设的重要的生态条件,要求我们要通过生态文明建设来推动社会建设,通过强化可持续管理来推动社会管理。

化解环境群体性事件的需要。环境群体性事件是由于生态环境问题引发的集体行动事件。近年来,这类事件呈不断上升的态势。2012 年,环境群体性事件接连不断(如什邡事件、启东事件等),主要表现出以下特征:由于污染危害性较为严重,以直接污染受害者、相关者为参与主体的环境维权和抗争更加尖锐和激进;由于环境意识提高,一些自发民间动员向着更加理性和专业化的方向发展;迫于社会压力,地方政府对事件的反应更加迅速。[①] 可见,如果

---

① 刘鉴强主编:《中国环境发展报告(2013)》,社会科学文献出版社 2013 年版,第 25—34 页。

政府重视可持续管理,及时应对环境群体性事件,那么,就能有效化解避免社会危机。反之,如果沿用传统的严加打压的方法,就有可能激化事态。这样,加强可持续管理就具有了社会管理的价值。

管理环境非政府组织的需要。在我国,环境非政府组织(ENGO)被称为民间环保团体。目前,我国已有数百家 ENGO 活跃在环境治理和社会治理第一线。它们在扩大群众参与、反映群众诉求方面具有积极的作用,为生态文明建设和社会建设的良性互动提供了治理结构上的支持。因此,我们要"发挥社会团体的作用,鼓励检举和揭发各种环境违法行为,推动环境公益诉讼。"①ENGO 的发展是群众自治意愿和行动的体现,有利于公共领域的成熟和公共精神的培育,有利于可持续发展,有利于社会稳定。同时,可持续公共服务需要大量的劳动投入,也有利于解决就业问题。但是,境外势力一直试图将之作为颠覆和渗透的工具。在这种情况下,只有加强可持续管理,才能有效发挥ENGO 的正能量,避免它们成为威胁社会稳定和社会安全的隐患。

总之,加强政府可持续管理,既是加强生态文明建设和可持续管理的需要,也是加强社会建设和社会管理的需要。

2. 政府加强可持续管理的原则

政府加强可持续管理必须坚持科学的原则,要把强化可持续管理与发展先进生产力、发展先进文化和代表中国最广大人民的根本利益结合起来。

代表先进生产力的发展要求。生产力是实现人与自然之间物质变换的实际能力,生态化是先进生产力的重要趋势和重大特征,因此,我们必须"要使广大干部群众在思想上真正明确,破坏资源环境就是破坏生产力,保护资源环境就是保护生产力,改善资源环境就是发展生产力。"②目前,生产污染是污染大户。因此,各级政府和干部必须认识到,作为污染大户的企业往往是在损害当地经济的可持续性,而反对污染的环境群体性事件往往是在保护当地经济的可持续性。只有承认这一事实,政府才能有效应对污染事故和环境群体性事件。因此,在加强可持续管理中,必须坚持代表先进生产力的发展要求的原则。

---

① 《十六大以来重要文献选编》(下),中央文献出版社 2008 年版,第 96 页。
② 《江泽民论有中国特色社会主义》(专题摘编),中央文献出版社 2002 年版,第 282 页。

代表先进文化的前进方向。文化是自然的人化,是人与自然交往的中介和符号。现在,"环境意识和环境质量如何,是衡量一个国家和民族的文明程度的一个重要标志。"①环境意识是对人与自然和谐发展的自觉反映和能动展现。在此基础上形成的生态文化,是先进文化的重要趋势和重大特征。在当代中国,环境群体性事件往往是民众环境意识觉醒和提高的表现,不仅能够促进环境质量的提高,而且能够促进先进文化的发展。如果否认这一点,就会打击人民群众参与生态建设和文化建设的积极性。只有尊重人民群众的环境意识,才能搞好可持续管理。因此,在加强可持续管理中,必须坚持代表先进文化的前进方向的原则。

代表中国最广大人民根本利益。自然是人的无机的身体,直接关系到人民群众需要的满足和利益的实现。在这个意义上,"人口、资源、环境工作,关系经济发展和社会进步,关系最广大人民的根本利益。切实做好人口、资源、环境工作,不仅关系到我们能否更好地解放和发展生产力,而且关系到我们能否更好地实现、维护、发展最广大人民的根本利益。"②由此来看,即使对经济发展做出了贡献,作为污染肇事者的企业和资方还是在损害人民群众的利益;包庇和纵容污染元凶的政府部门及其干部,往往有助纣为虐的嫌疑。因此,人民政府必须从维护人民群众根本利益的高度来处理好环境事故和环境群体性事件。这样,在加强可持续管理中,就必须坚持代表中国最广大人民根本利益的原则。

总之,只有坚持代表先进生产力的发展要求、先进文化的前进方向、中国最广大人民的根本利益,才能保证可持续管理的正确方向。

3. 政府加强可持续管理的措施

加强可持续管理,是政府履行经济调节、市场监管、社会管理和公共服务等基本职能的题中之义。目前,政府应从以下几方面做好可持续管理工作。

强化可持续效益的引导作用。长期以来,我们往往将效益简化为经济效益,将可持续发展看作是"赔钱"的买卖,结果造成了不可持续的问题。事实上,"计划生育和环境保护,不仅具有近期效益,更具有远期效益;不仅有经济

---

① 《江泽民文选》第一卷,人民出版社 2006 年版,第 534 页。
② 《江泽民文选》第三卷,人民出版社 2006 年版,第 467 页。

效益,更有社会效益。各级领导干部要注意算大账,算大账就是算大局、全局之账,这是一个很重要的领导方法和领导艺术。只算局部的眼前的小账,而不算全局的长远的大账,就容易陷入片面性,该花钱的地方花得少,不该花钱的地方又花得多,甚至于干些急功近利而损害全局、贻误将来的事情。"①因此,在宏观上,必须将生态效益、经济效益和社会效益统一起来,要将生态效益作为基础,将经济效益作为手段,将社会效益作为目的。在微观上,不仅要看到可持续发展所具有的生态效益,而且要承认其经济效益和社会效益。为此,要将三个效益相统一的原则纳入到可持续发展战略和生态文明建设方略中,纳入到各级地方发展规划中,纳入到对地方政府和干部的考核中。

强化可持续指标的规范作用。长期以来,由于受机械发展观的影响,我们将 GNP 和 GDP 作为衡量发展的重要指标甚至唯一指标。在盲目崇拜 GNP 和 GDP 的情况下,往往会出现杀鸡取卵式的发展。事实上,GNP 和 GDP,既不能反映出发展的人文虚数,更不能反映出发展的自然虚数。"现在,国际上形成了一个越来越明确的共识,就是发展不仅要看经济增长指标,还要看人文指标、资源指标、环境指标。"②为此,必须建立和完善可持续指标体系(即绿色 GNP 或绿色 GDP,包括人口资源环境等方面的指标),不仅在现有指标中要减除人文虚数和自然虚数,而且要将生态文明建设带来的自然资本的增益纳入到国民财富的衡量中。在操作上,不仅要加强政府的可持续统计,而且要加强对企业的可持续审计;不仅要将可持续指标纳入到各级地方的发展规划中,而且要将之纳入到对各级各类干部的考核中。

强化可持续法制的约束作用。长期以来,无法可依、有法不依、执法不严、违法不究是加剧环境污染和诱发环境群体性事件的重要原因。因此,"人口、资源、环境工作要切实纳入依法治理的轨道。这是依法治国的重要方面。人口、资源、环境几方面的工作都有了基本的法律依据。既然立了法,就要坚持有法必依、执法必严、违法必究。"③现在,需要在生态文明理念的指导下,依据宪法,制定一部统筹人口资源环境等领域的"生态文明建设基本法"(可持续发展基本法);进而,要协调好相关法律的关系,避免法律空白;最后,要建立

---

①　《江泽民论有中国特色社会主义》(专题摘编),中央文献出版社 2002 年版,第 281 页。

②　《江泽民文选》第三卷,人民出版社 2006 年版,第 462 页。

③　《江泽民文选》第三卷,人民出版社 2006 年版,第 468 页。

一部中国特色的可持续法律体系。在此基础上,各级政府及其干部要带头学法、知法、懂法,绝不能知法犯法,干扰甚至阻挠有关部门依法行政。与可持续有关的职能部门要秉公执法,决不允许徇私枉法,偏袒污染肇事者。企业尤其是资方要自觉守法,主动履行可持续法律责任和义务,虚心接受社会监督和批评。各类 ENGO 要在法律框架中发挥作用,要防范内部治理失效。所有公民都必须自觉守法,积极参与生态文明建设尤其是环境志愿者活动,监督和批评政府、企业履行可持续责任和义务的情况。

总之,加强可持续管理,不仅可以推动可持续发展和生态文明建设,而且能够为社会建设和社会管理提供可持续治理上的支撑。

综上,只有努力做好人口资源环境工作,大力贯彻和落实可持续发展战略,统筹人与自然和谐发展,建设社会主义生态文明,才能有效优化社会主义社会建设的生态条件。

五、强化社会建设的领导力量

中国共产党是领导我们搞好社会主义建设事业的核心力量。加强社会主义社会建设和社会管理同样必须坚持党的领导,并且对党的领导作用有特殊要求。党要提高自身领导社会建设的能力,必须推进党自身的建设。这样,加强党的建设就成为推进社会建设的内在需要。

(一) 提高党的社会建设的能力

加强党对社会建设的领导,首先要求提高党的构建社会主义和谐社会的能力,提高党的社会建设(包括社会管理)的能力,这样,才能更好地发挥党对社会建设的领导作用。

1. 提高党的社会建设的能力的意义

党的执政能力是一个复杂体系,包括党动员和组织人民依法管理社会事务的能力(社会建设能力)。提高党的社会建设的能力,既具有重大的政治意义,也具有重大的社会意义。

适应世情的需要。二次大战以后,和平、发展、合作成为了时代潮流。进入新世纪新阶段,国际局势发生了新的深刻变化,世界多极化和经济全球化的趋势深入发展,科技进步日新月异。同时,综合国力竞争日趋激烈,各种思想文化相互激荡,各种矛盾错综复杂,影响和平与发展的不稳定不确定因素增多。其中,敌对势力对我国实施西化、分化的战略图谋始终没有改变,我们仍将长期面对发达国家在经济、科技等方面占优势的压力。尤其是,我国社会领域中存在的问题有可能成为和平演变的借口。为此,必须提高党的社会建设的能力。

适应国情的需要。我们已经实现了建设全面小康社会的目标。但是,我国仍处于并将长期处于社会主义初级阶段的基本国情没有变,人民日益增长的物质文化需要同落后的社会生产之间的矛盾这一社会主要矛盾没有变,我国是世界最大发展中国家的国际地位没有变。特别是,我国改革发展正处在关键时期,社会利益关系更为复杂,新情况新问题层出不穷。在此条件下,我们党要带领全国各族人民全面建成小康社会,实现继续推进现代化建设、完成祖国统一、维护世界和平与促进共同发展的历史重任,就必须大力加强党的执政能力建设,尤其是社会建设能力建设。

适应党情的需要。目前,我们党已经从领导人民为夺取全国政权而奋斗的党,成为领导人民掌握全国政权并长期执政的党;已经从受到外部封锁和实行计划经济条件下领导国家建设的党,成为对外开放和发展社会主义市场经济条件下领导国家建设的党。党的执政能力同党肩负的重任和使命总体上是适应的。但是,面对新情况,党的领导方式和执政方式、领导体制和工作机制还不完善;腐败现象在一些地方、部门和单位还比较严重,党群干群关系较为紧张。为此,必须加强包括社会建设能力在内的党的执政能力建设。

总之,"党的执政地位不是与生俱来的,也不是一劳永逸的。我们必须居安思危,增强忧患意识,深刻汲取世界上一些执政党兴衰成败的经验教训,更加自觉地加强执政能力建设,始终为人民执好政、掌好权。"①其中,一个重大的课题是,我们必须提高党的社会建设的能力。

2. 提高党的社会建设的能力的要求

提高党的社会建设的能力,就是要提高党引领社会、组织社会、管理社会、服务社会的能力,就是要提高党的构建社会主义和谐社会的能力。

---

① 《十六大以来重要文献选编》(中),中央文献出版社 2006 年版,第 273 页。

激发社会活力的能力。只有充满创造活力,社会才能向前发展。因此,必须坚持尊重劳动、尊重知识、尊重人才、尊重创造的方针,最大限度地激发社会活力。一方面,生气勃勃的创造性的社会主义是由人民群众自己创造的,因此,必须有效地调动人民群众的能动性、积极性和创造性。另一方面,新社会阶层对社会主义建设具有独特的贡献,因此,必须注重发挥其独特的作用。只有将二者统一起来,社会才能充满活力。当然,关键是要发挥工人、农民、知识分子和解放军指战员的主体作用。

管理社会事务的能力。随着市场经济的发展,狭义社会事务管理已超出了传统民政工作的范围,涉及一系列部门。目前,除了行业管理和社区管理之外,流动人口和特殊人群服务管理、新经济组织和新社会组织服务管理、信息网络服务管理、物业管理等已成为社会事务管理的新领域。这些领域恰好是党建工作没有覆盖或者覆盖不够的领域,因此,必须加强社会领域的党建工作。这样,才能有效提高党的管理社会事务的能力。

协调利益关系的能力。随着市场经济的发展,出现了利益分化的趋势。如果对之听之任之,那么,必然会对执政党的合法性提出挑战。因此,必须建立和健全科学、合理的利益表达机制、利益补偿机制、利益协调机制。为此,既要继续鼓励一部分人通过诚实劳动、合法经营和照章纳税先富起来,依法保护一切合法收入和财富;又要采取切实的措施扭转利益分化的态势,将消灭城乡贫困、降低基尼系数作为社会政策的重中之重。最后,必须引导全体人民通过诚实劳动和科学创造追求幸福生活,走向共同富裕。

处理社会矛盾的能力。随着利益分化,我国社会矛盾也出现了新态势,但仍属于人民内部矛盾。如果处理不妥,人民内部矛盾也会转化为敌我矛盾。为此,必须坚持学习人民内部矛盾理论,学会运用科学方法化解矛盾。对于信访事件、群体性事件等群众表达利益诉求的问题,不能简单地采用打压方式,而应分析其深层次原因,从源头上防范和化解矛盾;对于强制征地、强制拆迁、强制破产等危害人民群众切身利益的问题,必须严加处理,这样,才能取信于民。关键是,必须建立健全矛盾纠纷调处机制,依法解决矛盾。

开展群众工作的能力。处理新时期人民内部矛盾对党的群众工作提出了新要求。在坚持马克思主义群众观和党的群众路线的前提下,必须正确处理党群干群关系,积极创新群众工作机制,将教育群众和服务群众统一起来。为此,既要通过思想政治工作提高人民群众的政治觉悟,引导他们辩证看待利益分化,又要借鉴社会工作的理念和方法,切实解决群众的物质利益问题,还要借鉴心理工作的理念和方法,有效做好心理服务工作。关键是,要建立和健全党群干群沟通联系机制。

维护社会稳定的能力。稳定不是靠打压和谦让维护出来的,而是通过改革发展稳定的辩证互动创造出来的,是靠实现人民群众的利益创造出来的。为此,既要完善社会治安防控体系和应急管理体制,也要健全食品药品安全监管机制、安全生产监管机制;既要发挥政法工作队伍的作用,又要发挥群防群治的优良传统;既要发挥传统方法的作用,也要充分借助信息化手段,着力构建人防、物防、技防结合的防控体系;既要做好事后的打防管控工作,又要做好事前的稳定预警和稳定风险评估工作。

总之,为了构建社会主义和谐社会,"各级党委、政府和领导干部要不断提高激发社会创造活力的本领、管理社会事务的本领、协调利益关系的本领、处理人民内部矛盾的本领、开展群众工作的本领、维护社会稳定的本领,把构建社会主义和谐社会的要求落到实处。"①这些本领即党的社会建设的能力。

3. 提高党的社会建设的能力的措施

提高党的社会建设的能力必须要有系统视野和系统措施。目前,重点应做好以下工作:

将社会建设纳入党的思想建设中。只有在科学认识社会建设和社会管理规律的基础上,才能形成科学的决策和政策,做好社会建设和社会管理实际工作。因此,为了不断认识和把握新形势下社会建设和社会管理的特点和规律,必须"加强社会建设理论和社会政策的学习研究和教育培训,不断提高各级领导班子和领导干部管理社会事务、协调利益关系、开展群众工作、激发社会创造活力、处理人民内部矛盾、维护社会稳定的本领。"②只有将这一要求纳入到建设马克思主义学习型政党的目标中,才能提高党的社会建设理论的学习研究能力,为党更好地领导社会建设提供科学的思想支撑。

将社会建设纳入党的作风建设中。党的作风体现着党的宗旨,关系党和

①　《十六大以来重要文献选编》(中),中央文献出版社 2006 年版,第 717 页。
②　《十六大以来重要文献选编》(下),中央文献出版社 2008 年版,第 669 页。

国家的生死存亡。"只有坚持不懈地抓好领导干部作风建设,不断教育和引导各级领导干部真正做到为民、务实、清廉,营造和谐的党群干群关系,把广大人民群众紧密团结在党和政府的周围,才能形成共同构建社会主义和谐社会的强大力量。"①为此,我们必须认认真真地抓工作、抓落实,扎扎实实地解决群众遇到的实际问题。只有改进工作作风,想群众之所虑,急群众之所难,谋群众之所求,切实解决好关系改革发展稳定全局和影响群众生产生活的各种问题,才能以实际行动取信于民,才能使党组织永远保持健康的肌体和活力。

将社会建设纳入党的廉政建设中。极少数党员干部的腐化堕落行为严重损害了党群干群关系,是导致社会矛盾激化、社会治理危机的隐患。苏东剧变的沉痛教训也提醒我们,"对腐败问题,不仅要从经济上看,而且要从政治上看"②。因此,我们必须把廉政建设作为加强党的执政能力建设和先进性建设的重大任务,也作为维护社会公平正义和促进社会和谐的紧迫任务来对待。为此,要坚持党要管党、从严治党,贯彻标本兼治、综合治理、惩防并举、注重预防的反腐倡廉战略方针,重点是推进教育、制度、监督并重的惩治和预防腐败体系建设。在教育上,必须加强党员干部的党性锻炼和思想道德修养,筑牢拒腐防变的思想道德防线。在制度上,必须拓展从源头上防治腐败的工作领域,形成群众支持和参与反腐倡廉的有效机制,健全防范腐败的体制机制。在监督上,必须把党内监督与社会监督结合起来,形成监督合力,提高监督实效。这样,党风建设才能有效带动社会建设和社会管理。

将社会建设纳入党的制度建设中。党的制度是否健全和完善,是衡量无产阶级政党在政治上是否成熟的重要标志。在社会建设中,"各级党委和政府要把思想统一到中央精神上来,把构建社会主义和谐社会作为一项重大任务,纳入经济社会发展总体规划,列入重要议事日程,建立有效的领导机制和工作机制。"③事实上,党的一切工作都是群众工作。这样,就需要在党的制度建设中加强创新,形成集中统一的社会建设的领导制度和工作制度。

总之,只有加强党的社会建设的能力建设,才能使党更好地承担起领导社

①　《十六大以来重要文献选编》(下),中央文献出版社 2008 年版,第 870 页。
②　《江泽民文选》第三卷,人民出版社 2006 年版,第 419 页。
③　《十六大以来重要文献选编》(中),中央文献出版社 2006 年版,第 717 页。

会建设的重任。

（二）加强社会领域的党建工作

在加强党的基层组织建设的过程中,必须加强社会领域的党建工作。社会领域党建是党的建设和社会建设的交汇点,可以为党有效地领导社会建设提供党建方面的有力支撑。

1. 加强社会领域党建的意义

加强社会领域的党建,不仅是党建工作的重要任务,而且是社会建设的重大课题,具有重大的意义和价值。

加强党的建设的需要。今天,为了加强党的领导,必须在增强党的阶级基础的同时,扩大党的社会基础。这在于,在市场经济条件下,党的方位发生了巨大而深刻的变化。例如,根据中央组织部组织二局的材料,全国非公企业已占企业总数的 70% 以上,增加值超过 GDP 的 60%,固定资产投资占 50% 以上,出口贸易占 60% 以上,全国 65% 以上的专利、技术创新和新产品开发由非公企业完成。全国 80% 的城镇就业、90% 的新增就业集中在非公企业。其从业人员近 2 亿,已成为工人阶级的主要组成部分。同时,社会组织在我国社会生活中也开始扮演着越来越重要的角色。如果党建工作不深入到社会领域,那么,不仅会影响党建工作的覆盖面,而且会影响党的执政基础。因此,"贯彻'三个代表'要求,我们必须坚持党的工人阶级先锋队性质,始终保持党的先进性,同时要根据经济发展和社会进步的实际,不断增强党的阶级基础和扩大党的群众基础,不断提高党的社会影响力"①。这样,党的领导如何更加切实有效地覆盖市场发展和社会生活的广泛领域,就成为党建工作的新的重大课题。

加强社会管理的需要。在计划经济时期,党员、群众基本上都在政府直接管理的部门或单位中工作,党的组织和领导主要通过从上到下组织严密的部门和单位来实施。但是,在市场经济条件下,这一切都发生了变化。例如,2012 年我国流动人口数量达 2.36 亿人。同时,我国非公企业中还有数十万的流动党员没有亮明身份。这样,在加强对流动人口管理的同时,如何加强对

---

① 《江泽民文选》第三卷,人民出版社 2006 年版,第 284 页。

流动党员的管理,就成为社会管理的一个新课题。再如,虽然我国各族人民的根本利益是一致的,但是,由于劳动性质、就业方式、收入分配等条件的变化,不同地区、不同部门、不同职业、不同方面的群众的具体利益又会有这样那样的差别。这样,党如何更好地代表全体人民的根本利益和不同社会群体的具体利益,处理好效率和公平的关系,就成为一个关系到党的领导能否有效实施的重大问题。事实上,如何正确处理效率和公平的关系已成为影响社会稳定和社会和谐的重大问题,极大地增加了社会管理的难度。可见,社会管理和党的建设存在着很大的交叉领域。在现有政治体制中,如果党的建设没有出现突破和创新,就难以在社会管理上实现突破和创新。

总之,加强社会领域党建工作,是增强党的阶级基础、扩大党的群众基础、夯实党的执政基础的需要,是引导社会领域健康发展、加强和创新社会管理、促进社会和谐的需要。

2. 加强社会领域党建的要求

社会领域党建主要是指覆盖社会生活领域的党的建设。相对于传统的国有和集体企业党建、农村党建和机关事业单位党建,社会领域党建又被称为新兴领域党建。

社会领域党建的一般要求。为了充分发挥党组织在社会领域的影响力和领导力,必须加强社会领域的党建。其一般要求是,"加大非公有制经济组织、社会组织党建工作力度,全面推进各领域基层党建工作,扩大党组织和党的工作覆盖面,充分发挥推动发展、服务群众、凝聚人心、促进和谐的作用,以党的基层组织建设带动其他各类基层组织建设。"[①]因此,我们要紧紧围绕推动发展、服务群众、凝聚人心、促进和谐四个方面的要求,加强社会领域党建。在此基础上,社会领域党建要形成比较健全的管理体制、比较完善的工作体系和比较规范的工作机制;同时,要培养一批"领导班子好、党员队伍好、工作机制好、发挥作用好、各方反映好"的社会领域党建工作示范点。这样,才能在扩大党组织和党的工作覆盖面的基础上,使党组织和党员在社会领域中的能力明显提高,作用明显发挥,成效明显增强。

---

① 胡锦涛:《坚定不移沿着中国特色社会主义道路前进 为全面建成小康社会而奋斗——在中国共产党第十八次全国代表大会上的报告》,人民出版社 2012 年版,第 53—54 页。

社会领域党建的具体要求。根据每个领域或对象的具体情况,社会领域党建的具体要求也有所不同。(1)社区党建。除了传统的以服务群众为重点的工作模式外,目前,社区党建要扩展到企事业退休回到社区的人员、驻社区社会领域单位工作人员、居住在社区的流动人口中。为此,必须构建城市社区党建工作新格局。(2)新经济组织党建。这主要包括私营企业、三资企业、个体工商户等,是党建覆盖社会领域的重点。为此,要"加强非公有制企业党的建设,企业党组织要贯彻党的方针政策,引导和监督企业遵守国家的法律法规,领导工会和共青团等群众组织,团结凝聚职工群众,维护各方的合法权益,促进企业健康发展。"①目前,凡是已具备条件的新经济组织都应建立党组织。在新经济组织中开展党建工作,既要理直气壮,也要耐心细致。(3)新社会组织党建。这主要包括社会团体、民办非企业单位、社会中介组织等,是党建工作覆盖社会领域的又一重点。我们要紧紧围绕协调利益、化解矛盾、规范服务的要求,加大在新社会组织中建立党组织的工作力度。目前,要以行业规模较大、业务主管部门明确、工作基础较好的律师、会计师、建筑师等行业为突破口,以点带面,积极探索加强新社会组织基层党建工作。同时,要依赖"枢纽型社会组织"②做好社会组织的党建工作。(4)流动人口党建。在关爱和关心流动党员的同时,各级党组织必须加强对流动党员的教育管理。此外,还必须加强在流动人口中发展党员的工作。

总之,只有推动社会领域党建工作不断取得新进展、新成效,才能在社会领域中进一步扩大党的组织覆盖和工作覆盖,才能更好地加强党对社会生活领域的领导。

3.加强社会领域党建的措施

加强社会领域党建,必须综合施策,进一步创新党建工作的理念、方式和手段,在着力扩大党的组织覆盖和工作覆盖的同时,必须树立起党组织和党员在社会领域中的权威。

注重数量和注重质量的统一。社会领域的人员构成较为复杂,既包括一

---

① 《江泽民文选》第三卷,人民出版社 2006 年版,第 572 页。

② 枢纽型社会组织是由负责社会建设的有关部门认定,在对同类别、同性质、同领域社会组织的发展、服务、管理工作中,在政治上发挥桥梁纽带作用,在业务上处于龙头地位,在管理上承担业务主管职能的联合性社会组织。

般劳动者(包含大学毕业生和新生代农民工),也包括新社会阶层(如,企业出资人、高层经营者和高知识群体)。因此,在扩大覆盖的同时,必须注意提高党员中新社会阶层人士的政治觉悟,在新社会阶层中发展党员时必须将思想上入党放在第一位。这在于,"我们共产党人的哲学是奋斗的哲学,要为党、为国家、为民族、为人民的利益而不懈奋斗。对个人名利,要看得开一些,否则很难经受住改革开放和发展社会主义市场经济这种新的社会环境的考验。"①否则,一些进入党内的新社会阶层人士尤其是企业出资人有可能成为瓦解党的执政地位的潜在因素。当然,对于一般劳动者中的党员和发展对象,也必须加强党的先进性和纯洁性的教育。总之,只有坚持政治标准第一,才能真正保证社会领域党建工作的正确方向。

创新组织设置形式和创新工作手段的统一。在社会领域中开展党建工作,既要注重基层党组织设置形式的创新,又要注重基础党组织工作手段的创新。一方面,必须创新党组织的设置形式。目前,在以地域、单位为主设置基层党组织的基础上,要按照便于党员参加活动、党组织发挥作用的要求,探索完善基层党组织的设置形式。在非公企业党组织设置方面,我们已形成了多元化适应性强的设置形式。例如,或依托街道党工委,成立综合经济党总支;或由若干个街道组建社区综合党委或社区经济联合党委;或依托行业协会,由市区总商会成立"民营企业党委"管理私营企业党组织;或由个体私营企业协会党委管理下属的个体和私营企业协会分会党支部;或通过党组织来协助个协或私协间接管理个体私营企业的党组织;或依托开发区或经济小区管委会、党组织领导与管理辖区内的非公企业党组织。目前,应对之进一步加以总结提炼。另一方面,要根据社会领域人员工作流动性大、活动时间难以集中、活动场地难以寻觅等特点,大力创新工作手段和方法。例如,可以利用网络优势开展党建工作,开设网上党建园地、网上党校、党建微博、网上论坛等,把党的活动阵地拓展到网络上,增强党组织活动的吸引力和影响力。当然,也必须将工作手段和方法实物化。目前,要按照有场所、有设施、有标志、有党旗、有书报、有制度的"六有"标准,大力推进社会领域党组织活动场所的规范化建设,在新经济组织和社会组织相对集中的地方要组建一批区域性、开放性、综合性

---

① 《江泽民文选》第二卷,人民出版社 2006 年版,第 502 页。

的党群活动服务中心。这样,才能有效提高社会领域党建工作的水平。

党建工作和业务工作的统一。社会领域党建工作必须从实际出发,坚持党建工作与业务工作两手抓,努力做到党建工作与业务工作的互相促进和共同发展。根据实际经验,将党建工作融入到业务工作中是社会领域党建工作取得成效的有效途径。例如,非公有制企业的产权关系,不同于国有企业和集体企业,党建工作要根据这一特点来开展,要将贯彻落实党的方针政策与企业的生产经营紧密结合,广泛开展"双强六好"①创建活动。其中,广泛开展党员示范岗、党员责任区、党员挂牌等实践活动,是非公企业开展党建工作的有效载体。这样,才能充分发挥党组织在职工群众中的政治核心作用、在企业发展中的政治引领作用。

此外,我们要以党组织书记和党建工作指导员为重点,全面加强社会领域党务工作者队伍的建设;要建立党的社会建设工作委员会,以负责辖区范围内整个社会领域的党建工作。

总之,加强和改进社会领域党建工作,不断提高社会领域党建工作水平,才能增强党组织在社会领域中的领导力、战斗力、凝聚力和影响力,才能最终提高党的社会建设的能力。

综上,只有立足于中国特色社会主义总体布局,坚持党的领导,我们才能有效地推进社会建设,保证社会主义社会成为全面发展和全面进步的社会,保证实现人的全面发展。

---

① "双强六好"是指在新经济组织和新社会组织要做到发展强、党建强"双强":要做到生产经营好、企业文化好、劳动关系好、党组织班子好、党员队伍好、社会反映好"六好"。

第十六章　建设和谐社会：当代中国社会建设的制度保证

> 根据十五大提出的到二〇一〇年、建党一百年和新中国成立一百年的发展目标，我们要在本世纪头二十年，集中力量，全面建设惠及十几亿人口的更高水平的小康社会，使经济更加发展、民主更加健全、科教更加进步、文化更加繁荣、社会更加和谐、人民生活更加殷实。
>
> ——江泽民：《全面建设小康社会，开创中国特色社会主义事业新局面》（2002 年 11 月 8 日），《江泽民文选》第三卷，人民出版社 2006 年版，第 542—543 页。
>
> 根据马克思主义基本原理和我国社会主义建设的实践经验，根据新世纪新阶段我国经济社会发展的新要求和我国社会出现的新趋势新特点，我们所要建设的社会主义和谐社会，应该是民主法治、公平正义、诚信友爱、充满活力、安定有序、人与自然和谐相处的社会。
>
> ——胡锦涛：《在省部级主要领导干部提高构建社会主义和谐社会能力专题研讨班上的讲话》（2005 年 2 月 19 日），《十六大以来重要文献选编》（中），中央文献出版社 2006 年版，第 706 页。

随着社会主义和谐社会战略构想的提出，中国特色社会主义总体布局发展成为由经济建设、政治建设、文化建设、社会建设、生态文明建设五者构成的复杂系统（五位一体的总布局）。由于社会建设是"五位一体"总布局的重要一环，这样，建设社会主义和谐社会就成为当代中国社会建设的制度保证。目前，只有按照社会主义和谐社会的制度规定和制度要求处理好社会建设的制度课题，才能保证当代中国的社会建设成为社会主义社会建设。

一、社会主义和谐社会的科学构想

社会主义建设是在复杂的时空坐标中展开的。基于对人类社会发展规律、社会主义建设规律、共产党执政规律的科学把握，在科学判断世情、国情、党情、社情的基础上，在科学认识资本主义的发展历程、社会主义的发展历程、当今的国际环境和国际斗争带来的社会影响、我国社会主义改革实践过程对社会生活的影响的过程中，在完成继续推动现代化建设、完成祖国统一大业、维护世界和平与促进共同发展的历史任务的同时，我们提出了构建社会主义和谐社会的战略构想。

（一）超越资本主义福利制度的革命选择

如何认识资本主义的发展历程尤其是其当代发展，是社会主义建设的重大课题。"具体说来，进入二十世纪特别是第二次世界大战以后，在资本主义制度允许的范围内，他们在税收、福利政策、企业组织结构以及加强国家对经济的干预等方面采取了不少措施，调节并在一定程度上缓解了生产资料私人占有对生产力发展的制约。"[1]其中，资本主义福利制度是对社会主义合法性和优越性的最大挑战。

1. 资本主义福利制度的形成

为了克服资本主义发展带来的社会危机，资本主义"发明"了福利制度，福利国家脱颖而出[2]。圈地运动后，英国的社会不稳定因素急剧增加，因此，英国于 1601 年颁布了《济贫法》。19 世纪 80 年代，德国的社会民主运动日益高涨。在严酷镇压这一运动的同时，为了安抚劳工阶级、维护社会稳定，"铁血宰相"俾斯麦通过立法建立了世界上最早的工人养老金、健康和医疗保险

---

① 《江泽民文选》第三卷，人民出版社 2006 年版，第 79—80 页。
② 在广义上，福利国家是指具有充分发展的公共社会福利部门的西方社会制度。在狭义上，福利国家专指北欧式的社会国家。这里，我们用这一概念来泛指资本主义福利制度或资本主义福利国家，将上述二者均包括在内。

制度及社会保险。这成为福利国家的开端。在 1929—1933 年的经济危机时期,美国采取了各种具有社会福利意义的政策,试图通过重建社会来解决经济危机。这即为罗斯福新政。1942 年,英国发表《贝弗里奇报告——社会保险和相关服务》,提出了建立"社会权利"新制度的设想。这是对福利国家的最早的系统描述。战后,欧洲尤其是北欧国家逐步建立起广泛的社会福利体系。可见,"创立福利国家的目的之一就是要驱散社会主义的威胁"①。在实质上,资本主义福利制度是为维护资产阶级的统治服务的。

2. 资本主义福利制度的类型

资本主义福利制度的出现,促进了福利资本主义的发展。② 其主要类型有:(1)自由主义模式。这种模式主要内容是经济调查式的社会救助、少量的普救式转移支付或作用有限的社会保险计划。美国、加拿大和澳大利亚是其典型代表。新自由主义的或残余的(剩余的)福利体制是其衍生物。(2)合作主义模式。该模式以国家、雇主组织、雇员工会三方合作为主要特征,是对既有的阶级分化的保护。因此,又被称为保守主义。奥地利、法国、德国和意大利是其典型代表。新保守主义体制又称为道德权威主义体制。(3)社会民主主义模式。该模式的特征是福利和劳动的融合,在北欧国家占主导地位。它既承诺保证充分就业,又要完全依赖充分就业所取得的成就。此外,重视社会服务和保健是英国福利制度的主要特点,但是,福利是按收入多寡来确定的。要之,"自由主义福利体制的话语肯定了大众话语中的事业性的指令系统,社会民主主义体制肯定了改良主义的指令系统,保守主义体制肯定了墨守成规的指令系统,道德权利的体制肯定了生存主义的指令系统"③。目前,社会民主主义者希望保持高额的福利支出,而新自由主义者们却主张建立一个更小的福利安全网。

---

① [英]安东尼·吉登斯:《第三条道路:社会民主主义的复兴》,郑戈译,北京大学出版社2000 年版,第 115 页。

② 在严格意义上,福利资本主义、民主社会主义、"第三条道路"存在着区别。这里,我们用福利资本主义来笼统地概括资本主义福利制度带来的资本主义的变化,将上述三者均包括在内。在《福利资本主义的三个世界》中,丹麦学者考斯塔·艾斯平—安德森将福利资本主义划分为自由主义福利国家、合作主义福利国家和社会民主主义三种类型。

③ [英]马丁·鲍威尔:《新工党,新福利国家?——英国社会政策中的"第三条道路"》,林德山、李资资、吕楠译,重庆出版社 2010 年版,第 225 页。

3.资本主义福利制度的功能

福利制度进一步巩固了资本主义的"合法性"。它具有多方面的功能。(1)西方福利制度的经济功能。例如,瑞典政府通过教育、工作培训、就业安置和类似服务而花在就业创造方面的支出远远超过失业救济。其卫生、保健、儿童保育和家庭服务等方面的支出被视为生产型投资,而非消费性支出。因此,通过福利制度,可以重新唤起经济发展的动力,并防止经济急剧衰退。(2)西方福利制度的政治功能。通过福利制度,资本主义不仅为自己存在的合法性提供了政治辩护,而且成功地瓦解了工人阶级的阶级意识。这在于,"福利国家制造了工人阶级相互分离的两大生活领域的假象,一方面是作为经济、生产和初级收入分配而存在的工作领域,另一方面是作为国家、再生产和次级分配而存在的公民身份领域。这种社会、政治世界的划分模糊了两者之间存在的因果和功能联系,因此也就阻碍了把社会看作是一个连贯整体的政治观的形成"①。这样,福利制度就成为对抗社会主义的利器。(3)西方福利制度的文化功能。相对于新自由主义,社会民主主义和"第三条道路"更具有迷惑性。社会民主主义传播了平等、公正、一致、可靠性、专业(公共服务的价值观)等价值观,"第三条道路"传播了包容性、质量和业绩、信任、自治、公民授权、合作、机会等价值观。这样,不仅成功地"瓦解"了马克思主义的阶级斗争话语体系,而且使福利制度取得了文化上的霸权地位。(4)西方福利制度的社会功能。福利国家建立在承认工会作用的基础上,这样,就使民主与财产私有权相互调和起来,一定程度上实现了劳资和谐。可见,福利国家客观上对于减少贫困、改善工人阶级的生活状态、缓和劳资矛盾和冲突等具有积极的作用。

总之,资本主义福利制度致使资本主义"腐而不朽"、"垂而不死",因此,社会主义要赢得与资本主义相对的比较优势,不仅取决于经济发展的"高速度",而且取决于社会生活的"高福利"。事实上,社会主义和谐社会就是超越资本主义福利制度的革命选择。

---

① [德]克劳斯·奥菲:《福利国家的矛盾》,郭忠华等译,吉林人民出版社 2006 年版,第10 页。

（二）社会主义和谐发展规律的科学实践

社会主义和谐发展规律是社会主义建设必须遵循的重大规律。在宏观上,社会主义社会的生产关系基本上适应生产力的发展、上层建筑基本上适应经济基础的要求,呈现为和谐发展的态势;在中观上,社会主义社会的经济、政治、文化、社会和生态等要素处于协调发展的状态中,呈现为和谐发展的格局;在微观上,社会主义的社会生活形成了新的社会生活共同体和良好的人际关系,呈现为和谐发展的局面。因此,在社会主义建设中,必须遵循社会主义和谐发展的规律,并作出相应的切实的制度安排。

1. 社会主义运动代表社会和谐发展的前进方向

在社会发展中,社会基本矛盾运动呈现为一个"适应——不适应——适应"的否定之否定过程,从而彰显着社会和谐发展规律的客观要求。在原始公有制中,由于生产力不发达,突出了人们团结和合作的重要性,这样,就初步展现出了和谐发展的面貌。但是,这是人的整体不自由的表现。在私有制社会中,生产资料私有制和阶级利益的根本对立,导致剥削、奴役、异化、冲突和斗争在社会生活中占主导地位,这样,和谐、公平、平等、正义等议题不仅无从谈起,而且是根本不可能的。尤其是,生产资料的资本家私人占有制和社会化大生产是严重对立的,将异化推向了极致。这样,在铲除私有制的基础上消灭阶级的要求就构成了社会主义运动(无产阶级革命)的实质内容。同时,社会主义运动不仅要破坏旧世界,而且要建设新社会。这在于,"单靠武装斗争是不够的;在击溃敌人以后还必须采取措施来巩固自己的胜利,这些措施不仅要摧毁资本的政治力量而且还要摧毁它的社会力量,不仅要保证工人的政治力量而且还要保证他们的社会福利"①。社会主义运动是破与立、革命与建设、政治诉求和社会诉求的有机统一。当然,只有在未来公有制社会中,社会基本矛盾才能达到真正适应的状态,和谐社会才能真正成为现实。总之,社会基本矛盾运动规律要求社会主义运动将和谐发展作为奋斗方向,社会主义运动实践开辟了社会和谐发展的前进方向。

2. 社会主义制度提供社会和谐发展的制度条件

社会主义社会的基本矛盾第一次呈现出适应的性质和态势,为社会主义

---

① 《马克思恩格斯全集》第4卷,人民出版社1958年版,第401页。

和谐发展提供了制度条件。(1)社会主义和谐发展的经济制度依托。生产资料公有制是社会主义经济制度的首要标志。它能够从根本上克服资本主义生产方式中生产资料私人占有同生产社会化的基本矛盾,实现经济有计划按比例地合理发展和社会成员的共同富裕。这样,劳动者才能真正成为生产资料的主人,人们才能形成共同一致的利益关系,大家才能建立起同志式的平等互助的合作关系。(2)社会主义和谐发展的政治制度依托。社会主义基本政治制度是无产阶级专政或人民民主专政。无产阶级专政对于人民来说就是社会主义民主,是工人、农民、知识分子和其他劳动者所共同享受的民主,是历史上最广泛的民主。这样,无产阶级和劳动人民才第一次成为历史、国家、社会和自己命运的真正主人,公平正义才第一次真正成为可能。(3)社会主义和谐发展的文化制度依托。社会主义精神文明是社会主义社会的重要特征。这是指以马克思主义为指导的、同社会主义经济基础和政治制度相适应的,人们的思想道德风貌和教育科学文化水平。社会主义思想道德建设是协调社会关系的思想道德基础,社会主义教育科学文化建设是改善民生的基础工程。例如,只有弘扬集体主义精神,才能形成团结互助、平等友爱、共同前进的社会风尚。(4)社会主义和谐发展的社会生活制度依托。在社会主义条件下,才开始形成真正的社会生活共同体。这在于,"只是从社会主义实现时起,社会生活和个人生活的各个领域才会开始出现迅速的、真正的、确实是群众性的即有大多数居民参加然后有全体居民参加的前进运动"①。这样,不仅会形成正常的合理的社会交往,而且会使所有社会成员开始第一次真正参与社会治理。总之,社会主义制度是实现社会主义和谐发展的根本保证。

3.社会主义改革推动着社会和谐发展的历史进程

社会主义社会的基本矛盾在总体上是相适应的,但是,也存在着不相适应的方面和环节,这样,就突出了改革的必要性和重要性。改革的目的就在于促进生产关系同生产力相适应、上层建筑同经济基础相适应,就是要促进社会主义社会的和谐发展。但是,改革必须坚持社会主义方向,而不能成为"改向";改革必须在党的领导下依法有序地进行,而不能成为"改掉"。这样,"认真总结苏联解体、东欧剧变的教训,以及我们发生'文化大革命'这样严重曲折的

---

① 《列宁专题文集　论社会主义》,人民出版社 2009 年版,第 39 页。

教训,深刻分析它们的原因,可以得出两条结论。一是必须坚持社会主义。西方敌对势力断言社会主义、马克思主义要从世界上灭亡了,这只是他们的梦呓。二是必须进行社会主义改革,探索符合本国实际的社会主义发展道路。实践证明,中国社会主义不仅继续存在,而且通过改革发展得更好了。我们要根据这样的基本认识,来引导广大党员、干部和群众正确理解社会发展的客观规律和社会主义事业的长期性和艰巨性,坚定走建设有中国特色社会主义道路的决心和信心。"①在此前提下,必须注重改革的协调性。社会系统所具有的制约性和反馈式的影响要求,必须注意改革的协调性,努力实现宏观经济改革和微观经济改革相协调,经济领域改革和社会领域改革相协调,城市改革和农村改革相协调,经济体制改革与政治体制改革、文化体制改革、社会体制改革、生态文明体制改革相协调。事实上,社会主义改革的协调性是社会主义和谐发展规律的表征和表现。只有坚持这样的改革,才能使社会主义制度充满生机和活力。

总之,社会主义和谐发展规律是社会主义建设必须遵循的重大规律。社会主义和谐社会就是根据社会主义和谐发展规律作出的制度安排。

(三) 中国社会主义和谐属性的制度确认

在科学认识和回答什么是社会主义、怎样建设社会主义这一社会主义建设的根本问题的过程中,我们开辟了中国特色社会主义道路。"社会和谐是中国特色社会主义的本质属性,是国家富强、民族振兴、人民幸福的重要保证。"②根据中国特色社会主义的社会和谐的本质属性,我们必须在社会形态上构建社会主义和谐社会。

1. 社会主义制度优越性的综合表现

为了最终战胜资本主义,必须充分发挥社会主义优越性。社会主义是一个过程,发挥社会主义优越性也是一个过程。在革命胜利初期,为了克服资本主义私有制与社会化大生产的矛盾,巩固革命成果,这一优越性理应通过建立社会主义公有制表现出来。因此,在新中国成立初期,我们主要从公有制方面

---

① 《江泽民文选》第三卷,人民出版社 2006 年版,第 78 页。
② 《十六大以来重要文献选编》(下),中央文献出版社 2008 年版,第 648 页。

突出制度的优越性。但是，如果没有生产力的高度发展，公有制的优越性根本难以实现。我们在这方面一度走过弯路。因此，1978年之后，我们将工作重心适时地转移到了经济建设上，开辟了改革开放的新时期。由于抓住了发展，我国新时期的建设事业才取得了巨大成就，人民群众生活水平才得到了很大提高，社会主义优越性才有效地展现了出来。可见，社会主义优越性最终要体现在生产力能够更好地发展上。但是，随着"晚期资本主义"的发展和"亚洲资本主义"现代化的成功，尤其是突出了社会因素的重要性。例如，"赶上亚洲'四小龙'，不仅经济要上去，社会秩序、社会风气也要搞好，两个文明建设都要超过他们，这才是有中国特色的社会主义"①。同时，随着市场经济的发展，利益的分化和固化已成为影响社会主义优越性的重大问题。这样，在发展的基础上，如何不断提高人民的生活水平，促进社会和谐，就成为当下发挥社会主义优越性的重点和难点。社会和谐就是全体社会成员共有共建共享的过程和状态，因此，它是社会主义优越性的社会体现和当下要求。在这个意义上，社会和谐是中国特色社会主义本质属性。构建社会主义和谐社会，就是要将作为社会主义优越性的社会和谐用制度的方式确定和巩固下来。

2. 社会主义本质的具体表现

发挥社会主义优越性的过程，是一个探索和实践社会主义建设规律的过程，最后积淀为社会主义本质的科学展示。在生产力方面，社会主义必须将解放和发展生产力作为自己的根本任务。只有在解放和发展生产力的基础上，才能最终战胜资本主义，才能夯实社会主义的经济基础。在生产关系方面，社会主义必须将消灭剥削、消除两极分化作为自己的本质规定。只有消灭剥削、消除两极分化，才能体现出社会主义优越性。否则，我们就会走上邪路。从生产力和生产关系的统一上来看，社会主义必须将共同富裕作为自己的本质规定和奋斗目标。在社会主义建设中，"我们要争取新的、更好的社会制度：在这个新的、更好的社会里不应该有穷有富，大家都应该做工。共同劳动的成果不应该归一小撮富人享受，应该归全体劳动者享受。机器和其他技术改进应该用来减轻大家的劳动，不应该用来使少数人发财，让千百万人民受穷。这个

---

① 《邓小平文选》第三卷，人民出版社1993年版，第378页。

新的、更好的社会就叫社会主义社会。关于这个社会的学说就叫社会主义。"①共同富裕是连接社会主义优越性和社会主义本质的桥梁,是社会主义和资本主义的本质区别。在实质上,共同富裕就是普遍富裕,不仅要求在发展的基础上逐步缩小各种社会差距,而且要实现所有社会成员共有共建共享的社会状态。可见,共同富裕突出了社会和谐的要求,社会和谐是社会主义本质的内在要求和具体表现。既然这样,社会和谐就成为了中国特色社会主义的本质属性,其在社会形态上的要求就是要构建社会主义和谐社会。

3. 建设社会主义新社会本质要求的现实表现

共同富裕指向的是社会的全面进步和人的全面发展。为了克服资本主义"单向度"(单面)的弊端,共同富裕要求实现全面富裕。因此,我们必须在生产力发展的基础上实现社会主义的全面发展,把我国建设成为一个经济富强、政治民主、文化繁荣、社会和谐、生态美丽的社会主义现代化强国。最终,社会的全面进步要体现在人的全面发展上。这在于,社会发展不过是追求自己目的的人的活动而已。人的需要的全面性、广泛性和深刻性,要求人的发展的全面性。共产主义就是一个在物质财富极其丰富、人的精神境界极大提高基础上的人的自由而全面发展的社会。社会主义是实现这一崇高理想的现实运动,同时为实现这一崇高理想不断创造着现实条件。因此,促进人的全面发展是建设社会主义新社会的本质要求。建设社会主义新社会的本质要求,是社会主义本质的价值升华,是连接社会主义本质和共产主义崇高理想的桥梁。由于人的本质在其现实性上是一切社会关系的总和,因此,"个人的全面性不是想象的或设想的全面性,而是他的现实联系和观念联系的全面性。"②人的关系包括人与自然、人与社会、人与自身等多个方面。这样,人的全面发展,就是一个立足实践不断调整上述三种关系的过程,就是实现人与自然和谐发展、人与社会和谐发展、人与自身和谐发展的过程。可见,人的全面发展也就是人的和谐发展。人的和谐发展也就是社会的和谐发展。这样,将促进人的全面发展作为自己本质要求的社会主义新社会,自然必须将社会和谐作为其本质属性,将之落实到社会形态上就是要构建社会主义和谐社会。

---

① 《列宁专题文集　论社会主义》,人民出版社 2009 年版,第 381 页。

② 《马克思恩格斯文集》第 8 卷,人民出版社 2009 年版,第 172 页。

总之，作为社会主义建设在当代中国的伟大实践创新，中国特色社会主义必须将社会和谐作为其本质属性，必须用社会主义和谐社会将之确定和巩固下来。据此，中国特色社会主义理论提出了构建社会主义和谐社会的战略构想。

（四）共产党执政能力和水平的社会拓展

社会主义国家是共产党领导下的无产阶级专政的国家，因此，如何提高党的执政能力和水平，不仅是关系到共产党执政的合法性和合理性的重大问题，而且是关系到社会主义的前途和命运的重大问题。执政能力和水平是指执政党的治国理政的能力和水平。正是在科学回答共产党执政能力建设问题的过程中，我们党提出了构建社会主义和谐社会的战略构想。

1. 加强党的执政能力建设的战略意义

加强党的执政能力建设，是时代的要求、人民的要求。在国际上，苏联剧变为我们敲响了警钟。苏联共产党之所以会垮台，无疑是帝国主义和平演变的结果，但是，问题的根源出现在共产党内。长期以来，苏共忽视党的先进性建设，放弃马克思主义指导地位，背离全心全意为人民服务的宗旨，在党内出现了一个高薪阶层，致使社会关系长期紧张。这样，才使帝国主义和平演变的图谋得逞。在国内，我们面临着市场经济失灵的挑战。在发展市场经济的过程中，市场经济的逐利原则对党员和干部具有很大的诱惑力，"资本逻辑"对共产党的执政地位构成了严重的威胁。如果经受不起市场经济和"资本逻辑"的考验和诱惑，轻则会贪污腐败，重则会亡党亡国。综合起来看，"现在，有些原社会主义国家的执政党已经垮掉了，丧失了政权，教训十分深刻。如果我们不警惕、不警觉，让那些与我们党的性质和宗旨相违背的错误思想和腐败行为蔓延开来，那将带来灾难性后果。党内一些人所以能搞各种各样的腐败活动，就是因为他们利用了我们党是执政党这一条件，利用了党和人民赋予他们的权力。历史和现实都表明，执政党的建设和管理，比没有执政的政党要艰难得多。"①可见，加强党的执政能力建设，直接关系着党的生死存亡、社会主义的前途和命运、人民的幸福和安康，具有重大的战略意义。

---

① 《江泽民文选》第三卷，人民出版社2006年版，第181页。

2. 加强党的执政能力建设的系统任务

加强党的执政能力建设是一项复杂的社会系统工程。在当代中国,"党的执政能力,就是党提出和运用正确的理论、路线、方针、政策和策略,领导制定和实施宪法和法律,采取科学的领导制度和领导方式,动员和组织人民依法管理国家和社会事务、经济和文化事业,有效治党治国治军,建设社会主义现代化国家的本领。"[①]为此,首先必须掌握共产党的执政规律。共产党执政规律,就是处于执政地位的共产党的治国理政的规律。对于中国共产党而言,从根本上来看,就是要代表先进生产力发展的要求,代表先进文化的前进方向,代表中国最广大人民的根本利益。"三个代表"事实上就是共产党执政的三大规律。只有坚持"三个代表",才能保持共产党的先进性,加强和巩固党的执政地位,使社会主义事业不断从胜利走向胜利。在此前提下,我们必须拓展共产党执政能力和水平的内涵和要求。当前和今后一个时期,加强党的执政能力建设的主要任务是:按照推动社会主义事业全面发展、协调发展、永续发展的要求,不断提高驾驭社会主义市场经济的能力、发展社会主义民主政治的能力、建设社会主义先进文化的能力、构建社会主义和谐社会的能力、建设社会主义生态文明的能力、推动国防和军队现代化以捍卫国家安全的能力、实现国家统一和民族复兴的能力、应对国际局势和处理国际事务的能力等。因此,我们必须全面加强和改进党的建设,坚持科学执政、民主执政、依法执政,实现党的执政能力和水平的现代化。

3. 加强党的执政能力建设的社会课题

构建社会主义和谐社会的能力,是加强党的执政能力建设的新课题和新任务。从党与社会的关系来看,"巩固党执政的社会基础、实现党执政的历史任务要求我们:必须紧紧依靠人民群众,团结一切可以团结的力量,调动一切可以调动的积极因素,把人民群众以及各方面的积极性、主动性、创造性都充分发挥出来,为实现全面建设小康社会的宏伟目标而奋斗;必须正确认识和妥善处理人民内部矛盾和其他社会矛盾,协调好各方面的利益关系,不断在发展的基础上满足人民群众日益增长的物质文化需要,保证人民群众共享改革发展的成果;必须抓紧解决人民群众生产生活中的突出问题和困难,夯实党执政

---

① 《十六大以来重要文献选编》(中),中央文献出版社2006年版,第272页。

的阶级基础和群众基础,保持党同人民群众的血肉联系;必须加强社会建设和管理,营造良好的人际环境,保持良好的社会秩序,维护社会稳定,保证广大人民群众安居乐业。"①事实上,这些就是党领导社会主义社会建设的能力。从党的建设自身来看,提高党的构建社会主义和谐社会的能力,就是要在坚持巩固党的阶级基础和社会基础相统一的前提下,进一步巩固和拓展党的社会基础的能力;就是要在坚持革命主题和建设主题相统一的情况下,解决建设主题的能力;就是要在坚持党的领导、人民当家作主和依法治国相统一的情况下,推动人民依法当家作主的能力;就是要在坚持党的各项建设相统一的情况下,更为重视反腐倡廉建设的能力;就是要在坚持党的各项工作相统一的情况下,更好地做好群众工作的能力;就是要在坚持党的三大优良作风相统一的情况下,进一步密切联系群众的能力。总之,提高党的构建社会主义和谐的能力是对党的执政能力的社会拓展,反映了我们党治国理政的能力和水平的提高。

显然,"党的执政地位不是与生俱来的,也不是一劳永逸的。"②因此,我们必须从这样的战略高度,深刻认识构建和谐社会的战略意义,自觉承担起构建和谐社会的历史任务。

总之,资本主义只能在一定程度上缓和阶级矛盾和社会冲突,而不能实现和谐社会。社会主义制度的建立为实现和谐社会提供了制度保证,构建社会主义和谐社会是社会主义自我发展和自我完善的科学选择。

二、社会主义和谐社会的制度规定

社会主义和谐社会是共产主义远大理想和社会主义初级阶段具体任务的高度统一的具体体现。社会主义和谐社会所具有的制度规定,也就是社会主义社会建设的制度规定。

(一) 和谐社会的社会条件

"和谐社会"是一个依赖于社会经济条件尤其是生产资料公有制实现程

---

① 《十六大以来重要文献选编》(中),中央文献出版社2006年版,第699页。
② 《十六大以来重要文献选编》(中),中央文献出版社2006年版,第273页。

度的历史过程,因此,不能抽象地谈论"和谐社会"的普世性,必须具体问题具体分析。

1. 和谐社会是社会结构和谐与社会形态和谐的统一

人类社会是一个活的机体——社会有机体。社会有机体是在社会基本矛盾的推动下存在和发展的;这一矛盾不仅使社会有机体成为一个由各种要素构成的系统(社会结构),而且使社会有机体的发展呈现出一定的阶段或样态(社会形态)。因此,和谐包括社会结构和谐(社会和谐)和社会形态和谐(和谐社会)两个向度。前者是指社会有机体的各种构成要素处于共生的、互补的、互动的、协调的状态中。在社会发展中,任何一种具体的社会形态的存在和发展都需要社会和谐。唯有如此,社会才能正常存在和运行。后者是指社会基本矛盾的各个方面在性质上处于相互适应的状态和过程。这是社会获得向上或者向前发展的基本动力。在社会有机体中,社会结构的优化在一定程度上制约着社会形态的优化,只有在社会形态合理化的基础上才可能形成真正合理的社会结构,因此,只有社会结构和社会形态都处于和谐的状态中,人类社会才能实现从必然王国向自由王国的飞跃。就此而论,建立"和谐社会"的过程和社会形态的更替过程是同一过程的两个互补的方面,实质上是社会意识适应于社会存在、生产关系适应于生产力、上层建筑适应于经济基础的状况和过程。

2. 私有制社会是和"和谐社会"根本对立的

不论是"社会和谐"还是"和谐社会",在实质上都是如何处理社会利益主体关系的问题。社会利益的分化、对立、和解与统一都是由生产资料所有制决定的。在私有制社会,必然存在着占有生产资料的一少部分人剥削和压迫不占有生产资料而直接从事物质资料生产和再生产的绝大部分人的现象。尤其是,"现代资本家,也像奴隶主或剥削徭役劳动的封建主一样,是靠占有他人无酬劳动发财致富的,而所有这些剥削形式彼此不同的地方只在于占有这种无酬劳动的方式有所不同罢了。这样一来,有产阶级胡说现代社会制度盛行公道、正义、权利平等、义务平等和利益普遍和谐这一类虚伪的空话,就失去了最后的立足之地,而现代资产阶级社会就像以前的各种社会一样真相大白:它也是人数不多并且仍在不断缩减的少数人剥削绝大多数人的庞大机构"①。

---

① 《马克思恩格斯文集》第3卷,人民出版社2009年版,第461页。

可见,阶级利益的根本对立必然在人和自然、人和社会、人和自身之间造成全面的"异化"(根本的冲突和严重的对抗),私有制社会是人类实现"和谐社会"的理想和目标的重大的社会历史障碍。

3. 无产阶级革命是实现"和谐社会"的必由之路

在社会形态的演变中,资产阶级生产关系是社会生产过程的最后一个对抗形式。这里所说的对抗,不是指个人的对抗,而是指从个人的社会生活条件中生长出来的对抗;但是,在资产阶级社会的胎胞里发展的生产力,同时又创造着解决这种对抗的物质条件。因此,人类社会的史前时期就以这种社会形态而告终。但是,掌握生产资料的剥削阶级不会自动地转让更不会放弃其既得利益,而总是想方设法地维护自己的特权。一旦无产阶级和劳动人民提出阶级解放的要求,他们总会撕下温情脉脉的面纱而露出狰狞的面孔。因此,即使社会和谐的目标也必须通过被压迫阶级的社会革命才能实现,而"和谐社会"的理想和目标只能也只能通过无产阶级革命的方式才能成为现实。因此,在铲除私有制的基础上消灭阶级的要求,就构成了无产阶级革命的实质内容。无产阶级的平等要求就是消灭阶级的要求。在这个过程中,暴力革命是无产阶级革命的普遍原则。暴力革命不是形而上学的绝对否定,更不是简单地一概地消灭剥削阶级具体成员的肉身。同时,在实际的历史进程中,无产阶级是采取暴力的还是和平的方式来夺取政权,还必须从各国的具体情况出发,由各国人民自己来决定。

4. 共产主义社会是真正意义上的"和谐社会"

共产主义的必然性就存在于社会基本矛盾的辩证运动中。一方面,由于资本主义生产资料的私人占有制和社会化大生产是严重对立的,这样,就使生产力和生产关系的矛盾达到这样的对抗程度,以致它们在私有制的统治下竟成为了破坏性的力量。事实上,资本的力量就是其破坏力。另一方面,与生产力和生产关系的矛盾相适应,无产阶级和劳动人民与资产阶级的对立也达到了极点,根本难以调和,因此,无产阶级的历史使命就是要埋葬资本主义制度、建立共产主义社会。作为物质财富极大丰富、人民精神境界极大提高、人的自由而全面发展的共产主义社会,才是我们要追求的"和谐社会"的理想和目标。当然,由于现实情况的复杂性,无产阶级革命还不能直接向共产主义过渡,而只能通过建立无产阶级专政的社会主义国家的方式来为最终实现这一理想进行社会形态方面的准备。对于中国来说,就是要建立和完善人民民主专政的社会主义国家。因此,通过无产阶级革命的方式建立无产阶级专政的社会主义国家,是人类追求和实现"和谐社会"的现实的制度选择。社会主义制度的建立,为"和谐社会"建设提供了各方面的支持和保证。

总之,"和谐社会"不是一种普遍的永恒状态,而是一个具体的历史过程。无产阶级消灭阶级的斗争是实现"和谐社会"的必要条件,现实的社会主义制度是走向"和谐社会"的现实的社会制度选择。

(二) 和谐社会的经济规定

"和谐社会"不是建立在对资本主义的道义批判基础上的理想状态,而是物质生产力高度发展和社会的经济关系极其合理相统一的产物。

1. "和谐社会"是生产力高度发展的社会

生产力的发展对于"和谐社会"具有决定性的意义。只有在物质财富丰富的基础上,才能进行公平的分配,进而才能保证社会的和谐。离开生产力的发展,不仅"社会和谐"、"和谐社会"都是无望的,而且整个社会的正常存在和运行都是不可能的。在物质生产力不发达甚至是发展极其有限的情况下追求分配公平,只能导致普遍的贫穷;普遍的贫穷不但不是和谐,反而是一切社会冲突、利益对抗和阶级斗争的最终的经济根源。一切空想社会主义恰恰忽略了这一点。因此,在无产阶级专政的条件下,"无产阶级将利用自己的政治统治,一步一步地夺取资产阶级的全部资本,把一切生产工具集中在国家即组织成为统治阶级的无产阶级手里,并且尽可能快地增加生产力的总量。"①事实上,真正意义上的"和谐社会"是一个在生产力高度发展的基础上所实现的物质财富丰富的社会。同时,生产力的发展总是要受到社会的生产关系的制约和影响,因此,为了保证在生产力高度发展的基础上实现"和谐社会"的理想和目标,还必须对生产关系进行调整,使之向合理的和人道的方向发展。

2. "和谐社会"是有计划地组织生产的社会

如何组织社会生产,是生产关系的一个重要的构成方面。在这个问题上,资本主义生产方式的确立是人类迈向社会公平的一个重大进步,因为资本主

① 《马克思恩格斯文集》第2卷,人民出版社2009年版,第52页。

义经济是商品经济,而商品是天生的平等派。但是,由于整个资本主义商品生产是按照无政府的方式进行的,这样,不仅导致了整个社会秩序的混乱,而且造成了社会关系的全面异化。事实上,商品经济在实现资源优化配置的同时,也存在着失效(失灵)问题。因此,代替资本主义生产方式的社会主义必须克服生产的无政府状态,在社会化大生产的基础上对生产进行自觉而合理的调节。显然,"和谐社会"是一个生产者按照预定的计划组织生产的社会,是一个自觉的有计划的联合体。这样,才能在物种关系和社会关系两个方面实现人的提升。当然,在现实的社会主义发展中,尤其是在经济文化落后国家进行社会主义建设,不可能跨越商品经济的发展阶段,更不能将计划经济理想化和绝对化。在当代中国,将社会主义市场经济作为经济体制改革的目标模式有其历史必然性和合理性。

3."和谐社会"是分工合理的社会

社会分工是生产关系的重要内容。尽管资本主义条件下的分工促进了生产力的发展,但是,这种分工的固化进一步拉大了"三大差别",并使之向对立的方向发展,这样,既造成了人与自然之间"物质变换的断裂",阻碍了生产力的发展;也使人成为了"单向度的人",限制了人的自由而全面的发展。在这样的分工条件下,不仅不可能建立起"和谐社会",而且与"和谐社会"的理想和目标是背道而驰的。因此,在社会主义建设中,必须消除私有制,必须消除不合理的分工,必须消除"三大差别"。在消灭了私有制和不合理的社会分工的前提下,通过社会生产的高度发展,不仅可能保证一切社会成员有富足的和一天比一天充裕的物质生活,而且还可能保证他们各方面的素质和才能获得充分的自由的全面的和谐的发展和运用。这就是要在人的自由而全面发展的过程中实现"和谐社会"的理想和目标。人的自由而全面发展的社会就是"和谐社会"。当然,消除"三大差别"是一个历史过程。在当代中国,"五个统筹"是消除"三大差别"的具体的现实的选择。

4."和谐社会"是合理进行分配的社会

尽管分配是由生产资料所有制决定的,但是,分配直接影响着人们的生活和生存。在资本主义社会,由于生产资料归资本家所有,无产阶级除了自身的劳动力之外一无所有,这样,榨取工人阶级创造的剩余价值就成为资本主义生产和分配的秘密。因此,在无产阶级革命中,必须在转变生产资料私有制的同时自觉地进行分配关系方面的社会主义调节,力求实现分配公平。当然,"共产主义并不剥夺任何人占有社会产品的权力,它只剥夺利用这种占有去奴役他人劳动的权力。"①虽然带有资产阶级权利(法权)的性质,按劳分配仍然是对资本主义分配关系的直接否定。当然,实现"和谐社会"不能单纯地围绕分配问题兜圈子,因为生产、交换、分配、消费是一个整体。同时,在现实的社会主义中,还不具备按需分配的条件。对于仍然处于社会主义初级阶段的当代中国来说,只能实行按劳分配为主、多种分配方式并存的分配方式,这样,才能兼顾公平和效率。随着生产力的高度发展,未来社会将实行各尽所能、按需分配的方式。这种分配方式才能保证人的自由而全面的发展。

总之,"和谐社会"不是一种单纯的道义诉求,而是一种现实的经济趋势。无论是我们目前正在建设的"社会主义和谐社会"还是未来要实现的"和谐社会",都需要我们从生产力和生产关系两方面都做出创新性的努力和探索。

(三) 和谐社会的系统构成

社会是由人组成的,而人是关系性存在物。人的社会关系主要存在着人和自然的关系、人和社会的关系、人和自身的关系等几种类型,因此,"和谐社会"是由人和自然的和谐(生态和谐)、人和社会的和谐(人际和谐)、人和自身的和谐(个体和谐)等构成的复杂系统。

1."生态和谐"是"和谐社会"的物质外壳

自然界是包括人类在内的一切生物的摇篮,是人类赖以生存和发展的基本物质条件。自然物质条件是社会存在的重要内容。只有人与自然和谐相处,社会才可能正常存在和发展。但是,资本主义生产方式是以人对自然的支配为前提的。"生态危机"折射出了资本主义矛盾的对抗的性质。从其实质来看,生态危机不是一个单纯的科学问题,而是一个重大的社会问题。只有在对资本主义生产方式进行革命变革的过程中,实现包括自然资源在内的一切产权的公有,人和自然的关系才能真正得到和谐的发展。因此,"这种共产主义,作为完成了的自然主义,等于人道主义,而作为完成了的人道主义,等于自

---

① 《马克思恩格斯文集》第 2 卷,人民出版社 2009 年版,第 47 页。

然主义,它是人和自然界之间、人和人之间的矛盾的真正解决"①。当然,在这个过程中,人类必须始终要正确把握人和自然和谐发展的规律,要认识到自己的肉体和精神都来自于自然界、都依赖于自然界,人和自然是不能分割的。这样,人类就开始按照理性的人性的方式来调节和控制人和自然之间的物质变换,于是,人和自然的关系就进入了一个全新的和谐发展的阶段。在超越资本主义发展方式的过程中,人与自然和谐相处成为了社会主义和谐社会的重要规定和基本追求。这就是要走生产发展、生活富裕、生态良好的文明发展道路。

2. 人际和谐是"和谐社会"的社会内容

资本主义社会在造成无产阶级和资产阶级这一对抗性的阶级矛盾的同时,还加剧了工农差别、城乡差别和脑体差别,并且使之进一步向对抗的方向发展。这样,人际和谐就集中表现为在消除阶级差别的同时努力消除"三大差别"。(1)"和谐社会"是消除了阶级差别的社会。在私有制的基础上,阶级利益的对立成为一切利益对立的根源,因此,无产阶级革命的使命就是要在消灭私有制的基础上消灭阶级,这样,才能为实现人际和谐和公平正义奠定经济基础。随着社会主义改造任务的完成,阶级差别和对立的经济基础在我国已被消除,但是,仍然存在着阶级矛盾的因素。在未来社会中,在彻底消灭阶级的基础上将真正实现人与社会的和谐。(2)"和谐社会"是消除了三大差别的社会。随着私有制和社会分工的发展,导致了三大差别的产生。三大差别是阻碍人与社会和谐的重大社会障碍。在社会主义条件下,仍然存在着三大差别,但是,其性质已经与资本主义条件下的三大差别存在着根本区别。这既是资本主义的残余,也是社会分工、发展不足导致的问题。消除这些差别就是社会主义建设的任务。只有在未来社会中,才能真正消灭三大差别。"总起来说,无产阶级对其他劳动者或非劳动者的改造,是为了最后消灭阶级和阶层。只有这样,才能实现共产主义。到那时,工农差别、体力劳动和脑力劳动的差别都不存在了。这需要一个很长的时期,中间要经过许多阶段"②。即,只有在彻底消除了私有制之后,才能彻底消除"三大差别",才能实现"和谐社会"

①　《马克思恩格斯文集》第1卷,人民出版社2009年版,第185页。
②　《建国以来重要文献选编》第15册,中央文献出版社1997年版,第230页。

的理想和目标。在总体上,消灭阶级差别和消灭三大差别是统一的。社会主义和谐社会就是一个逐步消灭阶级差别和三大差别的历史过程。

3. 个体和谐是"和谐社会"的最终目标

个体和谐是"社会和谐"和"和谐社会"的微观基础和个体要求,集中体现为每一个人的自由而全面的发展上。随着社会生产力水平的提高和普遍交往的发展,人的自由而全面的发展经历了一个否定之否定的过程。在原始社会中,由于人的活动具有原始的自由性和全面性,因而,人性也相应获得了原始的丰富性。当然,这是生产力和交往不发达的结果,还不是科学意义上的人的自由而全面的发展。随着私有制的产生,人们的劳动日益成为了一种被动的活动,由于社会形态基本上是以有赖于人的依附关系形成的自然经济为基础的,这样,人的个性日益变得单一、抽象和贫乏。随着资本主义大工业和市场经济的发展,在人对物(商品、货币、资本)的依赖的基础上,形成了人的发展的二重性局面:既促进了人格的普遍提高,又导致了"单向度的人"的产生。在共产主义条件下,由于社会发展不再依赖于对人或物的依赖关系,这样,人的自由而全面的发展才第一次真正成为了可能。显然,"个人的全面发展,只有到了外部世界对个人才能的实际发展所起的推动作用为个人本身所驾驭的时候,才不再是理想、职责等等,这也正是共产主义者所向往的。"①在现实的社会主义中,我们不仅要促进个体的身心和谐发展,而且要促进个体的全面发展。实现人的全面发展,是建设社会主义新社会的本质要求。

总之,"和谐社会"不是一个线性的平面结构,而是一个复杂的立体系统。"和谐社会"事实上是人的各种社会关系的合理解决的过程和状态。只有在人和自然、人和社会以及人和自身等一系列关系得到科学、合理和人性的解决之后,才能实现"和谐社会"的理想和目标。

(四) 和谐社会的辩证本性

"和谐社会"不是一个没有矛盾的社会,也不是一个调和矛盾的社会,而是一个各种矛盾得到妥善而积极解决的社会,是社会有机体的辩证本性的集中体现。

---

① 《马克思恩格斯全集》第3卷,北京,人民出版社1960年版,第330页。

1."和谐社会"是对立同一的一种特定的过程或状态

无论是在客观世界还是在主观世界,既不存在单纯的和谐,也不存在单纯的冲突。例如,"自然界中无生命的物体的相互作用既有和谐也有冲突;有生命的物体的相互作用则既有有意识的和无意识的合作,也有有意识的和无意识的斗争。"①和谐与冲突总是处于对立统一的关系当中的。两个相互矛盾方面的共存、斗争以及融合成一个新范畴,就是辩证运动。在这个意义上,不包括新事物而形成的对立面的同一是矛盾的调和,而包括新事物形成的对立面的同一是矛盾的解决即和谐。和谐是对立面的相互均衡、相互中和与相互抵消的过程。辩证法意义上的和谐是"和而不同",形而上学意义上的和谐是"同而不和"。一般情况是,"和谐而又不千篇一律,不同而又不相互冲突。和谐以共生共长,不同以相辅相成。和而不同,是社会事物和社会关系发展的一条重要规律"②。同样,无论是"社会和谐"还是"和谐社会",都是相对于社会冲突甚至是社会斗争而言的。在社会发展中,在对立面关系的总的量变过程中出现的局部的新事物就构成了"社会和谐",而在对立面关系的量变的基础上实现的对立面关系的质变就构成了"和谐社会"。前者是在维护既存秩序基础上实现的局部的利益主体关系的缓和,而后者是在消除了利益主体的根本对立的基础上形成的全新的社会生活共同体。总之,无论是"社会和谐"还是"和谐社会"都存在矛盾,关键是矛盾的性质及其解决方式的不同。

2."和谐社会"必须通过矛盾斗争性为自己开辟道路

同一性和斗争性的结合构成了一切事物的矛盾运动。但是,"对立面的统一(一致、同一、均势)是有条件的、暂时的、易逝的、相对的。相互排斥的对立面的斗争是绝对的,正如发展、运动是绝对的一样。"③因此,事物的发展往往是由斗争性开辟道路的。同样的,在私有制社会中,由于阶级利益的分化和扩大,对抗性矛盾是不可避免的,因此,只有运用矛盾斗争性的方式才能解决这种对抗性的矛盾。当然,只有新事物反对旧事物的斗争,即社会革命,才能推动事物向前发展。社会革命的产生也就意味着对立面之间的矛盾已经发展到了难以调和的地步,势必加以解决。在这个意义上,没有劳动主体的解放就

---

① 《马克思恩格斯文集》第9卷,人民出版社2009年版,第547—548页。
② 《江泽民文选》第三卷,人民出版社2006年版,第522页。
③ 《列宁全集》第55卷,人民出版社1990年版,第306页。

不可能建立起"和谐社会"。但是,过去的一切社会革命都没有触及到阶级对抗的根本原因——私有制。无产阶级革命不仅要消除不公平,而且要在消除不公平的经济根源(私有制)的同时,消灭无产阶级自身。这样,人民的根本利益才能实现一致,人的解放才能成为可能。在完成了生产资料社会主义改造的任务之后,虽然阶级矛盾已经不是社会主义社会的主要矛盾,但是,"社会主义社会中的阶级斗争是一个客观存在,不应该缩小,也不应该夸大。"①因此,在社会主义条件下,既不能人为地夸大阶级矛盾和阶级斗争,也不能在阶级矛盾和阶级斗争问题上讳莫如深,而必须善于处理阶级矛盾和善于进行阶级斗争,这样,构建社会主义和谐社会才能有可靠而有力的制度保障。

3. "和谐社会"应该通过矛盾同一性巩固自己的地位

在事物发展中,对立面之间不仅相辅相成,而且相反相成。"'相反'就是说两个矛盾方面的互相排斥,或互相斗争。'相成'就是说在一定条件之下两个矛盾方面互相联结起来,获得了同一性。"②这种相反相成的过程和状态就是和谐。事物往往是通过同一性巩固和维持其地位的。同样的,当在社会形态上实现了从资本主义向社会主义的过渡之后,矛盾的同一性就成为解决社会矛盾的主导方式。这在于,社会主义矛盾是成长和发展中的矛盾,绝大部分属于非对抗性的人民内部矛盾。因此,"我们要深刻认识和准确把握新形势下人民内部矛盾的特点和规律,坚持科学民主决策,发挥党和政府主导的维护群众权益机制的作用,建立健全正确处理人民内部矛盾的工作机制,深入开展矛盾纠纷排查化解工作,注重从源头上减少人民内部矛盾的发生,积极预防和妥善处置群体性事件。"③在此前提下,必须善于运用矛盾同一性的方式解决矛盾。即,宜用经济发展的方式解决经济生活中的矛盾,宜用"团结——批评——团结"的方式解决政治生活中的矛盾,宜用"百花齐放、百家争鸣"的方式解决文化生活中的矛盾,宜用协调、对话、合作、共享的方式解决社会生活中的矛盾。同样,在社会主义和资本主义之间也存在着非对抗性的矛盾,因此,社会主义必须虚心学习资本主义,这样,才能进一步巩固和发展建设"和谐社会"所需要的物质基础,加速"和谐社会"的建设。

---

① 《邓小平文选》第二卷,人民出版社 1994 年版,第 182 页。
② 《毛泽东选集》第一卷,人民出版社 1991 年版,第 333 页。
③ 胡锦涛:《论构建社会主义和谐社会》,中央文献出版社 2013 年版,第 157—158 页。

显然，"和谐社会"不是折中主义的一种权宜之计，而是辩证逻辑（唯物辩证法）的一项科学实践。它是矛盾有效的克服和恰当的解决——对立面在实现同一的过程中融合成为一个新的事物。

总之，"和谐社会"所具有的具体性、物质性、全面性和辩证性等制度特征，也应成为社会主义社会建设的制度规定。这样，我们才能保证当代中国社会建设的社会主义性质。

三、社会主义和谐社会的制度要求

在当代中国，我们所要建设的社会主义和谐社会，应该是民主法治、公平正义、诚信友爱、充满活力、安定有序、人与自然和谐相处的社会。作为中国特色社会主义总体布局的重要一环，社会主义社会建设也必须坚持上述要求。

（一）和谐社会的民主法治要求

民主法治是"和谐社会"的制度保障。和谐首先应该是人们的经济关系的和谐，但是，经济运行不能自发地实现经济和谐。只有通过制度创新的方式才能保证经济关系的和谐，而民主法治就是"和谐社会"的政治要求和特征。

1. 社会主义和谐社会的民主要求

民主对于社会主义具有极其重要的意义。"没有民主就没有社会主义，就没有社会主义的现代化。"[①]只有在社会主义民主制度中，人们的平等的经济权益才能得到保障，人们的和谐的经济关系才能得以实现。与资本主义民主截然不同，社会主义民主是最广泛的民主，其核心和精髓是人民民主。在当代中国，人民当家作主可以有力地促进各族各界人士的团结，最广泛地调动一切积极因素，把各方面的力量凝聚到为实现中华民族伟大复兴的历史进程中来；可以充分发挥广大人民群众的积极性、主动性和创造力，通过人民群众的实践活动，不断推动理论创新，并以此推动其他方面的创新，使党和国家的各项事业充满生机和活力；可以充分反映、有效集中各族各界人民群众的意见和建议，把权力置于人民的监督之下。在这个过程中，"发展社会主义民主，最

---

① 《邓小平文选》第二卷，人民出版社 1994 年版，第 168 页。

重要的是把社会主义民主落实到国家经济、政治、文化及各项社会事业的决策和管理中去,落实到各项制度和各项实际工作中去,落实到广大人民行使民主权利的实践中去。"①只有实现社会生活的民主化,才能建构起社会主义和谐社会。显然,人民真正当家作主是社会主义社会建设的政治基础和力量。

2.社会主义和谐社会的法治要求

只有实现民主的法律化,才能巩固和发展民主。因此,"发展社会主义民主,必须与加强社会主义法制结合起来,坚持依法治国的基本方略,促进社会主义民主的制度化、法律化,有法必依、执法必严、违法必究,同时把依法治国与以德治国结合起来,以保障国家各项工作都有秩序地进行,保障良好的经济和社会秩序,保障广大人民群众的公民权利和合法权益。"②最为关键的是,必须坚持依法治国的基本方略。我国的政治制度和社会制度,人民群众的基本权利和义务,国民经济的管理和宏观调控,国家行政管理活动,民事和商事活动,劳动关系和社会保障及社会福利的调整,社会治安综合治理,等等,只有由人民行使国家权力的机关在宪法和法律上做出明确规定,并使这些规定成为全体人民的共同意志和共同行动,才能形成政通人和的良好局面,才能使各地区、各部门、各行各业、各个单位的工作协调一致地向前发展。没有社会主义法制作为保障,就不能形成安定团结的局面,就不能有序地推进各方面的建设。因此,我们在推进国家治理法制化和法治化的同时,必须大力推进社会生活的法制化和法治化。这样,才能有效协调社会关系,科学化解社会矛盾,切实实现社会稳定。显然,依法治国,是社会主义社会建设的法律基础和保障。

总之,民主法治,就是社会主义民主得到充分发扬,依法治国基本方略得到切实落实,各方面积极因素得到广泛调动。因此,社会主义社会建设必须坚持民主法治的要求。

(二) 和谐社会的公平正义要求

公平正义表明的是社会的合理而应当的秩序和状态。在私有制社会中是根本不可能存在公平和正义的,"真正的自由和真正的平等只有在公社制度

---

① 《江泽民文选》第三卷,人民出版社 2006 年版,第 221 页。
② 《江泽民文选》第三卷,人民出版社 2006 年版,第 221—222 页。

下才可能实现"，"这样的制度是正义所要求的"①。因此，公平正义是"和谐社会"的价值理想。

1. 社会主义和谐社会的公平要求

公平就是要保证全体社会成员在社会生活全部领域中的平等权益。根据社会主义本质的要求，我们必须将追求和实现公平作为最基本和最根本的价值。一方面，"和谐社会"所要求的公平是全过程的公平。我们要坚持把最广大人民的根本利益作为制定和贯彻党的方针政策的基本着眼点，正确反映和兼顾不同地区、不同部门、不同方面群众的利益，在促进发展的同时，把维护社会公平放到更加突出的位置，综合运用多种手段，依法逐步建立以权利公平、机会公平、规则公平、分配公平为主要内容的社会公平保障体系，使全体人民共享改革发展的成果，使全体人民朝着共同富裕的方向稳步前进。另一方面，"和谐社会"所要求的公平是全方位的公平。公平首先是经济上的公平，就是要在坚持公有制为主体的所有制结构和以按劳分配为主体的分配结构的过程中保证共同富裕；公平在政治上的表现就是平等，就是要保证人民群众在社会主义政治文明建设中真正能够当家作主；公平在法律上的表现就是公正，就是要在建设社会主义法治国家中确保在法律面前人人平等；公平在文化上的表现就是自由，就是要在认识世界和改造世界的过程中实现人的自由而全面的发展；公平在生态上的表现就是生态公平或生态正义。生态公平在时间维度上要求可持续发展，在空间维度上要求造成生态恶物（生态环境污染）的责任者承担更多的责任和义务，让生态善物（生态环境建设的成果）造福更多的人。因此，推进社会主义社会建设必须坚持公平的要求。

2. 社会主义和谐社会的正义要求

正义就是要根据社会成员的实际贡献和努力程度获得其应得的报酬，保证社会所有成员应有的各种权益。与公平一样，正义也是受经济关系尤其是生产资料所有制制约的。在无产阶级革命中，"如果我们确信现代劳动产品分配方式以及它造成的赤贫和豪富、饥饿和穷奢极欲尖锐对立的状况一定会发生变革，只是基于一种意识，即认为这种分配方式是非正义的，而正义总有

---

① 《马克思恩格斯全集》第3卷，人民出版社2002年版，第482页。

一天一定要胜利,那就糟了,我们就得长久等待下去。"①随着生产资料所有制社会主义改造任务的完成,正义才能提上议事日程。在社会主义社会尤其是在社会主义初级阶段中,正义只能通过价值规律、按劳分配等形式表现其要求,所以,我们必须坚持按劳分配为主、多种分配方式并存的分配制度。同时,正义也要求对各种利益关系进行调整,以保证社会的公平。因此,我们"要坚持正确把握最广大人民根本利益、现阶段群众共同利益、不同群体特殊利益的关系,兼顾好各方面群众关切,引导群众摆正个人利益和集体利益、局部利益和整体利益、当前利益和长远利益的关系,认真解决群众反映强烈的突出问题,坚决纠正损害群众利益的行为,办好顺民意、解民忧、惠民生的实事。"②这样,我们才能让人民群众共享改革和发展的成果。因此,社会主义社会建设必须坚持正义的要求。

总之,作为"和谐社会"的要求的公平正义,就是社会各方面的利益关系得到妥善协调,人民内部矛盾和其他社会矛盾得到正确处理,社会公平和正义得到切实维护和实现。只有切实维护和实现社会公平和正义,人们的心情才能舒畅,各方面的社会关系才能协调,人们的积极性、主动性、创造性才能充分发挥出来。

(三) 和谐社会的诚信友爱要求

诚信友爱是现代人际关系的一种理想状态,是社会主义市场经济体制坚实的道德基础,也是"和谐社会"的应然的道德追求。

1. 社会主义和谐社会的诚信要求

"和谐社会"是一个高度诚信的社会。诚信是中国传统伦理的最重要的道德规范之一。"诚"主要是指真实无欺或诚实无妄,不仅是成物之道,而且是成人之道。"诚者,物之终始。不诚无物。是故君子诚之为贵。"③"信"主要是指遵守诺言和践行约定。"人而无信,不知其可也。大车无輗,小车无軏,其何以行之哉!"④合而言之,"诚信"主要是指人与人相处应该奉行诚实

---

① 《马克思恩格斯文集》第 9 卷,人民出版社 2009 年版,第 164 页。
② 胡锦涛:《论构建社会主义和谐社会》,中央文献出版社 2013 年版,第 210 页。
③ 《中庸》。
④ 《论语·为政》。

无欺、讲究信用、言行一致之道。现代意义上的诚信主要是指与社会主义市场经济相适应的道德规范。市场经济在道德本质上是一种诚信经济。通俗地讲,诚信就是要做到"童叟无欺",要在法律的约束下公平地进行交易。没有诚信,就没有秩序;没有诚信,就没有市场。作为一种普遍的行为规范,诚信要求社会成员要自觉遵守社会规则、规章制度和公共秩序,并按这些规范约束自己的言行。在当代中国,"形成以道德为支撑、产权为基础、法律为保障的社会信用制度,是建设现代市场体系的必要条件,也是规范市场经济秩序的治本之策。增强全社会的信用意识,政府、企事业单位和个人都要把诚实守信作为基本行为准则。"①在现代诚信体系中,政府诚信是关键,企业诚信是核心,个人诚信是基础。因此,我们必须进一步加强信用制度建设,健全现代市场经济的诚信体系。显然,崇高的信誉是一个人、一个企业、一个地方乃至一个国家和民族的宝贵的精神财富和价值资源,这样,才能形成和谐的人际关系。因此,社会主义社会建设必须坚持诚信的要求。

2. 社会主义和谐社会的友爱要求

友爱是社会主义和谐社会的道德基石。社会的和谐建立在人际和谐的基础上,这样,就突出了友爱的重要性。友爱就是要在全社会形成助人为乐、平等友爱、融洽相处、共同前进的社会氛围和人际环境。"在我们的社会里,人们在追求物质生活和精神生活进步的过程中,需要有平等友爱的人际关系和团结互助的社会环境。"②在阶级社会中,爱是有阶级性的。例如,在儒家那里,爱是有差等的。在社会主义社会中,友爱的核心是"爱人民"。在此前提下,越是发展社会主义市场经济,我们越要弘扬"一方有难,八方支援"的优良传统,大力提倡团结互助、扶贫济困的良好风尚,形成平等友爱、融洽和谐的人际环境。同时,我们要坚持以人为本,提倡尊重人、理解人、关心人的良好社会风尚,发扬社会主义人道主义精神,为人民和社会多做好事,反对拜金主义、享乐主义和极端个人主义。另外,我们要大力倡导以文明礼貌、助人为乐、爱护公物、保护环境、遵纪守法为主要内容的社会公德,在全社会形成平等友爱、融洽相处、共同前进的社会氛围和人际环境。显然,只有人人都怀有友爱的高尚

---

① 《十六大以来重要文献选编》(上),中央文献出版社 2005 年版,第 470—471 页。
② 《江泽民文选》第一卷,人民出版社 2006 年版,第 647 页。

的道德情操,才能实现社会和谐,进而建构起"和谐社会"。在总体上,诚信和友爱是相辅相成的。没有诚信,人际关系就紧张,就不会有友爱;没有友爱,就不会有和谐。因此,社会主义社会建设必须坚持友爱的要求。

可见,诚信友爱,就是全社会互帮互助、诚实守信,全体人民平等友爱、融洽相处。因此,社会主义社会建设必须坚持诚信友爱的要求。

(四) 和谐社会的充满活力要求

充满活力是"和谐社会"的动力源泉。"人类总得不断地总结经验,有所发现,有所发明,有所创造,有所前进。停止的论点,悲观的论点,无所作为和骄傲自满的论点,都是错误的"[①]。因此,充满活力是社会主义社会建设的必然要求。

1. 充满活力就是要充分发挥人民群众的创造性作用

社会主义是一项伟大的创造性事业,"和谐社会"是一个创造驱动型的社会。而这一切都来源于人民群众创造性的积极发挥。作为生产力中最活跃、最革命的因素,人民群众创造了社会的物质财富和精神财富,是社会实践的主体,是社会历史的真正创造者,是推动历史前进的动力。尤其是对于社会主义来说更是如此,"社会主义不是按上面的命令创立的。它和官场中的官僚机械主义根本不能相容;生气勃勃的创造性的社会主义是由人民群众自己创立的。"[②]因此,我们构建充满活力的"和谐社会",目的就是要充分调动广大人民群众的积极性、主动性和创造性,为人民群众的创造活动提供一个良好的环境和氛围。这样,能否坚持全心全意依靠工人阶级的方针,在整个社会主义社会建设的过程中都具有至关重要的意义,直接决定着我们事业的成败。只有充分发挥人民群众的主体作用,我们才能充分发展社会主义先进生产力和先进文化,才能最终实现社会主义和谐社会的目标。

2. 充满活力就是要有效激发整个社会的创造活力

在构建社会主义和谐社会的过程中,我们必须把创新作为一种优良的作风来培养,通过理论创新推动制度创新、科技创新、文化创新以及其他方面的

---

① 《毛泽东文集》第八卷,人民出版社 1999 年版,第 325 页。

② 《列宁专题文集 论社会主义》,人民出版社 2009 年版,第 399 页。

创新,不断在实践中探索前进。目前,必须把构建"和谐社会"同建设创新型国家统一起来。"建设创新型国家,必须大力发扬中华文化的优良传统,大力增强全民族的自强自尊精神,大力增强全社会的创造活力。"①为此,我们必须全面贯彻和落实"尊重劳动、尊重知识、尊重人才、尊重创造"的方针,从根本上破除影响人们创造力发挥的各种体制性障碍。在这个过程中,我们既要充分发挥包括知识分子在内的广大工人、农民等劳动主体推动经济社会发展根本力量的作用,又要鼓励和支持其他社会阶层人员为经济社会发展积极贡献力量;既要保护发达地区、优势产业和先富群体的发展活力,又要高度重视和关心欠发达地区、比较困难的行业和群众。尤其是,我们必须通过法律"赋权"的方式,激发弱势群体的社会创造活力。同时,我们要把人才作为推进事业发展的关键因素,努力造就数以亿计的高素质劳动者、数以千万计的专门人才和一大批拔尖创新人才,建设规模宏大、结构合理、素质较高的人才队伍,开创人才辈出、人尽其才的新局面。可见,只有形成鼓励人们干事业、支持人们干成事业的社会氛围,放手让一切创造社会财富的源泉充分涌流,我们才能在搞好社会建设的基础上构建起"和谐社会"。

总之,充满活力,就是能够使一切有利于社会进步的创造愿望得到尊重,创造活动得到支持,创造才能得到发挥,创造成果得到肯定。因此,社会主义社会建设必须坚持充满活力的要求。

（五）和谐社会的安定有序要求

安定有序是"和谐社会"的政治目标。安定有序是在有效化解社会矛盾过程中实现的社会平稳、社会稳定的条理化的过程和秩序化的状态和过程。

1.社会主义和谐社会的安定要求

社会主义和谐社会是安定的社会。社会要和谐,安定是条件。安定是相对于混乱而言的。混乱是指社会处于动荡和不稳定状态,而安定是指社会处于平稳和稳定状态。当然,这里的安定、稳定和平稳是在政治学和社会学意义上讲的,而不是在现代复杂性科学意义上讲的。在复杂性科学看来,混沌是有序之源。安定包括政治稳定、经济稳定、社会秩序稳定以及人心安定等几个方

---

① 《十六大以来重要文献选编》(下),中央文献出版社 2008 年版,第 193—194 页。

面。其中,政治稳定是核心,经济稳定是基础,社会秩序稳定是政治稳定和经济稳定的必要条件,人心安定是上述几个方面的综合体现和结果。同时,安定与团结是紧密联系在一起的。"没有一个安定团结的政治局面,就不能安下心来搞建设。"①团结是实现和谐的重要保证。团结就是力量。因此,我们不仅要团结一切可以团结的力量,而且要自觉维护安定团结的局面,倍加顾全大局,倍加珍视团结,在构建和谐社会中实现经济社会又好又快的发展,把中国特色社会主义伟大事业不断推向前进。另外,安定不是封闭、静止状态下的安定,而是面向现代化、面向世界和面向未来的安定。因此,要实现安定,就必须不断解决社会矛盾和社会冲突,不断消除社会中的各种不稳定因素,在社会发展与进步的动态平衡中实现安定。因此,社会主义社会建设必须坚持安定的要求。

2. 社会主义和谐社会的有序要求

社会主义和谐社会是有序的社会。在保持社会活力的同时,还必须保持一定的秩序(有序),否则,社会就会处于动荡之中。"所以生动活泼和安定团结如果发生矛盾,只有在不妨碍安定团结的条件下实现生动活泼,才能让大家有秩序地前进。"②一般来讲,有序是相对于无序而言的。无序是指社会处于无政府、无组织、无秩序的混乱状态,有序则是指社会处于组织程度较高的秩序井然的状态。有序不是天然形成的,需要大家的共同努力。有序不是一蹴而就的,更不是一劳永逸的。为此,必须采用法治的方式。法治是实现社会有序的必要的法律保障。只有实行法治,才能防止社会矛盾激化为对抗和冲突;只有实行法治,使社会成员的民主权利制度化、法律化,才能引导人民群众通过法定程序表达自己的利益诉求,通过合法手段维护自身的合法权益,从而维护良好的社会秩序,保证社会的安定有序。因此,在建设社会主义和谐社会的过程中,我们必须实行法治,坚持依法办事,把解决社会矛盾和冲突纳入法制化轨道,并严格按照法定权限履行职责、行使权力。目前,依法治国的关键是依宪治国。"世界上历来的宪政,不论是英国、法国、美国,或者是苏联,都是在革命成功有了民主事实之后,颁布一个根本大法,去承认它,这就是宪

---

① 《邓小平文选》第二卷,人民出版社 1994 年版,第 251 页。
② 《邓小平文选》第二卷,人民出版社 1994 年版,第 252 页。

法。"①宪法是治国安邦的总章程,是保证社会有序的法律基础。因此,社会主义社会建设必须坚持有序的要求。

总之,安定有序,就是社会组织机制健全,社会管理完善,社会秩序良好,人民群众安居乐业,社会保持安定团结。因此,社会主义社会建设必须坚持安定有序的要求。

(六) 和谐社会的生态和谐要求

人与自然和谐相处(生态和谐)是"和谐社会"的自然物质条件。在构建社会主义和谐社会的过程中,"人与自然和谐相处,就是生产发展,生活富裕,生态良好"②。统筹人与自然和谐发展、可持续发展战略和生态文明的实质是一致的。

1. 社会主义和谐社会必须坚持生产发展的要求

社会要和谐首先要发展,但是,发展必须是可持续的,这样,才能保证实现我国发展的长期奋斗目标。可持续发展,就是既要考虑当前发展的需要,又要考虑未来发展的需要,不要以牺牲后代人的利益为代价来满足当代人的利益。这样,只有把生态文明建设和物质文明建设统一起来,注意人口、环境、资源和社会、经济、科技的协调发展,社会主义经济才能健康持续地发展。为此,在产业领域中,必须要形成节约资源、保护环境的产业结构,大力发展生态农业和可持续农业,坚持走新型工业化的道路,大力发展环保产业;在发展方式方面,必须要形成节约资源、保护环境的发展方式,实现绿色发展、循环发展和低碳发展;在经济管理中,要坚持把经济增长指标同人文指标、资源指标、环境指标和社会发展指标有机地结合起来。因此,社会主义社会建设必须坚持可持续发展的要求。

2. 社会主义和谐社会必须坚持生活富裕的要求

生活富裕是和谐社会的社会目标。生态环境问题往往是由生活贫困和超前消费造成的,反过来影响到了生活的可持续性,这样,就必须转向生态化的生活。一是要大力实施"生态式开发脱贫致富战略"。由于在贫困和环境之

---

① 《毛泽东选集》第二卷,人民出版社 1991 年版,第 735 页。
② 《十六大以来重要文献选编》(中),中央文献出版社 2006 年版,第 706 页。

间存在着恶性循环,因此,"对贫困地区而言,消除贫困与可持续发展是统一的整体或一个问题的两个方面。不消除贫困就难以持续发展,不有效改善贫困地区的基础设施条件,提高人的素质,改善生态环境和可持续开发利用资源,也不可能从根本上消除贫困。"①现在,根据我国贫困问题的现状和消除贫困的任务等实际情况,必须将"生态式开发脱贫致富战略"作为我国消除贫困的国家战略。二是要大力倡导绿色消费模式。从社会主义初级阶段的实际出发,我们不能将消费建立在高消耗和重污染的基础上,而只能确立生态化的消费模式。为此,要合理引导消费行为,发展节能环保型消费品,倡导与我国国情相适应的文明、节约、绿色、低碳消费模式。在此基础上,我们要在全社会形成崇尚生态和谐的文明意识,确立良性循环、适度消费的生活体系。在总体上,我们必须要保证人民群众的生存权益尤其是环境权益,实现生活和自然的融合。因此,社会主义社会建设必须坚持生态导向的生活富裕的要求。

3. 社会主义和谐社会必须坚持生态良好的要求

生态良好是和谐社会的生态目标。目前,坚持生态良好就是要建设资源节约型社会和环境友好型社会。自然资源只有节约才能持久利用,因此,资源节约型社会就是要在资源开采、加工、运输、消费等环节建立全过程和全面节约的管理制度,逐步形成有利于节约资源的空间结构、产业结构、发展方式、消费方式和思想观念,依靠科技进步推进资源利用方式的根本转变,不断提高资源利用的经济、社会和生态效益。同时,良好的生态环境是社会生产力持续发展和人们生存质量不断提高的重要基础,因此,环境友好型社会就是要彻底改变以牺牲环境、破坏资源为代价的空间结构、产业结构、发展方式、消费方式和思想观念,最终要在全社会营造爱护环境、保护环境、建设环境的良好风气,增强全民族的环境保护意识。因此,社会主义社会建设必须坚持生态良好的要求。

可见,作为"和谐社会"的要求和特征的人与自然和谐相处,也是社会主义社会建设必须坚持的原则和要求。

总之,社会主义和谐社会是一个全体人民各尽其能、各得其所而又和谐相

---

① 《中国21世纪议程——中国21世纪人口、环境与发展白皮书》,中国环境科学出版社1994年版,第47页。

处的社会,是一个民主法治、公平正义、诚信友爱、充满活力、安定有序、人与自然和谐相处(生态和谐)的社会。这些基本特征是相互联系、相互作用的,需要在建设中国特色社会主义的进程中全面把握和具体落实。因此,上述特征同样必须成为社会主义社会建设的制度要求。

四、社会主义和谐社会的制度课题

构建"和谐社会"没有现成的道路和模式可以照搬,必须在坚持社会主义制度的前提下,走一条开拓创新之路。同样,我们也只能在这个过程中逐步推进社会主义社会建设。社会主义社会建设是贯穿整个社会主义发展过程中的长期历史任务。

(一) 坚持资本批判和对外开放的统一

资本主义是一个自觉开始社会建设的社会制度,推行了一系列福利措施,在社会建设方面积累了大量有益的经验,但是,受资本主义制度的制约,这些福利措施并不能从根本上解决资本主义的问题。因此,以辩证态度对待资本主义社会建设,是开展社会主义社会建设的重要途径。

1.资本主义社会建设的进步性

资本积累产生的社会矛盾以及由此带来的社会危机,迫使资本主义国家进行社会改革,并促使资本主义向福利国家的方向发展。"福利国家有两项目标:首先是创造一个更加平等的社会,同时也要保护各个生活领域中的个人。"①这样,就突显出了资本主义社会建设的进步性。(1)提高经济效率。福利国家注重社会政策的生产性功能,而非救济性功能,这样,有助于提高经济效率。尤其是战后,福利国家将资本主义纳入到了国家资本主义的发展轨道中,从而为资本主义经济的持续发展提供了社会条件。(2)促进社会民主。随着资本主义制度的建立和完善,社会领域终于摆脱国家和市场的纠缠,获得了独立性,这样,就促进了社会民主的发展。社会领域中的民主包括:形式上的平等、个

---

① [英]安东尼·吉登斯:《第三条道路:社会民主主义的复兴》,北京大学出版社 2000 年版,第 11 页。

人的种种权利、不受暴力干涉地自由讨论问题、在与传统的协调过程中获得权威。(3)彰显公平正义。福利国家看到了社会排斥造成的严重社会后果,开始注重包容性。在第三条道路那里,将平等界定为包容——公民权利以及机会、在公共空间中的参与,将不平等界定为排斥——不能分享大多数人拥有的机会。这样,就进一步彰显了公平正义。因此,资本主义社会建设的经验是我们进行社会主义社会建设的重要资源,否则,我们永远不可能超越资本主义。

2. 资本主义社会建设的局限性

就其实质来看,在"资本逻辑"支配一切的社会中,福利制度的实施并不能从根本上改变无产阶级和劳动主体受剥削、受压迫的命运。即使在单纯的技术层面上,福利国家也存在着诸多弊端。(1)混合经济的难题。福利国家往往采取混合经济的方式,通过逐步的干预来减少市场失灵带来的社会问题。但是,从长期看,混合经济不是资本主义和计划经济优点的最佳结合,而很可能是双方缺点的混合。这样,就容易滋生各种利益集团,甚至产生官僚主义的福利结构。(2)收支平衡的难题。福利国家的高福利往往是以高税收为前提的,在实施中也没有充分注意收支平衡,这样,当支出高于收入时,加上放松对金融市场的监管,那么,就会导致国家的财政危机、国债的空前增长等问题。例如,在1990年代,瑞典国家财政赤字一度超过经济成果的12%。这样,最终会导致福利的供给不足。(3)道德自律的难题。由于监管机制不完善,福利国家也带来了依赖、欺诈、怠工、懒惰等道德公害问题。为了领取失业救济金,一些人故意失业或者变相延长待业期。这些现象在败坏社会风气的同时,也加重了国家的经济负担。例如,瑞典的病假补助金曾经一度占国家支出的5%。(4)公平正义的难题。在设计福利制度的初期,福利对象所指的公民是充分就业的、已婚的、有工作能力的白人男性工人,而妇女、少数民族、残疾人、儿童和老人被排除在外。目前,这种现象已大为改善。但是,是否将移民尤其是非法移民也包括在福利制度的照顾范围之内,却是一个难题。可见,"即使是最发达的福利国家也决不是十全十美。所有的福利国家都制造依赖、道德公害、官僚主义、利益集团化和欺诈等问题。"①这样看来,福利资本主义无力

---

① [英]安东尼·吉登斯:《第三条道路及其批评》,孙相东译,中共中央党校出版社2002年版,第33页。

从根本上解决资本主义国家的社会问题。因此,要克服资本主义福利制度的历史局限性,必须用社会主义制度取代资本主义制度。

3.资本主义社会建设的批判与借鉴

在批判福利资本主义局限性的同时,我们还要借鉴其积极的方面,为社会主义社会建设服务。(1)普惠的制度设计。随着晚期资本主义的发展,资本主义日益重视福利制度的普惠性。福利国家所要建设的就是包括全体居民在内的福利制度。在北欧国家,这一进程在战后经过了两个阶段:第一阶段主要是制定了覆盖全民的统一比率的福利制度,第二阶段是从1960年代开始实行的与收入相关的充分福利体系,即通过充分就业实现生活状况的保障。这样,在实现普遍福利的同时,就减少了人们对既得利益集团的反对。虽然我们反对既得利益集团,但是,这一做法对于我们建设全民共建共享的和谐社会仍然具有重要的参考价值。(2)积极的福利政策。为了克服失业津贴或者提前退休等消极的福利支出带来的弊端,福利国家开始转向创造就业机会、加强职业培训等积极的福利政策。例如,对待失业者,不再采用单纯的救济方式,而是将对失业者的培训作为国家福利投资的重点。这样,不仅可以增加失业者的就业机会、提高其人力资本实力,而且能够带动经济增长、促进社会稳定。我们在解决待业者的就业问题、下岗工人的再就业问题时,也应该参考这一经验,在保证劳动者的就业权的同时,应在提高其人力资本实力上下功夫。(3)多元的福利主体。为了弥补政府和市场各自在福利提供上的不足,福利多元主义从1980年代开始在资本主义国家兴起,社会部门成为了重要的福利主体。这实质上是社会福利和社会服务的地方化、社区化、民营化以及消费者的参与和选择。这样,不仅可以解决政府和企业在福利供给上的不足,而且有助于多元力量的参与以及个人责任的增强。在全面深化改革的当代中国,我们也应该重视第三部门在社会福利和社会服务方面的作用。

总之,在社会主义社会建设的过程中,我们要分清资本主义福利的制度性方面和具体性方面,扬长避短,在学习资本主义的过程中战胜和超越资本主义。

(二)坚持革命主题和建设主题的统一

构建社会主义和谐社会是一种总体性实践。在现实社会主义建设中,不能抽象地谈从革命主题向建设主题的转变,而必须坚持革命主题和建设主题的统一,坚持破与立的辩证统一。

1. 无产阶级革命中的建设问题

为了避免社会矛盾对自身的冲击,资本主义设计出了社会救济、社会福利、社会保障和社会慈善等社会"缓冲器"。这些福利措施在一定程度上有助于改善工人阶级和劳动人民的生活状况。因此,在无产阶级革命斗争中,要把合法的斗争形式同不合法的斗争形式结合起来,应该参加受反动法律限制的社会福利运动。列宁认为,"假使布尔什维克当时没有在最严酷的斗争中坚持一定要把合法的斗争形式同不合法的斗争形式结合起来,坚持一定要参加最反动的议会以及其他一些受反动法律限制的机构(如保险基金会等),那么他们就决不可能在1908—1914年间保住(更不用说巩固、发展和加强)无产阶级革命政党的坚强核心"①。同样,中国共产党在革命战争年代,也没有忘记社会建设,始终坚持谋利于民。毛泽东在1934年就指出:"我们应该深刻地注意群众生活的问题,从土地、劳动问题,到柴米油盐问题。妇女群众要学习犁耙,找什么人去教她们呢?小孩子要求读书,小学办起了没有呢?对面的木桥太小会跌倒行人,要不要修理一下呢?许多人生疮害病,想个什么办法呢?一切这些群众生活上的问题,都应该把它提到自己的议事日程上。应该讨论,应该决定,应该实行,应该检查"②。正是由于重视社会建设,注重改善民生,才为无产阶级革命胜利奠定了社会基础。总之,革命时期自然应该坚持以革命为主,但是,无产阶级革命也有社会建设的要求和主张。只有实际解决社会问题尤其是民生问题,才能保障无产阶级革命的成功。

2. 社会主义建设中的革命问题

随着生产资料所有制社会主义改造任务的完成,人民群众日益增长的物质文化需要同落后的社会生产的矛盾已成为社会主义社会的主要矛盾,因此,社会主义的根本任务是发展生产力。这样,就突出了建设的重要性。"只有社会主义才可能广泛推行和真正支配根据科学原则进行的产品的社会生产和分配,以便使所有劳动者过最美好的、最幸福的生活。只有社会主义才能实现

---

① 《列宁选集》第4卷,人民出版社1995年版,第146页。
② 《毛泽东选集》第一卷,人民出版社1991年版,第138页。

这一点。而且我们知道，社会主义一定会实现这一点，而马克思主义的全部困难和它的全部力量也就在于了解这个真理。"①但是，社会主义建设的开始，不是无产阶级专政的结束，而是无产阶级专政在新形势下的继续。当然，在社会主义改造任务完成后，无产阶级专政的方式和方法都会发生一系列的新变化。一方面，不能抽象地讲以阶级斗争为纲，要避免犯阶级斗争扩大化的错误，还应该突出社会主义民主和法制的必要性和重要性。另一方面，也不能放松甚至是放弃无产阶级专政。从根本上来看，"除了把民主制度大规模地扩大，使它第一次成为穷人的、人民的而不是富人的民主制度之外，无产阶级专政还要对压迫者、剥削者、资本家采取一系列剥夺自由的措施。为了使人类从雇佣奴隶制下面解放出来，我们必须镇压这些人，必须用强力粉碎他们的反抗，——显然，凡是实行镇压和使用暴力的地方，也就没有自由，没有民主。"②同样，在建设中国特色社会主义的过程中，我们既要坚持四项基本原则，又要加强社会主义民主和法制建设。可见，社会主义建设时期自然应该以建设为主，但是，也不能忽略甚至是放弃革命方面的要求和主张。

3. 社会主义社会建设必须坚持革命和建设的统一

社会主义社会矛盾的性质和特点，决定了我们必须将革命主题和建设主题统一起来。社会主义仍然存在矛盾，但这种矛盾是非对抗性的矛盾，主要是人民群众的根本利益一致基础上的矛盾。这样，就突出了建设在社会主义发展中的地位和作用。例如，城乡矛盾、人和自然的矛盾在社会主义条件下仍然存在，而且缠绕在了一起。不解决这些矛盾就难以实现"和谐社会"的理想和目标。但是，由于它们是非对抗性的矛盾，因此，必须用社会建设（如，城乡建设、环境整治和科技进步等等）这种属于矛盾同一性的方式来加以解决。相反，如果把一切社会矛盾尤其是由于分配方式的多样化带来的利益的多样化也看作是阶级矛盾的表现，试图用阶级斗争的方式来实现社会公平，那么，必然要犯"左"的错误，重蹈无产阶级专政下继续革命的覆辙。同时，在社会主义社会中，仍然在一定程度上存在着对抗性的矛盾。这是由社会主义产生的历史条件和现实的国际环境造成的。忽视或者抹杀这一点，不仅无助于"和

① 《列宁选集》第3卷，人民出版社1995年版，第546页。
② 《列宁专题文集　论社会主义》，人民出版社2009年版，第29页。

谐社会"的建设,而且必然会滋生瓦解"和谐社会"的因素。这样,就要求我们又不能放松、放手阶级斗争。目前,如果把损害人民群众利益的行为、消极腐败等问题只看作是一个单纯的经济领域尤其是分配领域的不健康的问题,忽视他们对社会主义政权的腐蚀作用,试图用调和的方式来解决这些问题,那么,必然要犯右的错误,最终会葬送社会主义。此外,针对帝国主义的"和平演变"和武装颠覆、资产阶级自由化以及民族分裂势力、宗教极端势力和暴力恐怖势力等危害社会主义政权的问题,必须动用无产阶级专政的力量加以解决。同时,还必须加强社会治安综合治理。总之,"运用人民民主专政的力量,巩固人民的政权,是正义的事情,没有什么输理的地方。"①因此,我们在坚持建设主题的同时不能丢掉革命主题,必须从总体上推进社会主义社会的全面发展和全面进步。

总之,我们必须从整体性视野出发,坚持革命主题和建设主题的统一,不能放弃革命立场,也不能用政治斗争方式解决民生问题。

(三) 坚持经济建设和社会建设的统一

社会主义社会是全面发展、全面进步的社会。因此,在构建社会主义和谐社会中,必须坚持经济建设和社会建设的统一,促进经济社会的协调发展。

1. 构建社会主义和谐社会必须坚持以经济建设为中心

生产力尤其先进生产力是构建"和谐社会"的物质基础,因此,必须围绕经济建设来推进社会主义社会建设。只有这样,我们才能更好地解决前进道路上的矛盾和问题,才能为抓好发展这个党执政兴国的第一要务、为全面协调可持续发展打下坚实的物质基础,才能不断满足人民群众日益增长的物质文化需要和提高其物质文化生活水平,才能为社会全面进步和人的全面发展提供坚实的物质基础,才能最终构建起"和谐社会"。当前,面对日益严重的社会问题尤其是民生问题,一些论者对"以经济建设为中心"提出了种种质疑甚至是否定,要求转向"以社会建设为中心",大力实行"民生新政"。对此,我们不敢苟同。这在于,生产力是整个社会系统中最基础和最活跃的因素,是社会发展的最终决定力量。因此,我们要构建"和谐社会"就必须坚持以经济建设

---

① 《邓小平文选》第三卷,人民出版社 1993 年版,第 379 页。

为中心,大力发展社会主义先进生产力,创造更加丰富的物质财富。"只有经济不断发展,民生才能不断改善"①。反之,如果离开了经济建设,社会建设就会成为无源之水、无本之木。此外,这种观点也不符合当代中国的基本国情。尽管我国经济总量已经达到世界第二位,但是,我国仍然处于社会主义初级阶段,社会领域出现的许多问题与发展程度低有很大关系。为此,在构建社会主义和谐社会中,必须理直气壮地坚持"以经济建设为中心",促进经济的科学发展,为构建"和谐社会"提供丰厚的物质基础和有力的财富保障。总之,突出社会建设的重要性不能否定经济建设的中心地位。

2. 构建社会主义和谐社会必须善于以经济建设为中心

社会主义社会的主要矛盾是人民群众日益增长的物质文化需要同落后的社会生产力之间的矛盾,而我国当下的发展仍然存在着不全面、不协调和不可持续的问题,因此,必须转向科学发展,善于以经济建设为中心。善于坚持以经济建设为中心,关键是要坚持发展的人民性,即要坚持发展为了人民,发展依靠人民,发展的成果由人民共享,发展的效益由人民评价。为此,第一,要摒弃各种单纯追求经济增长无视甚至牺牲人民群众福利的见物不见人的错误观念,树立与科学发展观相应的正确的政绩观。树立正确的政绩观,说到底就是要忠实实践党的宗旨,真正做到权为民所用、情为民所系、利为民所谋。第二,要加大社会福利的力度,提高人民群众的整体生活水平、整体素质和整体发展,更好地促进人的发展。在社会主义建设中,"我们面临着如何把革命成果巩固和发展下去的问题,关键就在于要安排好人民的生活,真正为人民谋福利"②。这里的福利应该是广义的,应该是人的生存、发展和享受的统一。第三,要做好财富的分配和协调工作,让全体人民共享社会发展的成果。为此,要加强对社会结构发展变化的调查研究,深入认识在发展社会主义市场经济和对外开放的条件下我国社会发展的特点和规律,更好地推进社会建设和管理,形成合理的社会关系。同时,我们还必须注意引导和教育人民群众处理好根本利益和具体利益、长远利益和眼前利益、整体利益和局部利益的关系。这样,我们才能建立起一个全体人民各尽其能、各得其所而又和谐相处的社会。

---

① 《十六大以来重要文献选编》(下),中央文献出版社 2008 年版,第 1086 页。
② 胡锦涛:《在陈云同志诞辰 100 周年纪念大会上的讲话》,人民出版社 2005 年版,第 7 页。

总之,只有坚持科学发展,才能为社会建设奠定坚实的物质基础。

3.构建社会主义和谐社会必须完善以经济建设为中心

在社会主义建设中,经济建设与社会建设是相互统一的,因此,必须将社会建设的要求纳入到经济建设中,完善以经济建设为中心。一方面,离开经济建设,社会建设会成为空谈。这在于,以社会福利为主的社会建设总是以经济发展为物质基础的。如果脱离经济建设谋求社会福利,那么,社会福利的要求必然成为"福利乌托邦"。在任何情况下,"权利决不能超出社会的经济结构以及由经济结构制约的社会的文化发展。"①因此,我们的社会建设必须建立在经济发展的基础之上,必须坚持解放和发展生产力。目前,必须反对单纯的福利主义,避免用改善民生和维护稳定来绑架经济建设。另一方面,离开社会建设,经济建设也难以为继。福利资本主义的发展表明,"任何试图将经济从社会和政治制度中分离出来的努力都会对人类社会造成损害。经济必须扎根于社会才能存在下去",在这个意义上,"社会政策是社会经济保持其整体性的必要前提"②。更为重要的是,社会建设也具有重要的经济功能。例如,社会福利投资会增加和创造就业机会,拉动经济增长,创造经济价值。同时,社会建设还是人力资本投资的重要方式。通过大力发展教育、卫生、文化等社会事业,可以将人力资源优势转化为人力资本实力,从而能够促进经济的发展。同时,通过社会建设协调社会关系,提高人的素质和能力,还能为社会发展提供持久的动力。因此,我们的经济建设必须定位在促进社会建设上,必须坚持消灭剥削、消除两极分化。目前,必须反对单纯的经济主义,避免以经济建设为借口来压制社会建设、漠视问题的官僚主义。总之,只有坚持经济建设和社会建设的统一,坚持经济和社会的协调发展,才能坚持社会主义本质,才能超越和战胜资本主义。

总之,社会主义建设事业是以经济建设为中心的全面发展、全面进步的事业,因此,社会主义社会建设同样要坚持以经济建设为中心,促进经济建设和社会建设的协调发展。

---

① 《马克思恩格斯文集》第3卷,人民出版社2009年版,第435页。

② [丹麦]考斯塔·艾斯平-安德森:《福利资本主义的三个世界》,郑秉文译,法律出版社2003年版,第14页。

（四）坚持阶段任务和总体目标的统一

我们必须立足社会主义总体建设的历史进程，坚持阶段任务和总体目标的统一，分层次、分阶段地实现社会建设的总体目标和长远目标，以实现社会主义的本质。

1. 消除贫困是社会建设的重点任务

贫穷不是社会主义。尽管我国在脱贫致富方面已取得了巨大成就，初步显示出了社会主义的优越性，但是，仍然有1/10的人口处于贫困状态。这是影响社会主义本质的最大问题。因此，我们必须坚持中国特色扶贫开发道路，把加快发展作为减贫的根本举措。同时，根据国际反贫困的经验，必须将满足贫困人口的基本需求作为扶贫开发的中心任务。"基本需求途径要求发展中国家的政府用其现有的社会规划与人力服务方案来应对其最贫穷群体未得到满足的紧迫需求。首先，这些未满足的需求包括基本的生存需求，如营养、安全饮用水和遮蔽之所。第二组需求不一定是为了满足基本生存，但被看作是各个社会向所有公民保证提供的社会权力，包括教育、医疗和社会保障等需求。最后则是一些非物质需求，如参与政治活动、免遭歧视、改善境遇的机会平等。"①因此，我们必须坚持以人为本，将满足贫困人口基本需求的战略提升为国家反贫困的战略。这样，才能真正体现出社会主义本质。

2. 缩小差距是社会建设的难点任务

两极分化不是社会主义。目前，分配不公已成为影响社会主义本质的重大问题，因此，必须将缩小两极分化作为社会建设的重点任务。（1）要改变重资本收益轻劳动所得的倾向。在改革开放初期，为了拉动经济增长，我们较为重视资本要素的收益，一度降低了劳动所得的比重，在一定程度上挫伤了劳动者的积极性。因此，我们目前要着重保护劳动所得，努力实现劳动报酬增长和劳动生产率提高同步，提高劳动报酬在初次分配中的比重，为保证劳动者的主体地位提供分配制度上的保障。（2）要改变重效率轻公平的倾向。在改革开放初期，我们较为重视收入机制在刺激增长中的作用，有效地克服了平均主义的弊端，但是，也造成了两极分化。因此，我们目前要改革收入分配完善再分

---

① ［美］詹姆斯·米奇利：《社会发展：社会福利视角下的发展观》，苗正民译，格致出版社、上海人民出版社2009年版，第154页。

配调节机制,加大税收调节力度,为实现公平和效率的统一提供制度保障。(3)要改变重增长轻管理的倾向。在改革开放初期,我们重视的是工资增长,而对收入秩序的管理相对不足,导致了收入秩序的失范。目前,必须规范收入分配秩序,尤其是要发挥国有经济的社会责任,努力缩小分配差距,逐步形成橄榄型分配格局。这样,才能在实现分配公平的基础上,实现共同富裕,体现社会主义本质。

3. 改善民生是社会建设的核心任务

民生问题是公平正义的重要体现,直接影响着社会主义本质。在当代中国,民生问题就是人民群众的基本生计和幸福安康的问题。因此,"加强社会建设,必须以保障和改善民生为重点。提高人民物质文化生活水平,是改革开放和社会主义现代化建设的根本目的。要多谋民生之利,多解民生之忧,解决好人民最关心最直接最现实的利益问题,在学有所教、劳有所得、病有所医、老有所养、住有所居上持续取得新进展,努力让人民过上更好生活。"[1]目前,重点要做好以下工作:努力办好人民满意的教育,建设人力资源强国;推动实现更高质量的就业,促进以创业带动就业;深化收入分配制度改革,千方百计增加居民收入;统筹推进城乡社会保障体系建设,保障人民基本生活;建立基本医疗卫生制度,提高人民健康水平;加强和创新社会管理,维护社会安定团结。这样,才能在切实改善民生的过程中彰显公平正义,才能在推动和谐社会建设的过程中体现社会主义本质。

4. 利益共享是社会建设的实质要求

社会主义国家是代表最广大人民根本利益的国家。在社会建设中,民生问题是表现和表象,利益问题是实质和要害,因此,必须将利益共享作为社会建设的实质要求。(1)坚持代表人民群众的根本利益。人民群众是历史、国家、社会和自己命运的主人。能否实现好、维护好、发展好人民群众的根本利益,直接决定着社会主义的合法性,因此,我们必须始终坚持代表中国最广大人民的根本利益,坚持为民谋利。(2)反对既得利益和既得利益集团。社会主义国家绝不允许既得利益和既得利益集团,因此,我们必须切实防止少数人

---

① 胡锦涛:《坚定不移沿着中国特色社会主义道路前进 为全面建成小康社会而奋斗——在中国共产党第十八次全国代表大会上的报告》,人民出版社 2012 年版,第 34 页。

利用自身的优势地位侵占其他群体尤其是人民群众的正当利益的问题，必须防止利益分化和固化，必须公平配置社会资源。（3）协调利益关系和实现利益和谐。和谐社会是一个共有共建共享的社会，因此，我们必须调整好各种利益关系，使大家都能够根据自己的贡献各得其利，最终实现利益共享。总之，"我们是社会主义国家，要从我国国情和维护广大人民群众的根本利益出发，自觉进行调整和改革，以利把社会主义制度的优越性充分发挥出来。"①只有在代表人民群众的根本利益的基础上实现利益共享，才能体现社会主义本质。

5. 人的发展是社会建设的根本目标

实现人的全面发展是建设社会主义新社会的本质要求。从人的发展的角度来看，社会发展可划分为"人对人的依赖——人对物的依赖——人的自由而全面发展"三个阶段。因此，实现人的自由而全面的发展是社会主义社会建设的终极追求。同时，社会主义社会建设也是促进人的发展的科学实践。社会主义社会建设的根本目的就在于解决人民群众的基本的生计问题，尽可能满足人民群众的生存、发展和享受的需要，保障人民群众的权益，维护人民群众的尊严，实现人民群众的幸福。为此，我们必须始终坚持以人为本的原则，大力消除各种社会排斥和社会歧视，努力实现人的发展。当然，我们也必须反对不顾社会满足需要、保障利益的条件和环境的制约性，而过于突出人的需要和利益的错误倾向，尤其要注意民粹主义。总之，只有将人的全面发展和社会的全面进步统一起来，才能实现社会主义本质。

显然，社会建设是一个多层次的整体、多阶段的过程。正是在这一多层次的整体中和多阶段的过程中，我们才能逐渐实现社会主义的本质，使社会主义社会建设真正成为造福人民群众的伟大事业。

综上，在资本主义制度下并不能真正实现和谐社会，必须用社会主义代替资本主义，构建社会主义和谐社会，这样，社会主义社会建设才能沿着正确的方向日益深入发展，成为社会主义社会自我发展和自我完善的自组织过程。

---

① 《江泽民文选》第二卷，人民出版社2006年版，第107页。

第十七章　推动社会文明：当代中国
社会建设的积极成果

> 对残疾人这个社会脆弱群体给予帮助，是社会文明进步的标志。
>
> ——江泽民：《残疾人事业是崇高的事业》（1997 年 5 月 1 日），《江泽民文选》第一卷，人民出版社 2006 年版，第 648 页。
>
> 社会风气是社会文明程度的重要标志，是社会价值导向的集中体现。
>
> ——胡锦涛：《牢固树立社会主义荣辱观》（2006 年 3 月 4 日），《十六大以来重要文献选编》（下），中央文献出版社 2008 年版，第 317 页。

经过新中国六十多年尤其是改革开放三十多年的发展，我国社会主义社会建设已进入全面发展时期，取得了一系列重要的实践成果，社会主义社会文明已初步成型。社会文明是社会建设的发展程度和现代社会的成熟程度的标志。为了更好地继承和发展我国社会建设的实践成果，进一步推进社会建设，必须在理论上和实践上将社会建设提升为社会文明，大力加强社会主义社会文明建设。

一、社会文明的实践基础

实践活动是人类文明赖以存在与发展的基础。同样，作为人类实践重要形式的社会建设的成果必然会积淀和上升为社会文明。当然，社会文明也依赖于整个人类实践的发展。

（一）作为人类实践形式的社会建设的议题

社会建设是社会实践系统的重要构成和必须形式，是一个不断克服社会代价、持续走向社会文明的历史过程。

1. 社会文明和社会代价：社会发展的二重变奏

在社会基本矛盾的推动下，人类社会呈现为一个变化的过程。但是，这不是一个直线上升的过程，而是一个文明和代价不断纠缠、最终克服代价而走向文明的过程。

社会文明是社会发展的积极成果。在社会发展中，社会实践的成果积淀和升华为社会文明。文明具有以下特征：（1）实践性。人类通过以物质生产为基础的实践使人的本质力量"对象化"，从而形成了真正属人的积极成果。因此，"最重要的是不使文明的果实——已经获得的生产力被剥夺，所以必须粉碎生产力在其中产生的那些传统形式"①。即，生产力是文明的果实，生产关系是文明发展的形式。（2）社会性。文明总是社会的文明，是一个社会历史（人化）范畴。当然，文明也不是属于具体的个人，而个人只有在一定的社会形式和社会文明中才能成其为"人"。总之，人凭借一定生产关系创造了文明，文明也塑造了处于一定生产关系中的人。（3）价值性。文明的表现形式总是依托于某种物质载体，但其内核却是一种文化价值形态。因此，不能"把文明中一切精致的东西，即科学、美术等等，都当作无益的、危险的东西……加以消灭"②。文明反映了历史进步的价值要求。总之，社会文明是社会发展程度的表征。

社会代价是社会发展的消极影响。历史表明，进步总是与代价联系在一起的。人类从史前社会进入阶级社会是历史进步，但是以原始平等的丧失和纯朴道德的衰退为代价。资本主义社会是一种历史进步，但是，在"这个时代，每一种事物好像都包含有自己的反面。我们看到，机器具有减少人类劳动和使劳动更有成效的神奇力量，然而却引起了饥饿和过度的疲劳。财富的新源泉，由于某种奇怪的、不可思议的魔力而变成贫困的源泉"③。显然，资本主义进步是以全面异化为代价的。从哲学上看，代价属于价值的范畴，是人们在追求发展价值的过程中所产生的与发展价值取向相悖的后果。从发展与代价

---

① 《马克思恩格斯文集》第1卷，人民出版社2009年版，第613—614页。
② 《马克思恩格斯全集》第3卷，人民出版社2002年版，第480页。
③ 《马克思恩格斯文集》第2卷，人民出版社2009年版，第580页。

的关系来看,没有人的发展实践,没有人对发展目标的价值追求和实现活动,代价也就无从谈起。发展是以人类有自由的选择和创造能力为前提的,但这种选择和创造能力又受到各种主客观条件的制约,二者的矛盾决定了社会发展是一个不断产生代价又不断扬弃代价的过程。总之,代价就是指人类在实践活动中为社会发展所作的付出和牺牲,以及为实现发展所承担的消极后果。

总之,社会发展史是一部不断获得社会文明的历史过程,又是不断付出社会代价的历史过程。

2. 克服代价和走向文明:社会建设的双重使命

社会发展所具有的文明和代价二重变奏的内在矛盾,决定了社会建设存在的合法性和发展的过程性。社会建设就是一个克服社会代价、走向社会文明的历史过程。

社会建设是克服社会代价的过程。社会代价是社会发展消极影响的表现和表征。尽管这种现象是难以避免的,但是,如果对之视而不见或者听之任之,那么,就会造成一系列的矛盾和问题。特别是在社会转型期,社会代价甚至会成为制约社会发展的瓶颈,最终会影响到社会稳定,甚至会导致社会崩溃。因此,人们必须努力把社会代价减少到最低限度、缩小到最小范围,即"以最小的代价换取最大的发展"。与社会革命不同,减少社会代价,就是要保障处于弱势地位的个体和群体的基本生活,维护其基本的权益和尊严,使之能够真正融入社会生活;进而,要通过调整和优化社会关系,缩小社会发展差距和社会不平等现象,避免社会问题和社会矛盾导致的社会冲突和社会崩溃;最后,要在普遍认同社会价值的基础上,实现社会参与、社会稳定和社会和谐。这样,就要求人们要随时注意付出代价可能引发的社会问题,自觉把握代价的适度性,缓解代价所带来的社会压力,把代价控制在安全范围内。于是,社会建设呼之即出。社会建设的直接目的就是要把社会代价减少到最低限度、降低到最小范围。可见,社会建设是一个不断减少社会代价的过程。

社会建设是走向社会文明的过程。尽管在历史上始终存在着社会代价,但是,人类社会终究是前进的、上升的。"没有哪一次巨大的历史灾难不是以历史的进步为补偿的。"①历史进步不仅意味着社会的物质财富的增加和精神

---

① 《马克思恩格斯文集》第10卷,人民出版社2009年版,第665页。

生活的丰富,而且意味人的个性发展的全面性和社会交往的普遍性,最终体现为人的自由、全面、充分、和谐的发展上。这既是一个一般社会文明的发展过程,也是一个具体社会文明的发展过程。在这个过程中,"为了不致失掉文明的果实,人们在他们的交往[commerce]方式不再适合于既得的生产力时,就不得不改变他们继承下来的一切社会形式"①。这样,社会建设就应运而生。在增加物质财富、丰富精神生活的基础上,通过调整、改变和优化社会形式,社会建设成为一个促进人的个性发展的全面性和社会交往的普遍性的过程,成为一个把人的全面发展和社会的全面进步统一起来的过程。这一增加社会发展的正能量的过程,就是社会进步的过程,就是发展社会文明的过程。社会建设主要突出的是社会发展的建设性,社会建设的建设性成果就是社会文明。

总之,在克服社会代价、走向社会文明的过程中,产生了社会建设,使社会建设成为人类实践的重要形式。而社会建设就是一个不断克服社会代价来不断发展社会文明的过程。

(二) 一般社会建设的历史进程和主要经验

社会文明本身是一个历史进化的过程。由于资本主义社会凭借其社会结构的独特优势将人类社会推进到了现代阶段,因此,我们按照传统社会和现代社会两个阶段来考察社会文明的发展过程。

1. 传统社会的社会建设和社会文明

传统社会指一切前资本主义社会,即人的依赖性的阶段,包括原始社会、奴隶社会和封建社会等。在从史前社会向文明社会的转变过程中,就产生了社会建设的萌芽。

社会建设的史前发生。发明和发现、家庭观念、财产观念、政治观念的发展,都表现出社会的进步。一切政治形态都可归结为"社会"和"国家"两种基本方式。按照时间顺序,先出现的是以人身和氏族为基础的社会,后出现是以地域和财产为基础的国家。② 最古老的组织是以氏族、胞族和部落为基础的社会组织,即史前社会。在史前社会,在土地公有制的基础上,全体成员都是

---

① 《马克思恩格斯文集》第10卷,人民出版社2009年版,第43—44页。
② 参见[美]路易斯·亨利·摩尔根:《古代社会》上册,杨东莼等译,商务印书馆1977年版,第6页。

人身自由的人,都有相互保卫自由的义务,在特有权利和个人权利方面是一律平等的,管理公共事务是所有社会成员的共同的责任和义务,任何人都不能有任何优越权,他们都是由血缘的社会纽带结合起来的。这样,"自由、平等、博爱,虽然从来没有明确表达出来,却是氏族的根本原则,而氏族又是社会制度和管理制度的单位"①。在这个共同体中,每个人都知道对于老年人、病人和战争残废者所负的义务。这些宝贵的传统构成了社会建设的遗传密码。

社会建设的东方发生。在阶级社会中,国家除了对内实施统治职能之外,还要运用各种权力和资源对包括水利、交通、文教、福利等公共事务进行管理,以保证国家统治职能的顺利实现和社会生活的正常运转。这就是国家的社会职能。特别是,围绕着公共工程进行的社会管理成为东方社会的一个重要特征。"由于文明程度太低,幅员太大,不能产生自愿的联合,因而需要中央集权的政府进行干预。所以亚洲的一切政府都不能不执行一种经济职能,即举办公共工程的职能"。② 而在社会生活中,"在东方,在村社制度下,人民实际上是自己管理自己的,贵族阶级的首领们的权利之争主要是争夺卡查里—塔比尔的控制权。"③在这个过程中,形成了一些具有社会建设意义的成果。例如,在我国古代很早就出现了"荒政"(救济饥荒的政策、法令与制度)。"以荒政十有二聚万民:一曰散利,二曰薄征,三曰缓刑,四曰弛力,五曰舍禁,六曰去几,七曰眚礼,八曰杀哀,九曰蕃乐,十曰多昏,十有一曰索鬼神,十有二曰除盗贼。"④当然,国家执行社会职能主要服务于其政治职能,但在客观上促进了社会建设,构成了社会文明发生的历史源头。

可见,社会建设一开始主要是作为国家的一项对内职能出现的。在此基础上,形成了社会文明的萌芽。

2. 现代社会的社会建设和社会文明

在以物的依赖性为特征的资本主义社会,为了克服社会危机,开启了自觉的社会建设的历程。这以英国实施"济贫法"和德国俾斯麦推动社会保险立

---

① 《马克思恩格斯全集》第 45 卷,人民出版社 1985 年版,第 416 页。
② 《马克思恩格斯文集》第 2 卷,人民出版社 2009 年版,第 679 页。
③ 《马克思古代社会史笔记》,人民出版社 1996 年版,第 433 页。
④ 《周礼·地官司徒第二》。

法等为标志。因此,现代社会建设事实上就是资本主义社会建设。这样,才产生了严格意义的社会文明。

在现代社会建设的发展中,出现了以发展社会福利为代表的社会建设实践。其特点是重视全面的社会建设,主张政府完善社会政策体系,建设福利国家与福利社会。而这与1929年爆发的经济大危机有不解之缘。在经济危机之前的相当长的时间内,美国严重忽视社会建设,结果到了大萧条时期,失业人数剧增,工人和城市居民陷入极度贫困之中。仅1932年就有3400万人无任何收入来源,占全国人口的28%。这迫使美国政府开始重视完善社会保障制度,把社会建设提上了日程。在这种情况下,其他西方国家也开始高度关注福利制度建设。

从20世纪50年代起,西方社会保障进入新的发展阶段,其主要标志是普遍福利政策的广泛实施、福利国家的纷纷出现。随着英国首先宣布建立福利国家,许多发达国家相继宣布实施"普遍福利政策"。这一政策使社会保障的覆盖面向全体社会成员扩展,逐步实现了社会保障的全民化。同时,保障项目也实现了系统化,除了社会保险项目之外,还设立了社会救济项目和各种补助制度,有的国家项目达几十种,有的国家甚至达百种之多。在此基础上,社会保障水准不断提高,并开始采用社会保险金随通货膨胀而按物价指数来调整的办法,保证了享受社会保障的社会成员不因物价上涨而降低生活水平,使全体社会成员享受经济发展的成果。这一切都有利于社会公平与社会稳定,是社会文明进步的重要表现。

但是,普遍福利政策也带来了许多弊端。在1960年至1975年间,欧盟国家的社会保障支出扩张速度比国民生产总值的增长速度快1倍左右,从而埋下了福利危机的祸根。福利危机出现之后,到了20世纪90年代后期,经过一番理论变革与政策调整,福利国家以"后福利国家"的面目出现。其主要内容是:彻底改革福利国家制度,变消极的福利制度为积极的福利制度;用积极的"福利社会"取代"福利国家",充分发挥第三部门在"福利社会"中的作用,主张福利供给的重组应当与积极发展公民社会结合起来;改革的目的不是要削减福利支出,而是要把更多的资源用于人力资源投资,建设"社会投资型国家";要积极发展终身教育,创造工作机会,实现充分就业;最终,要实现"变匮乏为自主,变疾病为积极的健康,变无知为一生中不断持续的教育,变悲惨为幸福,变懒惰为创造"①的发展愿景。这种尝试在缓解资本主义社会危机的同时,有助于推动社会文明。

当然,资本主义社会制度决定了资本主义国家不可能为了人民群众的幸福和尊严而进行真正的社会建设,因此,资本主义社会建设及其社会文明,只具有改良主义的意义。

(三) 世界社会主义社会建设的历程和经验

在人的解放的历程中,存在着由"政治解放"到"人类解放"的过渡。这个过渡需要通过"社会解放"和"社会建设"来完成和实现。在马克思恩格斯科学构想的基础上,作为无产阶级夺取政权的第一次伟大尝试,巴黎公社进行了初步的探索并取得了一定的成果。作为世界上第一个社会主义国家,苏联在这方面既留下了宝贵的遗产,也留下了深刻的教训。

1. 社会解放和社会建设的科学构想

在创立唯物史观和发现剩余价值的基础上,马克思和恩格斯创立了科学社会主义理论,指明了共产主义社会理想的实现途径。而共产主义并不是一下子就能实现的,需要一个长期的奋斗过程。这就需要探索向共产主义过渡的理论与实践,即社会主义社会的理论与实践。在这一探索过程中,社会解放成为建立和发展社会主义的重要课题。

人类解放首先是政治解放。政治解放在本质上是一场资产阶级革命,是市民社会从政治国家中获得的解放。其结果就是市民社会成为独立于政治国家而存在的社会实体,成为"私人利己主义"的战场。这种政治解放并没有克服市民社会的本身缺陷,准确地说,就是没有超出作为市民社会成员的人,即没有超出封闭于自身、封闭于自己的私人利益和自己的私人任意行为、脱离共同体的个体。更为严重的是,市民社会的发展制造了阶级对立。在这个过程中,"产生了一个阶级,它必须承担社会的一切重负,而不能享受社会的福利,它被排斥于社会之外"②。这个阶级就是无产阶级。尽管无产阶级诞生于市民社会之中,却被排除在市民社会之外。这恰恰说明了无产阶级在市民社会

---

① [英]安东尼·吉登斯:《第三条道路:社会民主主义的复兴》,郑戈译,北京大学出版社2000年版,第132页。

② 《马克思恩格斯文集》第1卷,人民出版社2009年版,第542页。

中的异化状态。为了消灭异化,必须诉诸无产阶级革命,"形成一个若不从其他一切社会领域解放出来从而解放其他一切社会领域就不能解放自己的领域,总之,形成这样一个领域,它表明人的完全丧失,并因而只有通过人的完全回复才能回复自己本身"①。到那时,政治解放到人类解放的过渡就可完成。而让工人享受社会福利、回归社会生活,是这个过渡过程的重要议题。因此,"只有当现实的个人把抽象的公民复归于自身,并且作为个人,在自己的经验生活、自己的个体劳动、自己的个体关系中间,成为类存在物的时候,只有当人认识到自身'固有的力量'是社会力量,并把这种力量组织起来因而不再把社会力量以政治力量的形式同自身分离的时候,只有到了那个时候,人的解放才能完成。"②显然,社会解放是从政治解放到人类解放的重要环节。

　　其实,虽然政治解放还没有达到真正的人类解放,但相对于政治国家对市民社会中的个人的束缚和宰制来说,它是一种社会进步,因为"尽管它不是一般人的解放的最后形式,但在迄今为止的世界制度内,它是人的解放的最后形式"③。这样看来,在由政治解放上升为人类解放的历史进程中,人类解放是一种历史的活动而不是思想的活动,主要是由工业状况、商业状况、农业状况和交往状况等社会历史条件促成的。质言之,由于受社会历史条件的制约,人类解放也不是一下子就完成的。这就决定了政治解放向人类解放的过渡性。无产阶级革命必须将社会解放作为自己的重要使命,在此基础上开展社会建设。

　　2. 社会解放和社会建设的伟大尝试

　　巴黎公社在扬弃资产阶级社会文明的基础上,形成了自己特有的社会解放和社会建设的政策,在社会建设方面取得了一定的成果。

　　公社首先打碎了资产阶级国家机器,建立了工人阶级的政府。公社由通过普选选出的市政委员组成。他们大多数是工人或公认的工人代表,对选民负责,随时可以罢免。自上至下一切公职人员,都只能领取相当于工人工资的报酬。显然,"公社——这是社会把国家政权重新收回,把它从统治社会、压制社会的力量变成社会本身的充满生气的力量;这是人民群众把国家政权重

---

① 《马克思恩格斯文集》第 1 卷,人民出版社 2009 年版,第 17 页。
② 《马克思恩格斯文集》第 1 卷,人民出版社 2009 年版,第 46 页。
③ 《马克思恩格斯全集》第 3 卷,人民出版社 2002 年版,第 174 页。

新收回,他们组成自己的力量去代替压迫他们的有组织的力量;这是人民群众获得社会解放的政治形式,这种政治形式代替了被人民群众的敌人用来压迫他们的假托的社会力量"①。这里,社会解放是指从资本主义社会向共产主义社会过渡的必经阶段。可见,无产阶级专政的确立,从根本上改变了人类文明产生以来一直存在的少数人统治多数人的政治形式,为最终实现人类解放奠定了政治制度基础。

在摧毁资产阶级政权的基础上,国家的社会建设和管理的职能归还给了新生的政权。公社采取了一系列有利于工人阶级和劳动人民的社会政策措施:禁止让面包行业的帮工做夜工,禁止雇主们以各种借口对工人罚款以减低工资,封闭当铺,把一切已关闭的作坊或工厂都交给工人协作社。进而,公社还变革社会管理体制,取消了常备军和国家官吏,建立了"廉价政府"。不仅城市的管理,而且连先前由国家行使的全部创议权也都转归公社。此外,公社还改革教育体制,所有学校向人民免费开放。科学也摆脱了阶级偏见和政府权力的桎梏。这些措施极大地改善了人民群众的劳动条件和生活状况,从而奇迹般地改变了巴黎城市的社会风气和精神风貌。这样,"努力劳动、用心思索、战斗不息、流血牺牲的巴黎……正放射着它的历史首创精神的炽烈的光芒"②。这事实上是在为最终实现人类解放创造社会条件。

当然,从社会解放迈入"自由人联合体"的人类解放,需要经过漫长的历史过程。所以,工人阶级知道:"以自由的联合的劳动条件去代替劳动受奴役的经济条件,只能随着时间的推进而逐步完成(这是经济改造);他们不仅需要改变分配,而且需要一种新的生产组织,或者毋宁说是使目前(现代工业所造成的)有组织的劳动中存在着的各种生产社会形式摆脱掉(解除掉)奴役的锁链和它们的目前的阶级性质,还需要在全国范围内和国际范围内进行协调的合作"。③ 于是,通过公社这种社会解放形式,无产阶级可以朝着"自由人联合体"之人类解放的目标向前大步迈进。

总之,尽管公社自身还只是社会解放的政治形式,但它所确立的无产阶级专政的原则,开辟的社会解放和社会建设的道路,已包含着社会主义社会建设

---

① 《马克思恩格斯文集》第 3 卷,人民出版社 2009 年版,第 195 页。
② 《马克思恩格斯文集》第 3 卷,人民出版社 2009 年版,第 165 页。
③ 《马克思恩格斯文集》第 3 卷,人民出版社 2009 年版,第 198—199 页。

的天才萌芽。

　　3.社会解放和社会建设的成果和教训

　　十月革命胜利之后,在推进社会主义建设的过程中,苏联社会建设也取得了巨大成就。后来,由于一系列复杂的原因,民生等社会问题也成为压垮骆驼的最后一根稻草。

　　苏联社会建设的成就。在社会主义建设中,苏联极为重视改善人民群众的物质文化生活。在前两个五年计划时期,国家用于社会保险的开支增加了3倍多①,卫生保健开支增加了2倍多,教育开支增加了5倍。尽管第二次世界大战使苏联经济遭受了重创,但是,到"四五"计划(1946—1950年)完成时,其主要经济指标都达到或超过了战前水平。在此基础上,社会建设也取得了巨大成就。在就业和劳动方面,在20世纪30年代的经济危机时期,当西方国家普遍存在失业的情况下,苏联第一次消灭了失业。1928年,开始逐步推行7小时工作制,对有损健康和地下作业的工种实行6小时工作制。在教育方面,1930年,在全国实施普及初等义务教育;1939年,全国识字的劳动居民的比例高达97%;1958年,义务教育从7年延长为8年。1977年,全国人口25800万,大专程度的公民有9450万,加上500万高等学校在校学生,知识分子占总人口的比例近40%。在社会福利方面,苏联人民普遍享受免费医疗、社会保险、退休金等广泛的社会福利。这样,就使社会主义真正成为了造福人民群众的伟大事业。

　　苏联解体的社会教训。尽管苏联建设事业取得了巨大成就,但是,最后出现了历史性的悲剧。其中,民生等社会问题是导致苏联解体的重要原因之一。从根本上来看,苏共后来放弃了马克思主义政治立场,人民群众并没有真正行使当家作主的权利。例如,在一些教科书中,"这里讲到苏联劳动者享受的各种权利时,没有讲劳动者管理国家、管理军队、管理各种企业、管理文化教育的权利。实际上,这是社会主义制度下劳动者最大的权利,最根本的权利。没有

---

　　①　早在1921年版,第九次苏维埃大会就通过了"社会保险法"。瞿秋白认为,这是具有社会文明意义的事件:"有相当的结果,此一保险法已为最后之决定,确能实行劳工保险之纲要的全部,较之于西欧资产国家之保险事业,为社会文明上之一大进步。"参见《瞿秋白文集》(政治理论编)第1卷,人民出版社1987年版,第379页。

这种权利,劳动者的工作权、休息权、受教育权等等权利,就没有保证。"①受此影响,工人阶级和劳动人民的物质文化长期维持在既有的水平上。但是,在苏联社会上却出现了一个官僚特权阶层。这些人根本不考虑工人阶级和劳动人民的利益,在享受各种特权的同时,大饱私囊,试图通过实行资本主义来维护其既得利益。根据苏联科学院1990年的一次问卷调查,被调查者认为苏共仍然能代表工人的只占4%,代表全体人民的占7%,代表全体党员的占11%,而认为代表官僚、干部、机关工作人员的调查者竟达85%。这种反差只能激化社会矛盾,导致社会分裂。苏联解体后,俄罗斯科学院1995年的调查显示,有74%—75%的效忠于现政权的政治精英、有61%的发财致富的经济精英来自苏联时期的干部。显然,忽视社会建设是苏联解体的不可回避的原因。

总之,学习苏联经验对我们用处很大,借鉴苏联的教训,对我们也有很大的益处。

（四）中国社会主义社会建设的历程和经验

新中国的成立,实现了国家的独立和民族的解放,中国人民从此成为中国社会的真正主人,社会主义社会建设亦取得了相应进展。

1.新中国前三十年的社会建设

从1949年到1978年党的十一届三中全会之前,我国主要是在社会主义计划经济体制中推进社会主义建设。社会主义社会建设也随之展开。

从1949年到1956年,为我国社会主义改造的阶段。在"一化三改"总路线的指导下,我国开始了社会主义工业化,并对农业、手工业和资本主义工商业进行了社会主义改造。至1956年底,生产资料所有制的社会主义改造基本完成,社会主义基本制度得以建立。在此期间,党带领人民在社会生活领域开展了各项新民主主义改革和建设,废除了半殖民地半封建腐朽的生产关系,扫除了旧社会反动的黑社会组织,取缔了旧社会遗留的卖淫嫖娼、贩毒吸毒、聚众赌博等丑恶社会现象,重建了面向广大人民群众的教育科学文化卫生事业等社会改造运动。通过这些社会建设举措,为社会主义建设的全面展开创造了有利的社会条件。

---

① 《毛泽东文集》第八卷,人民出版社1999年版,第129页。

从 1956 年到 1966 年,为我国全面建设社会主义的时期。在社会主义主要矛盾理论、人民内部矛盾理论等正确理论的指引下,随着经济发展,社会保障状况发生了巨大变化。在城镇,国家投资新建职工住宅 9454 万平方米,拿出 103 亿元的资金用于职工的劳动保险、医药费、福利费等,基本建立起公费医疗制度和医疗上的劳动保护制度。在农业发展的基础上,农民生活也有了较大改善。作为新中国第一项农村社会保障制度,"五保户"供养机制在 1956 年就已建立起来。即,农村生产合作社对于缺乏劳动力或者完全丧失劳动能力的老、弱、孤、寡、残社员,要做到保吃、保穿、保烧、保教、保葬。同时,在社会主义建设中,各行各业都涌现出一大批英雄模范人物,雷锋就是其典型代表。"向雷锋同志学习"的号召,激发了群众在平凡岗位上建设社会主义的积极性,推动了全社会良好道德风尚的形成。

从 1966 年到 1976 年,我国陷入了内乱当中。即使如此,公费医疗、五保制度等福利制度仍然在发挥着保障民生的作用,"赤脚医生"为解救当时农村地区缺医少药的燃眉之急做出了积极贡献。

2. 改革开放新时期的社会建设

1978 年,党的十一届三中全会果断地做出了把党和国家的工作重点转移到社会主义现代化建设上来的战略决策,开启了社会主义现代化建设的新时期。

在改革开放初期,在推进经济建设的同时,社会建设也引起党和国家的高度重视。从制定"六五"计划开始,我们把国民经济发展五年计划改为国民经济与社会发展五年计划。为了防止收入差距过分悬殊,1986 年开始颁布实施"个人收入调节税暂行条例"。为了解决贫困问题,从 1986 年起,确定了"开发式扶贫"方针。到 1993 年底,农村贫困人口由 1.25 亿人减少到 8000 万人,占农村总人口的比重从 14.8% 下降到 8.7%。同时,我们也注重社会主义"四有"新人的培养,要求加强社会主义精神文明建设。

从 1992 年党的十四大开始,我国开始建立和发展社会主义市场经济。随着市场化的推进,社会建设问题越来越成为社会热点和难点。在这一时期,社会建设取得了一些新进展:推动下岗职工基本生活保障和再就业工作,开展"八七扶贫攻坚计划",到 2000 年底农村贫困人口从 8000 万下降到 3200 万;实施城市居民最低生活保障制度,建立社会化的养老保险、医疗保险和失业保险制度,实施科教兴国的发展战略、农村基本普及九年义务教育。

2003年,我国人均国民生产总值达到1090美元,开始进入全面建设小康社会的时期。国际经验表明,这是黄金发展期和矛盾凸现期并存的时期。其中,社会建设问题突出地摆在了我们面前。为此,2004年9月,党的十六届四中全会第一次明确提出了加强社会建设的要求。2005年2月,我们将社会建设纳入中国特色社会主义总体布局,要求加强以民生问题为重点的社会建设。2007年10月,党的十七大又将社会建设问题单列一章。2012年12月,党的十八大再次将社会建设单列一章,要求在改善民生和创新管理中加强社会建设。在这些思想和理论的正确指导下,我国社会建设全面展开,取得了重要进展。例如,从2006年开始,在全国范围内取消了农业税,农村免费义务教育全面实现。

可见,在新时期,社会建设理论的成熟和社会建设实践的发展是相互促进的。

3. 新时期社会建设的成就和经验

改革开放三十多年来,我国社会主义社会建设取得了巨大进展,积累了丰富经验。

我们着力保障和改善民生,人民生活总体上达到小康水平。(1)新时期是我国城乡居民收入增长最快、得到实惠最多的时期。从1978年到2007年,全国城镇居民人均可支配收入从343元增加到13786元,实际增长6.5倍;农民人均纯收入从134元增加到4140元,实际增长6.3倍;农村贫困人口从2.5亿减少到1400多万。(2)城市人均住宅建筑面积和农村人均住房面积成倍增加。到2012年底,全国累计用实物方式解决了3100万户城镇家庭的住房困难,占城镇家庭总户数的12.5%左右。(3)群众家庭财产普遍增多,吃穿住行用水平明显提高。这样,改革开放前长期困扰我们的短缺经济状况就从根本上得到改变。

我们大力发展社会事业,社会和谐稳定得到巩固和发展。(1)教育事业持续发展,办学质量不断提高。2012年,九年义务教育巩固率达91.8%,15岁以上人口平均受教育年限达到9年以上,超过世界平均水平;高中阶段教育毛入学率达到85%,与发达国家平均水平持平;高等教育毛入学率达30%,在学总规模达到3325.21万人,位居世界第一。(2)就业规模持续扩大,全社会创业活力明显增强。2008 年至 2012 年，累计投入就业专项资金 1973 亿元，实现高校毕业生就业 2800 万人，城镇就业困难人员就业 830 万人。（3）社会保障制度建设加快推进，覆盖城乡居民的社会保障体系初步形成。目前，各项养老保险参保达到 7.9 亿人。2012 年，参加全国工伤保险的人数达 18993 万人，比 2011 年增加了 1297 万人。（4）公共卫生服务体系和基本医疗服务体系不断健全，新型农村合作医疗制度覆盖全国。截至 2012 年底，全国医疗卫生机构达 95 万个（所），卫生技术人员 668.6 万人。2010 年，每千人口医生数为 1.42 人，超出中等收入国家 1.24 人的水平。目前，各项医疗保险参保超过 13 亿人。（5）社会管理不断改进，社会大局保持稳定。例如，全国 98%以上的村委会实行了直接选举，村民平均参选率达到 95%。2010 年至 2012 年，全国绝大多数城市社区开展了新一轮换届选举，直接选举率在 30%以上。

在三十多年的创造性实践中，我们经过艰辛探索，积累了社会主义社会建设的宝贵经验。主要有：一是必须把提高效率同促进社会公平结合起来，实现在经济发展的基础上由广大人民共享改革发展成果，推动社会主义和谐社会建设。二是必须把促进改革发展同保持社会稳定结合起来，坚持改革力度、发展速度和社会可承受程度的统一，确保社会安定团结、和谐稳定。这些经验既是对中国特色社会主义社会建设理论和实践的丰富和发展，也是对社会主义社会文明进程的重要贡献。

可见，我国社会建设已取得了重大成果，社会文明已初步成型。因此，我们在加强以民生为重点的社会建设中，必须努力将社会建设提升为社会文明，大力发展社会主义社会文明。这样，在推动改善民生的同时，能够进一步促进人的全面发展和社会的全面进步。

二、社会文明的理论定位

在文明系统中，社会文明是指与物质文明、政治文明、精神文明、生态文明并列的文明形式，主要是指社会建设的积极成果，表征着社会生活领域的进步程度。而从价值层面来看，社会文明就是社会建设所秉持的思想理念和价值准则。在这个意义上，社会建设非常注重社会共同价值体系的建设，特别是通过核心价值体系建设来重建社会生活的秩序。

（一）社会文明的发生领域

社会文明是发生在社会领域中的文明。或者说，社会生活领域中的文明，就是社会文明。

1. 社会领域的实践生成

在人类文明形成的过程中，社会和国家是不同的领域。虽然在西方思想史上，作为人的现实生活领域出现的"社会"自古希腊城邦时期以来就一直存在着，但是，在黑格尔之前，国家和社会都没有区分开来。准确地说，是社会附属于政治国家。关于"社会"的讨论都从属于建构某种政治制度特别是国家制度的目的论原则。无论是亚里士多德还是其老师柏拉图，都探讨过家庭和国家问题，但是，他们更为关注是如何建立一个理想的政体——城邦。关于人性的目的论是其政治哲学的前提和预设，从古希腊一直到近代的霍布斯论述国家时都是这种模式，唯一有差异的是"亚里士多德的本质先于存在论的（essentialsit）社会性却被自私的、利己的、个人主义的人性所取代"。① 只有在近代，准确地讲，在法国政治革命、英国工业革命和德国思想革命以后，市民社会和政治国家的分离过程才加快进行，市民社会作为第三领域在国家和市场之外得以兴起。从历史上看，市民社会与政治国家在现实中的分离是在资本主义社会完成的，这种分离是资本主义市场经济发展的产物。随着市场经济的不断发展，新兴的资产阶级要求在政治上独立，摆脱封建专制政治国家的统治。这也就是资产阶级革命兴起的原因。资产阶级取得革命胜利以后，市场经济和民主政治就成为社会发展的最强音。这样，现代社会建设的实践和理论才开始真正兴起，社会文明也由此孕育并走向成熟。

2. 社会领域的理论指认

市民社会的形成标志着一种不同于传统社会的现代社会的出现，更是体现了现代性的精神气质。现代性是在现代化进程中形成和发展起来的，是指现代社会所具有的本质特征及其基本属性：市场经济、民主政治与个人自由。现代性本身孕育的巨大能量所创造出的物质财富极大改变了世界的面貌和人们的生活，但也引发了一系列社会问题：社会矛盾加剧、社会冲突频繁发生、社

---

① ［英］艾伦·斯温杰伍德：《社会学思想简史》，陈玮、冯克利译，社会科学文献出版社1988年版，第5页。

会精神空虚等。这些症候的日渐突出催生了社会学。社会学的产生与现代性的产生及出现的问题是系统发生的。一般认为,社会学作为一门独立的学科而出现是19世纪以后的事情,以孔德提出"社会学"一词为标志。事实上,马克思同样是社会学的创始人。从历史上看,社会学的诞生与当时的社会历史背景息息相关。以工业革命为主要特征的现代生产方式促进社会经济飞速增长,但同时也引发了严重的社会问题。在此背景下,就产生了以追求社会良好秩序、社会均衡发展为目标的社会学理论。因此,社会学从诞生之日起就具有强烈的建设性取向,带有社会建设思想的萌芽。在这个过程中,沿着从洛克的"社会优先国家"的主张到黑格尔的"国家优先社会"的主张之脉络,马克思将社会看作是与国家平行的领域。在马克思看来,市民社会就是社会生活领域。"马克思的社会学模式是一种把人的行动和实践结合为集体主义的和历史必然的力量的体系结构的模式","它揭示了市民社会学说中有关民主方面的难题,即:变革"①。后来,在摩尔根人类学成果的基础上,马克思进一步确认了社会是独立于国家的专门领域。

3. 社会领域的现实认定

社会建设是在社会领域展开的实践活动。近代市民社会的诞生是以国家和社会的分离为基础的,即市民社会作为反对政治国家的一个相对独立的实体而出现。这也就是最初的自由资本主义"市民社会对抗国家"的发展模式。它积极追求自由主义放任的经济政策,充分依靠市场经济的调节,政府的职能被限定在维持内外秩序和提供公共物品上。自由资本主义的这种发展模式在资本主义的初期取得了巨大的成就,极大地促进了社会生产力的发展,然而也带来了生产过剩和经济危机等难以克服的痼疾。二战以后,国家对市场经济的干预开始被提上了日程,政府的社会职能不断得到增强,开始实施社会保障政策,福利国家制度由此建立并不断完善。由于福利国家以高税收和高支出为后盾,到了20世纪70年代末高福利因政府背上的财政包袱越来越重而难以为继。到了80、90年代特别是东欧剧变以后,西方市民社会理论再度复兴,"市民社会反对国家"的论调再一次重提。但是,这一时期多个国家的转型经

---

① [英]艾伦·斯温杰伍德:《社会学思想简史》,陈玮、冯克利译,社会科学文献出版社1988年版,第94页。

验表明,国家力量的衰减并不必然导致市民社会的健康发展,而市民社会的无序发展则有可能导致国家的不稳定。这样,就需要在社会和国家之间寻求新的平衡。准确地讲,在社会发展中,社会领域作为一个在国家之外的独立部门开始兴起并不断发展,与之相伴而产生的一系列社会问题日益凸显,成为影响社会秩序良性运转的关键性因素。根据世界发展经验,在人均 GDP 处于1000 美元至 3000 美元的发展阶段,意味着经济社会发展进入了一个新的关键阶段,同时也是社会矛盾最为严重的时期。在这一时期,如果社会问题处理妥当,就能推动经济社会协调发展,顺利实现工业化和现代化;反之,会导致经济社会发展脱节,各种社会差距扩大,社会矛盾加剧,经济社会发展徘徊不前,甚至会出现社会动荡和倒退。这样,就突出了社会建设的必要性和重要性。简单地讲,社会建设是以改善人民福祉为目标,通过国家(政府)、市场(企业)、社会(社会团体)的互动,以共同利益和共同价值为基础,健全社会事业管理体制和完善社会公共服务供给的过程。对于选择社会主义市场经济的当代中国来说,正面临着这样的抉择。

总之,社会建设不能停留在国家与社会"零和博弈"的框框里,而要实现国家和社会的良性互动,实现双赢式发展。这样,才能切实推进社会建设,才能有效发展社会文明。

(二) 社会文明的结构定位

社会文明总是在一定社会结构中形成与发展的。只有明确社会文明的结构定位,才能有效推进社会建设。

1. 广义的社会结构和广义的社会文明

从其构成来看,社会有机体是由经济结构、政治结构、文化结构、社会结构(社会生活结构)和生态结构构成的整体,由此形成了包括物质文明、政治文明、精神文明、狭义社会文明(民生文明)和生态文明在内的广义社会文明系统。

社会有机体的实体构成。社会有机体是过程和实体的统一。从实体的角度来看,人类社会的结构可以划分为物质生活领域、政治生活领域、精神生活领域和社会生活领域。这是对社会结构的最一般的划分。人类活动就是在这些社会结构领域中展开的,并积淀和升华为文明的结构(要素)。人类活动在物质生活领域中表现为经济建设,其成果积淀和升华为物质文明;人类活动在政治生活领域中表现为政治建设,其成果积淀和升华为物质文明;人类活动在精神生活领域中表现为文化建设,其成果积淀和升华为精神文明;人类活动在社会生活领域中表现为社会建设,其成果积淀和升华为社会文明。但是,从根本上来看,"物质生活的生产方式制约着整个社会生活、政治生活和精神生活的过程。"①即经济建设是决定其他一切建设活动的基础,是一切文明要素的经济基础。

社会有机体的前提构成。自然界构成了社会有机体的自然物质前提。从社会有机体的生成过程来看,整个世界历史不外是自然界向人不断生成的过程。在世界演化的过程中,自然史构成了社会史的自然基础,社会史成为了自然史的新质涌现。从社会有机体的运行机制来看,只有与自然界不断保持物质变换关系,社会有机体才能正常运行。如果切断社会与自然的物质变换,那么,就会危及到社会有机体的正常运行。从社会有机体的发展方向来看,未来社会不仅是人与人(社会)和谐的社会,而且是人与自然和谐的社会。只有实现双重和谐,才能实现和谐社会的理想。当然,从根本上来看,社会是通过人类劳动与自然界发生现实联系的。劳动是人与自然之间的物质变换过程。这样,在劳动的作用下,原初自然就不断地转化为人化自然和人工自然,构成了社会有机体的物质平台或者物质外壳,即社会的生态结构。人类活动在生态结构领域表现为生态文明建设,其成果积淀和升华为生态文明。"建设生态文明,实质上就是要建设以资源环境承载力为基础、以自然规律为准则、以可持续发展为目标的资源节约型、环境友好型社会。"②质言之,生态文明是人化自然和人工自然的积极进步的成果。

社会有机体的复合构成。以其前提构成为自然物质基础,以其实体构成为主要内容,以人类活动为实践基础,社会有机体成为一个由经济结构、政治结构、文化结构、社会结构和生态结构等要素构成的整体。这即是广义的社会结构。在这些要素的相互作用中,产生了社会存在和社会意识、生产力和生产关系、经济基础和上层建筑的矛盾。在这些矛盾的推动下,人类社会又表现为

①　《马克思恩格斯文集》第 2 卷,人民出版社 2009 年版,第 591 页。
②　《十七大以来重要文献选编》(上),中央文献出版社 2009 年版,第 109 页。

一个不断发展的过程,形成了不同的社会形态。这样,以社会活动为基础和中介,社会结构和社会形态的统一就构成现实的社会有机体。与此相应,人类文明从其结构(要素)上成为一个由物质文明、政治文明、精神文明、社会文明、生态文明构成的系统。这即是广义的社会文明。由于现代社会不是坚实的结晶体,而是一个过程集合体,因此,大力推动经济建设、政治建设、文化建设、社会建设、生态文明建设共同发展和协调发展,大力推动物质文明、政治文明、精神文明、社会文明、生态文明共同繁荣和全面繁荣,就成为时代进步和社会发展的主旋律。

今天,以社会有机体自身的复杂的实际构成为客观依据,以马克思的社会有机体理论为理论依据,从"五位一体"的中国特色社会主义总体布局出发,我们认为,由于广义的社会结构包括经济结构、政治结构、文化结构、社会结构(社会生活结构)、生态结构,因此,广义的社会文明主要包括物质文明、精神文明、政治文明、社会文明、生态文明。

2. 狭义的社会结构和狭义的社会文明

从狭义上讲,社会结构主要是指社会生活结构。这是一个通过社会交往而形成的共同利益的领域,是社会成员的组成方式及其关系格局,社会阶层结构是其核心和要害。

社会文明的形成与发展与社会生活领域的结构息息相关。近代社会生活领域的孕育和发展是在市民社会的大背景下进行的。关于市民社会的理解,学者们有不同的观点。归结起来,主要有两种思路。一种思路建立在国家和社会的二分法的基础上。就此而论,市民社会主要指独立于政治国家之外的市场经济和社会生活领域及其社会规范与价值准则。另一种思路建立在"国家——市场——社会"的三分法的基础上。与两分法不同,在三分法中,市民社会溢出了单纯的市场经济领域而进入到社会交往的公共领域。可将之称为共同领域或共域。这样,整个社会结构就可以划分为公域、私域、共域三个方面。公域的价值准则是以强力求公共利益(所有人的利益),私域的价值准则是以竞争求私人利益(个别人的利益),共域的价值准则是以志愿求共同利益(大多数人的利益)。对共域的价值准则的广泛认同和普遍践行,就是狭义的社会文明。

非政治的公共领域是不同于政府和市场的所有社会运动和社会团体的总

和。市民社会的公共领域的组成要素是各种非政府和非企业的公民运动和组织。由于它既不属于政府部门（第一部门），又不属于市场系统（第二部门），因此，被称为第三部门。市民社会的这种发展理路，反映了当今时代经济市场化和社会民主化的新趋势和新变化。显然，"不同的社会和不同的国家当然会有结构十分不同的社会领域。但每个发达国家为了提供必要的共同体服务，尤其是为了重建共同体的各种纽带和一种积极的公民身份意识，都需要一个由各种共同体组织构成的、自主的、自我治理的社会领域。在历史上，共同体是人们命中注定的东西。在后资本主义的社会和政治体制中，共同体则必定会成为人们为之献身的东西。"①在选择社会主义市场经济作为经济体制改革目标模式的当代中国，第三部门的出现同样是不可避免的。作为第三部门的社会组织的非政治的公共领域是市民社会的领域，也是构建社会生活领域的主要组成部分。公民通过参与各种志愿性社会团体所形成的合作互惠、信任互助、民主法治等社会规范和价值理念，是促进社会信任和社会团结不可或缺的社会资本。这种社会资本就是狭义的社会文明。

从社会结构秩序上来看，社会文明自身的发展要求正确处理政府、市场和社会之间的关系，协调社会各阶层之间的利益关系。对待第三部门的发展，国家应积极转变政府职能、建设公共服务型政府，在保持经济调节、市场监管等传统优势的基础上，更加重视社会建设和社会管理，加强公共服务职能，促进社会生活领域的和谐发展。对待社会各阶层的利益关系，政府要适应社会利益格局的深刻变化，从利益分配、利益表达、冲突解决等方面，协调并满足各种正当的利益诉求。为此，要构建与经济结构相适应、相协调的社会结构，健全各类社会组织，充分发挥其提供服务、反映诉求、规范行为的社会功能，进而弥补政府和市场的不足，促进国家和社会的良性互动。国家和社会的良性互动所形成的成果就是社会文明。

从社会价值秩序上看，社会文明不仅仅是社会建设实践及其物质成果，还应包括社会价值体系建设及精神成果，主要是社会共同价值观的确立和社会良好风气的养成。社会共同价值观是社会文明的内在特质。一种文化或社会

---

① ［美］彼得·德鲁克：《社会的管理》，徐大建译，上海财经大学出版社 2003 年版，第115—116 页。

的核心价值观是一种精神力量,在很大程度上表现为社会成员的精神状态、意志品格和内在凝聚力,而这一切主要来自于人们对社会核心价值的认同。历史发展的经验也表明,任何一个国家要把全社会的意志和力量凝聚起来,都必须有一套与经济基础、政治制度相适应的核心价值观。显然,社会价值能为社会成员提供正确的行为规范。社会风气是一定社会中的风俗习惯、文化传统、行为模式、价值观念以及时尚等要素的总和。"社会风气是社会文明程度的重要标志,是社会价值导向的集中体现。"①显然,社会风气是社会文明的外在表现。就其关系来看,建立人们普遍认同的正确的社会共同价值观有利于良好社会风气的形成,养成积极健康的社会风气有利于社会共同价值观的巩固和提升。这两个要素的协调发展、相辅相成,就形成了社会文明。

可见,正如"文明是实践的事情,是社会的素质"②一样,社会文明是社会建设实践的成果,是社会成员在社会生活领域中养成的社会气质。

总之,只有将狭义的社会文明置于广义的社会文明中,才能切实提升社会建设的成果。只有在广义的社会文明中区分出狭义的社会文明,才能有效推进社会建设的发展。

(三) 社会文明的历史定位

社会文明的形成与发展总是在一定的社会形态中进行的。从资本主义社会文明到社会主义社会文明的演进,是社会文明演化的一般历史轨迹。

1. 资本主义社会文明

近代市民社会建立在政治国家和市民社会二分的基础上。这种分离是资本主义市场经济发展的产物。市场经济的发展要求私人的物质生产、交换、分配和消费活动摆脱政治国家的干预,成为在政治国家领域之外的纯经济活动。市场经济的这种内在要求与封建的政治国家的性质是互不相容的。随着市场经济的不断发展,新兴的资产阶级必然在政治上要求脱离政治国家的专制统治。于是,资产阶级革命应运而生并不断走向胜利。革命成功后,"资产阶级把它在封建主义统治下发展起来的生产力掌握起来。一切旧的经济形式、一

---

① 《十六大以来重要文献选编》(下),中央文献出版社 2008 年版,第 317 页。
② 《马克思恩格斯文集》第 1 卷,人民出版社 2009 年版,第 97 页。

切与之相适应的市民关系以及作为旧日市民社会的正式表现的政治制度都被粉碎了。"①这样，市民社会同政治国家相分离就意味着，专制政治国家的权力体系被瓦解，市民社会作为独立的领域开始兴起和发展。在这个过程中，资产阶级作为独立的阶级掌握政权而登上了历史舞台。无疑，这标志着一个崭新的社会文明——资本主义社会文明开始形成。

　　资本主义社会文明的形成与发展在市民社会的演化和社会建设的演进中不断进行。资本主义市民社会的崛起，是现代市民社会发展的典型形态，是资本主义社会文明形成的前提和基础。它打破了传统的以血缘和地缘为特征的身份社会的人身依附关系，承认了商品经济和私人利益的合法性、实现了个人的独立和自由，这在人类社会文明史上是一次重大的进步。英国史学家梅因曾指出，迄今为止，所有社会的进步运动，是一个"从身份到契约"的运动。尤其是在资本主义市民社会的发展中，"市民社会必须为私人契约提供条件，这些契约规定具有约束力的义务以及履行这些义务的司法强制；它还应该为集体谈判与工资契约提供条件。"②这样，市民社会孕育的契约精神就成为现代西方文明社会的主流精神。在经济生活领域，遵守诚信原则和等价交换，极大地促进了市场经济的健康发展。在社会生活领域，依据社会自治原则建立起来的非政府组织，通过社会运动来参与和影响政治活动和政策制定过程，为国家和社会的民主法治进程创造了重要条件，为资本主义社会文明提供了良好秩序。

　　随着市民社会和资本主义经济的进一步发展，社会建设也日益受到重视并取得了积极的成果，创造了比较发达的资本主义社会文明。经过自由资本主义的探索和发展，为了更好地应对生产过剩所带来的经济危机和社会危机，资本主义国家普遍重视对市场经济的调控，在很大程度上克服了市场的失灵，有效地实现了国家对市场经济的规制。同时，政府的社会职能不断得到增强，开始重视社会矛盾问题的解决，建立并实施了普及化、全民化的社会福利制度，改善了劳动者的工作条件和生活状况。同时，资本主义的阶层结构也发生了新变化，传统两大阶级对峙的局面被遮蔽，出现了数量庞大的中产阶级。非

---

①　《马克思恩格斯文集》第1卷，人民出版社2009年版，第613页。

②　［英］J.C.亚历山大等：《国家与市民社会：一种社会理论的研究路径》，邓正来等译，中央编译出版社2002年版，第39页。

政府组织得到了迅速发展,公民在法制范围内广泛地参与国家的政治活动并影响国家政策的制定和实施,民主化程度不断提高。因此,一位作者说道,如果任由公民社会来完成其自我设计的话,它将具有这样的美德:良好的品格、诚实、义务、自我牺牲、荣誉、服务、自律、宽容、尊重、公正、自强、信任、文明、坚韧、勇气、正直、勤勉、爱国主义、为他人着想、节俭以及崇敬。可见,资本主义社会文明得到了前所未有的发展和进步。

2. 社会主义社会文明

资本主义社会文明并不能掩盖其自身的局限性。从根本上来看,它依然是建立在资本占有的私有制基础之上的,没有脱离资本主义制度的基本框架,是服从和服务于资本家追求剩余价值的活动的。目前,既然资本主义生产关系的根本性质没有发生变化,资本主义的基本矛盾也没有发生变化,那么,这也就决定了资本主义社会的经济危机和社会危机不可能从根本上得到克服。在全球化的当代世界,这一基本矛盾更是决定了资本主义的经济、政治、文化、社会、生态等各个领域以及全球范围内的冲突、动荡和危机。通过武装颠覆、和平演变、经济援助等手段,转嫁经济危机和社会危机是资本主义国家惯用的伎俩。资本主义社会文明的这种根本局限性,在资本主义生产方式范围内是不可能根本消除的。这样,也就预示了一种新的更高级的社会文明形态——社会主义社会文明的出现。

社会主义社会文明与资本主义社会文明存在着本质的区别。如果说,"旧唯物主义的立脚点是市民社会,新唯物主义的立脚点则是人类社会或社会的人类。"①那么,同样的,资本主义社会文明的立足点是市民社会,社会主义社会文明的立足点是"人类社会或社会的人类"。为此,必须通过扬弃市民社会存在的经济基础即私有制,消灭市民社会的异化状态,建立无产阶级专政的社会主义国家及共产主义制度,达致人类解放。而"社会从私有财产等等解放出来、从奴役制解放出来,是通过工人解放这种政治形式来表现的,这并不是因为这里涉及的仅仅是工人的解放,而是因为工人的解放还包含普遍的人的解放"②。可见,消灭私有财产和建立无产阶级专政是作为实现共产主义

---

① 《马克思恩格斯文集》第 1 卷,人民出版社 2009 年版,第 502 页。
② 《马克思恩格斯文集》第 1 卷,人民出版社 2009 年版,第 167 页。

和全人类解放的条件而提出来。在此基础上,"共产主义是对私有财产即人的自我异化的积极的扬弃,因而是通过人并且为了人而对人的本质的真正占有;因此,它是人向自身、也就是向社会的即合乎人性的人的复归,这种复归是完全的复归,是自觉实现并在以往发展的全部财富的范围内实现的复归"①。这种复归就是辩证的否定,即扬弃。共产主义建立在继承以往社会文明成果的基础之上,也包括继承了资本主义社会的文明成果。但是,社会主义社会文明与资本主义社会文明的本质区别就在于其生产资料所有制的不同。为此,必须消灭私有制,实现社会占有生产资料,即重建个人所有制。这样,"国家真正作为整个社会的代表所采取的第一个行动,即以社会的名义占有生产资料,同时也是它作为国家所采取的最后一个独立行动。那时,国家政权对社会关系的干预在各个领域中将先后成为多余的事情而自行停止下来。那时,对人的统治将由对物的管理和对生产过程的领导所代替。国家不是'被废除'的,它是自行消亡的。"②那个时候,国家将最终从属于社会并自行走向消亡。这样,才会有真正的完全的社会文明。

在消灭私有制的基础上,社会主义还将消除阶级和阶级对立,达致"自由人的联合体"。为此,社会主义社会建设必须以"自由人联合体"为价值目标,以全社会的名义共同组织生产和共同分配产品,实现个人劳动和社会劳动、个人利益和社会利益的直接的统一。对于仍然处于社会主义初级阶段的当代中国来说,这就是要在坚持以经济建设为中心的基础上,要努力实现建设社会主义新社会的本质要求——实现人的全面发展。这样,才能使社会主义社会文明成果惠及全体社会成员,实现人与人、人与社会、人与自然的高度和谐。

当然,只有在未来的共产主义社会,真正的完全的社会文明才能出现在地球上。

(四) 社会文明的判定标准

作为社会生活的进步程度的表征和社会建设的积极成果的表现,社会文

---

① 《马克思恩格斯文集》第1卷,人民出版社2009年版,第185页。
② 《马克思恩格斯文集》第3卷,人民出版社2009年版,第562页。

明具有明显不同于其他文明结构（要素）的属性和特征。这些属性和特征也成为判断社会文明的标准或尺度。

1. 个体自由

社会文明的产生是以近代"社会"的出现为前提的。社会既是一个与国家相对的概念，也是与一个共同体相对的概念。国家强调的是个体对集体的绝对服从。共同体是建立在自然形成的血缘和地缘基础之上的群体。这是以人身依附关系为基础的自然经济社会。因此，"我们越往前追溯历史，个人，从而也是进行生产的个人，就越表现为不独立，从属于一个较大的整体：最初还是十分自然地在家庭和扩大成为氏族的家庭中；后来是在由氏族间的冲突和融合而产生的各种形式的公社中。"①而"以物的依赖为基础的人的独立性"的近代社会的出现，打破了血缘与地缘的人身依附关系，使个人真正拥有了独立的自由行动和自主决定的能力，成为具有现代意义的独立的个体。因此，具有独立人格的个体的出现，是现代社会的基本特征，也是判断社会文明的基本标尺。但是，在以私有制为基础的社会中，存在着个人自由和公共权力的矛盾。对于被统治阶级来说，这种社会不仅是完全的虚幻的社会，而且是新的桎梏，因此，真正的个体自由根本无从谈起。只有在消灭私有制的过程中，"在真正的共同体的条件下，各个人在自己的联合中并通过这种联合获得自己的自由。"②社会主义是从虚幻的共同体（社会）走向真实的共同体（社会）的必经之路，这样，才能真正开始实现个体自由。社会主义社会文明就是要在社会主义条件下促进每个人的个性的自由发展的文明。

2. 群体自治

群体自治又可称为社会自治。由于市场和政府均存在着失灵的危险，这样，非政府组织（NGO）或非营利组织（NPO）就成为社会生活领域的重要主体，起到了沟通市场和政府的桥梁作用。特别是，"非营利组织似乎也扮演了另一个重要的角色，那就是找回公民责任（citizenship）"，"所谓的公民责任已不存在于现代社会中，我们能做的只是投票和缴税。在进入非营利组织担任

① 《马克思恩格斯文集》第8卷，人民出版社2009年版，第6页。
② 《马克思恩格斯文集》第1卷，人民出版社2009年版，第571页。

义工后，我们再度成为公民。我们能再次对社会秩序、社会价值、社会行为及社会理性发挥影响力。"①这样，NGO 或 NPO 依法参与治理，就成为社会治理的重要方式。社会自治能够有效防止政府和市场的双重失灵。但是，资本主义政治制度不可能让之完全主导社会生活。资本逻辑试图在文化领域进行"霸权"，就是对市民社会的控制。在社会主义市场经济的条件下，NGO 或 NPO 的存在获得了合理性和合法性，成为人民群众在社会生活领域发挥主体作用的重要方式。因此，我们"要充分发挥基层党组织和共产党员服务群众、凝聚人心的作用，发挥城乡基层自治组织协调利益、化解矛盾、排忧解难的作用，发挥社团、行业组织和社会中介组织提供服务、反映诉求、规范行为的作用。"②社团、行业组织和社会中介组织就是中国特色的 NGO 或 NPO，是党团组织和基层自治组织的重要补充。因此，社会主义社会文明就是要在社会主义民主政治制度的框架下实现社会自治的文明。

3. 阶层流动

社会文明总是在一定社会结构中发生和发展的，而社会阶层结构是社会结构的核心，这样，阶层自由流动和阶层和谐相处就成为社会文明的标志之一。但是，在资本主义私有制条件下，单纯强调阶层和谐的社会福利安排，不仅具有麻痹工人阶级斗志的作用，而且具有维护资本逻辑支配作用的价值。因此，"马克思主义者认为发达的资本主义社会需要奠定一个福利政策的基础以帮助维持社会秩序，收买工人阶级，防止他们作出反抗，并保证一个在医疗和教育方面具有可接受水准的劳动阶层"。③ 这样，必须透过阶层表象看到阶级实质。在当代中国，随着经济领域的深刻变化，出现了阶层分化和阶层固化并存的复杂局面。因此，正确认识和处理新形势下我国社会各阶层关系，必须科学分析和准确把握我国社会阶层结构发生的深刻变化，在发挥我国工人、农民、知识分子、干部、军人推动社会发展的主体作用的同时，正确处理和协调非公有制经济人士等新的社会阶层的利益诉求，全面兼顾和实现社会各阶层群众的利益，充分发挥社会各阶层在推动经济社会发展中的作用，努力使整个

① ［美］彼得·德鲁克：《卓有成效的社会管理》，齐思贤译，东方出版社 2009 年版，第 46 页，第 47 页。
② 《十六大以来重要文献选编》（中），中央文献出版社 2006 年版，第 714 页。
③ ［英］迈克尔·希尔：《理解社会政策》，刘升华译，商务印书馆 2003 年版，第 14 页。

社会更加生机勃勃、更加和谐融洽。目前,关键是要在形成共同利益的基础上,形成有利于各阶层各得其所、和谐相处的社会环境。社会主义社会文明就是在构筑共同利益的基础上实现各阶层的共商、共享、共赢的文明。

4.社会和谐

实现社会和谐始终是人类孜孜以求的社会理想,因此,社会文明集中体现为社会和谐。但是,由于资本主义市民社会是建立在私有制基础上的,不可能真正实现社会和谐,因此,空想社会主义才提出了实现社会和谐的设想。其实,他们关于未来社会的积极的主张,例如消灭城乡对立、消灭家庭、消灭私人营利、消灭雇佣劳动、提倡社会和谐、把国家变成纯粹的生产管理机构——所有这些主张都只是表明要消灭阶级对立,而这种阶级对立在当时刚刚开始发展,它们所知道的只是这种对立的早期的、不明显的、不确定的形式。这样看来,资本主义社会文明充其量只能在形式上实现社会和谐。尽管我们现在要发展市场经济,但是,由于公有制控制了国家的经济命脉,因此,社会和谐第一次才真正成为了可能。在当代中国,"社会和谐是中国特色社会主义的本质属性,是国家富强、民族振兴、人民幸福的重要保证。"[①]全体人民各尽其能、各得其所而又和谐相处,是社会和谐的重要标志。在经济高度发展和物质财富丰裕的社会,经济社会协调发展是社会和谐发展的经济基础。促进社会公平正义的制度,维护社会稳定的民主和法治,增进人与人友好相处的社会秩序是社会和谐发展的制度保障。因此,社会主义社会文明就是要通过开创社会和谐人人有责、和谐社会人人共享的生动局面来实现社会和谐的文明。

5.人类解放

人类解放是社会文明的最终追求。自由与解放是具有同等意义的范畴。因此,实现人的自由就是要推进人类解放。在资本主义市民社会中,自由主要包括表达权力的自由与社会流动的自由。但是,他们更多的是追求经济自由。无疑,这些都是社会文明的重要标志。但是,自由不是最高的价值。"假如自由与平等不相容,他们将放弃自由。假如自由与安全不相容,他们将选择安全。是否自由成了一个次要的问题,因为可得到的自由无助于驱逐魔鬼。"[②]

---

① 《十六大以来重要文献选编》(下),中央文献出版社 2008 年版,第 753 页。

② [美]彼得·德鲁克:《社会的管理》,徐大建译,上海财经大学出版社 2003 年版,第 32 页。

事实上,这些自由都属于政治解放的范畴。政治解放根本不可能实现人类自由。这样,在政治解放的基础上,诉诸阶级解放就成为实现人类解放的必由之路。对于无产阶级来说,"历史正在把我们文明社会的这些'野蛮人'变成人类解放的实践因素"①。只有通过消灭私有制的无产阶级革命,才能实现人类解放。在完成了社会主义改造任务之后,我们必须尊重和保障人民群众的表达权力的自由与社会流动的自由。这些自由既是个人自我表达和自我实现的途径,也是推进群体自治和社会和谐的重要手段。当然,从必然王国向自由王国的飞跃是一个漫长过程。只有我们在全面推进社会主义建设的过程中,尊重规律,改造世界,造福人民,才能夯实这种飞跃的基础。因此,社会主义社会文明就是追求人类解放的文明。

总之,只要按照尊重个体自由、推进群体自治、保证阶层流动、实现社会和谐、谋求人类解放的要求推进社会主义社会建设,我们就能够建立起高度发达的社会主义社会文明。

三、大力加强社会主义社会文明建设

随着我国经济社会的不断发展,中国特色社会主义事业的总体布局,已发展为社会主义经济建设、政治建设、文化建设、社会建设、生态文明建设五位一体。这就要求我们在建设中国特色社会主义的伟大实践中要更加自觉地构建社会主义和谐社会,不断加强社会主义社会文明建设,使社会主义各种文明建设全面协调发展。

(一) 社会主义社会文明的内容构成

社会主义社会文明,是指相对于社会主义物质文明、政治文明、精神文明、生态文明而言的文明结构(要素),是社会主义社会生活领域的进步状态,是社会主义社会建设积极成果的总和。从其内容构成的实体要素与关系要素来看,它主要包括社会实体文明和社会关系文明。从其内容构成的事实要素与价值要素来看,它主要包括社会结构文明和社会价值文明。

---

① 《马克思恩格斯文集》第10卷,人民出版社2009年版,第14页。

1. 社会实体文明和社会关系文明

社会生活是由一系列的社会要素构成的交往领域,社会建设通过改造社会要素会影响到社会关系,反之亦然,因此,可将社会文明划分为社会实体文明和社会关系文明。同样,社会主义社会文明是由社会实体文明和社会关系文明共同构成的。

社会实体文明。社会实体包括社会领域中的不同要素,因此,社会文明往往是通过这些实体形式表现出来的。具体来看:(1)社会文明的个体形式。社会个体的言行举止、生活方式、价值观念和精神状态等是衡量社会文明程度的基本指标。其中,"广大青少年身心健康、体魄强健、意志坚强、充满活力,是一个民族旺盛生命力的体现,是社会文明进步的标志,是国家综合实力的重要方面"①。因此,必须将促进社会个体文明作为社会文明建设的基础性工程。(2)社会文明的社区形式。社区是实现社会团结和社会自治的基本形式。在和谐社会建设中,我们"要健全基层党组织领导的充满活力的基层群众自治机制,扩大基层群众自治范围,完善民主管理制度,把城乡社区建设成为管理有序、服务完善、文明祥和的社会生活共同体。"②社区社会文明是社会主义社会文明在社区的延伸和表现。(3)社会文明的组织形式。社会组织是社会实体的重要形式。在和谐社会建设中,我们要"发挥社会组织在扩大群众参与、反映群众诉求方面的积极作用,增强社会自治功能。"③以非营利性、非政府性、自愿性原则为特征的社会组织,倡导一种良好的道德风尚与和谐的人际关系,弘扬"奉献、友爱、互助、进步"的公益精神和以人为本的人道主义精神,高度体现了社会文明的建设要求。此外,社会文明还通过家庭、人群等形式表现和呈现出来。

社会关系文明。社会关系主要是社会实体之间所结成的交往关系。不管其形式如何,社会总是人们交互活动的产物。人们在实践活动中不断发生着多样化和扩大化的交往活动,并由此形成了日益丰富的社会交往和公共生活。同时,人们在社会交往和公共生活中的精神风貌和行为表现也日益成为社会文明的重要内容,主要表现为人与人、人与社会、人与自然的和谐上。(1)人

---

① 《十六大以来重要文献选编》(下),中央文献出版社 2008 年版,第 1041 页。
② 《十七大以来重要文献选编》(上),中央文献出版社 2009 年版,第 23 页。
③ 《十七大以来重要文献选编》(上),中央文献出版社 2009 年版,第 24 页。

与人的和谐。在社会主义社会生活中,人们之间的地位是平等的,应该形成团结友爱的社会氛围。因此,我们要大力传播我为人人、人人为我的社会公德,形成礼让宽容的人际关系。人与人的和谐是社会关系文明的主要形式。(2)人与社会的和谐。在社会主义条件下,人与社会从形式上的统一开始走向实质上的统一。因此,只有切实维护和实现社会公平和正义,人们的心情才能舒畅,各方面的社会关系才能协调,人们的积极性、主动性、创造性才能充分发挥出来。人与社会的和谐是社会关系文明的主要表现。(3)人与自然的和谐。人们总是通过一定社会形式与自然界发生物质变换,人与自然的关系实质上是一种社会关系,因此,必须实现人与自然的和谐发展。人与自然和谐相处,就是生产发展,生活富裕,生态良好。追求人与自然的和谐是社会文明的重要主题,保护环境是基本的社会公德。最后,社会关系文明体现在人与人、人与社会、人与自然的整体和谐上。

在现实的社会生活中,实体总是表现为一定的关系,关系总是一定实体的关系,因此,我们必须将社会实体文明和社会关系文明统一起来,建设发达的社会主义社会文明。

2. 社会结构文明和社会价值文明

社会建设既能促进社会结构的优化,又能促进社会价值的弘扬,因此,可以将社会文明划分为社会结构文明和社会价值文明。同样,社会主义社会文明是由社会结构文明和社会价值文明共同构成的。

社会结构文明。社会结构是一个社会中占有一定资源、机会的社会成员的组成方式及其关系格局。社会结构的良好运行和进步状态就形成了社会结构文明。除了前面已经论及到的阶层结构、社会组织结构等社会结构外,社会文明主要包括以下内容:(1)人口结构文明。人口结构是影响社会文明的重要结构因素,涉及性别公正、年龄公正、族裔公正等一系列复杂问题。例如,随着老龄化的来临,"建立社会化的养老保障制度,是社会文明进步的重要标志,也是现代社会的重要特征。"①因此,我们必须弘扬孝亲敬老美德,促进家庭和睦、代际和顺;同时,必须加强养老制度的建设。(2)城乡结构文明。城乡差别是造成社会不公正的重要社会原因,因此,我们必须统筹城乡协调发

① 《十七大以来重要文献选编》(下),中央文献出版社 2013 年版,第 408 页。

展,以工促农、以城带乡,形成和谐公正的城乡结构。统筹城乡协调发展的成果即为城乡结构文明。(3)区域结构文明。区域差别也是造成社会不公正的重要社会原因,因此,我们必须本着互利共赢、共同发展的原则,统筹区域协调发展,形成和谐公正的区域结构。统筹区域协调发展的成果即为区域结构文明。总之,我们"要深入认识和分析阶层结构、城乡结构、区域结构、人口结构、就业结构、社会组织结构等方面情况的发展变化和发展趋势,以及这些发展变化和发展趋势给社会建设和管理带来的新情况新问题,以利于深入认识在发展社会主义市场经济和对外开放的条件下我国社会发展的特点和规律,完善社会管理体制和政策法规,更好地推进社会建设和管理。"①进而,通过全面调整和优化社会结构,就可建立起高度发达的社会结构文明。

社会价值文明。从价值层面来看,社会文明表现为社会共同价值观的确立和社会良好风气的养成,二者都是一个社会共同的精神现象或主观表征。(1)社会共同价值观。价值观是文化和文明的核心。在建设中国特色社会主义的过程中,必须大力倡导富强、民主、文明、和谐,倡导自由、平等、公正、法治,倡导爱国、敬业、诚信、友善,积极培育和践行社会主义核心价值观,勇于改革,勇于创新。这样,随着社会主义核心价值体系深入人心,社会文明程度就可明显提高。社会主义核心价值观集中体现了价值普遍性与特殊性的统一。(2)良好社会风气。社会风气是社会文明的重要标志和构成要素。转变党风和政风是净化社会风气的关键,同时,净化社会风气必须从点滴做起。例如,我们要"围绕建设社会主义核心价值体系,在全社会大力弘扬人道主义思想和中华民族传统美德,倡导'平等、参与、共享'的现代文明社会残疾人观,消除对残疾人的歧视和偏见,形成人人理解、尊重、关心、帮助残疾人的良好社会风尚。"②同时,残疾人自强模范,以热爱祖国的情怀、百折不挠的毅力、顽强拼搏的精神,超越种种不幸,克服常人难以想象的困难,创造了可歌可泣的业绩。因此,对于残疾人朋友来说,应学习残疾人自强模范的这种自强不息的精神。这样,就可以在全社会形成既扶残助残又自强不息的良好社会风气。在总体上,价值观主导着社会风气,社会风气是价值观赖以形成的社会心理基础,二

---

① 胡锦涛:《论构建社会主义和谐社会》,中央文献出版社2013年版,第70页。
② 《十七大以来重要文献选编》(上),中央文献出版社2009年版,第364页。

者的良性互动就形成了社会文明。

在现实的社会生活中,必须将社会价值融入到社会结构的调整和优化中,将社会结构文明和社会价值文明统一起来,这样,我们才能建立起发达的社会主义社会文明。

(二) 社会主义社会文明的根本要求

社会公平是中国特色社会主义的本质属性,也是社会主义社会文明的本质属性。因此,必须将社会公平作为建设社会主义社会文明的根本要求(原则)。

1. 坚持社会公平原则的意义

社会公平是社会主义社会文明的本质属性。尽管社会公平是社会进步的重要价值取向,但是,文明每前进一步,不公平也同时前进一步。只有社会主义才开始有效地解决这一悖论。(1)资本主义社会文明的局限性。只有在资本主义市民社会的条件下,社会文明才第一次成为了可能,资本主义也标榜自己为社会公平的化身,但是,由于存在着资本主义私有制,这种公平性只具有形式的意义。不仅如此,"每当资产阶级秩序的奴隶和被压迫者起来反对主人的时候,这种秩序的文明和正义就显示出自己的凶残面目。那时,这种文明和正义就是赤裸裸的野蛮和无法无天的报复。占有者和生产者之间的阶级斗争中的每一次新危机,都越来越明显地证明这一事实。"①就此而论,资本主义社会文明不仅具有虚伪性,甚至具有反动性。(2)社会主义社会文明的真实性。在无产阶级革命的基础上,阶级差别将消灭,一切由之产生的社会的和政治的不平等也将自行消失。随着生产资料公有制的建立和完善,人剥削人已经不可能了。更为重要的是,社会主义最大的优越性就是共同富裕,这是社会主义本质的重要体现。中国社会主义建设的经验表明,"实现社会公平正义是中国特色社会主义的内在要求,处理好效率和公平的关系是中国特色社会主义的重大课题。讲求效率才能增添活力,注重公平才能促进和谐,坚持效率和公平有机结合才能更好体现社会主义的本质。"②这样,随着社会生活开始

---

① 《马克思恩格斯文集》第 3 卷,人民出版社 2009 年版,第 173—174 页。
② 《十七大以来重要文献选编》(上),中央文献出版社 2009 年版,第 803—804 页。

向人民群众回归,社会公平就成为社会主义社会文明的本质属性。显然,只有社会主义才真正开启了社会公平的历史进程。

2. 坚持社会公平原则的要求

公平与公正、正义、平等属于同一序列的概念。从历史趋势来看,"无产阶级平等要求的实际内容都是消灭阶级的要求。任何超出这个范围的平等要求,都必然要流于荒谬"①。在阶级矛盾已经不是社会的主要矛盾的现实社会主义社会中,社会公平指的是一种合理而应该的社会秩序和社会状态。具体来看,它包括以下内容:(1)权利公平。这是指所有社会成员的权利不因职业和职位等个人具体境遇的差别而有所不同,其合法的生存、居住、迁移、教育、就业等方面的权利必须得到同等的保障与尊重。简言之,人的权利应该平等。(2)机会公平。这是指全体社会成员能普遍地参与社会发展并分享由此而带来的成果,国家必须促进人人平等获得发展机会。简言之,人人都应该有平等的起点。(3)规则公平。这是指全体社会成员参与经济、政治、文化、社会和生态等各项活动的规则必须公开透明,不允许个别人通过对规则的控制而谋取不当的利益。简言之,规则面前人人平等。(4)分配公平。这主要指在分配上兼顾全体社会成员的利益,防止两极分化,让大家共享改革和发展的成果。简言之,分配必须有利于共同富裕的实现。总之,"我们一定要适应改革开放和发展社会主义市场经济的新形势,从政治、经济、社会、法律、行政等各方面采取有力措施,保障广大劳动群众权益,促进社会公平正义。"②这样,实现权利公平、机会公平、规则公平、分配公平不仅是社会主义社会建设的价值原则,而且是建设社会主义社会文明的根本要求。

3. 坚持社会公平原则的途径

在构建和谐社会的过程中,张扬社会公平,不是单纯的价值诉求,而是实际的行动。(1)凝聚价值。维护和实现社会公平,涉及最广大人民的根本利益,是我们党坚持立党为公、执政为民的必然要求,也是我国社会主义制度的本质要求。因此,在坚持代表中国最广大人民根本利益的基础上,必须妥善协调各种利益关系和利益矛盾,实现社会利益的最大化。(2)发展生产。社会

---

① 《马克思恩格斯文集》第9卷,人民出版社2009年版,第113页。
② 胡锦涛:《论构建社会主义和谐社会》,中央文献出版社2013年版,第168页。

公平受生产力发展水平的制约,因此,"衡量社会公平的标准必须看是否有利于社会生产力发展和社会进步。"①由此来看,不能脱离生产力发展而夸夸其谈以社会建设为中心,侈谈公平正义,而必须坚持以经济建设为中心。只有在大力发展先进生产力的基础上,丰富物质财富,才能有效实现社会公平。(3)创新制度。维护和实现社会公平涉及利益关系的调整,因此,必须强化制度保障作用。目前,我们"要在全体人民共同奋斗、经济社会发展的基础上,加紧建设对保障社会公平正义具有重大作用的制度,逐步建立以权利公平、机会公平、规则公平为主要内容的社会公平保障体系,努力营造公平的社会环境,保证人民平等参与、平等发展权利。"②为此,要不断完善社会保障、收入分配、公共教育和财政转移支付制度,坚持积极的就业政策,注重为弱势群体提供更好的基本公共服务,努力让广大人民群众共享改革发展成果。(4)实现和谐。维护和实现社会公平是构建和谐社会的内在要求和基本任务,因此,必须把社会公平与社会和谐统一起来。只有切实维护和实现社会公平,才能协调社会关系,才能建立起和谐社会。这样,维护和实现社会公平的过程,就成为建设社会文明的过程。

总之,促进社会和谐,必须更加注重社会公平。社会公平是建设和谐社会的价值追求,是建设社会文明的根本要求。

(三)　社会主义社会文明的建设途径

建设社会主义社会文明是构建社会主义和谐社会的核心内容和关键环节。建设社会文明就是要在中国特色社会主义总体布局的框架下,通过加强社会建设来推进社会文明建设。

1. 社会主义社会文明建设的宏观路径

社会主义社会建设是"五位一体"中国特色社会主义总体布局的重要一环,因此,依赖总体布局推进社会建设,是社会主义社会文明建设的宏观路径。

建设社会文明的经济路径。经济建设是社会建设的经济基础,物质文明是社会文明的物质基础。为此,在生产力方面,必须在提升经济实力上下功

---

①　《江泽民文选》第一卷,人民出版社 2006 年版,第 48 页。

②　胡锦涛:《坚定不移沿着中国特色社会主义道路前进　为全面建成小康社会而奋斗——在中国共产党第十八次全国代表大会上的报告》,人民出版社 2012 年版,第 14—15 页。

夫。提升,就是要全面提升整体社会经济素质,提升工业化、城市化、市场化、国际化水平,提升现代社会文明程度。这样,才能夯实社会文明的物质基础。在生产关系上,必须在优化市场经济秩序上下功夫。建立良好的市场经济秩序,既是巩固我国现代化建设成果的重大举措,也是全面推进社会文明进步的内在要求。优化市场经济秩序既可以促进经济发展,又有助于形成良性竞争、诚实守信的社会风气。总之,加强物质文明建设是建设社会文明的经济路径。

建设社会文明的政治路径。政治建设是社会建设的政治保障,政治文明是社会文明的政治条件。为此,我们要大力发展社会主义民主,通过政治民主促进社会民主,通过人民自治促进社会自治,充分发挥人民群众在社会生活领域中的主人翁作用。这样,才能加强社会文明的政治保障。同时,要大力加强社会主义法制。"依法治国,是党领导人民治理国家的基本方略,是发展社会主义市场经济的客观需要,是社会文明进步的重要标志,是国家长治久安的重要保障。"①只有实现社会生活的法治化,才能有效加强社会治理。总之,加强政治文明建设是建设社会文明的政治路径。

建设社会文明的文化路径。文化建设是社会建设的精神支撑,精神文明是社会文明的价值导引。(1)大力推进科学和教育的发展。科学和教育对于提高人的素质、促进社会文明具有重大的作用。只有大力贯彻和落实科教兴国战略,促进科学和教育的创新发展和公平发展,才能为社会文明建设提供有力的精神支撑。(2)必须大力推进体育和卫生事业的发展。体育和卫生直接关系着人民群众的身体健康,是社会文明程度的重要体现。因此,必须大力发展体育和卫生事业,大力提高人民群众的健康素质,这样,才能有效提高社会文明水平。(3)必须加强思想道德建设。群众性精神文明创建活动,是对群众进行思想教育、提高社会文明程度的有效途径。因此,围绕建设社会主义核心价值体系,必须大力加强思想道德建设,弘扬主旋律。这样,才能为社会文明建设提供科学的价值导引。总之,加强精神文明建设是建设社会文明的文化路径。

建设社会文明的生态路径。生态文明建设是社会建设的自然条件,生态文明是社会文明的生态支撑。为此,必须将满足人民群众的生态需求作为生

---

① 《江泽民文选》第二卷,人民出版社 2006 年版,第 29 页。

态建设的出发点。生态需求(对干净的水、新鲜的空气、优美的环境等方面的需求)是不同于物质需求的专门需求。只有从满足人民群众的生态需求出发推进生态建设，坚持以人为本，才能为社会文明提供良好的生态价值支点。此外，必须将切实维护人民群众的生态权益作为处理环境群体性事件的基本原则。生态权益(环境权益)是人民群众的基本权益，是人权的重要表现和体现。因此，我们必须痛下决心，下大力气治理生态环境，将维护人民群众的生态权益作为处理环境冲突的基本原则，这样，才能有效避免社会冲突，防范社会风险。总之，加强生态文明建设是建设社会文明的生态路径。

显然，只有立足于中国特色社会主义总体布局，大力加强社会主义经济建设、政治建设、文化建设、生态文明建设，才能为社会文明提供强有力的物质文明、政治文明、精神文明、生态文明的支撑，我们才能建设好社会文明。

2.社会主义社会文明建设的微观路径

在立足于总体布局推进社会文明建设的同时，必须大力加强社会建设。目前应该重点抓好以下工作：

优化社会结构。目前，我国经济结构已达到工业化中期水平，但是，社会结构还处于工业化初期水平。这是我国最大的结构性矛盾。为此，必须在优化社会结构上下功夫。(1)优化城乡结构。为了有效破除城乡二元结构，我们必须"加快完善城乡发展一体化体制机制，着力在城乡规划、基础设施、公共服务等方面推进一体化，促进城乡要素平等交换和公共资源均衡配置，形成以工促农、以城带乡、工农互惠、城乡一体的新型工农、城乡关系。"①目前，重点是要改革户籍、就业、社保等社会管理体制，消除城乡二元结构的体制障碍。(2)优化阶层结构。为了有效克服阶层分化和阶层固化同时并存对社会公正的冲击，必须有效解决社会排斥问题，实现包容性发展。"'包容性'意味着公民资格，意味着一个社会的所有成员不仅在形式上、而且在其生活的现实中所拥有的民事权利、政治权利以及相应的义务。它还意味着机会以及在公共空间中的参与"。② 目前，必须有效整合阶层利益关系，让大家共享改革发展的

① 胡锦涛：《坚定不移沿着中国特色社会主义道路前进　为全面建成小康社会而奋斗——在中国共产党第十八次全国代表大会上的报告》，人民出版社2012年版，第23—24页。
② ［英］安东尼·吉登斯：《第三条道路：社会民主主义的复兴》，郑戈译，北京大学出版社2000年版，第107页。

成果。(3)优化组织结构。社会关系方面的公共空间的狭小是影响社会公正的重要因素,为此,必须扩展公共性空间,优化社会组织结构,既要大力促进工会、共青团、妇联等人民团体积极参与社会管理和公共服务,又要充分发挥社会团体、民办非企业单位等社会组织要素在社会公共生活中的积极作用。例如,必须大力"培育农村服务性、公益性、互助性社会组织,完善社会自治功能。"①这样,才能有效促进社会各种力量的良性互动。总之,建设社会文明首先就是要建立与经济结构相协调、相辅相成的社会结构。

净化社会风气。目前,市场逻辑对社会生活的"殖民",是败坏社会风气、破坏社会公正的重要原因,因此,必须加强社会主义核心价值体系建设。(1)划清是非、善恶、美丑的界限。明确判断是非、善恶、美丑的价值标准,是净化社会风气的当务之急。目前,"树立良好的社会风气是广大人民群众的强烈愿望,也是经济社会顺利发展的必然要求。在我们的社会主义社会里,是非、善恶、美丑的界限绝对不能混淆,坚持什么、反对什么,倡导什么、抵制什么,都必须旗帜鲜明。"②因此,必须对现实存在的各种社会风气采取旗帜鲜明的态度,坚持以社会主义核心价值体系引领各种社会思潮。(2)牢固树立社会主义荣辱观。我们要引导人民群众尤其是青少年牢固树立社会主义荣辱观,坚持以热爱祖国为荣、以危害祖国为耻,以服务人民为荣、以背离人民为耻,以崇尚科学为荣、以愚昧无知为耻,以辛勤劳动为荣、以好逸恶劳为耻,以团结互助为荣、以损人利己为耻,以诚实守信为荣、以见利忘义为耻,以遵纪守法为荣、以违法乱纪为耻,以艰苦奋斗为荣、以骄奢淫逸为耻。这样,才能有效净化社会风气。(3)必须倡导诚信、奉献、和谐的精神。培养公共精神尤其是青少年的公共精神,是社会文明建设的基础工程和重要任务。为此,要教育人们尤其是青少年,"要争当诚实守信的模范,带头履行社会责任,努力营造守信光荣、失信可耻的社会氛围;争当奉献社会的模范,带头学雷锋,积极参加志愿服务活动,多做扶贫济困、扶弱助残的实事好事,大力传播我为人人、人人为我的社会公德;争当促进和谐的模范,带头弘扬社会主义法治精神,推动形成依法办事的行为规范、理性平和的社会心态、礼让宽容的人际关系,自觉维护安定团

---

① 《十七大以来重要文献选编》(上),中央文献出版社 2009 年版,第 679 页。
② 胡锦涛:《论构建社会主义和谐社会》,中央文献出版社 2013 年版,第 87 页。

结的社会大局。"①这样,才能凝聚社会共识,促进社会和谐。总之,只有大力净化社会风气,才能有效开创社会文明新风。

如果说优化社会结构是社会文明建设的硬件的话,那么,净化社会风气就是社会文明建设的软件。只有软硬兼施,双管齐下,我们才能建设起高度发达的社会文明。当然,社会文明最终要依赖社会建设各项事业的全面发展。

(四) 社会主义社会文明的未来走向

社会主义社会文明是处于发展中的社会文明。只有在"自由人联合体"中,才能有真正的完全的社会文明。现在,"让我们换一个方面,设想有一个自由人联合体,他们用公共的生产资料进行劳动,并且自觉地把他们许多个人劳动力当做一个社会劳动力来使用"。② 自由人联合体即共产主义社会。它所蕴含的社会理想构成了共产主义社会文明的基本特征。

1. 社会占有生产资料

生产资料所有制的性质,决定生产关系和社会制度的性质,也决定社会文明的性质。资本主义的基本矛盾是生产的社会化和生产资料的资本家私人占有形式之间的矛盾,由此决定了资本主义社会文明的局部性和有限性,决定了资本主义社会危机的不可避免性。根据生产力和生产关系的辩证运动规律,要彻底消除资本主义社会危机,必须推翻资本主义私有制,实现社会占有生产资料(重建个人所有制)。但是,在社会主义初级阶段,由于社会生产力不发达,在坚持公有制为主体的前提下,还必须允许其他经济成分存在,这样,就决定了目前的社会主义社会文明具有过渡性和阶段性。即使社会主义公有制成分不断提高,社会主义社会文明仍然具有过程性。只有在社会占有生产资料的条件下,人们将按照自然资源的情况和社会成员的需要,对生产进行有计划的组织和管理,这样,产品对生产者的统治将消除,社会生产内部的无政府状态也将随之消除。那时,"生产力也增长起来,而集体财富的一切源泉都充分涌流之后,——只有在那个时候,才能完全超出资产阶级权利的狭隘眼界,社

---

① 《十七大以来重要文献选编》(下),中央文献出版社 2013 年版,第 956 页。
② 《马克思恩格斯文集》第 5 卷,人民出版社 2009 年版,第 96 页。

会才能在自己的旗帜上写上：各尽所能，按需分配"①！这也就是人类从必然王国跨入自由王国。在共产主义社会里，物质生产水平极大提高，人们的生活资料实现按需分配。这样，才会有真正的完全的社会文明。

2. 社会重新收回国家政权

国家不仅具有政治职能，而且具有社会职能。但是，阶级和国家不是从来就有的，而是历史的产物。到了共产主义社会，阶级和国家都将消亡。随着阶级的消失，国家也不可避免地要消失。那时，在生产者自由平等的联合体的基础上，将按新方式来组织生产，社会将把全部国家机器放到它应该去的地方，即放到古物陈列馆去，同纺车和青铜斧陈列在一起。这就是要扬弃资本主义的市民社会及其政治国家、消灭阶级和阶级对立，在无产阶级专政的基础上，实现人类解放，以建立真正的社会——自由人的联合体。作为一种新型的社会形式，这个联合体将代替政治国家执行社会组织和社会管理的职能。即，国家的政治职能将消失，而其社会职能依然存在。但是，这种职能将成为人民自己的职能。在此基础上，个人劳动和社会劳动、个人利益和社会利益将达成直接的统一。在人与人之间形成和谐关系的同时，人们的精神境界也将得到极大提高。人人将自觉自愿地为他人为社会服务，为社会公益事业做贡献。这样，才会有真正的完全的社会文明。

3. 个人的自由而全面的发展

实现每个人自由而全面的发展是共产主义社会的根本特征。那时，随着对必然的科学认识和对世界的科学改造的深入，人们将第一次成为自然和社会的主人。"人们自己的社会行动的规律，这些一直作为异己的、支配着人们的自然规律而同人们相对立的规律，那时就将被人们熟练地运用，因而将听从人们的支配。人们自身的社会结合一直是作为自然界和历史强加于他们的东西而同他们相对立的，现在则变成他们自己的自由行动了。至今一直统治着历史的客观的异己的力量，现在处于人们自己的控制之下了。只是从这时起，人们才完全自觉地自己创造自己的历史；只是从这时起，由人们使之起作用的社会原因才大部分并且越来越多地达到他们所预期的结果。"②即，人的发展

---

① 《马克思恩格斯文集》第3卷，人民出版社2009年版，第436页。
② 《马克思恩格斯文集》第3卷，人民出版社2009年版，第564页。

是自由的发展，建立在个体自由自觉的实践基础之上。同时，作为实践活动之根本形式的劳动，将成为人们生活的第一需要。那时，随着必要劳动时间的缩短，人的自由时间将大大增加，这样，将大大促进人的素质的全面提高。人的全面发展是智力、体力和能力的全面发展，是社会联系和普遍交往的发展。人的全面发展反过来也大大促进了人的自由发展，不再受制于固定分工的制约。总之，人的自由发展和全面发展是互为条件、相辅相成、相互促进的。这样，才能有完全的真正的社会文明。

随着经济社会的发展水平和人类社会文明程度的不断提高，人的自由全面发展的步伐和建设共产主义社会文明的进程也会不断加快。因此，我们必须为实现共产主义"自由人联合体"的社会文明目标而努力奋斗。

总之，社会主义社会在全面发展的基础上重视社会建设，创造了社会主义社会文明，使得全体人民各尽所能、各得其所而又和谐相处。这样，就开辟了人类文明发展的新境界。

第十八章 追求社会理想:当代中国 社会建设的最终目标

> 我们坚信马克思主义关于人类社会必然走向共产主义这一基本原理。共产主义只有在社会主义社会充分发展和高度发达的基础上才能实现。共产主义社会,将是物质财富极大丰富,人民精神境界极大提高,每个人自由而全面发展的社会。
>
> ——江泽民:《在庆祝中国共产党成立八十周年大会上的讲话》(2001年7月1日,)《江泽民文选》第三卷,人民出版社2006年版,第293页。
>
> 加强党员、干部理想信念教育和思想道德建设,使广大党员、干部成为实践社会主义核心价值体系的模范,做共产主义远大理想和中国特色社会主义共同理想的坚定信仰者、科学发展观的忠实执行者、社会主义荣辱观的自觉实践者、社会和谐的积极促进者。
>
> ——胡锦涛:《高举中国特色社会主义伟大旗帜,为夺取全面建设小康社会新胜利而奋斗》(2007年10月15日),《十七大以来重要文献选编》(上),中央文献出版社2009年版,第39页。

当代中国社会建设的最终目标是实现马克思主义最崇高的社会理想,即要为实现物质财富极大丰富、人民精神境界极大提高、每个人自由而全面发展的共产主义社会奠定社会基础。中国特色社会主义社会建设是共产主义远大理想和社会主义初级阶段的社会连接点和现实着力点,实现人的自由而全面发展是当代中国社会建设的逻辑终点。

一、社会建设最终理想的科学设定

马克思主义从社会发展和人的发展两个维度来科学设定社会建设的最终理想，并坚持二者高度统一的原则。这一设定从根本上为当代中国社会建设提供了科学的指导思想和实践途径，有助于社会建设理想的最终实现。

（一）社会形态演进的人的维度

人是社会的主体，人的发展程度是划分社会形态的重要标尺。从人的尺度来看，"人的依赖关系（起初完全是自然发生的），是最初的社会形式，在这种形式下，人的生产能力只是在狭小的范围内和孤立的地点上发展着。以物的依赖性为基础的人的独立性，是第二大形式，在这种形式下，才形成普遍的社会物质变换、全面的关系、多方面的需要以及全面的能力的体系。建立在个人全面发展和他们共同的、社会的生产能力成为从属于他们的社会财富这一基础上的自由个性，是第三个阶段。第二个阶段为第三个阶段创造条件。"①由此来看，社会形态的演进包括人对人的依赖、人对物的依赖以及人的全面发展三个阶段。这一思想对于当代中国社会建设的开展具有重要的指导意义。

1. 当代中国社会建设的正确方向

从人的维度来考察社会形态的演进，可以看出，人与人之间的依赖关系是前资本主义社会的主要特征，以物的依赖性为基础的人的独立性是资本主义社会的主要特征，人的自由而全面发展是共产主义社会的主要特征。这里，人的发展和生产力发展是高度统一、密不可分的。生产力本身就是人的本质力量的表现。在一定意义上，生产力的发展程度代表了人的发展程度，反之亦然。人对人的依赖阶段与生产力发展水平的极端低下紧密相连。在此情形下，人的劳动是被动的，直接被剥削者所统治和奴役。人对物的依赖阶段和资本主义条件下生产力的快速发展密切相连。在此情形下，人的需求得到一定满足，人的素质和能力得到显著的提高，进而获得了一定程度的独立发展。但是，这种发展仍不充分和全面，人的劳动是异化的，人要依赖于商品、货币和资

---

① 《马克思恩格斯文集》第 8 卷，人民出版社 2009 年版，第 52 页。

本并受其统治和奴役。人的自由而全面发展阶段和共产主义条件下生产力高度发达和物质财富极大丰富紧密相连。在此情形下，人们不再受生产力水平低下和物的统治，彻底摆脱了被动劳动和异化劳动，实现了主动劳动和自由劳动。在共产主义条件下，随着生产力的高度发达和物质财富的极大丰富，人的需求将得到全面满足、素质将得到全面提升、能力将得到全面提高，最终将实现人的自由而全面发展。显然，坚持从人的发展角度推进社会形态的演进，对当代中国社会建设具有科学的导向作用。一方面，我国已经处于社会主义初级阶段，这是我国向社会主义和共产主义过渡的必经阶段。因此，当代中国社会建设必须坚持和追求马克思主义最崇高的社会理想——人的自由而全面发展的共产主义社会，并朝着这一目标不断前进。只有坚持和追求人的自由而全面发展，不断满足人的需求、提高人的素质和能力，才能推动经济社会的科学发展，更好地推动当代中国社会建设。另一方面，我国现阶段的社会主义仍然是不完善、不够格的社会主义，生产力发展水平还远不能满足人民群众的需求和社会主义社会的要求。因此，当代中国社会建设必须始终围绕经济建设展开，不能有丝毫的动摇、懈怠、停滞和倒退。只有大力发展生产力，才能创造出更多的满足人民群众需要的物质文化产品，才能为人的自由而全面发展奠定坚实的物质基础，进而实现人的自由而全面发展。总之，马克思主义关于社会形态演进的人的维度的论述，为当代中国社会建设指明了正确方向。

2. 当代中国社会建设的科学指南

从人的角度来考察社会形态的演进过程时可以发现，人对物的依赖阶段的资本主义社会不仅是从前资本主义社会发展而来的，也为人的自由而全面发展的共产主义社会奠定必要的基础。"全面发展的个人——他们的社会关系作为他们自己的共同的关系，也是服从于他们自己的共同的控制的——不是自然的产物，而是历史的产物。要使这种个性成为可能，能力的发展就要达到一定的程度和全面性，这正是以建立在交换价值基础上的生产为前提的，这种生产才在产生出个人同自己和同别人相异化的普遍性的同时，也产生出个人关系和个人能力的普遍性和全面性。"①即，只要我们运用唯物辩证法来科学地考察资本主义条件下生产劳动的二重性就可以发现，资本主义社会在产

---

① 《马克思恩格斯文集》第 8 卷，人民出版社 2009 年版，第 56 页。

生异化的同时也促进了人的独立性和全面发展。因此，对于社会主义社会建设来说，必须全面科学地看待资本主义的产生、发展及其历史作用。具体到当代中国社会建设来看，必须具体分析世界范围内资本主义的历史作用。尤其是在现阶段的社会主义国家仍然处于资本主义世界体系包围的情况下，更应如此。一方面，当代中国社会建设必须大胆吸收和借鉴发达资本主义国家数百年来在社会建设过程中取得的成功经验，不仅要大力引进发达资本主义国家的先进生产力、科学技术和管理经验等，而且要虚心学习资本主义社会建设和社会管理的经验。例如，资本主义在其发展的过程中，已经形成了一整套相对完善的就业、福利和社会保障政策等。另一方面，当代中国社会建设必须避免资本主义国家在发展过程中出现的一系列社会问题。例如，资本主义原始积累时期的羊吃人、贩卖黑奴、毫无节制地使用童工和女工等罪恶事件。如果在社会主义条件下出现这些问题，那么，只能说明社会主义已经失败了。社会主义必须能够科学防范和有效化解社会危机。可见，只有科学准确评价资本主义的历史作用，从正反两方面吸取资本主义数百年来在开展社会建设过程中取得的经验教训，为当代中国社会建设服务，才能有效避免发展的社会代价，将当代中国社会建设不断推向前进。显然，马克思主义关于社会形态演进的人的维度的思想，是当代中国社会建设的科学指南。

总之，从人的发展角度来考察社会形态的演进过程，体现了马克思主义最崇高的社会理想，也为当代中国社会建设指明了正确方向和提供了科学指南。

（二）共产主义未来的科学预测

在领导无产阶级解放事业的过程中，马克思主义经典作家指出，人类社会必将进入共产主义社会，并从社会发展和人的发展相统一的角度对未来社会进行了科学预测，为当代中国社会建设规划了科学的未来愿景。

1. 物质生产高度发达，社会物质财富极大丰富

生产力高度发展和物质财富极大丰富，不仅是建立共产主义的经济基础，也是共产主义的基本特征。共产主义之所以优于并能最终取代资本主义，是因为它消灭了资本主义私有制，实行生产资料公有制，使一切创造财富的源泉充分涌流，较之于资本主义能够创造更高的生产力和更多的物质财富。在这个过程中，"生产力的这种发展（随着这种发展，人们的世界历史性的而不是

地域性的存在同时已经是经验的存在了）之所以是绝对必需的实际前提，还因为如果没有这种发展，那就只会有贫穷、极端贫困的普遍化；而在极端贫困的情况下，必须重新开始争取必需品的斗争，全部陈腐污浊的东西又要死灰复燃"①。显然，如果没有生产力的发展和物质财富的丰富，不仅共产主义无法实现，现实中的社会主义也会出现停滞、反复甚至倒退。因此，在领导俄苏社会主义建设的实践中，列宁一再强调大力发展以电气化为代表的先进生产力、提高并创造比资本主义更高的劳动生产率对于巩固和发展社会主义的重要性。"只有当国家实现了电气化，为工业、农业和运输业打下了现代大工业的技术基础的时候，我们才能得到最后的胜利。"②在列宁看来，只有紧紧抓住每个时代最先进的生产力，积极利用先进技术，创造比资本主义更高的劳动生产率，社会主义才能取得最终胜利。显然，这一思想为处于资本主义世界体系中的社会主义国家实现生产力的高度发达和物质财富的极大丰富指明了一条正确道路，也为率先进入社会主义社会的经济文化相对落后的国家赶超资本主义进而实现共产主义指明了具体的实践途径。这也要求我们在开展当代中国社会建设的过程中，必须始终将大力发展先进生产力作为中心任务，通过大力发展先进生产力、创造比资本主义更高的劳动生产率，来解决当代中国的社会问题，为共产主义的最终实现奠定坚实的物质基础。总之，未来的共产主义只有在生产力充分发展和高度发展的基础上才能实现。因此，社会主义国家必须大力发展生产力，努力提高人民生活水平，这样，才能抓住社会主义的本质，才能最终实现共产主义。

2. 精神生产高度发达，人民精神境界极大提高

在人类数千年的发展进程中，人都是以片面的方式发展的。例如，"第一次大分工，即城市和乡村的分离，立即使农村居民陷于数千年的愚昧状况，使城市居民受到各自的专门手艺的奴役。它破坏了农村居民的精神发展的基础和城市居民的肉体发展的基础。"③即，城乡对立造成了城乡居民的片面发展。在现实中，与人的自由而全面发展直接对立的是资本主义条件下的人在身体和精神方面的片面的和畸形的发展。在资本主义条件下，资本家凭借物的力

① 《马克思恩格斯文集》第1卷，人民出版社2009年版，第538页。
② 《列宁专题文集 论社会主义》，人民出版社2009年版，第182页。
③ 《马克思恩格斯文集》第9卷，人民出版社2009年版，第308页。

量(商品、货币、资本)来剥削和压迫工人阶级和劳动人民,物的力量不仅奴役人的身体,也摧残着人的精神。因此,消灭资本主义条件下的异化劳动,铲除人的片面的和畸形的发展的土壤,使人的精神境界得到极大提高并实现人的自由而全面发展,就成为无产阶级革命的重要使命,也是未来共产主义社会的重要特征。因此,在领导俄苏人民进行社会主义建设的实践中,列宁指出,在共产主义制度下,人们习惯于履行社会义务而不需要强制机构,不拿报酬为公共利益工作成为一种普遍现象。即,共产主义社会是一个人民的精神境界极大提高的社会。在这个社会里,人们自觉地履行社会义务,积极为公共利益服务,摆脱了被动劳动和异化劳动的奴役,实现了主动劳动和自由劳动。同时,共产主义也是建立在人民精神境界极大提高的基础上的。"我们把自己叫做共产主义者。什么是共产主义者呢? 共产主义者是个拉丁词,communis 一词是'公共'的意思。共产主义社会就意味着土地、工厂都是公共的,实行共同劳动——这就是共产主义。"①因此,当代中国社会建设必须高度重视精神文明建设,教育和引导人们积极参加公共劳动,为公共利益服务,并在此过程中大力提高人的素质、努力提升人的精神境界,在成为社会主义"四有"新人的基础上,进而成为真正的共产主义者。总之,只有实现了人民精神境界的极大提高,人民在共同劳动中自觉履行社会义务和为公共利益劳动,才能最终实现每个人的自由而全面发展。

3. 未来前景的必然性,现实奋斗目标的阶段性

共产主义是一个不断发展的历史过程,有其层次性和阶段性。在《哥达纲领批判》中,马克思首先将共产主义分为第一阶段和高级阶段,并阐述了其不同特征。从起源来看,共产主义社会第一阶段是从资本主义社会中产生的,因此,在经济、道德和精神等方面还带有资本主义旧社会的痕迹;高级阶段是建立在第一阶段充分发展和高度发达的基础之上的。在分配方式上,共产主义社会第一阶段仍然尊重资产阶级权利,实行按劳分配;在高级阶段,随着个人的全面发展和他们的生产力的增长,以及创造集体财富的一切源泉的充分涌流,人们摆脱了资产阶级权利的狭隘性,劳动已不再是谋生的手段,而成为人们生活的第一需要,因而,在分配上实行按需分配。这两个阶段是相互联

---

① 《列宁专题文集　论无产阶级政党》,人民出版社 2009 年版,第 289—290 页。

系、密不可分的。共产主义第一阶段是高级阶段的前提和基础,共产主义高级阶段是第一阶段的最终奋斗目标和归宿。在此基础上,列宁第一次明确地将共产主义第一阶段和高级阶段分别称为社会主义和共产主义阶段,强调社会主义是从资本主义中生长起来的新社会的第一个阶段,共产主义是社会主义的下一个阶段。在苏联社会主义建设的过程中,列宁科学地认识到:"在完全摆脱资本主义并开始向社会主义过渡的道路上,我们刚刚迈出了最初的几步。我们不知道,而且也不可能知道,过渡到社会主义还要经过多少阶段。"①这里,列宁坚持具体问题具体分析的原则,在社会主义建设实践中深化和完善了社会主义和共产主义发展阶段的理论。在中国社会主义建设的过程中,毛泽东指出:"社会主义这个阶段,又可能分为两个阶段,第一个阶段是不发达的社会主义,第二个阶段是比较发达的社会主义。后一阶段可能比前一阶段需要更长的时间。"②这里,毛泽东不仅认识到了社会主义的不同发展阶段,还充分认识到了推进社会主义的长期性和艰巨性。这样,就要求当代中国社会建设必须科学地认识和把握共产主义社会的层次性和阶段性,不能将共产主义看成是一蹴而就的或者是一劳永逸的过程,这样,才能使我们不仅能够避免再次犯"大跃进"的历史错误,还能够通过扎实地推进社会建设为最终实现共产主义奠定坚实的社会基础。总之,共产主义社会是一个不断发展的、开放的历史进程,有其层次性和阶段性,需要我们在实践中根据各国具体国情将之不断推向前进。

总之,马克思主义关于共产主义的科学预测不是一成不变的,而是坚持与时俱进的科学典范。只有在千百万人民群众的社会主义和共产主义实践中,才能不断丰富和发展关于共产主义的学说,进而最终实现共产主义。

(三) 建设社会主义新社会的本质要求

马克思主义关于社会发展的最终理想内在地规定了建设社会主义新社会的本质要求,即促进人的自由而全面发展。在科学总结社会主义建设成就和经验的基础上,根据马克思主义基本原理,中国特色社会主义理论指出:"我

---

① 《列宁专题文集 论社会主义》,人民出版社 2009 年版,第 68 页。
② 《毛泽东文集》第八卷,人民出版社 1999 年版,第 116 页。

们建设有中国特色社会主义的各项事业，我们进行的一切工作，既要着眼于人民现实的物质文化生活需要，同时又要着眼于促进人民素质的提高，也就是要努力促进人的全面发展。这是马克思主义关于建设社会主义新社会的本质要求。我们要在发展社会主义社会物质文明和精神文明的基础上，不断推进人的全面发展。"①质言之，促进人的全面发展，是马克思主义关于建设社会主义新社会的本质要求。这一论断为当代中国社会建设指明了价值目标和实践途径。

1. 社会主义建设理论的新境界

尽管马克思恩格斯在批判资本主义的基础上科学地预测了共产主义的走向和特征，列宁也在领导苏联社会主义建设的伟大实践中对社会主义进行了创造性的探索，但是，由于所处的时代环境和面临的具体任务不同，他们无法也不可能对几十年后的中国建设社会主义新社会的本质要求做出明确的解答。同时，我国是从半殖民地半封建社会直接进入社会主义社会的，生产力发展水平太低，人民群众连最基本的温饱问题都没有得到有效解决，这与我们通常理解的共产主义是建立在生产力高度发展的基础之上的社会是不尽一致的。因此，党的十三大报告明确指出，我国正处于并将长期处于社会主义初级阶段。而如何在社会主义初级阶段的基本国情下开展社会主义建设，并科学认识社会主义新社会的本质要求，只有靠中国人民在实践中不断探索。我国完成三大改造任务进入社会主义社会之后，尤其是改革开放之后，在探索如何建设和发展社会主义的过程中，将对社会主义的认识不断推向前进。在社会主义初级阶段理论的基础上，我们提出了社会主义本质论，即解放生产力，发展生产力，消灭剥削，消除两极分化，最终达到共同富裕。这一论断是在建设社会主义的过程中得出的科学结论，并将落脚点放在共同富裕这一价值目标上，也就是落脚于人的发展的价值目标上。在此基础上，我们进一步指出，建设社会主义新社会的本质要求是促进人的全面发展。这是我们党在领导中国人民开展社会主义建设过程中，在马克思主义发展史上第一次旗帜鲜明地指出了社会主义新社会的本质要求，不仅是对中国特色社会主义理论的社会主义本质论的深化和发展，也是对马克思主义关于社会主义建设理论的深化和

---

① 《江泽民文选》第三卷，人民出版社 2006 年版，第 294 页。

发展,在总体上丰富和发展了马克思主义关于共产主义最崇高社会理想的思想。总之,中国共产党人关于建设社会主义新社会本质要求的论断,开拓了社会主义社会建设理论的新境界。

2. 当代中国社会建设的价值目标

尽管我国仍处于并将长期处于社会主义初级阶段,在通向共产主义的道路上仍然要经历很多阶段,但毕竟已经进入社会主义社会。因此,我们必须坚持和追求马克思主义关于社会主义建设的最崇高的理想——实现人的自由而全面发展。在科学准确理解马克思主义关于社会主义建设最终理想和结合社会主义初级阶段基本国情的基础上,将促进人的全面发展作为建设社会主义新社会的本质要求,进一步彰显了社会主义社会建设的最终落脚点是为了实现人的价值,从根本上为当代中国社会建设指明了价值目标。因此,当代中国社会建设只有坚持从中国最广大人民群众的根本利益出发,坚持以人为本,充分尊重和维护人的尊严,切实保障人的基本权利,努力让人民群众过上幸福的生活,大力促进人的自由而全面发展,才能赢得最广大人民群众的拥护和支持,才能激发最广大人民群众投身社会主义建设的积极性、主动性和创造性,才能为实现共产主义奠定坚实的社会基础。同时,这一论断还从根本上为当代中国社会建设确定了明确的目标,即大力提高人民福祉。改善和提高人民福祉就是促进人的自由而全面发展。具体而言,就是要大力发展先进生产力和先进文化,提高人民群众的生活质量和幸福指数,坚持人民群众的主观感受和客观测量相统一,全方位、多渠道促进人的全面发展的最终实现。只有这样,才能将当代中国社会建设不断推向前进。总之,中国共产党人关于社会主义新社会本质要求的论断,从根本上为当代中国社会建设指明了科学的价值目标和努力方向。

3. 当代中国社会建设的实践途径

在当代中国社会建设的过程中,我们必须把努力满足人民现实的物质文化生活需要和促进人民素质的提高紧密结合在一起,在促进社会主义社会的全面发展和全面进步的基础上,推进人的全面发展。目前,"我们党领导人民全面建设小康社会、进行改革开放和社会主义现代化建设的根本目的,是要通过发展社会生产力,不断提高人民物质文化生活水平,促进人的全面发展。"[1]

---

[1] 《十七大以来重要文献选编》(上),中央文献出版社 2009 年版,第 813 页。

显然，当代中国社会建设的根本途径就是坚持人的全面发展和社会全面发展的高度统一。坚持二者的高度统一，就是要努力提高人民的物质生活水平、思想道德素质和科学文化素质，充分发挥人民群众的积极性、主动性和创造性，让人民群众自己创造幸福生活和自己管理社会事务。同时，人的全面发展和社会有机体中的经济、政治、文化、社会生活等方面的发展以及可持续发展是互为前提和基础的。人的发展越全面，社会系统中的经济、政治、文化、社会生活各方面的发展就越迅速，可持续发展越得到保障，就会为提高人民生活水平、推动人的全面发展提供全面的保障。当然，推进人的全面发展和社会发展的高度统一是一个长期的、永无止境的历史进程。这在于，社会经济的全面发展是逐步提高、永无止境的历史过程，人的全面发展程度也是逐步提高、永无止境的历史过程。这两个历史过程应该相互结合、相互促进地向前发展。因此，只有在社会主义实践中将人的发展和社会发展高度统一起来，使二者相得益彰，相互作用、互相促进，才能将当代中国社会建设不断推向前进。可见，马克思主义关于建设社会主义新社会的本质要求为当代中国社会建设指明了科学的实践途径。

总之，在建设中国特色社会主义的伟大实践中，中国共产党人在马克思主义发展史上第一次鲜明地提出了马克思主义关于建设社会主义新社会的本质要求，从而为当代中国的社会建设指明了价值方向和实践途径。

二、实现社会建设理想的主体条件

在物质财富极大丰富、人的精神境界极大提高的基础上实现人的自由而全面发展的共产主义社会，是马克思主义最崇高的社会理想。在当代中国，尽管还不具备实现人的自由而全面发展的条件，但是，我们的社会建设必须始终坚持这一奋斗目标和价值理想。

（一）人的自由而全面发展的科学内涵

人的自由而全面发展是一个内涵丰富的历史过程。大体说来，"培养社会的人的一切属性，并且把他作为具有尽可能丰富的属性和联系的人，因而具有尽可能广泛需要的人生产出来——把他作为尽可能完整的和全面的社会产

747

品生产出来(因为要多方面享受,他就必须有享受的能力,因此他必须是具有高度文明的人)——,这同样是以资本为基础的生产的一个条件。"①即,人的需求、素质和能力的全面性构成了人的自由而全面发展的基本规定。

1. 人的需求的全面满足

人类社会历史产生的第一个前提是需要与满足需要所进行的生产。在需要与生产相互作用的过程中,随着生产力和人自身的发展,人们的需要也会在生产的基础上不断提高,而新的需要又要由新的生产来满足,从而推动人类社会历史不断向前发展。概言之,需要和需要的满足具有层次性,是一个不断发展和上升的过程,集中体现为人类社会从产生初期追求生存资料为主到未来追求生存资料、发展资料和享受资料并重的复杂的演进过程。这种层次性事实上彰显着需要的全面性。全面性是需要系统的全面性,层次性是需要系统的层次性。同时,需要和需要的满足还具有社会性和历史性。人的需要具有无限性、广泛性和多样性等特征。不同的社会历史发展阶段只能满足不同的需要。在前资本主义社会,生产力发展水平比较低,满足需要的手段也有限,因此,只能满足一些较低层次的需要。与生产力发展水平和满足需要的手段相适应的是,人们的需求的层次也比较低。可见,在前资本主义社会,人的需求无法也不可能得到全面提高和全面满足。在资本主义社会,生产力的迅速发展使人们的需要得到了进一步满足,满足人们需要的手段也不断提高,并生产了大量新的需要。但是,资本主义无法满足所有人的全面需要。这在于,资本主义无法克服社会化大生产和生产资料私有制之间的矛盾,创造的依然是有限的生产力,不可能全面满足人的需要;资本主义的发展在使资本家财富日益积累的同时,也使无产阶级日益贫困化。可见,在资本主义社会,广大人民群众尤其是工人阶级的需要更不可能得到全面满足。只有在共产主义社会,在生产资料公有制、生产力高度发达和物质财富极大丰富的基础上,当一部分人不需要通过剥削他人来满足自己的需要时,所有人的需求才能得到全面满足。因此,在当代中国社会建设中,必须将大力发展生产力作为前提和基础,不断满足人民群众日益增长的物质文化需要,并在此基础上不断生成新的需要和生产满足需要的新的工具,进而最终实现能够满足人的全面需要的共产

① 《马克思恩格斯文集》第8卷,人民出版社2009年版,第90页。

主义社会。总之，人的需求的全面满足是实现人的自由而全面发展的一个基本规定。

2. 人的素质的全面提升

人的素质得到全面提升，是人的自由而全面发展的题中之义，主要指人的身体、精神、思想道德和科学文化等方面的素质得到全面提升。素质不是与生俱来的。事实上，"人的素质是历史的产物，又给历史以巨大影响。"[①] 在人类历史发展进程中，随着生产力的不断发展，人的需求不断得到满足，人的能力不断得到提高，人的素质也不断得到提升。在资产阶级社会，随着生产力的快速发展和科学技术的巨大进步，人们对自然界、人类社会和人自身的认识都实现了巨大的飞跃，人的素质尤其是科学文化水平得到了很大提高。但是，在资产阶级社会，人的素质尤其是思想道德素质不可能得到全面提升，因为占统治地位的思想是资产阶级的阶级思想。人的素质在很大程度上是教育的产物，而资产阶级为了维持自身的统治，必定会将体现和维护资产阶级利益的思想灌输给被统治阶级，因此，在资产阶级思想教育下的广大人民群众的素质不可能得到全面的提升。而作为统治阶级的资产阶级自身也不可能得到解放，他也是受资产阶级剥削思想奴役的。因此，资产阶级的素质也不可能得到全面提高。只有在共产主义社会，在消灭了阶级统治和阶级对立的情况下，剥削阶级及其思想才能被消灭，这样，占统治地位的无产阶级将大力发展生产力和社会主义教育，并运用共产主义思想来引导和教育广大人民群众，培养社会主义和共产主义新人，使其包括思想道德素质和科学文化素质在内的各方面素质得到全面提升。同时，在共产主义条件下，摆脱了统治阶级和剥削思想奴役的广大人民群众将自觉自愿投身社会主义建设，参加各种社会主义活动。例如，苏联社会主义建设时期的星期六义务劳动制、劳动大军等活动。通过这些活动，可以在实践中充分发挥工人阶级和劳动人民中的先进分子的榜样和示范作用，进而带动全体人民投身社会主义建设，并在此过程中全面提升自身素质。显然，人的素质的全面提升必须通过社会主义和共产主义条件下的劳动才能实现。因此，当代中国社会建设必须充分借鉴苏联采取的星期六义务劳动制等做法，并结合我国国情积极创造条件来提升人的素质，尤其是要鼓励人

---

① 《十七大以来重要文献选编》（上），中央文献出版社 2009 年版，第 802 页。

们积极参与社会建设,并在此过程中全面提升自身素质,进而最终实现人的自由而全面发展。总之,只有在共产主义条件下,人的素质才能得到全面提升,人的自由而全面的发展才能最终实现。

3. 人的能力的全面提高

人的能力得到全面提高,是实现人的自由而全面发展的重要内容和条件,其提高的程度也反映了人的自由而全面发展实现的程度。人的能力包括人的体力和智力、人满足需要的能力、人的生产能力和劳动能力等。在社会发展中,人的能力的提高与社会和人自身的发展是同步的,同时受生产力发展和人自身发展水平的制约。在资本主义社会,资产阶级创造的巨大的生产力和物质财富使人的能力得到了很大的提高。例如,大机器在一定程度上解放了人的身体,使人能够从繁重的体力劳动中解放出来。但是,资本家采用机器化大生产并不是为了提高人的能力,而是为了获取更多的剩余价值。同时,在资本主义生产方式下,"每一个人都只隶属于某一个生产部门,受它束缚,听它剥削,在这里,每一个人都只能发展自己才能的一方面而偏废了其他各方面,只熟悉整个生产的某一个部门或者某一个部门的一部分"①。可见,资本主义在提高人的某些方面能力的同时,也导致了人的片面的和畸形的发展。此外,占统治地位的资产阶级也是如此。因为在阶级社会,一些人靠剥削另一些人来满足自己的需要的状况可以说明"交往的发展范围的狭小以及因之造成的整个统治阶级的发展范围的狭小","这种发展的局限性不仅在于一个阶级被排斥于发展之外,而且还在于把这个阶级排斥于发展之外的另一阶级在智力方面也有局限性;所以'非人的东西'也同样是统治阶级命中所注定的"。② 可见,当资产阶级还在剥削压迫无产阶级的时候,其能力也不可能得到全面提高。只有在共产主义条件下,生产力的高度发达不仅使物质财富得到极大丰富,也消灭了阶级对立和阶级本身,使人们不再受生产力不发达和剥削阶级的奴役之苦,才能真正实现人的能力的全面提高。只有到那时,在个性获得丰富性的基础上,每个人将成为多面手;人们将会在自由选择职业的过程中,使自己的能力得到全面发展。显然,通过发展先进生产力,一方面可以不断提高人

---

① 《马克思恩格斯文集》第 1 卷,人民出版社 2009 年版,第 688 页。
② 《马克思恩格斯全集》第 3 卷,人民出版社 1960 年版,第 507 页。

的能力，另一方面可以不断缩小并最终消除阶级差别和阶级本身，进而能够全面提高人的能力。总之，只有在共产主义条件下，人的能力才能得到全面提高，人的自由而全面发展才能最终实现。

总之，人的需求得到全面满足、人的素质得到全面提升和人的能力得到全面提高，共同推动人的自由而全面发展的最终实现。

（二）人的自由而全面发展的现实要求

在当代中国，实现人的自由而全面发展，最终要落实到社会主义建设中去。这样，人的自由而全面的发展，也为当代中国的社会建设提出了一系列现实要求，要求社会主义社会建设必须自觉地一贯地坚持人的自由而全面发展的价值理想和目标。

1. 始终坚持以人为本，代表人民群众利益

在当代中国，坚持人的自由而全面发展最根本的现实要求，首先是必须始终坚持以人为本，从最广大人民根本利益出发，始终代表中国最广大人民的根本利益。代表最广大人民的根本利益是"三个代表"重要思想的根本要求，以人为本是科学发展观的核心。二者是高度统一的，彰显着马克思主义的鲜明的政治立场。当代中国社会建设是在"三个代表"重要思想和科学发展观直接指导下开展的，因此，必须坚持马克思主义的政治立场，坚持从中国最广大人民的根本利益出发，坚持以人为本的科学原则。这就要求有关社会建设的一切路线、方针、政策、方案和措施，都要从人民群众的根本利益出发，要始终把实现好、维护好、发展好人民群众的根本利益作为社会建设和社会管理的出发点和落脚点，而不能用稳定绑架社会建设和社会管理；要尊重人民主体地位、发挥人民首创精神、拜人民群众为师，要保障人民群众的各项权益，促进人的自由而全面的发展，而不能将社会建设看作是领导和干部对群众的恩惠和施舍；要做到社会建设为了人民、社会建设依靠人民、社会建设成果由人民共享、社会建设成效由人民评价，而不能将社会建设和社会管理看作是单纯的行政行为。目前，在社会主义初级阶段生产力发展水平还不高，人民生活水平还比较低，城乡差距、区域差异、人群差距还比较大的情况下，要代表最广大人民根本利益，必须首先大力发展社会主义先进生产力，始终代表先进生产力的发展要求，这样，才能不断提高经济社会发展水平和人民生活水平，才能不断缩

小城乡差距、区域差距、人群差距，才能有效满足和实现中国最广大人民的物质利益。在此基础上，才能为实现人的自由而全面发展奠定经济基础。同时，在满足人民群众物质需求的同时，必须努力满足人民群众的精神文化需求，提升人民群众精神文化素质。为此，要始终代表中国先进文化的前进方向，大力发展社会主义文化事业。这样，才能为实现人的自由而全面发展创造精神条件。总之，坚持以人为本，代表中国最广大人民根本利益，鲜明地体现了当代中国社会建设的政治立场。

2. 充分维护人的尊严，努力实现人的价值

在社会建设中，人的尊严和价值不是可有可无的事情，而是其价值性的集中体现。事实上，"一切社会的发展和进步，都取决于人的发展和进步，取决于人的尊严的维护和价值的发挥。"①从根本上说，社会建设就是维护人的尊严和实现人的价值的过程。同样，当代中国社会建设必须充分尊重并创造条件维护人的尊严和实现人的价值。从社会发展来看，需要和需要的满足在推动人类社会进步中发挥了重要作用，而满足人的需要也是维护人的尊严和实现人的价值的重要表现。人的需要是一个系统，具有不同的层次和类型。大体说来，可将之划分为生存需要、发展需要和享受需要三个层次或三个类型。与之相应，可将社会实践创造的财富划分为生存资料、发展资料和享受资料三个方面。这些不同层次和类型的需要的满足过程就是人的尊严和价值不断得到尊重和实现的过程。在这些需要中，生存需要，即人必须首先满足吃穿住行等基本的物质需要，一定程度上是其他层次需要的基础和前提。因此，社会建设必须将满足人的生存需要作为首要的任务。否则，会舍本逐末。在此基础上，社会建设必须努力满足人的发展需要和享受需要。这样，才能在全面满足人的需要的基础上，实现人的全面发展。除此之外，劳动的需要在这些需要中居于核心地位。只有在劳动过程中，人们才能开展评价、认识和实践等活动，才能真正认识和创造自身价值，才能赢得别人的尊重、维护自我尊严，并在自我创造中实现自身价值，过上幸福生活。因此，社会建设必须确定劳动和劳动者的主体地位。事实上，社会主义社会建设就是劳动者自我创造幸福生活的过程，也是劳动者自我维护尊严和实现价值的过程。在当代中国，党和国家高

---

① 《江泽民文选》第二卷，人民出版社 2006 年版，第 56 页。

度重视人的尊严和价值,不断推动人的尊严的维护和人的价值的实现。尤其是改革开放以来,随着经济社会和人自身的不断发展,人的尊严和价值得到尊重和实现的程度越来越高。但不可否认的是,社会上仍然存在一些否认甚至践踏人的尊严和价值的事件。广大人民群众尤其是弱势群体的尊严和价值没有得到应有的尊重和保障是引发这类恶性事件的主要原因之一。因此,在当代中国的社会建设中,只有充分尊重并创造条件保障和实现人的尊严和价值,才能使社会建设真正成为人民群众自我创造幸福生活和自我实现价值的过程,进而才能实现人的自由而全面发展。总之,充分尊重和实现人的尊严和价值,是实现人的自由而全面发展的基本的现实要求,是马克思主义人道主义在社会建设中的具体要求和体现。

3.切实保障人的权利,发挥人民主体作用

保障人的基本权利与尊重人的尊严紧密相连,都是实现人的自由而全面发展的现实要求。在阶级社会中,人权本质上是一个阶级范畴。只要还存在阶级对立和阶级压迫,被统治阶级的权利就不可能得到切实保障,更不可能和统治阶级享受同样的权利。在人类文明史上,社会主义社会第一次摆脱了阶级统治和压迫,使人们的权利第一次获得了实际的平等,并得到了切实保障。这样,无产阶级和劳动人民才第一次真正成为了社会、国家和自身命运的主人。在现实中,人权包括生存权、发展权、享受权、参与权、创造权等要求。大体说来,生存权、发展权和享受权主要体现在物质和精神层面。其中,生存权是发展权和享受权的基础,参与权和创造权更多地体现在政治生活方面。这些权利的实现也具有社会性和历史性,在不同的阶段有不同的重点。因此,当代中国的社会建设,必须按照生存权、发展权、享受权、参与权、创造权的次序依次推进社会建设,切不可好高骛远。我们反对抽象地谈论人权,强调人权的实现必须和各国的具体国情相结合。在当代中国,生存权和发展权是最基本的人权,尤其是在社会主义初级阶段生产力水平和人民生活水平都比较低的情况下,必须首先保障和实现人民群众的生存权和发展权,并在此基础上不断推进人的基本权利的全面实现。在实践中,我们高度重视和保障人的基本权利的实现。2004年,我国将"国家尊重和保障人权"正式写入宪法,为人的基本权利的保障和维护提供了宪法支持和保障。在2008年的汶川地震中,党和政府为保护受灾群众生命健康和人身安全等基本权利,调动了一切可以利用的手段和力量,取得了抗震救灾的伟大胜利,赢得了人民群众的衷心拥护和赞扬。这表明,"人的生命高于一切、先于一切、重于一切。在抗震救灾的全过程中,我们和时间赛跑、同死神抗争,充分体现了我国社会主义制度珍爱生命、保护人民的本质。"①然而,毋庸讳言,现实生活中仍然存在着大量危害人权的事件。这是引发影响社会稳定的群体性事件发生的深层原因。因此,我们必须采取有效措施解决危害人权的恶性事件,进一步切实保障人的基本权利,尤其是要保证人民群众当家作主的权利,进而使社会建设成为人民群众自我创造幸福生活和维护尊严的伟大实践,并在此基础上推动人的自由而全面发展的最终实现。我们要看到,目前群体性事件事实上是人民群众维护自己权益的事件,与政治无涉。当然,最为重要的是,我们要把人民当家作主和党的领导、依法治国统一起来。总之,切实保障人的基本权利,发挥人民当家作主的权利,是实现人的自由而全面发展的重要保障,是马克思主义关于人的解放理论的具体实践。

综上,只有使社会建设成为人民群众自我创造幸福生活和维护尊严的过程,才能最终实现人的自由而全面的发展。

(三) 人的自由而全面发展的实现途径

实现人的自由而全面发展是一个具体的历史过程,与实现共产主义理想是同一个过程的两个相辅相成的方面。在当代中国,为了促进人的自由而全面的发展,既依赖社会结构的整体优化和社会形态的整体变革,又要落实到中国特色社会主义社会建设的伟大实践中去。

1. 坚持人的物种提升和人的社会提升的统一

社会发展是从必然王国向自由王国飞跃的过程。在必然王国,根本难以谈得上人的自由而全面的发展。因此,"只有一种有计划地生产和分配的自觉的社会生产组织,才能在社会方面把人从其余的动物中提升出来,正像一般生产曾经在物种方面把人从其余的动物中提升出来一样。"②第一个提升是在物种方面把人和其他动物区别开来,主要通过生产一般即劳动来完成的。即,

---

① 《十七大以来重要文献选编》(上),中央文献出版社 2009 年版,第 636—637 页。
② 《马克思恩格斯文集》第 9 卷,人民出版社 2009 年版,第 422 页。

通过物质生产力的发展使人摆脱自然必然性的束缚,成为自然的主人。第二个提升是在社会方面将人和其他物种区别开来,主要通过有计划地开展生产和分配的社会生产组织来完成的,即要在社会主义和共产主义的计划条件下才能最终完成。这主要是通过生产关系的合理化和革命化来使人摆脱社会必然性的束缚,成为社会的主人。当然,这里的主人不是支配意义上的主人,而是指对必然的认识和对世界的改造。"两个提升"是紧密相连的,第一个提升要先于第二个提升,是第二个提升的前提和基础。只有首先在物种方面将人和其余动物区分开来,才能有条件完成第二个提升。第二个提升是第一个提升的目标和归宿。只有第二个提升完成了,第一个提升才能最终完成。显然,"两个提升"是相互促进、共同发展和协同完成的。只有在未来的共产主义社会,"两个提升"才能最终实现。这事实上是要通过生产方式的整体变革,实现人的自由而全面的发展。

在当代中国的社会建设中,坚持"两个提升"及其统一,就必须大力推进生产方式的整体变革。一方面,只有大力发展社会主义先进生产力,才能实现第一个提升。我国现在正处于并将长期处于社会主义初级阶段,其基本矛盾仍然是人民日益增长的物质文化需要同落后的社会生产之间的矛盾,因此,只有大力发展先进生产力,才能不提高人民群众物质生活水平,使人摆脱自然必然性的束缚。只有在生产力高度发达的基础上,"生存斗争——我们暂时假定这个范畴在这里是有效的——就变成为享受而斗争,不再是单纯为生存资料而斗争,而是为发展资料,为社会地生产出来的发展资料而斗争,对于这个阶段,来自动物界的范畴就不再适用了"。[①] 否则,不仅无法实现物种提升,还会导致社会的停滞和倒退。另一方面,只有大力完善社会主义生产关系,才能实现第二个提升。在社会主义初级阶段,虽然生产关系与生产力总体上是一致的,但也存在一些不相适应的地方,不利于人们完全摆脱社会必然性的束缚,因此,必须通过改革来完善社会主义生产关系,使之与社会主义生产力发展相适应,进而推动生产力的进一步发展。改革是社会主义自我完善的根本举措,可以推进生产方式的整体变革,其作用不亚于一场革命。改革开放三十多年来,我国不断推动全面变革,并注重变革的协调性和整体性。同时,我国

---

① 《马克思恩格斯文集》第 10 卷,人民出版社 2009 年版,第 412 页。

社会主义改革从根本上是为了适应人民群众不断增长的物质文化需要而进行的,并使改革的成果惠及最广大人民群众。因此,这一改革具有鲜明的全面性、协同性和人民性等特征。总之,只有大力推进生产方式的革命变革,才能真正实现"两个提升"及其统一,进而实现人的自由而全面的发展。

2. 坚持推进社会全面进步和人的全面发展的统一

由于人类社会是由经济、政治、文化、社会和生态等要素构成的自组织的复杂系统——社会有机体,而社会发展又是由人参与创造的客观过程,因此,社会全面进步与人的全面发展是高度统一的。坚持这一点,是实现人的自由而全面发展的最基本的途径。一方面,坚持社会全面进步是推进人的自由而全面发展的基础和条件。社会主义社会是全面发展、全面进步的社会。通过社会主义社会的全面发展,能够有效地促进人的全面发展。为此,我们必须做到:(1)大力发展社会主义经济。只有大力发展社会主义先进生产力,不断提高生产力发展水平和人民群众生活水平,才能为人的发展奠定坚实的物质基础。(2)大力发展社会主义政治。只有大力发展社会主义民主政治,加强社会主义法制建设,不断提高人民群众当家作主的能力和水平,才能为人的发展提供良好的政治环境和法制保障。(3)大力发展社会主义文化。只有大力发展社会主义先进文化,不断提高社会主义精神文明建设水平以及人民群众精神文化素质,才能为人的发展不断提供科学的精神动力和智力支持。(4)大力构建社会主义和谐社会。只有大力加强社会主义和谐社会建设,切实推动社会参与,有效维护社会稳定,大力彰显社会公平,才能为人的发展不断提供安定祥和的社会环境。(5)大力建设社会主义生态文明。只有大力实施可持续发展战略,不断推进社会主义生态文明建设,努力促进人和自然的协调发展,努力满足人民群众的生态需要,切实保障人民群众的生态权益,才能为人的发展提供优美和谐的生态环境。

另一方面,人的自由而全面的发展也会不断推动社会的全面进步。在社会主义建设中,通过培养全面发展的社会主义新人,能够有效地促进社会主义社会的全面发展。(1)推动社会主义经济发展。满足人的物质需要、提高人的物质生活水平的过程,就是推动经济发展的过程,因此,随着人的物质需要的满足和物质生活水平的提高,能够推动社会主义经济的发展。(2)推动社会主义政治的发展。满足人的政治需要、发挥人民群众在政治生活中的当家作主作用的过程,就是推动政治发展的过程,因此,随着民主法制意识的弘扬和当家作主能力的增强,能够推动社会主义政治的发展。(3)推动社会主义文化的发展。满足人的文化需要、提高人的文化生活水平的过程,就是推动文化发展的过程,因此,随着人的思想道德素质和科学文化素质的提高,能够推动社会主义文化的发展。(4)推动社会主义和谐社会的建设。满足人的交往和治理的需要、构筑社会生活共同体的过程,就是推动和谐社会建设的过程,因此,随着人的社会参与能力的增强,能够推动社会主义和谐社会的建设。(5)推动社会主义生态文明的发展。满足人的生态需要、维护人的生态权益的过程,就是推动生态文明发展的过程,因此,随着生态文明意识的提高和可持续发展能力的增强,能够推动社会主义生态文明的发展。可见,推进人的全面发展,同推进社会的全面发展是互为前提和基础的。因此,当代中国社会建设必须坚持社会全面进步和人的全面发展的统一,既要将人的全面发展作为社会全面发展的目标,又要将社会的全面发展作为人的全面发展的依托。总之,为了实现人的自由而全面发展,必须坚持推进社会全面进步和人的全面发展的统一。

3. 坚持发展社会主义教育和培养社会主义新人的统一

坚持发展社会主义教育和培养社会主义新人的统一,是实现人的自由而全面发展的重要途径。一方面,发展社会主义教育是培育社会主义新人的过程。社会主义教育是关系到培养什么人的千秋大业,必须坚持以下原则:(1)科学意识和阶级意识的统一。社会主义教育是为无产阶级和全人类解放服务的,具有鲜明的科学性和阶级性,因此,社会主义新人必须具有鲜明的科学意识和阶级意识,不仅要坚信马克思主义的科学真理,而且要为解放无产阶级和全人类奋斗终身。(2)思想道德素质和科学文化素质的统一。思想道德素质是无产阶级的科学意识和阶级意识的具体体现,也是社会主义教育区别于资本主义教育的重要标志。同时,"只有了解人类创造的一切财富以丰富自己的头脑,才能成为共产主义者。"①因此,社会主义新人必须吸收人类社会的一切优秀文化成果,坚持提高思想道德素质和科学文化素质的统一。(3)文化教育和生产劳动的统一。教育和劳动相结合是培养社会主义新人的根本途

① 《列宁专题文集 论无产阶级政党》,人民出版社 2009 年版,第 281—282 页。

径。"未来教育对所有已满一定年龄的儿童来说,就是生产劳动同智育和体育相结合,它不仅是提高社会生产的一种方法,而且是造就全面发展的人的唯一方法"①。因此,只有坚持教育和劳动相结合,才能培养出全面发展的人。(4)理论和实践的统一。资本主义教育遗留的最大祸害就是书本与实践的完全脱节,社会主义新人要摆脱这个弊病,就必须坚持理论和实践的统一。总之,只有坚持发展社会主义教育,才能培育出合格的社会主义新人。

另一方面,培养社会主义新人是促进社会主义教育发展的过程。社会主义教育所培养的社会主义新人,对于推动社会主义教育的发展具有重要的作用。毫无疑问,"真正建立共产主义社会的任务正是要由青年来担负。很明显,从资本主义社会培养出来的一代工作者所能完成的任务,至多是消灭建筑在剥削上面的资本主义旧生活方式的基础。他们至多也只能建立这样一种社会制度,这种社会制度帮助无产阶级和劳动阶级保持自己的政权,奠定巩固的基础,至于在这个基础上进行建设,那就只有靠在新条件下,在人与人之间的剥削关系已不存在的情况下参加工作的一代人去担负"②。在建设中国特色社会主义的实践中,我们一直坚持在培育社会主义新人的过程中来推进社会主义教育的发展。新中国成立后,我们曾提出要使青少年做到"三好",即身体好、学习好、工作好,要做德智体美全面发展的社会主义事业接班人。改革开放后,我们进一步提出要培养有理想、有道德、有文化、有纪律的社会主义"四有"新人。培育"四有"新人对于推动社会主义教育面向现代化、面向世界、面向未来具有重要的作用。因此,在当代中国社会建设的实践中,必须坚持发展社会主义教育和培育社会主义新人的统一,在推进社会主义教育的过程中,培育一代代有理想、有道德、有文化、有纪律的社会主义新人;同时,要大力推动社会主义新人积极参与社会建设,并在社会建设中发挥榜样和示范作用。总之,坚持发展社会主义教育和培养社会主义新人的统一,是实现人的自由而全面发展的重要途径。

综上,在当代中国,必须将促进人的自由而全面发展这一建设社会主义新社会的本质要求,作为社会建设的价值目标,努力实现社会的全面进步和人的

---

① 《马克思恩格斯文集》第 5 卷,人民出版社 2009 年版,第 556—557 页。
② 《列宁专题文集 论无产阶级政党》,人民出版社 2009 年版,第 277—278 页。

全面发展的统一。

三、实现社会建设理想的社会条件

从社会条件来看，实现社会建设理想还必须大力消灭工农差别、城乡差别和脑体差别（三大差别），并要在此基础上实现人的自由而全面发展。在当代中国，尽管还不具备消灭三大差别的条件，但是，必须将缩小三大差别作为社会建设的重要任务，这样，才能实现公平正义。

（一）消灭"三大差别"的历史要求

尽管三大差别的产生和存在有其必然性和合理性，但是，也严重地限制了人的平等自由的全面发展和自由劳动的实现，因此，消灭三大差别是实现共产主义理想的重要的社会条件。

1. 三大差别产生和存在的必然性和合理性

三大差别是人类社会历史长期发展的产物，在一定程度上推动了人类社会历史的发展。（1）三大差别的产生。在从原始社会向阶级社会转变的过程中，随着生产力的发展，人类社会经历了三次社会大分工，产生了三大差别。第一次社会大分工是指畜牧业从农业中分离出来，游牧民族从其他民族中分离出来。第二次大分工是指手工业随着农业和畜牧业的发展而进一步发展，从农业中分离出来。第三次分工是指商业从其他产业中分离出来。这三次社会大分工直接推动了生产力的发展和私有制的产生。随着畜牧业、农业和手工业的分离，逐步出现了工业和农业之间的差别；随着商业的产生和城市的兴起，逐步出现了城市和乡村之间的差别；随着生产资料私有制和阶级的产生，整个社会出现了剥削阶级和被剥削阶级，从而脑力劳动成为一少部分人的特权，而绝大多数人被排斥在脑力劳动之外，形成了"劳心者治人，劳力者治于人"的局面，这样，就逐步产生了脑力劳动和体力劳动之间的差别。显然，三大差别的产生和发展是和三次社会大分工同步的，是生产力发展和社会进步的产物。（2）三大差别的作用。虽然城乡差别的出现加剧了城市和乡村之间发展的差距，但是在商品生产和商品交换的作用下，城乡之间的交流和融合的程度也得到了一定程度的提高。手工业和商业的发展导致的工农差别，也在一定程度上促进了工业和科学技术的发展与传播。而脑力劳动的出现则直接推动了生产力的发展。例如,在资本主义条件下,"生产力的这种发展,最终总是归结为发挥作用的劳动的社会性质,归结为社会内部的分工,归结为脑力劳动特别是自然科学的发展。"①在此过程中,文化科学技术获得了飞速的发展,并带动了生产力乃至整个社会的发展。可见,三大差别在社会发展过程中具有重要作用。因此,在当代中国社会建设中,我们必须对三大差别的产生及其历史作用要有科学的认识,不能不顾历史发展条件抽象地谈论消灭三大差别,而要在社会主义建设的过程中逐步缩小三大差别,为完全消灭三大差别积极创造条件。

2. 三大差别产生和存在的实质和危害

三大差别是随着社会分工和私有制的产生而产生的,实质上是旧式分工和阶级对立的产物,导致了严重的社会后果。(1)限制了社会成员平等自由的全面发展。以城乡差别为例来看,它割裂了城市和乡村之间的联系和融合,使广大农村人口数千年来无法从一成不变的与世隔绝和愚昧无知的状态中摆脱出来,限制了其自由发展。它还造成了农村经济和文化的落后,进而使城市和乡村都面临衰退和灭亡的危险。例如,"资本主义生产使它汇集在各大中心的城市人口越来越占优势,这样一来,它一方面聚集着社会的历史动力,另一方面又破坏着人和土地之间的物质变换,也就是使人以衣食形式消费掉的土地的组成部分不能回归土地,从而破坏土地持久肥力的永恒的自然条件。这样,它同时就破坏城市工人的身体健康和农村工人的精神生活。"②可见,城乡对立不仅造成了严重的环境污染和生态异化,还严重损害了人的身体健康和精神健康,严重阻碍了人的全面发展。显然,三大差别不仅限制了社会成员平等自由的全面发展,也限制了社会的全面发展、协调发展和永续发展。(2)限制了社会成员自由劳动的实现。在三大差别存在的条件下,人们只能服从于旧式分工和私有制的安排,无法自由选择自己喜欢的劳动和职业。例如,工农差别和城乡差别迫使广大农村居民数千年来只能日复一日地从事着简单的农业劳动,被束缚在土地上。在资本主义条件下,工农差别和城乡差别更是成

---

① 《马克思恩格斯文集》第 7 卷,人民出版社 2009 年版,第 96 页。
② 《马克思恩格斯文集》第 5 卷,人民出版社 2009 年版,第 579 页。

为城市剥削农村的重要手段。资本主义大工业不仅从乡村掠夺原材料,而且从乡村直接掠夺最优秀的劳动力,进而加剧了这两大差别。同时,在资本主义分工的条件下,社会成员的自由劳动的权利根本无法实现,"被机器破坏了的分工,即把一个人变成农民、把另一个人变成鞋匠、把第三个人变成工厂工人、把第四个人变成交易所投机者"①。这样,在机械分工的基础上进一步加剧了劳动异化,从而将人置于严重的异化状态中。可见,只要三大差别继续存在并产生作用,社会成员的真正的自由劳动也就无法实现。因此,在当代中国的社会建设中,必须高度重视三大差别问题,将缩小和消灭三大差别作为一个重要的社会问题加以解决,要在大力发展社会主义先进生产力、消灭旧式分工和私有制的基础上,不断实现社会成员的平等自由发展和自由劳动,进而为最终实现共产主义创造社会条件。

3. 共产主义社会必须消灭三大差别

为了实现社会成员平等自由的全面发展和自由劳动,共产主义社会必须消灭三大差别。在共产主义社会,高度发达的生产力将为消灭三大差别创造必要的物质条件。在这个过程中,"根据共产主义原则组织起来的社会一方面不容许阶级继续存在,另一方面这个社会的建立本身为消灭阶级差别提供了手段。由此可见,城市和乡村之间的对立也将消失。从事农业和工业的将是同一些人,而不再是两个不同的阶级,单从纯粹物质方面的原因来看,这也是共产主义联合体的必要条件"。② 显然,共产主义社会为消灭城乡和工农差别创造了条件。同时,共产主义社会也为消灭脑体差别创造了条件,因为共产主义社会与资产阶级社会不同,"过去的资产阶级革命向大学要求的仅仅是律师,作为培养政治家的最好的原料;而工人阶级的解放,除此之外还需要医生、工程师、化学家、农艺师及其他专门人才,因为问题在于不仅要掌管政治机器,而且要掌管全部社会生产"③。可见,共产主义社会需要各式各样的人才,可以根据各个人的兴趣和爱好来因材施教,这样,社会成员的自由而全面发展将成为可能,自由劳动将成为可能。必须指出的是,消灭三大差别和消灭阶级是紧密相连的。在消灭三大差别的过程中,共产主义也消灭了私有制和阶级

---

① 《马克思恩格斯文集》第 1 卷,人民出版社 2009 年版,第 689 页。
② 《马克思恩格斯文集》第 1 卷,人民出版社 2009 年版,第 689 页。
③ 《马克思恩格斯文集》第 4 卷,人民出版社 2009 年版,第 446 页。

的存在。到那时,"由社会全体成员组成的共同联合体来共同地和有计划地利用生产力;把生产发展到能够满足所有人的需要的规模;结束牺牲一些人的利益来满足另一些人的需要的状况;彻底消灭阶级和阶级对立;通过消除旧的分工,通过产业教育、变换工种、所有人共同享受大家创造出来的福利,通过城乡的融合,使社会全体成员的才能得到全面发展,——这就是废除私有制的主要结果。"①显然,在共产主义社会,每个社会成员都将获得自由而全面的发展,成为平等自由的劳动者和管理者,并实现"各尽所能,按需分配"的分配形式。在当代中国,为了实现这一目标,必须加强社会主义社会建设。只有不断推进社会主义社会建设,并在此过程中实现社会的全面进步和人的全面发展,才能不断缩小并最终消灭三大差别,进而为实现共产主义奠定坚实的社会基础。

总之,三大差别的产生和存在有其历史必然性和合理性,但也导致了严重的社会消极后果,因此,我们必须要用历史主义的眼光来辩证地看待和处理这些问题。而未来的共产主义社会必须消灭三大差别,并在此基础上实现自由劳动和自由人联合体的统一。

(二) 消灭"三大差别"的现实选择

在当代中国,缩小三大差别是消灭三大差别的现实选择和历史准备,归根到底要将之落实到中国特色社会主义社会建设的实践中去。为此,既要采用消灭三大差别的一般方式,也要根据实际进行具体的选择。

1. 消灭三大差别的一般选择

三大差别的产生和发展,对社会的历史发展和人们的思想认识都产生了巨大的影响,并逐渐演变成一种根深蒂固的习惯势力。因此,"为了完全消灭阶级,不仅要推翻剥削者即地主和资本家,不仅要废除他们的所有制,而且要废除任何生产资料私有制,要消灭城乡之间、体力劳动者和脑力劳动者之间的差别。这是很长时期才能实现的事业。要完成这一事业,必须大大发展生产力,必须克服无数小生产残余的反抗(往往是特别顽强特别难于克服的消极

---

① 《马克思恩格斯文集》第 1 卷,人民出版社 2009 年版,第 689 页。

反抗），必须克服与这些残余相联系的巨大的习惯势力和保守势力"①。可见，发展生产、加强专政、克服传统是消灭三大差别的一般选择。

大力发展社会主义生产。三大差别的产生是生产力得到发展但发展程度又不充分的产物，因此，在社会主义条件下，为了实现消灭三大差别的目标，必须首先大力发展社会主义先进生产力。从根本上说，社会主义是建立在先进生产力发展和劳动生产率提高的基础之上的。列宁指出，共产主义就是苏维埃政权加全国电气化。在列宁那个时代，电气化是先进生产力的代表，可以使苏联完成从宗法制向社会主义的过渡，因此，列宁十分重视电气化。目前，我国正处于社会主义初级阶段，生产力水平还比较低，尤其是代表先进生产力水平的科技水平还比较低，因此，必须始终坚持以经济建设为中心，大力推动创新型国家的建设，否则社会主义只能成为贫困和极端贫困的代名词，进而使社会主义出现停滞、反复、倒退甚至是失败。概言之，贫穷不是社会主义。社会主义必须建立在高度发达的生产力基础上，必须建立在物质财富丰富的基础上，必须建立在综合国力提高的基础上，必须建立在人民群众物质生活水平提高的基础上。总之，在当代中国社会，必须大力发展生产力，并将发展生产力和巩固完善社会主义制度以及提高人民生活水平联系起来，这样，才能为有效缩小三大差别进而消灭三大差别创造经济条件。

切实加强无产阶级专政。三大差别的存在和延续与小农经济和小商品生产密切相连。"小生产是经常地、每日每时地、自发地和大批地产生着资本主义和资产阶级的。由于这一切原因，无产阶级专政是必要的，不进行长期的、顽强的、拼命的、殊死的战争，不进行需要坚持不懈、纪律严明、坚定不移、百折不挠和意志统一的战争，便不能战胜资产阶级"②。小农经济和小商品生产都具有小生产者自发的资本主义倾向，若任其发展，必然导致两极分化。即使是在社会主义条件下，也存在着这种可能性。尤其是在中国这样从小农经济直接过渡到社会主义的国家，更是如此。因此，为了克服小生产者自发的资本主义倾向，不断缩小并最终消灭三大差别，必须加强无产阶级专政。这里所讲的无产阶级专政是指和小生产者的自发性、小农经济和小商品生产的残余势力

---

① 《列宁专题文集　论社会主义》，人民出版社 2009 年版，第 145—146 页。
② 《列宁专题文集　论无产阶级政党》，人民出版社 2009 年版，第 245 页。

作斗争,是无产阶级获得胜利的重要保障。根据我国的国情,这就是要坚持人民民主专政。人民民主专政实质上就是无产阶级专政。坚持人民民主专政,必须将最广泛的民主和最严厉的专政统一起来,让人民群众真正当家作主,真正享受的广泛的民主;让一切损害人民群众利益的行为受到法律的严厉制裁,有效保卫人民群众的生命财产安全和生产成果。唯此,才能避免在社会主义条件下出现两极分化。这样,才能为有效缩小三大差别进而为消灭三大差别创造政治条件。

有效克服传统和习惯影响。小农经济和小商品生产的心理和习惯是根深蒂固的。在中国这样具有长期专制主义传统的国家,更是如此。因此,"共产主义革命就是同传统的所有制关系实行最彻底的决裂;毫不奇怪,它在自己的发展进程中要同传统的观念实行最彻底的决裂。"①当然,这种消除和决裂不是人为地割断历史,对历史尤其是民族优良传统采取虚无主义的态度,而是要让共产主义的新传统和新习惯占据主导地位。同时,由于整个旧社会的运作是建立在千百年来的经验和习惯的基础上的,不可能一下子彻底消除。因此,社会主义必须对旧世界遗留给我们的传统和习惯进行长期的、艰苦卓绝的改造。此外,只有在开展共产主义劳动的过程中,才能不断消灭旧传统和习惯,建立共产主义规则和惯例。列宁指出,共产主义劳动是一个为社会进行的无报酬的劳动,是自愿的、无定额的劳动,是不指望报酬、不讲报酬条件的劳动,是按照为公共利益劳动的自觉要求来进行的劳动。这种劳动同时是保持身体健康的需要。因此,在当代中国社会建设中,只有推动广大人民群众积极开展共产主义劳动,才能逐渐克服旧传统和习惯的影响,进而建立共产主义规则和惯例。总之,只有有效克服传统和习惯的影响,才能为缩小三大差别进而为消灭三大差别创造文化条件。

事实上,发展生产、加强专政、克服传统是一个融经济、政治、文化手段为一体而运用于社会建设的过程。在这个意义上,缩小和消灭三大差别是一个社会系统工程,是一个依赖于社会整体进步的过程。

2. 消灭三大差别的具体选择

在社会主义初级阶段,尽管还不具备消灭三大差别的条件,但是,也不能

---

① 《马克思恩格斯文集》第2卷,人民出版社2009年版,第52页。

听任三大差别日益扩大。因此,必须将缩小三大差别作为社会建设的重要任务,常抓不懈,抓出成效。

坚持发展先进生产力和先进文化与代表最大多数人利益的统一。在当代中国,缩小和消灭三大差别,归根到底要建立在先进生产力和先进文化的高度发达的基础之上。只有大力发展社会主义先进生产力,才能增强农村地区和落后地区的经济实力,才能从整体上增强国家的经济实力,这样,才能为缩小和消灭三大差别奠定坚实的经济基础。只有大力发展社会主义先进文化,才能提高全体人民尤其是农村地区和落后地区人民群众的精神文化素质,才能迎来社会主义文化的大发展和大繁荣,这样,才能为缩小和消灭三大差别提供科学的智力支持和价值导引。同时,发展先进生产力和先进文化,是为了不断提高人民群众的物质生活水平和科学文化水平,进而为实现最广大人民的根本利益创造物质文化条件。反之,如果经济和文化的发展只是为了少数人的利益服务,那就从根本上背离了社会主义本质,会导致三大差别的进一步扩大。因此,只有坚持代表中国最广大人民的根本利益,才能为缩小和消灭三大差别提供强有力的政治保障。可见,只有在坚持代表中国最广大人民根本利益的基础上,不断发展先进生产力和先进文化,才能有效缩小三大差别并为最终消灭三大差别创造条件。

坚持和贯彻"五个统筹"的原则。"五个统筹"是科学发展观强调的协调发展的基本要求和主要内容,是缩小和消灭三大差别的现实要求和具体途径。(1)坚持统筹城乡发展。只有坚持统筹城乡协调发展,才能加快农村和农业的发展,才能切实提高农民群众的物质文化生活水平,这样,才能有效缩小三大差别。(2)坚持统筹区域发展。只有坚持统筹区域协调发展,加快农村和落后地区的发展,增强其发展实力,才能进一步促进共同富裕的实现,这样,才能有效缩小三大差别。(3)坚持统筹经济社会发展。只有坚持统筹经济社会协调发展,加快社会建设的发展,加快精神文明建设的步伐,才能提高农村和落后地区人民群众的社会参与能力和文化生活水平,这样,才能有效缩小三大差别。(4)坚持统筹人和自然和谐发展。只有坚持统筹人和自然和谐发展,切实改善农村和落后地区的生产生活条件,切实保障人民群众尤其是处于弱势地位的人群的环境权益,才能切实增强其可持续发展能力,这样,才能有效缩小三大差别。(5)坚持统筹国内发展和对外开放,只有坚持统筹对内改革发展和对外开放,尤其是加快农村和落后地区的改革发展和对外开放,才能增强其经济实力,这样,才能有效缩小三大差别。例如,党的十六大以来,我们党根据全面建设小康社会、加快推进现代化全局的客观要求,强调要把解决好"三农"问题作为全党工作的重中之重,统筹城乡发展,提出"两个趋向"的重要论断,作出我国总体上已进入以工促农、以城带乡的发展阶段的重要判断,制定和实行工业反哺农业、城市支持农村和"多予少取放活"的方针,取消农业税、牧业税和除烟叶外的农业特产税,农村的统筹提留随之取消,全面放开粮食购销市场和价格,对种粮农民和购买良种、农机具实行直接补贴,增加农业和农村基础设施建设投入,扩大公共财政覆盖农村的范围,加强农业综合生产能力建设,发展农村基础教育和基本医疗等社会事业,推进农村综合改革,维护进城务工农民的合法权益,扶持农业和农村发展、促进农民增收,进一步加强了农业、改善了广大农民群众的生活。① 可见,只有在协调发展的基础上,才能不断缩小并最终消灭三大差别。

坚持新型工业化和新型城镇化的统一,坚持科教兴国战略和人才强国战略的统一。这是从国家发展战略缩小和消灭三大差别的重要举措。(1)坚持新型工业化和新型城镇化的统一。目前,三大差别之所以在我国还比较严重,在很大程度上是由于我国工业化和城市化发展的滞后造成的。但是,我们也要避免重蹈西方工业化和城市化的覆辙。为此,我们必须"坚持走中国特色新型工业化、信息化、城镇化、农业现代化道路,推动信息化和工业化深度融合、工业化和城镇化良性互动、城镇化和农业现代化相互协调,促进工业化、信息化、城镇化、农业现代化同步发展。"②只有这样,才能有效解决农村富余劳动力的出路问题,才能有效解决农民群众的增产增收问题。唯此,才能有效缩小三大差别。(2)坚持科教兴国战略和人才强国战略的统一。目前,我国的三大差别问题之所以还比较严重,在很大程度上是由于我国科教事业发展的滞后和人力资本实力不强造成的。因此,"我们一定要深入实施科教兴国战略和人才强国战略,引导广大劳动者不断提高思想道德素质和科学文化素质、提高劳动能力和劳动水平,努力成为掌握新知识、新技能、新本领的知识型工

---

① 参见《十六大以来重要文献选编》(下),中央文献出版社 2008 年版,第 273 页。

② 胡锦涛:《坚定不移沿着中国特色社会主义道路前进 为全面建成小康社会而奋斗——在中国共产党第十八次全国代表大会上的报告》,人民出版社 2012 年版,第 20 页。

人和一线创新人才,成为有理想、有道德、有文化、有纪律的社会主义劳动者,使科技进步和劳动者素质提高成为我国经济社会发展的重要推动力。"①只有坚持科教兴国战略和人才强国战略的统一,才能不断促进科教事业的发展,才能为我国现代化建设培养各种合格的劳动者、建设者和参与者,才能从根本上不断缩小和消灭三大差别。

可见,在当代中国,只有坚持"三大代表",坚持统筹兼顾,不断创新国家发展战略,才能为缩小和消灭三大差别创造现实的条件。

(三) 消灭"三大差别"的未来图景

只有在消灭三大差别的基础上,才能实现自由劳动和自由人联合体的统一,才能实现每个人的自由而全面发展的共产主义社会。这是人类社会发展的必然趋势。

1. 真正自由劳动的实现

未来的共产主义社会是一个真正实现自由劳动的社会。自由劳动是消灭被动劳动和异化劳动之后的一种新型的劳动形式,是指人们摆脱了被动劳动和异化劳动的统治和奴役、实现自由自觉的劳动的状态和过程,是未来劳动的发展形式。在社会有机体中,生产劳动是人类社会存在和发展的基础,劳动过程就是人类创造自身历史的过程。人类社会形成和发展的过程就是人们不断实现自由劳动的过程。然而,在旧式分工和私有制的条件下,人们不可能实现真正的自由劳动。在前资本主义社会,由于受自然必然性和社会必然性的束缚,人们的劳动只是单纯地对付必然性而维持生计的劳动,是一种被动劳动。在资本主义社会,劳动成为了异化劳动。异化劳动不仅统治和奴役广大工人的身体,还奴役和摧残其精神。一方面,异化劳动无偿地占有了工人的剩余劳动时间和工人创造的剩余价值,在造成资本家财富积累的同时,也导致了工人阶级贫困的积累,使工人没有时间和金钱去从事自由自觉的活动。另一方面,异化劳动严重摧残了工人的身体和心智,使工人没有闲情逸致去从事自由自觉的活动。在此情形下,劳动成为工人本质之外的东西,工人在"自己的劳动

---

① 胡锦涛:《在 2010 年全国劳动模范和先进工作者表彰大会上的讲话》,人民出版社 2010年版,第 9—10 页。

中不是肯定自己,而是否定自己,不是感到幸福,而是感到不幸,不是自由地发挥自己的体力和智力,而是使自己的肉体受折磨、精神遭摧残"。① 可见,这种劳动是典型的异化劳动。为了实现自由劳动,必须消灭三大差别;而只有在自由劳动的基础上,才能彻底消灭三大差别。这在于,消灭三大差别与实现自由劳动是互为基础和前提的。在消灭旧式分工和私有制的基础上,即在变革资本主义生产关系的基础上,将产生这样一个生产组织:这个组织将建立在生产者自由的联合劳动的基础之上;这个组织将使劳动成为每个人生活的第一需要,进而消除了那些将自己的劳动推到别人的身上、靠剥削和压迫他人来生活的现象;这个组织将通过生产劳动给每一个成员提供全面发展其体力和脑力的机会,将促进每一个人的自由而全面发展的实现。"这样,生产劳动就不再是奴役人的手段,而成了解放人的手段,因此,生产劳动就从一种负担变成一种快乐"②。这就是自由劳动。它是十分愉悦的,也是非常严肃和紧张的。总之,只有消灭被动劳动和异化劳动,消灭三大差别,才能真正实现自由劳动。

2. 真正自由人联合体的建立

未来的共产主义社会是一个自由人的联合体,也是一个真正的共同体。在考察未来社会的发展时,"让我们换一个方面,设想有一个自由人联合体,他们用公共的生产资料进行劳动,并且自觉地把他们许多个人劳动力当做一个社会劳动力来使用"③。自由人联合体是建立在自由劳动基础上的社会,是指在生产者自愿平等的联合体的基础上按新方式来组织生产和生活的社会。这是一个取代虚假共同体的真正共同体。在阶级社会中,由各个人联合而成的共同体,是一个阶级压迫和剥削另一个阶级的工具,因而对于被统治阶级而言,不仅是完全虚幻的共同体,而且是一种桎梏。换言之,只要私有制和剥削阶级继续存在,国家就是一个代表统治阶级利益的虚幻的共同体,而不是一个真正的共同体。不同的统治阶级为了达到自己的目的都会把自己阶级的特殊利益说成是社会全体成员的共同利益或普遍利益,并赋予自己的思想以普遍性的形式,使之具有普遍意义。但是,其实质仍然是为了维护自身的狭隘的阶级利益。在这种情况下,不仅不可能存在个体自由,也不可能存在群体自由。

---

① 《马克思恩格斯文集》第 1 卷,人民出版社 2009 年版,第 159 页。
② 《马克思恩格斯文集》第 9 卷,人民出版社 2009 年版,第 311 页。
③ 《马克思恩格斯文集》第 5 卷,人民出版社 2009 年版,第 96 页。

因此,只有消灭私有制和剥削阶级,才能打碎国家这个虚幻的共同体,建立真正的共同体。而只有在消灭三大差别、实现自由的联合的劳动的基础上,才能建立真正自由人的联合体。这些都需要通过无产阶级的革命和实践,在消灭私有制和剥削阶级的基础上才能完成。在这方面,巴黎公社进行了伟大的尝试。"公社是想要消灭那种将多数人的劳动变为少数人的财富的阶级所有制。它是想要剥夺剥夺者。它是想要把现在主要用做奴役和剥削劳动的手段的生产资料,即土地和资本完全变成自由的和联合的劳动的工具,从而使个人所有制成为现实"①。显然,消灭私有制和剥削阶级,实行生产资料公有制,并在自由的联合的劳动的基础上重建个人所有制,是建立自由人联合体的基础。在生产资料公有制的前提下,自由平等的生产者的各联合体将成为整个社会的基础,生产者将按照共同的合理的计划进行社会劳动。这样,不仅会使个体自由真正成为可能,而且会使群体自由真正成为可能。总之,只有在自由劳动的基础上,劳动者才能摆脱被动劳动和异化劳动的奴役,生产资料和劳动产品才能归自由人联合体所有,劳动力和劳动自由才能归劳动者所有。这样,才能建立起真正的自由人联合体。

3. 每个人自由而全面发展的最终实现

未来的共产主义社会是一个每个人自由而全面发展的社会。实现自由劳动、建立自由人联合体、消灭三大差别,都指向的是每个人的自由而全面的发展。(1)自由劳动是实现每个人自由而全面发展的物质前提。只有当劳动摆脱了单纯必然性的束缚而成为自由劳动,劳动才能真正展示其本真面貌。那时,劳动将和闲暇真正地融为一体,将成为人的自由自觉的创造性的活动,将成为人的生命和本质的确证。这样,每个人的自由而全面的发展才是可能的。由于生产力的变革离不开生产关系的变革,因此,"为了把社会生产变为一个由合作的自由劳动构成的和谐的大整体,必须进行全面的社会变革,也就是社会的全面状况的变革。"②只有在此基础上,劳动才能成为人们生存、发展和享受的重要手段,成为每个人实现自由而全面发展的经济基础。(2)自由人联合体是实现每个人自由而全面发展的社会条件。随着自由劳动的实现,在消

---

① 《马克思恩格斯文集》第3卷,人民出版社2009年版,第158页。
② 《马克思恩格斯全集》第21卷,人民出版社2003年版,第271页。

灭私有制的基础上,国家政权就要消亡,社会将会以全体成员的共同利益和公共利益为基础和纽带,按照自愿的方式,实现高度的人民自治和社区自治。这样,代替那存在阶级和阶级对立的资产阶级社会的,将是这样一个联合体,在那里每一个人的自由发展是一切人自由发展的条件。这个自由人联合体才是真正的共同体。"在真正的共同体的条件下,各个人在自己的联合中并通过这种联合获得自己的自由。"①自由人联合体是个体自由和群体自由的高度的有机的统一。(3)消灭三大差别是实现人的自由而全面发展的社会途径。在自由劳动的基础上,在自由人联合体的社会中,人们才能彻底摆脱私有制的统治和旧式分工的束缚以及由此造成的人的片面性,才能全面发挥自己的才能去为社会创造财富。这样,"任何人都没有特殊的活动范围,而是都可以在任何部门内发展,社会调节着整个生产,因而使我有可能随自己的兴趣今天干这事,明天干那事,上午打猎,下午捕鱼,傍晚从事畜牧,晚饭后从事批判,这样就不会使我老是一个猎人、渔夫、牧人或批判者"②。在消灭三大差别的基础上,才能真正实现每个人的自由而全面的发展。可见,只有实现自由劳动、建立自由人的联合体、消灭三大差别,才能真正实现每个人的自由而全面的发展。

　　总之,在走向共产主义的过程中,实现自由劳动、建立自由人联合体、消灭三大差别和实现每个人的自由而全面的发展,是系统发生、整体推进的过程。在当代中国,尽管还不能消灭三大差别,但是,通过社会建设,能够有效缩小三大差别,能够促进公平正义的实现。

四、实现社会建设理想的历史进程

　　最终实现社会建设的理想依赖于从必然王国向自由王国飞跃的历史进程。因此,当代中国的社会建设必须坚持、贯彻和发展共产主义社会的建设原则,培养和造就千百万具有坚定的共产主义理想的信仰者和实践者,努力为实现人类解放创造条件。

---

① 《马克思恩格斯文集》第 1 卷,人民出版社 2009 年版,第 571 页。
② 《马克思恩格斯文集》第 1 卷,人民出版社 2009 年版,第 537 页。

（一）从必然王国向自由王国的飞跃

人类社会历史的发展过程是一个从必然王国向自由王国飞跃的过程，即从受外在的盲目必然性支配和奴役到认识和掌握这种必然性，从而真正成为自然界和社会的主人的过程。在当代中国社会建设的实践中，必须科学认识和把握这一飞跃的历史过程。

1.科学认识和把握"两个必然"与"两个决不会"的辩证关系

"两个必然"与"两个决不会"二者是相互统一、相辅相成的，是社会发展的必然趋势及其实现复杂性的重要体现。"两个必然"是指，随着资本主义基本矛盾的发展，资本主义灭亡和社会主义的胜利都是不可避免的。"两个决不会"是指："无论哪一个社会形态，在它所能容纳的全部生产力发挥出来以前，是决不会灭亡的；而新的更高的生产关系，在它的物质存在条件在旧社会的胎胞里成熟以前，是决不会出现的。"[①]"两个决不会"是对"两个必然"的丰富和发展，也是"两个必然"的题中之义。但两者强调的重点不同。"两个必然"更多的是揭示社会主义必然取代资本主义这一社会发展的必然趋势；"两个决不会"则强调新的社会形态取代旧的社会形态归根结底是建立在生产力高度发展水平基础之上的，强调的是其条件性。社会主义取代资本主义也是如此。显然，科学认识和把握"两个必然"和"两个决不会"的关系，对于实现从必然王国向自由王国的飞跃具有重要意义。一方面，"两个必然"是"两个决不会"的前提和归宿。两者都是建立在唯物史观和剩余价值理论的科学理论的基础之上的，其最终指向都是资本主义的灭亡和共产主义的实现。因此，在"两个必然"和"两个决不会"思想的指引下，我们必须坚信社会主义必然取代资本主义，并为实现这一目标而奋斗终身。另一方面，"两个决不会"是对"两个必然"的补充和发展。在现实中，社会主义取代资本主义需要一系列条件，在条件不成熟时就贸然行动，必然会犯"左"的错误。因此，在坚持共产主义远大理想的同时，我们必须脚踏实地做好各项工作，为从资本主义向社会主义的过渡创造条件。今天，现实中的资本主义通过不断调整自身生产关系，在一定程度上仍然能适应并促进生产力的发展，仍具有一定的合理性和生命力，暂时不会为社会主义所取代。因此，社会主义国家要在相当长的一段时期内

---

① 《马克思恩格斯文集》第2卷，人民出版社2009年版，第592页。

保持与资本主义并存的局面。尤其是在资本主义世界体系范围内,更是如此。这就要求我们在当代中国社会建设的实践中,必须学会与资本主义和平共处,不断学习和借鉴资本主义国家的先进的生产力、科学技术和管理经验,并创造比资本主义更高的生产力和劳动生产率,进而最终取代资本主义。总之,坚持"两个必然"和"两个决不会"的统一,也就是要把坚持远大理想和脚踏实地统一起来。

　　2. 科学认识和把握社会主义和共产主义的发展阶段

　　从必然王国向自由王国的飞跃是一个不断发展的长期历史过程,不可能一蹴而就。这就要求我们要客观准确把握社会主义和共产主义的发展阶段,要按照生产力和生产关系发展的客观规律,根据生产力发展水平和各国基本国情确定具体的发展阶段。在总结无产阶级革命经验教训的基础上,马克思指出,在从资本主义向社会主义转变的过程中存在一个无产阶级专政的过渡时期。在《哥达纲领批判》中,马克思将共产主义社会分为第一阶段和高级阶段,并阐明了这两个阶段的基本特征。共产主义第一阶段是从资本主义社会中产生出来的;高级阶段是在第一阶段的基础上发展起来的,其主要特征是生产力得到了高度发展、创造财富的一切源泉都得到了充分涌流、劳动成为了人们生活的第一需要,这也标志着自由王国的最终实现。在《国家与革命》中,列宁第一次明确地将共产主义第一阶段和高级阶段称为社会主义和共产主义两个阶段。在此基础上,根据俄国是从宗法制直接向社会主义过渡、生产力发展水平很低的基本国情,列宁强调苏联在向社会主义过渡的道路上刚刚迈出了几步,还无法预测过渡到社会主义究竟还要经过多少阶段,即向社会主义和共产主义过渡具有长期性和阶段性。在社会主义革命、建设和改革过程中,我国也根据基本国情丰富和发展了社会主义和共产主义的发展阶段的理论。在党的十三大报告中,我们明确指出我国正处于社会主义初级阶段。社会主义初级阶段是特指我国在生产力落后、商品经济不发达条件下建设社会主义必然要经历的特定阶段。随着经济社会的发展和进步,我国的社会主义会进入更高的发展阶段。这就要求当代中国社会建设必须科学认识和把握社会主义和共产主义的发展阶段理论,将社会主义和共产主义的实现看作是一个长期的历史过程。唯此,当代中国社会建设才能一步一个脚印,为实现共产主义打下坚实的社会基础。总之,只有根据各国国情科学准确把握社会主义和共产主义发展阶段,才可平稳有效地开展向社会主义和共产主义过渡的进程,进而实现从必然王国向自由王国的飞跃。

3.科学认识和把握共产主义最低纲领与最高纲领的统一

坚持最低纲领和最高纲领的统一,是马克思主义关于如何实现共产主义的一个基本思想。早在《共产党宣言》中,马克思恩格斯就明确指出,未来的国家在向社会主义和共产主义过渡的过程中可以首先采取剥夺地产、征收高额累进税和废除继承权等十大具体纲领。这些具体纲领即最低纲领,与实现共产主义的最高纲领遥相呼应。最低纲领是根据社会的实际情况及其要解决的主要矛盾和任务提出的,是不断发展变化的;最高纲领就是最终的奋斗目标,在没有实现之前是恒定的。二者是辩证统一的。实现最低纲领是实现最高纲领的前提和基础,实现最高纲领是实现最低纲领的目的和归宿。在社会主义发展进程中,只有坚持二者的统一,我们才能在最高纲领的指引下,制定、实施和完成每一个最低纲领,并在此基础上实现最高纲领。在当代中国的社会建设中,我们必须坚持最低纲领和最高纲领的统一。在这个问题上,"一个政党的纲领就是一面旗帜。在革命、建设和改革的各个历史阶段中,我们党既有每个阶段的基本纲领即最低纲领,也有确定长远奋斗目标的最高纲领。我们是最低纲领与最高纲领的统一论者。"①1922年,在党的第二次全国代表大会上,我们制定了反帝反封建的民主革命纲领,即党的最低纲领,与党的第一次全国代表大会上制定的实现共产主义的最高纲领遥相呼应,将中国革命不断推向前进,进而取得了民主革命最低纲领的胜利。目前,坚持最高纲领与最低纲领的统一就是要把坚持共产主义远大理想与社会主义初级阶段基本纲领统一起来,将社会主义初级阶段的基本路线贯穿到经济、政治、文化、社会和生态文明建设各方面中去,把我国建设成一个富强(经济)、民主(政治)、文明(文化)、和谐(社会)、美丽(生态)的社会主义现代化国家。在当代中国社会建设的实践中,坚持最低纲领和最高纲领的统一,就是要将社会主义初级阶段基本纲领和共产主义远大理想紧密结合起来,在共产主义远大理想的指引下,不断推进社会主义初级阶段基本纲领的实现,同时在实现社会主义初级阶段基本纲领的过程中,不断推进共产主义远大理想的实现。总之,只有不断坚持

---

① 《江泽民文选》第三卷,人民出版社2006年版,第292—293页。

最高纲领与最低纲领的统一,在共产主义最高纲领的指引下,脚踏实地地完成各个阶段的最低纲领,才能最终实现共产主义,完成从必然王国向自由王国的飞跃。

总之,只有在实践中不断坚持、丰富和发展上述原则,才能最终从必然王国走向自由王国。

(二) 共产主义社会的建设原则

实现共产主义是一个任重道远的过程,必须落实到当代中国社会建设的具体实践中。同时,在当代中国社会建设中,只有坚持和贯彻共产主义社会的建设原则,才能为最终实现共产主义创造社会条件。

1. 坚持现实选择与未来指向的辩证统一

共产主义是建立在现实的基础之上的最现实的运动,是用实际手段追求实际目的的最实际的运动,也是人们孜孜以求的崇高理想。因此,建设共产主义社会必须坚持现实选择和未来指向的辩证统一。在近代中国社会发展的过程中,历史和人民选择了中国共产党、选择了马克思主义、选择了社会主义道路、选择了改革开放。这"四个选择"从根本上决定了中国的历史命运和未来前途,最终指向的是实现共产主义。但是,在向共产主义过渡的过程中,必须结合我国基本国情来建设共产主义。否则,只会陷入空想,甚至会产生诸如"大跃进"和"文化大革命'那样灾难性的后果。在当代中国的社会建设中,一方面,只有立足现实,优先解决民生问题,促进社会主义的自我完善,才能夯实走向共产主义的社会基础。在当代中国,坚持现实选择就是要着力解决人民群众最关心最直接最现实的切身利益问题,并以此为基础和契机,将社会建设不断推向前进。目前,我国社会建设必须优先解决民生问题,在改善民生中加强社会建设,着力化解就业、教育、分配、医疗、社会保障和住房等关系人民群众切身利益的民生问题,在业有所就、学有所教、劳有所得、病有所医、老有所养、住有所居等方面不断取得新进展,进而实现业就其就、学教其教、劳得其得、病医所医、老养所养、住居其居的目标。由于民生问题具有层次性和发展性,随着经济社会的不断发展,民生建设的标准也在不断提高和改善。因此,解决民生问题的过程,不仅是一个不断推进社会建设的过程,也是一个不断促进社会主义的自我发展和完善的过程,这样,才能夯实走向共产主义的社会基础。另一方面，只有将消灭阶级始终作为无产阶级平等的要求，始终坚持共同富裕的原则和目标，社会建设才能沿着正确的方向前进。在当代中国，民生问题虽然是最为突出的问题，但只是表象，利益分配才是实质。因此，在解决民生问题时，必须关注产生这些问题的深层次原因，即要将现实选择与未来指向有机统一起来。这里，要从根本上消除产生民生问题的深层次原因，就必须在大力发展生产力的同时，始终坚持共同富裕的理想，避免出现两极分化。要在阶级斗争在一定范围内仍然存在的社会主义初级阶段避免两极分化，就必须将消灭阶级始终作为无产阶级平等的要求，这样，才能从根本上保证社会建设沿着正确的方向前进。总之，只有坚持现实选择和未来指向的辩证统一，当代中国社会建设才能取得事半功倍的效果。

2. 坚持理论创新与实践创新的辩证统一

共产主义是科学理论和伟大实践的统一，理论和实践的统一是马克思主义基本原理，因此，实现共产主义远大理想必须坚持理论创新和实践创新的统一。坚持理论创新，就是要坚持与时俱进的马克思主义理论品质，形成以实际问题为中心的马克思主义理论研究范式。在对待马克思主义的问题上，"一是必须坚持马克思主义的立场、观点、方法，坚持马克思主义的基本原理。这一点，要坚定不移，不能含糊。二是一定要贯彻解放思想、实事求是的思想路线，坚持勇于追求真理和探索真理的革命精神。这一点，也要坚定不移，不能含糊"，"这两个'坚定不移'、两个'不能含糊'，始终是检验我们是不是真正的马克思主义者的试金石"。① 坚持实践创新，就是要坚持从发展变化的实际出发，不断开创社会主义革命、建设和改革开放的新局面，不断将社会主义建设实践推向前进。在无产阶级总体实践中，理论创新和实践创新是统一的，马克思主义社会建设理论和社会主义社会建设实践是同构的。因此，当代中国的社会建设，必须坚持理论创新和实践创新的辩证统一。一方面，必须将社会建设理论作为中国特色社会主义理论的重要组成部分，推动中国特色社会主义理论的完善和创新。我们必须不断提升社会建设中的成功经验，将其上升到理论的高度，并将社会建设理论看作是中国特色社会主义理论的有机组成部分，通过社会建设理论的创新来不断完善和创新中国特色社会

① 《江泽民文选》第三卷，人民出版社 2006 年版，第 335 页。

主义理论。这样,我们才能通过社会建设理论的创新来推动社会建设的实践创新,进而才能增强社会主义社会建设的原则性、系统性、预见性和有效性。另一方面,必须将社会建设作为中国特色社会主义实践的重要任务,推进中国特色社会主义建设的系统工程。我们必须大力开展社会建设,并将其看作是解决当代中国社会矛盾的重要举措,进而不断推进我国社会主义社会的全面发展和全面进步。因此,我们要立足于人民群众自我创造幸福生活的伟大实践和丰富经验,不断推动社会主义社会建设的发展,进而来推动社会建设理论的创新。这样,我们才能增强中国特色社会主义社会建设理论的科学性和革命性。总之,推动当代中国社会建设,必须在理论创新和实践创新上双管齐下。

3. 坚持历史尺度和价值尺度的辩证统一

人类社会的发展是事实(物的发展)和价值(人的发展)的统一,因此,评价社会进步必须坚持历史尺度和价值尺度的统一。历史尺度主要是从生产力发展的角度来评价历史事件和社会发展。价值尺度主要是从人的生存和发展角度来评价历史事件和社会发展。事实上,这二者是统一的。这在于,生产力的发展本身就是人的本质力量的发展和人类社会历史的进步。对共产主义社会的评价也应如此。因此,当代中国的社会建设,同样必须坚持这一原则。一方面,必须按照历史尺度推进社会建设。社会建设必须服从和服务于经济建设大局,通过大力发展生产力解决民生问题。在社会主义初级阶段,只有坚持以经济建设为中心,才能改变我国经济文化发展比较落后的现状,才能解决生产力发展水平较低与人民群众日益增长的物质文化需求的基本矛盾,才能为社会建设奠定坚实的物质基础。因此,社会建设必须服从和服务于经济建设的大局,并为经济建设的顺利开展创造良好的社会环境。要做到这一点,又有赖于通过大力发展生产力来着力解决民生问题。概言之,只有在生产力发展的基础上,才能有效解决民生问题,才能为人的发展创造良好的条件。另一方面,必须按照价值尺度推进社会建设。和民生建设一样,社会管理也是社会建设的重要方面,在社会建设中发挥着重要作用,因此,党的十八大报告强调要在改善民生和创新管理中加强社会建设。社会管理的一个重要目标的实现社会稳定,但实现社会稳定有多种途径,尤其是在我国现阶段群体性事件多发的情况下,不能单纯地追求社会稳定。即，在追求社会稳定的过程中，社会管理要着力解决影响社会稳定的深层次原因、努力化解社会矛盾，必须将满足人民群众的正当需要、维护人民群众的合法权益作为社会管理的出发点和落脚点，进而不断推动人的全面发展。在这个过程中，如果只强调历史尺度，忽略价值尺度，就会出现不尊重甚至践踏人的价值的现象；如果只强调价值尺度，忽略历史尺度，就会导致生产力发展的缓慢、停滞甚至衰退，进而阻碍人的价值的发展和实现。总之，只有坚持历史尺度和价值尺度的辩证统一，才能促进生产力的全面发展和人的全面发展，进而为最终实现共产主义创造条件。

总之，共产主义社会建设原则不是孤立存在和一成不变的，而是一个相互联系、不断发展的有机整体。只有在社会主义和共产主义实践中不断坚持、丰富和发展这些原则，才能最终实现共产主义。

（三）做共产主义理想的信仰者和实践者

实现社会建设理想最终要落实到作为社会建设主体的人民群众身上。人民群众是由一个个的具体的个体构成的。因此，我们每个人都必须积极投身到社会建设中去，做共产主义理想的信仰者和实践者。尤其对于广大的共产党员和追求进步的青少年来说，更应如此。

1. 真正的"人的历史"靠人自身来完成

马克思主义认为，整个人类社会的历史就是作为主体的人的自身不断摆脱剥削和奴役、获得解放的历史，即从人对人的依赖阶段到人对物的依赖阶段再到人的自由而全面发展阶段的历史。共产主义社会标志着人的自由而全面发展的最终实现，也标志着人类史前史的终结和真正的人类历史的开端。这里，无论是终结人类史前史，还是开创真正的人类历史，都要由作为社会历史主体的人自身来完成。换言之，真正的"人的历史"靠人自身来完成。在资本主义条件下，劳动只是剥削奴役人的工具，人们所进行的是异化劳动，不是自由劳动。只有在共产主义社会，随着生产力的极大发展和物质财富的极大丰富，劳动从人们谋生的手段变为生活的第一需要，从而实现了人的本质的真正复归，真正的"人的历史"也才能由此开始。可见，真正的"人的历史"要靠人自身来完成，即通过人自身在实践的过程中不断摆脱被动劳动和异化劳动的奴役、实现主动劳动和自由劳动来完成。因此，当代中国的社会建设必须科学认识和把握这一点。一方面,必须高度重视人民群众的主体作用。只有在实践中高度重视人民群众的主体地位,充分发挥人民群众的积极性、主动性和创造性,才能不断促进人的本质的提升,才能完成真正的"人的历史"。另一方面,必须科学理解社会发展的阶段和过程。人类社会历史是一个不断发展、永无止境的过程。共产主义只是社会发展的一个必经阶段,而不是最后阶段;共产主义的实现也不是人类历史的结束,而仅仅是人类史前史的结束和真正人类历史的开端。实现共产主义后,人类社会将随着实践的发展向更高的阶段和目标前进。只有在当代中国社会建设中不断坚持和贯彻人类社会的发展阶段理论,才能将当代中国社会建设不断推向新的更高的发展阶段,进而推动真正的"人的历史"的完成。总之,真正的"人的历史"只有而且必须靠人自身才能完成。只有科学认识和把握这一点,当代中国社会建设才能坚持科学的发展方向,并取得事半功倍的效果。

2. 社会主义和共产主义是无产阶级和劳动人民自我创造幸福生活的过程

在人类社会历史中,无产阶级在实践中第一次才真正开启了人民自治和社会自治的历史进程,使社会建设成为劳动主体自我管理社会事务和创造幸福生活的过程。这里,我们必须清醒地认识到,社会建设并不是党和政府的施舍,而是人民群众自我创造幸福生活和维护尊严的过程。在此过程中,执政者要代表人民意志推动社会建设,积极推动人民群众参与社会建设,促使广大人民群众认识到社会建设任务人人有责。也就是说,广大人民群众必须充分认识到自身的责任和使命,即要认识到每个人在社会主义和共产主义实践中所发挥的积极作用,将社会建设看成是自我创造幸福生活和维护自我尊严的过程。同时,社会建设成果必须坚持人人共享的基本原则,即必须将人民群众积极参与社会建设所取得的劳动成果,惠及到每一个人身上。在当代中国的社会建设中,我们必须推动人民群众自我创造幸福生活,即要推动社会参与和实现社会自治。为此,首先必须大力发展社会主义和共产主义劳动。"共产主义劳动,从比较狭窄和比较严格的意义上说,是一种为社会进行的无报酬的劳动,这种劳动不是为了履行一定的义务、不是为了享有取得某些产品的权利、不是按照事先规定的法定定额进行的劳动,而是自愿的劳动,是无定额的劳动,是不指望报酬、不讲报酬条件的劳动,是按照为公共利益劳动的习惯、按照必须为公共利益劳动的自觉要求(这已成为习惯)来进行的劳动,这种劳动是健康的身体的需要。"①只有通过共产主义劳动,社会主义和共产主义才能成为人民群众自我创造幸福生活的过程。同时,在社会主义条件下,广大人民群众是国家和社会的主人,其根本利益与国家和社会的整体利益是一致的,因此,推动人民群众积极参与社会建设的过程,也就是人民群众自我创造幸福生活的过程。此外,推动社会参与是实现社会自治的前提和重要途径。只有广大人民群众积极参与社会事务,首先实现人民自治,才能实现社会自治。而只有在实现人民自治和社会自治的基础上,社会建设才有可能真正成为人民群众自我创造幸福生活的过程。

3. 坚持脚踏实地与实现远大理想的统一

坚持脚踏实地与远大理想的统一是实现共产主义的基本要求。在社会发展的过程中,"我们要有崇高的理想。我们党的最高理想就是实现共产主义。但是,想问题、办事情,不能搞好高骛远的理想化,而要实事求是、脚踏实地地前进。"②在当代中国社会建设中,广大党员干部和作为社会主义接班人的青少年,必须坚持远大理想和脚踏实地的统一。一方面,在表达民生诉求的同时,作为社会主义和共产主义接班人的广大青年必须不断提高自身素质和修养,牢记自身责任和使命,努力成为有理想、有道德、有文化、有纪律的社会主义"四有"新人,进而实现自由而全面的发展。在实践中,"中国特色社会主义事业是面向未来的事业,需要一代又一代有志青年接续奋斗。"③因此,在当代中国社会建设中,广大青年必须要有为共产主义理想奋斗的雄心壮志,把个人奋斗同为实现共产主义的远大理想紧密结合起来,在实现个人理想的过程中,不断推进共产主义远大理想的实现。同时,在为共产主义奋斗的过程中,广大青年要积极投身造福广大人民群众的实践,努力实现个人价值和社会价值的统一。在此过程中,党和国家要关注青年、关心青年、关爱青年,为青年的成长成才创造良好的条件,积极促进青年成长进步,使他们早日成为社会主义和共产主义的合格建设者和可靠接班人。另一方面,在谋求幸福生活的过程中,广大人民群众尤其是党员干部必须勇于担当,为党分忧,为国分忧,为民分忧,在

---

① 《列宁选集》第4卷,人民出版社2012年版,第130页。
② 《江泽民文选》第二卷,人民出版社2006年版,第96页。
③ 胡锦涛:《坚定不移沿着中国特色社会主义道路前进　为全面建成小康社会而奋斗——在中国共产党第十八次全国代表大会上的报告》,人民出版社2012年版,第56页。

投身于创造幸福生活的实践中实现个人价值和社会价值的统一。在实践中，广大共产党员必须坚持共产主义的远大理想。事实上，"对马克思主义的信仰，对社会主义和共产主义的信念，是共产党人的政治灵魂，是共产党人经受住任何考验的精神支柱。"①在坚持共产主义远大理想的基础上，广大党员干部还必须坚持脚踏实地，坚持从我做起、从现在做起、从小事做起，养成先天下之忧而忧、后天下之乐而乐的情怀，使自己成为共产主义远大理想和中国特色社会主义共同理想的坚定信仰者、科学发展观的坚定执行者、社会和谐的积极促进者，为共产主义的最终实现作出积极的贡献。概言之，广大党员干部和青年要准确认识自身的责任和使命，在积极投身社会建设的过程中实现共产主义远大理想。可见，只有坚持脚踏实地与远大理想的辩证统一，才能培养和造就为实现共产主义理想而奋斗的社会主义新人。

总之，实现共产主义是一个长期的历史过程，需要一代又一代具有坚定共产主义理想的信仰者和实践者在实践中不断探索和前进，这样，才能最终实现共产主义。

综上，在加强以民生问题为重点的社会建设时，我们必须将社会主义社会建设作为促进人的全面发展的内在环节和必要举措，将社会主义和谐社会建设和为共产主义奋斗统一起来，在实现共产主义远大理想的过程中推动社会建设。共产主义社会，将是一个人与人、人与社会、人与自然高度和谐的社会。

---

① 胡锦涛：《坚定不移沿着中国特色社会主义道路前进 为全面建成小康社会而奋斗——在中国共产党第十八次全国代表大会上的报告》，人民出版社 2012 年版，第 50 页。

参考文献

【马克思主义经典著作】

1.《马克思恩格斯全集》,人民出版社。

2.《马克思恩格斯文集》第1—10卷,人民出版社2009年版。

3.《马克思古代社会史笔记》,人民出版社1996年版。

4.《列宁全集》,人民出版社。

5.《列宁专题文集 论马克思主义》,人民出版社2009年版。

6.《列宁专题文集 论辩证唯物主义和历史唯物主义》,人民出版社2009年版。

7.《列宁专题文集 论资本主义》,人民出版社2009年版。

8.《列宁专题文集 论社会主义》,人民出版社2009年版。

9.《列宁专题文集 论无产阶级政党》,人民出版社2009年版。

10.《列宁选集》第1—4卷,人民出版社2012年版。

【中国化马克思主义文献和中央文件】

1.《毛泽东文集》第一—八卷,人民出版社。

2.《毛泽东选集》第一—四卷,人民出版社1991年版。

3.《毛泽东著作专题摘编》(上,下),中央文献出版社2003年版。

4.《刘少奇选集》(上,下),人民出版社1981年版。

5.《周恩来选集》(上,下),人民出版社1980,1984年版。

6.《朱德选集》,人民出版社1983年版。

7.《邓小平文选》第一—三卷,人民出版社1993,1994,1994年版。

8.《江泽民文选》第一—三卷,人民出版社2006年版。

9. 江泽民:《论三个代表》,中央文献出版社2001年版。

10. 江泽民:《论党的建设》,中央文献出版社2001年版。

11.《江泽民论有中国特色社会主义》(专题摘编),中央文献出版社2002年版。

12. 胡锦涛:《论构建社会主义和谐社会》,中央文献出版社2013年版。

13. 胡锦涛:《坚定不移沿着中国特色社会主义道路前进 为全面建成小康社会而

奋斗——在中国共产党第十八次全国代表大会上的报告》,人民出版社 2012 年版。

14. 胡锦涛:《在陈云同志诞辰 100 周年纪念大会上的讲话》,人民出版社 2005 年版。

15. 胡锦涛:《在同中国农业大学师生代表座谈时的讲话》,人民出版社 2009 年版。

16. 胡锦涛:《在 2010 年全国劳动模范和先进工作者表彰大会上的讲话》,人民出版社 2010 年版。

17. 胡锦涛:《深化交流合作　实现包容性增长》,2010 年 9 月 17 日《人民日报》第 2 版。

18.《胡锦涛主席 2011 年对美国进行国事访问时的讲话》,人民出版社 2011 年版。

19. 温家宝:《关于发展社会事业和改善民生的几个问题》,《求是》2010 年第 7 期。

20. 习近平:《在首都各界纪念现行宪法公布施行 30 周年大会上的讲话》,2012 年 12 月 5 日《人民日报》第 2 版。

21. 习近平:《紧紧围绕坚持和发展中国特色社会主义　学习宣传贯彻党的十八大精神》,2012 年 11 月 19 日《人民日报》第 2 版。

22. 习近平:《认真学习党章　严格遵守党章》,2012 年 11 月 20 日《人民日报》第 1 版。

23. 习近平:《在第十二届全国人民代表大会第一次会议上的讲话》,2013 年 3 月 18 日《人民日报》第 1 版。

24. 习近平:《关于〈中共中央关于全面深化改革若干重大问题的决定〉的说明》,2013 年 11 月 16 日《人民日报》第 1、4 版。

25. 习近平:《在纪念毛泽东同志诞辰 120 周年座谈会上的讲话》,2013 年 12 月 27 日《人民日报》第 2 版。

26. 习近平:《切实把思想统一到党的十八届三中全会精神上来》,2014 年 1 月 1 日《人民日报》第 2 版。

27. 李克强:《认真学习深刻领会全面贯彻党的十八大精神　促进经济持续健康发展和社会全面进步》,2012 年 11 月 21 日《人民日报》第 3 版。

28.《瞿秋白文集》(政治理论编)第 1 卷,人民出版社 1987 年版。

29.《彭真文选》,人民出版社 1991 年版。

30.《建国以来重要文献选编》第 1,10,12,15,18,19 册,中央文献出版社 1992,1994,1996,1997,1998,1998 年版。

31.《十一届三中全会以来重要文献选读》(上,下),人民出版社 1987 年版。

32.《十三大以来重要文献选编》(上,中,下),人民出版社 1991,1991,1993 年版。

33.《十四大以来重要文献选编》(上,中,下),人民出版社 1996,1997,1999 年版。

34.《十五大以来重要文献选编》(上,中,下),人民出版社 2000,2001,2003 年版。

35.《十六大以来重要文献选编》(上,中,下),人民出版社 2005,2006,2008 年版。

36.《十七大以来重要文献选编》(上,中,下),中央文献出版社 2009,2011,2013

年版。

37.《新时期劳动和社会保障重要文献选编》,中国劳动社会保障出版社 2002 年版。

38.《中共中央关于全面深化改革若干重大问题的决定》,人民出版社 2013 年版。

39.《中华人民共和国国民经济和社会发展第十一个五年规划纲要》,人民出版社 2006 年,

40.《中华人民共和国国民经济和社会发展第十二个五年规划纲要》,人民出版社 2011 年版。

41. 中华人民共和国国务院新闻办公室:《中国的民族政策与各民族共同繁荣发展》,人民出版社 2009 年版。

42. 中华人民共和国国务院新闻办公室:《中国农村扶贫开发的新进展》,人民出版社 2011 年版。

43. 中华人民共和国国务院新闻办公室:《国家人权行动计划(2012—2015 年)》,人民出版社 2012 年版。

44.《中国农村扶贫开发纲要(2011—2020 年)》,人民出版社 2011 年版。

【统计资料】

1. 中华人民共和国国家统计局编:《国际统计年鉴——2012》,中国统计出版社 2012 年版。

2. 中华人民共和国国家统计局编:《国际统计年鉴——2013》,中国统计出版社 2013 年版。

3. 国家统计局编:《中国统计年鉴 2006》,中国统计出版社 2006 年版。

4. 国家统计局编:《中国统计年鉴 2011》,中国统计出版社 2011 年版。

5. 国家统计局社会和科技司编:《中国社会统计年鉴 2009》,中国统计出版社 2009 年版。

6. 国家统计局社会和科技司编:《中国社会统计年鉴 2010》,中国统计出版社 2010 年版。

7. 国家统计局社会和科技司编:《中国社会统计年鉴 2011》,中国统计出版社 2011 年版。

8. 国家统计局社会和科技司编:《中国社会统计年鉴 2012》,中国统计出版社 2012 年版。

9. 中华人民共和国卫生部编:《中国卫生统计年鉴 2012》,中国协和医科大学出版社 2012 年版。

10. 中华人民共和国文化部:《中国文化文物统计年鉴(2012)》,国家图书馆出版社 2012 年版。

【社会建设研究报告】

1. 郑杭生主编:《中国人民大学中国社会发展研究报告 2002——弱势群体与社会支持》,中国人民大学出版社 2003 年版。

2. 郑杭生主编:《中国人民大学中国社会发展研究报告 2004——走向更加安全的社会》,中国人民大学出版社 2004 年版。

3. 郑杭生等主编:《中国人民大学中国社会发展研究报告 2005——走向更加和谐的社会》,中国人民大学出版社 2005 年版。

4. 郑杭生主编:《中国人民大学中国社会发展研究报告 2006——走向更讲治理的社会:社会建设与社会管理》,中国人民大学出版社 2006 年版。

5. 郑杭生主编:《中国人民大学中国社会发展研究报告 2007——走向更加有序的社会:快速转型期社会矛盾及其治理》,中国人民大学出版社 2007 年版。

6. 郑杭生主编:《中国人民大学中国社会发展研究报告 2008——走向更讲创新的社会:社区建设与制度创新》,中国人民大学出版社 2008 年版。

7. 郑杭生主编:《中国人民大学中国社会发展研究报告 2009——走向更有共识的社会:社会认同的挑战及其应对》,中国人民大学出版社 2009 年版。

8. 郑杭生主编:《中国人民大学中国社会发展研究报告 2010——走向更加合理的社会:社会资源及其合理配置》,中国人民大学出版社 2010 年版。

9. 郑杭生主编:《中国人民大学中国社会发展研究报告 2011——走向民生为重的社会:现阶段社会建设面临的挑战及其应对》,中国人民大学出版社 2011 年版。

10. 郑杭生主编:《中国人民大学中国社会发展研究报告 2012——走向有序活力兼具的社会:现阶段社会管理面临的挑战及其应对》,中国人民大学出版社 2012 年版。

11. 郑杭生主编:《中国人民大学中国社会发展研究报告 2013——走向包容、公平、共享的新型城镇化》,中国人民大学出版社 2013 年版。

12. 陆学艺主编:《当代中国社会阶层研究报告》,社会科学文献出版社 2002 年版。

13. 汝信、陆学艺、李培林主编:《2008 年中国社会形势分析与预测》,社会科学文献出版社 2008 年版。

14. 汝信、陆学艺、李培林主编:《2009 年中国社会形势分析与预测》,社会科学文献出版社 2008 年版。

15. 汝信、陆学艺、李培林主编:《2010 年中国社会形势分析与预测》,社会科学文献出版社 2009 年版。

16. 汝信、陆学艺、李培林主编:《2011 年中国社会形势分析与预测》,社会科学文献出版社 2011 年版。

17. 汝信、陆学艺、李培林主编:《2012 年中国社会形势分析与预测》,社会科学文献出版社 2012 年版。

18. 汝信、陆学艺、李培林主编:《2013 年中国社会形势分析与预测》,社会科学文献出版社 2012 年版。

19. 陈良瑾、吴铎主编:《中国社会工作发展报告(1988~2008)》,社会科学文献出版社 2009 年版。

20. 中国社会工作协会:《2011 年度中国社会工作发展报告》,《社会与公益》2012 年第 6 期。

21. 李培林等:《中国社会和谐稳定报告》,社会科学文献出版社 2008 年版。

【国外社会建设理论著作】

1. [英]阿克顿:《自由与权力》,侯健、范亚峰译,商务印书馆 2001 年版。

2. [德]乌尔里希·贝克:《世界风险社会》,吴英姿、孙淑敏译,南京大学出版社 2004 年版。

3. [美]彼得·德鲁克:《社会的管理》,徐大建译,上海财经大学出版社 2003 年版。

4. [荷]汉斯·范登·德尔等:《民主与福利经济学》,陈刚等译,中国社会科学出版社 1999 年版。

5. [法]让-雅克·迪贝卢、爱克扎维尔·普列多:《社会保障法》,蒋将元译,法律出版社 2002 年版。

6. [美]戴安娜·M.迪尼托:《社会福利:政治与公共政策》,何敬、葛其伟译,中国人民大学出版社 2007 年版。

7. [美]埃里希·弗洛姆:《健全的社会》,蒋重跃等译,中国文联出版公司 1988 年版。

8. [美]约翰·贝拉米·福斯特:《马克思的生态学:唯物主义与自然》,刘仁胜、肖峰译,高等教育出版社 2006 年版。

9. [美]朱莉·费希尔:《NGO 与第三世界的政治发展》,邓国胜、赵秀梅译,社会科学文献出版社 2002 年版。

10. [希]福托鲍洛斯:《当代多重危机与包容性民主》,李宏译,山东大学出版社 2008 年版。

11. [德]哈贝马斯:《公共领域的结构转型》,曹卫东等译,学林出版社 1999 年版。

12. [埃及]萨米尔·阿明:《全球化时代的资本主义——对当代社会的管理》,丁开杰等译,中国人民大学出版社 2005 年版。

13. [德]H.哈肯:《协同学——自然成功的奥秘》,戴鸣钟译,上海科学普及出版社 1988 年版。

14. [英]安东尼·吉登斯:《第三条道路:社会民主主义的复兴》,郑戈译,北京大学出版社 2000 年版。

15. [英]安东尼·吉登斯:《第三条道路及其批评》,孙相东译,中共中央党校出版社 2002 年版。

16. [英]安东尼·吉登斯:《现代性的后果》,田禾译,译林出版社 2011 年版。

17. [美]威廉·I.罗宾逊:《全球资本主义论:跨国世界中的生产、阶级与国家》,高明秀译,社会科学文献出版社 2009 年版。

18. [美]E.A.罗斯:《社会控制》,秦志勇、毛永政等译,华夏出版社 1989 年版。

19. [美]赫伯特·马尔库塞:《单向度的人:发达工业社会意识形态研究》,刘继译,上海译文出版社 2008 年版。

20. [比利时]厄尔奈斯特·曼德尔:《晚期资本主义》,马清文译,黑龙江人民出版社 1983 年版。

21. [美]詹姆斯·米奇利:《社会发展:社会福利视角下的发展观》,苗正民译,格致出版社、上海人民出版社 2009 年版。

22. [加]R.米什拉:《资本主义社会的福利国家》,郑秉文译,法律出版社 2003 年版。

23. [德]克劳斯·奥菲:《福利国家的矛盾》,郭忠华等译,吉林人民出版社 2006 年版。

24. [美]路易斯·亨利·摩尔根:《古代社会》上、下册,杨东莼等译,商务印书馆 1977 年版。

25. [美]艾尔东·莫里斯、卡洛儿·麦克拉吉·缪勒主编:《社会运动理论的前沿领域》,刘能译,北京大学出版社 2002 年版。

26. [英]马克·尼奥克里尔斯:《管理市民社会——国家权力理论探讨》,陈小文译,商务印书馆 2008 年版。

27. [美]劳伦斯·纽曼等:《社会工作研究方法:质性和定量方法的应用》,刘梦译,中国人民大学出版社 2008 年版。

28. [美]莱斯特·M.萨拉蒙等:《全球公民社会:非营利部门视界》,贾西津等译,社会科学文献出版社 2007 年版。

29. [英]艾伦·斯温杰伍德:《社会学思想简史》,陈玮、冯克利译,社会科学文献出版社 1988 年版。

30. [美]西奥多·W.舒尔茨:《人力资本投资——教育和研究的作用》,蒋斌、张蘅译,商务印书馆 1990 年版。

31. [美]西德尼·塔罗:《运动中的力量:社会运动与斗争政治》,吴庆宏译,译林出版社 2005 年版。

32. [英]迈克尔·希尔:《理解社会政策》,刘升华译,商务印书馆 2003 年版。

33. [英]J.C.亚历山大等:《国家与市民社会:一种社会理论的研究路径》,邓正来等译,中央编译出版社 2002 年版。

34. [美]戴维·奥斯本、特德·盖布勒:《改革政府——企业精神如何改革着公共部门》,周敦仁等译,上海译文出版社 1996 年版。

35. [英]马丁·因尼斯:《解读社会控制》,陈天本译,中国人民公安大学出版社 2009 年版。

36. [丹麦]考斯塔·艾斯平-安德森:《福利资本主义的三个世界》,郑秉文译,法律出版社 2003 年版。

37. ［英］马丁·鲍威尔：《新工党，新福利国家？——英国社会政策中的"第三条道路"》，林德山、李资资、吕楠译，重庆出版社 2010 年版。

38. ［美］盖依·彼得斯：《美国的公共政策：承诺与执行》，顾丽梅、姚建华等译，复旦大学出版社 2008 年版。

39. ［英］贝弗里奇：《贝弗里奇报告——社会保险和相关服务》，华迎放、汤晓莉、耿树艳译，中国劳动社会保障出版社 2008 年版。

40. ［德］乌尔里希·贝克：《风险社会》，何博闻译，译林出版社 2004 年版。

【国内社会建设理论研究著作】

1. 陈良瑾主编：《社会保障教程》，知识出版社 1990 年版。

2. 陈良瑾主编：《社会救助与社会福利》，中国劳动社会保障出版社 2009 年版。

3. 陈良瑾主编：《中国社会工作百科全书》，中国社会出版社 1994 年版。

4. 邓伟志主编：《创新社会管理体制》，上海社会科学院出版社 2008 年版。

5. 丁宁宁、葛延风主编：《构建和谐社会——30 年社会政策聚焦》，中国发展出版社 2008 年版。

6. 丁水木：《社会稳定的理论与实践：当代中国社会稳定机制研究》，浙江人民出版社 1997 年版。

7. 丁元竹：《中国社会建设：战略思路与基本对策》，北京大学出版社 2008 年版。

8. 韩明谟：《社会发展与稳定》，天津：天津人民出版社 2001 年版。

9. 何增科主编：《社会管理与社会体制》，中国社会出版社 2008 年版。

10. 何增科主编：《中国社会管理体制改革路线图》，国家行政学院出版社 2009 年版。

11. 胡联合等：《当代中国社会稳定问题报告》，红旗出版社 2009 年版。

12. 黄建刚等：《社会稳定问题研究》，红旗出版社 2005 年版。

13. 黄顺基等：《从工程管理到社会管理》，科学出版社 2012 年版。

14. 柳礼泉：《新中国民生 60 年》，湖南大学出版社 2009 年版。

15. 卢汉龙等：《新中国社会管理体制研究》，上海人民出版社 2009 年版。

16. 民政部社会工作人才队伍建设领导小组办公室编：《中国社会工作理论与实践探索》，中国社会出版社 2007 年版。

17. 任红杰：《社会稳定问题前沿探索》，中国人民公安大学出版社 2005 年版。

18. 宋士昌主编：《马克思主义社会稳定理论与实践：新世纪新阶段中国社会稳定问题研究》，山东人民出版社 2003 年版。

19. 宋晓梧主编：《中国社会体制改革 30 年回顾与展望》，人民出版社 2008 年版。

20. 唐铁汉、袁曙宏主编：《构建和谐社会促进社会稳定》，国家行政学院出版社 2006 年版。

21. 陶德麟主编：《社会稳定论》，山东人民出版社 1999 年版。

22. 王思斌主编:《社会工作导论》,北京大学出版社 1998 年版。

23. 王伟光:《经济利益、政治秩序、社会稳定:社会主义社会矛盾的深层反思》,中共中央党校出版社 1991 年版。

24. 夏菲主编:《治安管理研究》,中国方正出版社 2005 年版。

25. 姚成林主编:《科学发展与社会和谐稳定专题研究》,中国人民公安大学出版社 2010 年版。

26. 于凌云编著:《社会保障:理论　制度　实践》,中国财政经济出版社 2008 年版。

27. 张江明主编:《社会主义社会稳定、矛盾、改革的辩证发展》,广东人民出版社 1992 年版。

28. 张静、关信平主编:《中国社会建设与发展研究》,中国人民大学出版社 2009 年版。

29. 赵雪峰:《马克思主义群众观与中国特色社会管理》,中央文献出版社 2013 年版。

30. 中央政法委研究室编:《维护社会稳定调研文集》,法律出版社 2001 年版。

31. 周毅:《中国社会可持续发展:社会稳定机制对策研究》,四川教育出版社 1999 年版。

后　记

　　本书为由笔者牵头的教育部人文社会科学重点研究基地重大项目"'三个代表'重要思想与当代中国社会建设"(2009JJD720019)的最终成果。

　　本书主要以党的十四大(将建立和完善社会主义市场经济作为我国经济体制改革的目标模式)到十八大(将中国特色社会主义看作是道路、理论体系和制度的统一)期间的社会建设的理论和实践为主要研究内容,以为推动当代中国的社会建设提供自己的意见和建议为研究目标。因此,我们对党的十八大以来的理论创新成果和实践创新成效没有进行专门论述,只是在讨论到某些具体问题时略有涉及。在即将完成的一部新著中,在研究习近平总书记系列讲话重要精神的基础上,我们将专门探讨从"五位一体"的总体布局到"四个全面"的战略布局的内在逻辑、思想实质、理论贡献和实践价值等问题,将会涉及党的十八大以来的社会建设和社会治理创新等问题。

　　需要明确的是:第一,当代中国社会建设为中国特色社会主义社会建设的时间(当代)和空间(中国)的定位,中国特色社会主义社会建设为当代中国社会建设的社会历史性质的定位(中国特色社会主义),因此,无论在理论上还是实践上,二者是同等意义的概念。第二,在建设中国特色社会主义的过程中,中国特色社会主义社会建设理论和中国特色社会主义社会建设实践是一个不可分割的整体,甚至是同构的。理论来源于实践又高于实践,实践接受理论的指导又检验理论的真理性。第三,"为了人民的幸福和尊严"主要突出了社会主义社会建设尤其是中国特色社会主义社会建设的使命和本质,因此,我们将之作为全书的总标题。在总体上,本书既不是单纯的基础理论研究,也不是纯粹的应用对策研究,而是试图将文本研究、理论研究和现实研究统一起来。

　　在课题论证初期,笔者主要以1990年以来党的文献为主要依据,较为系统地梳理了中国特色社会主义社会建设理论的基本线索、主要内容、理论贡献和实践价值,编辑了"中国特色社会主义社会建设理论分类资料汇编";在参考国内外社会建设和社会管理已有成果的基础上,进一步列出了课题提纲和论证报告。课题申报成功以后,课题组成员根据课题论证报告和上述资料汇编,分头细化了研究提纲。经过课题组的讨论和笔者的修改,最终确定了全书的写作提纲。在全书书稿完成以后,从 2013 年 5 月开始,笔者根据党的十八大和党的十八届三中全会的精神,在课题组和笔者已有研究的基础上,结合有关的案例调研情况,对全书进行了统稿,甚至重新写作了部分章节。从 2013 年 12 月进入结项程序到 2015 年 4 月正式通过结项,再到现在出版,已经过去将近两年,因此,书中的个别事实和论断可能存在"过时"的问题。在即将完成的新书,我们将试图弥补这方面的缺陷。

笔者的硕士导师陈良瑾教授(民政部原社会福利与社会进步研究所原所长。该所现并入民政部政策研究中心)就课题研究中涉及的社会建设的社会学和政治学的理论问题和实务问题提供了学术咨询和指导。在此,笔者对三十多年的师恩表示诚挚的感谢!

董中华、赵洪、刘朔、董义花、王静、张帆、王明哲、王颖、赵而雪、吉志强、田园、黄鑫、黄丹等同志和同学参与了由笔者主持的一项关于社会建设和社会管理决策咨询课题的调研工作(其调研报告为写作本书提供了一些典型案例),刘燕、赵雪峰、袁雷等同志协助笔者进行了统稿,焦冉、范雅捷、蓝强、赖婵丹和何娟等同学协助笔者进行了课题日常管理,在此,笔者对上述同志和同学表示真诚的感谢!

本课题的研究得到了课题组所有成员、中国人民大学中国特色社会主义理论体系研究中心和中国人民大学马克思主义学院等有关单位和人士的大力支持,在此也表示十分的感谢!

希望马克思主义理论界尤其是中国特色社会主义理论研究界、社会建设和社会管理学术界以及社会建设和社会管理实务界的人士对本书给予批评指正。

张云飞

2013 年 12 月一记

2015 年 10 月再记